김지욱의
IB명장면

김지욱 지음

첨단금융출판사

금융당국 추천사

금융개혁회의 자문위원이었으며 현재 금융발전심의위원회 자본시장분과 위원으로 활동중인 신한은행 김지욱 부장이 새로운 책을 출판한다는 소식을 접했다. "김지욱의 IB명장면"이란 본 단행본은, 저자가 매일경제신문의 유료온라인판인 매경프리미엄에 과거 수년간 써 온 칼럼들을 모아서 출판한 것으로 알고 있다. 저자가 기고했던 칼럼은, 금융당국의 관료들 사이에서 많이 회자되었고 본인도 흥미있게 읽어 보고 많은 시사점을 얻을 수 있었다. 그 이유는 동 칼럼들이 이 시대가 요구하는 몇 가지 금융권 가치들을 월스트리트 등 해외 사례를 통해 이해하기 쉽게 제시하고 있을 뿐 아니라, 한국에서는 쉽게 접할 수 없는 지난 100년간의 월스트리트의 뒷이야기들을 재미있게 기술하고 있기 때문이라 생각한다.

본인이 금융위원장으로 직을 시작한 이후 가장 먼저 시작한 일이 한국 금융권의 전문가들을 총 망라하여 시도한 금융개혁 작업이었다. 이러한 시도 과정에 동 시대가 요구하고 금융소비자가 요청하는 여러 금융개혁 사항들을 확인 하였으며, 그 결과 금융환경 변화에 따라 이미 도입됐어야 할 인터넷전문은행, 핀테크, 전자증권, 기술금융 등 오랜 과제들에 대해 의미 있는 진척을 이루었다. 각 과제를 추진하는 과정에 금융권의 보수적 관행이 서서히 변하는 모습을 볼 수 있었으며, 금융권 스스로 환경변화를 받아들여, 행동하기 시작했다는 점이 금융개혁의 가장 큰 성과라고 볼 수 있다. 과거 한국의 금융 산업은, "같으면 살고 다르면 죽는다"는 인식으로 판에 박힌 영업을 했지만, 이제는 "다르면 살고 같으면 죽는다"는 생각으로 보신주의, 붕어빵 영업행태에서 벗어나야 할 시점에 도달한 것이다.

금융개혁이 지속되어야 할 이유가, 바로 이 책에서도 자세히 나와 있다. 결국 금융서비스의 최종 수혜자인 금융소비자를 도외시하고는 금융이 설 자리가 없다는 평범한 진리를 2008년 금융위기 등을 통해 서구 금융권도 뼈저리게 경험 하게 된 것이 그 예이다. 월스트리트의 역사는 금융진보의 역사이기도 했지만 한편으로는 고객기만의 역사이기도 했다. 이 책은 수많은 사례들을 통해, 월스트리트의 과거 100년간의 어두운 측면을 낱

낱이 지적하면서 많은 시사점을 제시해준다. 또한 한국의 금융개혁을 추진하는 과정 중에 부딪히게 될 많은 장애물과 어려움들을 이 책을 통해 미리 예측해볼 수 있는 것도 이 책을 읽는 또다른 즐거움이라 생각된다.

2백자 원고지 8천매가 넘는 이 방대한 분량의 글을 쓰려면 상당히 많은 공부와 자료 수집이 필요했을 것으로 생각된다. 저자의 노고를 치하하며, 아울러 이 책을 통해 한국에서 향후 지속적으로 펼쳐질 금융개혁의 방향성을 가늠해 볼 수 있을 것으로 믿기에 이 책을 감히 독자 여러분께 추천한다.

2016년 12월

금융위원회 위원장 **임 종 룡**

금융업계 추천사

신한은행 김지욱 부장은 국내외 여러 금융회사에서 IB업무를 담당해 온 자본시장 전문가이다. 올해 초까지 신한금융지주회사에서 근무하던 김부장과 대화를 나눌 기회가 종종 있었는데, 금융의 역사에 대한 그의 해박한 지식에 감탄을 하고는 했다.

"김지욱의 IB명장면"은 김부장이 매경프리미엄에 2년간 기고했던 칼럼들을 모은 것으로, 월스트리트에서 명멸해 간 수 많은 금융회사들의 숨겨진 이야기를 풀어내고 있다.

이 책에는 여러 금융회사들의 이야기가 담겨 있지만, 전해주는 메시지는 하나라고 생각한다. 본질을 외면한 금융회사는 살아남을 수 없다는 것이다.

본래 "금융"은, 개개인의 목표 달성을 지원하고, 기업활동을 촉진하며, 나아가 우리 사회의 다양한 문제를 해결하는데 도움을 주는 수단으로 인류의 역사와 함께 해 왔다.

끊임없는 실적경쟁과 인수합병, 그리고 각종 금융제도의 변화 속에서 승자가 되었던 월스트리트의 금융사들도 고객에게 외면당하면서 역사의 뒤안길로 사라졌다는 사실은 우리 금융계에도 교훈이 되리라고 생각한다.

월스트리트 100년의 역사를 통해,

금융권에 몸 담고 있는 후배들이,

금융의 본질을 다시 한번 상기하는 계기가 되기를 바라며,

이 책의 일독을 권하고 싶다.

2016년 12월

신한금융지주 회장 **한 동 우**

학계 추천사

한국 금융인들에게 뉴욕의 월스트리트는 영원한 이상향이요, 불굴의 로맨스 대상이다. 현대 금융이 시작된 성지(聖地)이며, 전세계 부(富)가 모여드는 현실의 시장이기도 하다. 자본시장이 외국인들에게 개방된 1990년대 초 이후, 한국 자본시장은 월스트리트의 관심 속에서 성장해 왔다. 1997년에는 월스트리트가 야기한 걸로 추정되는 환란으로 인해 한국이 선진국 진입 문턱에서 주저 앉으며 치욕적인 IMF 구제금융으로 내몰린 기억도 생생하다.

그 후 많은 한국의 금융사들이 자기들도 곧 한국의 골드만삭스, 한국의 메릴린치, 한국의 도이체방크, 한국의 노무라증권이 되겠다고 외쳐 왔다. 그러나 그런 회사들을 진정 이해하고 있었으며, 그들 수준 근처에라도 도달했다는 증거는 없다. 2008년 금융위기의 진상을 한번이라도 깊이 연구해 본 사람이라면 그 누구라도, 월스트리트가 아직도 한국 금융사들의 맹목적 벤치마킹 대상이어야 한다고 생각하지는 않을 것이다. 그 세월 동안 월스트리트가 변했고, 한국 금융도 역시 변했다.

이런 맥락에서, 현재 금융발전심의위원회 자본시장분과 위원으로 일하고 있고, 2015년에는 필자가 주관하여 추진한 "금융개혁회의"에 민간 정책 자문위원으로 초빙되어 감독당국을 도와 준 인연이 있는 신한은행 김지욱 부장이, "가면을 벗은 진짜 월스트리트"의 진면목을 생생하게 들려주는 저서를 출간하였다고 하니 대단히 반가운 일이다.

같이 일을 하면서, 김 위원이 IB업계 전반과 월스트리트로 상징되는 국제자본시장의 흐름과 맥락에 대해 해박한 지식이 있다는 것을 알고 본인도 놀란 기억이 있다. 김 위원은 매일경제신문에 수년간 IB분야의 정기 칼럼을 기고하고 있었으며, 과거 글로벌 투자은행에 직접 재직하면서 정통 IB업무를 체험했던 인물이다. 김 위원 본인이 실제로 몸으로 부딪히면서 보고 듣고 느낀 글로벌 자본시장의 각종 이슈들을, 한국 금융인들이 알기 어려운 야사(野史)를 곁들인 감칠맛 나는 문장으로 풀어낸 책이 바로 이 "김지욱의 IB명장면"이다.

월스트리트는 영원한 학문의 주제이기도 하다. 대학에서 40여년간 학생들에게 재무이론을 가르쳐 온 필자로서는, 이 책이 비단 감독당국 관료들이나 금융업계 종사자들에 대한 정보제공 차원 뿐만 아니라, 앞으로 한국 금융계를 이끌어 가게 될 우리 학생들에게도 월스트리트와 그로 대변되는 글로벌 자본시장의 이해를 도모할 수 있는 훌륭한 도구가 될 수 있다고 믿는다.

김지욱 위원의 노고를 치하하며, 이 책의 일독을 감히 독자들에게 권하는 바이다.

2016년 12월

서울대학교 경영대학 명예교수 **민 상 기**

언론계 추천사

신한은행 김지욱 부장과의 인연은 2014년 봄으로 거슬러 올라간다. 당시 필자는 매일경제신문이 2013년 9월 국내 최초로 창간한 유료 온라인 신문인 '매경e신문'을 담당하고 있었다. 매경e신문은 매일경제지면PDF와 매경프리미엄 등으로 구성되어 있는데, 매경프리미엄은 유료 가입자들에게 차별화된 가치를 제공하기 위해 만든 코너였다. 즉, 인터넷이나 신문에서는 볼 수 없고, 오로지 매경프리미엄에서만 즐길 수 있는 고급 콘텐츠로 채운다는 취지였다.

유료 온라인신문의 성공 여부는 차별화된 고급 콘텐츠를 얼마나 담고 있느냐에 달려 있기 때문에, 필자는 당시 매경프리미엄에 훌륭한 칼럼을 기고할 수 있는 사람들을 찾느라 분주했다.

그러던 중 당시 매경 증권부의 한 후배 기자가 "참신한 글을 쓸 수 있을 것 같은 자본시장 전문가가 있다"면서 소개해 준 인물이 바로 당시 신한금융지주 전략기획팀장으로 일하고 있던 김지욱 부장이었다. 김 부장은 과거 글로벌 투자은행 세 곳에서 경력을 쌓고 국내 금융사로 이직한 인물로, 다른 언론매체에도 자본시장과 관련된 칼럼들을 이미 쓴 경험이 있었다. 하지만 처음에 큰 기대를 하지는 않았다. 일단 매경프리미엄의 고정 칼럼니스트로 초빙해서 글을 쓰게 하자는 정도였다. 그렇게 시작한 시리즈가 바로 '김지욱의 IB명장면'이다.

김 부장이 처음에 총 50회 정도 연재를 하겠다고 전해 왔을 때 사실 필자는 속으로 그럴 가능성이 없을 거라고 짐작했었다. 왜냐하면, 김 부장이 아무리 자본시장의 각종 이슈들을 익히 이해하고 많이 알고 있다고 하더라도, 그 것을 독자들이 잘 이해할 수 있도록 글로 표현해내는 것은 다른 차원의 문제라고 보았기 때문이다.

그런데 예상을 완전히 깨고, 이 시리즈는 27개월 동안 100회까지 이어지면서 장수했다. 뿐만 아니라, 매경프리미엄의 여러 컨텐츠 가운데 독자들이 가장 열심히 찾아보는 칼럼 시리즈 중 하나가 됐다. 필자의

짐작이 빗나갔던 가장 큰 이유는, 어려운 자본시장의 이슈들을 친절히 풀어가는 김 부장의 글솜씨를 미처 몰랐기 때문이다. 그래서 100편이라는 방대한 양의 칼럼을 모아서 단행본으로 출판하는 이 책은 기자로서 글만 써왔던 필자가 자신있게 독자들에게 권할 수 있을 것 같다. 일단 글이 재미있고 지루하지 않아 좋다. '이렇게 어려운 주제를 어떻게 이처럼 쉽게 풀어 쓸 수 있을까'라고 감탄이 절로 나오는 대목이 이 책 곳곳에서 눈에 띈다.

한국인들이 피상적으로만 알고 환상을 가지고 있던 월스트리트의 진면목을, 김 부장은 모두 끌어와서 여과 없이 적나라하게 보여준다. 그런 글들을 통해, 한국의 모든 금융인들이 21세기 한국 금융이 나아갈 바에 대해 간접적으로나마 영감을 얻을 수 있다면, 이 책을 단행본으로 다시 출간하는 의의가 충분하지 않을까 생각된다.

김 부장의 노고를 치하하며, 그가 숨가쁘게 달려온 27개월간의 결실을 독자분들도 공유하는 즐거움을 느껴보시길 충심으로 바란다.

2016년 12월

매경닷컴 대표 겸 매일경제신문 프리미엄부장(부국장) **진 성 기**

저자 서문

생각해 보면 이 책은 지난 20여년간의 필자의 열등의식의 발로다. 필자는 IB(투자은행) 세계에 오래 근무하긴 하였지만, 그렇다고 대단한 IB뱅커로 성장하지는 못했다. 이유는 아마도 한 군데 집중하기엔 다방면에 호기심이 너무 많았고, IB 관련 딜을 수임하고 실행하는 것 자체보다는 오히려 그 과정 중에 새롭게 사람들을 만나는 것을 더 즐기는 성격 때문이었던 것 같기도 하다.

대신, 스스로 책 읽기를 좋아하고 평소 밤잠이 많지 않았던 관계로, 언젠가부터 주로 야심한 시간들이나 주말 시간들을 이용하여 IB업에 관련된 국내외 서적들을 손에 잡히는 대로 섭렵하기 시작했다. 여기에 더하여, 인터넷을 뒤져서 얻은 IB업의 역사와 현재, 미래에 대한 각종 자료들을 출력하여 시간 날 때마다 틈틈이 읽어 나갔다. 이런 노력들을 십수년 꾸준히 해오다 보니, 그 여파로 자연발생적으로 탄생한 작품이 바로 이 "김지욱의 IB명장면"이다. 일하다가 우연히 알게 된 매일경제신문의 기자 한 분이, 필자에게 시리즈물로 IB관련 칼럼을 써보는게 어떠냐는 제안을 해 온 것이 지난 2014년 봄이었다. 당시 필자는 월스트리트의 역사와 지난 백년간 명멸해간 수많은 투자은행들의 족적을 살펴보면서, 과연 한국의 금융계가 그들로부터 어떤 시사점을 얻을 수 있을지를 추적해 보고 있었다. 이는 사실 당시 필자의 본업(신한금융지주 전략기획팀장)과도 물론 상당한 관련이 있는 작업이기도 하였다. 그래서 쓰기 시작한 기명칼럼이 바로 매경의 온라인 유료신문인 매경프리미엄에 2014년4월부터 2016년6월까지 27개월 동안 총 100회가 게재된 "김지욱의 IB명장면"이다. "월스트리트"로 상징되는 글로벌IB업계 지난 100년 역사에서 100개 주요 장면을 짚어내어 이들을 IB업을 전혀 모르는 일반 독자들 대상으로 알기 쉽게 친절히 풀어서 설명하면서도 한편으로는 글의 긴장감을 유지하면서 쓰는 것이 말처럼 그렇게 쉬운 일은 아니었다. 칼럼의 분량도 온라인신문의 장점을 최대한 살려서 각 편마다 오프라인 신문으로서는 상상하기 어려운, 편당 A4용지 평균 4매의 꽤 두툼한 분량을 써 나갔다.

이 칼럼은 기고 약 20회를 지날 무렵부터는 매경프리미엄 전체 콘텐츠 중에서도 독자들에게 상당히 호평받고 많이 읽히는 칼럼 시리즈중 하나가 되었다고 들었다. 드디어 100회가 끝나던 그 날의 그 안도감과 허탈감은 몇 달이 지난 지금까지도 기억이 생생하다. 독자들을 실망시켜 드리지 않기 위한 필자의 노력에 조금은 반응이 온 것일까? 이 책을 나중에 단행본으로 내 달라는 요청이 아직 기고 50회를 채 넘지 않았을 때부터 빗발쳤다. 그래서 오늘 이 책은 그러한 독자들의 바람과 지지 속에 햇빛을 보게 된 것이다. 그저 감사할 따름이다. 필자는 앞으로도 이 "김지욱의 IB명장면" 기명칼럼 기고시 보여준 이들 독자들의 긍정적 반응을 기억하면서, 추후 더 좋은 글들을 써 볼 계획을 가지고 있다.

막상 책이 나올 무렵에 되자 몇 분 감사의 말씀을 드려야 할 분들이 떠올랐다. 우선 이 책이 나오게 된 직접적 동기가 된 매경프리미엄 기명칼럼 기고의 기회를 부여해 주신, 매일경제신문의 진성기 부국장님과 김정욱 부장님, 박용범 기자에게 감사의 말씀을 전하고 싶다. 그리고 평소 제 글들을 아껴 주시고 재미있게 읽어 주셨으며, 여기에 더하여 추천사까지 써주신 임종룡 금융위원장님, 한동우 신한금융지주 회장님, 그리고 민상기 서울대 경영대학 명예교수님께도 이 지면을 빌어 진심으로 감사의 말씀을 전한다.

주말이면 자기와 놀아주는 대신에 늘 책을 읽고 노트북PC와 씨름하고 있는 아빠를 허용해 준 초등학생 딸 김보민과, 다소 괴짜라고도 할 수 있는 필자를 옆에서 묵묵히 지켜봐준 아내 안세연에게도 사랑과 감사의 말을 전하지 않을 수 없다.

2016년 12월,

저자 **김 지 욱** 拜上.

목차

Chapter 01 월스트리트의 발전

Chapter 02 월스트리트의 기만

김지욱의 IB명장면

CHAPTER

01

월스트리트의 발전
(1-50화)

CHAPTER 01

월스트리트의 발전(1-50화)

1 JP모건체이스 윌리엄 해리슨의 선택

금융회사 경영진 승계 프로그램이 새삼 세간의 주목을 끌고 있다. 일반적으로 오너가 없고 주식이 분산된 금융회사들은 기업의 영속성과 경영 안정성을 도모하면서도 동시에 조직에 역동성을 부여할 수 있는 경영진 승계 프로그램이 필수적이다. 한국 금융사들도 최근 이 부분에 관심을 가지게 되었으나 미국 등 선진국에서는 이미 오래된 주제다.

미묘한 부분은 후계자를 너무 일찍 골라 놓으면 조직에 균열이 생기게 된다는 점이다. 반면 후계자를 끝내 선정하지 않거나 선정을 너무 늦추면 경영권 안정이 위협받을 소지가 있다.

월스트리트 금융사들은 인수·합병이라는 이벤트의 연속으로 인해 더욱 경영진 승계 프로그램을 정교하게 만들 필요성이 대두되었다. 자신보다 더 훌륭한 후계자를 찾기 위해 회사 간 합병을 통해 외부에서 승계자를 데려온 특이한 사례 하나를 소개한다.

10년 전인 2004년 1월 15일. 뉴욕 증시가 막 개장할 무렵 대형 M&A 뉴스가 터져 나왔다. 윌리엄 해리슨이 CEO로 있던 JP모건체이스와 제이미 다이먼이 CEO로 있던 뱅크원이 전격 합병을 선언했다. 주식 교환 방식으로 뱅크원이 JP모건체이스에 흡수·합병되는 구조였고, 총거래액은 580억달러 규모로 당시로서는 최대 규모 금융권 M&A였다.

외형상으론 뉴욕에 기반을 둔 미국 3위 은행과 시카고에 기반을 둔 미국 5위 은행 간 합병이었다. 그리고 2000년 9월 단행된 체이스맨해튼의 JP모건 인수로 인해 탄생한 JP모건체이스가 그간의 부진을 반전시킬 모멘텀을 만들 수 있을지가 주목거리였다.

그러나 실제로 이 M&A에서 진짜 중요한 관점은, 인수되는 쪽인 뱅크원그룹의 에너지 넘치는 CEO인 제이미 다이먼이 당시 60세를 넘었던 윌리엄 해리슨 JP모건체이스 CEO 뒤를 이을 후계자로 천명되었다는 사실이었다.

합병과 동시에 해리슨은 회장 겸 CEO(최고경영자), 다이먼은 사장 겸 COO(최고운용책임자)로 역할을 분담했다. 2년 후에는 해리슨이 은퇴하면서 다이먼이 CEO 자리를 물려받기로 결정하고 진행한 인수·합병이었다.

이 사건을 2008년 글로벌 금융위기를 거치면서 '최후의 승자(The last man standing)'라는 호칭을 얻게 된 제이미 다이먼 관점에서 설명 할 수도 있지만, 필자는 제이미 다이먼이란 걸출한 인물을 외부에서 영입해 자기 왕국을 넘겨준 윌리엄 해리슨의 선택에 주목했다.

해리슨이 2004년 1월 처했던 상황을 이해하려면 그전에 있었던 JP모건체이스 인수·합병 몇 개를 이해해야 한다. 뱅크원 인수·합병을 선언할 당시 JP모건체이스를 지배하고 있던 경영진은 이른바 '케미컬 마피아(Chemical Mafia)' 또는 '시플리의 아이들(Shipley's Kids)'이라고 불리던 일단의 집단이었다.

한때 부시(아들) 대통령 정부 때 재무장관 후보 물망까지 올랐던 월터 시플리(Walter Shipley 1935년생)가 무려 18년간(1981~1999년)을 옛 케미컬은행과 옛 체이스맨해튼은행 CEO로 재직하면서 대형 M&A 3건을 통해 은행그룹을 크게 키웠다(1987년 텍사스커머스은행 인수, 1991년 매뉴팩처러스하노버은행 인수, 1996년 체이스맨해튼은행 인수. 마지막 인수·합병건은 케미컬은행이 체이스맨해튼은행을 인수한 것이었으나 합병 은행 이름을 역사가 더 오래되고 브랜드 가치에서 앞섰던 체이스맨해튼으로 정했다).

시플리가 은퇴한 후 후계자가 된 인물이 윌리엄 해리슨과 몇몇 옛 케미컬은행 출신 고위 임원들이었다. 2000년 9월 체이스맨해튼이 옛 JP모건을 329억달러에 인수해 JP모건체이스를 탄생시킬 때만 해도 해리슨이 영도하는 케미컬마피아그룹은 새롭게 탄생한 JP모건체이스그룹을 경영할 자신이 있었다.

그리고 기본적으로 옛 JP모건 경영진이 스스로 알아서 대거 은퇴 내지 전직을 해버렸다(사실 경영자로서 자질을 갖춘 똑똑한 인재들은 아무래도 더 공격적이고 유서 깊은 IB였던 옛 JP모건에 더 많았다고 볼 수 있었다).

흔히 'Heritage Morgan(모건의 후예들)'이라고 불리는 옛 JP모건 잔재는 재빨리 합병 은행에서 사라져 버렸다. 이에 따라 당시 은퇴할 나이를 향해 가고 있던 해리슨은 점점 초조해질 수밖에 없었다. JP모건 합병 직후 골드만삭스 부회장 출신인 제프 보이시(Jeff Boisi)라는 인물을 후계자 격인 IB사업부문 공동 CEO로 임명했다.

보이시가 2년도 못 버티고 '자의 반, 타의 반'으로 물러나자 이번엔 1999년 네이션스뱅크의 뱅크오브아메리카 인수 전까지 옛 뱅크오브아메리카 마지막 CEO였던 데이비드 콜터(David Coulter)를 영입해 보이시가 떠난 자리에 기용해 보기도 했다.

마지막으로 케미컬마피아그룹의 마지막 남아 있던 CEO 후보였던 도널드 레이턴(Donald Layton) 체이스파이낸셜서비스(리테일과 상업은행 사업부문) CEO를 2인자로 기용해 보기도 하였으나 합병 후 주가는 계속 미끄러지기만 하였고 실적도 점점 형편없어졌다. 시장이 윌리엄 해리슨이 테스트하여 본 세 후계자그룹 전체에 불신임을 보냈던 것이다.

이때 마침 자기를 헌신짝처럼 버린 샌퍼드 웨일 당시 씨티그룹 회장에게 복수할 길을 찾고 있던 시카고 소재 뱅크원그룹 CEO 제이미 다이먼이 그의 눈에 들어왔던 것이다. 해리슨으로서는 거대한 금융왕국을 제대로 경영해 줄 후계자가 필요했다.

더욱이 뉴욕 인근과 텍사스에만 기반이 있던 JP모건체이스의 미국 내 영업권역을 넓혀야 한다는 전략적 요청에도 부합한 선택이었다. 다이먼으로서는 뉴욕으로 금의환향할 절호의 찬스를 잡은 선택이었다. 두 사람 이해관계는 절묘하게 맞아떨어졌다.

이번 M&A 협상은 두 CEO들 최측근 인사들 단 몇 명만 알 정도로 은밀하게 진행됐다. 첫 인수·합병 대화부터 합병 발표가 있기까지 거의 반년에 가까운 지루한 협상 끝에 마무리됐다.

이 인수·합병이 있기 전까지 거의 1세기 이상 금융권에서 인수·합병이 밥먹듯이 일어나고 있던 미국에서조차 가장 적절한 후계자를 외부에서 찾기 위해 인수·합병이란 방식을 동원한 사례가 거의 없었다. 이 인수·합병은 'IB 명장면' 중 하나로 남을 듯싶다.

합병 발표 이후 JP모건체이스 주가가 반등하기 시작했고, 2006년 1월 다이먼이 CEO직을 승계하고 난 후에는 완연히 JP모건체이스가 본궤도에 오르게 된다.

2008년 전대미문의 금융위기를 겪으면서 제이미 다이먼은 JP모건체이스를 세계 1위 은행그룹으로 만들어냈고 월스트리트 전체를 대변하는 상징적인 인물로 자리매김을 하게 됐다. 지금은 은퇴해 편안한 여생을 즐기고 있는 해리슨으로서는 자다가도 미소가 나올 일이 아닐까 싶다.

다이먼 활약에 힘입어 해리슨이 재직 당시에 받은 스톡옵션 가치가 엄청나게 상승했음은 두 말할 나위도 없다. 누이 좋고 매부 좋은 결과라고 해야 하지 않을지? 자기 회사 조직문화에 맞는 승계 프로그램을 구상하고 있는 한국 금융사들에 적지 않은 시사점을 던진다.

2014. 4. 9

2 세기의 금융발명품 CDS를 만든 그녀(상)

얼마 전에 JP모건체이스그룹이 코모디티(실물자산/원자재) 사업 부문을 다국적 코모디티 트레이딩 회사인 머큐리아(Mercuria)에 35억달러(약 3조8000억원)를 받고 매각했다는 기사가 나왔다.

기사가 주목을 끈 것은 두 가지 이유에서다. 우선 글로벌 금융그룹들이 리스크가 상대적으로 높은 코모디티 사업 부문을 매각하거나 대폭 축소하는 추세라는 점이다.

이는 기본적으로 BASEL III의 도입으로 인해 위험값이 큰 실물자산 거래를 할 경우 금융사들이 더 많은 보완자본을 충족할 것을 요구당하기 때문이다. 심지어 미국 연준은 미국 내 대형 금융사들에 코모디티 거래를 아예 허용하지 않는 감독 규정 개정을 추진하고 있기도 하다.

그러나 이 기사가 더 주목을 끈 부분은 블라이스 매스터스(Blythe Masters)라는 JP모건체이스그룹의 코모디티 사업 부문 총책임을 맡고 있던 여성 때문이었다. 매스터스가 매각과 함께 JP모건체이스를 떠날 것인지, 떠난다면 머큐리아로 같이 이동하는 것인지, 아니면 다른 길을 가는 것인지가 더욱 큰 관심사였던 것이다.

그렇다면 대체 이 여자는 누구일까. 매스터스는 1969년 영국 남부 켄트주에서 태어났다. 푸른 눈에 호리호리한 키, 아름다운 금발을 지닌 그녀는 공부도 아주 잘해서 전액 장학금을 받고 케임브리지대학 경제학과를 다녔다.

대학 시절부터 여름방학 때마다 런던 금융회사에 가서 인턴생활을 했던 그녀는 1991년 졸업과 함께 JP모건에 취업하게 된다. 그녀가 들어간 부서가 바로 파생상품 업계 역대급 전설 중 하나인 피터 핸콕(Peter Hancock) 당시 채권사업부문장(현 AIG그룹 총괄 CEO)이 만든 IDM(Investors Derivatives Marketing)이라는 정체불명의 팀이었다.

런던 지사에서 1년 근무한 후에 JP모건 뉴욕 본사의 IDM부서로 전보돼 일하게 된 매스터스는 1994년에 사상 최초 신용부도 스왑거래(CDS·Credit Default Swap)라고 하는 상품을 만들어 내게 된다.

이 상품이 출현하게 된 계기를 살펴보면 실로 우연한 기회 때문이었다. 1989년 3월 석유메이저인 엑손사가 소유한 유조선 '엑손-발데스호'가 알래스카주 프린스에드워드 해협을 지나다 기름탱크가 터져 무려 300만ℓ라는 천문학적인 기름이 바다에 유출된 전대미문의 사고가 일어났다. 이 재앙적 환경 파괴는 지구의 가장 아름다운 자연 보고 중 하나를 쑥대밭으로 만들어 버렸고, 엑손은 당연히 피해보상 소송을 당하게 됐다.

4년반이 넘는 지루한 소송 끝에 1993년 말 엑손 측은 총 52억달러에 달하는 막대한 벌금을 내야 할 처지로 내몰리게 된다. 어쩔 수 없이 이 회사는 주거래 은행들이었던 JP모건·바클레이스로부터 도합 48억달러의 신용공여한도(Credit Line)를 설정받았다.

당시 JP모건 경영진은 심각한 고민에 빠졌다. 이 대출의 집행은 의무자기자본비율(Capital Adequacy Ratio Rule) 부족 및 내부신용공여한도(Internal Credit Line Limit) 초과라는 두 가지 문제를 내포하고 있었기 때문이다.

그렇다고 이 신용공여 요청을 무턱대고 거절할 수도 없었다. 엑손은 JP모건의 최우수 우량 고객이었기 때문이다. 이 대출을 일단 대출유통시장(Secondary loan market)에서 다시 제3기관에 되팔아 유동화할 수도 있었으나, 이는 엑손 측과의 오랜 신의를 저버리는 일이며 고객 하나를 영원히 놓치게 될 수도 있는 일이라 선뜻 이러지도 저러지도 못하는 진퇴양난에 빠지게 된 것이었다.

이때 IDM 부서의 신참내기 직원이었던 매스터스가 사람들이 깜짝 놀랄 자기만의 해법을 하나 제시했다. 그녀는 전문용어로 '초(超)국가기관(Supranational Institution)'이라고 불리는 런던 소재 유럽부흥개발은행(EBRD·European Bank for Reconstruction and Development)을 주목했다.

이 은행은 미국과 유럽이 공동투자해서 만든 정책금융기관으로, 대출 여력이 막강했음에도 불구하고 위험이 높은 고위험 대출 쪽은 철저히 막히고 낮은 수익률만 얻고 있던 바, 이래저래 수익을 좀 더 낼 수 있는 투자거리를 열심히 찾고 있던 형편이었다.

매스터스는 이 EBRD와 JP모건의 이해관계가 맞아떨어질 수 있다는 데 착안했다. 즉 엑손과의 거래에 걸린 신용위험(Credit Risk)을, 그 대출을 제3기관에 매도하지 않고도 덜어낼 수 있는 방법을 제시한 것이다.

매스터스는 EBRD 측에 엑손의 신용공여한도가 가지고 있는 위험(디폴트가 날 위험)을 떠안아 준다면 그 대가로 JP모건은 해마다 일정한 규모의 수수료를 EBRD 측에 지불하겠다고 제안했다. 석유메이저 엑손이 실제로 파산할 가능성은 여러 분석상 거의 불가능하다고 보였기 때문에 이 제안은 말 그대로 양쪽에 모두 윈윈이 될 수 있는 거래였다.

이 대출은 JP모건 대차대조표에 그대로 남아 있기에 엑손과 좋은 관계를 해치지 않아도 됐으며 한편으론 이 거래에서 일어나는 모든 위험은 이제 EBRD가 떠안을 것이므로 자본적정성 비율·내부 신용공여한도 규정도 어기지 않게 된 것이다. 이 최초의 CDS 거래가 몇 달간 치열한 협상 끝에 실제로 성사되자 매스터스는 일약 월스트리트의 신데렐라 스타가 된다. 그녀 나이 겨우 25세 때였다.

2014. 4. 15

3 금융발명품 CDS를 만든 그녀 (하)

마스터스는 여기서 만족하지 않고 한발 더 나아갔다. 1997년에 마스터스와 그녀의 팀은 1994년 엑슨-EBRD 거래의 '카운터파티(거래당사자)'였던 EBRD보다 신용도가 떨어지는 카운터파티들과도 이런 유형의 거래를 할 수 있는 방법이 없을까 연구했다.

그러다 역시 세계 최초의 'CDO(Collateralized Debt Obligation)'거래라고 오늘날 평가받고 있는 'BISTRO(Broad Index Secured Trust Offering)'라는 상품을 만들어냈다.

이 상품의 원리는 의외로 간단하다. 신용도가 다른 수많은 차주를 다 합치고(collateralized), 이를 다시 썰고(slicing), 신용도가 다르기에 수익률이 각각 다른 '합성증권상품(synthetic securitization)'을 만들어 내 각각의 투자 욕구가 있는 다른 계층의 투자가에게 나누어 판다는 개념이다.

오늘날에는 이런 개념이 쉽게 다가오지만 이런 상품을 처음 만들어낸 사람의 고충은 대단히 큰 것이었다. 일단 없는 제도를 만들어 나가는 개념이었고, 당시 파생상품에 대해 극히 보수적인 시각을 가지고 있던 규제 감독당국도 잘 이해시키면서 진행해야 하는 매우 어려운 거래였다.

BISTRO는 JP모건이 신용을 공여하고 있던 총 307개 차주, 총 여신 97억달러의 신용위험(디폴트)을 담보하는 7억달러의 CDO증권을 만든 뒤 선순위(senior), 중순위(mezzanine), 후순위(junior) 등 세 개의 트렌치(trenche)로 나눠 각각 다른 금리조건으로 유동화한 상품이었다.

7억달러는 물론 97억달러의 단 8%밖에 되지 않는데 어떻게 그 금액으로 97억달러의 총 여신 한도의 위험이 커버되느냐고 당장 반문할 것이다. 그러나 100만달러짜리 주택에 대한 손해보험금으로 7만5000달러만 지불하면 되는 것과 같은 원리다.

기초자산을 구성하는 307개 차주가 한꺼번에 도산할 가능성은 제로에 가깝다는 모델을 만들어 마스터스 팀은 신용평가기관들을 설득한 것이다. 이 거래는 대성공을 거뒀고 그 CDO증권은 날개 돋친 듯이 팔렸다.

그러자 모든 경쟁사들이 앞다퉈 JP모건의 이 상품을 카피해서 자기들 상품을 만들어내기 시작하였다. 1994년에 시작되고 1997년경부터 본격적으로 만개하기 시작한 이 CDS시장은 그 후 그야말로 폭발적으로 성장해 규모가 1998년에 3000억달러, 2002년에는 2조달러, 2008년 여름의 소위 '신용시장 정점'에서는 38조달러라는 천문학적인 시장으로 커지게 된다.

마스터스의 JP모건 회사 내 위상도 급격히 달라졌다. 입사한 지 겨우 6년 만에 28세 나이로 한국 금융회사로 치면 임원급인 'Managing Director'로 최연소 승진했고(이 기록은 현재까지도 JP모건체이스그룹 내에서 깨지지 않고 있다고 한다) 2004년에는 여성으로서는 JP모건체이스 역사상 최초로 투자은행 사업부문의 최고재무책임자(CFO)로까지 성장한다.

그해 언론이 뽑은 '월스트리트의 떠오르는 스타 40세 이하 40인', 즉 차세대 미국 금융계를 이끌어갈 40세 미만의 젊은 뱅커 40명 중에서 당당히 1등을 기록하며 인생 최고의 절정을 구가한다.

보통 사람들 인생에 굴곡이 있듯이 영원히 잘나갈 것으로 보였던 마스터스도 2008년 글로벌 금융위기로 인해 명성에 큰 타격을 입는다. 마스터스 팀이 만들어낸 CDS와 CDO가 '주택모기지(commercial residential mortgage)' 상품을 만나면서 변질된 소위 '주택저당권유동화증권(CMBS)' 상품이 2000년대 중반 미국 신용시장에서 거대한 규모로 성장하게 되는데, 신용 거품이 꺼지면서 2008년에 전대미문의 금융위기가 오는 단초를 제공했다.

베어스턴스, 리먼브러더스, AIG를 위시해 한때 잘나가던 금융사들이 몰락하고, 파생상품계의 여왕으로 스포트라이트를 한 몸에 받았던 마스터스도 이때에 이르러서는 굴욕적인 별명, 즉 '금융대량살상무기를 발명한 여자(The woman who invented the financial weapon of mass destruction)'라는 소리를 듣게 된다.

그러나 이는 상당 부분 부당한 공격이었다. 마스터스가 파생상품과 주택모기지를 결합하자고 한 적은 단 한 번도 없었고, 그녀 스스로가 주택저당권유동화증권을 실제로 만들어 판 적도 없었기 때문이다.

항상 대중은 어떤 참을 수 없는 상황이 벌어지면 희생양을 찾기 마련이며 마스터스는 대중에게 너무 알려져 있던 관계로 본의 아니게 대중의 타깃이 됐던 것이다. 여하튼 이때 받았던 그녀의 상처는 매우 큰 것이었고 그 후 마스터스는 점차 대중의 기억에서 사라져 갔다.

그러나 JP모건은 20년 가까이 JP모건체이스그룹에 근무하며 엄청난 수익을 가져다주었던 그녀를 버릴 수 없어서 2007년 이후 그녀에게 코모디티(실물자산·원자재) 사업부문을 맡아서 독립적으로 운용하게 했다. 그러나 이미 이 시기에 그녀는 제이미 다이먼 JP모건체이스 회장의 후계구도에서는 완전히 제거된 상황이었다.

모두에서 설명했듯이 월스트리트 대형 금융사들이 운용 중이던 코모디티 사업부문에 대한 각종 새로운 규제들이 연달아 나오면서 몇몇 그룹은 아예 이 사업부문을 처분하거나 대폭 축소하는 기류가 형성됐고, 2013년에 터져 나온 유명한 '런던 웨일(London Whale)' 사건을 계기로 JP모건체이스그룹은 이 사업부문을 이번에 통째로 매각해 버린 것 같다. 마스터스라는 한 시대를 풍미했던 이 전설적인 파생상품의 '구루(guru)'도 코모디티 사업부문 매각과 함께 JP모건체이스그룹에서 사임하기로 결정했다는 소식이다.

이 시점에서 그녀가 다음에 무엇을 할 것인지에 대해서는 알려진 바 없다.*

다만, 확실한 점이 두 가지 있다. 그녀를 모델로 하는 할리우드 영화가 만들어질 예정이라는 소식이며, 그 영화에서 마스터스 역을 연기할 여자 주연 배우로는 영국의 성격파 여배우 '틸다 스윈턴'이 유력하게 거명되고 있다고 한다.

다른 하나는 마스터스가 1969년생으로 우리 나이로 쳐도 아직 겨우 마흔여섯 살에 불과하다는 것이다. 아직 월스트리트에서 그녀가 완전히 사라질 것이라고 믿기엔 그녀는 너무 젊다.

2014. 4. 23

* 2015년, 미국의 블록체인 신규업체인 Digital Asset Holdings의 CEO로 영입됨

4 뉴욕시 파산을 구한 펠릭스 로하틴

뉴욕은 매력적인 도시다. 금융 메카 월스트리트가 있고, 세계에서 가장 아름다운 도심 공원(Inner-City park)으로 평가받는 센트럴파크가 있다. 그리고 코즈모폴리턴적 도시 성격으로 인해 세계적인 재능들이 꾸역꾸역 모여들고, 그들로 인해 문화가 새롭게 업그레이드되고 창조된다.

그런데 이런 뉴욕시가 39년 전인 1975년 완전히 파산해 거덜난 적 있다는 것을 기억하는 사람은 드물다. 그리고 그 뉴욕을 파산에서 구해서 오늘날 번영을 구가하게끔 재기의 발판을 마련한 유대계 금융인 펠릭스 로하틴(Felix Rohatyn)에 대한 기억도 희미해지고 있는 것 같다. 오늘은 그 이야기를 하고자 한다.

1975년 4월 뉴욕시는 일대 혼란에 빠졌다. 1960년대 중반 민주당 존슨 행정부가 위대한 사회(The Great Society) 정책을 입안한 이래 뉴욕시 시정(市政)은 방만함의 극치였다.

뉴욕시는 미친 듯이 지방정부채권(Municipality Bond)을 찍어 시 재정적자를 지탱하고 있었으나, 1975년 봄이 되자 이제 더 이상 자본시장에서 자금을 조달할 방법이 없었다. 그해 4월 만기가 돌아온 지방채 6억달러를 리파이낸싱할 수가 없어서 파산을 선언한다.

파산 원인은 여러 가지가 있을 수 있겠다. ▲지방세 세수를 너무 낙관적으로 예상한 점 ▲시 공무원 연기금에 대한 과도한 지원 ▲시 일반운용비용에 대한 과도한 자본 지출 ▲비효율적 예산 운용 ▲전투적이고 비타협적인 시 공무원 노조 등이다.

파산하기 1년 전인 1974년에만 해도 시는 무려 1만3000명에 달하는 공무원을 신규 채용했고, 비판이 제기되자 장기 근속자를 중심으로 명예퇴직을 실시했는데 당시 거기에 응한 공무원은 당해연도 신규 채용 인원 대비 30분의 1 수준인 436명에 불과했다.

파산 당시 뉴욕시 금융권 부채는 총 110억달러, 당시 환율을 적용해도 약 9조원에 달하는 어마어마한 규모였다(1975년 당시는 한국이 총 50억달러 수출을 돌파했다고 좋아하던 시절이었다).

뉴욕시 파산을 떠안게 된 당시 뉴욕주지사 휴 캐리(Hugh Carey)는 즉시 MAC(Municipal Assistance Corporation)라는 특별기구를 만들고, 그 수장으로 당시 월스트리트 투자은행인 라자드(Lazard) 사장으로 재직 중이던 펠릭스 로하틴을 임명한다.

이런 문제를 해결할 수 있는 인물은 반드시 금융인, 그것도 재능이 뛰어난 금융인이어야 한다고 판단했기 때문이다. 그러면 로하틴은 누구였을까.

1928년 오스트리아 빈 출생인 유대인 로하틴은 목숨을 걸고 나치 박해를 피해 탈출해 미국으로 망명한 인물이었다. 구사일생으로 브라질을 거쳐 뉴욕에 터를 잡은 로하틴은 뉴욕에서 학교를 졸업하고 뉴욕 투자은행인 라자드에서 1949년 직장생활을 시작해 1972년에는 사장직까지 승진한다.

그는 굴지 대기업들에 대한 인수·합병 업무와 파산한 회사들에 대한 채무재조정(Debt Restructuring) 업무 등에서 뛰어난 수완을 발휘한 검증된 IB뱅커였다. 무엇보다 코즈모폴리턴적인 사상에 찬 유대인이었던 로하틴은 제2 고향인 뉴욕을 구해야 한다는 철저한 사명감으로 무장하고 있었다.

MAC 수장으로서 로하틴은 즉시 행동에 돌입한다. 뉴욕시 모든 공무원 급여는 무기한 동결됐다. 장기 근속자와 능력 부진자를 중심으로 4만명가량 공무원 인원 삭감이 단행됐다. 뉴욕시 지하철 요금이 두 배로 인상됐다. 그때까지 거의 공짜였던 뉴욕시립대학(City University of New York) 시스템하 9개 캠퍼스 등

록금이 큰 폭으로 인상됐다. 시립병원 중 절반이 문을 닫고, 워킹맘들을 위한 주간 무료 탁아소도 상당수가 임시 폐쇄됐다.

시 부채를 갚기 위해 MAC 이름으로 발행된 새로운 채권의 시장가격을 유지하기 위해 뉴욕시가 거두는 각종 세금을 뉴욕주가 대신 환수해 그 환수금으로 만기가 돌아온 부채를 우선 상환하는 특별법이 뉴욕주 의회를 통과해 시행됐다.

로하틴의 진가는 채권은행단과 채무 재조정 협상을 하면서 드러났다. 그는 평소 월스트리트 경쟁사들이자 친구들이기도 한 이들 채권은행단을 집중 설득해 단기로 구성된 채권을 장기채권으로 전환하고 이자도 저렴하게 낮춰 수령하는 새로운 파이낸싱 플랜을 관철했다.

이 모든 조치가 단계별로 이루어지자 시 파산 이후 약 반년간 관망하고 있던 미국 연방정부가 그해 11월 드디어 개입해 긴급 단기 구제자금 23억달러를 투입하게 된다. 자금 지원 조건은 물론 시 재정 상태를 3년 이내에 균형재정으로 돌려야 한다는 조건이었다. 이 단기 구제자금 투입으로 일단 시정에 숨통이 트이자 MAC이 발행한 채권 가격이 상승하고 드디어 신뢰를 회복되게 된다.

로하틴의 경영하에 MAC은 그 후 3년 동안 총 100억달러어치 채권을 발행해 기존에 디폴트 상태였던 뉴욕시 부채 전액을 해결하였다. 물론 이 파산으로 인한 대가는 혹독했다. 시가 거두는 지방세 세율이 가파르게 올랐고, 시 공무원 수는 30% 줄었으며 각종 사회복지 혜택이 상당 부분 줄어들었다. 그러나 어찌됐든 뉴욕은 이 유대인 금융가의 노력으로 '복구(Restore)'된 것이다.

로하틴은 MAC 수장 임무를 마치고 다시 월가 투자은행인 라자드로 복귀했다. 그 후 그는 클린턴 행정부 시절에 연방정부 재무장관과 연준 이사 등 공직 물망에 각각 올랐으나 당시 공화당이 장악한 의회에서 반대해 실제 임명까지 가지는 못했다.

그러나 그는 1997~2000년 프랑스 주재 미국대사로 봉직했고, 21세기에 들어와서는 라자드, 리먼브러더스 등 월스트리트 투자은행 CEO들에게 조언하는 생활을 하면서 노후를 보내고 있다. 올해 86세인 로하틴은 물론 여전히 그가 사랑하는 뉴욕시에서 살고 있다.

2014. 4. 30

5 지자체가 파생상품을 만났을 때 - 오렌지카운티의 파산

1994년이 저물어 가던 12월 6일, 다소 특이한(?) 뉴스가 미국 캘리포니아에서 터져 나왔다. 미국에서도 가장 부유한 군(County) 중 하나인, 남부 캘리포니아의 오렌지카운티가 '챕터 9(Chapter 9)' 파산신청을 한 것이다.

미국 연방파산법에 지방자치단체(municipality)의 파산 및 회생 절차가 자세히 법제화된 1934년부터 2012년 말까지 총 61번의 지방자치단체 파산이 미국에서 있었지만 오렌지카운티의 파산은 사유가 다소 특이했다. 파생상품 투자를 잘못해 무려 20억달러(2조1000억원 상당)의 손해를 입은 뒤 이를 갚을 방법이 없어서 파산신청을 한 것이었다. 대체 무슨 일이 일어난 것일까?

1980년대 말~1990년대 초 미국 대부분의 지방자치단체들은 심각한 고민에 빠져 있었다. 80년대 말의 경기악화와 그에 따른 세수 부족으로 예산 확보가 어려웠으나 투표권을 가진 선거구민들이 무서워 정치권에서는 증세도 못하고, 그렇다고 긴축재정 편성도 못하는 어정쩡한 상황이었다.

오렌지카운티는 특히 심각했다. 보수적인 공화당이 수십 년째 장악하고 있었기에, 부유층 인구가 절대 다수임에도 세금을 올릴 수가 없었던 것이다. 당시 오렌지카운티의 재정집행관(Treasurer & Tax Collector)이었던 로버트 시트론이 선택할 수 있었던 유일한 방법은 탐욕스러운 월스트리트에 도움을 청하는 것이었다.

즉, 기존 세수금을 잘 '운용(manage)'해서, 거기서 나온 '수익(yield)'을 가지고 부족한 예산을 충당하고자 하는, 일종의 헤지펀드 매니저 같은 발상을 한 것이었다. 이 어처구니없는 발상을 도운 것은 물론 월스트리트였다.

월스트리트 투자은행들 중에서도 지방자치단체들에 대한 투자자문(investment advisory)에서 가장 돋보이는 팀을 보유한 회사가 메릴린치였다. 당시 메릴린치의 담당 팀장이었던 마이클 스터맨슨을 만난 것이 시트론으로서는 처음에는 행운, 나중에는 파국이 되었다.

당시 약 80억달러의 세수 자금을 관리하던 시트론에게 스터맨슨은 수익률 극대화를 위해 파생상품들을 소개하기 시작했다. 문제는 수익률 극대화를 위해 레버리지까지 사용했다는 점이다.

1993년 한 해에만 시트론은 스터맨슨 팀을 통해 총 63억달러라는, 당시로서는 엄청난 규모의 파생상품 계약을 체결했고 이들 거래를 통해 메릴린치는 중개수수료로만 1억달러 이상을 벌어들였다.

그런데 이 파생상품이 대부분 IRS(Interest Rate Swap), 즉 이자율 스왑 상품이었는데 미국 국채의 기준금리가 유지되거나 낮아질 경우에는 돈을 벌지만 반대로 기준금리가 오르기 시작하면 그야말로 파국적 상황을 맞게 되는 포지션들이었다. 더구나 최소 158% 최대 292%라는, 지방자치단체로서는 생각조차 못할 높은 레버리지를 일으켜 진행한 투자였다.

처음 몇 년간은 투자가 성공을 거두어 대략 연 10% 선의 수익을 가져다 주었고 주민들은 시트론을(워런 버핏을 '오마하의 현인'이라고 부르는 걸 빗대어) '오렌지카운티의 현인(The Oracle of Orange County)'이라고 칭송하기까지 했다.

상황은 1994년 봄부터 반전됐다. 미국 연방준비제도이사회가 금리를 올리기 시작한 것이다. 그러자 시트론이 투자한 포지션들이 바로 평가손을 일으키기 시작했고, 파생상품계약에 의거해 투자은행들은 담보(collateral)를 더 쌓을 것을 요구하는 마진 콜(margin call)을 때리기 시작했다.

그런데 기존에 가지고 있던 국공채를 담보로 제공하고도 모자라게 되자 오렌지카운티 명의로 새로운 지방자치단체 채권(municipality bond)을 다시 발행하는 방법으로 마진 콜에 간신히 응해나갔다.

하지만 1994년 12월 오렌지카운티의 재정 상태가 이미 망가졌음을 간파한 투자은행 크레디트스위스퍼스트보스턴(CSFB)이 오렌지카운티의 레포(Repo) 롤오버(Roll-Over)를 막아버리자 오렌지카운티는 결국 20억달러라는 막대한 규모의 실현손실을 일으키며 파산신청을 하고만 것이다. 마치 포지션을 잘 못 잡은 헤지펀드가 순식간에 붕괴되는 것과 똑같은 양태를 보이며 지자체가 무너져 버린 것이다.

파산신청 이후 엄청난 소송전이 전개되었다. (물론 시트론은 파면됐고, 공식 기소돼 6가지 중죄로 재판을 받고 6년형을 선고받았다.) 오렌지카운티가 할 수 있었던 유일한 몸부림은 파생상품을 처음 소개한 메릴린치를 비롯한 12개 투자은행들을 투자가 오도 혐의로 소송을 걸어서 손실금액의 일부라도 배상을 받아내는 방법이었다.

지루한 법정공방이 이어졌으나 결국 4년 후인 1998년 메릴린치는 4억달러를 위로금(손해배상금이 아니라)으로 지급하는 조건으로 오렌지카운티와 합의에 이르러 법정소송을 취하하게 할 수 있었다. 궁극적으로 오렌지카운티는 총 손실금액의 30% 수준인 대략 6억달러가량을 투자은행들로부터 받았을 뿐이었다.

그리고 파산의 결과, 오렌지카운티는 그 후 약 5년에 걸쳐 엄청난 긴축재정을 유지할 수밖에 없었고, 카운티 공무원 중 약 3000명이 일자리를 잃었다. 또한 관내 187개 각급 학교에 대한 재정지원이 대폭 삭감되는 등 주민들이 파산 후 받은 불이익은 이루 헤아릴 수 없는 것이었다. 월스트리트의 탐욕(greed)과 지방자치단체의 무지(ignorance)가 만나 초래한 결과는 오직 선량한 주민들의 고통(pain)이었다.

2013년 말 현재, 총 244개의 지방자치단체(16개 광역, 228개 기초) 중 220개의 재정자립도가 50% 이하인 데다 특히 지방자치단체 파산과 회생제도 자체가 아직 법제화되어 있지 않은 한국의 현실에서는 이런 이야기가 먼 나라 이야기로 들릴지도 모르겠다.

그러나 20여 년 전 오렌지카운티와 시트론에 닥쳤던 현실이 향후 한국에서도 일어나지 말라는 법은 없을 것 같다. 지방자치단체 역시 국가나 일반 기업처럼 더욱더 많은 돈이 필요하므로.

2014. 5. 7

6 지킬아일랜드클럽의 비밀회동과 연방준비제도의 탄생(상)

때는 1910년 11월 말 어느 음산한 주말. 뉴욕 인근 위성도시인 뉴저지주 뉴아크(Newark) 기차역에서 멀리 사우스 캐롤라이나(South Carolina)의 럭셔리 리조트인 지킬아일랜드헌트클럽(Jekyll Island Hunt Club)으로 가는 전세기차가 출발하고 있었다. 이 전세기차에는 당시 월스트리트 금융가와 워싱턴DC의 재무성을 대표하는 당대 거물들이 일반 시민의 눈을 피해 조용히 탑승하고 있었다.

탑승자 면면을 보면 △칠순이 넘은 노구의 로드아일랜드주 출신 연방상원의원 넬슨 알드리히(Nelson Aldrich) △연방 재무성 금융정책 담당 차관보였던 피앳 앤드루 △뱅커스트러스트은행의 수석부행장이자 뒷날 뉴욕연방준비은행(Federal Reserve Bank of New York)의 초대 총재로 명성을 날리게 되는 벤저민 스트롱 △반세기 뒤 리먼브러더스에 합병되는, 그렇지만 1910년대 당시엔 월스트리트 최고의 투자은행이었던 쿤 로브(Kuhn, Loeb&Co)의 폴 워버그 사장 △내셔널씨티뱅크오브뉴욕(오늘날 씨티뱅크)의 프랭크 밴더립 행장 △제이피모건의 헨리 데이비드슨 수석부행장 △퍼스트내셔널뱅크오브뉴욕(1955년 씨티뱅크에 합병됨)의 찰스 노튼 행장 등 20여 명이었다.

이 당대 금융계 거물들이 도대체 뭘 하려고 남들의 눈을 피해가며 그 머나먼 남쪽 휴양지로 가고 있었던 것일까.

그들이 왜 첩보 영화에서나 나올 법한 이런 비밀 회합을 가졌느냐를 설명하기 앞서 여러분은 다음 두 가지 배경을 이해하고 있어야 한다.

첫 번째는 이 회합이 있기 3년 전인 1907년 여러분이 2008년에 목격한 바 있고 1929년에도 있었다고 듣고 있는 그런 유의 금융위기가 있었다는 점이다. 역사에서는 이 1907년의 금융위기를 '니커보커 위기(Knickerbocker Crisis)'라고 부른다.

니커보커라는 말은 뉴요커(New Yorker), 즉 뉴욕사람의 별칭이다. 문호 워싱턴 어빙이 1809년에 낸 풍자적인 에세이집인 '뉴욕의 어떤 역사(A History of New York)'라는 책에 나오는 주인공 '디트리히 니커보커(Dietrich Knickerbocker)'에서 유래했다고 한다. 현재 NBA프로농구팀인 뉴욕 닉스(New York Knicks) 명칭도 여기서 나왔다.

1907년 10월, 당시 미국에서 수탁액 기준 3위의 대형 신탁은행(Trust Company)이었던 니커보커트러스트컴퍼니(Knickerbocker Trust Company)가 유니온코퍼(Union Copper)라는 회사의 주가 조작 사건에 연루됐다는 사실이 밝혀짐에 따라 오늘날 말하는 '뱅크런'이 일어나 도산하는 일이 벌어졌다.

이 대형 신탁은행의 도산이 곧바로 소위 시스템 위기를 야기해 다른 대형 신탁은행인 트러스트컴퍼니오브아메리카(Trust Company of America)와 링컨트러스트컴퍼니(Lincoln Trust Compnay)도 연이어 도산 위기로 내몰렸다. 그러자 이 신탁은행들의 결제은행이었던 일반 시중은행들 약 12개가 미처 정신을 차릴 틈도 없이 줄줄이 뱅크런이 일어나는 걷잡을 수 없는 상황으로 내몰렸다.

두 번째는 2008년 금융위기 때와 달리 1907년 당시에는 미국에 중앙은행이 없었다는 점이다. 이 절체절명의 금융위기를 극복한 사람은 당시 미국 대통령이었던 시어도어 루스벨트도 아니었고, 미국 의회도 아니었다.

구원투수는 명실공히 당대 최고의 뱅커로서 제이피모건은행의 오너였던 존 피어폰트 모건이었다. 그가 이 뱅크런을 잠재우기 위해 오늘날 화폐가치 기준으로 약 1조원에 달하는 자기 개인 자산을 뱅크런이 일어나고 있는 은행들에 분산 예치했다.

동시에 자기 주위의 유력 재벌와 뱅커들에게도 같은 행동을 할 것을 독려하면서 뱅크런은 가까스로 다른 은행들의 추가 도산이 없이 극복되었다.

소위 말하는 시장에 대한 유동성 공급을 민간인이 해낸 것이다. 2008년 금융위기 때 미국 연방준비제도(벤 버냉키·티모시 가이트너)와 미국 재무부(행크 폴슨), 그리고 연방의회가 힘을 합쳐 가까스로 극복한 것을 그 1세기 전에 존 피어폰트 모건이라는 일개 사인(私人)이 해결해 준 것이다.

위기야 겨우 극복되었으나 그 대가는 혹독했다. 미국 뉴욕증권거래소의 주가가 전년 대비 무려 50% 폭락했고, 이에 따른 경기 후퇴와 대규모 실업사태(1929년 대공황과 기본적으로 유사한 구조이며 스케일만 조금 작았다고 보면 됨)로 미국 경제가 그 후 몇 년간 몸살을 앓았던 것이다.

1907년 사태를 경험한 미국 금융계 리더들은 1836년에 앤드루 잭슨 제7대 미국 대통령에 의해 제2미국은행(The Second Bank of United States)이 폐지된 이후 70년 이상 존재하지 않았던 전국적인 중앙은행(Central Bank)의 존재를 생각하지 않을 수 없었던 것이다.

그러나 오늘날 기준으로 보면 없는 것이 오히려 이상한 이 중앙은행제도를 미국에 도입하는 것은 절대 쉬운 일이 아니었다. 역사적인 이유 때문이다.

그렇다면 제1미국은행(1791~1811)과 제2미국은행(1816~1836)은 어떤 은행들이었고, 왜 폐지될 수밖에 없었는지를 간단히 살피고 난 후, 다시 1910년 11월의 지킬아일랜드클럽의 회동으로 가보도록 하자.

2014. 5. 14

7 지킬아일랜드클럽의 비밀회동과 연방준비제도의 탄생(중)

미국이란 새로운 국가가 탄생하던 1789년 당시, 중앙은행이 과연 필요한가에 대해 미국 초대 국무장관이었던 남부 버지니아주 출신 토머스 제퍼슨(훗날 미국 제3대 대통령이 됨)과 초대 재무장관이었던 북부 뉴욕주 출신 알렉산더 해밀턴 사이에 격렬한 논쟁이 벌어졌다.

연방주의자(Federalist)들의 수장이었던 해밀턴은 새롭게 태어난 신생 국가 경제를 안정시키기 위해서는 연방정부가 허가한(Chartered) 하나의 단일 중앙은행이 있어야 하며, 이 중앙은행이 통일화폐의 독점 주조권(National Mint)을 가져야 한다고 주장했다.

이에 반해 공화주의자(Republican)들의 수장인 제퍼슨은 단일 중앙은행의 존재가 결국은 소수의 재계와 금융계 유력자들의 이해관계만을 대변할 것이며 특히 남부 주들의 농업 위주 경제에 타격을 입힐 것이라고 생각했다.

더군다나 이 연방은행의 창설은 제퍼슨 스스로가 기초했던 미국 연방헌법에 아무런 명시적(explicit) 설립 근거가 없는 위헌적 발상이라고 보았다.

해밀턴이 주장한 중앙은행인 가칭 제1미국은행(The First Bank of United States) 창설안의 개요는 다음과 같았다.

1. 이 은행은 민간은행(a private bank)이다.
2. 수권자본금 1000만달러로 설립되는 이 은행에 미국 정부는 20% 지분을 가지며, 나머지 80%는 일반 미국 시민과 심지어 외국인들로부터 유치한다.
3. 주주들의 주금 납입 시에 납입금액의 25%는 금 또는 은으로 현물 납부해야 한다.
4. 외국인 주주는 은행 수익에 대한 배당금 수령 권한만 있을 뿐 주주총회에서 투표권은 없다.
5. 부정행위 방지를 위해 이 은행의 이사들은 순환근무를 시키며 이 은행은 미국 정부가 발행한 국채를 사지 못한다.
6. 이 은행이 통일화폐의 독점 주조 권한을 가진다.
7. 이 은행은 처음 20년 동안 허가를 받으며 20년 만기 시점이 도래하면 의회가 허가기간 연장 여부를 재심사한다 등이었다.

결국 두 개의 정파와 두 개의 철학이 부딪혔던 이 제1미국은행 설립안은 헌법상 명시적인 설립 근거 조항이 없다고 해도 헌법상 정신에서 파생되는 묵시적인(implied) 권한에 의해 정부가 필요로 할 경우 만들 수 있다는 해밀턴식의 헌법 해석을 초대 대통령인 조지 워싱턴이 받아들임으로써 일단락되었다. 따라서 1791년에 뉴욕도 버지니아도 아닌 중간지대인 펜실베이니아주 필라델피아에 설립된다.

그러나 이 은행은 설립한 지 겨우 4년 만에 실질적으로 붕괴되고 말았다. 초기 국정을 수행하기 위해 돈이 많이 필요했던 미국 연방정부가 1795년에 제1미국은행 지분 20%를 팔아버림으로써 이 은행의 건전성을 담보할 유보배당금이 없어져 버린 것이다. 거의 유명무실해졌던 이 은행은 허가기간이 끝나던 1811년에 연방의회에 의해 중앙은행 허가를 갱신받지 못하고 무너지고 만다.

1811년부터 미국은 다시 중앙은행이 없는 나라가 되고 말았다. 그런데 상황 변화가 생겼다. 그 다음해였던 1812년 역사에서 'Anglo-American War'라고 부르는 영미전쟁이 일어났는데 중앙은행의 부존재가 이 전쟁 기간 중에 미국이 목격하는 극심한 경제적 혼란의 한 가지 원인이 되었던 것이다.

중앙은행이 없다 보니 모든 은행이 발권은행이었고 이에 따라 각 은행들은 돈을 미친 듯이 찍어 유통시켰다. 이에 따라 화폐 가치가 폭락했고 약 2년8개월이라는 영미전쟁 기간 중에 무려 1000%가 넘는 인플레이션을 경험하게 된 것이다.

당시 미국 대통령은 제4대 제임스 매디슨 대통령인데 그는 20여 년 전 평생 정치적 동지였던 전임 대통령 토머스 제퍼슨과 함께 이 중앙은행의 설립을 강력히 반대했던 인물이었다. 하지만 스스로 대통령이 된 후에 보니 중앙은행이 없는 것이 오히려 여러 가지로 불편하다는 것을 바로 깨달았던 것이다.

그래서 1816년에 제2미국은행(The Second Bank of United States)이 다시 20년 기한으로 의회의 허가를 받고 문을 열었다. 제2미국은행은 제1미국은행의 수권자본금 1000만달러의 3.5배 수준인 수권자본금 3500만달러로 설립되었다. 700만달러를 연방정부가 투자해 주식 20%를 보유하며 나머지 80% 주식은 약 3000명의 미국인과 약 1000명의 유럽인 주주들에게 분산 매각됐다.

이 은행은 당시 전 세계적으로 수권자본금이 가장 큰 은행이었음은 물론이다(1816년 당시 미국의 국내총생산이 1억2700만달러였고 그해 미국 연방정부 총예산이 3100만달러 수준이었던 점을 고려하면 이 은행이 왜 당시 세계 최대 은행인지 이해할 수 있다).

그러나 이 은행 주식의 과반수는 실제로는 약 100명의 미국과 유럽의 유력 금융 가문들(주로 유대인들)이 투자해 보유하고 있었다. 이 은행은 이사 25명으로 구성되는 이사회와 그 이사들 중 연방정부 대통령이 지명하고 미국 의회가 승인한 1명의 인물이 (본인이 사임하지 않는 한) 종신직 은행 총재로 일하는 지배구조를 가지고 있었다. 처음엔 7개 지점으로 시작해 이 은행이 훗날 폐쇄되는 시점인 1836년에는 전국에 25개 지점을 가지고 운영됐다.

이 두 번째 은행도 그러나 역시 20년 후에 허가를 연장받지 못하고 문을 닫고 만다. 제1미국은행의 실패가 정부 지분의 조기 매각 때문이었다면 제2미국은행의 실패는 다분히 다음 두 가지 사안에 기인하고 있다.

하나는 이 은행 제2대 총재였던 니컬러스 비들이 중앙은행 역할인 인플레이션 잡기에 너무나 열심이었던 나머지 경기 회복을 위해 의도적으로 돈줄을 풀고 싶었던 미국 제7대 대통령인 앤드루 잭슨(재임기간 1829~1837)과 정치적으로 정면충돌한 점이다.

다른 하나는 미국 민간은행 숫자가 1801년 31개에서 1836년 무려 788개로 급성장함에 따라 민간은행이면서도 정부의 독점적 결제은행이었던 제2미국은행에 대한 민간 금융섹터로부터의 특혜 시비 논란이 너무 심해졌던 것이 이유였다.

남부 개척민 출신으로 매우 민주적인(내지는 급진적인) 성향의 잭슨이 부유한 북부 주들을 대변하는 중앙은행을 가만 놔둘 리가 없었던 것이다. 1836년에 독점권을 박탈당한 제2미국은행은 그렇고 그런 은행으로 전락해 결국 1848년에 도산하게 된다.

1836년부터 지킬아일랜드클럽의 비밀회동이 열리는 1910년까지 무려 74년 동안 미국에는 중앙은행이 없는 시대가 계속되었고, 주기적으로 반복되는 금융 공황으로 인해 연방정부뿐만 아니라 시민이 큰 고생을 겪게 된다.

2014. 5. 21

8 지킬아일랜드클럽의 비밀회동과 연방준비제도의 탄생(하)

연방적 차원의 중앙은행 설립 배경이 이해됐다면 다시 1910년 11월 지킬아일랜드클럽의 비밀회동으로 돌아가보자.

이 회동의 주창자였던 넬슨 알드리히 상원의원이 워싱턴DC의 고위급 재무성 관료들과 월스트리트 대형 금융사 총수들을 사우스캐롤라이나주 지킬아일랜드클럽에 불러 모으기까지 2년 이상의 세월이 걸렸다.

1907년 금융위기를 간신히 극복한 의회는 이듬해인 1908년 알드리히 상원의원을 위원장으로 하는 국가통화위원회(National Monetary Commission)를 출범시키고, 이 임시위원회에 유럽 대륙의 중앙은행제도와 미국 금융제도를 연구해 대안을 제시할 것을 명령하였다.

직접 유럽으로 건너간 알드리히 상원의원은 특히 독일에 장기간 체류하면서 당시 신흥 강국인 독일 중앙은행제도를 연구했다. 그 결과 알드리히 의원은 중앙은행 제도의 열렬한 추종자가 되어 미국으로 귀국하게 된다.

그러나 당시 미국 정치권은 강력한 중앙은행제도 재탄생에 대해 아직도 음모론적인 시각을 가지고 있었다. 특히 국가통화위원회 위원장인 알드리히 의원의 개인적 배경이 이러한 정치권 의심을 더욱 부추겼다.

알드리히는 그 스스로 당당한 명문가 자제였을 뿐 아니라 제이피모건은행 창설자인 존 피어폰트 모건과는 정치권에 입문하기 전에 함께 사업을 한 막역한 사이였다. 또 자신의 사위는 바로 록펠러 가문의 후계자인 존 D 록펠러 2세였던 것이다.

정치권은 그가 월스트리트 금융가와 재벌들만을 위한 중앙은행 제도를 만들려고 하는 것이 아닐까 끊임없이 의심했다. 이런 분위기 속에서 대중의 눈을 피해가며 1910년 11월 지킬아일랜드클럽에 모인 관료들과 금융인들은 10일간 합숙하면서 미국에서 세 번째로 만들어지는 중앙은행제도 설립안을 논의했다.

이 같은 '알드리히 플랜'은 철저하게 민간 위주의 중앙은행을 지향하고 있었다. 가칭 'National Reserve Association'이라고 명명된 중앙은행은 최소 1억달러 자본금으로 창설되며, 주주들은 모두 기존에 각 주에서 허가받고 영업 중인 은행들이었다.

전국에 15개 지점망을 갖추고 각 지점은 해당 지역 주주은행(member banks)에 의해 통제를 받는다. National Reserve Association은 금본위제하에서 화폐를 발행하며, 이 화폐는 정부 부채가 아니라 발행한 중앙은행(민간은행)의 부채일 뿐이었다.

이 중앙은행은 각 주주은행에 일정 비율의 준비금(Reserve)을 받아 보관할 권한이 주어졌고 기본 할인 이자율을 결정하며 공개시장에서 보유 국채를 사고 팔 수 있었다. 또 총 39명으로 구성된 이사회에서 이사 30명을 15개 지점이 2명씩 선발해 임명할 수 있는 권한을 부여했다. 알드리히는 말하자면 민간이 독점하고 정부가 거의 간섭을 못하는 중앙은행을 설립하고자 한 것이었다.

이런 플랜이 알려지면서 격렬한 반발이 민주당을 중심으로 나왔다. 루이지애나주 출신 연방 하원의원 아르센 푸조가 주창해 하원 금융위원회 산하에 설치된 소위 '푸조 위원회'에서 '알드리히 플랜'에 대한 청문회를 열었고 이 청문회는 거의 1년 가까이 진행됐다.

푸조 하원의원은 알드리히 플랜을 일종의 '통화 독점(Money Trust)'이라고 몰아붙였다. 이런 공격이 효과를 봤는지 알드리히 소속 정당인 당시 집권 공화당 안에서조차 반대론자들이 나오기 시작했다. 그들은 이 알드리히 플랜을 '월스트리트 플랜'이라고 조롱했다.

1910년에 초안이 나온 뒤 의회를 통과하지 못하고 몇 년 동안 방황하던 이 세 번째 미국 중앙은행 설립안은 1912년 11월 대통령 선거에서 16년간이나 야당으로 머물러 있던 민주당이 집권하면서 극적으로 돌파구를 열게 된다.

우드로 윌슨 행정부는 알드리히 플랜의 기본적 골격은 유지하되 통제권을 민간에서 연방정부로 슬쩍 바꾼 연방준비제도(Federal Reserve System)라는 중앙은행 제도를 만들어 상하 양원을 통과하게 된다. 윌슨 행정부가 알9. 드리히 플랜에서 슬쩍 바꿔치기를 한 내용은 다음과 같다.

1) 12개 도시에 자리 잡은 12개 연방준비은행(Federal Reserve Banks)을 만든다.
2) 이 각 은행들은 각 지역의 주주은행이 낸 자본금으로 설립되고 이 주주은행들은 각 지역 소재 연방준비은행의 이사회 구성원 9명 중 6명을 선임할 수 있는 권한을 준다.
3) 각 지역 연방준비은행 이사회는 각기 그들의 총재(President)를 선임할 수 있으나 연방준비제도이사회(Federal Reserve Board of Governors)의 승인을 거쳐야 한다.
4) 12개 지역 연방은행을 통할하기 위한 연방준비제도 이사회가 상급기관으로 설립된다. 7명으로 구성되는 이사회의 의장, 부의장, 그리고 이사 5명은 모두 연방 대통령이 임명하고 의회의 승인을 받는다.
5) 연방준비제도 이사회 멤버 7명 전원, 뉴욕연방은행(Federal Reserve Bank of New York) 총재, 그 외 1년마다 순환보직에 임명되는 연방준비은행 총재 4명 등 총 12명으로 구성되는 연방공개시장위원회(Federal Open Market Committee)가 정부 국채를 사고파는 방법으로 단기 이자율 결정 등 통화정책을 입안한다.
6) 화폐주조권은 연방준비제도에 있지 않고 연방재무부가 가진다.
7) 각 지역 연방은행의 주주은행들은 자신들이 보유한 우선주의 6%에 해당하는 배당금을 수령할 권한을 가진다. 그 나머지 모든 연방은행의 이익금은 모두 연방정부에 귀속된다(2010년에는 연방준비은행들은 총 820억달러의 이익을 올렸고 주주은행들에 배당금 30억달러를 지급한 나머지 790억달러를 모두 연방정부에 귀속하였다).

결국 민간영역이 여전이 작동하고 있는 개별 12개 연방준비은행들을 만들어 놓고, 그 위에 이들을 통할·감독·지휘하는 연방정부가 임명하는 이사들로 구성된 이사회를 만든다.

이 이사회가 통제하는 일종의 민-관 절충안을 만들어 세 번째이자 아마 영구적일 것으로 보이는 미국의 중앙은행제도인 연방준비제도를 만들어낸 것이다.

월스트리트가 통제하지 못하는 중앙은행을 만들었다고 하면서도 연방공개시장위원회에 오직 뉴욕연방준비은행 총재만 상설직 위원으로 들어가게 만든 점 등은 결국 당대 금융권력인 월스트리트의 기득권과 어느 정도 타협한 셈이다.

이 타협은 시간이 갈수록 심해지게 된다. 그 후에 연방준비제도를 이끌어 나가게 되는 인물들이 거의 모두 월스트리트 출신들이기 때문이다.

IB 명장면 시리즈에 연방준비제도 창설이 한 자리를 차지하게 된 궁극적 이유는 물론 바로 이런 인적 연결고리 때문이다(이 부분은 다시 다음에 나올 예정이다).

2014. 5. 28

9 '최초의 마에스트로' 벤자민 스트롱

1929년 주식시장의 거품이 꺼지면서 전대미문의 대공황이 미국 경제를 초토화시킨다. 그런데 이 대공황이 미국만의 문제였다면 사실 인류 최악의 참사였던 2차 세계대전이 그 10년 후에 일어나지도 않았을 것이다.

미국에서 시작된 경제공황이 유럽으로 건너가서 특히 1차 세계대전의 참화에서 간신히 살아나고 있던 유럽의 경제, 특히 패전국 독일 경제에 다시 치명타를 가함에 따라, 히틀러의 나치 집권 기회를 열게 되는 셈이다. 이렇게 보면, 모든 것의 시작은 1920년대 미국이었다.

저명한 금융사가(史家)인 찰스 킨들버거는 대공황시대를 분석한 그의 명저 'The World in Depression'(1986)을 통해, (그 시대를 살던 사람들은 몰랐으나 나중에 알고 보니) 어떤 위대한 한 금융인이 대공황이 필연적으로 다가옴을 느끼고 이를 필사적으로 막아보려고 고군분투했던 스토리를 자세히 전하고 있다.

그러면서, 이 인물이 대공황 발발 1년 전에, 55세의 한창 일할 나이로 급서하지만 않았다면, 혹시 대공황이 일어나는 것을 막을 수 있었지 않을까 하고 분석하고 있다.

이 사람이 바로 뉴욕연방준비은행(Federal Reserve Bank of New York)의 초대 총재로 장기간 재직(1914~1928)했던 벤자민 스트롱 2세(Benjamin Strong, Jr)이다. 그는 어떤 사람이었을까?

벤자민 스트롱은 1872년 뉴욕주 허드슨계곡의 조그만 마을 지방은행 서기의 다섯 아이들 중 넷째로 태어났다. 스트롱은 고등학교 졸업 후에 대학 근처에도 가보지 않고 바로 1891년 직장생활을 시작했다.

처음에 월스트리트의 증권사에서 주식중개인 생활을 했는데, 별 재미를 느끼지 못하고 몇 년 후 그만두었다. 1895년 첫 결혼과 함께, 맨해튼에서 허드슨강을 끼고 바로 뉴저지 쪽 건너편에 있는 도시인 잉글우드로 이주하면서, 그 도시의 종합병원 재무관리부장으로 일하게 되었다.

그런데 그 이웃에 월스트리트 금융가에서 일하는 거물이 살고 있었다. 그가 바로 당시 JP모건의 수석부사장이었던 헨리 데이비슨(1867~1922)이었다. 두 사람은 동네 회원제 테니스클럽에서 같이 테니스를 하다가 친해지게 되었다.

훤칠한 키에, 젊고 잘생기고 사교적이며 만능스포츠맨이기까지 했던 스트롱을 유심히 살피던 데이비슨은, 그에게 당시 신생 회사였으나 무섭게 커가고 있던 뱅커스트러스트은행의 행장 비서 자리를 추천했다. (당시 JP모건이 뱅커스트러스트은행의 최대주주였기 때문에 가능한 추천이었다)

이렇게 엉뚱한 기회에 월스트리트에 다시 진출하게 된 스트롱은, 1904년 뱅커스트러스트은행에 입사하자마자 천재적 수완으로 성공의 사다리를 밟고 올라갔다.

그가 하는 일은 행장을 보좌하여 은행의 각종 정책을 입안하고, 재무성 관료들 및 월스트리트 동료 은행들과 커뮤니케이션을 하는 일이었는데, 오늘날의 금융지주사나 은행의 전략기획이나 재무관리 같은 업무를 한 셈이었다.

첫 부인이 산후 우울증으로 권총 자살을 하여 당시 홀몸으로 있던 그에게 입사한 지 3년 정도 경과하던 1907년, 그가 모시던 행장인 에드먼드 컨버스(Edmond Converse)가 자기 딸을 재혼 상대로 권유하게 된다. 두 사람의 나이 차이가 열일곱 살이나 나는, 이 어이없는 결혼의 근저에는 스트롱에 대한 컨버스의 절대적인 신뢰가 담겨 있었다.

행장의 사위가 된 그는 결국 1913년 41세의 나이로, 월스트리트에 본격 진출한 지 겨우 9년 만에 장인의 자리를 이어 받아 뱅커스트러스트의 행장직에 오른다.

물론 여기까지라면 스트롱을 정략결혼을 잘 해서 벼락 출세한 신출내기 은행가라고 평가절하할 수도 있을 것이다. 그러나 스트롱은 세 가지 측면에서 보통 사람이 아니었다.

우선 첫 번째로 1910년에 있었던 (전편에서 자세히 소개한) 지킬아일랜드클럽의 비밀회동에 최연소 참가자로 참여하여, 연방준비제도(Federal Reserve System)의 초석이 되는 '알드리히 플랜'을 작성하는 데 큰 역할을 했다.

두 번째는, 연봉이 무려 90%나 삭감되는 것을 감수하고 뱅커스트러스트은행의 행장 자리를 박차고 준공무원 신분인, 1914년 신설된 뉴욕연방은행 초대 총재로 부임한 것이다. (당시 월스트리트의 거물들이 구수회의를 개최하여, 이 자리를 맡을 사람은 오직 스트롱밖에 없다고 결론을 내리고 몇 달간 집요하게 그를 설득한 결과였다.)

그리고, 세 번째이자 마지막 그의 위대함은 1914년부터 그가 병으로 타계하는 1928년까지의 기간, 뉴욕연방은행의 총재로서 미국과 유럽을 넘나들며 1차 대전 전후의 세계 경제와 금융의 안정을 위해 헌신적으로 노력했다는 점이다.

리아콰트 아메드(Liaquat Ahamed)가 쓴 'Lords of Finance'(2009)란 책을 보면 1920년대에 4명의 각국 중앙은행 총재들, 즉 미국의 스트롱, 영국의 몬태규 노먼(Montague Norman), 프랑스의 에밀 모로(Emile Moreau), 독일의 할마 샤흐트(Hjalmar Schacht)가 서로 어떻게 합종연횡하면서 각자 자국의 위상과 세계경제와 금융시스템의 안정을 위해 노력하였는지 상세히 묘사되어 있다. (2008년 금융위기 당시 선진국 각국의 중앙은행이 긴밀히 협조한 그 이상의 협조가 이미 90년 전에 이루어졌던 것이다.)

노벨경제학상 수상자인 밀튼 프리드먼을 위시한 통화주의자(Monetarist) 진영에서는 1920년대 내내 화폐공급량을 적절히 조절하여 인플레이션을 막고 신용시장을 안정시켜온 벤자민 스트롱 사후, 연준이 당시 주식시장의 버블붕괴를 우려하여 갑자기 금리를 파격적으로 올리는 방식으로 신용위축(Credit Contraction)을 가져온 정책적 실패에서 1929년 대공황의 원인을 찾고 있다.(물론 이는 통화주의자 진영의 설명이며, 케인지언 진영이나 오스트리아 학파에서는 또 다른 설명을 하고 있다.)

뭐가 진실이든 간에, 스트롱이 당시 금본위제에 집착하고 있던 유럽의 카운터파트들을 설득해가며 위태위태한 세계 경제시스템을 당대의 사람들이 잘 이해하지 못하였던 방식으로 10여 년간이나 방어해 냈다는 것은 명백한 사실이다.

폐결핵을 앓고 있었던 스트롱이 1928년 여름 급서한 이후, 이제 그 중재역을 해 낼 수 있는 인물은 지구상에 누구도 없었던 것이다.

앨런 그린스펀 전 연준의장을 사람들은 'The Maestro'라고 불렀다. 물론 2008년 금융위기 이후, 그린스펀 재직 당시의 정책적 실패 부분이 재평가되면서 그런 명성이 많이 퇴색된 부분이 있지만 말이다.

그러나 필자는 그 'The Maestro'라는 별명의 진짜 주인공은, 그린스펀보다 반 세기 먼저 태어났고 80년 먼저 활동했던, 벤자민 스트롱이 아닐까 싶다. 스트롱의 역사적 유산에 대해서는 다음에 다시 논의된다.

2014. 6. 4

10 유로본드 시장의 탄생(상)

최근 들어온 뉴스를 보니 기획재정부가 소위 '외평채'라고 불리는, 외화표시 국채(ROK Sovereign Bond)를 상당히 큰 물량으로 잘 발행한 것 같다. 10억달러 규모의 30년 만기 달러화 표시 채권을 4%대 초반 금리로, 7억5000만유로 규모의 10년 만기 유로화 표시 채권을 2%대 초반 금리로 발행했다는 것인데, 역사상 한국 정부가 발행한 외화 표시 국채 중 최저 금리를 기록했을 뿐 아니라 대한민국 정부와 국제 금융시장에서 일종의 경쟁국인 싱가포르 정부가 발행한 동일 조건 국채보다도 더 낮은 금리 수준이라고 한다(상식적인 이야기지만 금리를 낮게 발행했다는 것은 채권을 비싸게 팔았다는 이야기가 되므로 국민 입장에서는 매우 잘된 일이다).

그런데 이 뉴스를 보면서 한 가지 생각해보고 넘어갈 부분이 있다. 오늘날 너무나 당연하게 받아들여지며, 그런 시장이 어떻게 형성됐는지 아무도 궁금해하지도 않는 이 (자국 통화가 아닌) 외화표시 채권시장, 즉 정확한 용어로 '유로본드(Eurobond)' 시장이 과연 어떻게 생겨난 것이며 그 이후 글로벌 금융시장이 어떻게 달라졌느냐 하는 점이다. 여기서 한 가지 주의할 점은 '유로본드'와 '유로화 표시 채권(Euro-denominated Bond)'은 다른 개념이라는 것이다. 자본시장을 잘 모르는 사람들은 이 두 가지를 자주 혼동하게 된다. 전자는 특정 국가나 특정 기업이 자국 통화가 아닌 다른 나라의 통화로 발행한 채권과 그 시장을 통칭하는 개념이며, 후자는 채권의 발행 통화가 단순히 유럽연합(EU) 통화인 유로라는 것이지, 발행 주체가 누구인지는 전제하지 않는 개념이다.

제2차 세계대전 이후 승전국의 중추인 미국은 명실공히 세계 최강국이 됐다. 2차 대전 종전 직전에 미국 뉴햄프셔주 휴양 도시인 브레턴우즈(Bretton Woods)에서 열린 44개 연합국 경제관료회의에서 미국달러의 기축통화 위치가 결정된 이후 전 세계 모든 통화는 당시 금본위제(Gold Standard System)를 채택하고 있던 달러화에 연동돼(pegged) 교환 환율이 정해지게 됐다. 전쟁의 참화로부터 부활하기 위해 몸부림치는 유럽에 미국 해리 트루먼 행정부의 국무장관 이름에서 유래한 '마셜플랜', 즉 미국의 유럽 부흥 원조 프로그램이 가동돼 당시로서는 어마어마한 돈인 130억달러가 유럽으로 투입된다.

그런데 이러다 보니 1950년대 미국에 약간의 문제가 생기게 된다. 당시 유럽 국가들이 발행하는 채권의 금리는 당연히 미국 국내 채권 금리보다 훨씬 높았다. 미국 투자자들이 같은 돈으로 미국 채권보다는 유럽 채권에 투자하는 게 유리했다. 환율이 고정돼 있는 것이나 마찬가지였으므로 오늘날 해외 자본시장에 투자하는 투자자들이 항상 우려할 수밖에 없는 환차손은 우려하지 않아도 됐기 때문이다. 이렇게 달러화를 유럽 시장의 채권을 사기 위해 빈번하게 환전하다 보니 막대한 양의 달러화가 유럽으로 건너가게 되고, 이를 통해 미국은 만성적인 대외수지 적자를 기록하게 된다.

1960년대로 들어오자 이 문제가 더 이상 그냥 두고 볼 수 없는 단계로까지 진행됐다. 그러자 당시 존 F 케네디 행정부는 1963년에 금리균형법(Interest Equalization Act)이란 법을 시행하기에 이르렀다. 이 법은 목적이 단 한 가지였다. 미국 투자자들이 유럽에서 현지 통화로 발행되는 채권을 사지 못하게 유도하려는 것이었다.

이 법에 따르면 미국 투자자들은 해외(유럽) 시장에서 달러화가 아닌 통화로 발행된 채권을 살 경우 잔존만기의 장단에 따라 최소 2.75%, 최대 15%까지 투자 원금에 대해 원천징수를 당하게 됐다. 이 법은 확실히 효과를 봐서 이후 미국의 대외수지는 1963년 35억달러 적자에서 1968년 1억달러 흑자로 돌아서게 된다(이 법은 발효될 때부터 10년 만기의 한시법이었고, 이에 따라 1973년에 폐지됐다).

이 법이 시행되면서 유럽에서는 미국의 투자가 대폭 줄어들 것을 걱정하게 됐다. 그런데 이때 영국 런던에 있는 똑똑한 IB 뱅커 한 명이 오늘날 관점에서 보면 너무나 간단한, 하지만 1963년 당시에는 아무도 생각지 못했던 천재적인 아이디어를 하나 냈다. 그 사람이 바로 유럽의 위대한 금융가문 중 하나인 워버그(독일어로는 바르부르그) 가문의 런던 쪽 분파 수장이던 시그문트 워버그(Siegmund Warburg·1902~1982)였다. 그가 낸 아이디어가 바로 '유로본드'였다.

이 아이디어는 매우 심플하다. 만일 미국이 아닌 다른 외국에서 발행한 채권이 자국 통화가 아니라 달러화로 발행된다면 이 채권 발행과 그에 대한 투자는 미국의 대외수지에 아무런 영향을 미치지 않게 될 것이다. 왜냐하면 미국 투자자들이 채권을 사기 위해 달러화를 해당국 통화로 환전하지 않아도 되기 때문이다. 미국 투자자들은 금리균형법상의 비싼 원천징수세를 내지 않아도 되며, 미국의 투자가 절실했던 유럽 국가나 기업들은 이런 방법으로 세계 최대 부국인 미국 자본시장에 쉽게 액세스가 가능하게 된 것이다.

최초 유로본드는 1963년에 한국의 도로공사에 해당하는 이탈리아 국영기업 '아우토스트라데(Autostrade)'가 발행했다. 당시 그들은 채권 액면금액이 250달러인 소지인출급식채권(Bearer's Form) 6만계좌(채권을 세는 단위)를 표면금리 5.5%, 15년 만기로 런던에서 발행해 총 1500만달러를 확보했다. 이 발행에 얽힌 뒷이야기와 시그문트 워버그를 위시한 런던 IB들의 당시 역할 등에 대해 다음편에서 다시 자세히 알아보자.

2014. 6. 11

11 유로본드 시장의 탄생(중)

1963년 이탈리아 국영기업 아우토스트라데(Autostrade)의 최초 유로본드 발행 주역은 런던의 투자은행 SG워버그를 이끄는 시그문드 워버그 경(卿)이었다. 워버그 가문은 유럽의 가장 유력한 유대인 금융가문 중 하나로, 15세기 이탈리아 베네치아에서 소위 'Court Jew'(왕족이나 귀족들에게 단기로 자금을 융통해 주던 궁정 자본가 유대인집단)의 일원으로 시작했다.

18세기 말에는 당시 북유럽에서 가장 번성하는 국제무역도시였던 독일 함부르크로 집안의 본거지를 옮겨서 오늘날까지 현존하는 제일 오래된 독일 투자은행(IB)으로 알려진 MM워버그(M.M. Warburg, 1798년 회사 설립)를 창설한 가문이다.

워버그 가문의 후예 중 한 명인 시그문드 워버그는 1902년생인데, 나치스 집권 후 1934년 독일에서 탈출해 영국으로 망명했고 1946년에 자신의 이름을 딴 SG워버그라는 IB를, 평생의 동지였던 헨리 그룬펠드(Henry Grunfeld; 1904~1999)와 함께 런던에 세우게 된다. 이 SG워버그가 최초 유로본드 발행의 대표주관사(Lead Manager & Underwriter) 역할을 해내게 된 것이다.

지금은 역사의 뒤안길로 사라진 이 SG워버그라는 회사는 대서양 건너 JP모건과 골드만삭스 두 미국 IB들이 성취한 업적을 능가하는 업적을 달성한 위대한 IB였다. 2차대전 후에 런던을 중심으로, 뉴욕 월스트리트의 IB시장과는 조금 다른 성격의 (보다 자유롭고 보다 더 융통성 있는) 유럽 IB시장을 개척한 선구자였던 것이다.

사실 '유로본드 시장'이란 거대한 시장을 처음 출현시킨 일등공신이었던 점에 더해 이 회사는 '유럽 최초'라는 타이틀이 붙은 2개의 영역을 더 개척했다.

유럽 최초의 적대적 인수·합병(hostile takeover)이었던 레이놀즈 & 튜브 인베스트먼트(Reynolds & Tube Investments)의 브리티시 알루미늄 인수(1959년)건이 하나고, 유럽 최초의 우회상장(reverse takeover listing)이었던 캐나다 출신 언론 재벌로 훗날 로이터통신을 인수하게 되는 톰슨(Thomson)그룹에 의한 영국 켐슬리(Kemsley) 언론사 인수(1959)건이 다른 하나다.

SG워버그의 다른 놀라운 점 하나는, 유럽 IB로서는 처음으로 미국 시장에 역으로 진출해(이는 당시에 매우 상징적인 사건이었다) 프랑스 파리바(Paribas)그룹과 함께 1974년 당시 미국 5~6위권 IB였던 AG벡커(A.G. Becker)를 인수, 공동경영을 시도했었다는 점이다. 이 시도는 물론 나중에 시그문드 워버그 경의 사망과 함께 대주주들끼리 경영권 분쟁이 일어나 실패한 투자로 드러나기는 했지만 말이다.

너무 괜찮은 IB였던 만큼 SG워버그는 90년대 초반부터 시작된 세계적 은행 합병·대형화 추세의 거의 첫 희생양으로, 스위스 대형 은행이었던 스위스뱅킹코퍼레이션(SBC)에 1995년에 인수된다. 이어 이 SBC가 라이벌 스위스계 은행이었던 UBS와 1997년 합병하면서 'UBS워버그'라는 통합UBS금융그룹의 투자은행 사업부문으로 활동하게 된다.

그러다가 2005년부터는 드디어 UBS의 회사 브랜드 통일정책의 일환으로 '워버그'라는 그 전설적이고 아우라가 있는 이름을 더 이상 쓰지 않게 되었던 것이다.

다시 아우토스트라데 유로본드 발행(1963년) 건으로 돌아가보자. 이 발행은 우연히 일어난 것이 아니었다.

전편에 소개한 것처럼, 미국 투자가들의 유럽물 채권투자를 원천 봉쇄하는 케네디 행정부의 금리균형법 통과가 가져다 줄 파괴적인 상황을 우회하여 돌파할 방법을 모색하던 워버그 경이, 자신의 절친한 친구였던 당시 이탈리아 중앙은행 총재 기도 칼리(Guido Carli)에게 부탁해 발행사를 추천해 달라고 요청했고, 칼리 총재의 추천으로 이 이탈리아 국영도로공사인 아우토스트라데가 최초의 유로본드 발행을 시도하게 된 것이다. (이 발행 전까지만 해도 유럽과 미국에서 아우토스트라데가 뭘 하는 회사인지 아는 사람은 물론 없었다!)

이 발행에는 4개의 주관사단이 있었다. 대표 주관회사 SG워버그 외에 독일 도이체은행(Deutsche Bank), 네덜란드 로테르담은행(Rotterdamsche Bank), 벨기에 브뤼셀은행(Banque de Bruxelles) 등이 공동주관사로 인수단으로 들어왔다.

이들은 또 누굴까? 도이체은행은 오늘날에도 유로본드 시장에서 최대 인수은행 중 하나로 왕성하게 활동 중인 바로 그 도이체방크이며, 로테르담은행은 뒷날 ABN암로은행으로 대등합병되는 주체 중 하나이다. 잘 알다시피 ABN암로은행은 2007년에 영국의 RBS은행에 인수되었다.

RBS 역시 오늘날 유로본드 시장의 최강자 중 하나로, 해마다 리그테이블 상위권을 점하고 있다. 브뤼셀은행은 나중에 ING그룹에 인수되며, 오늘날 ING은행을 구성하는 주축 사업부문이 된다. 2008년 금융위기 여파로 ING의 보험사업부문과 완전히 분리된 ING은행 역시 유로본드 시장의 강자임은 물론이다.

다시 말하자면 1963년 이 최초 유로본드 발행 건에 우연히 등장한 것 같은 이 4개의 주관사단이 모두 각자 나름 이유가 있어서 그 주관사단에 초청이 된 것이었으며 50여 년이 지난 오늘날까지도 그 시장에서 여전히 강자로 활동하고 있다는 점은 음미해 볼 필요가 있다.

(자본시장법 하나 만들어졌다고, 갑자기 그 다음날부터 모두가 IB가 된 것처럼 행세했던 우리나라 국내 증권사들은 이런 관점에서 보면 조금 반성할 필요가 있다고 필자는 생각한다. 어찌 서구인들이 짧게는 반백 년, 길게는 수백 년을 발전시켜서 겨우 만들어낸 IB가, 우리나라에서 그렇게 하루아침에 이루어지겠는가.)

여하튼 이렇게 어렵게 출발한 유로본드 시장은 유럽과 미국 IB업계의 노력으로 폭발적으로 신장한다. 1963~1967년에 48억달러, 1968~1972년 175억달러, 1973~1977년 470억달러 규모의 물량이 발행되었다. 이어 1978~1982년엔 1190억달러, 1990년엔 단일 연도에 이미 1조달러를 돌파하게 되며 피크로 보이는 2009년엔 한 해 동안 총 4조5000억달러가 발행되었다.

아우토스트라데 유로본드 채권이 출현한 지 50주년이 되는 2013년에는 약 4조달러가 발행되어 단일 발행시장 상품으로는 세계 최대 시장으로 성장하게 된다.

사실 오늘날 유럽연합의 출현과 그 발전 과정에서 이 유로본드 시장이 기여한 유형적·무형적 영향력은 이루 헤아릴 수 없이 지대한 것이었다. 부(富)가 유럽 각국의 국경을 넘어 자유자재로 이동하게 된 결정적 메커니즘을 이 유로본드가 제공했다고 해도 과언이 아니다.

다음 편에서는 유로본드 시장 발전의 다른 두 축인 ICMA(International Capital Market Association)라는 로비단체의 수십 년간의 활동을 알아보고, 투자된 유로본드 채권의 결제기능을 담당하는 국제결제시스템은 어떻게 발전되어 온 것인지 짚어보기로 하자.

2014. 6. 18

12 유로본드 시장의 탄생(하)

자국 통화가 아닌 통화로, 자국 외 지역에서, 자국 투자자가 아닌 외국 투자자에게 채권을 발행해서 국가나 공기업, 민간기업이 필요한 자금을 조달한다는 개념의 이 국경을 넘나드는(Cross-border) 유로본드 시장이 지난 반세기 동안 발전해온 것은 두 축을 통해 이루어졌다.

하나는, 몇 가지 이름의 변천이 있었으나 ICMA(International Capital Market Association)라는 업계 자율 규제(및 로비) 단체이고, 다른 하나는 이렇게 투자된 유로본드 채권의 결제(settlement) 기능을 담당하는 국제결제시스템이다.

1963년 최초 유로본드 발행 이후 새롭게 등장한 이 유형의 채권에 대해서, 여러 국가의 금융감독당국이 여러 가지 이슈를 제기했다. 거의 모든 국가에서 이 채권은 감독당국이 대체 어떻게 감독을 해야 할지 규정조차 없는 채권이었기 때문이다(자국 통화도 아니고, 자국 안에서 발행한 것도 아니고, 무엇보다 자국 투자자들에게 판 것도 아님을 상기하라).

런던에 있던 유로본드 탄생의 주역들은 이 어렵게(우연하게) 탄생한 상품이 감독당국의 규제로 바로 사장되기를 당연히 바라지 않았으며, 그에 따라 각국 감독당국에 로비할 현실적인 주체가 필요했다.

한편 이 시장이 무질서한 방향으로 가는 것을 그들 스스로가 원하지 않았기에 일종의 자율규제(self-regulatory)적 기능이 있는 협회가 필수적이었다.

이렇게 해서 탄생한 최초의 글로벌마켓 자율규제 기관이 바로 1969년 출범한 AIBD(Association of International Bond Dealers)다. AIBD는 1992년에 이름을 ISMA(International Securities Market Association)로 바꾸게 되는데, 유로본드 시장에서 채권의 거래(유통)와 결제에 관한 모든 규정을 만드는 것이 우선적 임무가 된다.

이 조직과는 별도로 미국과 유럽의 대형 시중은행을 중심으로 1984년에 IPMA(International Primary Market Association)란 기관이 별도로 만들어지는데, IPMA는 주로 유로본드 채권 발행시장에서의 규정을 정비하는 일을 국제적으로 벌이게 된다.

그리고 이 유통시장 중심의 ISMA와 발행시장 중심의 IPMA가 2005년에 합병해 이름을 오늘날의 ICMA라고 변경한 것이다. ICMA는 명실공히 오늘날 국제적으로 유통되는 모든 종류의 유가증권에 대한 공인된 업계 자율규제기관이다.

ICMA와 그 전신 기관들의 노력의 결실을 살펴보면 이들의 노력으로 1970년 이탈리아 국영 전력회사인 ENEL이 세계 최초의 변동금리부채권(FRN·Floating Rate Note)을 유로본드 형태로 발행했고, 1979년에는 미국 제너럴모터스(GM)의 금융자회사인 GMAC가 최초로 유로본드 보트딜(Bought Deal)을 성공시킨다(보트딜이란 인수단인 투자은행들이 발행채권을 투자자들에게 팔기 전에 전액 인수하는 기법).

1981년에는 IBM과 IBRD 간에 역사적인 첫 번째 스왑(Swap) 거래가 있었다(스왑 등 파생상품 시장은 유로본드 시장을 기초로 발전된 별도의 시장이며 보다 더 전문적인 시장인 바 이를 반영해 1985년에 이 시장을 자율규제하기 위한 ISDA, 즉 International Swap and Derivatives Association이란 별도의 자율규제기관이 생겨남).

1989년에는 ICMA가 개발한 유로본드 채권시장의 거래호가 매칭시스템인 TRAX가 출현해 비로소 시장의 투명성이 크게 제고된다. 1999년에는 오늘날 유로본드 시장에서 거래를 주관하는 복수의 투자은행 인수단이 투자자들로부터 매수주문을 단체로 받아서 이를 배분하는 방식인 포트딜(Pot Deal) 방식이 개발되었다(그 전까지는 인수단이 각자 물량을 나누어 맡아서 판매하는 신디케이션 방식이 통용되었다).

한편 국경을 넘나드는 이런 유로본드 형태의 채권이 발행돼 거래된다면 그것을 결제하는 시스템은 어떻게 생겨났을까. 조금만 생각해보면 이게 간단한 문제가 아님을 알아차릴 수 있다. 일단 개별 발행채권이 특정 시장에 등록(register)돼야 하고, 거래한 후에 매매대금이 거래 상대방에게 전달돼야 한다.

그러기 위해선 전 세계적으로 거미망처럼 연결된 자본시장 전용 결제 플랫폼이 있어야 하는데 유로본드 시장을 만들어낸 이들이 고안한 플랫폼이 바로 유로클리어(Euroclear)와 클리어스트림(Clearstream)이다. 이 둘을 우리는 ICSD(International Central Securities Depository)라고 부른다.

한국예탁결제원의 글로벌 버전이라고 보면 될 듯하다. 유로클리어는 1968년 JP모건에 의해 벨기에에 창설됐고, 유로클리어가 독점적 ICSD가 되는 꼴을 보기 싫었던 경쟁 은행들이 공동 출자해 1971년에 룩셈부르크에 창설한 ICSD가 클리어스트림의 전신인 시델(Cedel)이었다(시델은 2000년 독일증권거래소에 인수돼 명칭을 클리어스트림으로 변경함).

이 ICSD는 채권 투자자들이 이용하는 '수탁은행들을 위한 결제은행(The settlement bank for custodian banks)' 역할을 함과 동시에 채권 투자자들을 위해 채권 실물을 보관(safekeeping)해주며, 그러한 자산에 대해 배당금이나 이자를 투자가 대신 발행회사로부터 받아주는 등의 자산관리(asset servicing) 업무도 해준다.

이들이 현재 연간 거래 횟수 기준으로 3억건 이상, 거래물량 기준으로 20조달러어치 채권 거래를 수탁하고 있다고 하니 유로본드 시장의 완성이 비로소 이들에 의해 구현된 것이라 해도 과언이 아니다. 1963년에 나온 위대한 상품인 유로본드 시장의 형성과 발전의 숨은 공로자들에 대해 살펴보았다.

2014. 6. 25

13 그림자금융(상)

세상이 온통 '그림자 금융' 이야기로 난리다. 특히 이미 미국을 따돌리고 세계 최대의 회사채 발행 국가가 되어버린 중국이 그 화두의 중심이다.

내용인즉슨 중국 기업들이 중국 내에서 기채하는 자금의 무려 50%가량이 감독당국 규제 안에 놓여 있는 자금이 아니라 그 규제 바깥에 있는 (상대적으로)고위험 고수익 자금들이며, 중국의 저성장 기조가 확실해지는 순간 이 자금을 받은 기업들의 연쇄 도산이 가져올 파괴적 여파가 전 세계 경제에 심대한 위협이라는 것이 간략한 요지다.

여기까지 설명을 들으면 그림자 금융이란 단어가 뭔가 대단히 부정적인, 뭔가 경제를 망치는 메커니즘처럼 다가오게 된다. 그런데 그것이 과연 진실일까. 세상의 진실은 물론 그렇게 간단하지가 않다.

IB명장면 13~15회 3회에 걸쳐 그림자 금융에 대해 심도 있게 살펴보기로 하자. 이번 회는 2008년 금융위기 이전(pre-Crisis) 그림자 금융에 대해, 14회에는 금융위기 이후(post-Crisis) 그림자 금융에 대해, 15회에는 중국의 그림자 금융에 대해 살펴보고자 한다.

'그림자 금융(Shadow Banking)'이란 단어는 세계 최대의 채권운용전문 자산운용사인 미국 PIMCO의 수석이코노미스트인 폴 맥컬리(Paul McCulley)가 2007년 초에 처음 쓴 단어다(그러니까 그렇게 역사가 오랜 단어는 아니다).

맥컬리는 당시 감독당국의 규제를 전혀 받지 않는 레버리지된 각종 자금중개기구(financing intermediaries)가 쌓아 놓은 어마어마한 신용부채를 우려하는 측면에서 이 단어를 사용하였다.

당시 수천억 달러(약 수백조 원)가 발행돼 있던 서브 프라임 모기지 신용 상품들의 가치가 문자 그대로 제로(Zero)가 되면서 맥컬리가 우려했던 그대로, 그가 그 단어를 사용한 지 불과 1년 후에 신용버블이 붕괴되었고, 이로 인해 2008년 금융위기가 도래한다.

이처럼 '금융위기 이전의 그림자 금융'은 주로 신용파생(Credit Derivatives) 시장에서 금융인들이 발명해낸 SIV(Structured Investment Vehicle)와 컨듀잇(Conduit)을 지칭하는 개념이었다.

머리 좋은 금융인들이 이런 특이한 메커니즘을 개발해 사용한 것은 물론 규제 때문이다. 가장 규제가 집중돼 있는 은행의 경우, 우리가 흔히 'BIS자기자본비율'이라고 들어본 자본규제를 받는다.

대출을 늘린다는 것은 자산이 증가한다는 것인데 자산이 증가하면 이 규제자본비율을 감독당국이 요구하는 적정 수준으로 유지하기 위해 자기자본을 늘릴 수밖에 없다. 그러니까 증자를 하거나 후순위채권 또는 신종자본증권이라고도 불리는 영구채를 발행해야 한다.

어느 경우나 은행에 비용을 발생시키고 상장돼 있는 은행일 경우 주가관리를 어렵게 만든다. 그래서 등장한 것이 우선 1988년에 씨티은행 런던지사에 근무하던 니컬러스 소시디스(Nicholas Sossidis)와 스티븐 파트리지-힉스(Stephen Partridge-Hicks)라는 두 명의 IB뱅커가 만들어낸 SIV 구조다.

이 구조는 어렵게 그려진 구조도를 보면 머리가 아파오지만 실제로는 간단한 논리다. 은행의 대차대조표에서 떼어 낸(off-balance), 외부에 만들어 놓은 제2은행이다. 은행 대차대조표에서 없어졌으므로 금융위기 이전에는 당연히 규제를 받지 않았다.

그런데 하는 일은 은행이 수행하는 대출과 기능상 똑같았다. 이들 SIV들은 보통 전통적인 은행들보다 레버리지를 일으키는 비율이 상대적으로 낮았다(전통적인 은행들이 평균 25배 수준인 데 비해 SIV들은 평균 10배 언저리였다).

SIV들은 매우 명확한 기준에 의해 자산을 운용했기에 사실 금리리스크나 FX리스크 등은 거의 없었으며, 한편 레버리지 비율도 은행들보다 적었기에 신용평가등급이 거의 항상 높게 나왔다.

이들 SIV가 통상의 전통적 은행들보다 리스크가 있는 부분은 결국 유동성 리스크였다. SIV들은 단기로 저렴하게 차입해(CP나 Mid-Term Note 등의 발행을 통해) 수익률이 높은 장기채권을 사고, 거기서 발생하는 크레디트 스프레드(credit spread)를 투자가들에게 돌려주는 구조다.

SIV가 투자했던 장기채권은 물론 주택담보채권(RMBS)이나 CDO(Collateralized Debt Obligation 부채담보부증권), 장기 회사채, 기타 각종 ABS 등이었다. 유동성 위기에 SIV가 무너질 수밖에 없는 것은 이런 측면이다.

갑자기 신용경색(Credit Crunch) 국면이 오면 순전히 신용에 기반한 단기차입시장인 CP시장이 얼어붙어 버린다. 투자가들이 CP가 안전하지 않다고 보고, 정부가 보장하는 국공채 쪽으로 방향을 돌리게 되는 것이다.

이런 일이 생기면 결국 SIV는 투자해 놓은 장기채권을 팔아서 단기로 기채한 자금을 상환해야 하는데, 문제는 CP시장이 경색될 정도의 상황이면 이미 SIV가 보유한 장기채들, 즉 RMBS나 CDO 등의 가격이 폭락했을 공산이 크므로 팔려고 해도 팔리지가 않는 상태가 온다.

이렇게 되면 결국 SIV는 자신들을 창조한 은행들이 제공하는 긴급자금지원, 즉 전문용어로 'back-stop financing'에 의존할 수밖에 없게 되는데 존재의 측면을 바꿔 은행 입장에서 보면, 이미 자신들의 대차대조표에서 사라졌던 SIV를 위해 다시 거액을 내놔야 하는 상황으로 전개되는 것이다.

이 상황이 바로 2007년 중반에 시작돼 2008년 금융위기로 치닫게 되는 단초를 제공한 바로 그 상황이다. 당시 이들 SIV를 구제하기 위해 창조주인 은행들이 순익의 90% 이상을 제공하는, 일반인이 언뜻 보기에 도저히 이해되지 않는 상황이 연출된 것이다. 물론 그 은행들은 이러한 SIV 구조를 통해 금융위기 이전의 신용확장기간(2001~2007년)에 엄청난 재미를 봤음은 물론이다.

일본인들이 '도관(導管)'이라고 어려운 한자어로 오역한 컨듀잇도 SIV와 그 구조가 결국은 같은 메커니즘인데, 역사가 더 오래되었고 그 규모는 더욱 엄청났다.

보통 ABCP(Asset-Backed Commercial Paper) 프로그램을 담는 '도구'를 뜻하는 용어인 컨듀잇은 중장기채권이나 구조화 상품에 투자하기 위해 단기로 차입(보통 30~270일 사이의 단위로 롤오버)하는 방식인데, 금융위기 직전인 2007년에 최소 280여 개 이상의 컨듀잇이 글로벌 시장에서 1조3000억달러(1.3 trillion USD)라는 천문학적 규모의 ABCP를 담고 있었다.

ABCP는 물론 예금자보호가 전혀 되지 않는 (예금이 아니므로)상품이었다. 금융위기 이후 이 컨듀잇에 담긴 ABCP 프로그램들이 급격히 줄어 금융위기가 거의 끝나갈 무렵인 2009년 말에는 4분의 1토막이 된다(그리고 그때쯤이면 위의 SIV는 전 세계에서 단 한 개도 살아남지 못했다).

결국 금융위기 이전의 그림자 금융은 신용확장기에 은행들이 규제받지 않은 영역에서 더욱 쉽게 돈을 벌기 위한 메커니즘을 뜻하는 용어였고, 부정적인 의미로 받아들여질 수밖에 없는 내용이었다.

그런데 금융위기가 일단 진정되고 나자 2009년 이후로는 이 그림자 금융의 의미가 전혀 다른 각도에서 이해되기 시작했다. 어떤 변화가 일어난 것일까.

2014. 7. 2

14 그림자금융(중)

지난 4월에 월스트리트에서 깜짝 놀랄 소식이 하나 들려왔다. 2008년 금융위기를 통해 명실상부하게 미국 금융계의 통합챔피언(안 하는 금융 비즈니스가 없는 금융백화점 업체)으로 등극한 것으로 보이는, JP모건체이스그룹의 (실질적 2인자였던) IB사업 부문 최고경영자(CEO) 마이크 캐버너가 돌연 사퇴하고, 굴지의 사모펀드그룹인 칼라일의 공동 최고운용책임자(Co-Chief Operating Officer)로 자리를 옮긴다는 뉴스였다. 미국 4대 사모펀드 운용사 중 하나인 칼라일은 나이가 60대 이상인 3명의 설립자가 아직도 공동 CEO를 맡고 있기 때문에 사실상 캐버너가 간 자리는 차기 CEO 후계자 자리라고 봐도 무방하다. 이 뉴스가 깜짝 놀랄 만한 이유는 다음 세 가지 때문이었다.

첫째, JP모건의 IB사업 부문 CEO 자리에 있던 인물 3명이 연달아 차례로 예기치 않은 사퇴를 했다는 점이 우선 눈에 띈다. 2004~2009년 그 자리에 있던 빌 윈터스, 2009~2012년 제스 스탤리, 그리고 2012년부터 올 4월까지의 마이크 캐버너 등 모두 기라성 같은 인물들이 제이미 다이먼 회장 겸 그룹 CEO의 후계자 자리를 박차고 나가버린 것이다. 세 사람이 모두 각각 후계자 지위까지 진짜로 갔었는가는 보는 각도에 따라 답이 다르다. 1956년생으로 올해 겨우 58세인 다이먼 회장이 은퇴를 고려하고 있다는 증거는 전혀 없기 때문이다.

둘째, 그 3명이 모두 그만두고 나서 제2의 인생을 소위 말하는 '그림자금융' 영역으로 진출했기 때문이다. 1962년생인 빌 윈터스*는 렌쇼베이라는 대체투자 전문 헤지펀드를 세계적인 금융가문인 로스차일드 가문의 수장 로스차일드 경(卿)과 공동으로 창설해 스스로 운용 중이다. 1956년생인 제스 스탤리**는 현재 월스트리트에서 가장 실적이 좋은 헤지펀드 중 하나인 블루마운틴그룹의 공동 파트너(지분을 가진 공동경영자)로 일하고 있으며, 1965년생인 마이크 캐버너는 위에서 보듯이 칼라일그룹의 차기 후계자 성격으로 영입된 것이다.

셋째, 그 3명이 모두 제도권 안에서 굴지의 금융그룹 최고위급 경영진으로 일하던 시절에는 "감독당국의 규제가 필요악이니 잘 따라야 한다"고 주장하던 인물들인데, 하루아침에 "나는 규제를 받는 영역이 싫다"고 돌연 180도 달라진 모습으로 시장에 깜짝 등장한 것이다. 수만 명 조직의 수장으로 제도권에서 폼 잡고 있는 것이 멋있어 보일 수도 있으나 '실속'은 없다는 게 이들의 생각인 걸로 보인다. 금융권 최고 두뇌들이 '규제받지 않는 영역'으로 활동 지역을 옮기는 일이 미국에서는 실제로 일어나고 있는 것이다. 이는 무엇을 의미할까.

2008년 금융위기의 주범으로 인식되면서 비난의 십자포화를 받던 그림자금융이 그 후 불과 5년도 안돼 이처럼 극적으로 부활(?)하게 된 이유는 대체 무엇일까. 간단하다. 바로 그 금융위기 때문이다. 금융위기 후에 전 세계 감독당국은 신용확장시기(2001~2007년)에 방만하게 운영되던 각국 은행들에 메스를 들이댄다. 새롭게 규제들이 생기고, 1999년 글라스·스티걸법이 폐지되면서 생겨난 금융권 빅뱅과 융합 현상의 트렌드를 근본적으로 다시금 돌아보게 하는 각종 조치를 취하게 된다. 소위 말하는 미국의 '볼커룰'이 그 대표적인 규제다. 그 결과 우리는 희한한 현상을 목도하게 된다. 신용의 1차적 공급자인 제도권 은행들이 금융

* 2015년 5월 스탠다드챠터드 CEO로 임명
** 2015년 10월 바클레이즈 CEO로 임명

소비자가 필요로 하는 신용을 원하는 만큼 중개하기가 원천적으로 불가능해져버린 것이다. 그 결과 제도권 은행들이 커버하지 못하는 신용공여를 담당하기 위한 그림자금융, 즉 예금자 보호가 되지 않고 감독당국의 규제 범위 바깥에 있는 영역이 폭발적으로 증가하게 된 것이다. 금융위기를 초래한 바로 그 그림자금융이 바로 그 금융위기의 해결 과정에서 다시 세력을 만회하고 신용 시장의 중요한 한 축으로 재등장하게 됐다는 것은 실로 아이러니가 아닐 수 없다.

그림자금융의 정의를 어디까지로 보느냐 하는 부분 자체도 아직 통일된 정의가 내려져 있지 않긴 하지만 가장 대표적인 그림자금융의 종목들로 전 연방준비제도이사회(FRB) 의장 벤 버냉키가 2012년 4월에 러셀 세이지재단이 주최한 금융 콘퍼런스의 주제발표 시 언급한 것들은 다음과 같다. △각종 유동화기구(Securitization Vehicle) △자산담보부기업어음(ABCP) 컨듀잇 △머니마켓펀드(MMF) △환매조건부채권(RP·Repurchase Agreement) △투자은행들의 트레이딩 계정(Proprietary Trading Book) △주택 모기지 전문회사 △사모펀드(PEF) △헤지펀드 △벤처캐피털 △ 개인 간 대출(P2P 대출) △소셜미디어 등을 통한 크라우드 펀딩 등이다. 그런데 2012년 4월 버냉키의 발언 뉘앙스가 일방적으로 이런 그림자금융을 비난하는 논조가 아니었다는 게 중요하다. 버냉키 전 의장이 은행들이 자본 적정성 등 각종 규제로 인해 하고 싶어도 현재 하지 못하는 영역에서 그림자금융이 "일정 역할을 하고 있다"고 언급한(그 일정 역할이 반드시 바람직한 것인지에 대한 가치 판단은 유보한다) 가장 대표적인 두 가지가 바로 BDC(Business Development Company) 형식을 통한 대출펀드(Private Debt Fund)와 사모펀드들을 통한 연기금들의 대출 시장 진입이다.

BDC는 미국에서 중소기업들을 지원하기 위해 특별법으로 설립이 자율화해 있는 미국 특유의 수단이므로 논외로 하고, 요즘 국내에서 일부 금융사들이 출시했거나 조만간 출시한다고 알려진 시니어론펀드(Senior Loan Fund)가 바로 사모펀드 기능을 이용한 연기금들의 대출 시장 우회진입이라고 볼 수 있겠다. 연기금들 입장에서야 넘치는 유동성을 가지고 운용할 마땅한 투자처도 없는 상황에서 정기예금 금리보다 월등한 수준의 수익률을 기대할 수 있는 이런 쪽으로 눈을 돌리는 것은 어쩌면 당연한 일일 것이다. 현재 세계 신용 시장의 30% 정도가 이 그림자금융 영역이며, 그 총액은 금융안정화기구(FSB) 추산 결과 약 67조달러에 달한다고 한다. 이 영역에 대해서도 규제를 해보려는 시도들이 각국 감독당국에 의해 어느 정도 전개되고 있으나 다시 그림자금융 옹호론자들로부터 이 영역까지 과연 규제를 해서 거둘 '실질적 실익'이 있느냐 없느냐 논쟁으로 발전하고 있다. 규제를 실제로 할 수 있느냐 없느냐의 문제는 차치하고 말이다. 규제하려고 하면 할수록 일종의 풍선효과로 인해 새롭게 규제되지 않는 영역들이 또다시 파생돼 만들어질 가능성이 크다는 면을 상기해보자.

금융위기 이전에 프랑스의 가장 대표적 투자은행인 소시에테제네랄의 IB 부문 CEO였고, 현재는 이탈리아 최대 은행인 유니크레디트그룹의 IB사업 부문 CEO로 일하고 있는 장피에르 무스티에는 이런 현상을 다음과 같이 웅변적으로 이야기하고 있다. "금융위기 이전의 그림자금융은 악(vice)이었다. 그러나 오늘날의 그림자금융은 선(virtue) 쪽으로 움직이고 있다. 비록 완벽한 선은 아니라고 할지라도." 시사하는 바가 큰 언급이 아닐지.

2014. 7. 9

15 그림자금융(하)

그림자금융 주제의 마지막 이야기는 일본을 제치고 G2로 등장한 옆 나라 중국이다. 언제나 그렇듯이, 세계 경제와 금융의 모든 영역에서 논리를 따라가다 보면 마지막에 꼭 나오는 이야기가 중국이다. 그런데 '그림자금융'과 관련한 중국의 이슈는 앞서 살펴본 서구의 이슈와는 논리적 궤적이 좀 다르다. 인터넷에서 정보를 검색해보면 중국의 그림자금융 이슈에 대해 각종 전문가들이 올려 놓은 글들이 수만 건이 검색된다. 이 글들을 모두 읽는 것은 필자 생각으론 시간 낭비다. 모두 맞는 이야기일 수도 있고 모두 틀린 이야기일 수도 있기 때문이다. 왜냐고? 바로 중국이기 때문이다.

서구인 관점에서 중국을 바라보면 중국의 그림자금융 이슈가 엄청난 위험으로 비친다. 일단 숫자가 압도적이다. 중국의 그림자금융 증가 속도가 2008년 금융위기 이후 연평균 40% 선을 넘는 폭발적인 신장을 하고 있으며, 정확한 통계인지 중국 정부가 인정하고 있지는 않지만, 현재 중국 기업들이 기채하는 자금 중 절반가량이 그림자금융 영역에 들어가는 자금이라는 것이 정설이다. 이런 현상이 일어난 이유는 간단하다. 중국은 (막상 중국에 가서 길거리를 걸어보면 전혀 그런 생각이 들지는 않지만!) 아직도 엄연한 사회주의 국가이며, 정부가 은행 예대율을 엄격히 통제하고 있기 때문이다. 현재 중국 은행 예대율은 대략 66%며, 법으로 75%를 넘지 못하게 상한선 제한을 두고 있다. 그렇다면 그림자금융 영역이 증가하는 것은 당연한 현상이다. 누군가 부족한 부분을 보충해 주어야 하기 때문이다. 중국의 그림자금융은 그 증가 속도가 너무 가파르다는 것이 문제일 뿐, 아직 GDP 대비 비율은 선진국에 비해 현저하게 낮다. GDP 대비 각국의 그림자금융 비중을 살펴보면 영국은 무려 480%를 넘고, 미국과 네덜란드가 160% 선, 한국이 105% 선으로 추산되는 가운데, 중국은 절대금액 기준 27조위안(약 4400조원)이니, 중국 GDP 대비 40%가량 된다.

중국의 그림자금융이 서구의 그림자금융과 다른 점은 근본적으로 두 가지다. 중국의 그림자금융은 개인금융 영역보다는 주로 기업금융의 문제이며 (고로 정치적인 측면에서 부담이 약간 덜하다), 두 번째로 좀 더 중요한 점은 중국 정부 스스로가 의도적으로 조장(?)한 측면이 강하다는 점이다. 어떻게 이런 일이 가능할까?

2008년 금융위기 이후 중국도 세계 경제 침체 기조에서 완전히 자유로울 수는 없었다. 그 결과 중국 정부가 저성장 기조로 가는 것을 막기 위해 내놓은 여러 가지 해법 중에서 오늘날 중국의 그림자금융 이슈를 일으킨 세 주축(three axis)이 등장하게 된다. 바로 신탁회사(Trust), WMP(Wealth Management Product), 그리고 LGFV(Local Government Financing Vehicle)라고 부르는 지방자치단체가 만든 특수금융기구들이 그들이다.

우선 신탁회사는 요즘 서구에서 유행하는 'Private Debt Fund' 또는 'Senior Loan Fund'의 중국식 아류(亞流)라고 본다. 신탁회사들이 기업들에 돈을 대출해주기 위해 사모로 투자가들을 끌어 모아서, 그렇게 조성된 자금으로 기업들이 발행한 회사채를 인수하거나 아니면 아예 기업에 직접 대출을 해준다. 은행이 아니면서 실제로 은행과 똑같은 일을 신탁회사들이 하는 것이다. 물론 투자가들을 유치할 때 은행이 주는 정기예금 금리가 도저히 따라갈 수 없는 연 9~12%대 보장수익률을 내건다. 그런데 이들 신탁회사 운용 능력이 실제로 검증되었다고 보기 어렵다는 것이 문제다.

더 심한 것은 두 번째 상품인 WMP다. 한국의 실적배당형 상품과 유사한데, 어디에 투자하는지 자체가 불명확함에도 불구하고 은행 정기예금 금리보다 최소 100bp 이상 수익률이 높고, 만기 구조는 90%가 1년 미만, 특히 그중 66%가 3개월만 미만인 초단기 금융상품이다. 문제는 WMP 상품 판매로 들어온 자금이 실제로는 일부 장기 고위험 대출로 운용되고 있다는 점이다. 실제로 올해 들어 중국에서 사고 2건이 일어났다. 중성신탁(China Credit Trust)과 지린신탁(Jilin Trust)의 WMP 상품인데 두 사례 모두 석탄산업에 투자했다가 원리금 상환이 연기되는 기술적 디폴트에 빠졌다.

여기까지는 양반이다. 현재 최소 8000개, 최대 1만개가 있다고 알려진(정확한 통계도 없음) 지방정부 'financing tool'인 LGFV는 극단적인 그림자금융 사례다. 이 구조는 간단하다. 지방정부가 만들거나 아니면 지분 출자한 각종 회사가 지방정부 신용으로 낮은 금리로 은행권에서 자금을 조달하여 원래 회사 운전자금이나 시설자금 목적이 아닌, 엉뚱하게도 그 회사와 관계된 중소기업이나 각종 인프라스트럭처 사업, 부동산 PF사업에 고리로 대출을 해주는 구조다. 말하자면 서구에서 사모펀드가 하는 기능을 수행하고 있는 것이다. 그런데 LP들의 엄격한 수익률 요구에 시달리는 서구 사모펀드와 달리 이들 중국 LGFV는 책임이라는 부분에서 당연히 느슨할 수밖에 없다. 저성장 기조 타개를 위해 지방정부가 (중앙정부 묵인하에) 장려하고 조장하는 구조이므로, 눈치 볼 부분이 없는 것이다. 이렇게 나간 비정상적 구조의 기업금융이나 프로젝트금융 제공이 다 회수될 것으로 기대하는 건 너무나 낭만적이다. 그렇다면 이들 LGFV의 부실화는 곧 해당 지방정부를 보고 대출을 해 준 은행권에 잠재적으로 큰 부실 압박요인이다. 서구 언론에서 '시한폭탄'이라고 떠드는 것도 사실 어찌보면 틀린 말은 아니다.

그럼에도 불구하고 중국의 그림자금융은 결국에는 통제 가능할 것이라고 판단된다. 이유는 위에서도 언급했듯이, 그림자금융 생산자가 바로 중국 정부 스스로이기 때문이다. 자기가 만들고 자기가 통제를 하지 못할 만큼 중국 정부가 무능하다고 보는 것은 중국을 잘 모르고 하는 말이다. 중국은 이 정책적 이유로 생겨난 그림자금융 탈출구를 스스로 모색해낼 것이다. 중국 스스로를 위해서, 그리고 세계 경제를 위해서 말이다!(중국 경제성장률이 1% 하락하면, 세계 선진국 경제는 0.46% 하락, 나머지 개도국 경제는 0.73% 하락한다는 통계도 있다) 최근 국제신용평가기관인 피치는 중국 정부에 다음과 같은 그림자금융 탈출구를 제시하였다. 1)혼란스럽게 보이는 은행 WMP상품 판매내용을 확실하게 구분하고, 2)신탁상품 판매 내용과 신탁상품 기초자산을 투명하게 회계에 반영하고, 3)기업들이 필요 이상으로 지나치게 대출을 많이 받지 못하도록 신용보증을 제한하는 새로운 규제를 실시하라는 내용이다. 아마 중국 정부도 시기를 보고 있다가 조만간 이 방향으로 움직일 것으로 예측된다.

2014. 7. 16

16 가장 유명했던 4건의 내부자거래 사건

내부자거래(Insider Trading)는 자본시장 최악의 범죄임은 두말할 나위도 없다. 사실 1934년에 만들어진 미국 증권거래위원회(SEC)는 내부자거래 혐의자들을 색출하기 위해 만들어졌다고 해도 과언이 아니다. 지난주 15회까지는 좀 무거운 주제를 다루었으니 이번 16회는 좀 쉬어가는 의미에서 지난 100년간 가장 유명했던, 그래서 지금도 자주 언급되는 내부자거래 사건 4건에 대해 좀 알아보기로 하자.

(1) 은행장의 내부거래(1929년, 체이스내셔널은행 앨버트 위긴 행장 사례)

오늘날 제이피모건체이스그룹의 한 파트가 되는 체이스내셔널은행(Chase National Bank) 은행장과 회장으로 장기집권(1911~1930)했던 앨버트 위긴(Albert Wiggin·1868~1951)은 한때 월스트리트에서 가장 존경받는 은행장이었다. 보스턴 출신 장로교 목사 아들이었던 그는 다른 은행 임원으로 일하다가 1904년 약관 36세 나이에 이 은행 수석부행장으로 영입되었고, 7년 후에는 은행장으로 영전하였다.

은행장이 되던 1911년 당시만 해도 뉴욕시에 있던 그렇고 그런 중위권 은행이었던 체이스내셔널은행을, 대공황 직전인 1929년에는 자산 규모 기준으로 미국 4위 은행으로 성장시킨다. 이렇게 존경받던 고매한 인품의 은행가가 하루아침에 분노한 대중에 의해 그 가면이 벗겨지게 된 것은 1929년 10월에 시작된 미국 대공황 때문이다. 어떤 이유에서였을까? 대공황이 일어나던 바로 그 순간, 위긴 행장은 자신이 회장으로 있는 은행의 주식에 대해 4만주를 공매도를 해서, 단 하루 만에 420만달러(현재 화폐가치로 대충 6500만달러, 약 670억원 상당)를 벌었음이 드러난 것이다.

이는 비유적으로 설명하면, 프로축구 경기에서 한 팀의 감독이 자신이 상대할 팀이 승리할 거라고 온라인 도박 베팅을 하는 것과 마찬가지인 심각한 모럴 해저드였다. 그런데 당시에는 이런 공매도가 불법이 아니었다(개념 자체가 없었다고 봐야 할 것이다). 1933년에 제정된 연방은행법인 글래스스티걸법에 은행 경영진의 이해 상충과 내부자거래 금지에 대한 조항이 들어갔음은 물론이며, 그 조항은 '위긴 조항(Wiggin Provision)'으로 알려지게 된다.

(2) IB 뱅커들의 내부거래(1986년, 밀켄-보스키-시젤-레빈 4인방 사례)

이반 보스키(Ivan Boesky, 1937년생)라는 이름을 40대 중반 이후인 분들은 한 번쯤 들어보았을 듯하다. 자기 이름을 내건 투자회사(Ivan F Boesky & Company)를 차려 놓고, 소위 말하는 합병재정거래(Merger Arbitrage) 전공으로 1980년대에 혁혁한 실적을 올린다. 합병 움직임이 있는 회사의 주식을 귀신처럼 알아내어 먼저 투자한 후 공시가 되어 주가가 폭등하면 바로 처분하고 나오는 전략으로 어마어마한 부를 쌓았다.

그의 예지력(Precognition)이 너무나 놀라워서, 당대 사람들은 그를 초능력자 유리 겔러(Uri Geller)에 비유하는 수준까지 갔다. 그러나 유리 겔러의 초능력이 결국 사기였음이 밝혀졌듯이, 보스키의 예지력도 결국 내부자거래로 합병 정보를 사전에 IB 뱅커들에게서 빼돌린 것이었음이 미국 연방증권거래위원회(SEC) 조사 과정에서 밝혀지게 된다. 보스키에게 정보를 제공하고 그 대가로 돈을 받아 챙겼던 월스트리트 투자은행 드렉셀버넘램버트(DBL)의 IB 뱅커 3인방 중 한 명인 M&A 담당 파트너 데니스 레빈(Dennis Levine·1952년생)이 이렇게 번 돈을 감추기 위해 개설한 스위스 은행 비밀계좌가 드러난 것이다.

연방검찰에 소환된 레빈은 소위 말하는 플리바게닝을 통해 정보 제공 대상이 이반 보스키임을 언급한 것이다. 보스키에게 정보를 제공한 드렉셀버넘램버트의 나머지 2인은 M&A 부서 총괄 책임자 마틴 시겔(Martin Siegel·1948년생)과 정크본드의 황제(King of Junkbond)로 1970~80년대 LBO시장을 풍미했던 고수익 채권 발행 담당 파트너 마이클 밀켄(Michael Milken·1946년생)이었다. 이 사건은 미국 시사주간지 타임 표지를 장식할 정도로 당시에는 충격적인 사건이었고, 이들 4인방은 98건에 이르는 내부자거래 위반 혐의로 기소되어 도합 520년 징역과 도합 8억달러가 넘는 벌금을 선고받고 모두 각기 일정 기간 복역 후 감형으로 출소하게 된다(그중 오늘날에도 왕성하게 활동 중인 마이클 밀켄이란 거물에 대해서는 따로 또 언급할 기회가 있을 것이다).

(3) 언론인의 내부거래(1984년, 월스트리트저널 칼럼니스트 포스터 와이넌스 사례)

포스터 와이넌스(R Foster Winans·1948년생)는 미국 일간지 월스트리트저널(WSJ)의 잘나가는 증권부 기자였다. 그는 지금도 WSJ 섹션으로 존재하는 'Heard on the Street'라는 시장정보 종합섹션을 집필하는 담당자로 1982~84년에 일했다. 한 번이라도 WSJ를 읽어본 분은 알겠지만 이 섹션은 자본시장과 관련해 미확인된 소위 '카더라통신' 중에서 기자가 판단할 때 그래도 신빙성이 커 보이는 소식들을 모아놓은 섹션이며, 사실 매우 유용하다.

미국에서는 주로 개미투자가들에게 영향력이 대단히 크다. 그런데 와이넌스는 이 기사를 써 놓고 아직 기사가 신문에 활자화되기 전에 그 기사 내용을 평소 친분이 있던 몇몇 투자은행 주식브로커들에게 넘기고, 3만1000달러라는 약소한(상대적으로) 금액을 감사 표시로 받은 것이다. 신문에 일단 활자화가 되면 투자자들이 영향을 받게 되고, 주가 움직임이 다소나마 있게 된다. 사전에 기사 내용을 입수한 주식브로커들은 주가 방향성이 어느 쪽으로 움직일지 미리 예상하게 되고, 그에 따라 포지션을 미리 유리하게 잡아 놓을 수 있었던 것이다.

이 사건은 언론인에 의한 내부자거래 가담으로 받아들여져서 미국에서 언론의 자유의 한계에 대한 엄청난 헌법적 논쟁으로 비화했다. 와이넌스는 자신이 비합리적인 행동을 했으나, 범죄를 저지른 것은 아니라는 취지로 유죄를 받아들이지 않았다. 미국 연방대법원에까지 올라간 이 사건(Carpenter vs United States)은 대법원에서 4대4 가부동수라는 희한한 결과가 나와 위헌 판결을 받아내는 데는 실패했고, 이에 따라 와이넌스는 유죄가 인정되어 366일 동안 연방교도소 복역 후 언론계에서 영구 퇴출되었다.

(4) 지인들의 내부거래 (2001년, 홈메이킹 구루 마사 스튜어트 사례)

2001년 연방식품의약청(FDA)이 '임클론(ImClone)'이란 회사가 만든 항암치료제 'Erbitux'에 대해 승인 요청을 거부한 일이 일어났다. 이 회사는 상장사였는데, 조만간 경이로운 신약을 발표한다는 루머와 함께 주가가 가파르게 오르고 있었다. 이 거부 소식과 함께 주가는 단 몇 거래일 만에 5분의 1 토막이 났고 기대감으로 투자했던 수많은 투자자들이 큰 손실을 보았다. 그런데 정작, 이 회사 CEO인 새무얼 왁살(Samuel Waksal)과 그 가족, 그리고 몇몇 친지들은 FDA 결론이 발표되기 직전에 보유하고 있던 이 회사 주식을 대거 처분하여 큰 수익을 거두었다.

이 사례가 유명해진 이유는 왁살 CEO 친지 중에 홈메이킹 구루(Homemaking Guru)로 자기 이름을 딴 회사와 TV유선방송채널까지 가지고 있던 살림왕 마사 스튜어트(Martha Stewart)가 있었기 때문이다. 그녀는 왁살 CEO의 주식브로커였던 메릴린치 직원에게서 넘겨받은 내부자정보를 이용하여 주식처분이익 약 25만달러를 거두었는데, 이 건이 발각되면서 5개월 동안 연방교소도에 수감되는 망신을 당했다.

그녀가 워낙 세간에 영향력 있는 언론계 총아였기 때문에 이 사건은 금액이 얼마 되지 않았음에도 불구하고 사건 발생 후 몇 주일 동안이나 미국 언론을 장식했다. 마사 스튜어트는 그 후 재기를 하기는 하지만 명성이 예전 같지는 못하게 되었으며, 임클론은 이 사건 이후 결국 얼마 버티지 못하고 2008년에 대형 제약회사인 일라이 릴리(Eli Lilly)에 인수·합병당하게 된다.

2014. 7. 23

17 월가 출신 美 재무장관들(상)

거장 프랭크 카프라 감독이 연출하고 제임스 스튜어트가 명연기를 펼친 '미스터 스미스 고즈 투 워싱턴(Mr. Smith goes to Washington)'이라는 1939년 선보인 정치 코미디 영화가 있다. 서부 시골 주의 지명직 상원의원으로 엉겁결에 미국 연방상원의원이 된 스미스라는 시골 보이스카우트 대장 출신 상원의원이 정정당당함과 순수함으로 워싱턴DC의 부패한 프로 정치집단에 통쾌한 판정승을 거둔다는 스토리이다. 저예산 영화였고 톱스타급 출연배우들이 전무했음에도 900만달러라는 당시로서는 대단한 흥행실적을 거둔다. 아마 당시 미국 일반 국민들이 워싱턴DC의 '프로 정치인들'에게 염증을 내고 있었던 데에서 기인하였을 것이다.

그렇다면 세계 금융의 메카인 월스트리트를 가진 미국에서 월스트리트 출신으로 워싱턴 정가에 진출해 성공한 사례가 얼마나 있을까? 17화와 18화에서 전 세계에서 아마도 가장 중요한 관료인 미국 연방 재무장관직을 중심으로 살펴보자.

1789년 건국 이후, 미국에서는 225년간 총 76명의 재무장관이 봉직했다.(재직기간 평균 3년 남짓) 이 중 장관이 되기 전에 백그라운드가 금융인이었던 인물이 총 12명이며 월스트리트 출신이라고 확실하게 말할 수 있는 인물은 그중 9명이다. 자세히 살펴보자.

초대 대통령 워싱턴 행정부의 1기 내각 멤버인 초대 알렉산더 해밀튼(Alexander Hamilton, 1789~1795 재직)은 미국 독립전쟁의 영웅 중 한 명이며 미국 헌법을 기초한 '헌법의 아버지들' 중 하나이자 당대 최고의 행정가였다. 어수선한 건국 초기 미국 재무행정의 기초를 착실히 다진 인물이며, 너무도 능숙하게 재무장관직을 수행했다. 지금도 미국에는 해밀튼의 이름을 딴 공공시설이나 학교 등이 수두룩하다.

그런데 그가 사실은 미국 최초의 민간 상업은행이었던 뉴욕은행(Bank of New York, 1784년 설립)의 초대 은행장이었다는 걸 아는 사람은 매우 드물다. (뉴욕은행은 오늘날에도 Bank of New York Mellon으로 존속하고 있는 바로 그 은행이다) 해밀튼은 재무장관직에서 물러나고 나서 다시 뉴욕은행 은행장으로 돌아갔는데, 정치적 라이벌이자 미국 제2대 부통령을 역임한, 경쟁은행 맨해튼은행(Bank of Manhattan)의 은행장 애런 버(Aaron Burr)와 명예훼손을 이유로 권총결투를 벌이다가 버에게 살해당한다.

해밀튼 이후로 거의 70년 동안은 월스트리트 출신의 연방 재무장관은 존재하지 않았다. 19세기 전반과 중반의 재무장관들은 주로 전업 정치인이거나 법률가들이 이어 받았는데, 당시에는 재무장관의 주된 역할이 국가재정, 특히 세금징수와 관련된 각종 법을 만들고 집행하는 일이 우선이었고, 고차원적인 금융 관련 지식이 필요하지 않았기 때문일 수도 있다. 그러다가 남북전쟁을 끝내고 본격적인 국가재건과 제국주의적 팽창주의 입장을 취하기 시작하던 1860년대 이후에 다시 시대의 필요에 의해 금융인 출신 재무장관이 등장한다.

휴 맥큘러(Hugh McCulloch)는 역대 재무장관들 중 유일하게 2번, 즉 27대 및 36대 재무장관으로 두 번의 임기를 마쳤는데(1865~1869년, 1884~1885년), 그는 인디애나은행(Bank of Indiana)이라는 인디애나주 소재 지방은행 은행장으로 있다가 재무장관으로 발탁된 케이스였다. 금융을 잘 이해하고 있던 그는, 남북전쟁 당시 연방정부가 마구 찍어낸 전시국채를 상환하는 방법론으로 금본위제를 적극 옹호했으며, 연방정부 차원에서 전국에 통용되는 단일 국가법정통화(즉 오늘날의 미국 달러화)를 창설하기 위해 각주의 주법(州法)에 의해 만들어지는 주 은행들(State Banks)의 권한을 축소하고 대신 전국은행(National Banks) 제도를 창설하기 위한 의도로 만들어진 '전국은행법(National Banking Act of 1864)'을 충실히 집행하였다.

42대 라이먼 게이지(Lyman Gage, 1897~1902년 재직)와 45대 프랭클린 맥베이(Franklin MacVeagh, 1909~1913년 재직)는 각각 시카고의 민간 상업은행들인 퍼스트내셔널뱅크오브시카고 및 콘티넨탈일리노이 은행의 은행장 출신들이었다. 우드로우 윌슨 대통령의 사위로 1차 대전 당시 미국의 전시(戰時)재정을 든든히 뒷받침했던 46대 윌리엄 매카두(William McAdoo, 1913~1918년 재직)는 월스트리트의 소형 증권사였던 펨버튼&매카두(Pemberton & McAdoo)의 사장 출신이었다. 세 명 모두 각각 다른 시기의 금융공황기에 문제를 해결하기 위해 워싱턴에 불려 들어가서, 나름 선방했다는 평가를 받는 인물들이다.

49대 앤드류 멜론(Andrew Mellon, 1921~1932년 재직)은 대공황을 막지 못했다는 오명을 쓰고 역사에서 손가락질당하는 인물이나, 사실 알고 보면 미국 역사상 최장수 재무장관이었고 가장 금융을 잘 이해하는 인물 중 하나였다. 필라델피아 최대 부호가문인 멜론 가문의 상속자로 태어나 멜론은행(Mellon Bank)의 은행장을 역임한 후 정계에 입문했다. 1921년 하딩 대통령 내각에 입각한 이후 쿨리지-후버에 이르는 공화당 대통령 3대 12년간을 재무장관으로 복무했다. 그는 유럽 국가들이 1차 대전 중에 미국에서 빌려간 채무를 갚지 못하자 이를 재조정하는 역할을 능숙하게 수행했고, 1920년대 내내 긴축재정을 펴서 1차대전을 치르면서 눈덩이처럼 불어난 미국 연방정부의 재정적자를 70%가량 감축시키는 대단한 일을 해내기도 하였다.

그러나 1929년 대공황을 막지도 못하였고 대공황이 일어난 후에 그 해결 방안으로 경기부양책을 쓰는 것을 거부하고 엉뚱하게도 연방재정지출을 더욱 감축하는 정책을 추진하다가 연방하원의 탄핵을 받고 탄핵표결절차에 들어가기 직전에 자의반 타의반 사임하고 만다. 멜론이 낙마하고 나서 얼마 후 실시된 제32대 대통령선거에서 당선된 민주당 프랭클린 루즈벨트 대통령의 1기 내각에 재무장관으로 기용된 51대 윌리엄 우딘(William Woodin, 1933~1933년 재직)은 뉴욕연방준비은행(FRBNY) 이사 출신으로 월스트리트를 가장 잘 이해하던 인물이었고 많은 기대를 받았으나 취임 후 건강이 급속도로 악화돼 장관직 취임 9개월만에 사임하고 말았다.

여기까지 1789~1933년 사이 일곱 명의 금융인 출신 재무장관들의 면면을 살펴보았다. 다음 18화에 논의될, 2차 대전 이후의 5명의 금융인 출신 재무장관들은 모두 정통 IB뱅커, 즉 월스트리트 투자은행 출신들이고, 더 혁혁한 업적을 남기게 될 인물들이다. 다음주에 그들의 면면을 들여다보자.

2014. 7. 30

18 월가 출신 美 재무장관들(하)

2차 세계대전 이후 미국은 역사상 최강국이 되었다. 이러한 미국의 힘은 양차 대전을 통해 롬바르디가(런던금융가)에서 월가(뉴욕금융가)로 이전된 세계 부(富)의 이동이 큰 원인이 되었음은 물론이다. 그리고 금융의 세계화 현상이 더 심화되면서 미국의 연방 재무장관이란 자리가 이제 더 이상 미국만을 위한 자리가 아니라, 실제로는 '세계의 재무장관' 역할까지 해야 하는 상황으로 전개되었다. 이러다 보니 2차 세계대전 이후 미국 재무장관들 중 다수가 월가에서 커 온, 그래서 금융을 제대로 이해하고 있는 인물로 채워지게 된 것은 어쩌면 자연스러운 현상이었다.

2차 세계대전 후, 미국 재무장관들 중 월가와 인연이 약간이라도 있는 인물은 총 7명인데 그중에서 57대 더글러스 딜런(C. Douglas Dillon·1961~1965년 재직)은 그의 부친이 창업한 월가의 증권사인 딜런리드(Dillon Read) 이사회 회장으로 재직했으나 투자은행 출신은 아니었고, 75대 티머시 가이트너(Timothy Geithner·2009~2013년 재직)는 재무장관 취임 직전에 뉴욕연방준비은행(FRBNY) 총재로 6년간 재직한 바 있으나 실제로는 재무부 공채 관료 출신이다. 이 둘을 제외하면 이제 설명할 5명이 정통 월가 투자은행 출신이다.

첫 스타트는 닉슨 행정부 말기에 입각해 포드 행정부 시절에 일한 63대 윌리엄 사이먼(William E. Simon·1974~1977년 재직) 재무장관이다. 사이먼은 지금은 UBS에 인수돼 없어진 월가의 투자은행 페인웨버(Paine Webber)에 1952년 신입 직원으로 입사하고 1973년 미국 재무부 차관으로 공직에 입문하기 전까지 21년간 월가의 최전선에서 일한 정통 채권(Fixed Income) 전문가였다.

입각 전 월가에서 그의 마지막 보직은 살로먼브러더스 투자은행의 공동사장이었다. 재무장관으로서 그는 1970년대 중반 이후 미국을 강타한 스태그플레이션 타개 및 오일쇼크 이후의 미국 에너지 정책에 대한 입안 등 두 가지 거대한 주제와 씨름했다(미국 에너지부는 1977년 카터 행정부 때 신설되었고, 그 이전에는 에너지 관련 업무가 재무부의 소관이었다). 사이먼이 더욱 유명하게 된 것은 사실은 재무장관을 퇴임하고 난 이후의 일 때문이다.

퇴임 후 그는 월가의 유명한 기업사냥꾼 레이 체임버스(Ray Chambers)와 함께 '웨스레이(WESRAY)'라는 사모펀드를 만들어 활동하게 되는데(WES는 William E. Simon의 이니셜이고, RAY는 레이 체임버스의 이름이다) 이 사모펀드가 1981년에 투자한 깁슨그리팅스(Gibson Greetings) LBO딜이 실로 대박을 터뜨렸다(무려 200배라는 믿기지 않는 투자금을 회수했다). 이는 이후 모든 LBO 교과서에 LBO 기업인수 모범사례로 빠짐없이 등장하게 된다(퇴임 재무관료가 사모펀드 업계의 불멸의 신화가 된 사례).

다음 등장하는 인물이 66대 도널드 리건(Donald T. Regan·1981~1985년 재직) 재무장관인데, 당시 세계 최대 증권사였던 메릴린치(Merrill Lynch)의 회장 겸 최고경영자(CEO)로 10년(1971~1981)간 재임했던 월가의 산증인이다. 1918년생인 리건은 하버드대 재학 시절 태평양전쟁이 일어나자 해병대 장교로 자원 입대해 전쟁이 끝날 때까지 4년간 남태평양 최전선에서 근무하며 무공훈장까지 받은 전쟁 영웅이었다.

종전 직후 메릴린치에 신입 직원으로 입사해 1966년에 사장, 1971년에 회장 겸 CEO로 승진했다. 그는 10년간 회장으로 집권하면서 무려 사장(2인자) 4명을 갈아치웠을 만큼 카리스마 넘치는 경영자였다. 재무장관으로 취임한 후에는 당시 레이건 행정부의 정책기조였던 감세 정책, 즉 '레이거노믹스'를 충실히 뒷받침하였고 인플레이션을 잡고 주식시장을 안정화하는데 기여한 바가 컸다.

재무장관 퇴임 후에는 레이건 행정부 2기의 백악관 비서실장으로 기용되었는데, 너무 강력한 카리스마로 인해 언론으로부터 미국에도 '총리(Prime Minister)'가 생겼다는 공격을 당하기도 했다. 1987년 당시 미국 조야를 뒤흔든 큰 사건이었던 이란-콘트라(Iran-Contra) 사건에 연루돼 책임을 지고 낙마하게 된다.

월가 출신에 대한 선호는 로널드 레이건 대통령을 이은 조지 부시(아버지) 대통령이 더 심했는데 그 결과 68대 니컬러스 브래디(Nicholas F. Brady·1988~1993년 재직) 장관이 출현한다.

브래디는 1954년 대학 졸업 후 바로 월가에 취직해 IB업무를 시작하였고, 나중에 UBS에 인수되는 딜런리드 투자은행의 CEO로 무려 18년간(1970~1988)이나 일한 월가의 터줏대감이었다. 월가 내 대표적인 공화당 지지자로, 닉슨 행정부와 레이건 행정부에서도 모종의 역할을 했던 인물이다. 많은 기대를 받으면서 업무를 시작했지만 그의 재임 기간은 소위 주택대부조합위기(Savings and Loan Crisis)와 멕시코 대외채무 디폴트 등 여러 가지 문제로 힘든 시기였다.

1989년 터진 멕시코의 국가부도는 오늘날 브래디본드(Brady Bonds)라고 일컬어지는, 국제통화기금(IMF)이 보증한 채권을 발행해 간신히 해결했으나 주택대부조합위기는 월가 출신 재무장관 한 사람의 역량으로 극복하기는 어려운 시스템적 이슈였다. 결국 당시 미국에 존재하던 3000개가량 주택대부조합(한국의 저축은행을 생각하면 된다)의 3분의 1가량이 파산하는 사태로 이어진다. 브래디를 발탁했던 부시 대통령은 이러한 미국 내 경제 문제 실패로 인해 1차 이라크 전쟁의 승리와 동유럽 공산정권 붕괴 등 혁혁한 외교적 성과에도 불구하고 1992년 대선에서 경제 이슈에 집중해 물고 늘어진 민주당 후보인 아칸소 주지사 빌 클린턴에게 패해 재선에 실패한다.

아마 미국 역대 재무장관 중에서 이 사람만큼 한국인에게 각인된 인물도 드물 터인데, 그가 바로 70대 재무장관인 로버트 루빈(Robert Rubin·1995~1999년 재직)이다. 골드만삭스의 공동사장 출신이며 본인 전공이 트레이딩 부문, 그것도 가장 어려운 트레이딩 분야로 꼽히는 합병재정거래(Merger Arbitrage) 분야 출신이다.

루빈은 1993년 클린턴 행정부 때 처음 만들어진 국가경제자문회의(National Economic Council)의 초대 의장(Chairman)으로 공직에 입문했고, 2년 재직 후 1995년에 재무장관으로 취임한다. 그가 재직할 당시 부장관이 바로 루빈에 이어 71대 재무장관이 되는 로런스 서머스(Lawrence Summers) 전 하버드대 총장이었고, 당시 연준 의장은 그린스펀이었다. 이 3인의 황금콤비가 일하던 1990년대 후반에 미국 주식시장의 시가총액은 클린턴이 취임하던 1993년 대비 정확히 3배 늘었고, 1997년 아시아 통화위기와 1998년 롱텀캐피털매니지먼트(LTCM) 파산 사건 등 어려운 난제를 능숙하게 수습한다. 언론에서는 그를 '초대 알렉산더 해밀턴 이래 최고의 재무장관'이란 칭호까지 부여한다.

그러나 루빈은 퇴임 후 정확히 10년 뒤 두 가지 사유로 엄청난 욕을 먹어야 했는데, 하나는 그가 의회를 밀어붙여서 글래스스티걸법(겸업주의를 허용하지 않았다)을 1999년 폐기함으로써 시작된 미국 유니버설뱅킹(상업은행과 투자은행의 겸업주의)체제가 2008년 금융위기의 단초를 제공했다는 것이었고, 다른 하나는 연방선물거래위원회(CFTC)가 1997년에 제안한 파생상품 규제 방안에 대해 강력하게 반대해 이를 무산시켜 버린 일 때문이었다. 둘 다 '시장의 자율'을 해친다는 당시 루빈의 신조 때문이었으나 그의 고향인 월가의 로비를 받았다는 의심을 받을 만한 충분한 정황이 있다.

소개할 마지막 인물은 물론 74대 헨리 폴슨(Henry Paulson·2006~2009년 재직) 재무장관이다. 루빈과 마찬가지로 그도 골드만삭스의 공동사장 출신이다. 키가 2m나 되는 거구 폴슨은 다트머스대 재학 시절 미식축구 선수로 전국적인 명성을 누린 만능 스포츠맨 출신이기도 하다. 골드만삭스 입사 후에는 이 회사의 미국 중서부(Midwest)사업 부문을 책임졌고, 그 공로로 1998년에 공동사장까지 올랐다.

사장으로서 그의 가장 큰 업적은 1999년에 있었던 골드만삭스의 기업공개 상장 작업이었다. 2006년 미국 주택시장 가격이 최정점에 올라 있을 때 재무장관직에 올랐는데, 취임하자마자 그는 곧바로 닥친 전대미문의 금융위기를 당시의 벤 버냉키 연준 의장과 함께 헤쳐나가게 된다. 베어스턴스, 리먼브러더스, AIG 등이 줄줄이 무너지고 세계 증권시장이 요동치는 상황에서도 그는 침착함을 잃지 않고 할 수 있는 모든 일을 했다.

30개월 동안 그의 재무장관 재직 시절의 상세한 이야기들은 2011년 출간된 그의 회고록 "On the Brink"(파산위기)에 자세히 나와 있다. 과연 그가 한 일들이 최선의 방법론이었는지는 의문의 여지가 있으나, 미국 시사주간지 타임(Time)이 폴슨을 2008년도 올해의 인물 2위로 올리면서 코멘트한 것처럼 "그 누구도 그가 했던 것보다 더 잘할 수 있었다고 말하긴 어렵다"는 것이 전반적인 시장의 평가라고 보여진다.

다음번 미국 재무장관에 다시 월가 인사가 기용되지 말란 법은 없을 것 같다. 아직도 월가가 세계 금융을 움직이고 있으므로.

2014. 8. 6

19 리먼브러더스 흥망사 (1)

19화부터 3회에 걸쳐 오늘날 '금융기관 실패(financial institution failure)'의 대명사가 되어버린 월가 투자은행 리먼브러더스(Lehman Brothers) 이야기를 해보도록 하자.

이 투자은행은, 이제 와서 '참담한 실패의 기억' 내지 '월가 탐욕의 필연적 결과'라는 식으로 간단히 매도해 버리기에는 그 역사가 너무나 영웅적인 면이 있다. 리먼브러더스는 어떤 회사였고, 어떤 과정을 거쳐 성장하여 어떻게 무너진 것일까? 그들 역사를 한번 복기하는 일은 현재 글로벌 IB(?)가 되겠다는 한국 토종 증권사들에도 시사점을 줄 수 있을 것이다.

리먼브러더스 역사는 크게 3기로 나뉜다. 1기는 1850년 창설부터 1969년 창립자 가문이 경영에서 완전히 손을 떼고 물러나는 시점까지 성장기, 2기는 회사가 어려워진 1969년부터 타사에 인수당했다가 다시 극적으로 스핀오프(spin-off)하여 독립하게 되는 1994년까지 혼란기, 마지막 3기는 1994년부터 2008년 파산 때까지 중흥과 (극적인) 패망기다(참고로 3기는 리처드 펄드라는 카리스마적인 CEO 재임기와 정확하게 일치한다).

독일 바이에른주 출신 유대인 삼형제 헨리, 엠마누엘, 마이어 리먼은 1840년대에 꿈을 좇아서 신흥 국가인 미국 남부 앨러배마주로 이민 온다. 이들은 몽고메리라는 도시에 정착하였고, 1850년에 리먼형제무역상사(Lehman Brothers Trading Company)라는 회사를 세운다. 그러니까 월가 투자은행의 시초는 상품거래(trading) 회사였다는 의미인데, 무엇을 거래했을까? 바로 면화(Cotton)다. 당시 미국 남부는 세계 최대 면화 생산지였고 여기서 생산된 면화 중 4분의 3이 유럽으로 건너갔다.

앨러배마주 역시 인근 미시시피주, 루이지애나주, 조지아주와 함께 면화 생산·무역 중심지였던 것이다. 처음에 이 회사는 단순히 면화를 농부들에게서 사서 유럽에 파는 중개상(Broker)이었을 뿐이다. 그런데 돈이 좀 벌리자 리먼 형제는 (어쩌면 당연한 수순이다) 돈놀이를 시작했다. 자금이 부족한 면화 생산 농부들에게 생산에 필요한 자금을 먼저 대출해주고, 나중에 그 생산물을 특정 가격에 먼저 매입할 수 있는 우선매입권을 확보하는 수익모델이었다.

선물거래를 동반한 유럽식 머천트뱅킹(Merchant Banking)을 면화산업에 접목한 것이었다. 농부들이 이자를 갚지 못할 때는 현물인 면화를 이자 대신에 받은 뒤(오늘날 LBO 기법에 등장하는 PIK, 즉 Payment-in-Kind 이자지급 방식을 이미 1850년대에 시작한 셈이다) 이를 다시 거래하여 웃돈(Premium)을 챙겼다.

회사가 번창 일로에 있던 1858년, 리먼브러더스는 드디어 뉴욕에 진출하게 된다. 면화 거래 중심지가 미국 남부에서 미국 최대 상업도시 뉴욕으로 이전하게 된 것이다. 리먼 형제 중 둘째인 엠마누엘 리먼을 뉴욕으로 파견해 사무소를 개설했고, 그로부터 12년 후인 1870년에 정식으로 설립된 뉴욕면화거래소(New York Cotton Exchange) 정식 회원사(member firm)가 됐다. 이때쯤 앨러배마주에 있던 본사를 뉴욕으로 옮기게 된다. 리먼브러더스는 이제 단순한 면화중개상이 아니라 명실공히 '금융회사'가 되었는데, 이유는 면화산업에서 벌어들인 막대한 부를 가지고 남북전쟁 후 한참 폭발적으로 신장하던 미국 철도산업에 뛰어들었기 때문이다. 리먼브러더스는 철도 건설 자금을 대기 위해 발행되는 철도채권(Railroad Bonds) 시장에 진출해 1884년께에는 그 시장에서 최대 큰손 중 하나가 된다. 그러니까 채권을 인수(underwriting)하여 이를 거래(trading)하기 시작한 셈인데, 여기에 필연적으로 따라오게 되는 사업이 바로 그러한 철도채권을 발행하는 회사들에 대한 자문(advisory)업이다. 1887년에 리먼브러더스는 드디어 뉴욕증권거래소(New York Stock Exchange) 회원사로 가입했다.

금융회사가 되긴 했으나 리먼브러더스가 당장 그 시점부터 소위 종합 투자은행(Investment Bank)이 된 것은 아니었다. 원래 잘하던 코모디티와 채권에 국한한 영업을 20세기 초반까지 계속하면서 사세를 키워갈 즈음에 엠마누엘 리먼이 타계하고 그의 아들 필립 리먼이 회사를 이어받게 된다. 이 회사는 1906년께부터 공격적으로 투자은행으로 변모를 시도한다. 필립 리먼은 월가의 같은 유대계 증권사인 골드만삭스 파트너들과 개인적으로 매우 친했는데, 그 친분을 바탕으로 이때부터 리먼브러더스와 골드만삭스는 시장에 나오는 거의 모든 굵직굵직한 IPO들을 공동 주관하게 된다. 이 당시 리먼브러더스가 IPO한 회사들을 몇 개만 살펴보면, 이 회사가 최초로 IPO 발행을 주관했던 인터내셔널스틸펌프(International Steel Pump·현재 뉴욕증시에 상장되어 있는 Eaton Corporation 전신), 시어스로벅(Sears Roebuck), 울워스(Woolworth), 메이시백화점(Macy's Department Stores), 짐벨브러더스(Gimbel Brothers·British- American Tobacco에 1987년에 인수되는 담배 등 생활용품 제조회사), 항공엔진 제조업체 구드리치(Goodrich) 등 당대 대기업들이 망라되어 있었다.

2세인 필립에 이어 경영권을 이어받은 3세 로버트 리먼은 1925년 취임하는데, 얼마 후 닥친 대공황 여파를 잘 버티어 낸다. 주식 발행과 거래가 급감하자 로버트 리먼은 임시로 오늘날 창업투자업(Venture Capital) 비슷한 사업모델을 선보인다. 즉 기술력을 가지고 있는 스타트업(start-up) 회사들 비상장 주식을 사들여서, 나중에 주식시장이 안정된 이후 이들을 상장해서 거대한 차익을 실현하는 모델이다. 당시에는 IPO를 주관하는 투자은행들이 해당 회사 비상장 주식 보유를 제한받는 것과 같은 오늘날 발행·공시 관련 규정들은 존재하지 않았기에, 이런 재정스폰서(Financial Sponsor) 기능이 가능했던 것이다. 이렇게 해서 초기 투자를 하고 나중에 상장한 회사들을 몇 개 꼽아보면, 세계 최초 TV 메이커였던 듀몽(DuMont), 미국 최초 상업용 라디오 제작업체 겸 라디오방송국 채널이었던 RCA(Radio Corporation America), 각각 텍사스와 오클라호마에서 정유업을 하던 핼리버튼(Haliburton)과 커-맥기(Kerr-McGee·2006년에 Anadarko Petroleum에 인수됨), 그리고 디지털이큅먼트(Digital Equipment Corporation·1998년 당시 Compaq에 인수되는 미국 컴퓨터 가전업체) 등이었다.

이렇게 20세기 들어 월가 투자은행 입지를 확실히 다져온 리먼브러더스는 1969년에 이르러 창업자 리먼 가문 사람들이 한 명도 경영에 관여하지 않게 된다. 그 이후 리먼브러더스가 어떤 행보를 보이게 되는지는 다음 시간에 살펴보자.

2014. 8. 13

20 리먼브러더스 흥망사 (2)

리먼브러더스는 1969년에 가족회사에서 주식회사로 가는 중간 분기점을 맞는다. 회사를 43년간이나 경영했던, 창립자 가문의 3세 로버트 리먼이 타계하자 그 후손들이 회사 경영에서 손을 떼고 단순한 주주로서 남기로 한 것이다. 상장하기 이전의 파트너십 형태였던 리먼브러더스는, 그 후 격렬한 내부 권력투쟁의 시기를 맞게 된다. 여기에 더해 트레이딩사업부의 잘못된 투자로 당시 회사 자본금의 절반이 날아가는 최악의 위기가 1972년 찾아온다.

분노한 이사회는 프레드 얼먼(Fred Ehrman) 당시 최고경영자(CEO)를 전격 해고하고 닉슨 행정부 시절 미국 연방정부 상무장관을 지낸 피터 피터슨(Peter G Peterson)을 구원투수로 영입한다. 피터슨은 뒷날 스티븐 슈워츠먼(Steven Schwarzman)과 함께 오늘날 사모펀드업계의 최강자인 블랙스톤(The Blackstone Group)을 창설하는 바로 그 피터슨이다.

그런데 사실 피터슨은 백그라운드가 금융과는 전혀 상관이 없는 인물이었다. 닉슨 행정부에 몸담기 이전 그는 시카고의 공화당 지부 리더였고, 동시에 소비자 가전제품 회사였던 벨 앤드 하월(Bell & Howell)의 CEO로 오랫동안(1961~1971) 재직했던 기업인이었다.

금융업 경력도 전무한 피터슨을 리먼브러더스 이사회가 왜 영입했을까? 1926년생으로 그리스 이민자의 후손인 피터슨은 대단히 훌륭한 중재자였다. 그가 CEO로서 가장 먼저 해야 했던 일은, 격렬하게 대립하고 내분을 일으키고 있던 약 30여 명의 회사 파트너들을 화해시키고 하나의 회사로 통합하는 작업이었다. 저마다 다 잘난 맛에 살고 있던 제멋대로인 이 파트너들을 제압하기 위해서는, 최선의 방법은 아니더라도 차선의 방법으로 이러한 화려한 경력의 외부 거물 영입이 필요했던 것이다.

피터슨이 오고 나서 회사는 분명 달라졌다. 시급하게 자본금을 확충했고, 엉터리 보너스 산정 시스템을 실적에 기반한 정교한 산정 시스템으로 대체했으며 분란의 씨앗이 되었던 몇 명의 고위급 파트너가 회사를 떠났다. 이를 기반으로 회사는 1975 회계연도부터 5개년 연속 대규모 흑자를 시현하면서 다시 월가의 선도투자은행 대열에 재합류하게 된다.

이 시기에 특기할 점은, 골드만삭스만큼이나 브랜드가치가 있던 오래된 투자은행 쿤롭(Kuhn & Loeb)을 1977년 전격 인수한 것이다. 쿤롭은 1945년 이전에는 골드만삭스, 모건스탠리와 어깨를 나란히 하던 저명한 투자은행이었으나 시대가 바뀌었음에도 불구하고 과거의 전통적 영업방식을 고수하다가 좌초해버린 불운한 투자은행이었다. 그러나 쿤롭이란 브랜드가 워낙 지명도가 높았던 관계로 리먼브러더스는 회사 이름을 리먼브러더스 쿤롭(Lehman Brothers Kuhn Loeb)으로 바꾸지 않을 수 없었다.

70년대 후반에 좋았던 회사의 실적은 80년대로 들어오면서 다시 나빠지기 시작했다. 80년대 초반은 2차 오일쇼크 여파 등으로 경기가 안 좋았고, 주력 사업부문인 IB사업부가 고전을 면치 못했다. 그에 비해, 루이스 글럭스먼(Lewis Glucksman)이 이끄는 트레이딩사업부는 거대한 수익을 일으키고 있었다. 이들의 회사 내 발언권도 점점 더 커지게 되었다.

전통적으로 비단 리먼브러더스뿐만 아니라 월가 투자은행들 내부에는 '뱅커(IB사업부)'들과 '트레이더(트레이딩사업부)'들 사이에 상호 견제와 긴장관계가 조성될 수밖에 없다. 이 두 사업부문은 서로 본질적으로 각기 사람(뱅커)과 시장(트레이더)을 상대하기에, 서로 문화가 달랐고 그에 따라 생리적으로 어울리기가 쉽지 않았다. 경쟁사인 골드만삭스가 매우 오랫동안, 1명의 뱅커 출신과 1명의 트레이더 출신이 공동 CEO를 맏는 방식으로 상호 공존을 도모해 온 것은 이 두 집단 간 조율이 그만큼 어렵다는 방증이기도 하다.

여하간, 리먼브러더스도 트레이더들의 성장으로 인해 어쩔 수 없이 그들의 수장인 루이스 글럭스먼을 1981년에 사장(President)으로 승진시켰고, 1983년에는 피터슨이 자의 반 타의 반으로 그를 자신과 함께 공동 CEO 자리까지 끌어올렸다. 글럭스먼은 그가 키워 놓은 후계자 리처드 펄드가 나중에 그러하듯이, 유아독존적 성격에 2등을 인정하지 않는 공격적인 채권트레이더 출신이었는데(물론 둘 다 유대인), 1983년에 사내쿠데타를 일으켜서 피터슨을 내몰게 된다. 이때 피터슨이 이 쿠데타를 진압할 수도 있었다.

당시 '뱅커' 그룹의 공동 리더였던 스티븐 슈워츠먼(월가가 낳은 천재 M&A 뱅커로, 리먼을 퇴사하고 1985년 블랙스톤그룹을 피터슨과 공동 창업함)과 로저 올트먼(Roger Altman·뒷날 클린턴 행정부의 국무부 차관을 거쳐서 현재 저명한 독립형 부티크IB인 에버코어 파트너스의 창업자이자 회장)은 피터슨에게 그대로 당하지 말고 반격을 해서 이사회 표결로 몰고 가면 승산이 있다고 진언한다.

그러나 피터슨은 끝까지 훌륭한 CEO였다. 그렇게까지 가면 회사가 둘로 결딴이 나고, 글럭스먼이 회사의 캐시카우인 트레이딩사업부 인재를 전원 데리고 경쟁사로 이직할 것으로 판단한 것이다. 원래 좀 이타적인 성격의 일면이 있던 피터슨은 조직을 위해 스스로 물러난다.

글럭스먼이 회장 겸 CEO로 등극해서 리먼브러더스 역사상 처음으로 트레이딩사업부 출신 수장이 등장하긴 했으나 회사가 잘 굴러갈 리 만무하였다. 패배를 인정하기 어려웠던 '뱅커'들이 하나둘 짐을 싸서 회사를 떠나기 시작하였다. 여기에 더해 기고만장하던 트레이딩사업부가 1984년 초, 거래 실패로 대규모 평가손을 일으킨다.

거의 회사 자본을 전액을 잠식할 만한 거대한 손실이었다. 글럭스먼은 이럴 경우 뭘 어떻게 해야 하는지 알지 못했고, 순식간에 그의 리더십은 붕괴되었다. 회사의 나머지 파트너들은 결국 회사를 팔아야 한다는 데 의견을 모았다. 리먼브러더스 역사의 정사(正史)에는 나오지 않지만, 이때 인수자인 거대 브로커리지 회사 시어슨(Shearson)을 끌고 온 것은 스티븐 슈워츠먼이었다.

아메리칸익스프레스(American Express) 금융그룹의 증권업 자회사였던 시어슨은 당시 메릴린치에 이어 미국 2위의 브로커리지 플랫폼이었는데, 그 CEO인 피터 코헨(Peter A Cohen)이 바로 슈워츠먼의 절친한 개인적 친구였던 것이다. (코헨은 현재 나스닥에 상장되어 있는 부티크IB인 Cowen Group의 회장으로, 슈워츠먼과 마찬가지로 아직도 월가에서 왕성하게 활동 중임) 슈워츠먼은 코헨에게 리먼의 인수를 제안한다(이 제안은 물론 법적으로 아무 효력도 없는, 개인의 제안인 셈이었음).

슈워츠먼의 자세한 설명을 들은 코헨은 이틀 후에 이번엔 리먼브러더스 이사회를 정식으로 접촉하여 공식 인수제안을 한다. 결국 살로먼브러더스, 메릴린치, 골드만삭스에 이어 1984년 당시 총자산규모 월가 4위인 투자은행 리먼브러더스는, 3억6000만달러(현재 화폐가치로 대략 한화 8200억원 상당)라는 비교적 저렴한 가격에 시어슨에게 인수된다. 이때부터 정확히 10년간의 식민지 통치시대(?)인 시어슨리먼(Shearson Lehman) 시대가 되는 것이다.

브로커리지 회사가 인수한 정통 IB가 그 후 시너지를 일으키기는커녕 망가진 사례로 가장 많이 언급되는 바로 그 시어슨리먼이다. 시어슨에게 인수되고 난 후, 슈워츠먼과 올트먼을 비롯한 대부분의 리먼 '뱅커'들은 회사를 떠났고, 글럭스먼도 물론 축출되었다. 그리고 이 10년간의 암흑기에 회사는 전략을 바꾼다. 1970년대 후반 이후 정크본드 시장을 개척하여 그 시장을 거의 독점하고 있던 경쟁사 드렉셀버넘램버트(DBL)를 벤치마킹하여 LBO인수금융 주선에 집중하게 되는 것이다. 그 결과는 어떠했고, 리먼브러더스의 광복(光復)은 어떻게 이루어지게 될까? 그 이야기는 다음 회에 이어가기로 하자.

2014. 8. 20

21 리먼브러더스 흥망사 (3)

'아메리칸익스프레스(American Express)' 하면 오늘날 신용카드 회사라고 다들 알고 있다. 2013년 기준 미국 신용카드 시장 점유율 24%로 압도적 1위 사업자다.

그런데 이 아메리칸익스프레스가 1980년대에 단순한 신용카드 회사가 아니라 거대한 '금융 제국'을 만들어보려고 했다는 것을 아는 이는 많지 않다. 이 스토리에는 몇 명의 월가 거인들의 합종연횡이 작용하는데, 아메리칸익스프레스의 CEO로 16년간(1977~1993년) 재직하는 제임스 로빈슨 3세(James D. Robinson III), 뒷날 트래블러스그룹과 씨티그룹의 합병을 이끌어내며 역사상 가장 컸던(물론 그 후 해체되었으나) 금융 제국을 실제로 만들어낸 샌디 웨일(Sanford I. Weill), 그리고 웨일이 (제이미 다이먼 이전에 먼저) 키운 후계자였으나 결정적 순간에 그를 배신하는 피터 코헨(Peter A. Cohen) 등이 그 주역이다.

1981년 신용카드 회사였던 아메리칸익스프레스그룹은 당시 미국 2위 브로커리지 회사 시어슨롭로즈(Shearson Loeb Rhoades)를 인수한다. 인수 직후 회사 이름을 시어슨아메리칸익스프레스로 바꾼다. 당시 이 인수는 야심만만한 시어슨롭로즈의 CEO인 웨일이 주도했다. 스스로 자기 회사를 아메리칸익스프레스에 판 셈이었다. 웨일은 이 통합 금융 제국의 CEO 자리가 곧 자기 것이 될 거라는 데 베팅한 것이었다.

그런데 인수한 쪽인 아메리칸익스프레스의 회장 겸 CEO 제임스 로빈슨은 전혀 물러날 생각이 없었고 (사실 로빈슨이 웨일보다 나이도 세 살 더 어렸다), 이 두 사람의 충돌은 시간문제일 뿐이었다. 인수 직후 로빈슨은 웨일에게 그룹의 2인자 자리인 사장직을 주고, 대신 자회사로 편입된 시어슨의 CEO 자리는 웨일의 부하였던 36세의 피터 코헨에게 넘긴다. 코헨은 이때부터 웨일과 거리를 두고 로빈슨의 입장을 대변하기 시작한다.

바로 이 상황에서 전편 20화에서 소개한 시어슨에 의한 리먼브러더스 인수가 일어난다. 딜을 가져온 것은 코헨이었지만, 사실 이 인수는 웨일이란 부담스러운 경쟁자를 회사에서 축출하기 위한 로빈슨의 술책이었다. 인수 후의 PMI(합병 후 통합) 작업의 원활화를 빌미로, 코헨을 시어슨리먼브러더스(인수 후의 새 회사 이름) 회장으로 승진시키고, 웨일에게는 아메리칸익스프레스그룹 산하 생명보험사업부문의 CEO 자리를 건넨다.

웨일 입장에서는 자신이 만든 회사나 다름없는 시어슨에 더 이상 일체 경영 간여를 하지 못하게 된 것이다. (이 사건은 웨일 일생의 첫 번째이자 마지막 패배였는데, 그는 이때의 경험을 바탕으로 다시는 패배하지 않는 방법을 체득했다고 한다) 웨일은 결국 사임하고 1986년에 프리메리카(Primerica)라는 새로운 회사를 차려서 두 번째 금융 제국을 만들어 나가게 된다.(두 번째는 성공한다, 여러분도 아시다시피)

거대한 브로커리지 회사(전국에 지점망과 거대한 브로커 조직을 깔아 놓은 리테일 증권사)의 일부가 되어 버린 리먼브러더스는 피인수 후에 침체 일로를 밟는다. 시어슨 같은 뿌리도 없고 철학도 없는(?) 리테일 증권사에 팔려버렸다는 현실을 도저히 받아들일 수 없었던 리먼브러더스의 엘리트 IB 뱅커들이 대거 퇴사한다. (고위 임원급의 4분의 3이 피인수 후 2년 안에 퇴사한다)

이에 따라 발행 시장(origination)이나 자문 시장(advisory)에서 시어슨리먼브러더스는 소위 말하는 벌지브래킷(Bulge Bracket) 회사의 지위를 상실하고 리그테이블의 끝없는 추락을 경험하게 된다.

그런데 IB사업부 옆에 있는 트레이딩사업부는 리처드 펄드(Richard Fuld)라는 강인한 캐릭터의 수장을 중심으로 똘똘 뭉쳐서 지속적으로 안정적인 수익을 새로운 회사에 안겨주게 된다. 트레이딩에 문외한이었던 코헨 CEO는 암묵적으로 트레이딩사업부에 일종의 자치권(?)을 주고 그다지 간섭을 하지 않는 식으로 이에 보답한다.

브로커리지와 트레이딩 두 영역에서 거둔 수익 가지고는 만족할 수 없었던 코헨은 1988년에 주식 쪽으로 강했던 또 다른 월가의 투자은행 E F 허튼(E.F.Hutton)을 추가로 인수해 회사 이름을 또 다시 시어슨리먼허튼(Shearson Lehman Hutton)으로 변경한다. (이름이 너무 자주 바뀌어서, 어지러울 정도다)

그리고는 경쟁사인 드렉셀버넘램버트(약칭 드렉셀)가 한 시대를 풍미하던 인수금융 LBO 시장에 진출한다. 1989년에 있었던 전설적인 LBO 인수전인 RJR나비스코 인수전에, 그 회사 경영진의 MBO 쪽을 자문하면서 뛰어든다. 물론 이 인수전은 시어슨리먼허튼이 사운(社運)을 걸고 밀었던 RJR나비스코 경영진 쪽이 아니라 그 반대쪽이었던 KKR사모펀드-드렉셀 컨소시엄이 승리를 거두면서 끝나게 된다.

당시로서는 사상 최대의 LBO건이었던 이 딜의 패배를 계기로, 1980년대를 거치면서 만들어진 '아메리칸익스프레스/시어슨 금융제국'의 유효성 내지 시너지에 대한 마켓의 회의감이 밀려오기 시작했다.

여기에 더해 1980년대 후반과 1990년대 초반의 미국 주택 경기 위축으로 아메리칸익스프레스 그룹의 소비자금융사업부문이 큰 타격을 입게 된다. 회사 주가가 급전직하하는 사태가 일어나자 이에 대한 경영책임을 지고 1993년 로빈슨이 물러나고, 새롭게 하비 골룹(Harvey Golub)이 회장으로 기용된다.

한편 자회사 시어슨리먼허튼에서도 장기 집권했던 코헨이 물러나고, 조 플루메리(Joe Plumeri)가 기용된다. 골룹 회장의 취임 일성은 물론 '비핵심자산의 매각(Divestment of Non-Core Assets)을 통한 주가회복'이었으며, 즉시 행동에 옮긴다.

우선 시어슨리먼허튼의 브로커리지사업부문을 1981년 인수 이전 원래 주인이었던 프리메리카의 웨일에게 되판다. 자산운용사업부문은 필라델피아의 멜론파이낸셜그룹(현재의 BNY멜론그룹)에, 생명보험사업부문은 독일 알리안츠그룹에 각각 매각한다.

카드 사업 말고 남은 건 이제 시어슨리먼허튼의 투자은행사업부문(IB사업부 및 트레이딩사업부)이었는데, 이 부문은 가져가겠다는 인수 후보가 나타나지 않았다. 할 수 없이 1994년 원래 사명이었던 '리먼브러더스'라는 이름으로 뉴욕 증시에 상장시키면서 스핀오프(Spin-Off)를 하게 되는 것이다.

이 스핀오프를 통해 리먼브러더스는 실로 11년 만에 스스로의 '정통성'을 회복했으며, 숨죽이면서 이런 날이 오기를 절치부심하고 있던 리처드 펄드와 그의 트레이더 그룹에 회사를 안겨주는 결과를 낳게 되었다. 상장하면서 펄드가 (내부 경쟁자가 거의 없었기에) 새로운 회사의 CEO로 임명되며, 아메리칸익스프레스는 당초 예상과 달리 잔여 지분을 3년 안에 모두 매각하고 완전히 리먼브러더스와 결별하게 된다.

펄드가 이끄는 독립회사 리먼브러더스는 그 후 1997년 아시아 통화 위기, 2000년의 닷컴 버블, 2001년의 9·1 1테러, 2002년의 엔론 사태 등을 헤쳐나가면서 급속히 성장하게 되며, 이미 2000년대 초반에 다시 벌지브라켓 투자은행 지위를 굳건히 회복한다. 1994년 분사 상장 당시에 연간 순매출액(net revenue)이 겨우 27억달러였던 것이 2007년에는 6배 이상 증가한 200억달러로 뛰었고, 직원 수는 1994년 8500명에서 2007년 2만8000명으로 늘어났다. 주가는 IPO 당시의 주당 17달러에서(두 번의 2대1 주식 분할 및 여러 번의 증자를 했음에도 불구하고) 2007년에는 주당 86달러까지 상승했고 시가총액은 IPO 당시 20억달러에서 약 23배 증가해 470억달러에 이르렀다.

리먼브러더스는 2001년부터 2007년 사이에 뉴욕 증시에 상장된 모든 금융주 중에서 탄탄한 실적과 높은 수준의 배당 성향으로 인해 언제나 최우선 추천주(Top Pick)였다.

펄드의 권위에 도전하는 이는 회사 전체에 아무도 없었고, 그는 2인자를 계속 바꾸어 가면서 '종신직

CEO'를 하려는 의도를 숨기지 않을 정도였다. 그러나 2008년이 되자 모든 것이 순식간에 달라진다. 바로 전대미문의 금융 위기가 닥치고, 미국 기업의 파산 역사상 최대 규모 파산이란 불명예를 뒤집어 쓴 채 158년 역사의 리먼브러더스가 몰락하는 것이다. 이 마지막 몰락 이야기는, 다음 기회에 별도의 주제로 다루고자 한다.

2014. 8. 27

22 벌지브래킷의 신화

투자은행업(Investment Banking)의 역사는 소위 말하는 '벌지브래킷(Bulge Bracket)'의 역사다. 설명하기에 앞서 사전적 의미를 살펴보자. 앞 단어 Bulge는 '증가' '우위' '불쑥 튀어나옴' 등의 의미다. 뒷 단어 Bracket은 '계층'이란 의미다. 둘을 합쳐보면 '우위에 있는 계층' 내지 '계층상 우월한 지위'를 의미하게 된다. 이 말의 실질적 기원은 투자은행들이 유가증권 발행 시 투자자들에게 배포하는 투자설명서(Offering Circular)나 딜 완료 후에 기념으로 만들어 가지는 발행기념패(Tombstone)에 그 딜을 주관하는 투자은행들의 순서를 기재하는 방식과 관련된 말이다. 샘플을 하나 사진에서 보자.

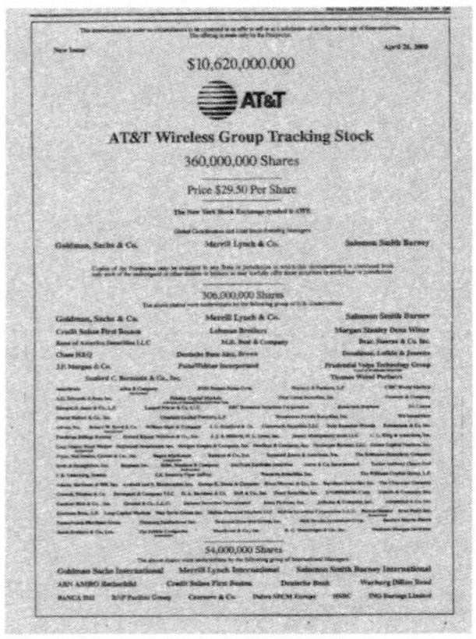
$10,620,000,000
AT&T
AT&T Wireless Group Tracking Stock
360,000,000 Shares
Price $29.50 Per Share
Goldman, Sachs & Co. Merrill Lynch & Co. Salomon Smith Barney
306,000,000 Shares
54,000,000 Shares

이 건은 14년 전인 2000년 4월에 미국의 통신회사 AT&T가 발행한 연동주식(Tracking Stock)의 투자설명서다.(연동주식은 지금은 거의 없어졌지만, 과거 닷컴 버블 시대에 많이 발행되던 신종 주식으로, 100% 자회사의 실적에 따라 모회사가 자동으로 발행하게 되어 있는 주식이었다) 사진을 보면 106억달러 이상 대규모 물량의 주식발행 건인데, 중간부터 주관사단 이름이 죽 나온다. 골드만삭스, 메릴린치, 살로먼스미스바니 등 3개사가 'Global Coordinator and Joint Book-running managers'라는 긴 타이틀과 함께 다른 주관사보다 글씨가 더 크고 굵다. 다음 두 번째 계층(bracket)에 크레디스위스퍼스트보스턴, 리먼브러더스, 모건스탠리딘위터 등 3개사가 다음 글씨 크기로 도열해 있고, 다음에 세 번째 계층에 다시 조금 더 작은 글씨로 뱅크오브아메리카증권 이하 11개사가 알파벳 순서로 위치를 차지하고 있다. 그 아래 네 번째 계층에 다시 수십 개 증권사들이 알파벳 순서로 정렬해 있다. 그리고 맨 아래에는 미국 국내 트랜치(US Tranche)가 아니라 해외 트랜치(International Tranche)를 맡게 될 총 11개 투자은행이 역시 서로 글자 크기가 다른 세 가지 계층 순서로 자리를 점하고 있다.(이 발행 건은 14년 전에 일어난 건이고, 위에 이름이 나온 투자은행들의 상당수가 그 후 인수·합병 등으로 이름이 바뀌며, 일부는 금융위기 중에 없어져 버린다)

결국 '벌지브래킷'이란 말은 주식이나 채권 등 발행 때 고객들에게 제공되는 투자설명서 앞면 표지에 등장하는 주관사단 명단의 맨 상층부를 점하는 주요한(main) 투자은행들을 지칭하는 용어로 1930년대에 탄생한 단어였다. 그런데 의미가 세월이 흐르면서 더 진화하여 1980년대 이후에는 '전 세계적으로 영업망을 깔고, 주식·채권·인수합병자문 등 투자은행업의 주요한 비즈니스 영역 대부분을 영위하면서 리그테이블(투자은행들의 각 부분 수익 랭킹)의 상층부를 점하는 투자은행들'이란 의미로 확장된다.

그러면 이러한 벌지브래킷의 명단에는 지난 세월 어떤 변동이 있었을까. 물론 많은 변동이 있었다. 시계추를 돌려서 1970년대로 가보자. 대공황 이후 1933년에 글래스스티걸법의 제정으로 상업은행과 투자은행의 분리가 법으로 강제된다. 당대 미국 1위의 은행은 물론 JP모건이었는데, 1935년에 JP모건(상업은행으로 일단 남기로 함)으로부터 분리되어 나온 모건스탠리(투자은행업만 하기로 함)가 그 후 1970년대 중반까지 약 40년간 이 벌지브래킷의 리더로 군림(?)한다. 모건스탠리, 쿤롭(1977년 리먼브러더스에 인수됨), 딜론리드(1997년 SBC워버그에 인수됨), 퍼스트보스턴(1990년 크레디스위스에 인수됨) 등 4개사가 이 40여 년 동안 특별한 시장의 저항(?)도 없이 벌지브래킷의 최상위 계층을 형성했다는 점은, 투자은행업이 과거에는 대단히 계급(hierarchy)을 따지는 보수적인 업종이었다는 방증일 수도 있겠다. 그런데 이 체제가 1970년대 중반에 무너진다. 신흥 강호 3개사, 즉 골드만삭스, 살로먼브러더스, 메릴린치가 무섭게 치고 올라와서 위 4개사의 철옹성을 넘보게 된 것이다. 1975년 모건스탠리는 사세가 기울고 있던 쿤롭과 딜론리드를 이 1부 리그에서 축출하고, 대신 신흥 강호 3총사를 새롭게 벌지브래킷으로 받아들인다. 여기서 쿤롭을 인수한 리먼브러더스까지 가세해서 총 6개사가 벌지브래킷을 형성해 1980년대로 넘어오게 된다. 한 가지 특기할 점은, 1980년대로 들어오면서 모건스탠리의 특권적 지위(벌지브래킷의 암묵적 리더)가 살로먼브러더스의 공격적 마케팅 결과로 사라지게 된 점이다. 1979년 말 미국의 IBM이 당시로서는 거액인 10억달러의 회사채를 발행하게 되었는데, 모건스탠리를 탈락시키고 대신에 살로먼브러더스를 대표주관사(Book-running Lead Manager)로 임명한다. 이 사건은 당시 전 세계 경제신문들의 가십란을 장식할 정도로 대단히 큰 사건이었다. '모건 가문(The House of Morgan)'을 무조건 우대해야 한다는, 철옹성 같던 월가의 금기 하나를 별 생각 없는 대기업 하나가 망가뜨려 버린 것이다.

벌지브래킷은 1990년대로 넘어오면서 유럽 대형 은행들이 공격적으로 투자은행을 육성하면서 그 근본이 흔들리게 된다. 새롭게 벌지브래킷으로 들어오게 되는 이름들로, 딜론리드를 인수한 SBC워버그를 다시 인수한 스위스의 UBS, 미국의 뱅커스트러스트와 영국의 모건그렌펠을 차례로 인수하면서 순식간에 강자로 부상한 독일의 도이체를 들 수 있겠다. 그리고 기존의 벌지브래킷 멤버들도 그중 온전히 생존한 곳은 골드만삭스 단 1개사뿐이며, 나머지는 합병되거나 아니면 이름이 없어지는 큰 폭의 변화를 겪게 된다. 모건스탠리는 1998년에 대형 브로커리지 및 신용카드 사업자였던 딘위터&디스커버에 인수·합병된다. 이름은 고귀한 월가의 이름인 모건스탠리를 그대로 지금도 쓰지만, 과거의 그 순수 투자은행 모건스탠리는 물론 아니다. 리먼브러더스는 아예 망해서 영국의 바클레이스가 그들의 북미 사업부문을 인수하면서 벌지브래킷으로 진출했고, 살로먼브러더스는 스미스바니에 인수됐다가 다시 씨티그룹으로 넘어가서 이름이 없어진다. 메릴린치는 뱅크오브아메리카에 인수돼 이름이 BoA메릴린치로 바뀐다. 퍼스트보스턴은 크레디스위스에 1990년 인수되며, 회사 브랜드 단일화 정책으로 인해 2000년대 들어와서는 그만 퍼스트보스턴이란 뒷부분 이름이 사라지게 된다.

오늘날의 벌지브래킷을 어디까지로 보느냐에 대해 논쟁의 여지가 좀 있다. 아래 보는 사진처럼 역사와 전통(?)을 자랑하는 9개를 벌지브래킷의 1부 리그로 보는 것이 보편적이긴 하나 여기에 유럽의 강호 몇 군데를 추가하는 경우도 있다. 프랑스의 BNP파리바와 SG(Societe Generale), 그리고 영국의 HSBC와 RBS까지 쳐서 총 13개로 넓혀 잡아야 한다는 견해다. (그러나 이 후발 주자 4곳을 벌지브래킷에 넣어줄 생각이 선발 주자 9개사엔 전혀 없어 보인다!)

요즘 글로벌 시장에서 주식이나 채권을 발행할 때, 과거와 같이 물량을 주관사단 사이의 실력에 따라 아예 처음부터 분배하여 판매하는 신디케이션(Syndication) 방식이 아니라, 대표주관사 상호 간에 공동으로 판매를 하는 팟(Pot) 방식이 완전히 보편화된 상황이다. 이에 따라 벌지브래킷은 이제 역사적인 의미 정도만 있다고 보인다. 그러나 투자은행업이란 업은 원래 '역사가 밥 먹여주는 측면'이 다분히 있기 때문에 벌지브래킷 개념 자체를 앞으로도 완전히 무시할 수는 없을 듯하다.

2014. 9. 3

23 밀켄과 정크본드 (1)

해마다 4월이면, 미국 로스앤젤리스에서는 밀켄 연구소(Milken Institute)가 주관하는 행사인 "밀켄 글로벌 콘퍼런스"가 열린다. 1998년에 시작하였고 올해 17회째였던 이 행사는, 쉽게 말하면 전 세계에서 가장 큰 투자자 포럼이다.

약 3000명의 유료 참석자(3박4일간의 이 행사의 1인당 참가비가 1만달러가 넘는다)가, 500명이 넘는 세계 정계·경제계·금융계의 유명 연사들과 함께 어울리며 투자와 관련이 있는 모든 세계경제의 현안 이슈들을 토론한다. 이 기간에, 월가 전체가 로스앤젤리스로 잠시 이사를 온다는 우스갯소리가 있을 정도다. 이 행사의 주최자는 물론 밀켄연구소를 설립한, 마이클 밀켄(Michael Milken) 바로 그 사람이다.

IB업계의 전 역사를 통틀어서, 마이클 밀켄처럼 논쟁적인(controversial) 인물도 드물다. 1946년, 캘리포니아 유대인 중산층 가정에서 출생한 이 '월가의 아웃사이더'를 주인공으로 삼은 영화도 여러 편이 있을 정도다. 70년대와 80년대의 정크본드의 왕(The King of Junk Bonds)으로서, 오늘날 번성일로를 걷고 있는 미국 사모펀드 업계의 초석을 놓아 준 실질적인 공로자이다.

한편 그 와중에 거대한 개인적 부를 쌓았고, 80년대 중반 만4년간의 개인수입이 미국 역사상 최초로 10억달러(1조원)을 넘어섰던 인물이기도 하며, 반면 월스트리트의 탐욕을 대표하는 인물로 오랫동안 불명예를 뒤집어 쓰고 매도당했던 인물이기도 하다. 그 와중에 물론 사법적 심판을 받고 교도소 복역을 했음은 물론이다. 밀켄과 정크본드(고수익채권)에 대한 스토리는 월가의 오늘날을 이해하는데 매우 중요하므로, 이번 23화와 24화에 걸쳐 살펴보기로 하자.

캘리포니아 사람답게 낙천적인 인물이었던 밀켄은 캘리포니아대학 버클리 캠퍼스 학부 시절만 해도 영화를 전공하여 할리우드로 진출하려고 하였으나, 유대인 피를 속이지 못하였는지, 진로를 수정하여 펜실베이니아대학 와튼스쿨 MBA과정에 진학한다. 여기서 그는 특히 채권이론에 매료되었고, 급기야 월가의 투자은행에 직장을 구하게 된다.

1969년, 그를 신입직원으로 받아준 회사는 드렉셀(Drexel)이라는 회사였는데, 당시에는 2류급 투자은행이었고 사세가 기울고 있었다. 1973년, 버넘(Burnham & Co)이란 경쟁회사가 드렉셀을 인수하여 회사 이름을 드렉셀버넘램버트(DBL)로 바꾸는데, 당시 회사의 자본금은 4400만달러 수준으로, 벌지브래킷에 낄 정도 레벨은 어림도 없는 상황이었다. 회사는 특별히 잘 하는 것이 아무 것도 없는, 지극히 평범한 투자은행이었다.

이 상황을 타개하기 위해, 경쟁사 시어슨(Shearson)의 부사장이었던 프레드 조셉(Fred Joseph)이란 인물이 IB부문 총괄책임자로 영입된다. 1937년생인 조셉은, 흔히 말하는 업계의 예언가(Visionary) 타입이었는데, 잘 하는 한 가지 분야에만 집중하여 특화하더라도, 10년 안에 이 2류회사를 충분히 모건스탠리나 퍼스트보스턴과 맞먹는 회사로 만들 수 있다고 호언장담하였다.

그 호언장담의 실체가 바로 밀켄의 고수익채권부서, 즉 보다 더 알려진 용어로 정크본드부서였다. 조셉이 밀켄에게 주목한 것은 이유가 있었다. 밀켄이 당시 누구도 주목하지 않고 있던 영역인 정크본드 부서가 필요하다고 경영진에게 역설하여, 단 몇 명의 소수인원으로 정크본드 데스크를 만든 첫 해인 1974년, 그의 부서는 놀랍게도 100%의 투자수익률을 거두었던 것이다.

밀켄의 부서는 1975년과 1976년에는 200%가 넘는 투자수익률을 달성하였고, 약관 30세의 IB뱅커 마이클 밀켄은, '정크본드 시장' 그 자체를 혼자서 만들어 나가고 있었다. 이게 어떻게 가능했을까? 당시의 미국 국내 자본시장 상황을 좀 살펴보자.

전통적으로 미국의 자본시장은 주식시장과 채권시장으로 나뉘어 완전히 구분되어 있었다. 여기서 말하는 채권시장은 물론 당시까지만 해도 투자등급(Investment Grade)채권이 유통되는 시장을 의미했다. 주식에 비해 채권은 유동성이 훨씬 떨어지는 경우가 많고, 거래 자체도 대부분 덜 투명한 장외거래로 이루어진다.

유동성 이슈와 거래투명성 이슈로 인해, 투기등급(Non-Investment Grade)채권의 거래는 대부분의 벌지브래킷 투자은행들이 모두 발 담그기를 꺼리는 영역이었다. 광의의 정크본드에는 굳이 분류하자면 두 가지가 있다. 하나는 원래 해당 채권 발행 당시에는 투자등급이었으나, 회사 내용이 나빠져서 사후적으로 투기등급으로 추락한 채권이고, 다른 하나는 발행 당시부터 신용등급이 투자를 할 수 없는 투기등급인 채권이다.

전자를 추락천사(Fallen Angel)채권이라고 하고, 후자를 협의의 정크본드라고 부른다. 원래 밀켄이 주목했던 것은 추락천사채권들이었다. 이 채권들이 순전히 투자가들의 불안 심리 때문에 실제보다 훨씬 더 낮은 가격에 거래됨을 알아차린 것이다. 이 가격의 일시적 괴리를 리스크로 안을 수 있다면, 큰 돈을 벌 수 있다는 것이 그의 애초의 생각이었다.

그렇게 추락천사 채권을 거래하면서 놀라운 수익률을 거둔 밀켄은, 70년대 후반으로 들어오면 추락천사 채권이 아니라 애당초 투자등급을 받을 수가 없는 내용을 가진 중소기업이나 위험자본들을 대상으로 한 협의의 정크본드로 눈을 돌리게 된다. 바로 그 시점이, 미국 자본시장에 2가지 미세한 변화가 일어난 시점이었다.

한 가지 변화는, 미국의 자본시장이 커가면서, 투자등급채권의 수익률에 만족하지 못하고 리스크를 좀 더 가져가면서 더 고수익채권을 찾는 투자가들이 70년대 후반부터 조금씩 등장하게 된다. 채권거래를 많이 하는 투자가인 보험사들과 연기금들은 가장 보수적인 투자가들이었고, 보통 사내의 투자내규 등으로 정크본드는 사거나 거래하지 못하게 묶여 있었다.

그런데 밀켄의 설득에 힘입어, 프레드 카(Fred Carr)의 이그제큐티브생명보험(Executive Life Insurance Company)과 톰 슈피겔(Tom Spiegel)의 컬럼비아주택대부조합(Columbia Savings & Loan)이라는 업계에서 인지도가 있던 두 회사가 사내 내규를 고쳐서 제한된 범위 내에서 포트폴리오에 정크본드를 담을 수 있도록 투자전략을 바꾸었다. 그리고 이들이 밀켄이 소개한 정크본드 투자로 거대한 이익을 내자, 이에 자극을 받은 경쟁사들이 뒤따라서 정크본드 시장에 속속 뛰어들었던 것이다.

두 번째 변화로, 70년대 중반부터 미국에서 사모펀드(Private Equity Fund)들이 급속히 세를 불려가기 시작하였다는 점이다. 사모펀드들은 대부분 레버리지바이아웃(LBO) 기법을 통해 저평가된 기업들을 인수하게 되는데, 그들이 인수대금 지급을 위해 발행하는 회사채들은 거의 모두가 투기등급 채권들이었다. 이 두 가지 흐름을 제일 먼저 간파하여 그걸 시장으로 만들어낸 사람이 밀켄이었고, 그런 밀켄의 능력을 알아보고 파격적으로 밀켄을 밀어 주는 사람이 뒷날 드렉셀의 CEO가 되는 프레드 조셉이었던 것이다.

2014. 9. 11

24 밀켄과 정크본드 (2)

80년대는 밀켄의 전성시대였다. 당시 겨우 삼십대 중반이던 이 특이한 인물을, 월가 전체가 유심히 관찰했다. 당시 유행어가, "마이클이 말하길…(Michael says…)"이었다고 하니, 그가 업계에서 어떤 위치였는지 이해할 수 있을 것 같다. 결국 밀켄이 이렇게까지 신화적인 인물이 된 것은, 그가 소개하는 정크본드 투자건들에 바로 바로 돈을 태우는 거대한 풀의 기관투자가들의 확보하고 있었기 때문이다. 한 가지 예를 들어보자. 밀켄은 1985년, 당시로서는 신생 장거리전화사업자였던 MCI커뮤니케이션이란 회사를 위해 1시간 만에 10억달러의 정크본드를 팔아 준 적도 있었다. 그는 단지 한 시간 동안 네 군데 기관투자가들에게 전화를 했을 뿐이었는데 말이다. 이렇게 밀켄의 거대한 정크본드 네트워크에 들어옴으로써, 신생 회사들이거나 해당 업종 자체가 투자등급을 받기 어려운 기업들이 속속 펀딩 문제를 해결하고 괄목할만한 신장을 하게 된다. 미국 최초의 케이블TV 망을 깔았던 TCI(Tele-Communications Inc.), 애틀란타를 본거지로 시작한 테드 터너의 CNN, 미국최초의 휴대폰 사업자였던 맥코셀룰러(McCaw Cellular), 그리고 라스베가스를 본거지로 카지노업을 하던 스티브 윈의 윈 카지노(Wynn Casino) 등이 그 수혜기업들이다. 이런 스토리들이 입소문을 타면서, 로스앤젤리스 비벌리힐스에 있는 드렉셀의 정크본드 부서 사무실(뉴욕이란 도시를 천성적으로 싫어했던 밀켄은, 70년대 후반에 아예 드렉셀의 전체 정크본드 부서를 뉴욕에서 비벌리힐스로 이동시켰다)에는 그야말로 미국 전역에서 모여든 중소기업이나 스타트업 기업, 사모펀드 등의 관계자들로 아침부터 밤늦게까지 북새통을 이루었다. 미국 반대쪽 뉴욕의 월가에서는, 반은 부러움, 반은 질시로 이들의 행렬을 "비벌리힐스의 순례(Beverley Hills' Pilgrimage)"라고 비아냥댔다고 한다. 86년경까지는, 밀켄의 부서가 거두는 거대한 수익에 침을 질질 흘리면서도, 벌지브래킷 경쟁사라고 할 수 있는 살로먼브러더스, 시어슨리먼, 퍼스트보스턴 등 그 누구도 밀켄의 경쟁자로 등장하지 못하였다. 이는 그 무렵이면 이미 리스크 이슈가 아니었다. 그들은 단지 밀켄이 가진 투자가들을 확보하지 못하였던 것이다. (이들 벌지브래킷 IB들의 정크본드 시장진입은, 밀켄이 완전히 몰락하기 시작하는 1989년 이후에야 비로소 이루어지게 된다) 이 당시 밀켄이 했다는 유명한 말이 바로 다음과 같다; "자본에는 부족함이 없다. 다만 적절한 경영능력이 부족할 뿐이다! (There is no shortage of capital. There only is shortage of proper management talent!)"

밀켄의 전설은 80년대를 화려하게 수 놓은 몇몇 사모펀드들의 움직임과 연관된다. 그 중 단연코 밀켄을 통해 거대한 부를 축적한 사모펀드가 오늘날 세계 3대 사모펀드 중 하나인 KKR이다. KKR은 80년대에 이룬 거의 모든 LBO딜에서 빠짐없이 밀켄의 도움을 받았다. KKR과 밀켄의 만남에 대해서는 KKR이 완전히 성공의 사다리를 탄 이후에 스스로의 일대기를 엮어서 펴낸 책인 "새로운 금융자본가들(The New Financial Capitalists; 1998년 간행)"에 한 챕터에 걸쳐 자세히 나와 있다. 밀켄을 만나기 전에는, 펀딩을 받기 위해 KKR의 파트너들은 전 미국을 배회해야 하였다. 그런데 공동창업자이자 현재도 KKR의 공동회장인 헨리 크래비스가 밀켄을 만난 이후, 모든 펀딩은 밀켄의 전화 한 통으로 해결되게 된다. 이는 헨리 크래비스와 같은 당대의 인물에게도 실로 경이적인 일이었고, 그는 밀켄이 하는 행동을 보고 자기 입이 다물어지지 않았다고 술회하고 있다. 그 마지막 하이라이트가 바로 밀켄이 이미 몰락의 징후를 보이던 시기인 1988년 가을에 이루어진, 무려 250억 달러 규모의 RJR나비스코 인수전이었다. KKR과 드렉셀의 연합군이, 시어슨리먼과 살로먼브러더스를 위시한 6개 벌지브래킷 투자은행들을 끼고 있던 RJR나비스코의 경영진을 이기는 대역전극을 펼쳐내게 되는데, 그 승리는 밀켄이 써 준, 소위 말하는 "인수자금제공확약서(영어 표현으로는 Highly Confident Letter)"라는 한 통의 서류에 의존 한 바가 컸다. 이 레터는 사실 엄밀하게 말하면 법적인 효력이 없다. 그러나, 밀켄이 지금까지 그 어떤 종류의 정크본드도 모두 팔아왔다는 명성에 기인한, 밀켄의 "개인 보증서" 같은 서류였다. 이 서류가 6개의 당대의 내노라하는 투자은행들의 대출확약(LOC)을 물리쳐 버린 것이니, 이 딜이 끝난 후에 월가에서 "존 피어폰트 모건 이후의 미국 역사상 최고의 뱅커는 마이클 밀켄"라는 칭송이 들려온 것은 어쩌면 당연한 일이었다.

그런데 밀켄의 운(運)도 여기까지였다.

아마도 그가 너무나 짧은 시간 안에 너무나 거대한 성공을 거두었기에, 그의 성공을 시기하는 이들이 너무나 많았기 때문이었을까? 그의 몰락도 순식간에 찾아왔다. 사실 미국의 금융감독당국은, 이미 70년대 후반부터 밀켄을 거의 상시적으로 감독하고 그의 일거수일투족을 추적하고 있었다고 해도 과언이 아닐 정도였다. 그가 돈을 너무나 잘 벌었기 때문이다. 정상적인 사람들의 눈에는, 그가 돈을 버는 모든 흐름이 다 사기처럼 느껴졌던 것이다. 그러나 실제로는, 밀켄은 자신의 모든 행위가 법에 저촉되는지를 끊임없이 체크하면서 업무에 임했고, 비록 내용을 잘 알지도 못하면서 자신을 통제하려고 하는 금융감독당국을 몇 차례 공개석상에서 비난한 적은 있지만, 범법행위를 하라고 부하들에게 지시한 적은 없었다. 그러던 중에, 1986년 가을, 나중에 뉴욕시의 시장이 되고 공화당 대통령후보 경선에까지 나오는 전설적인 연방검사 루돌프 줄리아니(Rudolph Giuliani)가 밀켄과 거래관계가 있던 합병재정거래 투기꾼인 이반 보스키(Ivan Boeskey)를 기소하는 일이 벌어진다. 드렉셀의 일부 임원들이, 이안 보스키에게 미공개 투자정보를 제공하고 주가조작에 관여 했다는 혐의였는데, 그로부터 2년 가까이 샅샅이 뒤졌음에도 불구하고 1988년 말까지 드렉셀 정크본드 부서의 총괄책임자인 밀켄이 보스키의 투자를 도왔다는 직접적 증거는 전혀 나오지 않았다. 그러자 줄리아니는 밀켄을 증권거래법 위반으로 기소하는 걸 포기하고, 대신 드렉셀이란 투자은행 전체를 범죄단체조직법(RICO)라는 황당한 법을 적용하여 처벌하려는 기상천외한 발상을 하게 된다. 범죄단체조직법은 마피아조직을 소탕하려는 목적으로 만들어진 법임에도 불구하고 말이다. 그러자 드렉셀 경영진은, 회사를 보호하기 위해 어쩔 수 없이, 자체 내부 감사를 벌이다가 우연히 나온, 밀켄에게 불리한 증거 하나를 줄리아니 연방검사 측에 제공하고 회사가 기소되는 걸 막아보려고 한다. 결국 밀켄 한 사람 때문에 십수년 동안을 잘 먹고 잘 살았던 회사가, 결정적 순간에 밀켄을 버린 셈이다. 그 내부감사에 걸린 혐의라는 것이, 1985년도에 사모펀드 KKR이 스토러방송사(Storer Broadcasting Corp)라는 회사를 인수할 때, 밀켄이 자신의 부서에 있는 부서원들에게도 해당 투자의 투자기회를 공유시켜 주기 위해 만든 신탁(Trust)회사인 맥퍼슨파트너스(McPherson Partners)라는 회사가 존재가 밝혀진 것이다. 당시 드렉셀은 이 스토러방송사 인수금융의 대표주관회사였는데, 바로 그 시기에, 이 맥퍼슨파트너스가 스토러방송사의 주식워런트를 대량 구매하였다는 것이다. 내부자거래로 몰아갈 여지가 있는 증거였다. 결국, 1989년 봄에 드렉셀은 밀켄을 해고하게 되고, 바로 이어 대배심이 밀켄을 98건의 범죄단체조직법 위반 및 사기 혐의로 기소하게 된다. 처음에 밀켄은 이러한 연방검사측의 처사에 대해 대규모 소송전을 전개할 생각이었으나, 곧 그런 생각을 포기하고 플리바게닝을 시도한다. 결국, 1990년 밀켄은 단 6건의 증권거래법 위반 및 탈세 혐의만 인정하고 형량을 감경받게 된다. 연방검사의 애초 시도인 범죄단체조직법 및 사기혐의는 인정되지 않았다. 이 유죄판결로 인해, 밀켄은 총 11억달러(1조1천억원)이라는 천문학적인 벌금 및 피해를 본 투자가들과의 합의금을 내게 되고, 22개월을 연방교도소에서 복역한다. (원래는 10년형을 받았으나, 감형을 받는다) 이 사건으로 밀켄은 월가의 투자은행세계에서 영구히 추방된다. 그런데 추방당했을 시기에 그의 나이가 겨우(?) 마흔네살이었다. 세상을 한번 들었다가 놓은 사람의 나이 치고는 적다고도 볼 수 있지 않을지? 교도소에서 나온 이후에도, 그는 여전히 20억달러가 넘는 것으로 알려진 그의 개인재산(부모에게서 물려 받은 것이 아니라, 모두 정크본드를 거래하면서 스스로 번 돈!)을 토대로 밀켄연구소를 세우고, 한편 전립선암을 치료하기 위한 연구를 진행하는 비영리의료재단을 세우는 등, 활발한 비영리 자선활동을 전개해 오고 있다. 물론 그의 전설은 아직도 굳건히 유지되고 있다. 그가 월가에서 추방되었다고 할지라도. 밀켄의 몰락 이후, 하나의 새로운 시장을 혼자서 만들어낸 금융영웅은 아직 등장하지 못하였기 때문이다. 그리고, 밀켄 하나를 희생시켜서 회사를 유지해보려고 했던 드렉셀 경영진의 얄팍한 생각은, 밀켄의 기소 이후 바로 회사가 파산하는 것으로 피날레를 장식하게 된다.

2014. 9. 17

25 지미 리와 신디케이티드론

중국의 알리바바가 218억달러(한화 22조원)짜리 뉴욕증시 초대형 IPO를 성공시키면서 상장 첫날 시가총액 2314억달러(241조원)로 페이스북과 아마존을 제치고 일약 미국 증시의 4위 시가총액 회사가 된 2014년 9월 19일(현지시간) 저녁, 뉴욕 42번가의 최고급 이탈리아식당 치프리아니(Cipriani)에서는 알리바바 상장 기념 리셉션이 열렸다. 이 파티에는 알리바바 창업자 잭 마를 비롯한 회사 관계자들 외에, 이번 상장을 주관한 5개 대표주관사 관계자들을 포함한 500여 명의 월가 투자은행 인사들이 모여 상장 성공을 축하했다. 그런데 이 리셉션 파티를 주관했고, 잭 마를 소개하는 오프닝 스피치를 한 60대 멋진 노신사가 있었으니, 바로 JP모건체이스의 부회장(Vice Chairman)이자 당대 최고 IB 딜메이커(dealmaker)로 일컬어지는 지미 리(Jimmy Lee)였다. 한국에서는 그다지 알려지지 않은 지미 리는 과연 누구일까?

1970년대와 80년대 월가를 질풍노도처럼 휩쓸고 사라져 버린 마이클 밀켄의 뒤를 이어, 1990년대에 새로운 형태의 LBO펀딩 기법을 개발해내며 혜성처럼 부상한 이가 바로 지미 리이다. (성이 Lee라고 해서 한국의 이씨를 생각하면 안 되고, 물론 그는 금발에 푸른 눈을 가진 전형적 백인이다) 지미 리는 1952년생으로, 본명이 제임스 배인브릿지 리 2세(James Bainbridge Lee Jr.)이다. 뉴욕시 맨해튼 태생으로, 보스턴 인근에 있는 명문 사학인 윌리엄스칼리지(Williams College)를 졸업하던 1975년, 뉴욕의 대형 상업은행인 케미칼은행(Chemical Bank)의 기업금융부서에서 첫 직장생활을 시작했다. 그가 입사할 당시만 해도 미국에서는, 아직 상업은행(은행업)과 투자은행(증권업)의 역할을 엄격히 가르는 글래스스티걸법(1999년 폐지)이 있었으나, 80년대로 넘어오면서 대부분의 대형 미국 상업은행들이 규제가 비교적 덜한 영국 런던에 자회사를 설립하여 우회적으로 제한적 범위 내에서 일부 투자은행업(특히 채권인수업과 M&A자문업)을 하기 시작했다. 1984년, 약관 32세의 9년차 은행원 지미 리는 케미칼은행이 처음 만든 인수금융팀의 책임자로 임명되어, 그로부터 30년간의 IB생활을 시작하게 된다. (2014년 지미 리는 IB업 진입 30주년을 맞았다.)

케미칼은행이 투자은행업을 시작했다고 해서 바로 월가의 정통 투자은행들과 정면승부를 할 수는 없었다. 이는 당시에 투자은행업에 진입하기 시작했던 다른 미국 대형상업은행들도 마찬가지였다. 특히 주식(Equity) 쪽은 아예 시작할 엄두도 내지 못하였고, 역시 은행이고 자산이 크기에 대출(Loan)시장에서 승부를 걸 수밖에 없었다. 그러나 당시는 밀켄의 시대였고, 고수익이 보장되는 투기등급 채권시장은 온전히 드렉셀의 영역이었다. 케미칼은행은 결국 투자등급의 기업이 여타 기업을 인수·합병하는 시장에서 선순위대출 및 채권 인수로 제한적으로 영역을 넓혀갈 수밖에 없었다. 이런 식으로 80년대 이후, 투자은행업으로 서서히 진입을 시도해 온 미국의 대형 상업은행들이 케미칼은행 외에도 제이피모건은행(2000년에 케미칼은행의 후신인 체이스맨해튼은행에 인수됨), 뱅커스트러스트은행(1998년에 도이체방크에 인수됨), 시티은행(1998년에 트래블러스그룹과 합병), 뱅크오브아메리카은행(1999년에 네이션스은행에 인수됨), 체이스맨해튼은행(1996년에 케미칼은행에 인수됨), 매뉴팩처러스하노버은행(1991년에 케미칼은행에 인수됨), 플릿보스턴은행(2004년에 네이션스은행의 후신인 뱅크오브아메리카은행에 인수됨), 퍼스트시카고은행(1998년에 뱅크원에 인수됨) 등이다.

지미 리의 시대가 본격 도래한 것은 90년대 초반부터였다. 1991년 당시 미국 6위의 은행이었던 케미칼은행은 9위의 은행이던 매뉴팩처러스하노버은행을 인수하면서 미국 3위 은행으로 성장한다. 바로 이때, 밀켄이 투자은행업 세계에서 추방되고 한 시대를 풍미했던 드렉셀 투자은행이 파산한다. 밀켄의 개인기를 대체할 누군가가 필요한 시점에, 지미 리는 신디케이티드론(Syndicated Loan) 방식의 LBO인수금융을 주선하기 시작했다. 사모펀드들이 인수금융을 일으킬 때, 밀켄이 가지고 있는 투자자들에게 투기등급 채권을 발행해서 넘기는 식의 개인기에 의존하던 방식을, 전체 투자은행업계에 제도화(Institutionalized)한 방식이 바로 신디케이티드론, 즉 협조융자방식이다. 투자은행들이 대출에서 기대할 수 있는 수익은 두 가지이다. 하나는 대출을 일으켜서 포지션을 자기 론북(loan book)에 담았을 때의 스프레드(spread), 즉 이자 수취이고, 다른 하나는 그런 대출을 주선해 준 대가로 받는 일종의 자문료인 주선수수료(Arrangement Fee)이다. 요즘이야 이런 주선수수료가 무척 낮아졌지만, 밀켄의 공백으로 발생한 진공 상태를 처음 선점한 90년대 초의 지미 리의 케미칼은행 인수금융팀은 사모펀드들에 7~8%대 엄청난 수준의 주선수수료를 받아냈다. 그리고 실제 대출은 다른 금융기관들을 인수단에 초대(invite)하여, 처음 대표주관사(Lead Arranger)인 케미칼은행이 확약(commit)한 금액을 분산하여 최종 인수(final hold)시킨다. 리스크 때문에, 사모펀드들이 필요로 하는 그 거대한 인수금융 금액을 하나의 금융기관이 자기 론북에 떠안고 있다는 것은 무모한 일이다. 그걸 떠안고 불안에 떠느니, 차라리 그 론을 다시 여타 금융기관들에 넘기고 그 시간에 새로운 신디케이티드론 건을 찾는 편이 이익이다. 이 전략을 '기표 후 셀다운 (Originate and then sell down in the secondary market)'이라고 하며, 이 전략을 처음 만들어낸 인물이 뒷날 월스트릿저널에 의해 '신디케이티드론 마에스트로(Syndicated Loan Maestro)'라는 영광스런 별칭을 부여받은 지미 리였던 것이다.

이러한 지미 리의 신디케이티드론 인수금융은 90년대 전체를 통틀어서 거의 유일한 인수금융기법으로 널리 통용되었고, 대부분의 알려진 사모펀드들이 이 시기에 지미 리가 구성한 인수단의 도움을 받는다. 케미칼은행이 그 후 체이스맨해튼(1996년), 제이피모건(2000년), 뱅크원(2004년) 등을 차례로 인수하면서 미국에서 가장 큰 은행이 됨에 따라, 지미 리의 인수금융 비즈니스도 미국 전체 인수금융시장에서 시장점유율 20%를 넘어설 정도로 어마어마하게 커지게 된다. 1999년 글래스스티걸법 폐지로 인해 거대 상업은행들이 기존 월가의 투자은행들을 속속 인수·합병하여 거대한 인수금융 비즈니스를 창출하자, 그에 못 견딘 정통 5대 독립투자은행들(골드만삭스/모건스탠리/메릴린치/리먼브러더스/베어스턴스)도 살아남기 위해 투자은행 레버리지에 대한 저간의 엄격한 규제를 완화시켜 달라고 로비한다. 2003년에 실제로 레버리지 규제완화가 이루어지는데, 이 조치가 바로 2008년 금융위기의 단초를 제공하게 된 것이란 사실은 유명한 이야기이다.

2007년 최초로 상장된 사모펀드가 되는 블랙스톤그룹의 스티븐 슈워츠먼 회장은, 2000년대 초반에 아예 이런 능력을 보유한 지미 리를 자신의 후계자로 영입하려고 시도한다. (이 스토리는 블랙스톤그룹과 슈워츠먼의 일대기인 'The King of Capital'이란 저서에 자세히 나와 있다) 그러나 지미 리는 마지막 순간에, 평생을 자신이 모셨던 상사인, 전 제이피모건체이스그룹 회장 빌 해리슨의 만류를 뿌리치지 못하고 블랙스톤행을 거절한다. 평생을 한 직장에서 일한(연속적인 인수·합병으로 이름만 계속 바뀌어 온 것일 뿐, 지미 리는 단 한 곳의 회사에 재직하였음) 지미 리의 충성심을 인정한 것이었을까? 2005년에 제이피모건체이스 회장으로 영입되어 임기를 시작하게 된 전 뱅크원 회장 제이미 다이몬은 핵심경영진을 큰 폭으로 물갈이 하면서도, 그 시점에 이미 20년 이상을 IB부분 마케팅 총책임자로 근무해 온 지미 리는 그대로 둔다. 리는 해리슨에 이어 다이몬도 실망시키지 않는다. 2008년 금융위기 이후에는 인수금융시장뿐만 아니라 주식부문과 M&A자문 분야에서도 미국 내에서 이슈가 집중되었던 거의 모든 빅딜을 제이피모건이 줄줄이 수임하는 데 혁혁한 공을 세운다. 오랜 경험에서 우러나오는 지적 우위, 고객에 대한 헌신적 태도, 디테일에 집착하기보다는 큰 그림을 그리는 기발한 역발상의 소유자인 지미 리가 하는 모든 IB딜들은 이제 10억달러(1bn) 단위도 아니고 100억달러(10bn) 단위이다. 금융위기 시 공적 자금을 투입한 미국 정부가 가진 AIG 지분(410억달러) 매각, 제너럴모터스의 공적자금 투입 이후 재상장(230억달러), GE의 NBC방송국 매각(300억달러), 마이클 델과 실버레이크파트너스의 컴퓨터 회사 델 상장폐지(250억달러), 그리고 알리바바의 상장(218억달러) 등 일일이 열거하기조차 어렵다. 가히 '당대의 딜메이커(The Dealmaker of Our Time)'라고 불러도 손색이 없을 듯하다.

2005년 말, 지미 리의 은행 30년 근속을 기념하기 위한 리셉션 파티를 제이피모건체이스그룹 회장인 제이미 다이몬이 열어 주었는데, 그 자리에는 서로 앙숙이어서 말도 섞지 않는다는 KKR의 헨리 크래비스 회장과 블랙스톤그룹의 스티븐 슈워츠먼 회장을 비롯해 월가의 전설적인 사모펀드 대가들 수백 명이 모였다고 한다. 이 자리에서 다이몬은 "당신들에게 지금까지 1000조원(1 Trillion US Dollar)을 빌려준 사람이 바로 여기 있소"라고 지미 리를 소개했다고 한다. '신디케이티드론 마에스트로' 지미 리*의 이야기였다.

2014. 9. 24

* 지미 리는 2015년 6월 17일, 자택에서 운동을 하다가 심장마비로 급서하였다. 향년 63세였다.

26 신기술금융의 원조 조르쥬 도리오와 ARDC

요즘 '신기술금융'이란 말이 갑자기 대유행이다. 이제 시대가 바뀌었으니 토지나 공장을 보고 담보대출 해주는 관행에서 탈피해 사람이 가진 무형의 기술 아이디어나 지적재산권 자체를 평가해서 금융기관이 자금을 제공해야 한다는 취지의 정책 방향인 것으로 이해된다. 국내 금융기관들이 실제로 그런 기술금융 제공 능력(내지 심사능력)이 얼마나 있는지는 차치하고, 이 정책 자체는 당연히 옳은 방향성이다.

그런데 사실 알고 보면 기술금융 역사는 꽤 오래되었고, 새로운 개념도 아니다. 최소 70년 전으로 거슬러 올라간다. 오늘 26화에서는 기술과 금융을 연결시키는 아이디어를 최초로 자본시장에 출현시킨 (다소 엉뚱한)인물과 그가 만든 1호 벤처캐피털 회사에 대해 이야기해볼까 한다.

조르주 도리오(Georges Doriot·1899~1987)는 공식적인 최초의 '벤처투자자'로 역사에 기록되고 있는 인물이다. 프랑스 태생인 도리오는 1920년대에 MBA 학위 취득을 위해 미국에서 유학했다. 1926년부터는 하버드대 경영대학원에서 시간강사 생활을 시작했고, 나중에 정교수로 승진한다.(원래 이름이 불어 발음으로 '조르주'라고 불리다가, 정교수가 될 무렵부터 영어 발음으로 '조지'로 발음하기 시작함)

도리오가 유명해진 것은 제2차 세계대전이 일어나면서 군에 입대하고부터였다. 당시 나이가 이미 마흔 살이 넘은 도리오는 오늘날 한국군의 군수지원사령부에 해당하는 미 육군 병참사령부(US Army Quartermaster Corps)에 기획참모 중령으로 입대하여 나중에 종전이 될 무렵엔 준장 계급인 병참사령관(Quartermaster General)으로 승진한다. 그는 미 육군의 유럽 침공작전 및 태평양 탈환작전에서 모든 군수보급 작전을 사실상 기획하고 실행한 실질적인 책임자였다.

좀 황당한 이야기로 들릴 수도 있겠으나, 전공이 경영학이었고 그것도 조직론을 전공한 도리오 같은 유형의 전문가를, 단기간 내에 유럽과 태평양 양대 전선에 동시에 투입시킬 엄청난 숫자의 징집 군대를 만들어내야 했던 미국 정부 입장에서는 꼭 필요로 했던 것이다.

더욱이 도리오는 미국에 유학오기 전, 제1차 세계대전 말미에 프랑스 육군에서 복무한 경험까지 있었다. 도리오 교수, 아니 도리오 준장의 업적 중 하나가 미 공수부대원들이 적진에 투입된 후 보급품 없이 72시간을 생존할 수 있는 초경량의 비상식량을 개발한 것인데, 이것이 바로 그 유명한 K-레이션이다.(K-레이션은 그 후 베트남전에서 C-레이션 등으로 개선된다)

그 외에도 도리오 준장이 미국 민간 기술자들과 함께 개발해낸 혁신적인 병참물품 목록에는 방수복, 전투화, 합성수지 방탄복, 합성고무 등 다수가 있다. 특히 1944년 여름에 출시된 합성수지 방탄복 도론(Doron)은 태평양전쟁에서 무수한 미 해병대원들의 목숨을 구한 전설적 발명품이다.

이런 현실 참여 결과, 도리오는 큰 깨달음을 얻는다. 바로 '기술과 금융의 결합'이란 주제였다. 그가 전쟁 와중에 만난 미국의 수많은 기술자들이 아이디어는 있으나 그 아이디어를 구체화시켜줄 자본이 없어서 그 기술 아이디어를 대부분 사장시킬 수밖에 없다는 것을 발견한 것이다.

전쟁 와중에는 정부 돈으로 그 자본을 필요한 범위 내에서만 댄 것이었으나, 전쟁이 끝나면 그 역할을 민간에서 자발적으로 더 광범위한 범위로 해주어야 한다는 걸 깨달은 것이었다.

종전 후 준장으로 전역하고, 하버드 경영대학원에 다시 돌아온 도리오 교수는 하버드대가 있는 매사추세츠주 케임브리지에 세계 최초의 벤처캐피털 회사인 ARDC(American Research and Development

Corporation)를 세우고 스스로 사장으로 취임한다.(물론 하버드대 경영대학원 교수직을 유지하면서) 이 회사의 목적은 2차 대전에서 제대하고 사회로 돌아온 기술자들의 창업 아이디어를 보고 자금을 대는, 명실공히 '창업투자회사'였다.

ARDC의 역사적 의미는 세 가지다. 물론 제일 중요한 하나는 세계 최초의 창업투자회사로서 새로운 금융 영역, 즉 '기술금융'이라는 영역을 만들어낸 부분이다. 두 번째는, 이 회사는 그 이전의 이런 종류 투자회사들과는 달리 사상 처음으로 개인이 아닌 기관투자가들의 돈을 투자받아서 그걸 집행했다는 점이다.(그 이전까지는 이런 성격의 투자는 보통 백만장자 부자들이 개인의 돈을 가지고 했었다)

마지막으로 사실상 오늘날 거의 모든 사모펀드들이 채택하고 있는 펀드 구조, 즉 무한 책임을 지는 업무집행사원(General Partners 또는 GP)과 자기가 투자한 금액의 범위 내에서만 책임을 지는 유한투자사원(Limited Partners 또는 LP)으로 구성하고, 업무집행사원은 투자한 총 금액의 일부를 관리수수료(Management Fee)로 받는 구조를 이 회사가 처음으로 시작했다는 점에서도 자본시장 역사상 중요하다.

'사모펀드(Private Equity)'라는 말이 등장하기 훨씬 이전에 이미 사모펀드 같은 형태로 운용했던 것이다. ARDC는 실제 1946년 창업 시부터 1971년에 도리오가 은퇴할 때까지 25년간이나 투자를 이어갔고, 총 150개 기술 관련 아이템이 있는 회사에 주식으로 초기 투자를 했다. 물론 그 150개 회사 중 3분의 2가량은 투자한 원금을 한 푼도 못 건진 경우였으나, 나머지 3분의 1은 최소한 투자한 원금 이상은 커버하였고, 그중 특히 대박 케이스로 오늘날에도 빈번히 언급되는 것이 1957년에 7만달러를 투자한 디지털 이큅먼트(Digital Equipment)였다. 그 7만달러의 주식 원금은 1968년 디지털 이큅먼트의 IPO 상장 시 무려 5000배 상승한 3억5500만달러로 돌아왔는데, 이 숫자는 연 환산 수익률이 무려 101%나 되는 것이었다. (요즘 언론 지면을 장식하고 있는 손정의 소프트뱅크 회장의 중국 알리바바 투자를 능가하는 숫자임)

도리오 교수가 하버드대 경영대학원 교수직 은퇴 등으로 투자를 중단한 지 1년 후인 1972년, ARDC는 20세기 미국 최초의 재벌(Conglomerate)로 불리는 로열 리틀(Royal Little)이 창업한 군산복합업체 텍스트론(Textron)에 인수되었다. ARDC가 투자해 놓은 포트폴리오 컴퍼니들 일부가 연쇄적으로 텍스트론으로 뒤따라 넘어갔음은 물론이다. ARDC는 없어졌으나, 이 회사를 거쳐간 투자심사역들이 추운 매사추세츠를 떠나 대거 서부로 이동, 1960년대 샌프란시스코 인근 멘로 파크(Menro Park)시에 있는 샌드 힐 로드(Sand Hill Road) 주변에 속속 여러 개의 창업투자회사를 세운 것이 바로 오늘날의 실리콘밸리(Silicon Valley)의 시작이다.

'창업투자업'이 동부 뉴욕의 월가로 상징되는 '은행업' 영역에서 벗어나 완전히 독립된 인더스트리로 정착하게 되는 상징적인 사건이 바로 이 서부행(行)인 것이다. 그 후 벤처캐피털업이 실리콘밸리에서 어떻게 정착되고 꽃을 피우게 되는지는 다음 기회에 살펴보기로 하자.

신기술금융 시대에 기술금융의 원조(元祖)인 도리오 교수가 남긴 다음 명언을 곱씹어 보고자 한다.

"Someone, somewhere, is now trying to make a product that will make your own product totally obsolete."(지금 어딘가에서 누군가가 당신의 제품을 완전히 쓸모 없는 것으로 만들 어떤 제품을 생산하려고 시도 중이다)

2014. 10. 1

27 월가와 여성들(상)

이 칼럼이 회차를 거듭할수록 좀 딱딱하고 전문적인 이야기로 흐르는 듯해 오늘은 좀 다른 각도의 주제를 꺼내보고자 한다. 월가와 여성의 문제다(그런데 이 주제도 사실 알고 보면 심각한 주제다). 글로벌투자은행에는 여성 CEO가 없다. 과거에도 없었고, 현재도 없다. 독자 중에 혹시 지적 호기심이 충만하시고 시간도 좀 낼 수 있는 분이 있다면, 소위 말하는 벌지브래킷 글로벌투자은행 10여 곳의 인터넷 홈페이지에 들어가 경영진의 면면을 살펴보시기 바란다. 남성 대 여성의 성비가 거의 90:10 또는 95:5 정도는 될 것이고, 그나마 얼굴을 올리고 있는 여성 고위 임원들은 대부분 나중에 그룹 CEO가 될 가능성이 처음부터 거의 없는 포지션들(HR, IT, 컴플라이언스, 리스크관리, 홍보, 법무 등 소위 '후선 부서' 담당)을 맡고 있는 것이 대부분이다.

얼마 전에 스페인에 본거지를 둔 라틴아메리카 지역 최대 은행인 산탄데르의 에밀리오 보틴(Emilio Botin) 회장이 타계하고 그의 딸인 아나 보틴(Ana Botin)이 회장직을 승계하는 일이 있었으나, 산탄데르를 글로벌투자은행이라고 부르기도 좀 그렇다. 그 은행은 사실 보틴 가문이 창업 시부터 4대째 지배해 왔기 때문에 그 케이스를 보편적인 현상으로 보기는 어렵다. 그만큼 이 업종은 '남성 지배적(male-dominant)'이다. 이런 남성 우월적인 투자은행 문화를 바꾸어 보기 위한 각종 시도들이 1990년대 이후에 죽 있어 왔으나 사실상 큰 효과를 보진 못하였다. 이 업의 본질이 성격상 너무나 '전투적'이기 때문이다.

그러나 21세기는 여성의 시대다. 한국과 독일, 브라질 등에서는 이미 여성 대통령 또는 수상을 배출하고 있고, (2016년 미국 대선의 최고 유력 후보는 역시 당대의 여걸인 힐러리 로덤 클린턴 전 국무장관이다.)* 한국에서는 사상 처음으로 여성 은행장까지 최근 나왔다. 글로벌투자은행 세계에서 아직까지 여성이 유리천장(glass ceiling)을 깨트리진 못했지만, 거의 근접했던 후보자가 몇 명 있었고, 현재도 몇 명 있다. 27화와 28화에 걸쳐 이들을 좀 소개해볼까 한다.

글로벌투자은행의 CEO감 후보로 가장 근접했던 여성은 누가 뭐래도 샐리 크로우첵(Sallie Krawcheck) 전 뱅크오브아메리카(BoA) WM(Wealth Management)사업부문 사장이다. 이 여성은 일단 전형적인 미국 남부 출신 미인이다. (투자은행 CEO가 잘생겨야 할 이유는 없지만, 외모가 출중해서 나쁠 건 없다. 당연히) 지적인 카리스마가 남자 열 명을 상대해도 이긴다. 1965년생으로, 나이도 상대적으로 어리다.

컬럼비아대 MBA학위를 취득한 후 샌포드 번스틴(Sanford C. Bernstein)이란 꽤 유명한 월가의 주식리서치회사에서 금융업종 담당 리서치 애널리스트로 명성을 떨치던 중, 2002년 당시 샌디 웨일 씨티그룹 회장에 의해 픽업되어 37세 나이에 투자은행 최고위급 임원으로 월가에 등장한다. 그녀가 처음 맡은 자리는 씨티그룹과 통합 중이던 옛 살로먼스미스바니의 브로커리지 사업부문장 자리였는데, 2년 만인 2004년엔 씨티그룹과 그 전신 회사들의 200여 년 역사상 처음으로 여성으로서 CFO 자리에 등극한다.

그녀가 전 세계적인 인물로 등장한 것은 2008년에 있었던 그 유명한 '크로우첵-팬디트 논쟁' 사건이다. 당시 씨티그룹의 통합된 WM사업부문인 스미스바니의 사장으로 있던 그녀는 금융위기 진행 와중에 새로

* 2016. 11. 8. 선거에서 패배

임명된 CEO 비크람 팬디트(Vikram Pandit)와 격렬한 사내 논쟁을 벌이게 되는데(이 스토리는 2주 후 제29화 칼럼의 주제다) 그 사건으로 일약 '월가의 CEO감'으로 존재감을 보이게 되었다. 물론 이 사건으로 그녀는 전격 축출되고 만다. 이 사건이 일어나던 때는 이미 그녀의 멘토인 샌디 웨일 전 회장이나 그녀를 고속 승진시켜 준 척 프린스(Chuck Prince) 전 CEO는 이미 씨티그룹에 없었기 때문이다.

이후 잠시 쉬다가 2009년 경쟁사인 BoA의 WM 및 PB사업부문 CEO로 자리를 옮기면서 재기에 성공한다. 당시 BoA 회장이었던 켄 루이스(Ken Lewis)의 후계구도에 후보자의 한 사람으로 등장하지만, 루이스의 후계자는 결국 '보스톤 마피아(Boston Mafia·BoA에 2002년에 합병된 옛 플릿보스톤은행 출신 임원들)'의 수장인 브라이언 모이니헌(Brian Moynihan) 현 회장으로 낙착된다. 후계 경쟁에서 패퇴한 그녀는 자연스럽게 2011년 연말에 BoA를 떠났다. 현재 그녀는 각종 사회활동을 하면서 권토중래를 도모하고 있으며, 월가 금융사의 CEO 자리가 나올 때마다 단골 하마평에 등장하곤 한다. 이제 겨우 49세이니 스스로 생각해도 은퇴하긴 너무 아깝지 않을까.

크로우첵만큼 요란하게 매스컴을 타지는 않았어도 그 이전에도 글로벌투자은행의 CEO 자리에 꽤 근접했던 여성이 두 명 있었다. 하나가 전 JP모건체이스그룹 최고재무책임자(CFO) 디나 듀블론(Dina Dublon)이고, 다른 하나가 모건스탠리의 핵심 포지션인 IB사업부문 공동사장(Co-President)을 역임한 조이 크루즈(Zoe Cruz)다.

이 두 여성은 공통점이 몇 가지 있다. 둘 다 외국 태생이다. 듀블론은 브라질 태생이고, 크루즈는 결혼하기 전 원래 성이 파파디미트리우(Papadimitriou)였던 것에서 알 수 있듯이 그리스 태생이다. 나이도 엇비슷하다. 듀블론이 1953년생, 크루즈는 1955년생이다. 둘 다 성장한 후에 미국으로 왔다. 유대인인 듀블론은 이스라엘에서 대학 학부를 마치고 카네기멜론대학 MBA과정에 유학을 오면서 미국과 인연을 맺었고, 크루즈도 10대 고등학생 시절에 늦은 나이에 유학을 온 아버지를 따라 미국으로 건너온 경우다. 둘 다 영리하게도 투자은행의 분야 중 사람을 상대해야 하는 뱅커의 길이 아니라 시장을 상대하는 트레이더로서 성장했다. 월가 투자은행에 몸담은 이후에는 둘 다 뒤를 돌아볼 시간조차 없는 초고속 승진을 거듭한다.

듀블론은 1989년, 약관 36세로 현재 제이피모건의 전신인 케미칼은행의 자금본부장(Corporate Treasurer)으로 임명되었고, 이어 최연소 기업금융(Corporate Finance)부문장을 거쳐 45세가 되던 1998년에는 당시 체이스맨해튼은행 수석부행장 겸 CFO로 임명된다. 아마도 빌 해리슨 회장이 이끌던 체이스맨해튼그룹이 2000년대 초반의 각종 위기를 겪으면서 어쩔 수 없이 뱅크원과의 합병의 길을 선택하지 않았더라면, 그녀가 유리천장을 깨뜨리는 첫 번째 여걸이 될 수도 있었을 것이다.

합병 당시 뱅크원의 CEO이자 합병 후 통합CEO로 내정된 제이미 다이몬(현 제이피모건체이스그룹 회장)이 위협적인 인물이었던 듀블론에게 새로운 자리를 주지 않으면서 그녀는 반강제적으로 월가에서 은퇴한다. 올해 61세인 그녀는 현재도 마이크로소프트, 액센추어, 펩시콜라 등 3개 글로벌 대기업의 사외이사로 재직하며 활발하게 사회활동 중이지만, 글로벌투자은행 CEO로의 복귀는 어려워 보인다. 아프리카 난민보호활동에 거금을 쾌척하는 등 기부활동에도 열심인 것으로 알려져 있다.

크루즈는 채권 트레이더로서 이미 30대 초반 나이에 모건스탠리의 전설이 되었다. 오죽하면 별명이 '크루즈미사일(Cruise Missile)'이었겠는가(Cruise와 Cruz가 발음이 같다). 1982년 하버드 경영대학원 MBA과정을 마치고 모건스탠리에 입사한 지 겨우 6년 만인 1988년, 33세 나이로 임원으로 승진한다. 이는 당시까지는 모건스탠리의 역대 최단기간 임원 승진 기록이라고 한다(그 후 다른 여성에 의해 그 기록이 깨졌다고 한다).

크루즈가 전국적인 인물이 된 것은 1998년에 있었던 딘위터와 모건스탠리의 합병 때문이었다. 모건스탠리 출신인 크루즈는 통합CEO가 된 딘위터 출신 필립 퍼셀(Phillip Purcell) 회장에게 발탁돼 통합 모건스탠리의 핵심사업부문인 FICC(Fixed Income, Currency, and Commodity) 부문장이 된다.

2000년대 초반에 주식시장이 닷컴 버블 붕괴로 잠시 망가짐에 따라 그녀의 FICC사업부문은 전통적인 모건스탠리 주력 부서인 주식사업부문을 제치고 회사 내에서 가장 돈을 잘 버는 부서가 된다. 이를 발판으로 2005년에 그녀는 드디어 모건스탠리 2인자인 공동사장(Co-President)으로까지 승진한다. 이미 60대 중반이었던 퍼셀 회장의 당시 나이로 볼 때 CEO 자리는 눈 앞에 다가와 있었다.

그런데 바로 그 순간, 퍼셀이 무리하게 제거한 퇴직 고위 임원들이 월스트릿저널에 퍼셀의 전횡을 고발하는 전면광고를 내고 집단 반발하는 사상 초유의 사태가 벌어진다('The Group of Eight'라는 유명한 사건으로, 나중에 이 칼럼에서 다룰 예정임). 두 달간의 이전투구 끝에 결국 퍼셀이 이사회에 의해 전격 축출되고, 대신 4년 전에 퍼셀에 의해 축출되었던 존 맥(John Mack) 전 사장(2001~2005년 경쟁사 크레디스위스퍼스트보스톤의 CEO로 근무 중이었음)이 친정의 CEO로 금의환향하는 정변(?)이 발생한다.

존 맥의 재등장으로 입장이 난처하게 된 그녀는 오직 실적으로 살아남을 수밖에 없었다. 그래서 그녀는 무리를 하기 시작한다. 서브프라임 모기지 위기가 다가오는데도 불구하고 리스크를 줄이기는커녕 늘려나가면서 2005년과 2006년에 기록적인 실적을 낸다.

그러나 그녀의 운도 거기까지였다. 2007년 11월, 모건스탠리가 90억달러 순손실이라는 최악의 3분기 실적을 발표한 직후 실적 부진의 책임을 홀로 다 뒤집어쓰고 정상 일보 직전에서 해고당하고 만다. 물러나던 때에 겨우 52세였던 그녀는 그 후 보라스 캐피탈(Voras Capital)이라고 하는 채권전문 헤지펀드를 의욕적으로 출범시키지만, 출범 3년 만에 실적 부진으로 청산하는 등 재기 몸부림이 쉽지만은 않은 것으로 관측된다.

남성들이 쌓아놓은 유리천장에 도전했던 이 세 명의 용감한 여성들의 뒤를 이어 현재 월가 투자은행에서 CEO 자리를 넘볼 위치에까지 다가가 있는 여걸들에 대한 소개를 28화에서 이어간다.

2014. 10. 8

28 월가와 여성들(하)

전편에서 설명한 크로우첵, 듀블론, 크루즈가 실패한 그 월가의 '유리천장 깨기'를 다시 시도해 볼 만한 위치까지 올라간 당대의 월가 여성 4인방은 다음과 같다. 모건스탠리의 CFO인 루스 포랫(Ruth Porat·1957년생)*, JP모건체이스의 자산운용사업부문 CEO인 매리 캘러헌 어도스(Mary Callahan Erdoes·1967년생), 뱅크오브아메리카그룹의 최고전략책임자(CSO) 겸 최고마케팅책임자(CMO)인 앤 피누캐인(Anne Finucane·1953년생), 씨티그룹의 소비자금융·리테일뱅킹·모기지사업부분 CEO로 최근 임명된 제인 프레이저(Jane Fraser·1968년생) 등이다.

그외 나머지 글로벌 IB들, 즉 골드만삭스 UBS 크레디스위스 도이체방크 HSBC RBS 노무라 BNP파리바 등에는 안타깝게도 CEO에 근접한 여성 임원은 보이지 않는다. 그럼 위에서 언급한 4인의 면면을 간략히 살펴보자.

선두 주자라고 할 수 있는 모건스탠리의 루스 포랫은 이미 2008년 금융위기 당시 미국 정부를 자문하는 뱅커로서 명성을 날린 정통 M&A 뱅커 출신이다. 물론 모건스탠리 80년 역사상 첫 여성 CFO다. 금융위기 당시 그녀는 모건스탠리 IB팀을 이끌고 미국 정부의 AIG 패니메 프레디맥 등 문제가 발생한 금융사들에 대한 공적자금 투입 자문업무를 수행해 냈다. 앤드류 로스 소킨의 저서로 미국에서 TV 미니시리즈로도 만들어져 공전의 히트를 친 '대마불사(Too big to fail)'에도 비중 있게 소개돼 있다.

스탠퍼드대, 영국 LSE 경제학 석사, 그리고 펜실베이니아대 워튼스쿨 MBA를 거쳐 모건스탠리에 1987년에 입사했다. 1993년에 당시 축출된 모건스탠리 전 CEO 로버트 그린힐(Robert Greenhill)이 60여 명의 IB 친위부대(?)를 이끌고 경쟁사인 스미스바니의 CEO로 옮기는 사건이 있었는데, 그때 그린힐을 따라 스미스바니로 잠시 옮겼다. 1996년에 다시 돌아온 이후로는 줄곧 IB분야 중 M&A그룹에서 일했다. 금융사들이나 정부기관들이 의뢰한 M&A 자문에 주력하였고, 그러한 그녀의 주특기가 발휘돼 2008년 금융위기 당시 큰 활약을 한 것이다.

말기 유방암을 극복한 불굴의 여성이며, 정치적으로는 힐러리 클린턴 전 국무장관의 열렬한 후원자이자 월가의 대표적인 민주당 지지자로도 알려져 있다. 2013년 초, 버락 오바마 대통령의 2기 내각이 출범할 때 미국 사상 최초 여성 재무부 차관으로 추천됐으나, 의회 청문회 절차가 시작되기 전에 본인이 고사한 바 있다. 그녀가 고사한 것은 물론 모건스탠리 CEO 자리에 대한 의욕이 남아 있었기 때문이란 설이 정설이다.

2013년 세계적 권위의 자산운용 잡지인 '인스티튜셔널 인베스터(Institutional Investor)'에 의해, 미국 최고 상장사 CFO로 선출되기도 하였다. 그녀가 CEO가 될 수 있을지 여부는 현재 물러날 생각이 전혀 없는 제임스 고먼(James Gorman) 현 CEO의 재직기간 이슈(2010년 취임) 및 그녀 스스로의 체력 이슈에 달려 있다고 해도 과언이 아니다. 크루즈가 CEO 일보 직전에서 패퇴한 바로 그 회사인 모건스탠리에 첫 여성 CEO가 나올 수 있을지는 필자도 매우 궁금하다.

용인술의 귀재(?)라는 제이미 다이몬 JP모건체이스 회장이 키우고 있는 미래의 CEO 후보 중 하나가 어

* Ruth Porat은 2015년 구글의 CFO로 이직함

도스다. 헝가리 이민자의 후손인 남편의 성을 따르느라 어도스라는 이색적인 성을 가지게 되었으나, 그녀의 처녀 때 성인 '캘러헌'에서 보여지듯이, 그녀는 전형적인 아일랜드계 뉴요커다. 부친이 월가의 권위 있는 투자은행인 라자드의 최고위급 임원을 지낸 은행가 집안에서 태어났고, 그러한 환경 탓인지 그녀도 별 고민 없이 월가로 진출한다.

조지타운대를 다소 특이하게도 수학을 전공해 졸업한 후, 다시 하버드대에서 MBA학위를 취득하고 그녀가 처음 취직한 회사는 1990년대 초반 당시만 해도 미국을 대표하는 투자은행 중 하나였던 뱅커스트러스트였다. 어도스는 이 은행의 기업금융 부문 중 고수익채권(High Yield Bond)파트에 배치되었고, 차근차근 채권 전문가로서 경력을 쌓아나간다.

그러던 중, 1996년에 JP모건의 자산운용사업부문인 JP Morgan Asset Management에 스카우트돼 고액 자산가들과 연기금들의 자금을 위탁받아 운용하는 채권펀드매니저가 된다. 펀드매니저로서 그녀의 성과가 워낙 좋았기에 고속 승진을 하게 되고, 2005년에는 드디어 다이몬 회장에게 발탁돼 JP모건체이스그룹의 프라이빗뱅킹사업부문 사장직에 오른다. 당시 그녀의 나이가 겨우 38세였다. 4년간 평탄하게 재직 한 후 2009년에 현직인 자산운용사업부문 CEO에 임명돼 6년째 재직 중이다.

그 6년 사이에 JP모건체이스그룹의 수많은 쟁쟁한 고위 임원들이 자발적으로, 또는 다이몬 회장에 의해 강제적으로 퇴임하게 된 바 2014년 현재 그녀는 만일 오늘 다이몬이 물러난다면 JP모건체이스그룹 이사회에 의해 후임 경영자로 추천될 수 있는 위치에 있는 최고위 내부임원 4명 중 하나다. 물론 그 4명 중 어도스가 유일한 여성이다. 전통적인 투자은행의 주력 사업부문인 IB사업부문이나 트레이딩사업부문을 경영하고 있지는 않으나 자산운용의 중요성이 역사상 가장 중요하게 제기되고 있는 시대적 여건을 감안할 때 실제 JP모건체이스 내부에서는 어도스가 다이몬의 깜짝쇼(?)에 의해 후계자로 낙점될 가능성도 있는 것으로 분석되고 있다. 그만한 실력이 있음을 이미 실적으로 증명해 보였기 때문이다.

금융위기 때 너무 무리한 인수·합병(M&A)들을 한 결과, 최근 몇 년간 다소 주춤하다가 최근 서서히 살아나고 있는 미국의 또 다른 초대형 금융그룹인 뱅크오브아메리카그룹의 실질적인 중추인 앤 피뉴캐인은 상당히 특이한 여성이다.

1950년대 중반부터 1990년대 초반까지 36년간이나 미 연방 하원의원·하원의장으로 일한 보스턴 출신의 저명한 정치인 토마스 팁 오닐(Thomas "Tip" O'Neil)의 조카딸이기도 한 피누케인은 보스톤의 명문가에서 태어났다. 부친은 백만장자 변호사로, 프로미식축구팀인 뉴잉글랜드 패트리어츠(New England Patriots)의 사장을 역임하기도 한 지역 유지였다.

이러한 배경 덕분에 그녀는 대학생 시절부터 보스턴과 워싱턴DC의 저명한 명사들과 교류하였고, 막강한 개인적 네트워크를 쌓아 나갔다. 뉴햄프셔대에서 언론학을 전공한 그녀는 대학 졸업 후 당시 보스턴 시장의 미디어담당관으로 취직하여 공직자로 일했고, 30대에는 보스턴에서 가장 큰 광고대행사였던 힐 홀리데이(Hill Holiday)의 임원으로 커리어를 이어간다.

광고회사에서 주로 금융회사들의 마케팅방법론을 자문해주는 컨설팅 업무를 하던 중 1995년 우연한 기회에 당시 보스턴에서 가장 큰 은행이었던 플릿보스턴(Fleet Boston Financial)에 마케팅담당 임원으로 이직하게 되었다. 당시 그녀의 나이 42세였다. 이런 늦은 나이에 엉겁결에(?) 은행원이 된 그녀가 19년이 지난 오늘날, 미국 4대 금융그룹 중 하나인 뱅크오브아메리카그룹에서 CEO직을 넘볼 수 있는 위치까지 올라간 데는 물론 그녀의 탁월한 능력 외에 운도 따라주었다. 그만큼 금융계가 그 기간에 각종 이슈로 들썩거렸기 때문이다.

현재의 뱅크오브아메리카 및 그 전신인 은행들의 M&A 및 구조조정 전략을 짜고 수행해온 사람이 바로 피누캐인이다. 나이가 그녀보다 6세 연하인 현 뱅크오브아메리카그룹 회장 브라이언 모이니헌(Brian Moynihan)이 "우리는 모두 앤에게 리포트한다(We all report into Anne)!"고 조크를 던질 정도로, 현재 사내에서 절대적 비중을 가진 임원이다. 나이가 이미 61세라는 것이 부담이나 모이니헌 회장이 조기 용퇴할 경우 유력한 내부 승계 후보자 3인 중 하나이다.

마지막으로, 영국 국적이면서도 미국의 금융그룹인 씨티그룹 내의 소비자금융·리테일뱅킹·모기지 사업부분 CEO(이 자리는 대충 말하자면, 씨티그룹 내에서 투자은행 사업부문과 기업금융사업부문, 그리고 미국 외 글로벌 사업부문 등 세 사업부문을 제외한 나머지 모든 영역의 실질적 총책임자라는 이야기가 된다)가 된 제인 프레이저는 영국 캠브리지대 학부 및 미국 하버드대 경영학 박사를 취득 한 재원이다.

맥킨지컨설팅사에서 금융회사들의 성장 전략을 짜주는 경영컨설턴트르 일하다가 2004년 씨티그룹에 전략담당 임원으로 영입된 케이스다. 입사 후 거의 모든 사내 최연소 승진 기록을 갈아치운 끝에 (물론 그 사이 글로벌 금융위기로 인해 많은 상대적 고령의 남성 임원들이 물갈이된 덕분이기도 하지만) 현재 CEO 마이클 코뱃(Michael Corbat) 다음 레벨의 비중을 가진 3~4명의 임원 중 한 명의 위치까지 올라가 있다.

그녀는 원래 학부 졸업 후에 골드만삭스 런던지사에서 M&A뱅커로 처음 금융권 경력을 시작한 정통 투자은행 백그라운드이나 여러 가지 복합적인 이유에서 그녀 스스로 투자은행 쪽보다는 전통적인 커머셜뱅킹 쪽에서 승부를 걸고 있는 것으로 보여진다. 업무 장악력이 상상을 초월하는 똑 부러진 여성으로 월가에 이름이 나 있다고 한다.

조만간 수백 년 투자은행 역사상 단 한 명도 배출되지 못하고 있는 글로벌 투자은행의 CEO 자리에 여성이 등장할 수도 있지 않을까 하는 기대를 해본다. 이 세상의 반은 여자이므로!

다음 문구를 되새겨보면서, 이번 칼럼을 마감한다.

"She broke the rules in the boys' club. She got promoted over all the boys. They want to prove she was never up to it when it all crumbles."(그녀는 남성들의 클럽의 룰을 깨트렸다. 그녀는 모든 남성들보다 먼저 승진했다. 그녀에게 뒤처진 남성들은 모든 것이 흔들거리기 시작하자 그녀가 애당초 그 자리에 갈 능력이 없음을 증명하고 싶어했다)

-2007년 11월, 조이 크루즈의 낙마를 보도한 월스트리트저널지의 기자가 크루즈의 지인을 인터뷰한 내용 중에서-

2014. 10. 15

29 고객이 우선인가, 회사가 우선인가

금융위기의 파도가 월가를 휩쓸기 시작하던 2008년 2월의 어느 날, 뉴욕 맨해튼 씨티그룹 본사의 임원 회의실. 한 남성과 한 여성 사이에 격한 설전이 오가고 있었다.

"고객이 최우선이다."(크로우첵 씨티그룹 WM사업부문 스미스바니 사장) "고객도 좋지만 회사가 무너지려고 하는데 당신 혼자 잘난 척 하지 마시오." (팬디트 신임 씨티그룹 CEO)

대체 무슨 일이 일어났던 것일까? 이 논쟁이 지금도 월가의 유명한 가십거리인 '크로우첵-팬디트' 논쟁이다. 이 논쟁은 상당히 중요하다. 월가가 아니라 어느 나라, 어느 금융그룹 안에서도 일어날 수 있는 일이고, 실제 일어나고 있는 일이기 때문이다. 내용을 좀 살펴보도록 하자.

논쟁의 핵심은 세 가지였다.

첫째는 2004~2007년 사이에 WM사업부문의 고액 자산가들에게 팔았던 채권형 헤지펀드 2개가 문제가 생긴 것이다. 팰컨스트래티지스(Falcon Strategies)와 아스타/맷(Asta/Mat)이라는 이름의 이들 헤지펀드는 2008년 초에 이미 전자는 AUM(운용자산)의 80%가 잠식되었고, 후자는 아예 AUM이 제로가 되어 있었다. 문제는 이들 펀드가 실제로는 씨티그룹의 글로벌마켓(Global Markets)사업부문이 외부에 만들어 놓고 운용한, 일종의 인공위성 펀드들이었다는 사실이다.

그래서인지 (이들 펀드가 트랙 레코드가 없었음에도 불구하고) 다른 경쟁 상품들에 우선하여 WM 고객들에게 팔았던 것이다. 2007년 여름, 그룹 CFO를 하다가 전보 발령을 받고 그룹의 WM사업부문인 스미스바니 사장으로 온 크로우첵이 살펴보니, 이 사안은 일종의 모럴해저드(도덕적 해이)라고 보여졌다.

그래서 그녀는 2007년 12월 전격 해고된 척 프린스(Chuck Prince) 전임 CEO 뒤를 이어 새로운 CEO로 막 임명된 비크람 팬디트(Vikram Pandit)가 부임하자마자 이 문제를 사내 이슈화한 것이다. 크로우첵의 주장은, 이는 명백히 씨티그룹의 잘못된 상품 권유로 주요 고객들이 손해를 입게 된 경우이므로 비록 판매 당시 고객들에게 위험을 고지했다고 하더라도 일정 부분 고객들에게 손해배상을 해야 한다는 것이었다.

팬디트 신임 CEO가 보기엔, 이런 주장은 특정 임원이 자기가 맡은 사업부문만 신경 쓰고 그룹 전체의 이해관계는 전혀 돌보지 않는 전형적인 '소그룹 이기주의'로 보였다. 손해배상의 범위와 수준도 정하기가 쉽지 않은 데다 한번 이런 선례를 남기게 되면 나중에 파는 상품마다 족족 고객들의 손해배상 요구가 이어질 것이고, 이는 안 그래도 모기지 위기로 휘청거리기 시작한 씨티그룹에 치명상을 입힐 것이라고 우려한 것이었다.

결국 이 헤지펀드 건은 손해배상을 하지 않기로 일단 결정된다(그러나 그 후 금융위기가 진행되면서 손해를 입은 투자자들의 집단 손해배상소송이 이어졌고, 결국 씨티그룹은 두 손을 들고, 손해를 입은 모든 투자자들에게 평균적으로 투자 원금의 22%가량을 손해배상하게 된다).

첫 번째 이슈가 채 정리되기도 전에 두 번째 이슈가 바로 다시 터진다. 역시 WM사업부문 고객들에게 엄청 팔아댔던 ARS, 즉 경매 방식 채권(Auction Rate Securities) 시장에 문제가 생긴 것이다. 이 ARS는 입찰 방식으로 금리를 결정하는 채권으로, 주기적으로(발행일로부터 7, 28, 35일 후) 금리를 조정할 수 있다.

장기 채권에 비해 쉽게 사고팔 수 있고 조달 비용도 낮아 1990년대와 2000년대 중반 기업들의 자금조달 방안으로 인기를 끌었다. 1988년 골드만삭스가 첫 발행에 나선 이후, ARS 시장은 2006년 정점일 때 미국에서 연간 3300억달러 규모 시장으로 급성장했다. 그러나 금융위기 시작 이후 채권 매매와 가치 산정이 어려워지면서 ARS 채권 입찰이 잇따라 실패하게 되었다.

ARS 방식의 채권은 입찰에 실패할 경우, 채권 보유자들의 팔 길이 막혀서(freezed) 현금화하기가 불가능해지는 위험성을 내포한 상품이다. 이때가 바로 2008년 3월, 미국 5위 투자은행 베어스턴스가 모기지 부실로 인한 보유 채권 평가손을 견뎌내지 못하고 무너지면서 급매물로 헐값에 JP모건체이스에 팔린 바로 그 시점이었다.

씨티그룹으로부터 이 ARS 채권을 산 고객들이 아우성을 치기 시작하자 다시 크로우첵이 이들 고객에게 퇴로를 만들어주기 위해 씨티그룹에서 고객들의 ARS 채권을 무제한 매입해주자고 주장한다. 이 역시 당시 날마다 폭락에 폭락을 거듭하고 있던 씨티그룹 주가를 방어해야 하는 입장의 팬디트 CEO가 볼 때는 어처구니없는 주장으로 보였다.

팬디트가 크로우첵의 요구를 묵살하고 있던 중 뜻밖의 변수가 생겼다. 그 해 4월, ARS와 관련된 씨티그룹 내부 논쟁이 일부 언론에 기사화되자 월가의 저승사자로 불렸던 앤드루 쿠오모(Andrew Cuomo) 당시 뉴욕주 검찰총장이 ARS와 관련한 씨티그룹의 불완전 판매 혐의를 조사하겠다고 발표한 것이다. 당황한 팬디트는 쿠오모 검찰총장과 어쩔 수 없이 타협해 총 73억달러어치의 ARS를 고객들로부터 매입해주는 조치를 취한다. 여기에 더해 1억달러의 벌금까지 내야 했다. 팬디트로서는 크로우첵이 얄미울 수밖에 없는 정황이었다.

서로 간의 감정이 이미 악화 일로인 상황에서 세 번째 충돌은 그 해 8월에 일어난다. 2008년도 상반기에 사상 최악의 실적을 낸 씨티그룹은 어떻게든 실적을 만회해야 하는 절체절명의 위기 국면이었다. 이미 씨티그룹 주가는 정확히 1년 만에 7분의 1 토막이 난 상태였다. 팬디트는 크로우첵의 WM사업부문의 상반기 실적 점검(Performance Review)을 하면서 그녀에게 WM사업부문과 IB사업부문 간의 협업과 시너지를 재차 강조했다.

말인즉슨 씨티그룹의 IB사업부문에서 만들어낸 상품을 최우선적으로 WM사업부문이 팔아야 한다는 강요였다. 사실 IQ는 매우 높으나 EQ가 좀 모자란다고 할 수도 있는 성격인 크로우첵은 이 상황에서도 팬디트에게 강력히 반발한다. 고객에게 가장 큰 혜택이 가는 좋은 상품을 소개하는 것이 자기의 임무이지 (타사 상품에 비해 떨어짐에도 불구하고) 무조건 씨티그룹 IB사업부문의 상품을 파는 것이 자기의 임무가 아니라고 대든 것이다.

사실 크로우첵의 이 철학은 정상적 마켓 상황이라면 물론 맞는 말이다. 그러나 당시 그 비정상적인 상황에서 팬디트의 요구는 어쩌면 고육지책이었을 수도 있었다. 하여간에 이쯤 되니 팬디트의 인내심도 한계에 도달했다. 크로우첵이 여성이라는 상징성, 그리고 전임 CEO들인 웨일과 프린스로부터 총애를 받아 이사회에서도 일정 부분 지지를 받고 있다는 점 등 때문에 반년 이상을 꾹 참았으나, 이런 상황을 묵과해서는 향후 정상적인 CEO로서의 경영권 행사가 어렵다고 본 것이다.

결국 그녀를 WM사업부문 사장 위치에서 직위해제하고, 단순 명예직인 'WM사업부문 회장'이란 자리를 만들어서 발령 내려고 하던 9월, 그녀는 이에 반발해 전격 사직하게 된다. CEO인 팬디트가 승리를 하긴 했으나, 이 승리는 깔끔한 승리가 아니라 영 개운치 않은 뒷맛을 남기는 찜찜한 승리였다.

크로우첵을 제대로 다스리지 못했다는 오명은 팬디트를 꼬리표처럼 따라다녔고, 결국 팬디트로 하여금 장수 CEO가 되지 못하고 4년 반 만에 낙마하게 만든 여러 원인 중 하나가 된다. 둘 중 누가 옳았을까?

지금 와서 복기를 해 보면 이들의 논쟁은 호사가들이 말하는 것처럼 여성과 남성의 대결도 아니었고, 전임 CEO가 임명한 임원과 신임 CEO 간의 경영권 분쟁도 아니었고, 본질은 단지 '고객이 최우선'이냐, 아니면 '고객 우선도 일단 회사가 잘 되고 난 연후라야 의미가 있다' 사이의 마케팅 철학 논쟁이었던 것이다.

국내 금융사들도 이 논쟁에서 어떤 시사점을 찾을 수 있겠다. 특정 금융사의 주가와 그 금융사의 거래 고객의 만족도가 반드시 정비례하는 것이 아니라는 포인트는 모든 금융인들이 한번쯤 생각해보아야 할 부분이다.

2014. 10. 22

30 모건스탠리-딘위터 잔혹사(1) - 원로들의 반란

2005년 3월31일 목요일, 월가의 뱅커들에게는 성경책이나 다름 없는 신문인 월스트릿저널(WSJ)에 희한한 전면광고가 실렸다. 스스로를 'Group of Eight(8인그룹)'이라고 지칭한, 일단의 구 모건스탠리 임원들이, 당시 통합된 모건스탠리(1997년 모건스탠리와 딘위터가 대등합병을 한 바 있다)의 회장이었던 필립 퍼셀(Phillip Purcell; 1943년생)의 전횡과 문제점들을 일일이 적시하면서, 모건스탠리 이사회로 하여금 퍼셀을 물러나게 하라고 종용하는 광고였다.

이 광고는 대단히 쇼킹한 일로 받아들여졌는데, 이유는 세 가지다.

우선, 이 8인의 면면이 모두 'Who's Who in Wall Street'(월가 인명록)에 비중 있게 다루어질 만큼 대단한 명망가들이었다는 점이다. 최고령자인 리챠드 뎁스(Richard Debs) 전 모건스탠리 인터내셔널(모건스탠리그룹의 해외사업부문 중간지주회사) 회장(1931년생)부터 최연소자인 조셉 포그 3세(Joseph Fogg III) 전 모건스탠리 기업금융부문장(1949년생)까지, 이들 8명의 나이가 당시 최소 56세, 최고 74세에 달하는, 말 그대로 IB업계의 진정한 '원로'들이었다. (그러니까, 단순한 장난을 칠 나이들이 아니었다는 점이다) 두 번째로, 이들은 에델만(Edelman)이라는 유명 기업PR회사를 채용하여 매우 치밀한 언론플레이를 시도했다는 점이다. (나중에 나오지만, 이들이 이 '거사'를 도모하기 시작한 것은 이 사건이 일어나기 3개월 전부터였고, 에델만을 채용한 것도 2월 초였다) 마지막으로, 편지의 내용이 상장회사의 이사회에게 현직 최고경영자를 물러나게 하라는 공격적인 메시지를 담고 있다는 점이다. 사실 이 8인은 단순한 퇴직 임원들이 아니었다. 이들이 가지고 있는 모건스탠리 주식 총수가 도합 1천1백만주나 될 정도로, 명백한 '주주'자격으로 이런 일을 일으킨 것이다. 여기에 더하여, 광고를 읽은 일반 주주들에게 침묵하지 말고 이 사안에 대한 각자의 의사를 서명된 편지의 형태로 모건스탠리 이사회에 보내라는 권유까지 담고 있었다.

회사(모건스탠리)로서는, 어찌 보면 방어하기가 가장 황당한(?) 유형의 경영권 공격(?)을 받은 것이다. 이 공격은, 칼 아이칸(Carl Ichan)이나 론 페를먼(Ron Perelman)같은 기업사냥의 대가들의 적대적 인수(hostile takeover) 시도와는 두 가지 면에서 근본적으로 달랐다. 하나는 공격자가 이 공격으로부터 직접적인 이득을 얻을 게 없는 구조였다. 그들이 경영권을 인수하겠다는 것이 아니었기 때문이다. 다음, 이런 시도를 통해서 얻고자 하는 것이 (기업사냥꾼들이 보통 의도하듯이) 모건스탠리 주가의 단기 상승이라기보다는, 모건스탠리의 기업가치(corporate value)를 보존하고, 퍼셀 회장에 의해 아무 이유 없이 제거된 유능한 임원들(뒤에 자세한 이야기가 다시 나온다)의 복직을 촉구하는 내용이었기 때문이다.

이 광고는 엄청난 반향을 불러일으켰다. 내용 자체가 주목을 끌 수 밖에 없는 모든 요소(factor)들을 다 가지고 있었던 것이다. 자, 대체 무슨 일이 일어났었기에 이런 광고가 원로들에 의해 시도된 것일까? 자세히 살펴보자.

우선 광고를 실은 당사자인 8인그룹의 면면을 보자. 그룹의 리더 격은 역시 파커 길버트(S. Parker Gilbert) 전 모건스탠리 회장(1933년생/ 1983-1990년 사이 회장으로 재직)이었다. 그의 부친은 1935년에 모건스탠리가 JP모건으로부터 갈라져 나올 당시 최초의 6명의 파트너(주식을 소유한 임원) 중 한 명이었다. 회사의 '영혼'을 가지고 있다고 말할 수 있는 인물이었다. 나머지 인물들은 위에서 이미 설명한 뎁스 전 해외사업부문장과 포그 3세 전 기업금융부문장 외에도, 안슨 비어드(Anson Beard) 전 주식부문장, 루이스 버나드(Lewis Bernard) 전 최고운영책임자(COO), 로버트 스캇(Robert G. Scott) 전 사장, 프레더릭 휘트모어(Frederick Whittemore) 전 채권부문장, 존 윌슨(John H. T. Wilson) 전 M&A부문장 등, 실로 한 시대를 풍미했던 모건스탠리의 일급 IB뱅커들을 총망라하고 있었다.

다음, 광고 내용이다.

이들은 우선, 골드만삭스, 리먼브러더스, 메릴린치 등 3개 주요 경쟁사 대비 최근 5년간의 모건스탠리 주가가 좋지 않았다는 점(underperform)을 지적했다. 더욱이 주당순이익(EPS)과 자기자본이익률(ROE)도 업계 평균치를 밑돌고 있음을 지적했다. 이들은 그 원인을 모건스탠리-딘위터 합병 이전의 구 딘위터 쪽 비즈니스라인들(Heritage Dean Witter)인 리테일사업부문과 자산운용사업부문에서의 부진에서 찾고 있었다. 리테일사업부문은 매출액이 해마다 계속 감소 추세였고, 자산운용사업부문은 AUM(총운용자산)이 경쟁사들과는 달리 늘어나지 못하고 정체 상태였다. 광고에서는 합병 후의 지난 7년간의 퍼셀 회장의 평가점수(Scorecard)는 낙제(Fail)라고 단언했다.

이들은 이어, 감독당국과 쓸데 없는 소송을 벌여서 (이 당시 모건스탠리는 감독당국과의 사이가 거의 최악의 국면이었다. 이는 주로 감독당국의 조치에 불복하여 모건스탠리가 소송을 여러 건 낸 사안에 기인한 바가 크다)회사의 이미지만 실추시키고 실제로 얻은 소득도 없다고 비난했다. 한편, 8인그룹이 (언론 공표 이전인) 이 해 3월3일에 이사회에 보낸 첫 비밀편지(Confidential Letter)에 대해, 퍼셀 회장이 성실하게 대화에 응했다고 발표한 것은 완전히 거짓이라고 지적하고, 이사회 일부 구성원들로부터 몇 차례 걸려 온 산발적인 개별 문의 전화통화 외에는 8인그룹의 요구사항에 대해 모건스탠리 이사회는 반응하지 않았다고 지적했다. 마지막으로, 이 광고를 내야 할 수 밖에 없다고 판단한 보다 더 직접적인 증거로, 3일 전(그러니까 2005년 3월28일 월요일)의 기관증권(Institutional Securities)사업부문(즉 IB사업부문의 모건스탠리식 명칭) 고위 임원들에 대한 대량 해고('부활절 월요일의 학살', 즉 Easter Monday Massacre라고 명명된 유명한 사건)를 들고 있다. 아무 이유 없는 유능한 임원들에 대한 전격 해고는, 모건스탠리 기업가치에 심대한 훼손을 가져오는 행위로 즉각 중단하고, 이미 해고한 임원들을 다시 불러들이라고 광고에서 요구했다.

여기서 참고로, 3월28일 부활절 월요일에 학살(?)된 임원들은 당시 모건스탠리 임원진의 서열 2위, 3위, 4위에 해당하는, 스티븐 뉴하우스(Stephen Newhouse) 그룹 사장, 비크람 팬디트(Vikram Pandit) 기관증권(IS)사업부문 사장, 존 해븐스(John Havens) 주식부문장 등 3명이었는데, 이 3인 모두가 합병 전 구 모건스탠리측 출신들이고, 2005년 당시 모건스탠리그룹 총매출의 3분의2에서 4분의3 사이를 책임지는 사업부문의 총 책임자들이었다. 이들이 해고된 이유는 단 한가지였다. 8인그룹의 공격이 시작된 이후에도, 퍼셀 회장 개인에 대한 충성맹세를 거부했기 때문이다. 나중에 경쟁사인 씨티그룹 CEO가 되는, 당대의 천재로 불리는 팬디트 기관증권사업부문 사장은 충성맹세를 강요하는 퍼셀에 대해 "나는 오직 모건스탠리 조직에 충성할 뿐이다, 개인에게 충성하지 않는다(I am loyal to Morgan Stanley the institution, not to a certain individual)"라는 유명한(그리고 현명한) 대답을 던지고, 그 날로 해고를 당했다. 이 유능한 임원들은 왜 충성맹세를 거부했을까? 다음 회차에서 그 숨가쁘고 복잡한 배경을 살펴보자.

2014. 10. 29

31 모건스탠리-딘위터 잔혹사(2) - 프로젝트 레인저

1996년 크리스마스 휴가 기간, 유타주 솔트레이크시티 인근 알타(Alta) 스키리조트 안에 있는 고급 멤버십 식당의 한 테이블. 편한 캐주얼 복장의 50대 두 남성이 머리를 맞대고 심각한 대화를 나누고 있었다. 키가 더 크고 몸매가 호리호리한 쪽이 당시 딘위터(Dean Witter)사의 회장 겸 CEO인 필립 퍼셀(Phillip Purcell), 어깨가 떡 벌어지고 체구는 건장하나 키는 퍼셀보다 좀 작은 쪽이 당시 모건스탠리(Morgan Stanley)의 사장 겸 CEO인 존 맥(John Mack)이었다. 우연히 만난 거라고 보기에는, 둘의 대화가 너무 진지해 보였다. 이들은 대체 무슨 대화를 하고 있었던 것일까. 그들은 '프로젝트 레인저(Project Ranger)'라고 명명된, 두 회사 간의 대등합병(MOEs·Merger of Equals)을 논의 중이었던 것이다. 이 코드명은 당시 NHL(북미프로아이스하키리그)의 챔피언인 뉴욕 레인저스(New York Rangers)에서 명칭을 가져온 것이었다. 퍼셀 회장이 뉴욕 레인저스 팀의 광팬이었기에 붙여진 코드명이었다. 이 논의에서 모건스탠리는 레인저스팀 주장이었던 '메시어(Messier)', 딘위터는 1996년에 레인저스팀으로 이적한 아이스하키 영웅 '그레츠키(Gretzsky)'라는 코드명으로 불렀다. 누가 옆 테이블에서 이들의 대화를 엿들었다고 해도, 두 명의 50대 아이스하키 광팬이 지난 주말의 NHL 게임 이야기를 하고 있다고 아마도 착각했으리라.

둘 다 월가 투자은행의 CEO들이란 점 말고도 이 둘은 여러 가지로 비슷한 점이 많았다. 1943년생인 퍼셀과 1944년생인 맥은 둘 다 동시대인이었고, 대화가 잘 통했다. 이 둘은 가톨릭 신자였는데, 그들이 태어난 고장에서는 그 종교가 완전히 소수파의 종교였다. 퍼셀은 모르몬교도가 대부분이었던 유타주에서 태어났고, 맥은 레바논에서 미국에 이민 온 아버지가 정착한 고장인 남부침례교도(Southern Baptist)의 본산지 노스캐롤라이나주에서 태어났다. 이 둘은 '소수파'로서 어떻게 살아남을 수 있는가를 어릴 때부터 체득한 유형의 사람들이었다. 맥은 6형제의 막내로 태어났고, 그가 태어났을 때 부친의 나이는 50세였다. 퍼셀은 자녀가 일곱 명이나 되었다. 둘 다 그 당시 대부분의 월가 출신 투자은행 고위 임원들이 나오는 대학인 아이비리그 대학 출신들이 아니었다. 퍼셀은 미국 중서부 최고의 가톨릭 대학인 인디애나주 소재 노틀데임대학 출신이고, 맥은 자기 고장인 노스캐롤라이나주의 최고 명문 사학인 듀크대학을 졸업했다. 둘 다 자기가 나온 학교에 대한 자부심이 대단하였고, 직장생활 성공 후에는 각기 모교의 이사회에 이사로 참여했고, 거금을 모교에 기부하였다. 이 둘은 또한 운동선수 출신이었다. 키가 6피트5인치(196㎝)인 퍼셀은 고등학교와 대학을 거치면서 농구부의 최고의 파워포워드로 활약했고, 강한 어깨를 가지고 있던 맥은 대학 3학년 때 목에 부상을 입고 운동을 그만두기 전까지는 NFL(미국프로미식축구)의 스카우터들이 따라다니던 듀크대학 미식축구팀의 스타 오펜시브택클(OT)이었다. 공교롭게도 또한 이 둘은 스키를 매우 즐겼는데, 1990년에 우연히 유타주 소재 스키리조트타운에 각각 휴양기에 쓸 별장을 서로 바로 옆에 구입하게 되었다. 같은 업종의 고위 경영진 사이였기에, 이 둘은 그 후 어릴 때부터 알고 지냈던 사람들처럼 금세 절친한 친구가 되었다. 이 세상의 모든 필연은 결국 우연에서 시작되는 법이다. 1997년 2월 5일, 글로벌 자본시장을 깜짝 놀라게 하는 102억달러 규모 대형 대등합병을 선언하게 되는 딘위터와 모건스탠리의 신화는, 1990년 유타주 스키장에서 우연히 시작된 셈이다.

본격 합병이 논의되기 시작한 것은 1996년 늦은 가을이었다. 물론 최초로 이런 의사가 모건스탠리 측에 의해 딘위터 측에 전달된 것은 이보다 거의 2년 전이었으나, 그때까지만 해도 이 합병 아이디어는 그냥 여러 개의 가능성 있는 안 중 하나였을 뿐이며, 딘위터 측에 의해 바로 거부되었다. 이 합병 시도는 다분히 모건스탠리 측에서 적극 구애를 하는 모습으로 전개된다. 왜 그랬을까.

1980년대 후반과 1990년대 초반의 각종 미국 금융계 사건들(주택대부조합들의 대규모 파산 및 밀켄의 드렉셀투자은행 파산 등)이 터져 나오던 그 시기, 마침 미국의 국내 경기가 몇 년간 대단히 안 좋았고, 그에 따라 경기에 민감한 투자은행 업종에도 경영 실적 악화라는 위기가 찾아왔다. 특히 자본금 규모가 작고 판매 채널이 다른 경쟁사에 비해 열위에 있던 순수 투자은행 모건스탠리는 이 부분을 크게 느껴야 했다. 사실 1935년에 당대 글로벌 1위 은행인 JP모건이 글래스스티걸법에 의해 반강제적으로 3개로 분할(JP모건, 모건개런티트러스트, 모건스탠리)되면서 투자은행이 된 모건스탠리는, 1970년대 초반까지만 해도 자기자본이 겨우 7500만달러에 직원 총수 200여 명의 파트너십 회사였다. 결국 모건스탠리를 키우기 위해서는 상장이 불가피했고, 이에 따라 1986년에 뉴욕 증시에 성공적으로 상장되었다. 투자은행 경쟁사 중에서는 DLJ(1970년), 메릴린치(1971년), 베어스턴스(1985년)에 이어 네 번째 상장이었고 딘위터(1993년), 리먼브러더스(1994년), 골드만삭스(1999년)가 뒤를 잇게 된다. 존 맥이 사장직에 오른 1993년 경이 되면 모건스탠리는 자기자본이 20억달러, 고용 직원 수 6800명, 연간 순익이 4억달러가 넘는 회사로 성장해 있었다. 모건스탠리는 투자은행업의 거의 모든 프로덕트 분야(ECM, DCM, M&A 등)에서 미국 국내는 물론 글로벌 리그테이블에서 1,2위를 다투고 있었다. 그러나 아직 이 정도 규모로는 1990년대 글로벌 자본시장의 화두였던 '대형화' 추세에 따라가지 못하는 측면이 있었다. 무엇보다 미국 개인연금 시장의 폭발적 신장으로 인해 각 투자은행이 신경 쓰지 않을 수 없던 자산운용 사업부문 및 리테일브로커리지 사업부문 플랫폼이 경쟁사보다 약하거나(자산운용) 아예 없어서(리테일), 그 부문들에 대한 시급한 보강이 필요한 시점에 도달하였다.

1990년 은퇴한 파커 길버트의 뒤를 이어 회장이 된 딕 피셔(Dick Fisher)는 'MOEs(대등합병)'보다는 'Blue Bloods United(순혈주의자들의 연합)'란 인수·합병 전술을 먼저 시도했다. 대상은 영국의 가장 고결한 투자은행 워버그(SG Warburg)였다. 1986년 상장 성공 전의 모건스탠리가 그러했듯이 유로본드마켓을 만들어낸 이 전설적인 투자은행은 자기자본 부족 등으로 1990년대 들어와서 심하게 고전하고 있었다. 모건스탠리와 워버그는 1993년부터 무려 2년 이상 인수·합병 대화를 이어갔지만, 결국 모건스탠리가 제시한 인수가격(5억달러)이 워버그가 원하는 매각가격(10억달러)의 절반 수준에 불과했기에 인수는 1995년에 최종 실패한다(그런데 인수 실패 얼마 후, 워버그는 오늘날의 UBS가 되는 스위스 대형 은행 SBC에 13억8000만달러에 팔리게 된다. 워버그가 원래 모건스탠리에 요구했던 가격보다도 38%가량 프리미엄을 준 당시로서는 엄청난 가격임).

워버그 인수 실패 후에 등장한 새로운 합병 파트너가 바로 딘위터였다. 딘위터가 어떤 회사인지 좀 알아볼 필요가 있다. 딘위터는 일단 월가의 투자은행들 중 가장 월가와 관련이 없던 투자은행이었다. 정확히 말하자면, 이 회사는 본사가 뉴욕이 아니라 샌프란시스코였다. 1924년에 브러커리지 위주 증권사로 출범하여 위터 가문이 2대에 걸쳐 경영권을 50년 이상 행사해 오다가 1978년에 그 당시로서는 미국 증권업계 역사상 가장 큰 규모의 합병으로 기록되는 월가의 레이놀즈증권(Reynolds Securities)과 합쳐 이름이 딘위터레이놀즈(DWR)로 바뀌면서 그제서야 처음 월가에 첫발을 내딛게 된다. 이 통합 증권사는 단숨에 미국 5위의 투자은행이 되며, 최초로 미국 국내 50개 주 모두에 브로커리지 지점망을 갖춘 최초의 회사가 된다.

그런데 이러한 딘위터레이놀즈의 전국적 네트워크망을 유심히 관찰하고 있던 잠재 인수자가 있었으니, 그게 바로 미국 최대 백화점 리테일 체인망이었던 시카고의 시어스(Sears)다. 결국 딘위터레이놀즈는 1981

년, 6억달러에 시어스에 인수된다. 시어스가 딘위터를 인수한 것은 소위 '메인스트리트(실물경제)'와 '월스트리트(금융)'를 한곳에서 고객들이 구매할 수 있게 하자는 거창한 아이디어 때문이었다. 백화점에 와서 옷과 식료품을 구입한 고객이 바로 옆 구석에 자리를 잡고 있는 딘위터 브로커리지 창구에서 뮤추얼펀드와 주식을 살 수 있게끔 하자는, 어찌 보면 당연한 생각이었던 것이다. 사실 시어스는 이미 올스테이트(Allstate)라는 보험사를 인수해 백화점 창구에서 보험 상품을 팔고 있었고, 얼마 후 딘위터의 자회사 형태로 미국의 네 번째 독자 카드브랜드 사업자인 디스커버카드(Discover Card)를 론칭하였으니, '실물-증권-자산운용-보험-카드'를 연결하는 거대한 리테일금융제국을 이미 1980년대에 시도하였던 것이다. 이 아이디어를 시어스 경영진에 처음 제시한 인물은 바로 당시 시어스의 최고전략책임자(CSO)인 38세의 맥킨지 출신 컨설턴트였다. 그가 바로 필립 퍼셀이다. 인수 후에 시어스는 투자은행 경력은커녕 그 어떤 금융업종에서도 일해 보지 않은 퍼셀을 딘위터사의 새로운 CEO로 월가에 파견한다. 뒷날의 '프로젝트 레인저'는 이렇게 해서 그 16년 전에 처음 발아(發芽)한 것이다. 다음 회에서 이 대등합병의 성공과 그 후 벌어진 격렬한 내부 권력투쟁에 대해 다시 이야기를 이어가 보도록 하자.

2014. 11. 5

32 모건스탠리-딘위터 잔혹사(3) - 누가 회사를 이끌 것인가

"이런 M&A가 어디 있어? 지금 장난치냐? 나라면 어떤 고객에게도 이런 M&A는 권하지 않을 거야!" 월가의 전설(legend) 반열에 이미 올라 있던, 당시 모건스탠리 기업금융부문장 조 페렐라(Joe Perella)가 이렇게 내뱉었다.

1997년 2월 5일 아침 8시 반, 뉴욕 증시가 개장되기 전에 로이터통신이 긴급히 모건스탠리와 딘위터 간의 주식교환 방식의 대등합병 소식을 타전했다. 지난 몇 달 동안 비밀 유지를 지키면서 유타주 스키리조트와 맨해튼 어퍼웨스트에 있는 딕 피셔 모건스탠리 회장의 아파트 등에서 은밀하게 진행된 합병 협상이 바로 전날 자정 무렵 타결되었던 것이다. 합병은 주식교환 방식으로, 합병 후 존속법인이 되는 딘위터가 모건스탠리 주식 1주를 딘위터 주식 1.65주로 바꿔주는 방식으로 진행되었다. 총 딜 규모는 102억달러로, 이는 당시까지 전 세계 증권업 M&A 역사상 가장 큰 딜로 기록된다. 둘 다 얼추 비슷한 규모의 시가총액을 가지고 있었던 이 두 회사의 합병으로, 합병사의 시가총액은 단숨에 210억달러가 되었고, 이는 당시까지 20년 이상 증권업 시가총액 1위를 고수하던 140억달러의 메릴린치를 멀찌감치 2위로 끌어내리기에 충분한 숫자였다.

합병의 자세한 조건이 알려지기 전, 뉴욕 증시는 충격과 기대감 속에 이날 오전장에 폭등장을 연출한다. 모건스탠리 주가는 단숨에 7.8% 올랐고, 딘위터 주가도 모처럼 2% 상승했다. 이 합병이 의미하는, '금융사들의 대형화, 사업 라인의 다각화 및 상호 보완, 글로벌화' 등의 주제가 투자자들에게 받아들여진 것이다. 경쟁사들도 이런 유의 인수합병 전략을 향후 시도할 수밖에 없다고 판단되었는지, 몇몇 증권업종 주식이 덩달아 폭등했다. 예를 들어 미주리주 세인트루이스에 본점을 두고 있는 미국 3위 규모의 리테일브로커리지 회사였던 A.G 에드워즈(A.G Edwards Inc)의 주식은 오전장에만 무려 10%가 폭등했다. 곧 중서부의 대형 은행에 매각될 거라는 예상 때문이었다(실제로 이 회사는 몇 년 후 지금은 웰스파고에 흡수합병된 와코비아에 인수된다).

합병 당시 양사의 규모를 보자. 모건스탠리의 1996년 매출액은 131억달러, 딘위터는 93억달러였다. 순익은 양사가 10억달러로 거의 유사했다. 딘위터는 리테일브로커리지와 자산운용사업부문의 비중이 컸으며, 총 3만명의 임직원 중 8400명의 브로커를 포함하고 있었다. 모건스탠리는 IB사업부문의 비중이 압도적으로 컸으며, 총 9700명의 임직원 중 400명의 브로커를 포함하고 있었다. 모건스탠리 IB사업부문이 1996년 영업연도에 인수한 채권과 주식의 총액이 무려 990억달러에 달한 데 반해 같은 기간 딘위터의 IB사업부문은 겨우 56억달러였다. 반면 딘위터는 메릴린치, 스미스바니와 함께 미국 개인투자자들에게 판매하는 뮤추얼펀드 시장의 3강 중 하나였는데, 1996년 영업연도 고객 자산이 1700억달러를 돌파한 상태였다. 모건스탠리는 그 시장엔 아예 발을 들여놓은 적이 없었다. 이 합병은 이러한 수치만으로 보면 매우 이상적인 합병일 수 있었다. 합병 후 정리되는 사업부문이 거의 없었기 때문이다. IB사업부문을 본질적으로 싫어했던 (퍼셀은 컨설턴트 백그라운드답게, 리스크를 체질적으로 혐오했으며, 그에 따라 리스크 활용을 기반으로 하는 IB의 본질을 이해하지 못했다) 퍼셀이 딘위터 CEO로 15년간 근무해오는 동안, 1970년대까지만 해도 상당한 수준으로 유지되고 있던 딘위터의 IB사업부문을 탄압하고 축소시켜 버린 결과였다. 당시 모건스탠리는 런던에 세운 중간지주회사인 모건스탠리인터내셔널을 통해 이미 해외 19개국에 21개 거점을 확보하고 있었음에 비해, 딘위터는 마지 못해 런던과 도쿄에 딸랑 2개의 거점을 가지고 있었을 뿐이었으므로, 해외사업부문조차 거의 겹치지 않았던 것이다. 그야말로 양사 종업원들 입장에선 최선의 합병이라고 볼 여지도 있었다.

그러나 축복받아야 할 이 합병이 합병 발표 하루가 지난 다음부터 "어, 이게 아닌데?" 라는 우려가 일부 집단에서 나타나기 시작했는데, 그 집단은 M&A의 속성에 대해 깊이 알고 있던 옛 모건스탠리 측 고위 임원들이었다. 특히 월가 당대 최고의 M&A 뱅커로 알려져 있던 조 페렐라와 그의 직계 기업금융부문의 반발이 컸다.

이들 전문가가 반발한 사유는 물론 일차적으로 이 M&A 협상에서 자신들이 철저하게 배제되어 있었다는 점에서 오는 것이었다. 그러나 비밀 유지가 제일 중요한 이런 대규모 합병에서, 실무자들을 사전 단계부터 참여시킨다는 것은 무리일 것이다. 보다 더 중요한 반발 사유는, 이 합병 계약의 그 어디에도, CEO 승계 프로그램에 대한 이야기가 없었기 때문이다. 합병 절차가 종료되는 1997년 5월 31일자로, 모건스탠리 회장인 딕 피셔는 퇴임하고, 딘위터 측의 필립 퍼셀이 통합 모건스탠리딘위터(MSDW)의 회장 겸 CEO로, 합병 전 모건스탠리 측의 사장 존 맥이 통합 후의 사장 겸 COO(최고운용책임자)로 내정되었다. 그리고 이사회 구성을 5대5 지분으로 구성하기로 하였다.

여기까지는 이해가 되는데, 문제는 다음 3가지였다. 1) 퍼셀의 임기가 언제까지인지 명시되어 있지 않았다. 2) 퍼셀이 강력히 주장해서, CEO를 물러나게 하기 위해서는 이사회 정족수의 4분의 3을 필요로 하는 특별의결정족수(Supermajority) 조항을 포함하였다. 3) 이사회 이사들의 임기가 만료될 경우, 새로운 이사 후보자의 추천권을 CEO가 가진다는 조항이 있었다. 조 페렐라 같은 M&A의 '백전노장 선수'가 보기에는, 이 합병 협상은 그냥 모건스탠리라는 순수투자은행(Blue Blood Investment Bank)을, 도대체 금융사인지 백화점인지 정체성도 불분명한 딘위터라는 괴물(Monster)에게 헌납(?)한 딜로 보였던 것이다. 피셔나 맥 같은 똑똑한 인물들이 왜 이런 실수(?)를 한 것일까.

답은 간단하다. 그들은 퍼셀을 인간적으로 너무 믿은 것이다. 퍼셀이 이미 딘위터 CEO를 무려 15년째 하고 있었기 때문에, 설령 통합증권사 CEO가 되더라도 조만간 물러날 것이라고 이유 있는 착각을 한 것이다. 더욱이 통합 증권사는 명백히 '투자은행'의 영역이기에, 정황상 정통 투자은행 경험이 없는 퍼셀이 CEO를 오래 할 수 없을 것이라고 본 것이다. 마지막 실수는, 두 회사 간의 기업문화의 차이를 피셔와 맥이 너무 간과한 점이다. 월가의 귀족주의적(Aristocratic) 기업문화에 길들여진 모건스탠리 임직원들은, 딘위터의 처절한 서민적(meat-and-potatoes environment) 기업문화를 이해할 수도 없었고, 이해할 마음가짐도 없는 상태에서 강행한 합병이었던 것이다. 이 두 가지 완전히 상이한 기업문화를 어떻게 하나로 융합할 것인가. 이 부분에 대해서는 이 합병을 저지른 당사자들도 사실 답은 없었다. 양쪽 다 시간이 지나면, 이 두 가지 기업문화가 적당한 선에서 타협할 수 있을 것이라고 지레짐작(?)을 한 것이었다. 그러나 세상일이란 원래 의도한 대로만 굴러가는 것이 아니듯이, 일단 시장의 호평을 받으면서, 경쟁자들을 경악시키면서 출범한 이 합병은, 합병계약서의 서명한 잉크가 채 마르기도 전에 격렬한 내부 권력 투쟁의 장으로 변질되고 만다.

맥이 자신이 회사의 서열상으론 2인자이지만 실제로는 회사를 퍼셀과 '공동 경영'하고 있다는 관점을 가진 데 반하여, 퍼셀은 '자신만이 유일한 CEO이자 유일한 보스'라는 입장을 명확히 견지한 탓이었다. 퍼셀은 실상 마키아벨리적인 가치관을 가진 인물이었고, 권력을 다른 사람과 나눌 생각이 추호도 없는 인물이었다. 무엇보다도, 그는 (나중에 원로들의 반란을 야기하는 궁극적 이유인) 구 모건스탠리의 IB 뱅커들의 기업문화를 존중할 의도도 없었다. 그런 걸 너무 의식하면, 경영을 제대로 할 수 없다고 판단한 것이다. 이리 되면, 밑에서 일하는 사람들만 피곤하게 되는 법이다. 퍼셀과 맥은 사사건건 부딪힐 수밖에 없는 구조를 그들 스스로 만들어냈던 것이다. 이런 상태는 기업의 입장에서는 오래 봐 줄 수는 없는 상태다. 누군가는 나가 줘야 하는 상황이 되었다.

퍼셀이 이사회를 속칭 '시카고 사단(Chicagoan Gang·시카고에 자기 집이 있는 퍼셀이, 시카고에 기반을 둔 기업인들을 하나둘씩 모건스탠리딘위터 이사회 멤버로 끌어들인 것을 비꼬아서 부르는 표현)'으로 완전히 탈바꿈시킨 2001년 봄이 되자, 맥은 후임 CEO 승계는커녕 퍼셀에 의해 해고당하는 비운을 맞게 된다. 회사는 대등합병 4년 만에 드디어 퍼셀에 의해 완전히 장악되었고, 옛 모건스탠리 임원 중 퍼셀에 반기를 든 임원들은 모두 정리된다. 두 기업문화는 절대 화합하지 못하였고, 딘위터라는 이름을 완전히 버리고 CI를 다시 모건스탠리로 통합(2001년)한 후에도, 그냥 두 개의 서로 다른 회사가 하나의 CI를 쓰고 있다는 느낌으로 다가올 뿐이었다. 2001년 9월 11일, 9·11테러가 발생한 바로 그즈음이 퍼셀의 '절정기'였다. 모건스탠리도 일부 부서가 월드트레이드센터의 몇 개 층을 임차해서 쓰고 있었는데, 그 테러에서 직원 13명이 희생된다. 이 사건 처리 과정에서 퍼셀이 전국적인 인물로 부상한 것이다. 그러나 그 다음 해인 2002년부터 서서히 퍼셀의 내리막이 시작된다. 그 이야기는 다음 33화에서 이어간다.

"모건스탠리와 딘위터는 둘 다 훌륭한 회사다. 메릴린치는 그 둘이 잘 되기를 바란다(Morgan Stanley and Dean Witter are two fine firms. We Merrill Lynch wish both of them well)"

- 1997년2월 합병 발표 시에, 퍼셀 회장이 "오늘은 (경쟁사인) 메릴린치 주주들에게는 안 좋은 날이다"고 조크를 던진 데 대하여, 당시 메릴린치 대변인이 발표한 답변에서(두 회사가 결코 하나가 될 수 없을 거라는 뉘앙스의 은근한 조소가 담겨 있음) -

2014. 11. 12

33 모건스탠리-딘위터 잔혹사(4) - 왕의 귀환

"뭘 하고 싶다고요? 필(퍼셀)을 회장직에서 날린다고? 바쁜 사람 붙잡고 왜 농담하고 그래요!"

8인 원로그룹 멤버들이 맨해튼 50번가에 있는 월가의 인수·합병(M&A) 전문 부티크 IB인 그린힐앤드컴퍼니(Greenhill & Co.)의 로버트 그린힐(Robert F. Greenhill) 회장(1937년생)의 방을 방문해서 그들의 '계획'을 이야기한 것이 2005년 2월 15일이었다. 월가에서 또 하나의 M&A 대가인 그린힐은 1962년부터 1993년까지 무려 31년간 모건스탠리에 재직하면서 모건스탠리 최정예부대인 M&A부를 실질적으로 이끌었던 전설이었다. 그 공로로 1991년에 회사 2인자인 사장(President)직에 오른다. 그러나 외부 고객들과 대부분의 시간을 보내는 전형적인 딜메이커였던 그린힐은 회사 내부 경영에는 그다지 능력을 보이지 못했다. 그러자 바로 이날 그를 불쑥 찾아온 이 8인 원로그룹 멤버들을 포함한 회사 경영위원회(Management Committee)에 의해 1993년 전격 축출됐다. 그 후 그린힐은 경쟁사인 스미스바니의 최고경영자(CEO)로 3년간 재직했고(1993~1996), 거기서도 실패하자 아예 1996년에 본인 이름을 딴 M&A자문업을 전문으로 하는 IB를 만들어서 회장 겸 CEO로 재직 중이었다. 오직 자문업만 하고, 인수업이나 중개업 등 여타 자본시장 업무를 하지 않았기 때문에 그린힐의 회사는 이해상충 소지도 거의 없었다. 그에 따라 이 신설 회사는 설립 후 놀랄 만큼의 속도로 M&A 자문 시장에서 두각을 나타냈다. 이 사건이 일어나기 1년 전인 2004년에 그린힐은 회사 창립 8년 만에 자기 회사를 뉴욕 증시에 상장시키는 데 성공한다. 2005년 2월 당시에 그린힐앤드컴퍼니의 주가수익비율(PER)이 무려 32배로, 벌지브래킷 IB들 중 당시 PER가 1위였던 골드만삭스의 12배를 압도적으로 능가하고 있었다.

그런데 사실 이 8인 원로그룹 멤버들이 자기를 축출한 장본인이니 그린힐 입장에서는 별로 친하게 지낼 일도 없었다. 그럼에도 이들을 만난 이유는 그린힐도 누구보다 모건스탠리의 기업 문화를 깊이 이해하는 인물이었기 때문이다. 본인이 사장까지 지냈고, 그 기업 문화를 만들어서 성장시킨 사람 중 하나였기에 퍼셀에 의해 옛 모건스탠리의 기업 문화가 붕괴돼가고, 뛰어난 인재들이 회사를 속속 떠나고 있다는 이야기를 듣고 그도 기분이 좋을 일은 없었다. 8인 멤버의 이야기를 처음 들었을 때는 그린힐도 위 대화와 같이 냉소적 반응을 보였다고 전해진다. 그러나 8인 멤버들의 진심 어린 집요한 설득으로 M&A 대가인 그로서도 지금까지 본 적도 없고 들은 적도 없는 '다른 상장회사의 CEO를 축출하는 자문'을 수임하게 된 것이다. 그린힐은 자기 부하 직원들 중 최정예부대로 자문팀을 구성했고, 딜의 성격상 나중에 성공하더라도 흔히 말하는 '성공수수료'를 뭘 갖고 계산해야 할지가 난감했던 관계로 착수금을 좀 많이 받고 성공수수료는 약소하게 받는 식으로 수수료 체계를 배려했다.

대가인 그린힐의 자문으로 8인 원로그룹의 '계획'은 비로소 탄력을 받게 되었다. 그린힐의 추천으로 그들은 기업 PR 전문회사인 아델만(Adelman)에게 미디어 공격의 계획을 짜도록 멘데이트를 주었고, 만일의 사태에 대비해 로펌까지 채용하는 치밀함을 보였다. 이들이 사실 개인적으로 최소 수천만 달러의 부를 가진 부유한 은퇴 금융인들이었기에 가능했던 일일 수도 있다(아델만사를 채용하는 데만 8인이 각기 25만달러, 우리 돈으로 2억7000만원 이상씩을 지출했다고 한다).

3월 3일에 퍼셀 회장을 비롯한 모건스탠리 이사회 멤버들에게 보낸 1차 편지가 철저히 무시당한 데 이어 3월 28일 월요일에 단행된 옛 모건스탠리 IB사업 부문 고위 임원들에 대한 이유 없는 연쇄적인 경질

소식이 들려오자 드디어 8인 원로그룹은 언론에 편지를 공개하고 전면적인 언론 플레이를 시작한다. 이 희한한 공격은 8인 원로들이 당초 예상했던 것을 뛰어넘는 폭발적인 언론의 관심을 받았고, 퍼셀은 순식간에 수세로 몰리기 시작했다. 언론을 통한 대대적인 시위에 이어 8인 원로그룹은 그린힐의 도움으로 모건스탠리 주식을 많이 보유하고 있는 대형 기관투자가들을 방문하기 시작한다. 직접 만나서 퍼셀이 물러나야 하는 이유를 설명하겠다는 일종의 '역(逆)IR 이벤트'를 벌인 것이다. 모건스탠리와의 관계를 의식해서 미팅을 거절하는 곳들도 몇 군데 있기는 했지만, 전반적으로 이들 대형 투자가는 현안을 파악한다는 측면에서 원로들을 만나줬다. 이는 퍼셀로서는 여간 신경이 쓰이는 일이 아니었다. 아직까지 그를 지지하는 인물들로 채워져 있는 이사회는 퍼셀의 편이었지만, 오비이락식으로 그 후 2005년 4월 한 달 안에 일어난 3건의 사건이 결정적으로 사태의 추이를 반전시키는 기폭제로 작용하게 된다. 당초 다윗과 골리앗의 싸움이라고 보여졌던 '퍼셀 제거 작전'이 갑자기 실현 가능한 영역으로 들어와 버리게 된 세 가지 사건은 다음과 같다.

먼저, 4월 초 월가의 가장 집요한 기업사냥꾼 중 하나인 로널드 페럴먼(Ronald Perelman)이 모건스탠리를 투자가 오도 혐의로 고소한 선빔(Sunbeam) 사건에서 배심원단이 페럴먼 손을 들어주는 일이 일어난다. 페럴먼이 몇 년 전에 선빔이라는 회사를 인수하면서 모건스탠리의 자문 및 인수금융을 받았는데, 그 딜이 끝나자마자 선빔이 파산보호신청을 하는 어처구니없는 일이 일어났다. 페럴먼은 모건스탠리의 자문팀이 선빔의 실적 악화 가능성을 충분히 예상했음에도 불구하고 본인 자문에 적절하게 응하지 않아서 이런 일이 일어났다고 손해배상을 청구한 것이다. 처음에는 기업사냥꾼의 억지라고 보여졌던 이 소송에서 모건스탠리 측은 각종 사소한 이유를 들면서 전체적인 소송을 지연시키는 전략을 썼는데, 이것이 오히려 판사의 심기를 건드려서 역효과가 발생한 경우였다. 페럴먼이 당초 요구한 손해배상액인 5억달러의 거의 3배에 달하는 14억5000만달러라는 엄청난 금액의 배상 판결을 받게 된 것이다. 이 금액은 당시 모건스탠리의 연간 순이익의 3분의 1에 해당하는 액수였다. 이 어처구니없는 결과에 투자가들이 분노를 표출하게 되고, 이 판결은 몇 년 후에 상급심 판결에서 뒤집어지기는 하지만 당시에는 퍼셀을 궁지에 몰아넣기에 충분한 케이스였다.

다음, 4월 중순에 열린 전미기관투자가협회(Council of Institutional Investors of America) 연차회의에서 일부 명망 있는 연기금의 CIO들이 8인 원로들이 제기한 이슈들에 대해 모건스탠리에 공식적으로 답변을 요구하는 일이 일어난다. 이 협회는 미국 내 140여 개 대형 연기금이 참여하는데, 당시 그들의 총 운용자산 합계가 무려 3조달러에 달하는, 가공할 압력단체였다. 790억달러를 운용하는 뉴저지주연기금(NJSIC), 1820억달러를 운용하는 캘리포니아공무원연금(CALPERS) 등은 전미기관투자가협회 대표단과 모건스탠리 경영진과의 미팅을 빨리 갖자는 제안까지 내놓았다. 이는 원래 수동적 성격의 기관투자가들로서는 이례적인 반응이었다. 여기에 대해 모건스탠리 측은 조만간 있을 1분기 실적 발표를 위한 블랙아웃(Black Out) 기간을 들어서 미팅을 거절하게 되는데, 이 조치는 규정상으로는 맞는 이야기였지만 상당히 어리석은 거절이었다. 이날 이후 주요 기관투자가들의 분위기조차 냉랭하게 굳어져버린 것이다. 사실 1999년 5월 3일(투자은행들 중 마지막으로 골드만삭스가 상장을 한 시점)부터 2005년 3월 29일(8인 원로들의 편지가 월스트리트저널에 나타나기 하루 전날)까지 약 70개월의 주가 흐름을 보면 모건스탠리가 이 기간 겨우 9% 상승한 데 반해 골드만삭스는 54%, 메릴린치는 38%, 리먼브러더스는 250%, 베어스턴스는 128% 상승한 상태였다. 원로들의 편지가 공개되기 이전에도 속성상 장기투자가인 연기금들은 이런 모건스탠리 주가 저조에 큰 우려를 표명하고 있던 것이다.

마지막 결정타는, 내부 여론의 향배를 쥐고 있다고 판단됐던, 3월 28일 이후에도 남아 있던 2명의 최고위 IB 임원인 조 페렐라(Joe Perella)와 테리 메귀드(Terry Meguid)가 4월 말 사표를 던져버린 것이다.

이 두 명은 내부 지명도 외에도 월가의 당대 최고 IB 딜메이커들이었고, 모건스탠리 전체 실적의 상당 부분을 책임져야 할 인물들이었다. 이들의 사퇴는 사기를 먹고사는 IB 부문의 구심점이 붕괴됐다는 의미였다. 이 둘의 사퇴를 계기로 그 후 한 달 사이에 무려 50여 명의 임직원이 사표를 내고 모건스탠리를 이탈하게 된다. 이는 여론을 악화시키기에 충분한 일이었다.

처음 원로들의 공격이 시작된 지 두 달이 지난 5월 드디어 퍼셀의 충실한 후견인 노릇을 하던 이사회가 돌아서고 만다. 그들은 일단 CEO를 제거하기 위한 특별의결정족수 조항을 보통의결정족수로 바꾸는 정관 변경 이사회 안건을 퍼셀의 동의 없이 통과시켜버린다. 이쯤 되면 드디어 퍼셀도 손을 들 수밖에 없었다. 그다음부터 몇 주간은 퍼셀의 퇴직금 산정, 즉 '엑시트 패키지(exit package)' 협상이 이사회와 퍼셀 간에 치열하게 수면 아래서 전개되었고, 한편 이사회는 후임 CEO 물색에 돌입했다. 퍼셀은 후임 CEO 인선에 개입하려고 시도했으나 이 또한 이미 사태가 기울었음을 알아차린 일부 사외이사들의 반대로 그마저 무산된다. 결국 그해 6월 15일 퍼셀은 1억1300만달러(약 1230억원)라는 천문학적인 엑시트 패키지를 받고 자발적으로 사임한다.

후임자로 월가의 내로라하는 명망가 여러 명이 거명되었으나 이미 결론은 나와 있었다. 모건스탠리의 기업 문화를 되살리고, 사분오열된 조직을 다시 정비해 모건스탠리를 중흥시킬 준비된 인물은 한 명밖에 없었다. 2001년 퍼셀에 의해 축출된 이후 경쟁사였던 크레디트스위스(CS)를 4년간 경영하면서 턴어라운드시킨 존 맥, 바로 그가 답이었다. 왕의 귀환이었다. 2005년 7월 1일 맥이 모건스탠리 회장 겸 CEO로 취임한다. 8인 원로들이 승리한 날이기도 했다. 다윗이 골리앗을 이겼다.

승리는 했지만 이 승리가 과연 모건스탠리를 진정으로 구한 것이었을까? 보는 관점에 따라 답이 다르다. 왕의 귀환 이후에 모건스탠리가 어떻게 굴러갔느냐는 2008년 금융위기와 연결된 주제로, 이는 다시 뒤에 다룰 예정이다.

2014. 11. 19

34 퍼스트보스턴 스토리(1) - "글로벌이라고?"

금융사들이 몇 년 전부터 너나 할 것 없이 단골로 외치는 말이 '글로벌'이다. 필자는 이 말이 의미하는 바가 솔직히 뭔지 잘 모르겠다. 문맥적으로 '글로벌(Global)'이란 말의 의미는 '인터내셔널(International)'이란 말과도 다르고, '트랜스내셔널(Transnational)'이라는 말과도 다르며, '오프쇼어(Offshore)'라는 말과도 물론 다르다. '국제(國際)' 금융을 하겠다는 것인지, '국외(國外)' 금융을 하겠다는 것인지, 이것도 저것도 아니면 '국내(國內) 금융의 국외 확장'을 하겠다는 것인지? 각자가 외치는 글로벌의 의미가 다 다른 것 같다.

필자가 감히 어느 것이 옳다고 말할 수 있는 위치는 당연히 아니다. 다만, 국내 각 금융사에서 소위 '글로벌'을 꿈꾸고 있는 분들에게 한 가지 시사점을 드리고자 오늘 34화부터 3회에 걸쳐 '러브스토리' 하나를 들려드릴까 한다. 미국의 한 IB에 대한 어떤 스위스 은행의 장장 30년에 걸친 절절한 구애(求愛) 스토리다(그러니까 제조업도 아니고 금융업에서 '글로벌'을 하려면 장장 30년은 걸릴 걸 각오하고 시작해야 할 것이란 의미일 수도 있겠다).

이야기는 1932년으로 거슬러 올라간다. 1929년 대공황 이후 아직 글래스스티걸법(1933년 제정)이 정식으로 발효되기도 전이지만 상업은행들이 속속 투자은행(증권) 사업부문을 분사하기 시작했다.

보스턴의 대형 시중은행이던 퍼스트내셔널뱅크오브보스턴(First National Bank of Boston)도 어쩔 수 없이 투자은행 부문을 독립시켜 월가에 본사를 둔 퍼스트보스턴 코퍼레이션(First Boston Corporation)을 만들었다. 처음에는 지분관계가 있었으나 글래스스티걸법이 발효된 이후에는 강제로 그 지분관계를 정리해야 하게 된 바, 1934년 이후로 둘은 완전히 남남으로 다른 길을 가게 된다.

퍼스트보스턴은 돛단배로 상징되는 하늘색 로고로 유명했고, 처지가 비슷하게 상업은행에서 분리되어 나온 2개 투자은행 경쟁사와 합병해 초기부터 덩치를 키워 나간다. 오늘날 JP모건체이스그룹의 먼 조상 중 하나인 체이스내셔널은행(Chase National Bank)에서 갈라져 나온 체이스해리스포브스(Chase Harris Forbes)와 1934년에, 멜론은행(Mellon Bank)에서 갈라져 나온 멜론시큐리티스코퍼레이션(Mellon Securities Corporation)과 1946년에 각각 합병했던 것이다.

2차 대전 종전 후 1940년대와 50년대에 걸쳐서 퍼스트보스턴은 채권 분야에서 기념비적인(monumental) 딜을 여러 건 하게 되는데, 예를 들어 오늘날 '월드뱅크'라고 불리는 국제부흥개발은행(IBRD)의 최초 달러화표시채권('Supranational Bond'라고 지칭된다)과 캐나다 국영 수력발전 회사인 하이드로퀘벡(Hydro-Quebec)의 최초 달러화표시채권('Quasi-sovereign Bond'라고 지칭된다) 등을 발행했다. 주식 분야에서는 1948년 당시까지 역사상 가장 큰 IPO 딜이었던 걸프오일(Gulf Oil Corporation·오늘날 셰브론 전신)의 뉴욕 증시 상장 대표주관사 업무를 맡았다. 특히 퍼스트보스턴은 '글로벌' 쪽으로도 일찍 눈을 돌려서 1959년 일본 정부가 전후 미국에서 최초로 발행한 달러화표시 국채의 대표 주관사를 맡아서 1936년 이후 23년 만에 일본을 다시 국제 자본시장으로 이끌어 낸 공로를 세우기도 하였다.

1970년께가 되자 퍼스트보스턴은 모건스탠리(Morgan Stanley), 딜론리드(Dillon Read), 쿤롭(Kuhn Loeb)과 함께 확고한 벌지브래킷 4강 체제를 형성하면서 월가의 선도적 IB 역할을 해내고 있었다. 1970년에는 모든 월가 IB들 중에 연간 주식 인수 물량이 최초로 100억달러(오늘날 화폐 가치로 618억달러 상당)를 돌파한다. 그리고 1971년에는 스스로 뉴욕 증시에 상장된다. 이 상장으로 들어온 새로운 자금을 가지고 공격적으로 세일즈, 트레이딩, 리서치 분야를 키워나가기 시작한다. 이 상장을 통해 퍼스트보스턴도 설립 후 약 40년에 걸친 순수 IB 생활을 벗어나 이때부터 '종합증권사'의 길로 들어서게 되었다고 하면 대충 이해가 될 것이다.

1970년대부터 월가 투자은행들이 외국 진출을 본격화한다. 물론 이미 설명한 적 있는 모건스탠리와 JP모건 두 회사가 그 흐름을 선도한다. 1970년대까지만 해도 이 두 회사 직원이 된다는 것은, 마치 미국 국무부의 직업 외교관이 되는 것과 비슷한 일로 아이비리그 대학 졸업생들에게 받아들여졌다는 이야기도 있다.

퍼스트보스턴도 위 두 모건 가문 회사들(The House of Morgan)에 이어 외국 진출을 시도했고, 물론 첫 번째 진출 거점은 유럽 자본시장의 대명사인 런던이었다. 이때 아주 우연한 기회에 퍼스트보스턴으로서는 거부할 수 없는 매력적인 제안이 들어온다. 바로 당시 스위스 3대 대형 은행 중 하나였던 크레디스위스(Credit Suisse)은행의 '유럽 내 합작법인(Joint Venture)' 제안이었다.

스위스 3대 은행으로 알려졌던 UBS(Union Bank of Switzerland), SBC(Swiss Banking Corporation), 그리고 크레디스위스는 이미 1960년대부터 스위스라는 국경을 넘어 소위 '새로운 먹거리'를 찾아서 '글로벌'을 도모하기 시작했고, 이들은 앞서거니 뒤서거니 하며 우선 런던으로 진출한다.

그런데 그중 유독 좀 더 공격적이었던 크레디스위스는 1970년부터 미국의 완전히 귀족주의적인 소형 투자은행이었던 화이트웰드(White Weld & Co)와 50대50 합작으로 런던에 크레디스위스화이트웰드(Credit Suisse White Weld)라는 증권사를 운영해 오고 있었다. 이 긴 이름의 합작사는 1970년대 당시 엄청난 시장으로 성장하고 있던 유로본드(Eurobond) 시장의 강자로 부상했다.

그런데 이 합작의 미국 쪽 파트너인 화이트웰드가 1978년에 당시 미국 최대 증권사인 메릴린치(Merrill Lynch)에 인수당하는 일이 벌어진다. 그 때문에 기존 합작이 청산되는데, 미국 월가의 IB와 합작을 하면서 짭짤한 재미를 본 크레디스위스는 즉각 새로운 합작사를 찾아 나섰고 그때 이들 레이더에 걸린 것이 런던에 본격 진출하려고 준비 중이던 퍼스트보스턴이었던 것이다.

1978년 IB 역사의 전설적 이름 중 하나로 남게 되는, 바로 그 크레디스위스퍼스트보스턴(CSFB)이 탄생하게 된 것이다. 이 회사는 50대50 합작법인이었는데, 처음에는 런던과 기타 유럽 시장만을 타깃으로 하고 있었고, 이에 따라 월가에 여전히 자리 잡고 있던 미국 퍼스트보스턴 본사와는 경영진을 완전히 다르게 구성하였다. 둘 사이에 대서양이 가로막고 있었던 관계로 서로 별다른 이해 상충도 없었으며, 점점 더 둘이 서로 다른 회사처럼 놀기 시작한다. 월가 질풍노도의 시대인 1980년대로 넘어와서 이 둘이 어떻게 변화되어 가는지는 다음 35화에서 살펴보자.

2014. 11. 26

35 퍼스트보스턴 스토리(2) - 굿(Gut)의 원대한 꿈과 지난(至難)한 통합작업

1980년대 취리히의 크레디스위스은행은 매우 뛰어난 리더를 맞게 되는데, 그가 오늘날 '2차대전 이후 가장 위대한 스위스 뱅커'로 불리는 라이너 굿(Rainer Gut)이다. 문자 그대로 '좋다(Good)'는 뜻의 독일어인 'Gut'이란 성을 가진 라이너 굿은 1932년생으로, 스위스에서 대학을 졸업한 후 특이하게도 첫 직장을 다국적 거대 광산회사인 리오틴토(Rio Tinto) 파리 지사에 얻었다. 몇 년 후 우연한 기회에 리오틴토와 거래하던 런던의 투자은행 로스차일드(Rothschild)에서 일하게 되었고, 거기서 실력을 발휘하자 다시 대서양을 건너 뉴욕의 유대계 투자은행인 라자드(Lazard)에 스카우트되어 이번엔 월가 투자은행 임원(Partner)으로 일하게 되었다. 그러다가 1971년 크레디스위스은행이 미국에 만든 투자은행 현지법인인 스위스아메리칸코퍼레이션(SAC)의 사장으로 영입되어 나이 마흔 즈음에 처음으로 자기 나라인 스위스 국적의 금융기관에서 일하게 된, 좀 특이한 경력의 소유자였다.

우리나라에도 특히 1997년 통화위기 및 IMF(국제통화기금) 구제금융의 치욕 이후 외국계 금융회사에 다니던 한국인 뱅커들을 국내 금융기관이 '선진 금융기법'을 배운다는 명분으로 차례로 영입했던 일이 있었다. 그러나 그렇게 옮겨온 인물들이 국내 금융기관에서 성공한 사람을 필자는 많이 보지 못했다. 극소수의 예외를 제외하곤. 왜 실패한 사람들이 많았을까? 답은 (이제 세월이 좀 흐른 후에 생각해보면) 의외로 간단하다. 그들은 '선진 금융기법'을 알고 있었던 것이 아니라 글로벌 금융기관의 이미 완성되어 있는 '시스템' 안에 들어가 있었을 뿐이었다. 공장에서 물건을 생산하는 노동자가, 공장이 어떻게 설계되었는지에 대해 노아이디어(No Idea)인 것과 마찬가지 이치이다. (공장 노동자를 데려다가, 그가 다니던 공장을 똑같이 만들라고 한다면 아마 대부분 만들 수 없을 것이다) 그런 면에서 이 라이너 굿은 매우 예외적으로 특출한 인물이었다. 그는 고루할 정도로 보수적인(그러나 돈은 어마어마하게 많은) 크레디스위스은행의 본사 경영진을 설득하여 글로벌 투자은행의 세계로 나오게 할 만큼의 누구도 반박할 수 없는 경험과 언변과 논리를 가진 인물이었던 것이다. 그는 카리스마적이었고, 남자답게 잘 생겼으며, 독어 불어 영어 이탈리아어 등 4개 언어를 구사했으며, 코스모폴리턴적인 사상의 소유자였다. 어떤 금융기관이 진정 '글로벌'로 나아가기 위해선, 이 라이너 굿 같은 유형의 인물이 필요하다고 후세 사람들이 평가한다.

굿의 첫 번째 공헌은 물론 미국 현지법인 사장으로 근무하면서 알게 된 퍼스트보스턴 고위 임원인 윌리엄 매이어(William E. Mayer; 나중에 퍼스트보스턴의 CEO 및 회장이 된다)와의 친분을 바탕으로, 화이트웰드가 1978년 크레디스위스와의 런던 조인트벤처를 청산할 때 그 자리에 퍼스트보스턴을 영입한 공로이다. '크레디스위스퍼스트보스턴(CSFB)'이란 긴 이름을 갖게 된 이 런던 조인트벤처는 크레디스위스 측이 46%, 퍼스트보스턴 측이 31%, 그리고 나머지 23%는 이 회사의 약 50명의 파트너들이 가진 합작사였다. 이 합작사 설립과 더불어 크레디스위스는 뉴욕증시 상장사였던 미국 퍼스트보스턴 지분 25%를 취득하여 최대주주로 올라선다. 물론 경영에는 당분간은 관여하지 않고 미국인들에게 경영을 맡기지만 말이다. 이는 당시까지 글로벌 자본시장에 존재했던 가장 큰 규모의 미국계와 유럽계 간의 '크로스 애틀랜틱(Cross-Atlantic) 합작'으로 기억되고 있다. 이 합작으로 인해 굿이 사장으로 있던 미국의 현지법인 SAC는 문을 닿게 된다. 그러나 굿은 퍼스트보스턴과의 어려운 합작을 이끌어 낸 공로로 개인적으로는 오히려 영전하여 1982년 크레디스위스 취리히 본사의 은행장(President)으로 등극한다. 4년 후인 1986년에는 그룹 회장(Group Chairman) 겸 CEO가 되는 것이다. 그는 이 자리를 2000년까지 무려 14년간 지킨다.

두 번째 공로는 본사 은행장으로 재직하면서 아주 적절한 인물을 런던 크레디스위스퍼스트보스턴(CSFB)의 CEO로 영입한 것이다. 사실 이 런던 조인트벤처에는 유로본드(Eurobond) 마켓의 전설적인 인물들 다수가 자기 지분을 가지고 마치 지방 영주(?)들 같이 군림하였고 실적은 꾸준히 내고 있었지만 그 실적의 상당 부분이 이들 지분이 있는 고위 임원들 호주머니로 들어가는 식이었다. 소위 말하는 회사의 기강(Morale)이 잡혀 있지 않은 문제점을 노출했다(즉 취리히의 크레디스위스 본사와 뉴욕의 퍼스트보스턴 본사가 이 글로벌 자본시장의 헤비급 '선수'들이 대거 포진한, 런던 조인트벤처를 통제하지 못했었던 것이다). 그러던 중 1983년 기존의 CSFB 경영진을 대거 축출하고, 닉슨 행정부에서 미국 재무부 국제금융 담당 차관보를 지낸 미국인 존 헤네시(John Hennessey; 1936년생)라는 인물을 이 런던 조인트벤처의 CEO로 전격 발탁했다(물론 형식은 당시까지 독자적으로 운용되던 퍼스트보스턴의 CEO인 윌리엄 매이어가 추천하는 형식이었다). 헤네시는 전직 고위관료답게, 능숙하게 사내정치(?)를 진행하여 자신을 발탁해 준 취리히의 굿을 실망시키지 않는다(헤네시는 CSFB의 CEO, 회장, 상임고문 등을 차례로 맡으며 2001년경까지 활동하다가 은퇴한다).

세 번째 공로는, 물론 미국 퍼스트보스턴을 완전히 인수하여 CSFB와 통합시킨 일이었다. 이 사건은 우연한 기회에 찾아왔다. 나중에 다시 언급되겠지만, 런던의 CSFB가 본 궤도에 오른 후 뉴욕의 퍼스트보스턴 및 취리히의 크레디스위스은행 CIB사업부문과 셋이 서로 경쟁하는 웃지 못할 일들이 일어나게 된다. 이는 기본적으로 두 가지 이유 때문이었다. 원래 CSFB는 런던 및 유럽, 퍼스트보스턴은 뉴욕 및 아메리카대륙을 커버한다는 기본 커버리지 신사협정이 존재했다. 그런데 80년대 들어와 당시 무섭게 글로벌 자본시장에 치고 들어온 일본 및 아시아를 누가 커버할 것인가에 대한 영역싸움이 일어난 것이다. 물론 결론이 안 나서 이 두 회사가 각각 독자적으로 일본과 아시아를 커버하게 된 것이다. 그리 되니 이 신흥지역에서는 두 회사가 치열하게 경쟁하게 되는, 웃지 못할 해프닝이 벌어진다.

또 한 가지 사유는 주력상품 문제였다. CSFB는 주로 채권인수, 퍼스트보스턴은 M&A자문과 주식인수를 주요 IB프로덕트로 삼고 있었는데, CSFB가 80년대 들어와서는 채권 말고도 주식사업부문도 경쟁적으로 키우게 되면서 일이 꼬여 버린다. 즉 주식인수 쪽도 두 회사가 각각 상대방 지역에서 경쟁사로 등장하는 촌극이 벌어진 것이다. 여기까지는 주로 두 회사의 '미국인들끼리'의 싸움이었는데, 갑자기 크레디스위스은행 취리히 본사에 CIB(Corporate and Investment Banking)사업부문이 만들어지면서 이 스위스인들까지 LBO파이낸싱 같은 영역에서는 런던의 CSFB와 뉴욕의 퍼스트보스턴과 삼자가 치열하게 경쟁하게 되고 만 것이다. 이런 혼란스러운 상황("Who is competing with whom?")은 라이너 굿과 크레디스위스그룹 본사 경영진이 볼 때는 좌시할 수 없는 상황이었다. 결국 1988년 크레디스위스는 퍼스트보스턴과 인연을 맺게 된 지 정확히 10년이 경과한 시점에 미국 퍼스트보스턴사의 지분 44%를 추가로 전격 인수하고, 기존 25%에 더하여 69%로 절대 주주가 된다. 이어 공개매수를 통해 회사를 뉴욕증시에서 아예 상장폐지시키면서 크레디스위스그룹의 완전 자회사로 편입시키게 된다. 이 딜과 동시에, 물론 퍼스트보스턴이 런던 CSFB에 가지고 있던 조인트벤처 지분 31%도 모두 크레디스위스로 넘어가게 된다.

역사상 월가의 벌지브래킷 투자은행이 외국계 금융기관의 손에 넘어간 최초의 케이스였다. 글로벌 자본시장의 금기(禁忌)가 하나 깨진 경우였다.("투자은행은 유대인과 앵글로색슨인의 비즈니스다"라는 명제가 이때 무너짐) 이 인수자금과 공개매수 자금으로도 당시로선 어마어마한 돈을 쏟아 부었는데, 여기에 더하여 1989년에 그 유명한 '불타는 침대(Burning Bed)'라는 대형 금융사고가 난다. 실리(Sealy)침대로 유명한 오하이오매트리스(Ohio Mattress)라는 회사를 사모펀드인 기본스 그린 밴 애머롱겐(Gibbons, Green, van Amerongen)이 PER(주가수익비율) 20배라는 과도한 거품 가격으로 LBO하면서 4억8700만달러의 대출과 4억7500만달러의 정크본드 채권을 발행하였는데, 이 펀딩의 대표주관을 퍼스트보스턴이 단독으로 했던 것이다. 그런데 마침 이 IB명장면 칼럼시리즈 23화 마이클 밀켄 편에서 설명한 바 있는 드렉셀 사건으로 인해, 이 해 미국 정크본드 시장이 붕괴된다. 이 사모펀드는 인수금융 이자를 갚을 돈이 없어서 부도를 내고 만다. 이 사건으로 퍼스트보스턴은 당시 자신들 자본금의 절반을 잠식당하면서 회사 전체가 휘청거리게 되는데, 이 때 취리히의 라이너 굿이 다시 구원군으로 등장해 퍼스트보스턴에 7억2500만달러라는 대규모 증자를 단행해 회사를 살리게 된다. 1989년도 이 금액은 2014년도 화폐가치로는 14억달러가 넘는 금액이다.

1996년, 라이너 굿이 처음 퍼스트보스턴을 끌어들인 시점으로부터 어언 18년, 그가 크레디스위스그룹의 회장 겸 CEO직에 오른 시점으로부터 10년, '불타는 침대' 사건으로 퍼스트보스턴의 독자노선이 끝난 시점으로부터 7년이 지난 시점에, 비로소 크레디스위스그룹 산하의 모든 투자은행 오퍼레이션이 하나로 뭉치게 된다. 이 해에, 런던 CSFB에 아직 지분이 남아 있던 파트너들의 지분 23% 전량을 크레디스위스가 인수하면서, 역시 CSFB도 퍼스트보스턴처럼 취히리에 있는 크레디스위스그룹의 완전 자회사로 편입되게 되는 것이다. 이 모든 투자은행 오퍼레이션의 통합 후 이름도 물론 CSFB이다. 한때 월가 최대 투자은행이었던 퍼스트보스턴(FB)이란 두 글자를 완전히 버릴 수는 없었던 것이다. 그런데 이 통합 CSFB의 새로운 CEO는 스위스인도 아니고 영국인도 아닌, 미국인 앨런 휘트(Allen Wheat; 1950년생)였다. 투자은행을 국적을 불문하고 철저히 글로벌금융 전문가의 손에 맡긴 것이다.

크레디스위스의 라이너 굿이 70년대 말부터 90년대 중반 사이에 했던 일련의 작업들을, 과연 한국의 금융회사 CEO들은 2014년 이 시점에서 시도할 수 있을까? 금융의 미래에 대한 비전(Vision)의 측면뿐만 아니라 그렇게 긴 시간 동안 인내심을 가지고 서서히 월가의 거대 투자은행과 런던의 합작법인을 통합시키는 과정을 보고 있자면 실로 경탄스럽다. 라이너 굿의 후계자들인 루카스 뮐레만(Lukas Muehlemann; 1950년생), 오스발트 그뤼벨(Oswald Gruebel; 1943년생), 그리고 브래디 듀건(Brady Dugan; 1959년생)이 2000년 이후 진행한 후속 작업들에 대해서는 다음 36화에서 살펴보자.

2014. 12. 3

36 퍼스트보스턴 스토리(3) - 미국인이 경영하는 스위스은행그룹

1997년, 이제 명실공히 완전 통합된 CSFB(뉴욕의 퍼스트보스턴+런던의 CSFB+취리히 크레디스위스의 CIB사업 부문)를 최초로 이끌게 된 인물은 미국인 앨런 휘트(Allen Wheat)였다. 이와 함께, 그룹 회장 겸 최고경영자(CEO)직을 유지하던 라이너 굿은 이사회 회장으로만 남고, 그룹 CEO 겸 스위스의 크레디스위스 은행장 역할은 루카스 뮐레만(Lukas Muehlemann)에게 넘긴다. 이 두 사람은 공교롭게도 1950년생 동갑이었는데, 나이가 동갑이라는 것 말고는 도저히 유사점을 발견할 수 없을 만큼 완전히 다른 세계를 살던 사람들이다.

휘트는 파생상품의 대가였다. 뱅커스트러스트 출신인 휘트는 1980년대 뱅커스트러스트(1998년에 도이체방크에 인수되어 사라짐)의 파생상품 데스크를 만들고 세계적인 플랫폼으로 키운 인물이었다. 뱅커스트러스트가 런던에 만든 해외사업부문 중간지주회사인 뱅커스트러스트 인터내셔널의 CEO를 하던 중, 1990년 핵심 부하직원 20여 명을 이끌고 단체로 크레디스위스로 넘어왔다. 이 정도 고위급 임원이 회사를 혼자서도 아니고 단체로 옮기는 일은 요즘도 금융계에 흔한 일은 아니지만 그 당시로는 충격적인 사건이었다. 휘트가 이런 이동을 한 것은, 당시 런던 CSFB의 부회장이자 유로본드 채권시장 창설자 중 한 명이었던 한스-요르그 러들로프(Hans-Joerg Rudloff·1940년생. 1962년부터 2014년까지 무려 52년 동안 IB뱅커 생활을 한 살아 있는 전설이며, 2014년 2월에 바클레이스 IB사업부문 회장직을 마지막으로 최종 은퇴함)의 설득 때문이었다. 채권의 대가인 러들로프는 CSFB가 세계에서 가장 신용도가 높은 은행 중 하나인 크레디스위스의 백업을 받으면 세계 최강의 파생 플랫폼이 될 수 있다고 굳게 믿고 당대의 파생 대가를 영입한 것이다.

휘트는 기존 CSFB(런던)와는 별도의 파생상품 세일즈&트레이딩 자회사인 CSFP(Credit Suisse Financial Products)를 만들어서 사장으로 취임했으며, 이 회사를 통해 1990~1996년 사이에 매년 평균 4억달러의 순익을 크레디스위스그룹에 안겨주었다. 몇 명 되지도 않는 파생상품 전문가들을 데리고 말이다. 이 휘트의 '돈 버는 재주'를 크레디스위스가 높이 평가한 면도 물론 있으나 1997년 당시의 내부 분위기상, 휘트에게 통합 CSFB의 CEO직을 주지 않으면, 또다시 파생 전문가 대부대를 이끌고 경쟁사로 가버리지 않을까 하는 두려움이 크게 작용하였던 것이다.

휘트를 CSFB의 사령탑으로 임명하면서 동시에, 세계 3대 재보험사 중 하나인 스위스리(Swiss Re)의 CEO를 역임하던 뮐레만을 영입해 그룹 CEO 겸 은행장을 맡긴 것이다. 진보와 보수의 조화(?)를 시도했다고나 할까, 여하튼 상당히 재미있는 경영진 면면이었다. 그런데 이 '진보-보수 조합'은 금방 문제점을 드러내기 시작했다. 일단 휘트는 돈 버는 재주가 출중한 반면, 관리자로서의 자질은 한참 못 미쳤다. 통합 CSFB의 사령탑이 된 후에도, 자기의 친위부대 격인 옛 CSFP(통합된 후의 CSFB 파생상품그룹)만 싸고 돌면서 쉽게 돈 벌 생각에 주력했고, 자기가 잘 모르는 기업금융 분야는 방치하다시피 했다. 이러다 보니 통합 전 뉴욕 퍼스트보스턴의 기라성 같은 IB 대가들이 하나둘 회사를 떠나게 된다. 은행원도 아니고 보험맨 출신인 취리히의 뮐레만은, 휘트를 효과적으로 컨트롤할 수 있는 방법을 알지 못했다.

이런 약간의 방치 분위기 속에서, CSFB 역사상 (논란의 소지가 있는) 최대의 딜메이커가 혜성처럼 출현하였으니, 그가 바로 기술IB금융(Technology Investment Banking)의 대명사인 프랭크 쿼트론(Frank

Quattrone·1955년생)이다. 쿼트론 이야기는 IB 명장면이 심도 있게 따로 다룰 주제이므로, 여기서는 그의 활약상을 생략하기로 한다. 다만, 그가 1990년대 넷스케이프, 시스코, 아마존 등 당대의 실리콘밸리 기업들의 IPO를 거의 싹쓸이하다시피 하면서 CSFB에 1980년대 마이클 밀켄이 드렉셀에 벌어다 준 수익을 능가하는 수익을 안겨주었다는 것만 기억하자. 심지어 쿼트론은 1999년도 개인 소득이 무려 1억2000만달러, 한화로 1300억원에 달하는 기록을 세운다. 그러나 80년대의 밀컨이 그러하였듯이, 2000년대 초의 쿼트론이 너무나 돈을 잘 버는 것을 의심한 미국 연방 감독당국이 들여다보기 시작하자, 그가 행한 기술주 IPO들에서 몇 가지 문제점들이 포착되었다. 가격 산정이나 물량 배정 등에 투자자 오도 혐의가 있다는 의심이었는데, 감독당국이 조사를 시작하자 쿼트론이 관련 서류의 파기를 지시한 사실이 드러난다. 급기야는 사법방해 혐의(미국에서는 이 죄가 투자자 오도보다도 더 큰 죄다)로 연방검찰에 의해 쿼트론이 기소를 당한다.(쿼트론은 나중에 1심에서 18개월 징역형을 선고받지만 항소를 했고, 2006년에 나온 최종 판결에서 무죄 방면된다) 이쯤 되면, 취리히의 뭘레만도 할 수 있는 것이 아무것도 없었다, 휘트를 해고하는 것 말고는.

2001년에 휘트를 해고하고 CSFB의 CEO로 크레디스위스가 영입한 인물은 놀랍게도 그해 초에 모건스탠리 2인자 자리인 사장 겸 COO(최고운용책임자)로 있다가 권력투쟁에서 밀려난 존 맥(John Mack)이었다. 당시 뉴욕타임스는, 이 영입은 마치 메이저리그 보스턴 레드삭스가 월드시리즈에서 우승하기 위해 필생의 라이벌 뉴욕 양키스에서 조지 스타인브레너(George Steinbrenner) 구단주를 영입하는 것과 마찬가지의 일대 사건이라고 코멘트했을 정도였다. 모건스탠리 시절 붙여진 '칼잡이 맥(Mack the Knife)'이라는 별명답게, 칼처럼 비용절감과 상시적 구조조정을 단행한 경력이 있던 맥의 과단성과 카리스마가 CSFB의 실질적 통합작업에 도움이 된다고 스위스인들이 판단한 것이다.

맥을 영입하면서 크레디스위스는 조직을 다시 한번 바꾼다. 지금까지는 그룹의 본체가 스위스 본국에 있는 은행이었고, 그 은행의 자회사가 투자은행인 CSFB였다고 하면, 맥이 등장하고서는 지주회사인 크레디스위스 홀딩스 안에 CSFS(Credit Suisse Financial Services)와 CSFB의 2개 자회사를 두는 식의 재편이었다. 물론 CSFS는 은행사업 부문이다. 홀딩스에는 그룹회장이 있고, 그 아래 CSFS의 오스발트 그뤼벨(Oswald Gruebel·1943년생)과 CSFB의 존 맥이 공동 CEO(Co-CEO)를 하는 구조였다. 드디어, 미국인이 스위스은행그룹인 크레디스위스의 CEO직(비록 공동이긴 하지만)에 최초로 도달한 것이다. 이것도 사실은 엄청난 일이었다.

맥은 취임하자마자 전임 휘트 시절부터 방만하게 운용되던 CSFB의 비용구조에 메스를 들이대, 재직기간 중에 거의 1만명 가까운 직원(전체 3만5000명 중에서)을 해고하고 회사의 비용을 33%가량 줄이는 구조조정을 해냈다. 당시 CSFB는 경쟁사인 골드만삭스나 모건스탠리보다 버는 건 적으면서도 비용은 20% 이상 더 지출하고 있었는데, 이 같은 비효율은 주로 2000년도 증시가 한참 피크일 때, 115억달러라는 다소 황당한 고가의 금액을 주고 인수한 미국의 투자은행 DLJ 때문이었다. DLJ는 1959년에 창설된 월가의 중형 투자은행이었는데 M&A와 LBO, PI자기자본투자 등 몇 가지 영역에서 나름 막강한 플랫폼을 가지고 있었다. 그래서 프리미엄을 주고 인수한 건데, 인수하면서 넘어온 DLJ의 직원 1만1000여 명 중 거의 절반이 3년 안에 퇴사해 버려 도대체 왜 샀느냐는 비판을 들어야 했다.

맥의 능력으로 CSFB는 체중을 줄이고 비용구조를 합리화하는 데 성공하면서 다시금 도약할 준비를 마친다. 바로 이때인 2004년 말, 맥이 해고된다. 맥의 해고 사유는 결국 그가 취리히의 스위스인들이 컨트롤하기에는 너무나 강한 월가의 인물이었기 때문이다. 맥의 후임으로 등장한 인물은 90년대에 전 CEO 휘트가 구축해 놓은 파생상품그룹의 지도자였던 브래디 듀건(Brady W Dugan·1959년생)이었다. 2005년, 다시 크레디스위스는 1978년에 라이너 굿이 시작한 그 모든 '글로벌化 작업'의 파이널 스테이지 같은 작업을 단행한다. 은행(CSFS)과 투자은행(CSFB) 둘을 아예 하나로 합쳐 버린 것이다. 오늘날의 크레디스위스(CS)의 탄생이다. 하나의 회사(One Firm)의 탄생이자, 72년 동안 존재하던 퍼스트보스턴(First Boston)이란 단어가 역사 속으로 사라지는 순간이기도 했다. 물론 이 다국적 거대 금융회사의 법률적 본사는 그대로 취리히에 남았으나, 스위스인들은 이 순간에도 그룹의 미래를 위해 그룹 CEO 자리를 놀랍게도 미국인인 브래디 듀건에게 넘긴다. 듀건은 2005년부터 2007년까지는 크레디스위스의 IB사업부문 CEO를 하다가, 2007년부터는 아예 그룹 CEO로 승진하여(물론 고위 임원의 상당수는 아직도 스위스인들이긴 하지만.)* 2015년까지 재직하였다.

스위스의 국내 경쟁사인 UBS가 2008년 금융위기 당시 거의 핵폭탄을 맞은 것과는 달리, 크레디스위스는 (물론 어느 정도의 타격은 입었으나) 상대적으로 잘 버텨냈고, 이는 브래디 듀건이 2005년부터 진행한 사전 구조조정 작업의 덕을 어느 정도 본 것으로 시장에서는 평가하고 있다. 듀건은 취임하자 마자, 리스크를 많이 지는 사업영역들을 모조리 분사해서 독립시켰는데, 금융위기 시에 그 덕을 톡톡히 본 것이다. 올해 초에 미국 감독당국은 크레디스위스의 PB사업부문에서 미국인 부호들의 역외 탈세를 묵시적으로 방조했다는 혐의로 무려 26억달러(한화 2조8000여 억원)의 벌금을 부과했으나, 큰 사건이 될 것 같았던 이 사건은 그 후 다른 경쟁 글로벌 금융사들이 그것보다 더 큰 금액의 벌금을 부과받자 슬그머니 잦아지는 분위기다.

크레디스위스의 퍼스트보스턴에 대한, 장장 30여 년에 걸친 장구한 러브스토리였다. 전자가 후자를 너무 사랑한 나머지, 아예 대권(CEO)까지 아낌없이 넘겨주었다. 크레디스위스는 이제 스위스 회사라고 단정적으로 말하기 어려울 정도로 글로벌 회사가 되었다. 34화 (1)편 모두(冒頭)의 문제의식으로 돌아가서, 내년도 경영계획을 짜고 있는 한국의 금융기관 글로벌 전략 담당자들에게 필자는 이렇게 묻고 싶다. "당신은 언젠가 외국인을 CEO로 받아들일 자세가 되어 있는가?"라고. 그런 자세가 아니라면 '글로벌화'는 머나먼 남의 나라 이야기가 될 것이다.

2014. 12. 10

* 2015년에 브래디 듀건의 후임으로 선택된 사람은 아프리카 아이보리코스트(Ivory Coast) 출신인 티제인 티암(Tidjane Thiam)전 영국프루덴셜보험 CEO이다.

37 제국(帝國)을 해체하라 (상)

2007년 2월 21일, 글로벌 미디어들은 일제히 기상천외한 소식을 타전했다. TCI(The Children's Investment Fund Management)라는, 이름도 희한한 런던의 헤지펀드 하나가 당시 총자산 기준 유럽 8위, 세계 15위의 대형 글로벌금융그룹인 ABN암로(ABN AMRO)의 매각 또는 회사분할을 경영진에 요구했다는 소식이었다. TCI를 이끄는 대표는 크리스 혼(Chris Hohn·1967년생)이었는데, 월가의 저명한 헤지펀드 대가인 리처드 페리(Richard Perry·1955년생) 문하에서 트레이딩을 배우고, 2003년 자기 펀드를 차려서 독립한 인물이었다. 그는 그 얼마 전에 ABN암로의 총발행주식 중 1%를 시장에서 사서 모아두고 있었다. 이 사건 전에도 물론 주주권익운동가 또는 기업사냥꾼들이 주총을 앞두고 특정 기업에 대해 선전포고를 하는 경우는 종종 있어 왔으나, 이 건은 대상이 글로벌금융기관이란 점 및 공격하는 쪽이 헤지펀드라는 점에서 단연 주목을 끌 수밖에 없는 소식이었다. 대체 무슨 일이 있었던 것일까?

무슨 일이 있었던 것인지 알아야 하는 이유는, 이 스토리가 결국 전 세계 금융기관 간 인수·합병 역사상 최악의 딜로 평가받는(그런데 딜이 일어난 시점에서는 역사상 최고 참신한 딜이었다고 찬사를 받은) RFS(RBS-포티스-산탄데르) 컨소시엄의 ABN암로 인수 딜의 서막 부분에 해당하기 때문이다. 최악의 딜인 이유는 물론 딜이 끝나고 난 후 계약 서류의 잉크도 마르기 전에 컨소시엄 구성 멤버 중 2개(RBS와 포티스)가 망했고, 나머지 하나(산탄데르)도 큰 타격을 입었기 때문이다. 그러면 ABN암로는 어떤 금융기관이었는지 먼저 알아보는 것이 순서일 듯하다.

ABN암로는 본거지가 네덜란드였다. 덧치(Dutch)들이다. 동인도회사(East Indies Company)를 영국보다도 먼저 만들었던 바로 그 나라다. ABN암로는 190년 전인 1824년에 당시 네덜란드 왕이었던 윌렘1세에 의해 NHM은행이란 이름으로 설립되었다. NHM은행은 동인도회사의 후신 격으로 만들어진 것인데, 주로 네덜란드 해외 식민지들과 본국 간의 자금중개 업무를 맡기기 위해 만든 일종의 변형된 국책은행이었다. 이 NHM은행이 1964년에 시중은행 중 하나인 트웬테은행(Twentsche Bank)와 합병하여 ABN(Algemene Bank Nederland)은행이 되었다. 한편, 같은 해인 1964년에 네덜란드의 두 라이벌 시중은행이었던 암스텔담은행(Amsterdamsche Bank)과 로테르담은행(Rotterdamsche Bank)이 역시 합병을 하여 암로(AMRO)은행이 만들어졌다. 그리고 ABN은행과 암로은행이 1991년에 전격 합병하여 다시 ABN암로은행이 된 것이다. ABN암로의 탄생은 어쩔 수 없는 측면이 있었는데, 그 이유는 당시 네덜란드 국내 1위 금융그룹인 ING가 애초의 영역이었던 보험업에서 탈피하여 은행업과 증권업을 시작하면서 1위로 치고 올라가자, 이에 대항하기 위해 2위와 3위과 뭉쳐서 1위와 맞먹는 국내 양강(兩强) 구도를 만들기 위해 대등합병을 한 것이었다.

좁은 국토 때문에 네덜란드인들도 영국인들처럼 일찍이 16세기부터 해외 식민지를 개척했고, 그 전통이 남아 있었기에 ABN암로은행도 그 조상격인 은행들이 해외에 벌여 놓은 사업들을 모두 물려받게 되었다. 우선 구 NHM은행이 아시아와 중동에 가지고 있던 오퍼레이션을 고스란히 가져왔다. 다음, 1933년에 만들어진 HBU(Hollandsche Bank-Unie)은행이라는 구 NHM은행의 자회사를 통해 유럽의 모든 금융기관들 중 최초로 중남미 지역의 주요 거점에 촘촘한 영업망을 가지게 되었다. 여기에 더해 구 ABN은행이 1979년에 미국 시카고 지역에 있는 중형 지방은행인 라살은행(LaSalle Bank)을 인수하여 미국에까지 진출해 있는 상태였다.

1991년 ABN은행과 암로은행이 합병하여 ABN암로를 만들고 나서는, 본격적으로 해외진출을 가속화한다. 이 90년대의 ABN암로 경영진은, ABN암로 자기자본의 3분의 2는 해외에 투입한다는, 진정한 의미의 '글로벌화 목표'를 담대히 가지고 움직이고 있었다. 그 목표 아래 여러 건의 해외 은행 인수·합병 건을 성사시키는데, 1996년에 미국 디트로이트에 본점이 있는 스탠더드페더럴은행(Standard Federal Bank)을 인수하였고, 이어 2001년에는 미시간주에서 제일 큰 은행이었던 미시간내셔널은행(Michigan National Bank)을 추가로 인수해 앞서 인수한 스탠더드페더럴은행 및 라살은행과 모두 합병시킨다. 뒤에 다시 나오지만, 이렇게 만든 ABN암로의 미국 오퍼레이션인 통합 라살은행이 나중에 ABN암로 총기업가치의 4분의 1가량을 차치하는 큰 오퍼레이션이 된다.

자신감을 가졌는지, 아니면 M&A가 단순히 재미있어졌는지, ABN암로의 M&A행렬은 여기서 멈추지 않는다. 1995년에는 미국 시카고 지역의 미들마켓(Middle Market) 및 코모디티시장 전문 투자은행인 시카고코퍼레이션(The Chicago Corporation)을 인수해 미국 IB시장에까지 진출한다. 이어 1998년에는 브라질의 대형 시중은행 중 하나였던 방코 헤알(Banco Real), 2005년에는 이태리 8위 시중은행인 안톤베네타(Antonveneta)를 인수하게 된다. 크리스 혼의 TCI헤지펀드의 공격이 시작되기 직전인 2006년 12월 현재, ABN암로는 무려 63개국에 총 4600개의 지점을 두고 11만명의 직원을 채용하고 있는, 실로 광활한(extensive) 네트워크를 만들어내고 있었다.

그런데 문제는 물론 있었다. 글로벌화를 좀 더 일찍 시작한 미국의 씨티그룹이나 영국의 HSBC와는 달리, ABN암로는 물리적으로 벌여만 놓았을 뿐, 이를 실질적으로 통합하는 작업은 소홀히 하였다. 다시 말하자면, ABN암로의 각국 오퍼레이션들은 중앙집권식이 아니라 지방분권식으로 각자의 상황에 맞게 독립적으로 운용되고 있었으며, 그룹 안에서 서로 느슨하게 연대하고 있을 뿐이었다. 한편, '글로벌네트워크'라는 단어에 걸맞은 통일된 기업문화를 만들어내지도 못했고, 자회사 간 시너지를 도출하려고 심각하게 시도를 해본 적도 없었다. 네덜란드인들이 미국인들이나 영국인들보다 머리가 나빠서는 결코 아니었다. 다만, 시너지를 극대화하고 통일된 기업문화를 창출해 내기에는 스스로의 능력 범위 이상으로 사업을 벌여 놓은 것이다. 이태리 안톤베네타와 브라질 방코헤알은 각각 현지 지점수가 1000개가 넘는 거대한 오퍼레이션이었고, ABN암로의 본사에서 완벽하게 틀어쥐기에는 무리가 따랐다. 한편, 미국에 있는 알짜배기 사업망인 라살은행만 해도 은행장을 현지 미국인을 임명할 수밖에 없는 환경이었다.

이러다 보니, 그런 문제점이 그대로 수치로 나타나기 시작했다. 2000년에 취임한 그룹 CEO 뤼크만 흐뢰닝크(Rijkman Groenink·1949년생)가 5년 후인 2005년에 글로벌금융그룹들 중 5위 이내의 ROE(자기자본수익률)를 달성하겠다고 큰소리 쳤으나, 2005년이 되니 5위는커녕 비슷한 규모의 글로벌금융그룹들 중 거의 최하위의 ROE를 기록하고 있었다. 2000년부터 2005년 사이에 경쟁사들의 주가(특히 미국의 경쟁사들)가 고공행진을 하는 동안, ABN암로의 주식은 거의 오르지 않았다. 2006년이 되자 상황은 더욱 심각해졌다. 은행들이 효율성을 따지는 지표인 효율성지수(Efficiency Ratio·총경상비용을 총매출액으로 나눈 비율. 수치가 낮을수록 효율적이다)가 ABN암로의 경우 무려 70%에 육박했는데, 같은 해 미국 씨티그룹과 영국 HSBC그룹은 50~55% 수준을 기록하였으니, 누가 봐도 ABN암로가 경쟁사에 비해 "방만하게", "비효율적으로" 경영이 되고 있음은 분명해 보였다. 투자가들의 분노가 시작되고 있었다. 무슨 일이 막 일어날 거 같은 살벌한 분위기에서 운명의 해 2007년이 시작된다.

2014. 12. 17

38 제국(帝國)을 해체하라 (중)

2007년 ABN암로의 주주총회는 4월 26일에 열릴 예정이었다. TCI헤지펀드 대표 크리스 혼의 공개적인 회사 분할 요구 공격이 시작된 것은 2월 21일이었다. 혼은 ABN암로 경영진에게 그해 주주총회 안건에 회사 분할 또는 합병 안건을 상정하라고 요구했다. 시장의 여론이 순식간에 혼의 요구를 기대하는 흐름으로 가자, 다급해진 ABN암로 경영진도 움직이기 시작했다. 혼의 공격이 시작된 후 한 달이 경과한 시점인 3월 20일, ABN암로와 영국의 바클레이스(Barclays)그룹은 양자 간에 대등합병을 위한 독점적 대화(Exclusive Talks)를 진행 중임을 암스테르담과 런던에서 동시에 발표한다. 그리고 3월 28일 확정 발표된 4월 26일 주총 안건에, 혼의 요구대로 회사의 분할 또는 합병에 대한 안건을 포함했다. 상황의 1차 반전이었다.

바클레이스는 한국에서도 잘 알려져 있다. 다른 이유가 아니라, 바클레이스가 박지성 선수의 맹활약으로 잘 알려진 세계 1위 프로축구리그인 영국 프리미어리그의 메인 스폰서였기 때문이다. 바클레이스도 1690년에 창설된 유서 깊은 은행이었으나, 1990년대 후반부터 HSBC와 RBS 두 경쟁사들이 합병 등으로 무섭게 치고 올라오는 바람에 영국계 금융그룹 중 3~4위권으로 밀려나 있는 상황이었다. 당시 바클레이스 회장이었던 존 발리(John Varley·1956년생)의 오른팔이자 그룹의 2인자 격이었던 밥 다이아몬드(Bob Diamond·1951년생)는 그룹의 IB사업부문인 바클레이스캐피털(Barclays Capital) 사장(CEO)을 맡고 있었는데, 모건스탠리와 CSFB의 고위 임원 출신인 미국인이었다. 다이아몬드 사장은 바클레이스를 한 단계 도약시켜 진정한 '글로벌플레이어'를 만들기 위해 반드시 ABN암로를 잡아야 한다고 발리 회장을 집중 설득하였던 것이다.

바클레이스-ABN암로 합병은 당시 시장에서 긍정적인 1차 반응을 이끌어냈다. (상)편에서 지적한 바와 같이, ABN암로는 제대로 경영이 안 될 정도로 너무 글로벌 플랫폼을 벌여 놓은 것이 문제였으나, 바클레이스는 그런 측면에서는 자기자본이 충분하고 글로벌화 전략에 상대적으로 소극적이었기에 합병 후 겹치는 지리상의 거점들과 포트폴리오가 제한적이었다. 두 그룹을 합쳐놓으면, 4700만 고객과 90개국에 거점을 두고 리테일뱅킹, 프라이빗뱅킹, 자산운용, 투자은행, 신용카드, 프라이빗에쿼티까지 아우르는 거대한 제3의 글로벌 제국(씨티를 제1제국, HSBC를 제2제국이라고 가정할 경우)을 완성할 수 있을 것이었다.

또 하나의 거대한 글로벌제국을 만드는 대등합병 방법론이 과연 중장기적으로 맞는 방법론인가라는 질문은 차치하고, 포트폴리오상의 결합은 일견 매력적이었다. 문제는 가격이었다. 2007년 상반기라고 하면, 직전 몇 년간 형성된 글로벌 주식시장의 명백한 버블이 정점으로 치닫고 있던 시기였기에 가격에 대한 주주들의 기대 수준이 너무 높았다. 양사는 치열한 가격협상과 합병 후의 지배구조를 논의하고 있었는데, 워낙 거대한 합병 논의라서 양사를 자문하는 IB들만도 무려 10군데나 되었다. 바클레이스가 5곳(씨티, 크레디트스위스, 도이체, 제이피모건, 라자드), ABN암로가 4곳(리먼브러더스, 모건스탠리, UBS, 로스차일드)을 대거 투입하였고, 거기에 더하여 ABN암로의 이사회가 독자적으로 골드만삭스를 자문사로 채용해 자문을 맡겼다. 이 많은 자문사단이 다 한마디씩 하는 분위기로 가니, 당연히 협상에 시간이 걸릴 수밖에 없었다.

독점적 협상시간 데드라인(4월23일)을 닷새 앞두고 아직 바클레이스와 ABN암로 사이에 협상이 타결되지 못하고 있던 가운데 4월 18일 다시 세상을 깜작 놀라게 하는 뉴스가 튀어나왔다. 두 번째 반전이었다. 영국 2위의 금융그룹이자 당시 세계에서 가장 공격적으로 인수·합병 전략을 구사하고 있던 RBS(Royal

Bank of Scotland)그룹이, 색다른 방법론으로 ABN암로에 합병이 아닌 인수 제안을 했던 것이다. 영국의 RBS, 벨기에의 포르티스(Fortis), 스페인의 산탄데르(Santander) 등 3곳이 컨소시엄을 구성하여 ABN암로 그룹을 3개로 분할해 인수하겠다는 제안이었다. 이 제안 내용에 따르면 3곳이 각각 자기들에게 절실히 필요한 ABN암로의 사업부문들이 있으니, 일괄적으로 사서 각자 나눠가지겠다는 것이었다. HSBC를 능가하고자 하는 욕심을 가진 RBS는 ABN암로의 도매(Wholesale)사업부문 전체와 미국의 라살은행을, 베네룩스 지역 1위를 노리는 포르티스는 ABN암로의 네덜란드 국내사업부문과 자산운용사업부문 및 프라이빗뱅킹사업부문 등을, 세계 최대의 이머징마켓금융그룹을 꿈꾸는 산탄데르는 ABN암로의 브라질사업부문(방코 헤알)과 이탈리아사업부문(안톤베네타)을 각각 가져가는 구도였다. 이 깜짝 놀랄 만한 아이디어는 당시 메릴린치 유럽M&A부문장이었던 유명한 딜메이커 안드레아 오르셀(Andrea Orcel·1963년생)의 아이디어였다. (오르셀은 현재 UBS의 IB사업부문 글로벌CEO로 재직 중이다) 3월 말에 바클레이스와 ABN암로의 합병 논의 뉴스를 접하고, 곧바로 오르셀은 3개사의 최고위 경영진들을 스위스 제네바의 포시즌스(Four Seasons)호텔로 초청하여 점심을 함께 하는 자리를 마련했다. RBS의 프레드 굿윈(Fred Goodwin·1958년생) CEO, 포르티스의 장폴 보트롱(Jean-Paul Votron·1950년생) CEO, 그리고 산탄데르의 에밀리오 보틴 (Emilio Botin·1934~2014) 회장의 전권을 위임받은 그룹 최고전략담당임원(CSO) 후안 인시아르테(Juan Inciarte·1952년생)가 이 오찬에 참석해 오르셀과 함께 입찰전략과 'ABN암로 제국'의 해체구도(?)를 논의한 것이었다.

이 3개사 컨소시엄의 공동인수 제안은 매우 쇼킹한 일이었고, 네덜란드 국내 여론이 들끓었다. 아직 이 3개사의 구체적인 가격 제안을 듣지 못한 상태에서는, 이러한 제안은 네덜란드인들 입장에서는 사실 매우 굴욕적인 일이었기 때문이다. 이 소식이 기존의 ABN암로-바클레이스 간 합병 논의를 가속화한 측면이 물론 있었고, 주주총회 3일 전인 4월 23일 바클레이스는 ABN암로 주식을 바클레이스 주식으로 바꿔 주는 주식교환방식(all-share deal)으로 총 910억달러(100조원)에 인수·합병하겠다고 공식 제안했다. 이와는 별도로 ABN암로는 미국의 라살은행은 총 210억달러(23조원)에 뱅크오브아메리카그룹에 매각한다고 발표됐다. 이 숫자들로만 해도 역사상 최대 가격의 은행 M&A 딜이었다.

그런데 이틀 후, 그러니까 주주총회 하루 전날인 4월 25일 RBS-포르티스-산탄데르 컨소시엄은 1010억달러(110조원)로 ABN암로를 분할 인수하겠다고 공식 제안했다. 단, 이 제안은 바클레이스의 제안과는 달리 미국의 라살은행을 인수 대상에 포함한 가격이었으며, 주식교환방식이 아니라 85%를 현금으로, 15%를 주식으로 교환하는 현금지급-주식교환 병행방식의 구조를 제안했다. 숫자들이 어마어마하다는 걸 차치하고라도, 두 제안 사이에는 ABN암로의 경영진과 주주들이 고려해야 할 장단점이 명확히 보였다. 4월 26일 열린 주총에서 회사를 분할이나 합병하자고 하는 안건은 80% 이상의 주주들의 찬성으로 통과됐다. 주주들이 돈 냄새를 이미 맡은 상황에서 그 안건이 부결될 가능성은 없었다. 한편 주총에서 일부 주주들이 ABN암로 경영진이 라살은행을 뱅크오브아메리카그룹에 파는 행위는 RBS 등 3자 컨소시엄의 (더 높은 가격의) 인수 제안을 무력화하기 위한 물타기 전략이 아니냐고 강하게 비난하는 촌극이 빚어졌다. 인류 역사상 가장 큰 규모의 은행 M&A 딜이었고, 한편으론 가장 시끄러웠던 이 딜의 결과는 다음 편에서 이어간다.

2014. 12. 24

39 제국(帝國)을 해체하라 (하)

2007년 4월 26일 정기 주주총회에서 ABN암로 경영진은 전날인 25일에야 공식 제기된 RBS-포르티스-산탄데르 컨소시엄의 분할인수 제안은 논의하지 않고, 4월 23일 양사 경영진이 잠정 합의한 바클레이스 측과의 대등합병 제안을 주주들에게 보고하고 이를 추진할 것임을 천명한다. 일부 주주들의 항의에도 불구하고 일단 ABN암로를 타사와 합병(merger) 또는 분할매각(divest)한다는 안건은 주총을 통과한다. 그러나 상황은 유동적이었다. 바클레이스 측 합병 제안과 3자 컨소시엄 측 분할인수 제안은 방식 자체가 너무 다르고, 세부 내용도 복잡해서 단순 비교가 쉽지 않았다. 더군다나 3자 컨소시엄의 리더 격인 영국의 RBS는 사실 제안의 궁극적 이유가 ABN암로의 미국사업부문인 시카고 소재 라살은행 때문이었는데, 이 부분에서 첨예한 이해관계 대립이 일어났다.

RBS는 1988년에 인수한 시티즌즈뱅크(Citizens Bank)라는 미국 현지은행을 가지고 있었다. 이 은행은 동부지역 13개 주에 1400여 개 지점과 4500개의 ATM망을 갖춘, 총자산(1460억달러) 기준으로 당시 미국 9위의 은행이었다. 시티즌즈뱅크의 실적이 하도 좋아서 2006년경이 되면 RBS그룹 전체가 버는 세전이익의 3분의 1을 이 미국사업부문이 벌어줄 정도였다.

한편 중서부의 유서 깊은 은행으로 ABN암로가 1979년에 인수한 라살은행은 시카고를 거점으로 중서부 11개 주에 450개의 지점을 운용 중인, 총자산(1160억달러) 기준 미국 15위의 은행이었다. 특히 일리노이주, 인디애나주, 미시간주 등 인구가 많은 3개 주에서 2위권의 리테일영업망을 가지고 있었다. 시티즌즈뱅크와 라살은행 둘 사이에는 지리적으로 겹치는 지역도 없었다. 둘을 합치면 단숨에 총자산 기준 미국 6위권 대형 우량은행이 나온다는 계산인데, RBS로서는 도저히 뿌리칠 수 없는 유혹이었던 셈이다. 이를 간파한 ABN암로의 바클레이스와의 합병 지지파 경영진은 이 3자 컨소시엄의 분할인수 제안을 원천적으로 좌절시키기 위해 서둘러(?) 라살은행을 뱅크오브아메리카그룹에 210억달러에 매각하기로 결정했던 것이다.

RBS 측의 분할인수 제안이 ABN암로의 주주들에게는 더 유리하다고 판단한 몇 개의 기관투자가 주주들이 네덜란드 현지 법원에 라살은행 매각을 중단시켜 달라는 가처분 신청을 내자, 5월 3일 시장의 예상을 깨고 네덜란드 현지 법원이 가처분 신청을 받아들이게 된다. 법원의 의견은 라살은행 매각 건은 주총 의결사항이라는 것이었다. 혼란이 극대화되는 순간이었다. 이미 인수계약(SPA)을 체결한 상태에서, 네덜란드 현지 법원의 개입으로 딜이 좌초될 위기에 빠지자 5월 5일 뱅크오브아메리카는 뉴욕지방법원에 ABN암로를 계약 위반으로 소송을 제기했다. 라살은행 매각이 주총 의결사항이라는 말을 ABN암로 경영진이 딜 진행 과정 중에 한 번도 한 적이 없다는 것이 소송 제기의 이유였다. 난감해진 ABN암로 경영진은 다시 네덜란드 대법원에 1심 법원의 가처분판결을 뒤집어 달라고 항소를 한다. 그러자 항소심 결과를 기다리기 전에 RBS가 이번에는 라살은행을 뱅크오브아메리카의 제시 가격인 210억달러보다 높은 245억달러로 가져가겠다는 카운터오퍼를 5월 7일 ABN암로 측에 낸다. 이미 바클레이스와의 합병 안에 대해 전력투구 중이던 흐뢰닝크 CEO 등 경영진은 이 새로운 오퍼를 비록 가격이 35억달러가 더 높음에도 불구하고 가격 외 기타 조건이 뱅크오브아메리카 측의 조건에 비해 나쁘다는 이유로 바로 다음 날인 5월 8일에 거절한다.

네덜란드 대법원의 판결을 기다리던 가운데, 5월 29일 3자 컨소시엄은 4월 25일에 1차 구두 제안했던 분할인수를 더 정교하게 가다듬은 후 구속력을 발생시키는 공식 제안(official offer)을 하게 된다. 1차 구

두 제안과 달라진 점은 일단 라살은행을 포함하지 않은 가격으로 바꾸면서 인수대금 구성에서 당초 85% 수준이던 현금 부분을 93%로 대폭 인상했고, 그동안의 ABN 주가 변동성을 감안해 총 960억달러(약 105조원)로 제시했다.

바로 이 즈음인 2007년 여름, 뭔가 세계 경제가 이상한 조짐을 보이기 시작한다. 누가 봐도 과열된 시장의 열기가 곳곳에서 붕괴 조짐을 드러내고 있었다. 3자 컨소시엄의 리더인 RBS만 해도 그해 2분기에 IB사업부문이 미국에서 대규모 보유 채권 평가손실을 입었음을 공시한다. 씨티그룹, BNP파리바, 베어스턴스 등이 운용하던 부외거래기구인 SIV들이 속속 문제를 일으켜서 청산되기 시작했다. 그리고 한때 잘나가던 RBS의 주가가 사상 최대의 M&A 건인 ABN암로 건을 발표한 이후 오히려 두 달도 안 되는 기간에 15%가량 빠졌다. 지금 와서 생각해보면 당시 이 딜을 중단했어야 했지만, 한번 달리기 시작한 기관차를 중단시키는 것은 아예 달리지 않는 것보다 더 어렵다는 것은 익히 알려진 시장의 진리 중 하나이다. 3자 컨소시엄 CEO들의 그 당시 심정이 그랬지 않았을까? 한번 시작했으니 갈 데까지 달려보자, 뭐 그러한.

7월 13일 네덜란드 대법원이 ABN암로 경영진의 손을 들어주었다. 뱅크오브아메리카로의 라살은행 매각은 ABN암로 자체의 합병 내지 분할매각과 별도로 진행될 수 있다고 판시한 것이다. 이에 따라 즉시 라살은행은 뱅크오브아메리카에 최종적으로 팔리게 된다. 애당초 사고자 했던 미국 사업부문이 없어졌음에도 불구하고 뭔가 홀린 듯한 RBS의 CEO 프레드 굿윈은 3자 컨소시엄을 깨지 않고 오히려 가격을 미세하게 올리는 우를 범한다. 7월 16일 총 983억달러의 수정제안을 한 것이다. 바클레이스의 최종 가격보다 9.8% 높았으며, 이는 바클레이스와의 합병안을 지지하던 ABN암로 경영진도 어찌해볼 수 없는 높은 가격이었다. 7월 30일 바클레이스와의 합병을 지지하던 흐뢰닝크 CEO가 전격 사임한다. 이어 이사회를 장악한 아서 마티네즈 이사회 의장(미국 시어스로벅 전 CEO·1940년생)의 주도로, 3자 컨소시엄으로의 분할매각 안이 탄력을 받게 된다. 이때 바클레이스 입장에서는 천만다행(?)으로 바클레이스 주식 1%를 보유한 기관투자가인 헤지펀드 애티커스캐피털(Atticus Capital)이 주주가치 하락을 이유로 ABN암로 인수를 중단하지 않으면 주총에서 경영진 해임 안건을 올리겠다고 협박을 하는 일이 벌어진다. 내심 탈출의 명분(?)을 기다리고 있었던 바클레이스 경영진은 이 사건을 계기로 결국 10월 5일 공식적으로 대등합병 제안을 철회한다. 이제 3자 컨소시엄 앞에 경쟁자는 없게 되었다. 10월 9일 무려 7개월가량의 우여곡절 끝에 주당 38유로(그중 35.60유로는 현금, 나머지는 주식교환)로 분할매각하는 안건은 ABN암로 특별주총에서 90%에 달하는 주주들의 찬성으로 통과된다. 광기(狂氣)가 지배하던 상황이었는데, 이는 ABN암로 주주들만 그런 것이 아니라 글로벌 자본시장 전체가 그 당시 그러하였다고 해도 과언이 아니다.

그 다음 스토리는 여러분이 아시는 내용 그대로다. 2007년 4분기에 시작된 신용시장 붕괴로 인한 전대미문의 금융위기가 글로벌마켓을 휩쓸어 버리게 된다. 회사를 '분할'하는 것은 그렇게 쉬운 일이 아니다. 채권채무관계가 거미줄처럼 얽혀 있는 것이 보통이기 때문이다. 하물며 돈 장사를 하는 글로벌 금융그룹에서야 더욱 어려울 것이다. ABN암로는 정확히 말하자면 제국을 해체하기로 하고 그 해체작업을 하고 있는 와중에 폭탄을 맞아 버린 것이다. 포르티스는 2007년 4분기에 130억유로(약 160억달러), RBS는 2008년 1분기에 120억파운드(약 186억달러)라는 전대미문의 증자를 단행하는데, 물론 이 ABN암로 분할인수를 위한 대금 지급을 하기 위한 증자였다. 그러나 이 증자가 안 그래도 망가지기 시작한 글로벌 주식시장의 흐름과 맞물려서 포르티스와 RBS의 주가흐름을 완전히 망쳐 버린다. 증자로 들어온 대금을 ABN암로 주주들에게 지불할 일이 아니라 자기들이 살기 위해 투입해야 할 처지가 된 것이다.

2008년 10월 13일 리먼브러더스가 속절없이 무너진 지 한 달 후에 영국 정부는 370억파운드(약 640억 달러)라는 천문학적인 공적자금을 투입해 RBS, 로이드, HBOS 등 3개 은행을 국유화한다. RBS의 경우 영국 정부 지분이 70%나 되었고, 한때 '스코틀랜드의 영웅'이었던 프레드 굿윈 CEO는 공적자금이 투입된 바로 그날 사임했다. 2008년 재무제표상 RBS는 무려 280억파운드의 대규모 손실을 냈는데 이 중 200억파운드가 ABN암로 주주들에 대한 대금지급 때문이었다. 포르티스도 다를 바가 없었다. 포르티스의 주가는 인수가 결정된 후 인수가 발표되기 전에 비해 정확히 3분의 1 토막이 났으며, 2008년 2분기에 이르러서는 포르티스의 시가총액이 불과 반년 전에 ABN암로의 베네룩스 3국의 리테일뱅킹과 프라이빗뱅킹 사업 부문을 사기 위해 지불했던 가격보다도 더 떨어지는 상황이 되어 버렸다. 결국 인수를 주도했던 보트롱 CEO도 축출되었고, 벨기에 정부가 긴급 공적자금을 투입할 수밖에 없는 상황이 된다. 특히 ABN암로의 네덜란드 사업 부문은 2008년 7월에 네덜란드 정부의 168억유로의 공적자금 투입으로 일시적으로 국유화된다. 이때쯤이면 이미 포르티스는 실질적으로 사망 상태가 되어 자기 스스로 해체되어 프랑스의 BNP파리바그룹에 매각되는 신세가 되어 버린다. 유일하게 ABN암로 본체와는 절연된 브라질 사업 부문과 이탈리아 사업 부문을 인수하고자 했던 스페인의 산탄데르만이 상처를 덜 입고 이 대혼란에서 빠져나오게 된다(브라질 사업 부문은 그대로 인수했고, 이탈리아 사업 부문은 원매자를 찾아내서 즉시 다시 되팔아 버린다).

역사상 가장 큰 금융권 M&A라는 찬사가 역사상 최악의 M&A였다는 비난으로 바뀌기까지 단지 반년의 세월만이 필요했다. 이런 경우는 자본시장의 오랜 역사에서도 전무후무한 일이다. 단순히 운이 나빴고 갑자기 찾아온 금융위기 탓이라고만 할 수 있을까? 제국(ABN암로)은 해체되었고 해체한 부분을 나누어 가져간 곳들도 다 망했거나 사세가 기울었다. 설령 금융위기가 오지 않았다고 해도, 이 복잡한 금융회사의 '분할인수'라는 아이디어는 그다지 성공할 수 없었던 아이디어가 아니었을까 하는 것이 오늘날의 통설이다. 인간의 탐욕(Greed)과 글로벌화(Globalization)의 강박관념이 빚어낸 '금융참사'로 역사에 기록될 듯하다. 이 사건 이후로 더 이상 금융업섹터에서 글로벌 차원의 대형 M&A가 종적을 감추어 버린 것이 우연의 일치일까? 금융업 M&A 시장이 다시 살아나려면 세월이 좀 필요할 듯하다.

2014. 12. 31

40 프렌치 카우보이(상)

한 국가의 금융이 어떤 한 명의 출중한 인물에 의해 단숨에 한 단계 업그레이드되는 일이 있었다면 그게 누구일까.

첫 번째 후보자로, 일단 미국의 샌디 웨일(Sandy Weill) 전 시티그룹 회장을 떠올리는 사람이 많을 것이다. '대마불사(Too big to fail)'라는 말을 만들어냈고, 법(글라스-스티걸법)을 고쳐가면서까지 대형 금융제국을 만든 인물이니 그럴 수도 있겠다. 그러나 1990년대 말 이후 미국 금융계의 질적·양적 변화가 순전히 웨일 전 회장의 힘으로만 이뤄진 것이라고 말하는 사람은 없다.

두 번째 후보자는 2014년에 80세를 일기로 타계한 스페인 현대 금융의 선구자 에밀리오 보틴(Emilio Botin) 전 산탄데르 회장이다. 유럽의 금융 주변국이던 스페인의 지방은행을 적극적인 이머징마켓 진출 전략을 통해 한 세대가 가기도 전에 라틴아메리카 지역 최대 금융그룹으로 도약시킨 공로가 대단한 인물이다. 하지만 역시 혼자 힘으로 한 국가의 금융 풍토 자체를 변화시켰다고 말하기엔 한계가 있다.

세 번째 후보자이자 이 질문의 정답인 사람은 바로 영국이나 미국에 비해 한참 뒤처져 있던 프랑스 금융을 일순간에 한 단계 도약시킨 미셸 페베로(Michel Pebereau) 전 BNP파리바그룹 회장이다. 페베로는 어떤 인물인가. 그리고 그가 활약할 당시 프랑스 금융은 어떤 상황이었을까. 40회와 41회에서 그 스토리를 풀어보자.

1942년생인 미셸 페베로는 파리의 저명한 부르주아 가문에서 태어났다. 부친은 그에게 상당히 엄격한 교육을 시킨 것으로 알려져 있다. 특히 수학과 과학을 강조했는데, 이런 배경 때문인지 그는 나폴레옹 보나파르트가 1794년에 설립한 저명한 국립 이공계 그랑제콜(Grandes Ecoles)인 에콜 폴리테크닉(Ecole Polytechnique)을 다녔다. 페베로는 청소년기에 공상과학 소설을 미친 듯이 읽었다고 하는데, 나중에 금융을 창의적으로 보는 그 특유의 거시적 시각이 엉뚱하게도 쥘 베른(Jules Verne·1828~1905)이 쓴 공상과학 소설에서 얻어진 것이라고 훗날 언론 인터뷰에서 술회한 바도 있다.

에콜 폴리테크닉을 졸업하고 잠시 이 학교에서 수학을 가르치는 시간강사로 있다가 다시 프랑스의 모든 직업관료를 양성하는 국립행정학교(ENA·Ecole Nationale d'Administration)에 입학해 1967년 졸업한다. 우수한 성적으로 졸업한 그는 졸업과 동시에 프랑스 재무성 관료가 된다.

처음 재무성 회계감사국에서 일하다가 1971년 그의 부친과 친분이 있던 당시 퐁피두 대통령 정부의 발레리 지스카르데스탱(Valery Giscard D'Estaing·1926년생) 총리 수석보좌관으로 발탁돼 일하게 되며 지스카르데스탱은 이후 평생 페베로의 정신적 멘토 역할을 하게 된다. 1974년에 퐁피두 대통령이 임기를 채우지 못하고 사망하자 그 후임 대통령 선거에서 우파의 지스카르데스탱이 좌파 미테랑에게 근소한 차이로 승리해 대통령에 취임했고, 페베로는 약관 32세에 일약 재무성의 금융통화정책 담당 차관보로 발탁된다. 나중에 총리가 되는 레이몽 바로(Raymond Barre·1924~2007) 재무장관은 1978년 그를 차관으로 승진시킨다.

바야흐로 프랑스 재무장관 자리가 눈앞에 있다고 생각되던 1981년, 그의 인생에 큰 변화가 온다. 바로 그해 5월 치러진 대통령 선거에서 지스카르데스탱 대통령의 재선을 막아내며 2차 세계대전 이후 프랑스에서 최초로 좌파 사회당 출신 프랑수아 미테랑(Francois Mitterrand·1916~1996) 대통령이 집권했던 것이다.

사회당 정부는 요즘 기준으로 보면 이해가 안 가는 과격한 좌파 경제정책을 쓰는데(미테랑의 선거 공약이었다) 그중 대표적인 정책이 39개 주요 은행과 9개 주요 대기업을 국유화(國有化)한 것이다. 프랑스 금융은 2차 세계대전 후 다른 구미 선진국에 비해 각종 정부 규제 및 전투적인 노조에 의한 고용시장 경직성으로 인해 비효율적으로 운용됐고, 사회당 정부가 국유화를 시도할 무렵엔 은행들의 경영지표가 거의 낙제점이었다. 프랑스는 유럽 국가 중에서도 지방색이 특히 강한 나라여서 지방은행들이 난립해 있었고, 전국적 영업망을 갖춘 대형은행이 몇 개 되지 않았다.

그렇다고 국유화라는 극약 처방이 필요한 상태였다고 하기는 어려우나 사회주의 정책에 함몰돼 있던 미테랑 정부로서는 일단 국가의 돈줄을 쥐고 있는 은행들을 국유화해서 정부가 직접 컨트롤하기 전에는 자신들의 사회주의 정책이 제대로 집행되지 못할 것이라는 생각에 사로잡혀 있었다. 은행들의 국유화법이 한 차례 헌법위원회(한국의 헌법재판소에 해당)에서 위헌 판결까지 받았음에도 불구하고 법 내용을 바꿔 집권 2년차였던 1982년에 은행들의 국유화를 강행해 버린다.

당시 상장돼 있던 은행들은 기존 민간 주주들에게 어떻게 배상을 해줘야 하는가를 가지고도 국가적인 큰 소모적 논쟁이 벌어진다(결국 국유화 당시 주식 시가에다가 일률적으로 프리미엄을 얹어서 배상하게 된다).

이런 프랑스 금융계 암흑기에 페베로도 지스카르데스탱 정부의 고위 관료로서 일종의 숙청 대상(?)이 돼 자의 반 타의 반 공직을 떠난다. 민간 직장을 찾던 중 우연히 금융계에 발을 내딛게 됐다. 국유화된 은행 중 하나였던 CCF(Credit Commercial de France)은행에서 1982년 페베로를 수석부행장으로 영입한 것이다. 최고위급 재무관료 출신으로 막강한 관료 네트워크를 가지고 있던 데다 본인 스스로 수학 전공자였던 페베로는 새로 진입한 금융 분야에서 곧 두각을 나타낸다.

그러던 중 1986년 총선에서 우파의 자크 시라크(Jacques Chirac·1932년생)가 승리해 의회의 다수당이 된다. 대통령은 좌파(미테랑)인데 내각은 우파(시라크)인 이른바 '동거정부(Cohabitation)'가 시작된 것이다. 시라크 우파내각의 1차 목표는 4년 전 일괄 국유화된 은행들과 대기업들을 일부라도 다시 민영화시키는 것이었다.

그 첫 민영화 대상은행 중 하나로, 페베로가 있던 CCF은행이 선정되는데 이 선정 작업 와중에 페베로의 관료 네트워크가 작동했음은 물론이다. CCF은행이 1987년 주식시장에 상장되면서 민영화 되고 이때 페베로가 행장으로 승진한다. CCF은행은 페베로가 행장으로 근무하던 6년간(1987~1993) 무섭게 성장해 프랑스 전국에 500여 개 지점망을 갖춘 프랑스 6위권 은행으로 성장하게 되는데 ROE·ROA 등 경영지표가 당시 프랑스 국내 경쟁사에 비해 상대적으로 높다는 명성을 쌓아간다.

그리고 이공계 백그라운드를 가진 행장답게 이 시기에 페베로는 CCF은행의 IT 분야 업그레이드에 몰두했는데 그 노력으로 CCF는 모든 유럽계 은행 중 최초로 1980년대 후반에 미니텔(Minitel)이란 이름의 비디오텍스(정보를 전화 회선을 통해 가입자의 TV 수상기로 보내주는 시스템) 시스템을 통한 홈뱅킹 서비스를 시작하게 된다(오늘날 온라인 인터넷뱅킹의 시조 격인 시스템인데, 당시로서는 혁신적인 시도였다).

CCF은행 경영에서 보여준 페베로의 탁월한 경영능력을 유심히 지켜보던 프랑스 정부의 권유로 1993년 마침 민영화를 앞두고 있던 당시 총자산 기준 프랑스 3위 은행이던 BNP(Banque Nationale de Paris) 행장으로 영입된다. 드디어 페베로가 프랑스 금융의 한 획을 긋는 역사적인 무대로 등장한 것이다. 그가 취임하던 당시 BNP은행은 초강경 노조의 존재 등으로 인해 프랑스에서 가장 방만하게 운용되던 최악의 은행이었다.

그가 이 은행을 어떻게 턴어라운드를 시키는지 그리고 그가 차근차근 진행시킨 해외시장 및 IB시장 진출 전략, 그리고 프랑스 일개 은행에 불과하던 BNP은행을 오늘날 유럽 3대 은행 중 하나로 성장시키면서 '프렌치 카우보이(French Cowboy)'라는 별명을 그에게 가져다 준 필생의 승부수는 다음 41화에서 이야기를 이어가 보도록 하자.

2015. 1. 7

41 프렌치 카우보이(하)

1990년대 초반부터 본격적으로 시작된 프랑스 은행들의 민영화 프로세스는, 태평양 건너 미국 뉴욕 월스트리트의 분위기에 영향 받은 바가 크다. 대공황 이후 60년 이상을 금융계의 성문헌법처럼 군림하던 글래스스티걸법이 1998년 드디어 폐지되고, 전 세계 금융계가 바야흐로 인수·합병, 합종연횡의 물결에 휩싸이는 세기말적 분위기 속에서, 프랑스 은행들도 생존경쟁에 나설 수밖에 없었던 것이다. 고만고만한 규모에 경쟁력도 별로 없던 프랑스 은행들은, 이제 앙숙인 이웃나라 독일의 도이체방크나 코메르츠방크와 경쟁해야 하는 입장이 되어 버린 것이다.

1999년이 되자, 먼저 포문을 연 것은 당시 총자산 기준 프랑스 3위의 은행이던, 매우 잘 경영되고 있던 소시에테제네랄(Societe Generale)이었다. 이 유서 깊은 은행은, BNP의 페베로 못지않은 화려한 관료 백그라운드의 야망가였던 다니엘 부통(Daniel Bouton; 1950년생)이 이끌고 있었다. 소시에테제네랄이 전격 합병 제의를 한 대상은 프랑스가 글로벌마켓에 내세울 수 있었던 2개의 투자은행 중 하나인 파리바(Banque Paribas)였다. 당시 총자산이 프랑스 4위였던 이 은행은, 프랑스 식민지 지배 시대의 유산인 앵도수에즈(Indosuez)와 함께, 그나마 미국과 영국의 '투자은행'과 유사한 사업 포트폴리오를 구축하고 있었다. (앵도수에즈는 1996년 크레디아그리콜그룹이 경영권 지분을 인수한 후에도 투자은행으로 독자적으로 운용되다가 결국 2001년 크레디아그리콜이 상장되면서 흡수합병된다.)

이 해 2월 1일, 소시에테제네랄이 172억달러 규모의 주식교환방식으로 파리바를 인수하겠다고 주식시장에서 공개매수 제안을 한다. 파리바 주식 5주를 소시에테제네랄 주식 8주로 바꿔 주는 방식으로, 기존 파리바 주주들에게 약 18%의 프리미엄을 제공하였다. 합병된 회사는 "SG파리바"라고 불리게 되며, 총자산 규모로 단숨에 당시 유럽 2위, 세계 4위 초대형 은행이 될 것이었다. 파리바 경영진에게 우호적인 당근책도 물론 제시되었는데, 인수 당하는 쪽인 파리바의 앙드레 레비-랑(Andre Levy-Lang; 1937년생) CEO가 통합은행의 CEO로 먼저 3년을 근무하고, 그 후 인수하는 쪽인 소시에테제네랄의 부통이 CEO를 승계하는 조건을 내걸었다. 통합은행은 영미계 대형 은행그룹들이 보통 가지고 있는 6개 포트폴리오, 즉 리테일금융, 기업금융, 투자은행(증권), 자산운용, 신용카드, 주택(모기지)금융 등을 모두 갖춘 최대 프랑스계 글로벌 메가방크로 탄생할 것이었다.

'은행 간 자발적 인수·합병'이란 단어가 매우 생소했던 프랑스 금융권에서 이 사건은 대단한 센세이션을 일으켰다. 이 인수를 먼저 제안한 인물이 부통이 아니라 오히려 레비-랑 이라는 점이 일간지 르피가로의 보도를 통해 알려지면서, 이 대형 합병의 배후에 프랑스 정부가 있다는 의구심을 바로 시장에 일으켰다. 왜냐하면 1999년 상반기에 프랑스 정부가 마지막까지 남아 있던 국유화 은행인 크레디리요네(Credit Lyonnais)를 민영화할 예정이었기 때문이다. 크레디리요네는 덩치가 너무 커서, 당시 민영화가 이미 끝난 프랑스의 대형 은행 3곳(BNP, 소시에테제네랄, 파리바) 중 그 누구도 단독으로 인수하기가 벅찬 대상이었다. 당시 시장에서 제기된 프랑스 정부의 '음모론'은 다음과 같다. 소시에테제네랄과 파리바를 먼저 합병시킨 후, 이 대형 은행에 크레디리요네를 다시 인수시켜 3자 합병(Three-way Merger)을 도모하는 방식으로 유럽 최대인 초대형 은행그룹을 만든다는 시나리오였다. (솔깃해지는 이야기다. 사실 당시는 은행 대형화의 광풍이 전 세계를 휩쓸고 있던 시기였기에)

'SG파리바'가 탄생되는가 하는 찰나, 한 달여 뒤인 3월 10일, 이런 움직임에 찬물을 끼얹는 또 하나의 대단한 제안이 터져 나온다. 바로 BNP은행 페베로 회장의 '2개 은행(소시에테제네랄 및 파리바) 동시 인수' 제안이었다. 두 은행 주식 모두를 BNP은행 주식으로 바꿔 주겠다는 충격적인 제안이었다. 총주식교환 규모는 375억달러에 달했고, 이 규모는 당시까지 유럽에 있었던 모든 금융권 인수·합병 규모 중 단연 최대 규모였다. BNP 측 제안은 다음과 같았다. 소시에테제네랄 주식 7주를 BNP주식 15주로, 파리바주식 8주를 BNP주식 11주로 바꿔 주겠다는 것인데, 이는 두 은행 주주들에게 각각 14% 및 18%의 시가대비 프리미엄을 주겠다는 제안내용이었다. 3자 통합은행 'BSP'(세 은행의 머리글자 합친 이름)는 총자산 1조달러, 시가총액 550억달러, 프랑스 내 지점 수 4700개, 프랑스 국내 리테일금융 시장점유율 20%, 기업금융 시장점유율 40%, 투자은행(증권) 시장점유율 50%를 점하게 될 터이었다. 여기에 더하여, 3개 은행이 진출해 있는 해외시장이 70개국에 달하게 되어, 단순히 '프랑스 메가뱅크'를 만드는 것이 아니라 '글로벌 메가뱅크'를 만드는 작업이었다.

페베로의 이런 제안은 물론 기본적으로는 'SG파리바'의 탄생을 막아야 한다는 절박감의 산물이었다. 페베로의 예상으로는, 가만이 있다가는 BNP는 '크레디아그리콜-앵도수에즈'(2003년에 크레디리요네까지 인수) 조합과 'SG파리바' 조합에 밀려, 한참 떨어지는 프랑스 국내 3위로 주저 앉음과 동시에, 프랑스 금융기관을 인수하려는 해외 대형금융그룹들의 좋은 사냥감으로 전락하게 될 것이었다. 이런 수세 상황을, 그는 당시 사람들의 수준으로는 생각조차 하기 어려운 전격적 제안으로 공세로 전환해 버린 것이다. 표면적으로 내세운 그의 제안 이유는 물론 다음과 같다. "프랑스도 이제 세계적인 차원의 초대형, 초일류의 금융기관 하나쯤은 가져야 할 때가 되었다"라는, 일종의 감성적인 애국심(?) 호소전략이었다. 이런 애국심 호소는, 격정적인 국민성을 가진 프랑스에서는 어느 정도 먹혔던 것으로 보인다. 물론, 그 뒤에는 페베로의 전략을 지원한 배후세력이 있었음은 물론이다. 페베로의 후원자는 프랑스 금융계의 왕(king)으로 불리던, 유럽 최대 보험사 AXA의 클로드 베베어(Claude Bebear; 1935년생) 회장이었다. 공교롭게도, AXA는 BNP와 파리바 두 은행의 1대 주주였고, 소시에테제네랄의 3대 주주였다. 세 은행을 합친 'BSP은행'의 최대주주가 되는 것도 물론 AXA였다. (*재미있는 점은, 이 1999년의 서사적 합병 드라마에 등장하는 4명의 주인공, 즉 페베로, 레비-랑, 부통, 베베어 등 4인은 전부 에콜폴리테크닉 동문들이었다. 언론에서는 이 합병제안을 '대학 동문 운동회'라고 놀렸다)

그 후 몇 달간, BNP 측의 2개 은행 공개 매수안과 소시에테제네랄의 파리바 인수 제안이 주식시장에서 동시에 시도된 결과, 결국 BNP가 '절반의 승리'를 거두게 된다. 파리바 주주 65%가 BNP 측 공개매수에 응한 반면, 소시에테제네랄 주주들은 32%만이 공개 매수에 응한 것이다. 결국 대주주 AXA의 도움으로 파리바를 인수하는 데에는 성공하지만, 소시에테제네랄은 BNP의 공격을 방어해낸다. 나중에 유럽중앙은행 총재가 되는 당시 프랑스중앙은행인 방크 드 프랑스(Banque de France)의 장-폴 트리쉐(Jean-Paul Trichet) 총재가 소시에테제네랄의 부통을 위해서 개입을 한 것이다.

그러나 절반의 승리도 승리는 엄연한 승리였다. 더구나, 스스로 재무관료 출신이었던 페베로는, 아이러니 하게도 프랑스의 '관치금융(Papa's Intervention)'을 청산시킨 주인공으로 기록되게 되었다. 이 사건 이후로는, 프랑스 은행들에 대한 프랑스 재무성의 자의적 개입이 거의 불가능하게 되어 버린 것이다. 프랑스 금융 전체가 한 사람의 '프렌치 카우보이'로 인해, 일약 한 단계 업그레이드(?)가 되어 버린 셈이다. 그리고 이 BNP파리바의 탄생은 다음과 같은 2가지 부수적 결과도 낳았다. 우선 프랑스 국내 경쟁사인 크레디아그리콜을 자극시켜, 크레디리요네를 인수하게 하여 또 하나의 프랑스계 메가뱅크를 탄생시킨 것이다. (두 메가뱅크 공히 오늘날 각각 약 2조달러의 총자산을 보유) 두 번째는 이 BNP파리바 합병으로 인해, 해외 금융기관의 프랑스계 은행 인수는 단 1건(2000년의 HSBC의 CCF인수)으로 방어할 수 있었던 것이다.

오히려 프랑스 금융기관들의 해외금융기관 인수가 역으로 가속화된다. (BNP파리바의 미국의 대형 지방은행 뱅크웨스트 인수 등)

2003년, 페베로는 이제는 명실공히 '글로벌뱅크'가 된 BNP파리바의 CEO 자리를 후계자인 보도앵 프로(Baudoin Prot)에게 넘기고 이사회 회장으로 물러선다. 그의 후계자들은 페베로의 전략을 그대로 수행해 글로벌 진출을 한층 가속화한다. 오늘날 BNP파리바를 '프랑스 은행'이라고 하는 사람은 거의 없다. 그만큼 글로벌화된 것이다. 그리고 오늘날 독일의 도이체방크와 1, 2위를 다투는 유럽 최대 투자은행(IB)이기도 하다. 이런 프랑스 금융계에 끼친 페베로의 공적을 인정했는지, 프랑스 정부는 2004년, 프랑스 시민에게 부여하는 최고 훈장인 레종도뇌르 훈장을 그에게 수여한다. '프렌치 카우보이'가 프랑스 금융계의 황제(emperor)로 인정받는 순간이었다.

2015. 1. 19

42 사모펀드 혁명 (1) 부채의 모순

이번 회부터 사모펀드 이야기를 해 보려고 한다. 언젠가부터 자본시장에 사모펀드가 하나의 거대한 축으로 자리 잡았다. 사실 좀 심하게 말하면 현대 IB시장은 "사모펀드가 이끄는(private-equity-led) 시장이라고 해도 과언이 아닐 정도다. 언론을 장식하는 각종 대형 딜의 면면을 보면 파는 쪽에서나 사는 쪽에서나 어느 쪽이든 사모펀드들이 약방의 감초처럼 자리하고 있다. 문자 그대로, 공개시장이 아닌 사적(私的) 시장에서 조달한 투자가들의 자금으로 소수 정예 '선수'들이 그 자금을 저평가된 포트폴리오에 투자해 가치 향상(value-up)시킨 후 되팔아서 낸 (높은) 수익을 되돌려준다는, 오늘날 보편화된 이 구조가 어떻게 시작된 것인지, 그 계기가 무엇인지 살펴보는 일은 매우 중요하다.

사모펀드 혁명의 시작은 바로 '부채의 모순(The paradox of debt)'에 대한 재발견이다. 일찍이 벤저민 프랭클린(Benjamin Franklin·1706~1790)은 자신의 교훈서 '리처드 아저씨의 연감(Poor Richard's Almanac)'에서 돈을 빌리는 자는 불행해진다고 경고했다. 서양에서는 이처럼 중세 이후 1000년 이상을 부채를 죄악시하는 교육을 해 왔다. 성경에 묘사된 고리대금업은 나쁜 행위였고, 한편 빌려주는 행위만큼이나 부채를 일으킨다는 것도 서양인의 죄의식을 오랫동안 자극해 왔다. 부채를 갚지 못하는 것은 하느님을 모독하는 것에 진배 없는 죄악이었고, 채무 불이행자를 19세기 이전까지만 해도 가혹하게 처벌하곤 했다.

이런 부채에 대한 서양사회의 부정적 인식은 산업혁명이 시작된 후에 점차 바뀌기 시작했다. 국가적으로도 시중의 돈이 대출 형태로 국가기간산업 등에 효과적으로 재분배돼야 할 필요성이 커졌고, 이에 따라 대출 중개기관으로서 은행업의 제도화와 비약적 신장이 이루어지게 된 것이다. 채무가 존경 대상까지는 아니어도 최소한 '조직화'가 이루어진 것이다.

19세기 후반 미국 역사는 대기업들에 대한 신용공여 확대의 역사였다. 은행 제도화에 이어 전문화된 투자중개자들, 즉 오늘날 투자은행 초기 모습들이 부동산이나 유형자산을 담보로 한 장기 채무증서를 발행해 시중에 유통시키기 시작한다. 물론 차입 위험성은 달라진 것이 없었다. 신중하지 못한 대출자가 무분별한 차입자에게 대출할 때마다 파괴적인 결과가 반복적으로 일어났다. 대형기업 파산 사건이 주기적으로 일어날 때마다 도덕론자들은 차입 폐해를 음주나 매춘, 도박 등과 같은 비기독교적인 악덕 행위인 것처럼 매도하곤 했다.

남북전쟁 이후 등장한 미국 대기업 집단(Conglomerates)들은 차입을 통해 자산을 결집시켜 실로 거대한 사업을 구상하고 실행할 수 있었다. 철강, 정유, 전력, 철도, 자동차 등 업종의 자본집약적 요구를 차입이 모두 해결해 줬다. 20세기 초로 넘어가자 가장 안정적인 미국 기업들도 장기 부채를 통해 설비를 증설하고 자산을 인수해 혁신의 재원으로 사용하는 것이 일반화됐다.

미국 최초 재벌로 불리는 존 피어폰트 모건(John Pierpont Morgan)의 철강업이 대표적이었다. 그는 8개 철강회사를 유에스스틸(US Steel)로 합병하면서 다수의 대출자에게 받은 거액의 차입금으로 산업 전체를 재편성할 수 있음을 최초로 보여 줬다.

물론 이런 차입거래(Leveraged Transaction)가 모두 성공한 것은 아니다. 바로 그 모건이 시도한 1902년 해운회사 IMM컴퍼니(International Mercantile Marine Co) 합병은 필요 자금의 86%를 차입으로 해결했는데, 거래 조건과 정치적 상황의 변화로 바로 문제가 되어 최종 실패했다.

모건은 당시 미국·유럽 간 무역물품을 수송하던 미국 내 5개 해운회사를 모두 합병해 미국·유럽 간 물류업을 완전히 독점하려는 시도를 했던 것이다. 그는 자신이 대주주인 제이피모건은행을 통해 차입을 일으켰는데 해운업 전망을 너무 낙관적으로 보고 미래 현금 흐름을 과대평가해 합병된 회사가 부담할 수 없을 만큼의 거대한 레버리지를 일으켰던 것이다. 결국 회사는 인수·합병(M&A) 12년 후인 1914년 최종 부도가 나서 법정관리로 들어갔고, 당대 은행가라던 모건은 망신을 당하고 투자금을 날렸다.

그러나 여하튼 차입에 대한 부정적 인식은 20세기 들어와 점차 약화되고, 이 시기에 미국 대기업 집단들은 자산유동화증권뿐 아니라 전환사채, 신주인수권부사채, 상환우선주 등의 방식으로 일상적·반복적 차입을 일으키게 됐다. 대출은행들도 심사기법을 발달시키고 신용도를 분석할 수 있는 능력을 갖추게 됐으며 대출약정(Covenant) 조항을 통해 차입자 지출 경로와 경영 행동에 대한 통제력을 어느 정도 가지게 된 것이다.

차입거래가 결정적으로 탄력을 받게 된 것은 1960년대 말이다. 당시 주당순이익(EPS)이 기업금융의 핵심 지표이던 시기였는데 일부 성숙 기업의 모험가적 경영자들이 자신들의 핵심사업을 벗어나 성장단계 기업을 인수함으로써 주당순이익 비율을 획기적으로 개선할 수 있다는 사실을 알아차렸다.

이들은 소위 '이업종(異業種) 기업집단 간 결성 주체'로 차입 인수를 하기 시작했다. 시기적으로 볼 때 이 1960년대 후반은 미국에서 제3차 M&A 붐이 일어나던 시기였다. 2차 세계대전 전후에 시작해 미국 경제 황금기에 회사를 키워 놓은 미국의 많은 기업 창업주들이 은퇴를 앞두고 상속 문제 등으로 수십 년간 경영하던 회사를 매물로 내놓는 경우가 많았던 것이다.

이런 이업종 기업집단 간 차입 인수(순전히 주가를 띄우기 위한 인수였지, 포트폴리오 간 시너지는 처음부터 기대할 여지가 별로 없는 경우)는 긍정적 측면만 있었던 것은 아니고, 성공한 경우보다 실패한 경우가 더 많았다. 특히 텍사스에서 시작한 링-템코-보트(LTV)라는 전력업종 기업집단이 주가를 띄우기 위해 1968년 부실 징후를 보이는 철강기업인 피츠버그의 존스&러플린(J&L Steel)사를 인수했다가 동반 부실돼 파산보호신청을 한 경우에서 보여지듯이 여전히 차입 거래는 높은 리스크를 수반하고 있었다.

그러나 나중에 노벨경제학상을 받게 되는 MIT 프랑코 모딜리아니(Franco Modigliani·1918~2003)와 시카고대 머튼 밀러(Merton Miller·1923~2000) 등 경제학자 두 명은 1958년에 부채가 자본 대비 세제상 손비 혜택을 받는 한 기업의 자본구조는 융통성을 갖는다는 이론을 주장했다. 바꿔 말하면, 재무 상황이 악화되더라도 비용이 합리적 수준에서 통제되는 기업은 가능한 한 차입 비율을 높여서 세제상 혜택을 누려야 한다는 주장이었다.

1960년대에는 뉴욕대 경영대학원 에드워드 앨트먼(Edward Altman·1941~) 등 일군의 신진 재무학자들은 투자자들이 다양한 상황에서 기업의 파산 리스크를 더욱 정교하게 측정하는, 이제는 일반화돼 있는 분석기법을 개발하고 있었다. 시장이 스스로 알아서 차입기업인수(LBO) 시장의 붐을 대비하고 있었던 것이다.

이러한 수십 년간 흐름을 통해 1970년대로 들어오면 사상 최초 LBO 전문 사모펀드가 등장하게 되니 그 회사가 바로 KKR다. KKR가 발견한 것은 물론 '부채의 모순'이다. 즉 자신이 경영하는 회사 지분을 가질 수만 있다면 높은 차입 비율 아래에서도 기꺼이 경영을 맡아서 회사를 성장시킬 수 있다는 것이다. 경영자들은 차입에 따른 재무 제한 약정과 이자 상황 부담으로 인해 활동이 제약되지만 반면 과거 이 회사 소유주로부터 벗어나서 거의 전적으로 자율적인 경영활동을 할 수 있게 될 것이다. 물론 그러한 경영활동 자율화를 통해 얻어지는 것은 회사의 가치 향상(주로 주가 상승으로 표현된다)이다.

LBO는 이러한 방식으로 미국인에게 존재하던 부채에 대한 전통적 생각 자체를 바꾸고 나아가서는 자본시장 전체를 바꾸는 하나의 핵폭탄이 되는 것이다. 다음주에는 최초 LBO 사모펀드와 그가 구상한 거래 구조에 대해 이야기해 보자.

2015. 1. 29

43 사모펀드 혁명 (2) LBO의 등장

LBO(Leveraged Buy-Out)는 알고 보면 꽤 오랜 역사를 가지고 있다. 이 용어가 1970년대에 등장했다고 해서, 그때부터 생긴 거래유형은 물론 아니다. LBO의 원류는 부트스트랩(Bootstrapping)이라는 거래유형이었고, 이미 1940년대 말부터 소규모 회사의 인수·합병 거래에 이용되고 있었다. 부트스트랩은 문자 그대로 신발의 가죽끈을 지칭하는데, 인수할 때 투입된 부채를 갚기 위해 회사를 (가죽끈을 사용하는 것처럼) 번쩍 위로 들어올려야 한다는 의미에서 시작된 용어였다.

2차대전 이후 이런 유형의 거래를 선도한 투자은행가는 조지 오스트롬(George L Ohrstrom)이란 인물이었다. 월가의 투자은행에서 근무하던 그는 1946년에 자기 이름을 딴 회사(GL Ohrstrom & Co)를 차리는데, 이 회사는 좀 특이한 투자를 하는 회사였다. 즉, 안정적 시장을 가지고 있고 현금창출 능력이 뛰어난 미국의 잘 알려지지 않은 중소 제조업체를 차입을 많이 일으켜서 매입한 후에, 다른 상장회사에 합병시키면서 엑시트하는 거래를 연달아 시도한 것이다. 오스트롬의 시대에는 그런 용어가 없었으나, 그가 행한 투자들은 오늘날 사모펀드들이 말하는 '빌드업(Buy and Build-Up)' 투자전략의 원형이었다. 오스트롬과 오늘날의 사모펀드가 달랐던 유일한 점은, 오스트롬은 펀드를 만든 것이 아니라 회사 자본으로 투자를 하였다는 점이다. (이 오스트롬의 회사는 창립한 지 69년이 지난 오늘날도 맨해튼에 존재하고 있다. 그의 아들을 거쳐 현재는 손자가 사장이다.)

오스트롬의 선구적인 거래가 연달아 성공하자, 몇몇 다른 투자가들도 회사를 만들어서 이 부트스트랩 거래를 시도하게 된다. 이런 거래는 처음에는 그다지 월가의 주목을 끌지는 못했는데, 이유는 딜의 규모들이 아직은 월가 투자은행들이 관심을 가질 수준은 아니었으며, 무엇보다도 차입 형태가 대부분 대출의 형태였기 때문이었다. 그러나 1960년대가 되자, 이런 부트스트랩 거래들이 미국 재벌기업들의 이업종 간 인수·합병의 주요한 방법으로 보편화되기 시작한다. 이런 시대의 흐름을 가장 먼저 주목하였던 월가의 투자은행가가 바로 베어스턴스(Bear Stearns)의 파트너였던 제롬 콜버그(Jerome Kohlberg·1925~)였다.

콜버그가 수행한 첫 LBO거래는 아주 우연히 일어난 사건이었다. 1964년 베어스턴스의 기업금융 부문에서 일하고 있던 그는 자기를 찾아온 당시 71세의 H J 스턴(H J Stern)이란 기업가를 만났다. 그는 뉴욕시 인근에 위치한 스턴 메탈(Stern Metal)이란 금속가공업체 소유주였는데, 자녀들이 아무도 경영에 참여하고 싶지 않다고 하여 난감한 상황이었다. 그는 회사 경영권 지분을 현금화해서 가족들에게 유동자산으로 상속하고 싶어서, 자문을 받고자 콜버그를 찾아온 것이었다. 이 회사는 확실한 시장을 가지고 있었고 수년간 매우 안정적인 현금흐름을 창출하고 있었다. 스턴은 회사를 매각하는 데 2가지 조건을 내걸었다. 우선 그는 자신이 창업해 평생을 바쳐 일한 이 회사가 연관성이 없는 다른 회사에 매각되어 사라지는 것을 원하지 않았다. 다음, 그는 매각하는 지분의 조기 현금화를 원했다. 콜버그는 곧 이 두 가지 조건을 모두 충족시키는 거래구조를 만들어낸다. 스턴의 회사를 스턴 가족과 베어스턴스를 포함한 소수의 외부 투자가 그룹에 950만달러에 매각하는 안을 만든 것이다. 자본투자자들이 150만달러를 조달하고, 나머지 800만달러는 차입했다. 800만달러는 씨티은행에서 대출받은 선순위대출 400만달러 및 매스 뮤추얼(Mass Mutual)과 폴 리비어(Paul Revere) 등 2개의 보험사가 주식인센티브(Equity Kicker)와 함께 인수한 후순위채로 구성되었다.

이 거래가 비교적 작은 거래규모에도 불구하고 시장의 주목을 끌었던 이유는 간단했다. 이 딜의 구조가 유럽식 머천트뱅킹(Merchant Banking) 구조와 너무 유사했기 때문이다. 그전까지는 자문을 행하는 투자은행에서 직접 자본을 투자해 인수를 돕는 행위는 최소한 미국에서는 19세기 말 이후 사라진 거래유형이었던 것이다. 스턴메탈의 인수거래는 1965년 여름에 실시되었는데, 이때 콜버그 밑에서 인턴으로 일하고 있던 조지 로버츠(George R Roberts·1944~)라는 대학생이 있었다. 캘리포니아 출신으로 클레어몬트 매키나(Claremont McKenna)대학 학부생이었던 로버츠는 이 거래를 바로 옆에서 지켜볼 수 있는 행운을 누렸다.

스턴메탈은 피인수 후 9개월 후에 기업공개(IPO)를 했는데, 콜버그의 팀에서 주당 2.5달러에 매입했던 주식은 무려 11.75달러에 공모가 완료되었다. 그러나 콜버그 팀의 투자는 9개월 만에 엑시트하기 위한 단기투자는 아니었다. 베어스턴스는 오히려 주식공모로 들어온 대금을 대출차입금 상환에 투입하면서 주주로 계속 남는 길을 선택했다. 회사의 가치를 더 향상시킬 수 있다고 본 것이다. 새롭게 콜버그 팀이 고용한 경영진은 회사 이름을 스턴덴트(Stern Dent)로 바꾸고 몇몇 포트폴리오를 추가로 인수하여 회사를 키워나가기 시작하였다. 최초 투자 후 5년, 기업공개 후 4년이 되던 시점인 1970년에 최초 투자금의 8배를 최종이익으로 남기고 베어스턴스는 이 회사에서 엑시트를 한다. 이 거래는 당시 월가에 충격을 주었다. 많은 투자은행들이 이 회사의 주식가치를 끌어올리는 과정에 관심을 가졌고, 일부 미디어는 이 투자가 눈속임이 아닌가 하는 의심의 눈초리를 보냈다. 콜버그의 첫 LBO거래는 시장의 숭배와 의구심을 동시에 불러일으킨, 첫 번째 성공적인 LBO딜이 되었다.

이 거래를 통해 콜버그는 명성과 돈을 동시에 얻었지만 보다 더 큰 수확은 뒷날 최초의 LBO 전문 사모펀드인 KKR를 공동 창업하게 되는 2명의 유능한 젊은이들을 팀원으로 채용할 수 있었다는 점이다. 위에서 말한 조지 로버츠는 그의 동갑내기 사촌이자 역시 클레어몬트 매키나 대학의 동급생이던 헨리 크래비스(Henry Kravis·1944~)를 설득하여 콜버그의 팀에 합류시킨다. 두 사람은 각각 1968년과 1969년에 정식으로 베어스턴스 콜버그 팀에 입사한다. 콜버그-크래비스-로버츠 트리오는 그 후 베어스턴스 내부의 심한 견제와 다른 파트너들의 회사 자본 사용에 대한 비협조를 극복하고 몇 건의 추가적인 LBO딜을 성공시킨다. 다른 파트너들은 콜버그의 딜을 자물쇠 거래(Lock-Up Trade)라고 비판했는데, 이 단어는 투입된 회사 자본이 비교적 장기간(3~5년) 묶여 버리기 때문이었다. 그리고 사실 콜버그 팀의 LBO거래가 모두 다 성공한 것도 아니었다. 톰슨와이어(Thomson Wire·구리전선제조), 보런클레이(Boren Clay Products·건설자재), 배로스(Barrows Industries·보석가공) 등 큰 성공을 거둔 투자도 있지만 신발제조업체인 코블러스(Cobblers Inc) 투자 건처럼 투자한 지 2년 만에 회사가 파산해버린 경우도 있었다.

1965년부터 1975년까지 콜버그 팀은 이런 유형의 거래들을 연달아 성사시키면서 소수지만 매우 강력한 투자가그룹을 확보하게 되었다. 이들은 미국의 거대 부호 가문인 힐먼 가문(Hillman Family)과 그리피스 가문(Griffith Family) 같은 개인투자자들, 퍼스트내셔널시카고은행(First National Bank of Chicago)과 씨티은행(Citibank) 같은 대형 시중은행의 여신담당자들, 그리고 푸르덴셜보험(Prudential Insurance) 등 장기투자 속성의 일부 보험사들이었다. 여기에 더하여, 딜 발굴을 위해 콜버그 팀은 월가 거의 모든 투자은행들의 M&A팀들과 정기적으로 교류하며 친분을 쌓았다. 독립 시기가 무르익은 것이다.

1976년, 당시 37년째 베어스턴스의 CEO직을 유지하고 있던 카리스마적인 사이 루이스(Cy Lewis)가 콜버그 팀이 올린 몇 건의 LBO건을 아무 이유 없이 부결시키자 드디어 3인조는 베어스턴스를 탈출한다. 사모펀드 업계의 시작인 KKR가 이렇게 탄생하는 것이다. 다음 회에 KKR의 초기 역사를 짚어보기로 하자.

2015. 2. 3

44 사모펀드 혁명 (3) - KKR의 창업과 휴데일LBO

1976년 5월 1일, 뒷날(당시에는 사람들이 인식하지 못하였으므로) 최초의 LBO 전문 바이아웃 펀드로 기록되는 콜버그크래비스로버츠(KKR)가 공식 출범한다. 모든 펀드에는 초기 투자자가 필요한데, KKR의 경우는 3인방이 베어스턴스에 재직할 당시 이미 여러 번 투자자로 유치한 바 있던 당대 미국 최고의 부호 가문 중 하나였던 피츠버그의 헨리 힐먼 가문(Henry Hillman Family)이 그 역할을 수행하였다. 이 신설 회사에 당시로서는 거금인 1250만달러를 투자한 것이다. 힐먼의 투자확약서(LOC)를 들고 다른 투자가들을 추가 접촉하는 과정에서 오늘날 모든 사모펀드들이 취하는 구조가 최초로 완성되어 나온다.

KKR의 1976년 1호 LBO펀드가 그 이전에 존재하였던 다른 투자 펀드들과 확연히 다른 점은 이 펀드가 출범 시에는 아직 투자처를 확정하지 않은 소위 말하는 블라인드펀드(blind pool fund)였다는 점이다. 벤처캐피털 업계에서 사용하던 방식을 LBO바이아웃펀드에 모방하여 도입한 것이다. 투자자들은 유한책임사원(Limited Partner)으로서 약정한 금액 범위 내에서 투자를 하지만 딜의 발굴과 투자 실행, 그리고 그 후의 기업가치향상 작업 등은 전적으로 KKR의 파트너들에게 맡기는 구조이다. 그들은 투자 내용과 사후 관리에 대해 정기적으로 보고를 받고, 궁금하면 언제든지 관련 자료를 요청하여 받아볼 수는 있으나 투자 결정에 관여하지 못하였다.

KKR의 파트너들은 무한책임사원(General Partner)으로서 1%의 금액을 자기 자금으로 출자하였고, 나머지 99%는 유한책임사원들의 투자액으로 구성하였다. 무한책임사원은 따로 정기적 보수를 받지 않는 대신 펀드 청산 시 발생한 총 이익의 20%를 성과보수로 가져간다. KKR의 3인방은 투자프로세스에 관한 완전한 자유를 원하였으므로, 그 이전까지 업계의 일반적 관행이었던 펀드 내부감독기구(위원회)를 만들어 투자를 감시하겠다는 요구를 하는 잠재 투자가들은 모두 물리쳤다. 그들은 철저히 수동적인 투자가(passive investors)들만을 섭외하여 유치하는데 성공하였던 것이다.

그런데 수동적인 투자가들만을 유치한 결과, 펀드의 초기 경비를 누가 부담해야 하는가에 대한 논란이 생겼다. 요즘은 LP들이 약정 총액의 몇 %를 아예 처음부터 펀드 경비로 쓰는 등의 방식이 채택되지만, 1976년 당시에는 이런 관행이 없었다. KKR의 3인방은 자유를 얻는 대신 경비는 스스로 조달해야 했고, 지인들을 설득하여 초기에 쓸 경비 40만달러를 별도로 유치하여 드디어 3000만달러 규모의 1호 LBO펀드를 출범시키는데 성공한다.

이들은 투자 대상을 찾으면서 먼저 '투자원칙'을 정해두고 투자를 시작하였다. KKR 1호 펀드는 다음과 같은 원칙 아래 투자가 집행되었다. 1) 매 투자 건마다 10~20%의 자본과 80~90%의 차입으로 기업을 인수 2) 차입 중 선순위 은행대출은 단기(3~5년) 상환조건인데 반해 후순위차입은 더 장기로 구성 3) 인수차입금을 5~7년 내에 모두 상환하는 것이 목표 4) 경영진에 회사주식 소유 기회를 주어 경영능력을 최대한 도출 5) 성장성이 있는 기업을 찾기보다는 현재 주가가 저평가되어 있는 기업에 우선적 투자 등이다.

투자 원칙만 세웠을 뿐 그들은 투자 대상 회사의 업종은 가리지 않았다. 실제로 1호 펀드가 투자한 6건의 투자처는 다양한 업종의 회사들이었고, 통일성은 없었다. 확실한 것은 그 모든 투자 대상들이 KKR이 인수하기 전과 인수한 후 완전히 달라졌다는 점이다. 그 극적인 사례이자 KKR를 일약 '전국구 스타'로 발돋움시킨 딜이 바로 이 1호 펀드의 4번째 투자였던 휴데일(Houdaille Industries)사 LBO(1979년)였다.

이 딜은 LBO 역사에서 매우 중요하다. 1980년대 그 폭발적인 LBO 붐을 일으키는 근거를 제시한 딜이었던 것이다. (그 덕분에 그 후 모든 미국 경영대학원의 기업금융 교과서는 이 딜을 케이스스터디로 다룬다!)

휴데일은 1929년 뉴욕주 버팔로에서 창립된 산업용 기자재와 건설, 그리고 자동차부품 생산 제조업체였다. 1979년 당시에는 본사를 플로리다주 포트 로더데일로 이전한 상태였고, 총 18개의 포트폴리오 자회사를 가진 일종의 이업종결합회사(미국식 재벌회사)였다. 뉴욕증시에도 상장되어 있었다. 이 회사는 차입을 최대한 억제하고 사내 현금유보율을 높게 유지하는 매우 보수적인 경영을 오랫동안 해 온 결과, 1978년 여름이 되면서 기업사냥꾼들에게 아주 좋은 타깃이 되고 말았다. 뉴욕의 기업사냥꾼들이 회사를 공격하려는 기미를 보이자 당시 이 회사 CEO로 25년째 근무 중이던 67세의 제럴드 샐터랠리(Gerald Saltarelli) 회장은 회사 경영권을 지키기 위해 월가의 투자은행인 골드만삭스를 자문사로 채용하기에 이르렀다.

이 회사를 오랫동안 주목하고 있던 KKR는 곧 이 회사와 접촉하여 1978년 8월, LBO 인수 제안을 한다. 제안 내용을 보면 주당 14달러에 거래되고 있던 이 회사를 주당 40달러의 보통주와 주당 50달러의 우선주를 섞고 전체 인수 대금의 무려 86%를 차입하는 총 3억8000만달러 규모의 당시로서는 유례가 없던 큰 LBO 딜이었다. 회사의 현재 거래 가치의 3배가 넘는 가격으로 회사를 인수한 근저에는, 이 회사가 가진 놀라운 현금흐름과 비핵심 포트폴리오 자산 매각으로 얻어지게 될 잠재 수익, 그리고 은퇴를 앞둔 샐터랠리 회장의 후계자가 될 젊은 경영진의 뛰어난 능력을 두루 고려한 결정이었다. 휴데일 경영진은 반신반의하면서 두 달을 고민하였으나, KKR말고는 우호적 인수자가 나타나지 않은 가운데 기업사냥꾼 중 하나인 뉴욕의 제이콥스 가문(Jacobs Family)이 휴데일 주식 매집을 시작했다. 드디어 샐터랠리가 KKR의 인수 제안을 승인한 것은 그 해 10월이었다.

그런데 막상 인수 협상이 타결 된 후에 차입이 쉽게 이루어진 것은 아니었다. 당시로서는 선례가 거의 없는 규모가 큰 LBO차입 건이었고, KKR라는 신생 회사의 트랙레코드가 아직 확실히 자리잡은 상태가 아니었기에, 누군가 대형 기관이 나서 줘야 하는 상황이었다. 차입이 성공하기 위해 가장 중요한 점은 선순위대출을 깔아 줄 수 있는 큰 은행의 존재였다. 이때 먼저 KKR와 접촉해서 이 상황을 해결해 준 인물이 바로 당시 시카고에 본점을 둔 미국 9위 은행인 컨티넨탈일리노이(Continental Illinois)은행의 젊은 대출 담당자 마이클 토카즈(Michael Tokarz; 1950년~) 였다. 토카즈는 당시 주가가 저평가되어 있고 대신 현금흐름이 좋은 기업에 대한 대규모 대출을 담당하는 데스크의 직원이었는데, 월스트리트저널에 실린 휴데일에 대한 KKR의 LBO 시도 기사를 읽은 즉시 KKR에 전화를 걸어 왔다. 3억8000만달러 인수대금의 40%를 차지하는 선순위대출 부분을 컨티넨탈일리노이은행을 대표주관으로 뱅커스트러스트, 매뉴팩처러스하노버 등 3개 은행단이 모두 인수하였다. (토카즈는 이 후에도 여러 건의 LBO 딜을 KKR를 위해 주선했으며, 그런 인연으로 1984년에 아예 KKR에 파트너로 입사한다) 이어 총 1억5000만달러에 달하는 후순위채권 및 주식워런트 부분은 대형 보험사인 푸르덴셜 및 대형 연기금인 교직원연금(TIAA) 등 약 13개 기관이 나누어 인수하기로 하였다. 모든 인수금융 구조가 완성된 것은 이듬해 봄이었고, 결국 이 딜은 센세이션을 일으키면서 1979년 5월 최종 클로징된다.

이 딜이 유명해진 것은 단지 규모뿐만 아니라 자금조달 구조의 복잡성, 그리고 절세를 위해 업계 최초로 페이퍼컴퍼니를 이용한 역합병(Reverse Merger) 방식으로 딜의 구조를 짰다는 점이다. KKR는 중간에 HH인수회사(HH Acquisition Company)라는 페이퍼컴퍼니를 세우고, 이 회사를 통해 휴데일 기존 주주들로부터 주식을 인수한 다음 바로 이 페이퍼컴퍼니와 휴데일을 합병시켰다. 잔존법인인 휴데일은 페이퍼컴퍼니였던 HH인수회사의 부채를 모두 떠안게 되는 구조다.

KKR의 명성을 일약 미국 전역에 알린 휴데일은 그러나 인수한 후 1980년대 초 한때 자동차부품산업 등의 타격으로 다소 위기를 겪기도 하였다. 하지만 비핵심 자산의 적절한 매각과 유능한 경영진의 활약으로 위기를 극복하고 부채를 착실히 갚아 나갔다. 결국 투자 집행 8년 후인 1987년에 연평균 34%의 내부수익률(IRR)을 기록하며 성공적으로 재매각에 성공하게 된다. 이 딜의 성공으로 인해 KKR의 2호 펀드부터는 투자자들이 쇄도하게 된다. KKR는 이제 1980년대의 폭발적인 LBO 붐을 주도할 실탄을 확보하게 된 것이다. 다음 45화에는 1980년대의 LBO 업계 진화 내용에 대해 알아본다.

2015. 2. 9

45 IB업계의 화산논검 - RJR내비스코 LBO (1)

1980년대 미국 산업계와 금융계를 장식한 'LBO 광풍'에 KKR가 큰 몫을 한 것은 분명한 사실이다. 이 시기에 KKR 성공에 자극받은 후발 사모펀드들이 속속 LBO 시장에 새로운 플레이어로 등장하게 된다.

한편 월가 투자은행 대부분이 서둘러 PE사업 부문(당시 용어로 '머천트뱅킹' 사업 부문)과 LBO파이낸싱 데스크를 만들어서 이 시장에 뛰어들었다. [IB명장면] 시리즈 22·23화에서 이미 소개한 바 있는 드렉셀 투자은행의 마이클 밀켄과 그의 정크본드 데스크가 이 시기에 KKR 등 선도 사모펀드그룹과 연계하면서 LBO 시장 규모를 1970년대 말에서 1980년대 말에 이르는 10년 동안 20배 넘게 폭발적으로 증가시킨다.

KKR가 처음 밀켄의 도움을 받은 딜은 1984년 콜내셔널(Cole National)사 인수였다. 인수 금액이 3억 3000만달러였는데 그중 71%를 밀켄을 통해 차입했고 보유 기간 3년에 무려 44%에 달하는 연환산 내부수익률(IRR)을 달성하고 성공적으로 엑시트했다.

이 성공에 힘입어 KKR는 다음 LBO 딜 규모를 대폭 키우기 시작한다. 1985년 스토러커뮤니케이션스(Storer Communications·24억3000만달러), 1986년 비아트리스(Beatrice·87억3000만달러), 세이프웨이(Safeway·48억달러), 1987년 오언스일리노이(Owens Illinois·46억8000만달러), 월터 인더스트리스(Walter Industries·32억6000만달러) 등이다.

이 모든 딜이 드렉셀 투자은행이 단독 또는 공동으로 후순위 차입을 주선해줬고, 그것이 자금조달에 성공하는 결정적 요인이 된다. 6년 보유기간에 52% IRR를 달성한 비아트리스 외에 나머지 3개 포지션을 정리하는 데 10~12년이라는 장기간이 소요되긴 했지만 각각 60%(스토러), 42%(세이프웨이), 21%(오언스일리노이)의 인상적인 IRR를 투자가들에게 안겨줬다. 각 딜은 평균적으로 89% 레버리지를 일으켰다. 자기 돈 1원에 남의 돈 9원을 빌려서 기업을 산 것이다.

이제 미국 내 모든 경제 관련 언론이 KKR 일거수일투족을 예의 주시하던 1988년에 1980년대 LBO 광풍 최고 정점기에 터져나온 딜이 오늘날까지도 IB업계에 장엄한 영웅서사시(saga)처럼 회자되는 바로 그 RJR내비스코 LBO 인수전이다. 월가 모든 투자은행과 대형 사모펀드들이 뛰어들어 맹목적인 자존심 싸움을 벌인 한 판의 화산논검(華山論劍)이었다고나 할까.

우선 이 회사가 어떤 회사였는지, 그리고 이 회사가 LBO 시장에 나오게 된 배경이 무엇인지 파악해보자(*월스트리트저널 탐사보도 전문기자였던 브라이언 버로와 존 헤일러가 1990년에 출간한 'Barbarians at the Gate-The Fall of RJR Nabisco'라는 저서에서 이 인수전에 대한 전말을 600여 쪽에 걸쳐 상세히 다루고 있다).

RJR내비스코 원조인 RJ레이놀즈는 노스캐롤라이나주 윈스턴세일럼시에서 1875년에 창설된 담배회사였다. 1950년대 미국 최대 담배회사로 자리를 잡게 되고, '카멜' '윈스턴' '세일럼' '럭키스트라이크' 등 담배 브랜드를 전 세계적으로 히트시키게 된다. 식품 사업에도 손을 대서 하와이언펀치, 델몬트 등 음료 브랜드를 보유하게 된다.

이 회사에 변화가 온 것은 1985년 당시로는 대단히 큰 금액인 49억달러를 주고 거대 식료품회사인 내비스코(Nabisco)를 인수했을 때부터다. 이 인수·합병(M&A)을 주관했던 인물은 당시 인수자인 RJ레이놀즈 최고경영자(CEO)였던 J 타일리 윌슨(J Tylee Wilson·1932년~)이었다. 그러나 회사를 인수한 지 2년 만인 1987년, 인수된 쪽인 내비스코 CEO였던 F 로스 존슨(F Ross Johnson·1931년~)에게 통합 RJR내비스코 CEO 자리를 넘기고 은퇴한다.

새로 이 거대한 회사를 경영하게 된 존슨은 캐나다 사람이었다. 젊은 시절을 GE에서 혹독하게 육성된 전문경영인으로, 1981년 내비스코 CEO로 영입되기 전에는 종합식음료 회사였던 스탠더드브랜즈(Standard Brands) CEO로 다년간 재직하면서 경영능력을 인정받은 인물이었다.

1987년 RJR내비스코라는 거대한 리테일회사를 새롭게 경영하게 된 그가 처음 한 일은 110년 동안 움직이지 않았던 윈스턴세일럼 본사를 조지아주 애틀랜타로 옮기는 것이었다. 당시 그의 주장은 RJR내비스코가 세계적인 회사가 됐으니 그 위상(?)에 걸맞게 이제 노스캐롤라이나주 한적한 시골을 벗어나서 대도시로 이전해야 한다는 주장이었다. 사무실 임차료 등이 몇 배나 발생하는 등 추가 비용을 생각하면 상당히 비논리적인 주장이었으나, RJR내비스코 이사회는 이전을 승인한다.

한편 애틀랜타로 본거지를 옮김과 동시에 월가가 있는 뉴욕에도 본인 사무실을 만들어 거점을 마련했다. 그러나 존슨이 회사 본사를 대도시로 이전하고 뉴욕에 사무실을 만든 데는 다른 이유가 숨어 있었다.

당시 월가 투자은행 중 드렉셀에 이어 LBO데스크를 크게 확장시키고 있던 회사 중 하나가 아메리칸익스프레스 자회사였던 시어슨리먼허튼(Shearson Lehman Hutton·나중에 리먼브러더스로 스핀오프 분사됨)이었다. 이 회사 CEO였던 피터 코헨(Peter Cohen·1947년~)과 존슨은 은밀한 대화를 진행하고 있었던 것이다. 바로 주가가 제값을 받지 못하는 RJR내비스코를 MBO(경영진에 의한 LBO)하자는 계획이었다. 존슨도 주가가 회사 경영에 관한 모든 것을 말해준다는 잘못된 생각에 사로잡혀 있던 당시 미국 경영자 중 한 명이었다.

여러 차례 M&A로 잡다한 사업 부문을 보유하고 있던 RJR내비스코는 핵심사업 부분의 현금흐름 창출력에도 불구하고 비핵심사업 부문을 적기에 정리하지 못한 데다 경영도 비능률적으로 이뤄져 왔다는 인식이 증권가에 뿌리 내리고 있었다. 이에 따라 주가가 맥을 못 추고 있었는데, 결정타는 1987년 10월 그 유명한 블랙먼데이 뉴욕 증시 폭락 사태였다.

RJR내비스코 주식도 이 속절없는 하락장에서 주가가 반 토막 났다. 그해 실적이 전년 대비 26%나 상승했음에도 불구하고 RJR내비스코 주가는 회복하지 못했다. 이에 아예 회사를 상장폐지한 후에 철저한 구조조정을 통해 다시 회사를 재상장해 보려는 계획을 시도하자는 인식에 이르게 된 것이다. 이런 계획을 추진하려면 물리적으로 본사가 월가 투자은행들과 접촉하기에 용이한 대도시에 있어야 했던 것이다.

그런데 이 회사 경영진에 의한 LBO, 즉 MBO 아이디어를 최초로 존슨에게 떠본 사람이 바로 KKR 공동 창업자인 헨리 크래비스였던 것이다. 크래비스는 1987년 봄, 존슨을 찾아가 같이 LBO를 하자고 권유했다. 당시 존슨이 막 CEO로 취임한 시점이어서 이런 제안에 당장 대답할 수 있는 상황이 아니었을 뿐 아니라 그는 평소에 크래비스에 대해 매우 부정적 인식을 가지고 있던 바(정크본드를 이용한 금융기법으로, 남이 잘 일구어 놓은 회사를 약탈하는 기업사냥꾼이라는 인식) 이런 제안을 일언지하에 거절했다.

그런데 크래비스는 물리쳤지만 크래비스가 던지고 간 그 아이디어는 사실 존슨이 자기가 은밀히 진행하려고 세워둔 바로 그 아이디어였던 것이다. 존슨은 크래비스가 다녀간 후에 이 딜을 본격적으로 추진하기 시작했다. 그가 많은 투자은행들 중에 시어슨리먼허튼을 선택한 것은 어쩌면 당연한 일이었다. 그가 시어슨리먼허튼 모회사인 아메리칸익스프레스 사외이사로 재직하고 있었기 때문이다.

그는 자기 심복인 회사의 최고전략책임자(CSO) 앤디 세이지(Andy Sage)와 피터 코헨의 지시를 받은 시어슨리먼허튼의 M&A그룹장인 토밀슨 힐(J Tomilson Hill) 간 비밀대화 채널을 가동하기 시작했다. 때는 서울에서 올림픽이 열리던 해인 1988년이었다. 이 한 해 내내 월가를 숨가쁘게 달군, 딜 전개에 대해 다음 시간에 이어가 보자.

2015. 2. 16

46 IB업계의 화산논검 - RJR내비스코 LBO (2)

이 LBO가 일어난 지 어언 27년이 지난 오늘날의 시각에서 볼 때 과연 이 LBO가 왜 그처럼 요란하게 주목을 끌었고 책과 TV시리즈, 영화로까지 만들어질 정도의 가치가 있는 일인지 의아해 하는 분들이 많을 것이다. 간단히 이유를 들어본다면 RJR내비스코 LBO는 3가지 측면에서 중요할 수밖에 없다.

하나는 딜의 사이즈이다. 이 LBO의 최종 클로징 가격 248억달러는 오늘날 화폐가치로 대략 55조원이 넘는 돈이다. 2015년에도 어마어마한 규모인데, 하물며 27년 전에는 어떠했겠는가? 당시 RJR내비스코는 전 세계에서 시가총액 기준 19위의 거대한 회사였다. 종업원 수 14만7000명에 달했고, 미국 전역에 영업망을 벌여 놓은 결과 회사가 임원들의 출장을 위해 소유하고 있는 자체 비행기만도 12대나 되어 아예 소형 항공사를 차릴 판이었다. 이런 회사를 LBO하겠다는 발상 자체가 당시 미국 정서상 쇼크 자체였던 것이다.

두 번째 측면은 이 딜이 궁극적으로 투자은행(IB) 역사상 승자와 패자를 가르는 하나의 분기점이 되었다는 사실이다. 이 난해한 딜(뒤에 나오지만, 이 딜은 실로 난산의 과정이었다. 누가 정확히 이 딜을 주도한 것인지도 나중에 가서는 불분명해질 정도임)의 여파로 이 딜에서 승리한 쪽에 붙은 자들과 패배한 쪽에 붙은 자들의 그 후 운명이 결정된다. 투자은행의 역사를 연구하는 자본시장 역사가들은 이 사건 이후로 'JP모건 이전과 이후'가 아니라 'RJR내비스코 LBO 이전과 이후'로 분석의 프레임을 재정비하게 된다. 라이벌에게 질 수 없다는 IB뱅커들의 공격적 성향, 경영진의 끝없는 탐욕, 수수료 수익에 대한 투자은행들의 과도한 집착, 언론에 실시간 중계될 정도의 대중의 지나친 관심 등 정서적인 측면들뿐 아니라 이 LBO딜 구조 및 자금조달 측면에서도 그 전에는 볼 수 없었던 혁신적인 부분이 나타나게 된 것이다.

마지막 측면은 당대의 모든 '월가의 인물들'이 모두 총집결한 딜이었다는 점이다. 그 이전에도, 그 이후에도 이 정도로 모든 당대의 IB뱅커들, 사모펀드 대가들, M&A 담당 전문 변호사들이 총출동한 딜은 찾아보기 어렵다고 한다. 일종의 자존심 싸움, 즉 당대 거인들 사이의 얽히고설킨, 각자의 에고가 부딪힌 전쟁을 한 셈이다. 1988년 당시의 월가의 상황을 잘 모르는 독자들의 이해 편의를 위해, 왜 이들이 이처럼 미친듯이 이 딜에 참여하려고 발버둥쳤는지는 향후 이 딜 입찰 경과를 이야기하기 전에 설명해 두어야 할 것 같다.

우선 이 딜을 처음 시작한 인물인 RJR내비스코의 CEO인 로스 존슨(F. Ross Johnson)이 있다. 캐나다 산골인 매니토바주 출신인 존슨은 회계사 백그라운드로 숫자에 밝았고 머리가 스마트한 인물이었으나 항상 뭔가 새로운 일을 꾸미는 유형의 경영자였다. 그는 어떤 회사를 맡으면, 그 회사의 각종 경영수치를 좋게 가꾼 후에 더 큰 회사에 자기 회사를 팔고서는 다시 그 인수한 회사로 넘어가서 그 회사의 CEO를 꿰차는, 매우 희한한 전문가였다. 식료품 전문 회사인 스탠더드브랜즈(Standard Brands)라는 회사를 36세였던 1977년에 맡아서 1981년에 동종업계의 더 큰 회사인 내비스코에 팔면서 그 회사로 넘어간다. 이어 곧 내비스코 CEO직에 오르며 다시 내비스코를 1985년에 RJ레이놀즈에 판다. 인수한 회사의 CEO를 이사회를 통한 우회적 압박으로 강제 은퇴시키고는 1년 만에 자기가 CEO가 된 것이다. 그런 일련의 과정에서 그는 이미 상당한 개인적 부를 축적했고, 한편 회사 돈을 쓸데 없는 곳에 낭비하는 성향이 있다고 알려져 있는 인물이었다. 그러던 그에게 LBO를 통해서 이 거대한 회사를 자기의 회사로 만들겠다는 (그리고 그 와중에 큰 돈을 만질 수 있겠다는) 엉뚱한 생각을 하게 만든 일차적 원인은 물론 이 회사의 지지부진한 주가 때문이었다.

로스 존슨이 고용한 IB 전문가는 우선적으로 시어슨리먼(Shearson Lehman)의 CEO인 피터 코헨(Peter Cohen)이었다. 1981년 34세의 나이에 미국 3위 투자은행 사장이 되었다는 것은 물론 당대의 기록이다. 그는 시어슨리먼을 메릴린치와 모건스탠리를 제치고 미국 1위의 투자은행으로 만들겠다는 야심으로 똘똘 뭉친 인물이었다. 그런데 그 야심이 1988년 무렵에 와서는 헛된 꿈으로 전락할 우려가 있을 정도로 시어슨리먼은 경쟁자들에게 밀리기 시작하고 있었다. 이유는 간단했다. WM사업부문 쪽으로는 메릴린치를 맹렬히 추격했지만, IB사업부문 쪽으로는 모건스탠리와 드렉셀 등에 연전연패를 당하였기 때문이다. 1980년대에 붐을 일으킨 LBO시장과 정크본드시장에 너무 늦게 뛰어든 것이다. 경쟁사들이 엄청난 수수료를 그 분야에서 벌어들이고 있을 때, 시어슨리먼은 팔짱만 끼고 있어야 하는 암울한 상황이 연출된 것이다. 그러던 코헨에게 우연히 찾아온 이 RJR내비스코 LBO건은 자기의 직장 경력 전부를 걸고 도전해야 할 과제였던 것이다. 이 딜을 통해 시어슨리먼이 벌어들일 수 있는 총 수수료 수익이 당시 시어슨리먼의 1년 순익의 절반 수준에 달할 정도로 이 딜은 놓쳐서는 안 되는 딜로서 다가왔다. 코헨은 스스로의 백그라운드가 IB가 아니었으며(굳이 말하자면 샌디 웨일 회장의 경영보좌역, 일종의 내부 기획전문가 출신이다), 이 딜이 일어나기 전에 딱 1개의 LBO 딜만 수행한 이 분야의 초심자였지만 자기가 직접 시어슨리먼 M&A그룹의 에이스들로 딜팀을 구성하여 딜을 진두지휘한다.

피터 코헨의 뒤에는 짐 로빈슨(Jim Robinson) 아메리칸익스프레스 회장이 있었다. 당시 아메리칸익스프레스는 최고의 우량 금융사였다. 3000만명의 신용카드 고객과 2000억달러의 총자산을 가진 거대한 금융제국이었고(이 이야기는 IB명장면 19화와 20화에 자세히 다룬 바 있다), 짐 로빈슨은 오늘날의 제이미 다이몬 제이피모건 회장이나 로이드 블랭파인 골드만삭스 회장처럼, 전 미국 금융업을 대표하는 일종의 업계 대표자 같은 중요한 역할을 수행한 당대의 명사였다. 그가 이 딜에 발을 담그게 된 것은 그와 로스 존슨 간의 개인적 친분 때문이었다. 로빈슨보다 다섯 살 나이 어린 존슨이 당시 아메리칸익스프레스의 사외이사였고, 그의 아내인 로리 존슨(Laurie Johnson)과 로빈슨의 아내인 린다 로빈슨(Linda Robinson)은 절친한 친구 사이였다. 존슨이 LBO를 시도해보겠다고 마음먹었을 때, 논리적으로 가장 먼저 컨택트한 사람이 바로 형제 같은 사이였던 짐 로빈슨이었던 것이다. 로빈슨은 한편 자회사인 시어슨리먼의 지지부진한 실적에 짜증이 나고 있던 상황이었기에 이 한 번의 거대 LBO를 통해 자회사를 투자은행계의 챔피언으로 만들고 싶은 욕망이 있었던 것은 어쩌면 당연한 일이었다.

시어슨리먼은 그러나 이 거대한 LBO에 단독으로 돈을 태울 능력은 없었다. 더욱이 LBO의 필수요소로 등장한 정크본드 영역은 시어슨리먼이 가장 약한 부분이었다. 이에 시어슨리먼이 어쩔 수 없이 끌어들인 RJR내비스코 경영진 측의 제2의 자문사가 바로 거대한 채권트레이딩 플랫폼이었던 살로먼브러더스였다. 이 회사의 당시 회장인 존 것프로인드(John Gutfreund)와 사장인 톰 스트라우스(Tom Strauss)는 둘 다(당연하게도) 채권트레이더 출신이었다. 그들은 두 가지 이유에서 이 LBO 참여 제안을 덥썩 받아들였다. 하나는, 채권의 모든 분야에서 1등이었으나 오직 정크본드 분야에서만은 항상 드렉셀에 굴욕적으로 밀리는 것에 분통이 터지던 상황이었다. 이 딜을 잡으면 정크본드 분야도 역전이 가능하다고 본 것이다. 또 하나는, 살로먼브러더스의 당시 연간 수익의 4분의 3이 채권거래에서 나오는, 다소 비정상적인 회사 포트폴리오 구조를 타개하고 싶었던 것이다. 당시 살로먼브러더스의 M&A그룹은 벌지브래킷 IB들 중에서 리그테이블 순위가 최하위였다. 이 점은 특히나 것프로인드나 스트라우스 같은 경영진 입장에서는 시급히 시정해야 할 경영목표였던 것이다.

자, 그럼 RJR내비스코 경영진-아메리칸익스프레스-시어슨리먼-살로먼브러더스 등 4자로 구성된 첫 번째 입찰 팀이 구성된 셈이다. 물론 경쟁자는 LBO의 실질적 창시자들인 사모펀드의 대가 KKR였는데, 그 외에도 2개가 더 있다. (사실 뒤의 2개 입찰팀이 가격을 천정부지로 올리는데 더 기여한 집단들이다) 이 나머지 3개의 입찰 팀에 대해 다음 시간에 살펴보자.

2016. 2. 23

47 IB업계의 화산논검 - RJR내비스코 LBO (3)

두 번째 LBO 시도 세력은 현대판 LBO체계를 정립한 KKR였다. 그런데 이 RJR내비스코 LBO는 KKR 입장에서도 그들이 수행한 지금까지의 LBO들과 근본적으로 다른 점이 있었다. KKR의 3인 공동창업자이자 리더격인 제롬 콜버그가 정립한, '경영진 우호적(management-friendly)'인 딜만 한다는 투자원칙을 최초로 이탈한 것이다. 이 딜은 KKR 입장에서는 (결코 의도하지는 않았으나) 결과적으로 명백히 적대적 LBO였다. 회사 경영진이 구성한 입찰팀과 대항하는 입찰팀(counter-bidder)을 구성한 것이기 때문이다.

사실 경영진 우호적인 LBO딜을 하지 않을 경우에 경쟁 입찰자는 매우 불리한 입장에서 경쟁을 하지 않을 수 없다. 그 회사 내부 사정을 제대로 알지 못하는 상태에서 장님이 코끼리 다리 만지듯, 외부에 공시된 경영내용과 매우 제한적인 실사(Due Diligence)의 기회만을 제공받은 상태에서 가격을 써내야 하기 때문이다. 그리고 시장의 여론도 적대적 입찰자에게 불리하게 작용할 수 있다. 무엇보다도 입찰 상황에서의 가격경쟁(price war)은 지구상 모든 사모펀드가 극도로 회피하고자 하는 게임이다. 쉽게 말하면 이겨봐야 남는 것이 없기 때문이다.

KKR의 대가들이 이를 모르지 않았을텐데도 이런 위험한 경쟁입찰에 참여한 이유는 세 가지가 있었다. 하나는, 적대적 LBO를 엄격히 금지하였던 콜버그가 1987년에 회사를 떠났기 때문이다. 창립한 지 10년이 경과하여 어느덧 미국 내 최대 사모펀드로 성장하고 있던 KKR는 펀드의 규모가 커지면서 새로운 젊은 파트너들을 지속적으로 영입해야 할 필요성이 생겼다. 그런데 콜버그가 그런 방향성을 반대하고 더 이상 회사 규모를 키우지 말자고 하는 바람에, 끝 없는 성장 욕구를 지닌 두 제자 크래비스 및 로버츠와 충돌한 것이다. (콜버그는 결국 자기 지분 일부를 그대로 KKR에 유지하고 나간 후에 친아들과 함께 상대적으로 적은 규모의 경영진 우호적인 LBO딜만 하는 '콜버그앤드컴퍼니'라는 새로운 사모펀드를 차리게 된다) 두번째로, 이 RJR내비스코는 적대적으로라도 시도해 볼 만큼의 매력적 매물로 판단한 것이다. LBO의 본질은 결국 인수한 회사에서 창출되는 현금흐름이 인수 시의 차입을 커버할 수 있느냐의 문제인데, 담배 회사의 믿을 수 없이 견고한 현금흐름에 베팅을 한 것이다. 마지막으로, 나중에 딜이 모두 종료되고 나서야 알려진 사실이지만, KKR는 RJR내비스코 내부에 로스 존슨 및 그의 LBO 시도를 추종하는 경영진에 반대하는 일부 고위 임원들의 지지를 은밀히 받고 있었던 것이다. (그러니까 완전히 적대적인 LBO라고도 할 수 없다는 의미이다)

45화에 소개되었듯이, 자존심 강한 크래비스와 신뢰를 최우선시하는 로버츠는 RJR내비스코 경영진의 LBO 시도 기사를 언론을 통해 접하고는 격노했다. 자신들의 아이디어만 훔치고, 처음 이를 제기했던 KKR와는 진지한 미팅 한번 해보지 않은 로스 존슨의 태도는 명백한 '도의적 반칙'이라고 본 것이다. KKR는 즉각 입찰에 참여하기 위한 팀 구성에 돌입했는데, 무려 4군데 투자은행들을 고용하여 매머드급 자문단을 구성하였다. 투자은행들을 고용함에 있어 각각 사유가 있었다.

우선, 제프 벡(Jeff Beck)이 지휘하는 드렉셀의 M&A팀이 고용되었다. '미친 개(Mad Dog)'라는 별명을 지닌 벡은 공격적인 월가의 풍토에서도 그 중 최고로 공격적인 뱅커였는데, 자문수수료의 지급을 미루던 고객사를 찾아가 자살소동을 벌인 일화로 유명한 인물이었다. 40대 초반 나이의 벡 밑에서 이 딜의 실무를 총괄한 30대 중반의 총명한 젊은 파트너가 있었으니 그가 바로 훗날 KKR에 필적할 만한 사모펀드 제국인 아폴로글로벌매니지먼트(Apollo Global Management)사를 창설하는 레온 블랙(Leon Black)이었다. 크래비스는 벡-블랙의 드렉셀팀이 그 전에도 여러 차례 KKR의 LBO딜을 성사시켰던 트랙레코드(track record)를 높이 평가하여 고용한 것이다. (이 드렉셀에 대한 크래비스의 과도한 신뢰가 나중에 딜의 중간 단계에서 거의 성사되었던 존슨 경영진과 KKR 간의 타협 시도를 붕괴시킨 원인이 된다 - 후술)

다음 고용된 모건스탠리의 경우는 이 회사의 기업금융 부문장이었던 에릭 글리처(Eric Gleacher) 아래에서 사모펀드들에 대한 커버리지그룹(우리나라에서 흔히 말하는 'RM')을 이끌던 스티브 워터스(Steve Waters)란 뱅커가 크래비스가 개인적으로 가장 좋아하는 월가의 뱅커였기 때문이다. 스티브 워터스는 이 딜이 일어나기 1년 전까지만 해도 시어슨리먼의 M&A그룹을 이끌던 인물인데, 전편에 소개된 토밀슨 힐에게 밀려나서 어쩔 수 없이 모건스탠리로 직장을 옮긴 바 있었다. 워터스 개인으로서는 친정에 대한 복수의 기회를 잡은 셈이다.

세 번째로 고용된 메릴린치의 팀은 가이 도슨(Guy Dawson)과 콘래드 볼스태드(Conrad Volstead)가 이끌고 있었는데, 이들은 드렉셀이 혹시 필요한 물량의 정크본드를 다 팔지 못했을 경우의 백업(back-up) 자문사로 준비시켜 두려는 목적이었다. 당시 메릴린치는 월가에서 드렉셀 및 살로먼브러더스와 함께 채권 분야 3강을 형성하고 있었다.

여기까지는 어떤 역할이 주어진 자문사단이었는데, 마지막으로 고용된 네 번째 자문사는 아무것도 하지 않고도 뒷날 거대한 수수료를 챙기게 되는 워서스틴 페렐라(Wasserstein Perella)였다. 이 회사의 공동 창립자 중 하나인 브루스 워서스틴(Bruce Wasserstein)*은 크래비스가 개인적으로 두려워했던 거의 유일한 월가의 M&A 대가였다. 독일어로 '전격전(Blitzkrieg)'이라는 용어로 정의되는 '워서스틴식(式) M&A 전략'을 기초한 이 인물은, 크래비스가 오직 한 가지 이유 때문에 자문사단에 끌어들였다. 워서스틴이 경쟁 입찰팀에 고용되는 경우 분명 골치 아픈 적이 될 것이니, 그냥 붙잡아 놓고 아무것도 안 하게 하는 편이 KKR 측에 유리하다는 판단을 한 것이다. (독자들은 이 부분이 잘 이해가 안 될 것이나, 브루스 워서스틴은 일반인의 상식을 뛰어넘을 정도의 대단한 당대의 뱅커였다)

여기까지는 투자은행쪽 자문사단이었고, KKR는 먼저 움직인 RJR내비스코-시어슨리먼 연합군보다 오히려 먼저 손을 써 둔 분야가 있었다. 바로 LBO를 구성하는 일부분인 선순위 대출 쪽을 책임져야 하는 상업은행 쪽이었다. 당시 LBO딜에 선순위 대출을 해주던 큰손 3개 은행들은 씨티뱅크, 뱅커스트러스트, 매뉴팩처러스하노버 등이었는데, 이들이 당시 이 선순위 인수금융 시장의 90%를 장악하고 있었고 나머지 은행들은 군침을 흘리면서도 이 시장에 들어오지 못하던 시대였다. 크래비스는 특히 이 3개 은행 중 매뉴팩처러스하노버은행의 인수금융그룹장이던 마크 솔로우(Mark Solow)와 절친한 사이였는데, 그는 행동에 들어가자마자 바로 매뉴팩처러스하노버를 KKR와만 이 딜을 하여야 한다는 배타적 협상권(Exclusivity)을 얻어냈다. 바로 그 시간에 먼저 시작한 RJR내비스코-시어슨리먼 연합군은 뱅커스트러스트와 씨티뱅크에서 배타적 협상권을 얻어내지 못하고 있었다. 역시 LBO에 관한 한 KKR는 한 수 위의 선수였다.

로스 존슨과 시어슨리먼 연합군이 현 경영진에 의한 LBO 가격을 주당 75달러로 발표하자, KKR는 이 딜을 존슨이 회사를 아예 도둑질하려고 한다고 생각했다. 왜냐하면, KKR의 잠정 가치평가에 의하면 RJR내비스코의 적정주가는 최소 86달러, 최고 95달러 범위 안에 있다고 판단했기 때문이었다. (이 딜이 시작될 당시의 RJR내비스코 주가는 주당 60달러대 초반이었다) 물론 주주들은 RJR내비스코 주가의 적정 수준이 얼마인지를 당연히 독자적으로 알 권리가 있다. 주주들의 대표인 이사회는 독자적으로 인수가격의 적정성을 평가하기 위해 자문사를 역시 별도로 고용하였다. 이사회를 자문하게 된 2개의 투자은행들이 바로 월가의 또 하나의 고전적 전설인 펠릭스 로하틴(Felix Rohatyn)의 라자드 M&A팀과 프랭클린 홉스 4세

---

* 브루스 워서스틴(1947-2009). 2000년에 자기회사를 독일 드레스드너(Dresdener)은행 그룹에 팔고 큰 돈을 벌었고, 2002년에는 라자드(Lazard)의 회장 겸 CEO가 되어 2005년 회사를 뉴욕증시에 상장시킨다. 2009년에 심장마비로 타계한다. 향년62세.

(Franklin Hobbs IV)의 딜론리드 M&A팀이었다. 로하틴과 홉스도 주당 75달러는 터무니없이 싸다고 판단을 하고 있었다. 바로 이때 월스트리트저널과 뉴욕타임스 두 신문이 동시에 KKR가 주당 90달러로 카운터오퍼를 한다고 대문짝만하게 보도하게 된다. 월가가 발칵 뒤집혔다. 주당 90달러라고 하면 이미 딜의 규모가 전대미문인 200억달러를 돌파하게 되는 셈이었기 때문이다.

그런데 이게 전부가 아니었다. 짓궂은 독자라면 이미 필자가 45화에서 드린 힌트를 기억할 것이다. 이 딜에 월가의 모든 벌지브래킷 IB들이 참여하였다고 말이다. 그러면 지금까지 등장한 IB들의 면면을 볼 때 당연히 나와야 할 2곳의 이름이 빠져 있음을 금방 알 수 있다. 바로 M&A의 최정상급 선수들인 골드만삭스와 CSFB(크레디스위스퍼스트보스턴)의 이름이 없다. 이들은 대체 이 시점에 무엇을 도모하고 있었을까? 그 부분은 48화에서 이어진다. 마지막 남은 이 두 군데 IB들이 KKR가 당초 입찰가격의 마지노선으로 설정했던 최대 주당 95달러를 훨씬 돌파하게 만드는 가격경쟁의 주범이 되는 것이다.

2015. 3. 2

48 IB업계의 화산논검 - RJR내비스코 LBO (4)

RJR내비스코 경영진팀과 KKR팀에 이어 세 번째 입찰팀으로 등장하는 세력은 KKR의 크래비스 만큼이나 LBO 역사에서 중요한 인물인 테드 포르스트먼(Ted Forstmann; 1940-2011)이 이끄는 사모펀드 포르스트먼리틀(Forstmann Little & Company)과 조프 보이시(Geoff Boisi)가 이끄는 골드만삭스의 M&A그룹이었다.

개리 마셜 감독의 1990년 할리우드 영화 '프리티우먼'의 남자 주인공 에드워드 루이스(리처드 기어 분)의 실재 모델로 알려진 포르스트먼은 훤칠한 키에 영화배우 저리 가라 할 정도의 미남이었다. 부친의 유언 때문에 로스쿨을 졸업했지만 변호사가 되고 싶지 않았던 그는 월가 투자은행에서 주식리서치를 잠시 하다가 자기 동생인 닉 포르스트먼 및 친구이자 억만장자의 아들인 브라이언 리틀(Brian Little)과 함께 KKR보다 2년 늦은 1978년에 사모펀드를 차렸다.

KKR와 포르스트먼리틀 두 회사는 LBO의 선구자적 회사들로서 70년대 후반과 80년대 초반에 시장을 선도하게 되지만, 투자 방식은 확연히 달랐다. 포르스트먼은 그가 필생의 라이벌로 생각한 헨리 크래비스와는 달리(물론 크래비스는 포르스트먼을 자기 라이벌이라고 단 한번도 생각한 적이 없지만 말이다!) 바이아웃을 하면서 정크본드를 파이낸싱 기법으로 사용하지 않았다. 그의 모든 LBO 파이낸싱은 자신의 펀드에서 나가는 에쿼티 출자분과 공동 투자가들이 태우는 에쿼티, 그리고 은행들에 빌리는 선순위 대출로 구성했고, 중간에 수익률을 극대화하기 위해 투자은행들을 고용하여 발행하는 정크본드를 넣지 않았다. 정크본드를 경멸했던 포르스트먼은 그러나 정크본드를 사용하여 LBO를 했던 크래비스의 KKR에게 1980년대 중반 이후 서서히 밀리기 시작한다. LBO딜들의 사이즈가 점점 더 커지면서 포르스트먼과 같은 고전적인 파이낸싱 기법으로는 큰 규모의 LBO딜들을 하기 어려웠던 것이다.

RJR내비스코 건이 언론에 누설되면서 알려지자 포르스트먼도 당연히 움직였다. 이런 전대미문의 대규모 LBO딜에, 특히 필생의 라이벌(?) 크래비스가 등장해 있는 상황임에도 포르스트먼 보고 가만이 있으라고 한다면 그것은 그에게 죽으라고 하는 것이나 마찬가지였다. 포르스트먼은 자신이 수행했던 여러 건의 LBO들을 자문했던 골드만삭스의 조프 보이시의 팀을 자문사로 채용한다. 1947년생인 보이시는 유명한 금융인 가문 출신으로(그의 부친은 경쟁사인 모건스탠리의 부회장이었다), 1971년 골드만삭스 입사 후 초고속으로 승진하여 31세였던 1978년에 골드만삭스의 M&A그룹 헤드로 임명되었다. 이 RJR내비스코 건이 일어나던 1988년은 그가 벌써 10년째 골드만삭스의 M&A그룹을 이끌어오고 있었다는 의미가 된다. 보이시는 특히 GE의 잭 웰치 당시 회장이 가장 총애하는 IB뱅커로 알려져 있었다. 골드만삭스의 M&A그룹은 업계의 모든 M&A팀들 중에서 가장 레퓨테이션(평판관리)에 신경을 쓰는 조직이었고, 이에 따라 정통 자문만 하였고 적대적 인수 자문은 하지 않는 전통을 이어왔다. 그러나 보이시로서도 RJR내비스코 인수전에 어떤 형태로든 참여해야만 했고, 이에 따라 평소 죽이 맞았던 포르스트먼리틀의 팀과 연합하게 된 것이다.

포르스트먼리틀-골드만삭스의 세 번째 입찰팀의 현실적 목표는 물론 입찰에서 이기는 것이지만 이기지 못하더라도 차선책으로 크래비스가 이기지 못하게 방해하는(?) 데 초점이 맞추어져 있었다. 크래비스의 KKR팀이 이기지 못한다는 의미는 물론 로스 존슨 등 RJR내비스코 경영진의 팀이 이긴다는 말이 된다. 이에 따라 처음에 이들은 시어슨리먼에 부탁하여 RJR내비스코 경영진팀에 공동 투자가로 합류하려고 하였다.

그러나 그 팀이 어마어마한 규모의 정크본드를 발행하여 파이낸싱을 하려고 한다는 것을 알고는 포르스트먼은 자신의 투자 이념에 따라 연대를 단념하고 독자적으로 입찰에 참여할 결심을 세운다. 문제는 200억달러가 넘는 돈을 에퀴티와 선순위 대출로만 만드는 것이 과연 가능하겠는가 하는 점이었다. 결국 RJR내비스코를 인수 후에 곧바로 다시 분할한 후 각각의 분할된 포트폴리오에 관심 있는 투자가들에게 재매각한다는 전략이 수립되었다. 자문사인 골드만삭스의 역할은 결국 포르스트먼리틀과 같이 투자할 공동 투자자들을 끌어 모으는 일이었다. 골드만삭스가 누구누구를 끌어들이는지는 다음에 다시 등장하니, 이제 네 번째 입찰팀을 알아보자.

네 번째 입찰팀은 입찰 날짜 겨우 일주일 전에 혜성처럼 등장한 퍼스트보스턴 주도의 팀이었다. 월가의 M&A 파워하우스였던 퍼스트보스턴은 절박한 심정으로 이 딜에 임했음이 나중에 밝혀진다. 이 해 1988년은 골드만삭스 및 모건스탠리를 능가하는 강력한 M&A그룹을 가지고 있던 퍼스트보스턴에는 위기의 한 해였다. 퍼스트보스턴의 M&A그룹을 창설했고, 15년을 이끌어 온 두 명의 월가 최고의 딜메이커들인 브루스 워서스틴과 조 페렐라가 이 해 1월에 경영진과 충돌한 후에 자기들의 회사를 차려서 나가버린 것이다. 이 회사가 물론 KKR팀을 자문하고 있던 4개의 투자은행 중 하나인 워서스틴페렐라(Wasserstein Perella & Company)인데, 둘만 조용히 나간 것이 아니라 수십 명의 퍼스트보스턴 M&A그룹 직원들을 집단으로 데리고 나가버린 것이었다. 이에 따라 퍼스트보스턴 IB사업부문의 가장 큰 수입원이었던 M&A자문과 LBO 관련 인원의 절반이 순식간에 없어져 버린 상황에서, 새롭게 IB사업부문 책임자로 임명된 짐 매이허(Jim Maher)의 첫 번째 임무는 쑥대밭이 되어 버린 팀을 이른 시일 내에 재건하는 것이었다.

그 해 첫 9개월은 매이허에겐 악몽 같은 시간이었다. 딜메이커들의 공백은 생각보다 컸다. 나오는 모든 대형 딜들을 퍼스트보스턴은 모조리 놓친 것이다. 퍼스트보스턴과 거래했던 우량 고객사들이 브루스 워서스틴의 새로운 회사로 거래처를 속속 옮겨버렸다. 이에 따라 RJR내비스코가 본격화되던 1988년 9월 무렵이면 퍼스트보스턴의 IB사업부문 직원들의 사기는 떨어질 대로 떨어져 있었다. 바로 이때 언론을 통해서 들려온 RJR내비스코 인수전 소식은 매이허로 하여금 그 딜에 어떻게든 참여하여 승리함으로써 퍼스트보스톤 IB사업부문 부활의 신호탄을 쏘고 말겠다는 결심을 하게 만든다.

매이허가 RJR내비스코라는 회사에 대한 정확한 정보조차 파악하지 못하고 있으면서도 이 딜에 참여할 수 있겠다고 판단한 데에는 두 가지 믿는 구석이 있었기 때문이다. 하나는 워서스틴의 총애를 받던 당시 스물일곱 살의 천재 뱅커 브라이언 핀(Brian Finn)이 있었기 때문이다. 핀은 그러나 워서스틴을 따라서 새로운 회사로 가지 않고, 매이허의 간곡한 만류로 퍼스트보스턴에 남았다(핀은 나중에 퍼스트보스턴의 후신인 CSFB의 공동 사장직에까지 오르는 최고위급 임원이 된다). 핀은 구조화금융의 달인이었는데, 세금을 절약하는 방식으로 인수가격을 높일 수 있는 아주 혁신적이지만 매우 복잡한 인수방식을 고안해 낸다. 그런데 이 방식은 그 전 해에 있었던 다른 기업의 상대적으로 적은 규모의 M&A딜에서 악용이 된 적이 있어서 미국 의회가 기업 인수자가 이 절세방안을 써 먹지 못하게 규정을 고친 결과, 그 해 12월 31일 이후에는 폐지가 예정되어 있었다. 다시 말하자면 퍼스트보스턴이 입찰에서 이기더라도 이 딜을 12월 31일까지 최종 클로우징시키지 못한다면 별 의미가 없어지는 인수안이라는 말이 된다.

매이허가 두 번째로 이 딜에 실낱 같은 희망이 있다고 본 것은 그들이 확보한 공동 투자가의 어마어마한 재력 때문이었다. 그는 시카고의 최대 부호가문으로 하얏트호텔그룹의 오너인 제이 프리츠커(Jay Pritzker)라는 인물이었다. 그는 약 40여 개의 회사에 지분투자를 하고 있던 일종의 거대 개인투자가로, 그가 동원할 수 있는 자금력은 웬만한 사모펀드를 능가했다. 프리츠커는 RJR내비스코의 내비스코쪽 파트를 탐내고 있었다. 그가 가지고 있는 포트폴리오 회사들과 시너지를 낼 여지가 많다고 판단했던 것이다. 이로써 가장 늦게, 그리고 다소 엉뚱한 구조의 인수안을 들고 나타난 퍼스트보스톤-프리츠커 입찰팀의 존재로 인해 처음에 평탄하게 가는 것처럼 보였던 인수전이 입찰 직전에 일대 소용돌이에 빠지게 된다. 1988년 11월 11일 금요일의 1차 입찰 결과 및 그 후의 예상치 못한 인수전 전개에 대해 다음 회에서 이어가보자.

2015. 3. 9

49 IB업계의 화산논검 - RJR내비스코 LBO (5)

"뭐 실사도 안 해보고 주당 118달러라고? 미쳤군, 사기야 사기!" 수화기를 내동댕이치면서 로스 존슨이 동료들에게 소리쳤다.

11월 12일 토요일 오전, 전날인 11일의 RJR내비스코 LBO 입찰에 참여한 각 입찰 그룹들의 프레젠테이션(PT)이 RJR내비스코 이사회를 대리한 자문사들에 의해 실시되었다. 이미 언급되었듯이, 중립적 위치로 각 입찰 그룹들의 조건을 공정하게 판단해야 하는 이사회를 도와 입찰의 모든 과정에서 심판 역할을 하고 있던 인물들은, 저명한 월가의 M&A 전문 변호사인 스캐든압스 로펌의 피터 앳킨스(Peter Atkins)와 IB뱅커들인 라자드의 펠릭스 로하틴(Felix Rohatyn) 및 딜론리드의 프랭클린 홉스 4세(Franklin Hobbs Ⅳ)였다. 참고로, 1942년생인 앳킨스는 2015년 현재까지도 현역으로 활동 중인 월가 M&A업계의 살아 있는 백과사전 같은 인물이었다. 로하틴은 이미 [IB명장면]이 한 편을 할애해서 초기에 다루었을 정도로 월가 투자은행업계의 대가(大家)였으며, 1972년 뮌헨올림픽 조정경기 8인승(Eight)에서 미국 국가대표팀의 일원으로 출전하여 은메달을 목에 걸기도 했던 올림픽 체육인 출신 홉스 4세는 나중에 1990년대에 딜론리드의 마지막 CEO로 재직하게 된다(1997년에 딜론리드는 SBC워버그에 인수된다).

1차 입찰 결과가 전해진 것은 토요일 오후였다. 그런데 결과가 희한하였다. 우선, 3번째 입찰팀으로 등장하여 대규모 실사팀까지 꾸려 실사를 했던 포르스트먼리틀과 골드만삭스 컨소시엄은 입찰 일보 직전에 입찰을 포기했다. 이 팀은 구성된 컨소시엄의 참여자들 면면이나 입찰 전략 자체는 매우 훌륭하였다. 골드만삭스의 M&A팀이 거대하고 복잡한 포트폴리오를 가진 RJR내비스코를 다시 3개로 분할하여 인수 후 재매각하는 아이디어를 가지고, 다각도의 노력 끝에 3개의 전략적투자가 그룹을 끌고 왔다. 즉, 당시 세계 2위 담배회사였던 필립모리스(Phillip Morris)가 RJR내비스코의 RJR파트(담배)를, 토마토케첩으로 유명한 필라델피아의 하인즈(Heinz)그룹이 미국 내의 내비스코 국내사업 부문을, 그리고 간장으로 유명한 일본의 식품회사 기꼬만(Kikkoman)이 내비스코의 해외사업 부문을 인수하는 그림이었고, 입찰 파이낸싱 중 에쿼티 부분은 포르스트먼리틀이, 채권 부문은 골드만삭스가 담당하기로 전략이 짜여졌다.

그러나 마지막 순간, 결국 입찰에서 이기려면 최소 주당 92달러 이상을 써야 한다는 것을 알았고, 그러려면 정크본드를 혐오하는 테드 포르스트먼이 그의 투자철학을 굽혀서 후순위 조달의 일부를 정크본드로 섞어야만 하는 상황이 되었다. 포르스트먼은 자기의 투자철학을 굽히느니 자기 다리를 자를 위인이었고, 결국 입찰 포기의 길을 선택한다. 당시 그런 그의 어처구니 없는 최종 결정을 듣고 잔뜩 열이 받은 골드만삭스의 M&A그룹장 조프 보이시가 다음과 같이 외쳤다고 한다. "테드, 당신이 무슨 가톨릭 신부라도 되는 줄 알아!"

첫 번째 입찰팀인 로스 존슨의 경영진-시어슨리먼팀은 주당 100달러를, 두 번째 입찰팀인 KKR팀은 주당 94달러를 썼다. 그러면 로스 존슨의 팀이 이긴 셈이다. 그런데, 스캐든압스의 앳킨스 변호사는 그날 오후 이사회를 접촉한 후, 11월 22일 화요일 오후 5시까지 재입찰(Re-Bidding)을 한다고 각 입찰팀에 공지한다.

아니, 어째서? 특히 자기들이 이겼다고 생각한 로스 존슨의 팀에서 격렬한 항의가 표출되었다. 그런데, 이유는 바로 네 번째 입찰팀으로 입찰 일주일 전에 등장한 퍼스트보스턴-제이 프리츠커 컨소시엄팀 때문이었다. 이들이 추후 실사 충족을 전제로(그들은 실사를 할 시간 자체가 없었다), 주당 118달러라는 황당하게 높은 가격을 쓴 것이다. 바로 48화에서 언급한 브라이언 핀의 세금 지급을 연기할 수 있는 유동화

(Securitization) 아이디어 때문이었다. 보증(Guarantee)을 제공해 줄 상업은행의 존재만 있다면 그들은 RJR내비스코의 각 자산을 풀링(pooling)하여 매각하는 방법으로 주당 118달러에 살 수 있다고, 겨우 달랑 5페이지짜리 입찰제안서를 낸 것이다. 그런데 이 퍼스트보스턴 팀의 입찰을, 장난치냐고 물리쳐야 할 것으로 보았던 이사회가 웬걸, 퍼스트보스턴 팀에도 최소한의 실사 기회를 제공하여 정식으로 입찰하게 하여야만 나중에 소액주주들에게 소송을 당할 우려가 없다는 극히 보신주의적 결론을 도출한 것이다.

나중에야 알려진 사실이지만, 당시 이사회는 입찰이 이루어질 11월 중순이 되면서 은밀히 반(反)로스 존슨 분위기로 돌아서고 있었다. 이런 분위기 형성은 크게 두 가지 이유 때문이었다. 하나는 입찰 과정이 진행되면서 언론에 드러난, 존슨의 소위 '황금 낙하산(Golden Parachute) 조항'에 기인했다. 이 조항은 존슨이 LBO 시도를 하기 직전에 회사 규정에 만들어 넣은 것인데, 만일 적대적 LBO가 이루어져서 CEO가 회사를 떠나야 하게 되는 상황이 오면 회사는 CEO에게 무려 5200만달러라는 천문학적 금액의 퇴직금(Severance Pay)을 제공한다는, 상식 밖의 조항이었다. 당연히 회사 안팎의 분노가 표출될 수밖에 없었다.

여기에 더하여, 존 그리니어스(John Greeniaus) 등 RJR내비스코 내부의 반(反)존슨파 일부 임원들이 유출한 것으로 보이는 LBO에 대한 내부 검토 문건이 이사회의 리더 격이었던 찰스 휴겔(Charles Hugel) 사외이사에게 전달되었기 때문이었다. 이 문건은 LBO가 공식화되기 한참 전인 그해 봄에 작성된 것이었는데, LBO 시 주당 가격을 최소 86달러, 최대 92달러로 전망하는 분석 수치가 적혀 있었다. 이를 보고 일부 사외이사들이 존슨에 대해 극단적으로 반대로 돌아섰다. 왜냐하면 처음 9월에 존슨이 LBO를 선언했을 때 주당 75달러로 LBO를 하겠다고 공시를 했었기 때문이었다. 이 말인즉슨, 존슨이 회사를 아예 헐값으로 자기가 통째로 먹으려고 했다고 의심받을 만한 정황이란 의미다.

즉, 이사회는 회사를 로스 존슨에게 주고 싶지 않았던 것이다. 그러기에, 만일 퍼스트보스턴 팀의 입찰을 무효화시켜 버린다면 승리는 주당 100달러(존슨) 대 주당 94달러(KKR)로 존슨의 승리가 선언되어야 하는데, 그 꼴을 보기 싫었던 것이다. 그래서 퍼스트보스턴 팀에 혹시나 하는 기대를 걸어 본다기보다는, KKR에 재역전할 수 있는 기회를 주기 위해 재입찰을 택한 것으로 보는 것이 정황상 분명해 보인다.

존슨의 팀은 강력히 항의했으나 결과는 바뀌지 않았다. 그래서 11월 22일에 다시 입찰이 실시되게 된다. 이 결과는 열흘 전의 입찰 결과와는 정반대로 나왔다. 존슨의 팀이 상황이 달라진 것이 하나도 없다고 믿고 그대로 주당 100달러에다가 예의상 1달러를 더하여 101달러 수준을 고수한 반면, KKR의 팀은 입찰 가격을 주당 94달러에서 106달러로 대폭 올렸다. 그리고 재입찰을 하게 만든 퍼스트보스턴의 팀은 전설적인 노력을 일주일 동안 전개한 끝에, 11일 입찰에서 약속했던 주당 118달러 입찰에 거의 근접하였으나 마지막 순간에 선순위 대출 부분을 담당해 줄 남아 있던 유일한 상업은행 후보였던 당시 체이스맨해튼(Chase Manhattan)은행이 처음에 했던 구두 확약을 철회해 버리고 만다. 결국, 입찰 당일 제출하는 입찰서류 중 가장 중요한 서류인 인수확약서(Commitment Letter)를 제출하지 못하는 바람에 입찰이 무효화되어 탈락하고 만다. 이리 되니, 재입찰에서는 주당 106달러 대 주당 101달러로 KKR가 승리한 것이 되었다.

이렇게 되자, 다시 로스 존슨의 입찰팀에서 11월 22일 재입찰의 원천 무효를 주장하며 이사회에 대해 소송을 제기하겠다고 협박을 시작하였다. 그들의 논리는 단순하였다. 애초부터 퍼스트보스턴의 11월 11일 입찰은 엉터리였으니, 그렇다면 11월 11일 입찰이 존중되어야 하고 그랬다면 자신들이 주당 100달러 대 주당 94달러로 분명히 KKR의 팀에 승리하였다는 것이다. 그런 결과가 재입찰을 통해 뒤바뀌어 버렸으니, 그 과정 속에서 이사회가 신의성실의 원칙을 위반하여 로스 존슨의 입찰팀을 기만하였다는 이의 제기였다.

다시 이사회와 이사회의 자문사들은 장시간의 회의에 들어갔다. 장시간의 토론 끝에 23일 수요일 새벽에 다시 새로운 3차이자 최종 입찰이 결정되었다. 최종 입찰일은 정확히 일주일 후인 11월의 마지막 날인 11월 30일 수요일로 결정된다.

승부는 마지막까지 한 치를 내다볼 수 없는 상황으로 가고 있었다. 모든 M&A에서는 사실 가격이 일차적으로 중요하지만, 가끔은 가격 외(外) 요소가 의미를 더 가지는 경우도 있다. 치열한 가격싸움으로 끝날 줄 알았던 이 RJR내비스코 인수전의 마지막 3차 입찰은, 나중에 보겠지만 결국 가격 외 요소가 승부를 결정짓게 된다. 다음 50화에서 이 RJR내비스코 인수전의 마지막 피날레와 그 결과가 그 후 IB업계 전반에 끼친 영향들에 대해 알아보기로 하자.

2015. 3. 16

50 IB업계의 화산논검 - RJR내비스코 LBO (6)

꼬박 석 달을 끈 RJR내비스코 인수전의 피날레는 1988년 11월 30일에 있었다. 로스 존슨 경영진팀과 KKR팀 간 경쟁입찰이 마지막으로 남아 있었다. 결과는 존슨 팀이 주당 112달러, KKR팀이 주당 109달러를 써냈다.

그런데 두 가격을 비교하고 심판을 해야 하는 이사회가 볼 때 이 가격은 실제로 차이가 없는 가격이었다. 이유인즉슨 KKR팀 입찰 내역을 보면 그들의 파이낸싱 패키지의 중요한 일부인 정크본드 발행 후 소화하지 못한 미매각 물량을 모두 인수하겠다는 드렉셀의 보증(full commitment)이 들어가 있었던 데 비해(소위 말하는 "back stop" 조건이다) 존슨 팀의 파이낸싱 패키지상 정크본드 부분은 시어슨리먼과 살로먼브러더스 두 회사 누구도 그런 보증을 제시하지는 못했다(소위 말하는 'best effort' 조건이다). 이 부분을 감안하면 양자의 가격은 사실상 '동률'이라고 이사회는 판단했다.

그렇다면 누구를 승리자로 선언해야 하는가. 이사회를 자문하는 라자드의 로하틴과 딜론리드의 홉스는 두 입찰팀이 제안한 내용 중 서로 상이한 다음 사항을 지적했다. 1) KKR팀은 인수 후에도 25%의 총 주식을 주주들에게 남겨 놓겠다고 한 데 반해 존슨 팀은 15%만 남겨두겠다고 한 점, 2) KKR팀은 인수 후에 내비스코 일부 사업부분만을 매각하겠다고 했으나 존슨 팀은 내비스코 전체를 매각하겠다고 한 점, 3) KKR팀은 인수 후에 있을 수 있는 사업부문 재조정·이전 등 경우가 발생하면 종업원들의 각종 부대비용 등을 모두 부담하겠다고 약속한 데 반해 존슨 팀은 그런 약속을 할 수 없다고 한 점 등이다.

결국 이사회는 표결에 들어갔고 만장일치로 KKR팀을 선택한다. 이사회는 KKR팀 조건이 존슨 팀 조건보다 주주들과 종업원들에게 더 유익한 '무형의 가치'를 제공한다고 인정했다. 이 무형의 가치라는 표현은 결국 존슨이 RJR내비스코 주주나 종업원 이익보다 경영진 이익을 우선시하면서 경영해 왔다는 비판적 인식과 다름없었다. 크래비스와 로버츠가 존슨과 코헨을 이긴 것이다. 결과 발표 후 패배한 존슨 팀 일부, 특히 시어슨리먼의 코헨은 사기를 당했다며 소송을 제기하겠다고 길길이 날뛰었으나 결국 소송을 제기하지는 못했다. 이사회가 위법을 한 적이 없기 때문이다.

결과는 KKR 승리였으나 이 승리는 KKR뿐만 아니라 전 사모펀드 업계에 좋은 교훈을 주게 된다. 누가 봐도 주당 109달러는 과도한 프리미엄을 지급한 것이었다. 부채가 규율을 벗어난 사례다. 이 돈은 RJR내비스코 주주들을 위해 3가지 형태로 구성돼 지급됐다. 즉 기발행 주식 1주당 현금 81달러, 18달러의 우선주, 10달러의 전환사채가 혼합돼 지급됐다. 이 가격은 LBO 선언 직전 주가에 비해 무려 90%의 거대한 프리미엄을 제공했다는 의미가 된다.

RJR내비스코 종업원들도 우리사주제도를 통해 가지고 있던 주식을 KKR에 넘기고 현금 벼락을 두드려 맞았다. 갑자기 RJR내비스코의 실질적인 본거지인 노스캐롤라이나주 윈스턴세일럼시는 미국 내 모든 금융회사가 프라이빗뱅커(PB)들을 대거 파견해 종업원이 받게 된 어마어마한 현금을 유치하기 위한 경쟁을 벌이는 혈투의 장이 돼 버렸다. RJR내비스코 전 경영진 특히 로스 존슨은 그가 스스로 만들어 넣은 황금낙하산 조항에 따라 역시 5200만달러라는 말이 안 되는 과도한 퇴직금을 지급받고, 별로 아쉬울 것도 없이 회사를 떠나게 된다. 그리고 KKR가 곧바로 경영진을 재구성해 회사를 접수했다.

그러나 자본시장 역사에 남을 만한 드라마틱한 혈투를 벌여 인수한 이 회사는 곧 KKR의 악몽이 된다. 인수한 후 정확히 18개월 정도만 모든 것이 순조로울 뿐 그 이후로는 내리막길의 연속이었다. 우선, KKR의 적대적 인수 대가는 바로 RJR내비스코의 RJR 담배사업 부문에서 나타났다. 1990년대 초부터 시작된 끊임없는 담배피해자소송과 금연을 권장하는 사회적 분위기로 인해 담배사업 부문 매출이 급락하기 시작했다. 여기에 경쟁사인 필립모리스가 위기 탈출을 위해 주도한 대대적인 담배판매가격 인하 마케팅 전략에 RJR까지 덩달아 휩쓸리면서 1990년 하반기 이후엔 주가마저 반 토막이 나게 된다.

다행히 내비스코 쪽 식품사업 부문 선전과 불필요한 자산 매각으로 간신히 차입금 상환을 충당하고 있던 가운데 드렉셀투자은행의 파산으로 인한 정크본드 시장의 붕괴가 결정타를 날렸다. RJR내비스코 인수를 위해 발행한 60억달러가 넘는 정크본드 가격이 급락해 액면가의 54% 수준까지 추락한다. 이런 상황을 KKR는 매우 고통스러운 과정을 거쳐 채권단과의 채무재조정 및 불필요한 자산 매각을 통해 커버해 나간다. 이 와중에 KKR가 존슨 경영진을 축출하고 새로 영입했던 최고경영자(CEO)인 루이스 저스트너(Louis Gerstner)가 회사 상황이 극도로 나빠지고 있던 상태에서 돌연 IBM CEO로 영입돼 떠나게 되는 다소 황당한 일이 벌어진다. 크래비스가 뒷날 술회하듯이 KKR의 39년 역사에서 직원들이 RJR내비스코건처럼 총력을 다해 최종 엑시트까지 혼신의 에너지를 투입했던 딜은 다시는 없었다고 한다. 이렇게 처절한 노력으로 1993년 말까지 총 부채를 280억달러에서 90억달러까지 줄일 수 있었다.

RJR내비스코건 투자가 이루어진 1987년 KKR 제6호 펀드의 수익률을 엄청나게 깎아내린 RJR내비스코건은 1994년 실로 극적으로 반전의 계기를 마련하게 된다. KKR는 보던(Bodern)이라는 소비재기업을 인수하기 위해 몇 년 동안 지켜보고 있었는데, 마침 인수할 기회가 찾아온다. 그런데 이 회사는 내용이 너무 급격히 나빠져서 정상적인 LBO 파이낸싱이 불가능한 상태였다. 이때 KKR에서 RJR내비스코 인수전에 실무진으로 참여했고 그후 줄곧 사후관리를 맡고 있던 두 젊은 파트너 스콧 스튜어트(Scott Stuart·1960년생. 현재 사모펀드 Sageview Capital 공동회장)와 클리프 로빈스(Cliff Robbins·1959년생. 현재 헤지펀드 Blue Harbour Group 회장) 두 사람은 보던 주주들이 보유한 보던 주식과 KKR가 보유한 RJR내비스코 주식을 맞바꾸는 주식스왑을 하는 기발한 아이디어를 제시했다.

유동성 있는 RJR내비스코 주식을 받게 되는 보던 주주들은 이를 처분해 현금화할 수 있고, 너무 비싸게 인수한 RJR내비스코 주식을 가지고는 출구가 없는 KKR로서는 일종의 포트폴리오 갈아타기를 시도한 셈이다. 보던을 인수하고 정상화시킨 후에 성공적으로 재매각할 수 있다면 1988년 투입된 RJR내비스코 투자원금을 회수할 수 있다는 계산이었다.

주식스왑은 1994년 12월~1995년 3월 두 단계에 걸쳐 이루어진다. KKR는 투자한 지 실로 만 6년 만에 일단 RJR내비스코 주식을 털고 나올 수 있었다. 보던을 구조조정 한 후 1997년, RJR내비스코 최초 투자 시점부터 만 9년 만에 사모펀드 후발주자였던, 그리고 공교롭게도 과거 드렉셀투자은행의 채권부문장으로서 RJR내비스코 인수전 당시 KKR팀 자문단에 속했던 레온 블랙(Leon Black)이 만든 사모펀드 아폴로매니지먼트(Apollo Management)에 매각하고 최종 엑시트하게 된다. 최종 수익률이 어땠을까. KKR로서는 치욕적이라고 할 수 있는, 겨우 연환산 2.6% 내부수익률을 기록한 것이다. 그러니까 투자 9년 만에 가까스로 원금이나 건진 수준이었던 것이다.

그러면 RJR내비스코는 KKR가 손을 뗀 1995년 이후에 어떻게 굴러갔을까. 다시 담배사업 부문과 식품사업부분으로 재분할된 후 각기 경쟁사에 매각된다. 식품사업부분인 '내비스코'는 2000년에 필립모리스 자회사였던 크래프트(Kraft)에 인수되고, 담배사업 부문인 'RJ레이놀즈토바코'는 2004년에 당시 유럽 1위 담배회사인 영국계 브리티시아메리칸토바코(BAT)에 인수돼 없어진다.

이 RJR내비스코 인수전은 월가에 그 후 실로 많은 영향을 끼쳤다. 일단 패배한 쪽 자문사 CEO인 시어슨리먼의 코헨과 살로먼브러더스의 것프로인드는 이 사건 이후 오래되지 않아 각자 회사에서 축출된다. 시어슨리먼은 코헨 축출 후에 리먼브러더스라는 1980년 이전 원래 이름으로 아메리칸익스프레스로부터 스핀오프되어 독립하게 됐다는 점은 이미 IB 명장면 리먼브러더스 편에서 언급한 바 있다. 살로먼브러더스는 경쟁사인 스미스바니에 인수돼 곧 사라져 버리게 된다(살로먼브러더스와 스미스바니 두 회사는 결국 오늘날 씨티그룹의 IB사업부문이 된다).

반면 승자 쪽이었던 IB 인물들은 모두 자기가 몸담고 있던 회사의 부침과는 무관하게 월가의 거인이 된다. 위에서 언급한 것처럼 인수 당시 KKR 일개 실무자였던 스콧 스튜어트와 클리프 로빈스가 모두 자기 회사를 차려 독립한 후 억만장자가 됐을 정도니 말이다. 하나의 딜로 이렇게까지 승자와 패자가 명확히 갈리는 경우는 자본시장에서 좀처럼 보기 드문 일에 틀림없다. 마지막으로 세계 최정상 사모펀드인 KKR는 이 RJR내비스코건 이후 회사의 기존 경영진과 대결하는 형태의 적대적 LBO는 다시는 하지 않고 있다.

2015. 3. 23

김지욱의 IB명장면

CHAPTER

02

월스트리트의 기만 (51-100화)

CHAPTER 02

월스트리트의 기만(51-100화)

51 메릴린치의 몰락 (1) - 흑인CEO의 등장

이번 51화부터, 역사상 존재하였던 최고(最高)의 증권사나 최선(最善)의 증권사는 아니었지만, 명실공히 최대(最大)의 증권사였던 메릴린치의 몰락사를 다루어보고자 한다. 메릴린치는 물론 아직도 로고가 살아 있다. 그러나 지금의 메릴린치는 단지 뱅크오브아메리카(BoA)의 IB사업 부분일 뿐, 독자적인 회사가 아니다. 독자들도 잘 아시는 것처럼, 원래의 메릴린치는 2008년 금융위기의 폭풍우를 피하지 못하고 당시 미국 최대 상업은행이었던 뱅크오브아메리카로 투항한 후, 역사의 뒤안길로 사라졌다.

메릴린치의 몰락사를 심도 있게 다루어 보는 것은 일부 한국 증권사 CEO들의 무식함(?)에 대한 경종이 될 수도 있겠다. 지금까지 얼마나 많은 국내 증권사 CEO들이 자기 회사를 '한국의 메릴린치'로 만들겠다고 공공연히 외쳐 왔는가? 그러나 그들은 메릴린치를 깊이 연구한 적도 없다고 필자는 생각한다. 과거 어느 건설교통부 장관이란 분이 한 언론사와의 대담에서, "한국에도 미국의 DHL 같은 글로벌 물류회사가 나오도록 하겠다"고 용감하게 선언한 적이 있었다. 그 기사를 읽고 당시 필자는 실소를 금할 수 없었다. 왜냐고? DHL은 미국 회사가 아니라 독일 회사이기 때문이다.

그런 유형의 말장난을 국내 증권사 CEO들이 2000년대 초반 이후 지난 십수년간 외쳐 왔는데, 결과는 그들의 벤치마크 대상 자체가 망해서 없어져 버린 것이다. 망한 회사를 왜 따라해야 할까? 메릴린치가 한때나마 완성해 냈던 사업모델은 미국적 특수성의 산물일 뿐이었으며(국내에 그대로 가지고 올 수도 없는 모델이었다), 그나마도 실패한 모델임을 이제 그 국내 CEO들은 이해하시길 바란다. 어째서 실패한 모델인가는 물론 이 글에서 자세히 설명이 될 것이다.

회사 창설자 찰스 E 메릴(Charles E Merrill·1885-1956)의 구호처럼, 메릴린치는 "월가를 보통 미국인들의 가정으로 가져가자(Bring the Wall Street into the Main Street)"는 목표의식 속에서 성장한 미국 최대이자 세계 최대 증권사였다. 그리고 미국인이 가장 선호하는 금융브랜드로 씨티은행과 함께 반세기를 군림한, 미국 금융의 상징과도 같은 회사였다. 이러한 위상을 가진 메릴린치의 몰락은 상당 부분 2002~2007년 CEO로 재직하였던 스탠리 오닐(Stanley O'Neal·1951년~) 때문이다. 그런데 이 메릴린치 역사의 마지막에서 두 번째 CEO인 오닐은 흑인이었다.

앵글로색슨과 유대인이 지배하는 월가 역사상, 흑인이 주요 선도 금융사의 CEO를 한 것은 물론 오닐이 최초였다. 오닐의 메릴린치 CEO 등극은 오바마의 미국 대통령 당선보다 햇수로 6년이 빨랐는데, 사실 기적적이기는 두 사건 다 마찬가지였다. 그러면, 오늘날 메릴린치 몰락의 주범으로 오명을 뒤집어쓰게 된 이스탠리 오닐이란 인물은 과연 어떤 인물일까? 그에 대해 자세히 알아야만 2008년 메릴린치의 허망한 몰락이 이해가 될 수 있다.

오닐은 1951년 미국의 남부 앨러배마주 시골에서 출생했다. 7남매를 두었던 그의 아버지는 식구들을 부양하기 위해 오닐이 어렸을 때 가족을 이끌고 조지아주 애틀랜타로 이사했다. 거기서 그의 아버지는 제너럴모터스(GM)의 공장 한 곳에 취직해 자동차 조립라인의 기술자로 일한다. 전형적인 미국의 블루칼라 노동자의 삶이었다. 이런 가정환경을 통해 성실하고 자립심이 강하지만 동시에 권력과 부(富)에 대한 한없는 동경심을 가진 스탠리 오닐만의 독특한 출세지향적 성격이 형성되게 된다.

스탠리 오닐은 고등학교와 대학교 과정을 대표적인 미국 내 산학(産學)협동과정이었던 제너럴모터스인스티튜트(General Motors Institute)에서 마친다. 이 학교는 1990년대에 들어와서 학교 이름을 케터링대학(Kettering University)으로 바꾸게 되는데, 말하자면 낮에 제너럴모터스 공장에서 파트타임으로 일하고, 밤에 그 공장에서 주는 장학금으로 정규 학위과정을 다니는 주경야독 형태였다. 오닐은 총명하고 열심히 공부를 하는 학생이었기에, 1974년에 최우등상(summa cum laude)을 받고 이 학교에서 산업공학 학사학위를 받는다. 그리고 제너럴모터스에 정식 사원으로 입사해 미시간주 디트로이트 본사의 관리부서에서 일하게 된다. 그러다가 회사 상사의 추천으로 제너럴모터스 스폰서십(GM Sponsorship) 수혜자로 선발되어 하버드경영대학원에 진학해 1978년에 MBA학위를 취득한다. 스폰서십으로 공부를 한 것이니만큼 다시 회사로 복귀하여 이번엔 디트로이트 본사가 아니라 재무 관련 부서들이 위치하고 있는 뉴욕지사의 재무본부 중간관리자로 배치된다. 그는 재무본부에서 두각을 나타내어 2년 만에 이사로 승진한다. 1982~1984년에는 마드리드에 있는 제너럴모터스 스페인 지사의 CFO로 일했고, 귀국하여 1985년에 약관 34세의 나이로 제너럴모터스 재무본부 부본부장(Assistant Treasurer)으로까지 초고속 승진을 하였다.

여기까지였다면, 아마도 자동차 회사의 좀 잘나가는 유능한 재무담당 임원 정도 하고서 은퇴하였을지도 모른다. 그러나 1986년 말, IB업에 발을 담그기엔 이미 한참 늦은 30대 중반의 나이에 월가의 대표적 증권사였던 메릴린치에 경력직 IB뱅커로 입사하는 매우 보기 드문 변신을 하게 된다. 뉴욕 소재 재무본부에서 일하다 보면 어쩔 수 없이 인근 월가의 IB뱅커들을 일 때문에 만날 수밖에 없게 되는데, 1986년 가을 메릴린치의 IB사업부문과 어떤 딜을 하나 같이 하게 되었다. 이 딜을 하면서 오닐의 예사롭지 않은 뛰어난 '딜 감각'을 접하게 된 당시 메릴린치 IB부문장 배리 프리드버그(Barry Friedberg·1941년~)가 오닐에게 메릴린치 입사를 권유하게 된다. 한국식으로 말하자면 갑(甲)에서 을(乙)의 위치로 가자고 권유한 셈이다. (30대 중반 이후의 나이라면, 그 반대방향으로 이동하는 편이 사실은 더 보편적이다) 그런데 오닐은, 이 권유를 열광적으로 받아들인다. 자동차 회사의 최고재무책임자(CFO)가 그의 최종목표가 아니었던 것이다.

이리하여 'IB뱅커 스탠리 오닐'이 탄생하게 되는 것이다. 그가 배속된 부서는 그 때 마침 메릴린치도 처음 만들어서 소위 '드렉셀 흉내내기'를 시작한 인수금융(Leveraged Finance) 부서였다. 제너럴모터스 재무본부 재직 시절에 은행권 차입을 일으켜서 다른 회사를 인수해 본 경험이 있었던 것이 그가 이 부서에 배치된 유일한 이유였다. 그런데 별로 잘나가지 못할 것 같았던 이 후발주자 인수금융 부서가 1991년 드렉셀의 몰락 이후 갑자기 업계 1, 2위를 다투는 메릴린치의 캐시카우(cash-cow) 부문으로 일약 발돋움하게 된다. 1991년 입사 5년차가 될 즈음이면 이미 오닐은 인수금융부서의 헤드가 되며, 월가 인수금융업계 전체에서도 인지도를 높여가면서 다른 경쟁사들의 스카우트 제의까지 받는 위치로 성장하게 된다. 1992년에 그는 경쟁사였던 뱅커스트러스트(Bankers Trust)로부터 인수금융부서를 맡아 달라는 영입제안을 받게 되는데, 이를 들고 상사이자 멘토였던 프리드버그를 찾아가서 일종의 담판(?)을 벌인 끝에, 단숨에 글로벌발행시장총괄책임자(Global Head of Capital Markets Origination)라는 어마어마한 고위직으로 파격적

승진을 얻어낸다. 40대 초반의 흑인이, 단숨에 당시 메릴린치 경영진 서열 20위 안에 드는 고위 임원으로 등장하게 된 셈이니 메릴린치 안에서도 당시 이 이동은 충격적인 일로 받아들여졌다.

그런데 충격은 이제 시작이었을 뿐이었다. 야심을 깊숙이 감추고, 어느덧 사내정치의 달인(?)으로 성장하고 있던 오닐은 이 무렵 메릴린치 이사회의 사외이사 중 한 명이었고, 나중에 이사회 의장(Lead Director)까지 하면서 무려 25년간을 사외이사로 재직하는 유명한 여성 작가이자 역사학자 질 커 콘웨이(Jill Ker Conway) 스미스대(Smith College) 총장과 친분을 쌓게 된다. 콘웨이 총장은 오닐의 백그라운드와 그의 성장과정을 듣고는 그 스토리에 완전히 반해서(이는 마치 오바마 현 미국 대통령의 백그라운드와 성장과정을 처음 드는 사람들이 뭉클한 감동을 받게 되는 것과 마찬가지의 감정이었다고 판단된다), 그 후 오닐의 열렬한 지지자가 된다. 오닐이 콘웨이 사외이사를 만나고 난 후, 어떤 사내 권력투쟁과정을 거쳐서 세계 최대 증권사인 메릴린치의 수장이 되는지는 다음 52화에서 계속 살펴보기로 하자.

2015. 4. 9

52 메릴린치의 몰락 (2) - '마더 메릴(Mother Merrill)'의 붕괴

요즘이야 월가의 투자은행들이 모두 직원들을 밥 먹듯이 해고하고, 오직 회사의 수익을 위해 모든 것을 희생시키는 야만적인 괴물처럼 묘사되곤 하지만, 1990년대 후반까지의 메릴린치는 그런 회사가 아니었다. 오히려 메릴린치에 공채 입사하여 은퇴할 때까지 오직 메릴린치 한 회사에서만 근무하는 소위 '라이프 타이머(Life Timer)'들이 임원진의 거의 대부분이었다고 해도 과언이 아니었다.

이러한 메릴의 온정주의적(paternalistic) 기업문화를 가리켜 월가에서는 '마더 메릴(Mother Merrill)'이라는 용어를 썼다. 어머니와 같은 회사라는 의미일 것이다. 이런 문화는 창업자인 찰스 E 메릴의 철학에서 유래한 것이긴 하나 1970년대에 10년간 회장 겸 최고경영자(CEO)로 재직했던 카리스마적인 경영자 도널드 리건(1918~2003) 시대에 보다 더 굳건해졌다. 나중에 로널드 레이건 행정부의 재무장관(1981~1985년 재직)과 백악관 비서실장(1985~1987)으로 재직하기도 한 당대의 거물인 리건은 10년간의 CEO 재직기간 중에 2인자인 사장을 4명이나 갈아치웠을 정도로 메릴린치를 철권통치했다. 1971년 월가의 투자은행들의 IPO 대열 물꼬를 튼 주인공이었고, 한편 주식 브로커들이 고객들에게 받는 수수료율 담합을 과감하게 철폐하였으며, 1970년대 최고의 금융발명품이라고 미국의 시사주간지 타임(Time)지가 선정한 CMA(Cash Management Account)계좌를 처음 업계에 도입하는 등 많은 업적을 남긴 인물이었다. 하지만 사내 반대파를 인정하지 않고 모조리 제거하는 그의 경영스타일은 그 후 메릴린치에 좋지 못한 파급효과를 남기게 된다.

리건의 치세에 메릴린치는 미국 1위의 브로커리지 회사이자 4~5위권의 IB사업 부문을 가진 선도회사가 되었으나, 후계자 양성을 제대로 해두지 않고 떠나는 한 가지 실수를 범했다. 그의 뒤를 이은 CEO들인 로저 버크(1981~1985년 재직), 빌 슈레이어(1985~1993년 재직), 댄 털리(1993~1997년 재직) 등 3인은 판박이처럼 모두 다섯 가지 공통점을 가진 이들이었다. 1)그들은 설립자인 메릴처럼 업계를 선도하는 비저너리(Visionary) 타입도 아니었고, 그렇다고 리건처럼 카리스마가 있지도 않은, 매우 평범(mediocre)한 인물들이었다. 2)그들은 모두 아일랜드계 이민자 후손이거나 가톨릭 신자거나 아니면 둘 다였다. 3)셋 다 메릴린치가 첫 직장이자 마지막 직장이었으며, 50대 중반 이후의 지긋한 나이에 CEO로 등극했다. 4) 모두 어떠한 사내 권력투쟁도 없이 전임자에 의해 지명(designated)되어 평화롭게 CEO가 되었다. 5)마지막으로 가장 중요한 공통점은 셋 다 본인의 커리어패스가 메릴린치의 용어로 프라이빗클라이언트그룹(Private Client Group)이라고 불리는 리테일브로커리지 부문 출신이었다.

이 3인의 평범한 CEO들도 나름 자신의 재직기간에 회사를 위해 해야 할 일은 한 셈이지만(메릴린치는 여하튼 그 기간 중에도 성장했다), 두 가지 면은 냉정하게 볼 때 비판받아야 마땅했다. 우선 그들은 메릴린치 사내에 온정주의적 문화가 뼛속까지 스며드는 것을 그냥 방치했다. 온정주의적 문화가 꼭 나쁜 면만 있는 것은 아니지만, 그 정도가 심해지면 실력 본위로 임원진이 양성되는 것이 아니라 오직 자기 상사에 대한 맹목적인 충성을 하는, 능력이 떨어지는 임원들이 양산되는 법이다. 1997년 댄 털리가 은퇴할 즈음이면 그러한 온정주의 문화가 심할 정도로 회사를 망가뜨리고 있었다. 또 한 가지는 이들은 소위 투자은행의 양 축이라고 할 수 있는 브로커리지(오늘날 '자산관리'라고 좀 더 멋진 단어로 표현하는) 부문과 IB사업 부문을 균형적으로 발전시키지 못하였다. 메릴린치는 1978년 작지만 강한 투자은행이었던 화이트웰드(White

Weld)를 인수하면서 본격적으로 IB사업을 확장시키지만, 1997년 무렵이 되면 채권(Fixed Income) 부문만 두각을 나타내고 있었을 뿐 주식(Equity)과 M&A자문(Advisory) 분야는 강력한 3개의 경쟁사인 골드만삭스-모건스탠리-살로먼스미스바니에 모두 밀리고 있었다. 모든 경영자는 자기가 익숙하지 않은 분야에 과감한 투자를 하지 못하는 법이다.

1997년에 은퇴한 털리는 1993년에 그가 CEO로 등극하던 날부터 후계자를 찾았지만 결국 완벽하게 마음에 드는 후계자를 발견하지 못하였다. '마더 메릴' 기업문화의 최고 수혜자 중 하나였던 털리의 속성상, 내부에 마땅한 이가 없다고 해서 외부로 눈을 돌리는 방법론은 감히 상상도 하지 못했던 것이다. 결국 그가 선택한 차선안은, 자기처럼 리테일 부문 출신인 데이비드 코먼스키(1939년~)와 IB 부문 출신인 허브 앨리슨(1943~2013년)을 각각 회장과 사장으로 동시에 임명하여 둘이 상호 보완해 나가면서 회사를 경영하는 안이었다. 그는 역시 메릴린치 라이프타이머인 두 사람이 서로 화목하게(?) 회사를 잘 경영하면서 마더메릴 기업문화를 종속시켜줄 것으로 기대한 것이다.

그러나 이는 물론 황당한 발상이었고, 잘될 가능성이 없는 안이었다. 어느 조직이나 우두머리는 한 사람만 존재하는 법이다. 하물며 잠깐 졸면 코 베어 간다는 월가의 투자은행에서는 당연한 이치가 아닌가! 털리는 권력이란 나눠 가질 수 없다는 권력의 본질적 부분도 이해하지 못한 천진난만한(?) 경영자였던 것이다. 코먼스키와 앨리슨은 성장과정부터 너무 달랐고, 일하는 스타일과 장단점이 너무나 첨예하게 대립하였다.

앨리슨보다 네 살 연상의 코먼스키는 러시아에서 박해를 피해 미국으로 이민 온 유대인 가정에서 태어났다. 미국 해양경비대(US Coastal Guard) 대원으로 플로리다에서 7년간 복무한 후 마이애미대학에 26세의 뒤늦은 나이에 입학하였으나 졸업을 하지 못하고 중퇴하였다. 우연히 메릴린치의 마이애미지사에 주식 브로커로 입사하여 35년간 메릴린치 한 회사를 다닌 인물이다. 그는 성격이 원만하고, 만능 스포츠맨이었으며, 사람들과 잘 어울렸기에 매우 뛰어난 실적을 내는 주식 브로커였다. 소위 '형님 리더십'도 갖춘 인물이었기에 1993년 이후 4만명에 달하는 거대한 메릴린치 브로커리지 조직(흔히 Thundering Herd라고 표현되었다)을 총괄해오고 있었다. 반면 그는 거대한 금융회사를 경영할 만한 비전이나 수치적 이해력을 가진 인물은 못되었다.

이에 비해 앨리슨은 뉴욕의 유명한 정통 아일랜드계 가톨릭 가문 출신으로, 예일대학 학부와 스탠퍼드 경영대학원을 졸업한 동부 엘리트였다. 그는 해군장교로 베트남전에 참전하여 무공훈장을 받은 전쟁영웅이었는데, 제대 후에 금융업종을 선택하여 메릴린치 IB 부문에 취직하였다. 꼼꼼한 회계사 체질이었던 앨리슨은 하나에서 열까지 모든 이슈를 챙기고 자기가 완전히 이해를 하여야만 직성이 풀리는 완벽주의자였다. 그의 상관들은 이 일은 매우 잘하지만 다소간 대인관계에 문제가 있던(기본적으로 앨리슨은 너무 진지했고, 매사에 너무 전투적이었다) 앨리슨에게 궂은 일, 욕먹는 일만 도맡아 시켰는데, 앨리슨은 군소리 없이 모든 일을 척척 해내었다. 결국 앨리슨의 그런 측면이 털리로 하여금 코먼스키의 좋은 짝이 될 수 있을 것이라고 착각하게 한 포인트였다.

1인자와 2인자로 만난 두 사람은 사사건건 부딪쳤는데, 두 사람이 결정적으로 충돌한 이유는 이 어설픈 합동경영체제가 출범한 지 2년이 되는 시점인 1999년 초였다. 이 당시는 역사상 가장 큰 금융권 M&A였던 씨티은행그룹과 트래블러스그룹(살로먼스미스바니 포함)의 메가합병이 일어난 직후였고, 이 충격 때문에 미국과 유럽의 모든 대형 금융사들이 저마다 몸집을 키우고 영역을 넓히기 위한 합종연횡 파트너를 정신없이 찾던 시기였다. 코먼스키는 당시 미국 3위의 상업은행이었던 체이스맨해튼은행그룹과 대등합병을 추진했다. 당시 체이스맨해튼의 CEO였던 월터 시플리(1935년~)는 전신인 케미컬은행 때부터 무려 18년간을 CEO로 재직 중이었고, 조만간 은퇴할 예정이었기에 후계자를 찾고 있었다. 코먼스키는 이 대등합병이 성공하면 자신은 씨티-트래블러스에 이은 세계에서 두 번째로 큰 메가뱅크의 수장이 될 수 있다고 확신했기에 이 합병을 밀어붙이려고 했으나, 앨리슨의 강력한 반대로 무산되었다. 당시 앨리슨은 나름대로의 전략적 분석으로, 기존 업권이 그다지 겹치지 않는 영국의 HSBC그룹과 짝짓기하는 편이 메릴린치에 훨씬 유리하다고 판단했다고 한다. 1인자가 밀어붙이는 합병을 2인자가 반대하여 무산되었다고 한다면, 당연히 상식적으로 둘 중 하나가 회사를 나가야 하는 상황이었고, 2인자인 앨리슨이 축출되었다. 이 앨리슨 축출은, 메릴린치에서 직장생활을 시작한 것도 아니고 아일랜드계 백인이나 유대인도 아니었으며, 가톨릭신자도 아니었던 흑인 스탠리 오닐에게는 천재일우(千載一遇)의 기회로 찾아온다. 그는 1999년 당시 CFO로 재직 중이었는데, 앨리슨의 갑작스러운 퇴진으로 인해 코먼스키의 후계자 경쟁에 뛰어들 수 있는 3인의 고위 임원 중 하나였던 것이다.

코먼스키는 거대 금융사를 경영하기에는 디테일에 약한 본인의 단점을 잘 알고 있었고, 자신이 CEO로서 과거의 리건처럼 장기 집권하지는 못할 것이라는 것도 직감하고 있었다. 이에 따라 회사 내 서열 3~5위의 경영진이었던 제프리 픽(1949년~), 톰 데이비스(1953년~), 스탠리 오닐 등 3인에게 각각 새로운 임무를 부여하면서, 자신의 후계자가 되기 위해 3년 내에 스스로를 증명해 보이라고 요구한다. 픽은 자산운용사업 부문을, 데이비스는 IB사업 부문을, 오닐은 리테일브로커리지사업 부문을 각각 담당하게 된다. 리테일브로커리지사업 부문은 물론 오닐이 한 번도 경험해 보지 못한 생소한 분야였고, 처음 레이스가 시작되었을 때의 전망은 오닐이 승자가 될 걸로 예상한 월가 사람은 거의 없었다. 그러나 오닐의 진가는 여기서부터 나타난다. 그는 '마더 메릴'로 상징되는 메릴린치의 온정주의 문화의 타파를 선언하고, 철저한 성과주의(Meritocracy) 문화를 브로커리지 조직에 요구하면서 전면적인 구조조정을 선언한다. 오닐이 이 삼각 CEO 후계자 경쟁을 어떠한 권모술수로 이겨내는지는 다음 53화에서 이어가 보자.

2015. 4. 13

53 메릴린치의 몰락 (3) - 젊은 터키인을 FICC 수장으로

코먼스키 뒤를 이를 경쟁자 3인 중 오닐이 절대적 강자로 부상한 것은 경쟁이 시작된 지 2년이 경과한 2001년 하반기였다. 세 가지 요인이 누가 봐도 비주류였던 오닐을 후계자로 끌어올린다. 하나는 그가 나머지 두 경쟁자들보다 일단 실적이 앞섰다. IB 사업부문을 맡았던 가장 젊은 데이비스는 닷컴 버블붕괴로 실적에 치명타를 입고 가장 먼저 탈락했다.

가장 연장자였고 사실 가장 유력한 후보로 초기에 언론에 언급되었던 자산운용사업부문의 픽도 9·11테러 이후에 그 사업부문 실적 악화로 인해 꿈을 접을 수밖에 없었다. 이에 비해 브로커 집단인 소위 '천둥군단(Thundering Herd)'을 지휘하던 프라이빗클라이언트사업부문의 오닐은 위기가 시작되기 전에 구조조정을 선제적으로 단행하여 전체 사업부문 인력을 4분의 1가량 줄여 놓았던 점에서 과단성을 인정받아 이사회에서 점수를 많이 땄다.

두 번째 요인은 그가 나중에 약속을 지킬 생각이 전혀 없었기에 지지를 이끌어내야 하는 내부 임원들에게 집권 후 자리 약속을 무차별적으로 한 결과 코먼스키 회장 휘하에 있던 고위 임원 상당수가 전부 오닐 진영으로 백기투항해 온 것이다(물론 이들은 오닐이 CEO에 오른 이후 거의 대부분 해고되었다).

마지막으로 가장 중요한 이유는 당시 메릴린치 이사회 분위기가 뭔가 새로운 것을 찾는 분위기로 전환된 데 힘 입은 바가 크다. 회사 창설 이후 90년 가까이 줄곧 CEO의 자격이라고 내부에서 암묵적으로 지켜오던 '브로커 출신이어야 하고, 혈통이 아일랜드계이거나 아니면 최소한 가톨릭 신자여야 한다'는 코드가 드디어 이사회에서 파기되어야 할 타이밍에 오닐이 알맞게 등장해 준 것이다.

이사회 지지를 일단 받기 시작하자 오닐은 승기를 굳히기 위해 아직 임기가 남아 있던 코먼스키 회장을 이사회 내부 지지파들을 통해 우회적으로 퇴임할 것을 압박한다.

나이가 이미 60대 초반에 접어들었던 코먼스키는 자의반 타의반으로 본인 임기를 1년가량 앞당겨서 사임하고 CEO직을 2002년 드디어 오닐에게 넘긴다. 오닐이 하는 짓이 괘씸하기는 하였으나 이미 이사회 구성원 중 절반과 자기 수족 같은 측근 임원들이 모두 오닐 쪽으로 넘어가 버린 상태에서 코먼스키가 할 수 있는 일은 그다지 없었다고 한다.

오닐이 CEO에 등극한 것은 메릴린치 역사에서는 처음으로 IB 출신이 CEO가 되었다는 의미가 된다. 그가 흑인이고, 대학도 아이비리그가 아닌 말하자면 삼류 대학을 나왔다는 것은 사실 그가 IB 출신이라는 점에 비하면 오히려 뉴스거리가 안 될 정도였다.

브로커들이 90여 년간 장악해 온 회사를 IB 출신이 뚫은 것이다. 사실 1980년대 후반부터 시작된 '메릴린치의 IB화(化)'가 결국 결실을 본 순간이기도 하다. 오닐이 CEO에 등극하는 데 일등공신은 당시 그룹 CFO였던 톰 패트릭(Tom Patrick)과 IB사업부문 서열 2위였던 아샤드 자카리아(Arshad Zakaria)라는 두 고위 임원이었다.

그런데 오닐은 등극하고 나서 1년도 채 되지 않아 이들을 전격 해고한다. 너무나 힘들게 정상에 오른 오닐은 그 자리를 넘볼 가능성이 조금이라도 있는 그 누구도 회사에 발붙이게 할 생각이 없었던 것이다. 패트릭과 자카리아를 경질한 데 이어 마더메릴(Mother Merill)로 상징되는 온정주의 문화 속에서 자라온 고위 임원 수십 명을 연쇄적으로 해고한다.

그리고는 그 빈 자리들에 아직 업계 경륜이나 정치적 파워 면에서 도저히 오닐 자신에게 도전할 수 없는 30

대 후반 또는 40대 초반 젊은 임원들을 대거 발탁한다. 그들을 발탁한 기준은 오직 두 가지였다. 자기 전공 분야에 대한 확실한 실적과 오닐에 대한 절대적 복종과 충성이었다. 오닐은 미국인들이 맥도널드나 GM 같은 브랜드와 동격으로 취급하는 메릴린치라는 거대 금융회사를 개인 왕국으로 탈바꿈시키려고 시도한 것이다.

이때 전면에 발탁된 인물 3인방이 바로 IB사업부문 공동사장(Co-President)에 임명된 그레그 플레밍(Greg Fleming·1963년생)과 다우 킴(Dow Kim·1963년생), 그리고 그룹CFO에 임명된 아마스 파카하니(Ahmass Fakahany·1959년생)였다. 플레밍은 예일대학교 로스쿨 출신 변호사로, 경영컨설턴트로 일하다가 뒤늦은 나이에 메릴린치 IB사업부문에 입사하여 발탁 당시 M&A그룹을 이끌고 있었다.

다우 킴은 어렸을 때 가족이 미국으로 이민 온 한국계 미국인인데, 원래 케미컬은행 채권트레이더 출신으로 역시 1990년대 중반 경력직으로 입사하여 발탁 당시 세일즈&트레이딩그룹을 이끌고 있었다. 둘 다 아직 40세도 채 안 된 나이에 상급 임원들을 제치고 공동사장에 등극한 셈이다.

이집트 출신으로 컬럼비아 경영대학원 졸업 후 엑슨모빌 정유회사 재무팀에서 일하다가 오닐과 비슷한 경로로 비슷한 시기에 메릴린치에 경력 입사한 파카하니는 그가 당시까지 미국 시민권을 아직 취득하지 않고 이집트 여권을 가지고 있었다는 점에서 월가에서는 더욱 파격적인 발탁으로 취급되었다.

누가 봐도 이 세 명은 오닐이 아니었으면 발탁될 가능성이 별로 없었던 인물들이라고 해도 과언이 아니다(물론 이 3인의 개인적 능력이 떨어진다는 의미는 아니다. 발탁될 만한 자질은 물론 갖추었으나 오닐 이전의 고전적 메릴린치 CEO 타입 아래에선 그 정도 고위 임원으로 발탁될 가능성이 현실적으로 거의 없었다는 이야기다).

CEO에 등극하고 나서 오닐은 무섭게 내달린다. 사실 오닐은 매우 총명하고 이성적인 인물이었으나, 정신세계 아래 깊이 감추어진 근본적인 마이너리티 콤플렉스를 벗어 던지지는 못했다. 백인과 유대인 아이비리그 출신들이 장악하고 있던 월가에서, 그것도 가장 큰 증권사 CEO를 맡은 흑인이자 삼류 대학 출신인 오닐에게는 오직 '성장'과 '수익'이라는 두 단어만 중요했다. 그 외 나머지 방법으로는 천신만고 끝에 장악한 자기 권력을 지킬 방법이 없었던 것이다.

2002년부터 2006년까지 그가 CEO가 된 이후 5개년 연속으로 메릴린치는 해마다 기록적인 성장과 기록적인 순익을 낸다. 미국 부동산시장 과잉 성장으로 야기된 금융시장 버블이 그 파국을 향해 가기 전 마지막 최고의 해였던 2006년에 메릴린치는 71억달러라는 순익 규모를 달성했는데 이는 물론 메릴린치 역사에서 신기록이다.

2007년 봄에 열린 정기 주주총회에서 오닐은 한 주주에게서 "역사상 존재했던 최고의 메릴린치 CEO"라는 헌사를 받기까지 한다. 오닐 인생의 절정기였다고나 할까. 그러나 그의 몰락은 이미 예정되어 있었고, 그 주주총회부터 불과 반년 후에 그는 "역사상 최악의 메릴린치 CEO이자 미국 중산층에게 사랑을 받던 금융회사 메릴린치를 한순간에 붕괴시킨 멍청한 CEO"로 낙인찍히며 자기가 스스로가 구성한 이사회에 의해 해고되는 것이다. 도대체 어떻게 이런 일이 가능했을까?

원인은 물론 서브프라임모기지 광풍에 편승해 오직 수익 극대화를 통한 회사 주가 부양을 도모하면서 회사 리스크관리부서의 경고를 완전히 무시하고, 거기에 한 술 더 떠 CDO 포트폴리오를 배로 늘리라는 오닐의 명령에 이유 있게 저항하던 제대로 된 마지막 남은 임원이었던 FICC그룹장 제프 크론탈(Jeff Kronthal)을 전격 해고하고, 그 후임으로 개념이 없이 용감하기만 한 런던지사 채권세일즈팀장이었던 30대 중반인 젊은 터키인 오스만 세머시(Osman Semerci)를 임명한 바로 오닐 자신에게 있었다.

이 젊은 터키인이 도대체 무슨 짓을 했는지는 다음 54화에서 자세히 다루어 보도록 하자.

2015. 4. 20

54 메릴린치의 몰락 (4) - 이보다 더 최악의 인선은 없다

오스만 세머시는 터키 출신이었다. 터키인이 메릴린치 같은 대형 글로벌 투자은행의 매우 중요한 직책인 FICC(채권/통화/코모디티) 사업부문 총괄 책임자로 등극했다는 것도 오직 스탠리 오닐과 같은 비주류 인물이 CEO였기에 가능한 이야기였다. 출신 성분(?)을 전혀 고려하지 않고 실적만 보고 사람을 발탁한 경우가 되겠다. 온정주의적이고 연공서열적인 마더메릴 문화의 종료를 선언했던 오닐로서는 더욱 더 상징성이 있는 인사였다고나 할까.

세머시는 미국이나 유럽에서 학교를 다닌 것도 아닌, 순수한 '터키 국내파'다. 1968년생인 그는 터키에서 대학(보스포러스대학 전기공학과)과 MBA(이스탄불 마라마대학)를 마치고, 24세이던 1992년에 메릴린치가 마침 스위스 제네바에 막 개설한 유럽중동아시아(EMEA) 담당 프라이빗뱅킹(PB)팀에 정식 직원도 아니고 계약직 컨설턴트로 입사하였다. 그의 부친은 한국의 국군기무사령부에 해당하는 터키군 정보사령부의 고위 장성이었는데, 당연히 그런 부친의 지위로 인해 세머시는 터키 국내 권력층이나 부유층들에 접근하기가 수월하였던 것으로 추정된다.

터키의 부자 PB 고객들에게 메릴린치의 채권이나 주식상품을 워낙 잘 팔았고, 그에 따라 1년 만에 곧 정식 직원으로 승격하면서 PB팀을 떠나 IB사업부문으로 내부 전직한다. 그때부터 세머시의 신화가 시작된다. 메릴린치 런던 글로벌마켓 데스크에서 채권 세일즈를 시작한 그는 곧바로 뛰어난 실적을 내면서 고속 승진을 하기 시작한다.

채권 세일즈맨 생활을 시작한 지 겨우 3년 만인 1996년에 유럽 전체의 기관(Institutions) 담당 세일즈팀의 헤드로 승진하고, 이어 1998년에는 유럽 전체의 채권파생상품 데스크 책임자가 되면서 임원으로 승진한다. 2000년이 되자 아시아에 파견되는데, 아시아 글로벌마켓데스크 총괄책임자로 일하면서 채권과 주식 양쪽에 걸쳐 메릴린치의 아시아지역 리그테이블 순위를 몇 단계씩 올려놓는다. 이런 공로로 그는 2005년에 런던으로 복귀하면서 요직 중의 요직인 유럽중동아시아(EMEA)지역 FICC사업부문장이 된다.

세머시의 문제는, 그가 능력에 비해 너무 과도한 출세를 하였다는 점(그는 유능한 세일즈맨이었을 뿐 복잡한 여러 상품군으로 구성된 FICC사업부문 전체를 총괄할 수 있을 만한 지적 능력이 없었다)과 한계가 있는 그를 파격적으로 발탁해준 보스이자 은인인 오닐을 어떻게든 만족시켜야 한다는 강박관념이었다. (만족시키지 못하면 오닐은 자신을 언제든 해고할 수 있는 잔인한 인물이란 걸 너무 잘 알기에) 이 때문에 2006년 초가 되면 메릴린치 내부 일각에서 세머시가 그 자리를 유지할 만한 능력이 없는 인물이 혹시 아닌가 하는 의구심이 점점 커지고 있었다.

이때 변수가 생긴다. 2006년 7월, 세머시의 직속 상관 포지션인 FICC사업부문 글로벌헤드 자리가 공석이 된 것이다. 이 자리에 당초 0순위였던 미국 국내FICC사업부문장인 제프 크론탈은, 지난주 53화에서 언급되었듯이 리스크를 좀 더 늘려서 경쟁사들처럼 돈을 더 벌라는 오닐의 요구를 수행하지 않았다는 이유로 해고되었다. 런던에 있던 세머시에 대해서는 두 공동 사장인 다우 킴과 그렉 플레밍이 모두 다 유보적이었다. 킴은 세머시가 세일즈맨일 뿐 리스크를 제대로 이해하지 못하고 있는 인물이라고 생각했고, 플레밍은 한 술 더 떠서 세머시가 인격장애가 있는 인물로 수시로 거짓말을 하고 있다고 생각했다.

킴과 플레밍은 이 FICC사업부문 글로벌헤드 자리에 외부인사를 영입하려고 시도한다. 바로 경쟁사인 크레디스위스퍼스트보스턴(CSFB)의 채권사업본부를 오랫동안 이끌다가 그 전년도에 퇴사하여 자기의 헤지펀드를 차려 운용 중이었던 잭 디마이오(Jack Di Maio)라는 마켓의 대가였다. 디마이오가 온다는 소문이 돌자 세머시는 1990년대 초에 오닐이 그의 상사에게 했던 바로 그 방법을 쓴다.

자기를 승진시키지 않는다면, 런던에 그가 구축해 놓은 업계 최고의 세일즈팀 전체를 데리고 경쟁사로 이직하겠다고 협박을 한 것이다. 킴과 플레밍은, 세머시를 그대로 방치하면 전체 조직의 위계질서가 와해될 수 있다고 보고 이 협박을 거절하려고 했으나 회장인 오닐이 개입한다. 두 공동사장의 의견을 무시하고, 오닐은 세머시를 FICC사업부문의 글로벌헤드로 임명한 것이다.

오닐은 세머시 같은 전투적인 인물이 FICC사업부문에 필요하다고 당시 판단했다. 미국 FICC사업부문을 이끌던 크론탈의 경우 미국의 부동산 경기가 과열 양상을 명백히 보이던 2005년 후반부터 미국 모기지 채권시장 관련 리스크를 늘리기는커녕 오히려 줄이는 방향으로 움직여서 오닐을 진노케 한 바 있다. 당시 IB의 여러 사업부문 중 하나에 불과했던 FICC사업부문이 전체 회사의 손익에서 차지하는 비중이 이미 30% 선을 넘고 있던 가운데, 그 수장의 보수적인 영업 방향성은 회사 전체의 실적에도 바로 타격을 줄 수 있는 경우였던 것이다.

경쟁사인 골드만삭스나 모건스탠리 등의 실적을 능가해야만(outperform) 회사 주가가 오르고, 주가가 올라야 자신의 권력을 유지하고 보너스를 두둑이 챙길 수 있었던 오닐로서는 돈 잘 버는 (어떻게 벌었는지는 전혀 관심도 없었다) 세머시가 회사를 떠난다는 것은 있을 수 없는 경우의 수였다. 심지어 오닐은, 세머시를 어느 시점에 차기 CEO 후보자 중의 하나로 이사회에 소개할 생각까지 하고 있었다.

결국 미국 부동산시장이 붕괴를 향해 가파르게 치닫고 있던 바로 그 시점인 2006년 여름, 오닐은 자신의 전 생애를 통틀어서 가장 치명적인 실수를 하게 된다. 젊은 터키인에게 회사의 명운을 맡겨 버린 것이다. 물론 당시 오닐은 자기의 그 인선이 어떤 의미가 있는 것인지 이해하지도 못했다. 그는 사실 세일즈나 트레이딩에 대해서는 깊이 알지 못했던 것이다. 오닐은 CEO의 위치까지 오르면서 자기 주위의 모든 사람들을 그들이 자기에게 과연 무엇을 해 줄 수 있는 자들인가라는 관점에서만 바라보았다.

단 한번도 그는 인물들의 인간성(character) 자체를 진지하게 살펴보려는 노력을 해 본 적이 없었다. 세머시의 경우가 그 극단적인 예였던 것이다. 세머시는 분명 오닐에게 숫자를 만들어내 보여 줄 수 있는 인물이었다. 그러나 그는 정직한 인물은 결코 아니었으며, 자기 확신이 너무 강한 나머지 자기가 하는 모든 일은 다 용서될 수 있는 일이라는 위대한 착각을 하는 유형의 위험한 인물이었던 것이다.

FICC의 수장으로서 그는 취임 첫날부터 미국 주택모기지를 가지고 생산하는 CDO를 미친듯이 제조하여 팔기 시작한다. 세머시의 취임 당시, 메릴린치 FICC사업부문 총리스크가 50억달러를 넘지 않았다. 그런데 이듬해 9월, 세머시가 해고당하는 시점까지 불과 14개월 동안 그 50억달러가 350억달러로 무려 7배 순증한다.

정확히 말하자면 그 14개월 동안 세머시의 팀은 무려 700억달러라는 천문학적 규모의 CDO를 찍어서 그 중 400억달러가량을 메릴린치의 고객들에게 팔았고, 나머지 300억달러가량과 크론탈에게 넘겨 받은 50억달러를 포함하여 총 350달러의 리스크를 회사에 지운다. 문제는 이 350억달러를 극소수의 세머시 측근들을 제외하고는 그 누구도 이듬 해인 2007년 여름까지는 몰랐다는 점이다. 어떻게 이런 일이 메릴린치 같은 권위 있는 글로벌투자은행에서 과연 일어날 수 있었던 것인가?

나중에 밝혀지지만, 세머시는 돈을 벌고 있었던 것이 아니라 숫자를 조작하고 있었던 것이다. 다시 말하면 그는 이중장부를 사용하고 있었던 셈이다. 영화 해리포터에 나오는 악당의 이름을 따서 '볼데모트 장부(Voldemort Book)'라고 세머시 측근들이 은밀히 명명한 이 장부상에는, 위험회피(Hedge)가 되지 않은

350억달러라는 거대한 CDO포지션이 그대로 드러난다. 그런데 사상 최대 실적을 낸 2006년 기말 재무제표상으로는 이 350억달러가 겨우 8억달러 수준으로 은폐·조작되어 있었던 것이다.

IB명장면을 지금까지 죽 읽어오신 분이라면 이 CDO의 AAA트렌치를 장부에 그대로 가지고 있는 위험성에 대해 이미 알고 계실 것이다. CDO는 문자 그대로 여러 종류의 주택담보대출채권을 한 데 묶어서 유동화한 상품인데, 위험도에 따라서 최선순위 AAA부터 최후순위 에쿼티 포지션까지 다양한 수익률을 나타내는 여러 클래스로 썰어서 고객들에게 팔리게 된다.

그런데 일명 슈퍼 시니어(Super Senior)로 불리는 트리플A(AAA) 채권은 수익률이 매우 낮기에(이 말은 물론 해당 채권 가격이 비싸다는 의미다) 팔리지가 않아서 투자은행들이 자기들의 장부에 그대로 얹어 놓고 가는 경우가 많았다. 투자은행들 중 일부는 이 포지션에 대해 다시 보험(Protection)을 대형 보험사들에 들고 그걸 헤지 하였다고 주장을 하게 되는데, 세머시는 그걸 실제로는 하지도 않고서, 했다고 공식장부상에 기록했던 것이다.

2007년 여름, 영국 HSBC와 프랑스의 BNP파리바 등 2개의 거대 유럽은행이 미국 주택모기지를 담보로 발행한 CDO에 투자한 특별투자목적기구(SIV)의 이자지급 정지를 선언한 직후부터, 이론상으로 거의 100에 수렴하여야 하는 슈퍼시니어 채권가격이 급전직하하기 시작한다. 슈퍼시니어 채권가격이 실제로는 80대로 떨어져 거래가 전혀 되지 않는 상황이 되어서도 세머시의 팀은 이런 부분을 상부에 일언반구도 보고하지 않은 것이다.

350억달러라고 하면, 사상 최대 실적을 냈다고 주주총회에서 칭송 받은 2006년 1년 동안 메릴린치가 거둔 순익 규모인 71억달러의 5배에 해당하는 어마어마한 리스크 총량이었다, 한편 2007년 9월 당시 메릴린치의 시가총액이었던 390억달러에도 근접한 수치였다.

CEO인 오닐의 잘못된 인물평가에서 빚어진 참극치고는 너무 큰 여파를 가져오게 되는 것이다. 세머시는 불문헌법처럼 월스트리트에 전해 오던 하나의 황금률, 즉 투자은행의 그 어떤 사업부문도 회사 전체를 위태롭게 할 정도로 리스크를 배분 받아서는 안 된다는 규칙을 내부적으로 사기를 쳐서 깨뜨려 버린 셈이다.

세머시의 파국과 이어지는 메릴린치의 몰락을 아마도 예견했던 것인지, 공동사장 중 한 명이며 FICC사업부문을 포함한 글로벌마켓본부를 이끌고 있던 다우 킴은 2007년 1월 돌연 사임하고 메릴린치를 떠나버린다. 다우 킴이 왜 떠났는지 깊이 헤아려보지도 않은 오닐은, 그룹 CFO였던 파카하니를 플레밍과 함께 공동사장으로 승진 발령한다. 파카하니는 IB명장면 53화에서 설명했듯이, 직장 경력 자체가 글로벌마켓과는 무관한 인물이었다. 즉 세머시를 통제할 수 있는 인물이 못 되었던 것이다.

세머시의 위험한 행각은 결국 꼬리가 밟히고 만다. 글로벌마켓본부의 최고운영책임자(COO)였던 사내변호사 로렌스 토시(Laurence Tosi)가 2007년 6월경 FICC그룹의 장부에서 이상한 점을 발견하여 글로벌마켓본부의 리스크관리 담당 임원이었던 존 브레이트(John Breit)의 도움을 받아 은밀하게 내사를 한 결과 헤지거래를 하지도 않고. 시가평가(mark-to-market)도 제대로 하지 않고 그냥 가지고 있던 주택모기지 CDO 관련 거대한 리스크를 발견한 것이다. 이 리스크의 발견 소식을 접한 공동사장 파카하니는 너무나 큰 충격에 한동안 실어증 증세를 보였다는 후문이 남아 있다.

2007년 10월 3일, 런던에 있던 세머시는 뉴욕으로 호출되어 와서 전격 해고되며, 이어 메릴린치는 다음날인 10월 4일 역사상 유래가 없는 45억달러에 달하는 채권을 상각(write down)한다고 투자가들에게 공시한다. 이 45억달러라는 숫자도 믿을 수가 없는 숫자인데, 이 숫자가 다가 아니고 시간이 지나면서 점진적(incremental)으로 상각액이 추가로 늘어날 수도 있다고 공시하게 되는 것이다.

메릴린치와 월스트리트가 발칵 뒤집어진다. 이 소식이 터져 나온 후 일주일 만에 오닐은 자기가 선호하는 인사들로 채워 넣은 이사회에 의해 해고되어 최악의 CEO였다는 오명을 뒤집어 쓴 채 축출된다. 부하 하나를 잘 못 인선한 대가가 너무도 큰 경우가 아니겠는가? 메릴린치는 이제 난파하는 선박이었다. 회사 주가는 폭락하고 직원들과 고객들은 우왕좌왕했다. 특급 구원투수가 등판해줘야 할 차례였다. 이 이야기는 다음 55회에서 펼쳐보자.

2015. 4. 27

55 메릴린치의 몰락 (5) - 특급구원투수를 찾아라

오닐을 축출한 이사회는 즉시 난파할 수도 있는 메릴린치호(號)를 구할 다음 선장을 찾기 시작했다. 메릴린치의 급격한 실적 악화와 오닐의 해고가 사실 너무 순식간에 일어난 일이었기에, 메릴린치 이사회조차 당시 갈팡질팡하였기는 마찬가지였다.

이사회 내에서 CEO를 추천하는 일을 맡은 'CEO 선정 및 지배구조 분과'는 오닐의 축출과 동시에 임시 회장(Non-Executive Interim Chairman)직도 아울러 맡은, 사모펀드 브레라캐피털(Brera Capital)의 회장이던 알베르토 크리비오리(Alberto Cribiore)가 담당하고 있었다. 1947년생으로 굵은 바리톤 음성의 이탈리아식 억양이 묻어나는 영어를 구사하던 크리비오리는 매우 특이한 경력의 소유자였다.

그는 밀라노 토박이로, 밀라노의 보코니(Bocconi)경영대학원을 졸업하고 당시 이탈리아 최대 부호 가문이었던 아그넬리(Agnelli) 가문의 자산을 관리하기 위해 만든 IFI라는 회사에 들어간다. 크리비오리가 입사 초기부터 능력을 발휘했기에 아그넬리 가문에서는 몇 년 후 그에게 미국에 있는 모든 가문 자산을 관리하라는 임무를 주고 뉴욕으로 파견한다. 그래서 나이 서른이 다 되어서야 처음 미국 물을 먹게 된 그였다.

이런 '이방인' 크리비오리에게 '월가 뱅커'로서의 뜻밖의 커리어패스 계기가 마련된 것은 아그넬리 가문이 LP로 투자한 클레이턴듀빌리어라이스(Clayton Dubilier & Rice)라는 월가의 사모펀드에 1985년 파트너로 입사하면서부터였다. 거기서 일하면서 그는 당시 메릴린치 IB부문의 인수금융부서장이었던 스탠리 오닐을 알게 되었는데, 둘은 금새 친해졌다. 어차피 둘 다 미국의 주류 사회에서 보면 이방인들이었고, 동병상련이 있었기 때문에 정서적으로 잘 맞았던 것이다.

오닐보다 나이가 네 살 위였던 크리비오리는 그 후 오닐에게 일종의 큰형 내지 멘토와 같은 역할을 하게 된다. 크리비오리는 2002년 오닐이 드디어 메릴린치 CEO로 등극하고 나서 이사회 멤버들을 전면적으로 바꿀 때 가장 먼저 새로 영입한 사외이사이기도 하였다. 그러나 이 같은 두 사람의 밀월관계는 2007년 금융위기 시작과 동시에 파탄이 났고, 오히려 크리비오리는 망설이는 동료 사외이사들을 설득하여 오닐 축출에 앞장을 서게 되었던 것이다.

크리비오리는 신속하게 움직여야 함을 직감적으로 느꼈다. 메릴린치는 분기 실적 발표와 오닐의 퇴출 이후 시장의 신뢰를 급격히 상실하고 있었고, 이에 따라 새로운 CEO는 오닐의 경영 실패의 책임을 나누어질 필요가 없는 인물, 아마도 외부에서 데려와야 한다는 점에 착안하였다. 당대 최고의 금융권 담당 헤드헌터인 톰 네프(Tom Neff)라는 인물을 고용하여 회장 후보의 일차적인 리스트를 추천 받은 것이 오닐이 떠난 지 겨우 사흘 후였다. 이 당시 다음 CEO가 누가 되어야 하느냐 하는 중요한 문제에 관하여 메릴린치 내부에 3가지 흐름이 있었다.

우선, 자기가 CEO가 되어야 한다고 생각했던 인물이 내부에 있었으니, 그가 바로 오닐이 CEO로 등극하기 직전의 포지션이었으며, IB 출신인 오닐을 제외한 그 전의 모든 역대 CEO들이 한결같이 대권을 잡기 전 성장한 자리였던 프라이빗클라이언트사업부문(리테일)의 사장인 밥 맥캔(Bob McCann; 1958년생)이었다.

그는 1만6000명에 이르는 닉네임 '천둥군단(Thundering Herd)'의 브로커들을 이끌고 있던 매우 강인한 성격의 피츠버그 출신 아일랜드계 미국인이었다. 맥캔은 사실 메릴린치를 난파 직전의 궁지로 몰아넣은 IB사업부문 출신도 아니었으며, 무엇보다도 당시까지도 여전히 메릴린치에서 돈을 벌고 있는 유일한 사업

부문을 맡고 있었던 만큼, 맥캔 스스로가 CEO가 되어야 한다고 주장한들 그게 무리는 아니었다.

맥캔 주장의 요지는 이 사태를 야기한 IB사업부문은 절대 CEO를 내면 안 되며, 그렇다고 메릴린치의 기업문화를 이해하지 못하는 외부인을 데리고 오는 것은 회사 측면에서 자살행위(?)이니, 자신만이 유일하게 적통을 이을 수 있는 후계자라는 논리였다.

그런데 물론 맥캔이 CEO가 되는 것을 결사적으로 반대하는 세력도 내부에 있었으니, 바로 오닐과 그의 동반자 파카하니의 퇴출 이후 임시 CEO직을 잠시 맡게 된 IB사업부문 수장 그렉 플레밍이었다. 메릴린치의 위기가 오닐을 위시한 IB사업부문에서 온 것이라고 한다면 플레밍도 할 말은 없었으나, 내용을 들여다보면 플레밍은 세머시와 그 추종자들이 몰고 온 파국적인 과정에 전혀 개입한 적이 없는 위치였다.

그는 M&A 자문이 원래 본업이었고, IB사업부문 중에서도 순수한 클라이언트커버리지(기관고객섭외)와 M&A 자문 분야만 책임지고 있었다. 그는 오히려 2006년 세머시의 FICC부문장 선임을 강력히 반대하다가 오닐에게 밉보여서 그 후 거의 숨소리도 못 내고 죽어지내고 있었던 처치였다.

플레밍은 최고의 교육을 받은 인물로(예일대학교 로스쿨을 최우등으로 졸업한 변호사였고, 당시 모교에서 특임강사로 강의를 할 정도로 학구적인 인물임), 균형감각이 있었고 총명하였다. 언젠가 자기에게도 CEO에 도전할 기회가 주어질 것이라고 굳게 믿고 있었으나, 여하튼 크리비오리를 위시한 메릴린치 사외이사들은 1963년생인 그가 중책을 맡기에는 아직 너무 젊다고 판단해서 조기에 후보자 명단에서 제외시켜 버린다.

그런데 자기가 이번에 CEO가 되지는 못하더라도 나중에 CEO가 되는데 도움이 되는 인물이 일단 CEO로 와야 한다는 측면에서, 플레밍은 맥캔이 CEO가 되는 것을 극력 반대했다. 플레밍은 1958년생인 맥캔이 자신과 양립할 수 없다는 것을 직감적으로 알았고, 무엇보다도 맥캔은 메릴린치의 CEO가 되기에는 너무 무식하다고 생각했다.

이미 메릴린치는 브로커리지 한 분야만 평생 해온 타입이 CEO를 맡기에는 너무나 복잡한 회사가 되어 있었던 것이다. 내부에 후보자가 없다면, 그럼 외부인이지만 메릴린치의 기업문화를 존중할 수 있는 인물이 오면 문제가 없을 것이라고 플레밍은 판단했다.

플레밍이 이런 관점에서 주목한 CEO 후보는 AUM 기준으로 이미 세계 최대 자산운용사로 성장한 블랙록(Black Rock)의 래리 핑크(Larry Fink; 1952년생)였다. 핑크는 월가가 낳은 수많은 인재들 중에서도 매우 특출한 인물이었다.

퍼스트보스턴의 채권 트레이더로 직장생활을 시작한 그는 1980년대 초에 미국에 MBS시장이 형성되는데 기여한 인물이다. 입사 10년차인 1986년 그는 고속출세하여 약관 34세 나이로 퍼스트보스턴의 채권부문장(Head of Fixed Income)이 되었는데, 이걸로 만족하지 못하고 자기 회사를 차릴 생각을 한다.

이때 그에게 초기 설립자금을 대주기로 한 인물이 바로 세계 4대 사모펀드 중 하나인 블랙스톤그룹의 스티븐 슈워츠먼(Steven Schwarzman) 회장이다. (블랙록이란 이름은 블랙스톤에서 유래한다. '검은 돌'과 '검은 바위'이니 결국 두 회사는 같은 뿌리의 형제 회사라는 뜻이다) 이렇게 1988년에 시작된 블랙록은 핑크의 천재적인 경영을 통해 성장을 거듭하더니 1999년에는 창립 11년만에 뉴욕증시에 상장되었다. 2000년대에 들어와서는 이미 블랙스톤그룹과는 지분관계를 정리하고, 독자적인 노선을 가기 시작한다.

그런데 플레밍은 핑크와 개인적인 각별한 인연이 있었다. 금융기관들 간의 M&A가 전공이었던 M&A뱅커 플레밍은 2006년 메릴린치의 가장 골치 아픈(돈도 못 벌고 말도 잘 안 듣는) 사업부문이었던 자산운용사업부문, 즉 메릴린치 인베스트먼트매니지먼트, 시장의 속칭 '엠림(MLIM)'을 블랙록과 합병시키는 아이디어를 낸다.

이 합병을 통해 메릴린치는 합병된 블랙록의 지분 40%를 가진 단일 최대주주가 되는데, 이는 양사 모두에게 윈윈이 된 좋은 딜이었다. 핑크는 총 운용자산 AUM이 한화로 3000조원(3 trillion USD)에 달하는 세계 최대 자산운용사의 CEO로 독립경영을 하게 된다. 메릴린치는 경영권을 포기하는 대신 블랙록의 주가가 그 후 미친 듯이 올라주는 바람에 주식평가익이 대박이 난 경우였다.

이 딜을 계기로 핑크와 플레밍은 서로 깊이 신뢰하는 사이가 되었는데, 플레밍은 어느 순간부터 '핑크 회장-플레밍 사장' 콤비가 경영하는 신(新)메릴린치호를 꿈꾸기 시작했다.

그러나 크리비오리는 플레밍이 그런 달콤한 꿈을 꾸게 그대로 둘 만큼 그렇게 간단한 인물이 아니었다. 말론 브란도가 명연기를 펼친 영화 대부(Godfather)의 돈 콜레오네 같은 이미지를 주는 크리비오리가 외부 헤드헌터를 고용하면서까지 요란하게 신임 CEO를 물색하는 방법을 동원하는 것은, 전형적인 성동격서(聲東擊西) 방법론이었다. 대중의 시선을 그 쪽으로 돌리게 하면서 실제로는 그는 처음부터 금번 메릴린치의 위기를 구할 인물은 월가 전체를 통틀어 단 한 사람이 있을 뿐이라고 생각했다.

그가 바로 메릴린치의 강력한 경쟁사인 골드만삭스 공동사장(Co-President) 출신으로, 당시 뉴욕증권거래소(NYSE)의 CEO로 재직하고 있던 존 테인(John Thain; 1955년생)이다. 외모가 만화 영웅 슈퍼맨의 민간인 신분인 클락 켄트(Clark Kent)와 똑같이 생겼다는 이유로 '슈퍼테인(Super-Thain)'이란 별명으로 불리던 이 MIT 전기공학도 출신인 전 골드만삭스 공동사장을 메릴린치 CEO로 영입한다는 말은, 골드만삭스를 항상 '경쟁사'이자 '적'으로 알고 자라온 메릴린치의 임직원들에겐 그야말로 마지막 남은 자존심을 무너뜨려버리는 청천벽력 같은 이야기가 될 것이었다. 그래서 크리비오리는 소리소문 없이 은밀하게 이 영입 작업을 추진했던 것이다.

크리비오리와 그의 동료 메릴린치 사외이사이자 역시 CEO추천위원회 멤버인 앤 리스(Ann Reese)가 맨해튼 북쪽인 웨스트체스터 카운티의 부자동네 라이(Rye) 소재 테인의 대저택을 방문한 것이 2007년 11월 4일 일요일이었다. 오닐이 해고당한 10월 28일 일요일로부터 정확히 일주일이 지난 시점이었다. 메릴린치 역사상 첫 번째 '외부 출신' 수장이 될 존 테인의 등장과 그로 인한 메릴린치 내부와 시장의 반응, 그리고 메릴린치의 몰락이 어떻게 잠시 숨고르기에 들어가는지는 다음 56화에서 펼쳐가 보자.

2015. 5. 4

56 노스캐롤라이나 마피아의 월가 정복기(1) - 인수·합병은 우리의 전공

메릴린치의 몰락사를 다루다 보면 2007년 10월 스탠리 오닐이 축출되는 시점 즈음부터 그 주제에 매우 중요한 상대방 회사(Counterparty)로 자주 등장하게 되는 이름이 있다. 바로 뱅크오브어메리카(BoA)다. 지난주 55화에서 다룬 외부 영입 구원투수 존 테인이 메릴린치의 마지막 CEO로 자리를 지키는 총기간은 (뒤에 다시 나오지만) 겨우 1년 남짓일 뿐이다. 말하자면 특별히 영입한 구원투수가 견디지 못하고 조기 강판 당한 꼴이라고 할까? 테인이 재임한 1년이란 시간은 뱅크오브어메리카 및 그 최고 경영진들과의 '인수·합병 밀고 당기기'를 제외한다면, 한때 위대했던 금융회사 메릴린치의 안락사 스토리 그 이상도 이하도 아니게 된다. 그러므로 56화부터는 화자(話者)를 메릴린치가 아니라 뱅크오브어메리카로 바꾸어서 메릴린치 몰락사의 후반부 스토리를 뱅크오브어메리카 입장에서 펼쳐 보는 것이 독자들의 이해에 더 도움이 될 것이다.

오늘날의 뱅크오브어메리카는 실로 수백 건(수십 건도 아니고)의 인수·합병을 통해 수십 년에 걸쳐 만들어진 금융제국(帝國)이다. 그런데 이 은행의 역사는 '네 명의 미국 남부 출신 사나이들의 이야기'다.

'노스캐롤라이나 금융 마피아(North Carolina Financial Mafia)'라고 언론에서 표현되는 네 명의 인물은, 물론 이 은행의 뿌리가 되는 노스캐롤라이나 지방은행(미국 용어로 regional bank) 네이션스뱅크(NationsBank·다른 말로 NCNB라고도 지칭)의 역대 CEO들이다. 애디슨 리즈(Addison Reese·1954~1973년 CEO 재직), 톰 스토어스(Tom Storrs·1973~1983년 CEO 재직), 휴 맥콜(Hugh McColl·1983~2001년 CEO 재직), 그리고 켄 루이스(2001~2009년 CEO 재직)가 그들이다.

실로 반세기에 걸쳐 준비를 한 끝에 단 한 번의 기회에 세계 금융의 심장부 월가를 정복한 노스캐롤라이나 촌동네 남자들에 대해 알아야만 2008년에 있었던 뱅크오브어메리카의 메릴린치 인수(단순 인수가 아니라 인수 후에 자기 회사마저 휘청거리게 만들었을 정도의 고액 인수!) 건이 쉽게 이해가 될 수 있을 것이다. 그 사건은 따지고 보면 콤플렉스가 있는 남성의 정복욕(?)에 기인한 인수·합병이었던 것이다.

알고 보면 이 은행의 뿌리는 무려 140년 전인 1874년에 노스캐롤라이나주 샬롯(Charlotte)에 만들어진 커머셜내셔널뱅크(CNB) 및 1909년 같은 동네에 그 라이벌 은행으로 만들어진 어메리컨트러스트컴퍼니(ATC)라는 두 지방은행이었다. 샬롯이란 도시가 당시에는 인구 과밀 지역도 아니었으며, 두 은행 사이에 별 경쟁도 없었다.

그러던 중 어메리컨트러스트컴퍼니의 당시 CEO였던 토렌스 헴비(Torrence Hemby)가 이래서는 안 되겠다고 판단하여 메릴랜드주 볼티모어의 지역은행 임원으로 있던 애디슨 리즈를 1951년에 자기 후계자로 채용한다. 1908년생이던 리즈는, 당시 그냥 앉아서 돈 벌던 2차 대전 이후 미국 상업은행계에서는(이 당시 금융계 분위기를 많은 금융역사 연구자들이 "Sleepy Gentlemen's Banking of Post WWII", 즉 "2차 세계대전 후의 조는 듯한 신사들의 금융업" 시기라고 부른다) 거의 찾아보기 어려울 정도로 공격적이고 혁신적인 인물이었다.

리즈는 "도대체 이 미국이란 나라에는 무슨 은행이 그렇게 많아야 하는가"라는, 반세기 후에 샌디 웨일(Sandy Weill)이나 월터 쉬플리(Walter Shipley)가 던졌던 질문을 1940년대에 했던, 시대를 한참이나 앞서가는 사람이었다. 그가 1954년 공식 CEO로 취임하자 용감하게 저지른 일이 바로 같은 동네의 경쟁 은행으로 반세기가량 존속하던 커머셜내셔널뱅크를 인수한 일이었다. 지금이야 은행 간 합병이 너무나 흔한 일이어서 이야깃거리도 안 되겠지만 1950년대에 은행 합병이란 미국에서도 자주 있는 이벤트가 아니었기에 그는 노스캐롤라이나주 안에서는 단연 주목을 받는 은행 CEO가 된다.

자신감을 가지게 된 리즈는 다시 1959년에 노스캐롤라이나주의 주도(州都)인 롤리(Raleigh)에서 가장 큰 은행이던 퍼스트내셔널뱅크오브노스캐롤라이나(FNBNC)를 인수하였고, 이어 1960년에는 당시 노스캐롤라니아주 전체에서 유일하게 주법설립은행(State Charter)이 아니라 연방법설립은행(National Charter)이었던 인근 도시 그린스보로(Greensboro) 소재 시큐리티내셔널은행(Security National Bank)을 인수하게 되는데, 이 합병된 은행의 명칭이 바로 NCNB(North Carolina National Bank)다. 합병하면서 존속법인을 옛 시큐리티내셔널은행으로 하였기 때문에, 이제 NCNB는 노스캐롤라이나주에만 국한된 것이 아니라 인근 여타 주들로 은행의 사세를 확장할 수 있는 기반을 마련하였던 것이다.

1960년대 들어오자 이제 리즈의 '목표'는 당시 노스캐롤라이나주 대출 마켓셰어의 40%를 가지고 있던, 주 안에서 압도적 1위 은행이었던 윈스턴세일럼(Winston-Salem) 소재 와코비아(Wachovia)은행이 된다. 리즈는 당시 미국 남부 주들에 존재하던 수많은 소형 지방은행들을 하나의 브랜드와 하나의 플랫폼으로 묶는다면 남북전쟁 이후 북부(월가)에 내준 금융 주권을 남부로 다시 가져올 수 있을 것이라는 원대한 비전을 품었다.

1960년대 초에 이 이야기를 들은 사람들은 대부분 리즈가 미쳤거나 바보거나 아니면 둘 다 이거나라고 생각했을 것이다. 그러나 리즈는 미치지도 않았고 바보도 아니었으며, 자신의 그 원대한 꿈을 이루려면 최소 30년 이상의 시간이 필요하며, 이에 따라 자기를 뒤이어 그 꿈을 실현시킬 '인재'들을 키워야 한다고 냉철하게 생각하고 있었다.

이러한 리즈의 황당해 보이는 '꿈'에 전적으로 공감하면서 리즈의 오른팔과 왼팔이 되는 두 명의 인물이 바로 톰 스토어스와 휴 맥콜이다. 1918년생인 스토어스는 수석부행장으로 영입되었는데, 하버드대학에서 경제학 박사 학위를 받은 후에 리치몬드연방준비은행(Federal Reserve Bank of Richmond)에서 수석 이코노미스트로 일하다가 1960년에 리즈의 '넘버2'로 NCNB에 입사한다. 그는 감독당국 출신이었고 공부도 많이 한 인물이었기에 거듭되는 인수·합병으로 인한 각종 규제 문제를 처리하는 한편 리즈의 싱크탱크 역할을 했다.

1935년생인 맥콜은 노스캐롤라이나 토박이며, 증조부 때부터 4대째 조그만 노스캐롤라이나의 시골 지방은행을 소유하고 있던 은행가 집안 출신이었다. 노스캐롤라이나대학을 졸업하고 ROTC 해병대 장교로 군 복무를 하고 제대하던 해인 1959년, 첫 번째 직장으로 선택했던 은행이 하필 그린스보로의 시큐리티내셔널은행이었던 것이다. 이 은행은 앞서 설명한 대로 그 다음 해에 리즈에게 인수·합병되어 이름이 NCNB으로 바뀐다. 여기서 맥콜은 리즈를 만나게 된다.

맥콜은 강력한 실행력을 가진 저돌적인 인물이었는데, 리즈가 처음 생각해 내고 이어 스토어스가 구체적으로 입안한 각종 인수·합병 계획들을 일선에서 밀어붙여 성공시키는 집행자의 역할을 맡았다. 그는 입사한 지 6년 만에 임원이 되었고, 이어 1974년 이미 60대 후반의 나이가 된 리즈가 건강상의 이유로 은퇴를 하면서 스토어스가 CEO가 되자 스토어스의 직책이었던 수석부행장 자리를 꿰차게 된다. 그의 나이 겨우 39세였다.

리즈로부터 '꿈의 실현'의 책무를 넘겨받게 된 스토어스 CEO·맥콜 수석부행장 콤비는 1970년대 초반 이후 유행처럼 이어진 월가 대형 은행들의 증시 상장 모멘텀을 심각하게 받아들이고 있었다. 그렇게 해서 유치한 막강한 자본력을 바탕으로 북부(남북전쟁 이래 'Union'이라고 호칭되는) 월가의 대형 은행들이 고만고만한 수많은 중소형 은행들이 난립하고 있었던 남부(남북전쟁 이래 'Confederate'라고 호칭되는) 은행권에 대한 대대적인 인수·합병 전략을 펼칠 거라고 우려했던 것이다. 결국 그런 일을 막아내려면 별 수 없이 그들도 선제적으로 먼저 덩치를 키울 수 밖에없다고 판단했다. 이런 전략의 첫 번째 결실은 1982년에 있었으니, 바로 뉴욕과 캘리포니아 다음으로 미국에 돈이 많이 몰려 있는 주인 플로리다에 진출한 것이다. 플로리다의 소형 지방은행들을 사들이기 시작했던 것이다.

스토어스의 은퇴로 맥콜이 CEO가 되는 1983년부터 맥콜은 이 플로리다 확대 진출 전략의 실행 책무를, 자신이 유심히 눈여겨보고 있던 켄 루이스(Ken Lewis)라는 에너지 넘치는 부하직원에게 맡긴다. 루이스도 리즈·스토어스·맥콜과 마찬가지로 남부 사람이었다. 남부 중에서도 가장 (개발이 덜되고 경제적으로 부유하지 않다는 의미에서) 남부여서 흔히 'Deep South'라고 불리는 지역 중 하나인 미시시피주에서 태어났다.

특이한 점은 루이스는 미 육군 장교였던 아버지를 따라서 5세 무렵부터 중학생이 되던 무렵까지 8년가량을 독일과 이탈리아 등 해외에서 거주한 경험이 있다. 이 말인즉슨, 그의 선배 세대 세 명의 CEO와 동일한 남부인의 피였으나 좀 더 세계를 보는 국제적인 시각을 개인적 체험으로부터 가지고 있었다는 의미다.

조지아주립대학교를 졸업하고 역시 루이스도 1969년에 처음 입사한 직장이 NCNB였다. 입사해서 약 10년간은 여신 관련 부서에서 기업들의 신용분석을 담당하는 일을 하였는데, 이 기간 중에 맥콜이 새로 은행을 인수할 때마다 새로 인수한 은행의 장부를 실사하기 위한 실사팀에 반복적으로 파견되어 일하였고, 그 인연으로 맥콜의 눈에 들어서 발탁된 셈이다.

1988년 NCNB의 총자산이 순식간에 600억달러를 돌파하였는데, 이는 당시 미국 텍사스 주 최대 상업은행이었던 달라스 소재 퍼스트리퍼블릭뱅크오브텍사스(First National Bank of Texas)가 부도 위기로 내몰리자 당시 연방예금보험공사(FDIC)의 간접 지원을 받아서 비교적 저렴한 가격에 이 은행을 인수할 수 있었던 데서 기인한다.

이 경험을 토대로 맥콜·루이스 콤비는 부도가 났거나 부도 위기에 몰린 은행들을 FDIC의 간접지원(주로 '링펜싱 Ring-Fencing'이라는 '인수 후 추가부실매입약정' 방식으로 이루어졌음)을 통해 사는 신기한(?) 방법을 터득하게 되었다. 1989년부터 1992년 사이 소위 미국의 신용대부조합(Savings &Loan) 사태(2011년 한국의 저축은행 사태와 유사)로 수많은 신용대부조합(Thrift) 및 지역은행(Community Bank)들이 줄줄이 무너질 때 200여 개의 이런 부실화 금융기관들을 연방예금보험공사의 지원 프로그램인 정리신탁(Resolution Trust) 제도를 통해 인수하게 된다. 부실화된 여신 포트폴리오를 FDIC가 추가부실매입약정으로 가져가 주었으므로, NCNB는 매우 짧은 기간 안에 턴어라운드를 일으키고 이 금융기관들을 NCNB 체제 안에 성공적으로 편입시킨다.

이 직후인 1991년에 NCNB는 드디어 조지아주 애틀란타의 당시 최대 은행이었던 C&S은행을 인수하는데 성공함으로써 총자산 규모 1200억달러로 미국 남동부(Southeast)의 최대 은행으로 성장한다. 이때 은행 이름을 네이션스뱅크(Nations Bank)로 바꾼다. 대충 1997년이 되면 맥콜이 영도하는 네이션스뱅크는 남동부와 중서부에 걸쳐 14개 주에서 총자산 기준 3000억달러로 당시 미국 5~6위권의 대형 은행으로 성장해 있었고, 이 해인 1997년에 상장된 중형 투자은행이었던 몽고메리증권(Montgomery Securities)을 12억달러를 주고 인수하여 드디어 투자은행(IB) 업계에도 진출하게 된다.

1998년 월가를 충격에 빠트리는 (당시까지 있었던) 사상 최대의 은행 합병을 앞두고 맥콜은 루이스를 자기 후계자인 그룹의 2인자로 지명하게 된다. 맥콜의 임기 중에 그가 단행한 마지막 거대 합병과, 그 후계자로 등장한 후에 전임자이자 멘토였던 맥콜의 그늘을 넘어서 보고자 연달아 추가 대형 합병을 성사시키는 루이스에 대한 이야기는 다음 57화에서 이어가 보자.

2015. 5. 12

57 노스캐롤라이나 마피아의 월가 정복기(2) - 인사부가 지배한다

1998년 4월 13일 월요일 아침. 뉴욕증시 개장 1시간 전에 월가는 충격적인 뉴스를 접하게 된다. 월가의 콧대 높은 뱅커들이 볼 때는 '시골 촌놈들'일 뿐인 노스캐롤라이나의 네이션스뱅크가 100년 전통의 로키산맥 이서(以西)의 최대 은행인 샌프란시스코 소재 뱅크오브아메리카(BoA)를 주식교환 방식으로 인수·합병한다는 뉴스였던 것이다. 인수가액은 620억달러, 원·달러 환율을 1000원으로 본다면 한국 돈으로 62조원짜리 초대형 은행 합병이었다.(지금부터 17년 전의 62조원이면 오늘날의 120조원 이상의 의미가 있음은 물론이다.)

이 뉴스가 나오기 일주일 전에, 트래블러스그룹이 씨티뱅크를 740억달러로 인수한다는 발표가 나왔다.

글래스-스티걸법이 아직 공식 폐기된 것도 아닌 상황에서 금융혁명가 샌디 웨일 트래블러스그룹 회장이 그냥 저질러 버린 거대 합병이었다. 그러나 이 합병은 의회가 법을 고쳐주지 않는다면 감독당국의 합병 승인을 받기 어려울 수 있는, 다소간 불확실한 합병이었다.(결국 이해 말에 의회가 법을 고쳐서 합병을 승인해 준다.) 반면, 네이션스뱅크의 뱅크오브아메리카 인수는 은행에 의한 은행 인수여서 법적으로도 아무 문제가 없었다.

언론의 모든 관심은 이 거대한 합병을 성공시켜서 통합 기준으로 미국 26개주에 5700개 지점을 가지고 17만명의 임직원을 거느리게 된 네이션스뱅크의 휴 매콜 CEO에게 쏠렸다. 미국 건국 후 200여년 만에 처음으로 소위 'Coast to Coast', 즉 대서양에서부터 태평양까지를 커버하는 최초의 은행이 탄생한 것이니, 반세기 전에 이 네이션스뱅크의 위대한 계획을 설정했던 선구자 애디슨 리즈 전 CEO의 꿈이 드디어 완성되는 순간이었다.

당시 월가의 분석가들은 도대체 뱅크오브아메리카의 당시 CEO였던 데이비드 쿨터(David Coulter·1948년생~)가 이 합병을 왜 추진했는지에 의문을 가졌다. 쿨터는 직장생활을 뱅크오브아메리카에서 시작했고, 22년간 맡은 바 임무를 열심히 수행한 끝에, 그 2년 전인 1996년에 CEO에 올랐던 인물이다. CEO가 되고 나서 매 분기마다 전 분기 수익기록을 갈아치우는 등 뱅크오브아메리카는 시쳇말로 한참 잘나가고 있었다.

분석가들이 의문을 품은 점은, 합병 발표문에 합병 후 쿨터의 지위에 대한 그 어떤 구속력 있는 약속도 없음을 발견했기 때문이었다. 이 합병은 대등합병(Merger of the Equals)이라는 표면적 설명과는 달리, 모든 면에서 네이션스뱅크에 주도권을 준 합병이었다. 예를 들어, 통합 이사회의 구성원 24명이 12대 12가 아니라 13대 11로 네이션스뱅크 쪽이 많았고, 이사회 의장(Lead Director) 자리도 네이션스뱅크 쪽 몫이었다.

무엇보다도 이미 63세인 매콜이 회장 겸 CEO로 경영권을 장악하였을 뿐만 아니라 언제 은퇴하겠다는 내용도 없었다. 다만, 일종의 신사협정으로, 매콜이 언젠가 은퇴하게 되면 후임 CEO로 쿨터를 "최우선적으로 고려하겠다"는 구두약속이 있을 뿐이었다.

통합은행의 주요 보직에도 두 은행이 대등합병을 한 것이라고 도저히 믿을 수 없을 만큼 일방적으로 네이션스뱅크 쪽 임원들이 우대되었다. 뱅크오브아메리카의 상식 있는 임원들이 보기엔 쿨터는 자살행위를 하고 있었던 것이다. 멀쩡한 은행 하나를 노스캐롤라이나 마피아에게 통째로 넘겨준 꼴이었다.(당시 뉴욕타임스의 분석기사 제목이, 'BoA is eaten alive'였다. 산채로 먹혔다는 의미)

쿨터는 왜 이런 판단 미스를 한 것일까? 그가 순진했던 면도 있었으나 기본적으로 그는 노스캐롤라이나 마피아들의 근성(Guts)을 전혀 이해하지 못하였고, 특히나 네이션스뱅크라는 은행의 기업문화가 그가 지금까지 봐온 그 어떤 은행의 그것과도 다르다는 점을 몰랐던 것이다. 그러면, 쿨터 같은 금융계의 명망가조차 꼼짝없이 당한 네이션스뱅크의 기업문화는 과연 무엇일까? 바로 인사부(HR)의 득세 문화이다.

네이션스뱅크는 지난 56화에서 설명한 것처럼, 수많은 은행 합병(자질구레한 작은 인수 건들까지 다 고려하면 수백 건)을 통해 프랜차이즈를 늘려 온 은행그룹이다. 한국에서처럼 단 한 건의 은행합병을 해도 그 여파가 10년씩 가고, 10년 후에도 합병 전 어느 쪽 출신인지를 따지는 문화에서 바라보면 어떻게 수백 건의 합병을 하고도 하나의 통일적 기업문화가 존재할 수 있는지 이해가 가지 않을 수도 있겠다. 그게 가능했던 것은 바로 스틸리 알핀(J. Steele Alphin: 1951년생~)이란 다소 희한한 이름을 가진 총책임자가 지휘하던 네이션스뱅크 인사부(HR)의 존재 때문이었다.

일본계 은행들이나 그 영향을 암암리에 받아서 인사부서가 행내 가장 강력한 부서이자 요직인 경우인 한국의 은행들과는 달리, 원래 미국이나 유럽의 은행들, 특히나 미국의 은행들에서의 인사부서는 그야말로 단순 후선 보조(백업) 조직이다. 돈을 버는 일선 영업부서(Front Office)에서 일차적으로 사람을 채용하고 평가하며 보너스를 주고 해고까지 하며, 인사부는 일종의 대서방(代書房) 역할만을 한다. 그런데 네이션스뱅크에서는 인사부에 대한 이 같은 일반론은 전혀 통하지 않았다. 인사부는 네이션스뱅크의 사실상의 주인이었고, 최소한 스토어스 및 매콜, 그리고 켄 루이스 등 세 명의 CEO들은 거의 전적으로 인사부에 의존하여 경영을 하였다.

스틸리 알핀은 재미있는 인물이었다. 1951년생으로 나중에 CEO가 되는 켄 루이스보다 4세 연하였으나, 둘은 은행 초년병 시절부터 거의 친구처럼 지냈다. 2m의 키에 건장한, 딱 벌어진 어깨를 가지고 태양에 그을린 구릿빛 피부를 자랑하는 알핀은, 버지니아주 바닷가 출신으로 고등학교 시절 전미 대표선수에 뽑힐 정도로 전도유망한 미식축구 선수였다.

전액 선수장학금을 받고 인디애나주에 있는 퍼듀(Purdue)대학교에 진학했는데, 2학년 때 연습경기 도중 다리가 부러지는 중상을 입고 어쩔 수 없이 미식축구를 그만두게 된다. 퍼듀대를 자퇴하고, 다시 노스캐롤라이나주립대학교에 입학하여 전쟁사를 전공하여 졸업한다. 이 시절 그는 동양의 병법서들에 심취하였다고 하는데, 특히 손자병법은 전체를 달달 외울 정도였다고 한다.

은행 초년병 시절부터 인사부에서 인사관리업무를 담당한 알핀은, 70년대와 80년대에 있었던 NCNB 시절의 수많은 은행 인수 시에 인사관리 실무를 담당했다. 새로 인수한 은행 직원들의 출신 성분과 능력을 파악하고 해고할 사람과 같이 끌고 갈 사람을 분류하는 일과, 그렇게 같이 끌고 갈 사람들이 분류되면 그 사람들에게 '네이션스뱅크 직원으로 살아가는 태도 및 자세'에 대해 교육시키고 정신을 개조(?)시키는 업무가 그가 담당했던 일이었다. 이 욕 먹기 좋은, 좀 짜증나는 업무를 너무나도 완벽하게 잘해낸 나머지, 매콜이 NCNB은행이라는 이름을 네이션스뱅크로 바꾸는 1992년 무렵이 되면 알핀은 네이션스뱅크의 인사부 총책임자, 즉 Head of HR 직위에 오른다.

인사부 총책임자가 되자 알핀은 나치스 시절의 독일이나 스탈린 시절의 소련에서나 있음 직한 새로운 제도를 은행 내에 도입한다. 쉽게 말하자면 CEO의 원활한 경영을 위한다는 미명하에, 내부 스파이망(?)을 구축한 것인데, 은행 내 모든 부서에 인사부에서 파견한 '그림자(shadow)'들을 심어놓기 시작한 것이다. 이 그림자들은 '매니지먼트 트레이니(management trainee)'라는 내부 명칭으로 불렸는데, 쉽게 말하자면 앞으로 장차 경영진으로 키우기 위해 젊고 유능한 직원들을 선발하여 조기에 업무의 핵심을 습득하도록 한다는 표면적 명분이었다.

그러나 실제로는 각 부서의 장(Head)들을 그림자처럼 따라다니게 만들어 놓은 것이다. 이들 그림자는 각 부서의 장들의 모든 내외부 미팅들을 따라다니면서 주의 깊게 그들이 말하는 바, 행동하는 바를 관찰하여 그 결과를 주기적으로 알핀의 인사부에 보고하였다. 이런 작업이 수년간에 걸쳐 계속되자, 알핀은 어마어마한 양의 내부 정보를 가지게 되었고, 각 부서의 장들의 장점과 단점을 속속들이 파악했다. 이런 정보를 알핀은 오직 CEO와만 공유하였다. 이런 정보가 너무나 정확했기에, 매콜과 루이스가 차례로 알핀에게 중요한 경영적 판단을 의존할 수밖에 없게 된 것이다.

이런 현상은 물론 시대착오적이고 합리화되기는 어렵다고 보인다. 그러나 수백 건의 인수·합병을 통해 거대한 금융제국을 만든 네이션스뱅크 체제에서는 일종의 필요악(Necessary Evil)으로 분류되어 용인되고, 오히려 장려된 측면이 있는 경영행태였다. 이 인사부의 월권행위가 1998년 뱅크오브아메리카와 합병할 즈음이면 그야말로 극에 달했다. 그림자들의 보고서에 뭐라고 적혀 있느냐에 따라 각 부서의 장들이 하루아침에 자리를 잃거나 좌천되는 일이 허다했으며, 이에 따라 부서의 장들이 인사부 그림자들의 눈치를 보기 시작했다. 이렇게 되면 누가 부서의 장이고 누가 그림자인지 역할이 뒤바뀌게 되는 셈이다.

이런 행태에 저항(?)했던 그나마 한 성깔하는 인물들이거나 아니면 이성적인 인물들은 거의 남아나지 못하고 다 제거되었다. 이런 완벽한 인사부 통제하에서, 네이션스뱅크의 종교적인(?) 기업문화 속에서 성장한 전투적이고 오직 CEO가 하라는 대로 하는 임원진과, 샌프란시스코의 자율적이고 자유분방한 풍토에서 성장하여 자기 CEO에 대한 존경심이 그다지 없던 뱅크오브아메리카 임원진의 격돌은, 처음부터 승부가 이미 정해져 있던 거나 마찬가지였다.

알핀이 영도하는 네이션스뱅크의 인사부가 물론 완승(完勝)을 거둔다. 합병 후 통합작업(PMI)이 시작되자 뱅크오브아메리카의 최고위급 임원 거의 대부분이 알핀에 의해 제거되며, 오직 이 은행의 투자은행(IB) 사업부문과 경쟁력 있던 해외사업부문만이 그나마 명맥을 유지하게 된다.

자기 기반을 이미 잠식당한 허울좋은 2인자 쿨터에게 무슨 미래가 있었겠는가? 쿨터가 자기가 속은 것을 알고 합병 선언 4개월 후인 1998년 8월로 예정된 합병주총에서 합병안을 부결시켜 버리려고 획책을 잠깐 한 적도 있었으나, 이 움직임도 바로 알핀에 의해 간파되어 저지당한다.

그리고 합병하기 전에 쿨터의 주도로 투자한 유명한 퀀트(Quant) 헤지펀드 DE쇼(D.E. Shaw)에 대한 투자가 롱텀캐피털매니지먼트(LTCM)의 파산으로 인한 시장 여파로 3억7200만달러의 손실 발생으로 밝혀진 10월 초, 쿨터는 대권을 넘겨받기는커녕 어처구니없이 해고당한다. 만일 저항을 하게 되면, 쿨터가 받게 될 합병주식 스톡옵션 및 연금 등 총 3500만달러 상당의 거액 퇴직금 패키지를 받지 못할 거라는 알핀의 무지막지한 협박에 쿨터는 속절없이 굴복하고 만다.(알핀은 심지어 쿨터 사임 직후에, 그가 받게 될 어마어마한 퇴직금 패키지를 언론에 곧바로 공개하여 쿨터를 아예 개인적인 돈 욕심에 멀쩡한 은행 하나를 팔아넘긴 파렴치한 인물로 매장시켜 버리려는 시도까지 한다.)

네이션스뱅크의 이름이 바뀐 뱅크오브아메리카의 실질적이고 숨어 있는 지배자인 알핀과 그 그림자들의 다음 목표는 미국의 정신(The Spirit of America)이라고 불리는 북부(North)의 또 다른 심장부인 매사추세츠주 보스턴의 플릿보스턴은행(Fleet Boston Financial)이었다. 물론 이 인수는 매콜의 시대가 가고, 알핀이 알아서 쿨터를 제거해준 덕분에 후임 CEO로 등극한 켄 루이스의 시대에 이뤄진 인수 건이다. 그리고 플릿보스턴의 CEO 채드 기퍼드(Chad Gifford·1942년생~)와 그가 이끄는 보스턴 마피아(Boston Mafia)를 만나고 나서야 알핀의 그림자 네트워크는 무너진다. 노스캐롤라이나 마피아보다도 더 한 수 위인 보스턴 마피아를 만난 것이다. 뭐가 어떻게 한 수 위인지는, 물론 다음 58화 이야기에서 이어진다.

2015. 5. 19

58 노스캐롤라이나 마피아의 월가 정복기(3) - 트로이의 목마

휴 맥콜의 18년 철통지배의 역사를 이어 받은 켄 루이스의 통합 뱅크오브어메리카 CEO 등극은 2001년 4월에야 이루어졌다. 구(?) 뱅크오브아메리카 CEO인 쿨터가 제거되고 루이스가 맥콜의 공식 후계자로 낙점된 후에도, 맥콜은 루이스를 2년 반 남짓 애를 더 태운 후에야 최종 은퇴를 한 것이다.

출중한 인물들이 많았던 20세기 후반의 미국 금융계에서도 맥콜과 같은 유형의 CEO는 드물다. 시장을 선점하는 예지적인 능력은 씨티그룹의 샌디 웨일보다 떨어졌고, 집권기간의 햇수만으로 따지면 베어스턴스의 사이 루이스(Cy Lewis)를 능가하지 못하였으며(사이 루이스는 무려 29년간 CEO로 있었다), 부하직원들을 쥐어 짜서 생산성을 최대한 끌어올리는 능력은 리먼브러더스의 '고릴라' 딕 펄드를 따라가지 못하였다. 그러나, 자신이 설정한 목표를 향해 불요불굴(tenacity)의 강인성으로 그룹을 이끌어간 실행력(A man of action)의 측면에서는 아무도 맥콜의 근처에도 가지 못했다고 평가된다. 문제는 이러한 큰 인물(larger-than-life figure)의 후계자는 위대했던 전임자의 그늘을 벗어나 보려는 콤플렉스에 시달리는 경우가 종종 있다. 켄 루이스가 바로 그런 유형의 불행한 인물이었던 것이다.

CEO로 등극하자마자, 루이스는 전임자조차 못했던 인수·합병 기회를 추가로 찾아 나선다. 그런 그에게 나타난 첫 번째 먹잇감이 보스턴 소재 플릿보스턴파이낸셜(Fleet Boston Financial)이라는 은행이다. 2003년 10월, 뱅크오브아메리카는 이 보스턴의 은행을 총 470억달러 주식교환방식으로 인수한다. '최고의 딜'이라는 언론 선전용 미사여구의 뒤의 실상은, 플릿보스턴파이낸셜 주주들에게 시가 대비 약 43%의 과도한 프리미엄이 지불된, 대단히 '비싸게' 주고 인수한 은행이었다. 이 딜의 역사적 의미는, 1865년 남북전쟁 당시 남부연방(Confederate)의 패퇴 이후 단 한 번도 남부에 본거지를 둔 은행이 진출해 보지 못한 북부 뉴잉글랜드 지역으로 처음 진출한 점이라고 하겠다. 지역적으로 워낙 겹칠 일이 없다 보니, 이 인수·합병 후에 실제로 구조조정된 인력도 두 은행 본점의 일부 후선부서들로 국한되었고, 이에 따라 노조나 해당 지역민들에게도 호평을 받았다. 전임자인 맥콜도 못해낸 일을 성사시킨 루이스는, 그 해 말 미국은행연합회에서 주는 '올해의 뱅커(The Banker of the Year)'상을 받는 고무적인 이벤트도 경험한다.

그런데, 당시에는 루이스가 몰랐던 점이 하나 있었다. 인수된 플릿보스턴파이낸셜의 CEO 채드 기포드(Chad Gifford) 및 그의 경영진 구성원 몇몇이 '노스캐롤라이나 마피아'를 능가하는 강적들이었다는 사실이다. 소위 '보스턴 마피아'라는 이들이다. 필자가 이 부분을 강조할 수밖에 없는 이유는 따로 있다. 5년 후에 일어난 2008년 뱅크오브아메리카의 메릴린치 인수라는 거대한 자본시장의 '아마겟돈 이벤트'의 최종 승자가, 인수를 한 뱅크오브아메리카 (그러니까 '노스캐롤라이나 마피아') 쪽도 아니고, 인수 당한 쪽인 메릴린치의 '월가 귀족'들도 아닌, 한때 패퇴해서 뱅크오브어메리카 보호막 아래로 숨어들어간 세력이었던 보스턴 마피아라는 사실이다.

이 희한한 사건을 이해하기 위해선, 이 2003년 10월 뱅크오브아메리카-플릿보스턴파이낸셜 인수 딜보다 정확히 4년반 전인 1999년 3월에 일어난, 로드아일랜드주 프로비던스 소재 플릿파이낸셜(Fleet Financial)의 매사추세츠주 보스턴 소재 뱅크보스턴(Bank Boston) 인수 딜을 좀 살펴봐야 한다. 당시 전자가 후자를 160억달러를 주고 인수하면서, 인수 후 총자산 기준 미국 8위에 해당하는 뉴잉글랜드 지방 최대 은행을 탄생시켰다. 당시 플릿파이낸셜은 "남부에 맥콜이 있다면 북부에는 머레이가 있다"는 금융권 M&A 표어로 유명해진 테런스 머레이(Terrence Murray; 1939년생 -)가 이끌고 있었고, 뱅크보스턴은 은행원이라기보다는 오히려 지역정치인(local politician)에 좀 더 가까운 인물인 채드 기포드(1942년생)가 지휘하고 있었다. 이 딜도 주식교환방식으로 진행되었는데, 뱅크보스턴 주주들에게 시가 대비 15% 정도의 프리미엄을 지불하였다.

그런데 이 딜은 정치인 기포드에게 은행원 머레이가 당한 딜이었다, 결과만 보면 말이다. 월가의 유명 사모펀드 KKR의 지원을 받아서 (*KKR가 감독당국의 방해로 직접 은행을 소유하기가 어렵게 되자, 1990년경 플릿파이낸셜의 머레이를 꼬셔서 그에게 여타 뉴잉글랜드 지방은행들의 인수자금을 지원하여 소위 말하는 빌드업 Build-Up 전략을 수행시킨 역사가 있다) 수십 건의 인수·합병을 통해 성장해 온 플릿파이낸셜의 머레이였지만, '뱅크보스턴'이라는 브랜드가치에 현혹되어 부실이 한참 진행 중이던 이 은행을 프리미엄까지 주고 가져갔던 것이다. 1784년에 생긴 뱅크보스턴은 독립전쟁 당시의 영웅인 폴 리비어(Paul Revere)가 설립주주로 참여한 유서 깊은 은행이었다. 그러나 인수될 무렵엔, 지나친 해외사업부문(1990년대 라틴어메리카 지역 최대 미국계 채권은행 중 하나로, 당시 중남미의 11개국에 진출해 있었다) 확대로 인해 해외 부실여신이 급증했고 투자은행(IB)업에 뛰어들기 위해 인수한 샌프란시스코 소재 부티크 투자은행 로버트슨 스티븐스(Robertson Stephens)의 실적이 부진해 고전하고 있었다.

머레이에게서 인수·합병 제안을 받고 기포드는 옳다구나 하고 속으로 쾌재를 불렀다. 머레이가 나이가 세 살이 위였고 조만간 60세에 도달할 것이었기에, 일단 자세를 낮추면 곧 부활할 기회가 있을 것이라고 본 것이다. 1999년의 합병 이후 인수한 쪽인 머레이가 3년간 더 CEO를 하고 그 자리를 기포드에 넘기기로 합병문서에 약속을 받아내었다. 구 뱅크보스턴 계열 임원들을 지칭하는 '보스턴 마피아' 그룹은, 앤 피누캐인(Ann Finucane; 1954년생)과 브라이언 모이니헌(Brian Moynihan; 1959년생)이라는 두 걸출한 임원들을 중심으로 똘똘 뭉쳐서 구 플릿파이낸셜 계열 임원들에게 밀리지 않고 살아남게 된다.

2002년, 합병 후 3년간 2인자 역할을 수행하면서 숨죽이고 있던 기포드는 머레이의 은퇴로 인해 다시 CEO로 화려하게 복귀한다. 그의 나이 60세였다. 그런데 그가 CEO로 임명될 즈음이면, 플릿보스턴파이낸셜은 닷컴버블 붕괴로 인한 대규모 부실여신 상각과 엔론사태 연루로 인한 연방 감독당국의 조사 등으로 매우 어수선하게 흔들리고 있었다. 이러한 순간에, 반갑게도 노스캐롤라이나의 뱅크오브아메리카가 인수·합병 제안이라는 또 한 번의 구세주 같은 손길이 뻗어 오게 된다. 전임자 맥콜보다 더 뛰어난 CEO로 미국 금융의 역사에 기록되고픈 루이스의 비뚤어진 욕망이 빚어낸, '앞뒤 안 가리고 지른' 인수·합병이었다. 보스턴 마피아는 다시금 살아나서 나중을 도모할 수 있게 된다. 2004년 여름 뱅크오브아메리카-플릿보스턴파이낸셜 합병은행이 '뱅크오브아메리카'로 출범 시에, 이미 은퇴할 나이인 기포드에게 통합은행 사외이사 자리가 하나 배정이 되며, 기포드가 키워 놓은 임원들인 피누캐인과 모이니헌이 스털리 알핀의 HR 리트머스테스트(?)를 통과하여 각각 통합은행의 마케팅/홍보/대관 부문 및 글로벌/CIB사업부문을 책임지게 된다. 보스턴 마피아가 노스캐롤라이나 마피아 내부에 '트로이의 목마'를 심어둔 셈이다. 트로이 성에 들어간 그리스군의 목마는, 트로이인들의 광란의 파티가 진행되는 동안에는 숨을 죽이고 엎드려 있을 것이다. 파티가 끝날 때까지 말이다.

파티는 계속된다. 루이스는 플릿보스턴 인수로 총자산 기준 미국 3위의 금융사가 되었다는 것으로 만족하진 못한다. 그는 다시 당시 미국 3위의 신용카드사업자였던 델라웨어주의 MBNA를 2005년 7월에 350억달러를 주고 인수한다. MBNA 인수로 뱅크오브어메리카는 씨티그룹 자회사 씨티카드와 제이피모건체이스그룹 자회사 체이스카드를 제치고 단숨에 미국 최대 신용카드 발행사가 된다. 이 세 회사가 2005년 말 기준으로 미국 국내 신용카드 시장에서 각각 17~18%선의 엇비슷한 시장점유율을 가져가게 되는데, 뱅크오브아메리카의 BoA카드가 근소하게나마 1위로 치고 나오게 된 것이다. 이 딜도 MBNA 주주들에게 시가 대비 31%의 프리미엄을 지불하는 주식교환방식으로 진행된다. 여기까지가 루이스의 전성시대였다. MBNA 인수로 인해 뱅크오브아메리카의 시가총액이 한때나마 씨티그룹과 제이피모건체이스를 제치고 미국 금융사들 중 1위로 치고 올라올 수 있었던 배경이 되었으니 말이다.

그러나 달도 차면 기우는 법. 금융위기가 막 시작되던 그 시점인 2008년 1월 미국 최대 모기지 사업자 컨트리와이드파이낸셜(Countrywide Financial)을 25억달러에 인수한 것은 그야말로 '미친 짓'으로 뒷날 판명된다. 한때 좋았던 시절 시가총액이 250억달러까지 갔던 이 회사를 겨우 25억달러에 인수했다고 좋아했지만, 나중에 이 인수금액의 무려 20배에 달하는 500억달러라는 천문학적 자금을 이 회사 부실화로 인해 추가로 투입해야 하는 헤어날 수 없는 늪이 되어 버린 것이다. 이미 몰락의 조짐이 약간 감지가 된 상태에서, 루이스는 드디어 리즈-스토어스-맥콜 등 전임 3대 CEO들의 염원이었던 '월가 정복'에 나서게 된다. 다음 59화에서, 2008년의 그 뜨거웠던 여름으로 가 보도록 하자. 물론, 숨죽이고 있던 트로이의 목마가 기민하게 활동하기 시작하는 시점이기도 하다.

2015. 5. 26

59 노스캐롤라이나 마피아의 월가 정복기(4) - 파이어세일

2008년 9월 13일 토요일 오후 2시 30분, 뉴욕은 화창한 가을날씨였다. 센트럴파크가 한눈에 내려다 보이는 타임워너센터 38층 뱅크오브아메리카 임원들의 뉴욕 레지던스아파트먼트 라운지에서 초조한 얼굴을 한 인물과 느긋한 표정의 인물이 서로 마주 앉았다. 초조한 얼굴의 인물은 세계 금융의 총본산인 월가를 상징하는 아이콘인 존 테인 메릴린치 회장 겸 CEO였고, 느긋한 표정의 인물은 월가를 제외한 미국의 나머지 금융계를 대표한다고 할 수 있었던 뱅크오브아메리카의 회장 겸 CEO 켄 루이스였다. 이 두 거인들 옆에는 양측 CEO들의 최측근 임원들 서너 명이 뒤로 자리를 함께하고 있었다.

이 매우 중대한 미팅이 이루어지기까지는 실로 많은 비하인드 스토리들이 있다. 그 당시를 살았던 거의 대부분의 월가 뱅커들에게 이 시점은 대체 뭐가 어떻게 될지 자체를 알지 못했던, 극도의 불확실성의 순간이었음을 상기해보시라. 당시 메릴린치 내부에는 이미 무너진 베어스턴스, 그리고 바로 그 주말에 무너지게 될 운명인 리먼브러더스와 같은 꼴을 메릴린치가 당하지 않으려면 오직 가진 건 돈밖에 없는 (이 말은 꼭 칭찬은 아니다) 뱅크오브아메리카의 품으로 몸을 던지는 방법밖에는 없다고 1년 전부터 생각해 온 인물이 있었다. 그가 바로 메릴린치의 서열 2위 임원이었던 사장(President) 그렉 플레밍이었다.

플레밍은 재미있는 인물이다. 뉴욕주 중부에 있는 중소도시의 중학교 교사 부부의 아들로 태어난 플레밍은 공부를 매우 잘했다. 4년 전액 장학금을 받고 진학한 유명한 사립교양대학인 콜게이트(Colgate)대학을 최우등생(Summa Cum Laude)으로 졸업한 후 예일대학교 로스쿨에 진학한다. 변호사 자격증을 따긴 했으나 처음부터 로펌 변호사 생활을 할 생각이 없던 그는 첫 직장으로 컨설팅 회사인 부즈앨런(Booze Allen)을 택한다.

이 회사에서 그는 은행들의 성장전략을 짜주는 일을 했는데, 그 일을 하다 보니 자연스럽게 미국의 대표적인 은행들의 고위 임원들을 알게 되었다. 1990년대 초 메릴린치의 해외사업 전략을 짜주는 일을 하다가 아예 메릴린치 IB사업부문에 스카우트가 되었는데, 그를 스카우트한 사람이 그보다 몇 년 전에 스탠리 오닐을 스카우트한 바 있던 바로 그 배리 프리드버그 당시 IB사업부문장이었다. 오닐은 자신의 멘토인 프리드버그의 부탁도 있고 해서 시킨 일을 열정적으로 수행하는, 그러나 한편으로 교사였던 부모님들로부터 가정교육을 매우 잘 받은(그래서 감히 자기에게 맞선다는 것은 생각할 수도 없는) 이 젊은 백인 청년을 인간적으로 좋게 보고 매우 빠른 속도로 그를 승진시켰다. 그러니까 플레밍도 사실상 알고 보면 오닐 키드(O'Neal Kid)였던 셈이다.

그러나 이 2008년 9월에서 2년여를 거슬러 올라간 시점인 2006년 여름, 오닐이 오스만 세머시를 FICC 부문장으로 승진시키려는 걸 플레밍이 강력히 반대하다가 (사실 이 사건은 플레밍이 보스인 오닐에게 맞선 최초이자 최후의 사건이었다) 오닐에게 완전히 눈 밖에 나고 만다. 총애를 상실하고 조만간 오닐에게 제거당할 운명이었던 2007년 9월, 그는 마지막으로 당시 모기지 관련 부실이 드러나면서 순식간에 부실회사로 전락할 위기에 처한 메릴린치를 살리기 위해 뱅크오브아메리카와 우호적 합병을 추진해 보는 안을 오닐에게 권유한다.

이 권유는 실제로 절박한 상태로 내몰린 오닐에게는 하나의 가능성으로 다가왔기에, 플레밍이 주선한 뱅크오브아메리카의 켄 루이스 회장과 오닐 간의 면담이 이루어진다. 면담은 물론 성과 없이 끝났다. 오닐이 합병의 대가로 루이스에게 루이스 다음의 후계자를 자기로 해달라고 요청했는데, '노스캐롤라이나 마피아'들에게는 말도 안 되는 요구였던 것이다.

그런데 이 2007년 9월의 오닐-루이스 면담 사건은 지금 와서 복기해보면 두 가지 중대한 부수적 효과들을 가져왔다. 하나는 노스캐롤라이나 마피아들에게 메릴린치라는 미국 금융계 최고의 브랜드 인수가 꿈에서나 그리던 '몽상'에서 '현실'로 다가왔음을 일깨워 준 사건이었다는 점이다. 루이스는 이 짧은 면담 이후 메릴린치 인수가 자신의 CEO로서의 최종 목표임을 내부 고위 임원들에게 언급하기 시작한다. 두 번째 부수효과는 이 사건을 계기로 뱅크오브아메리카의 최고전략책임자(CSO)인 그렉 컬(Greg Curl)과 플레밍이 서로가 서로를 '선수'로서 신뢰하고 존중하는 사이로 발전했다는 점이다. 수백 건의 은행 인수를 직접 해본, 선수 중의 선수인 컬이 플레밍의 말을 믿어준다는 사실은, 2008년 9월 13일 당일의 메릴린치로서는 축복이나 다름없었다.

사실 이 테인-루이스 면담이 이루어지기까지, 그 해 1월부터 9월 초까지 메릴린치는 회사를 모기지 관련 대규모 부실로부터 구하기 위해 해 볼 수 있는 모든 전략적 옵션을 실행했다. 같은 처지의 리먼브러더스가 동일한 시기에 거의 아무것도 제대로 실행하지 못하고, 리먼브러더스의 회계장부가 조작되었다고 줄기차게 공매도(short selling) 공격을 하던 헤지펀드 그린라이트캐피털(Greenlight Capital)의 데이빗 아인혼(David Einhorn) 회장과 티격태격 언론플레이를 주고받으며 아까운 시간만 축내고 있었던 데 반하여, 테인의 메릴린치 팀은 명백히 차별적인 행보를 보였다. 1월에 새로운 7곳의 대형 기관투자가들로부터 거의 140억달러에 가까운 신규 투자를 우선주 형태로 유치하였으며(그 일곱 곳 중 하나가 바로 한국의 한국투자공사(KIC)다), 6월에는 메릴린치가 가지고 있던 블룸버그통신 지분 20%를 44억2000만달러에, 메릴린치의 ICT 자회자인 FDS의 경영권 지분 51%를 사모펀드 매디슨디어본(Madison Dearborn)에 35억달러에 매각하였다.

이어 7월에는 메릴린치 장부에 남아 있던 장부가 300억달러 상당의 CDO 포트폴리오를, 한국에도 잘 알려져 있는 텍사스의 사모펀드 론스타(Lone Star)에 67억달러에 간신히 매각하였다. 다음 7월 말에는, 역사상 미국의 금융기관이 수행한 유상증자 딜 중 최대 규모의 유상증자를 단행하여 3억2000만주의 신주를 주당 22.5달러에 팔아서 72억달러를 신규 조달했다. 오닐이 축출되었던 시점부터 4분기 연속으로 최소 20억달러, 최대 47억달러씩 대규모 적자를 내왔지만, 이 2008년 7월 말의 유상증자를 기점으로 메릴린치가 어느 정도 턴어라운드를 달성했다는 느낌을 시장에 줄 정도로 테인과 메릴린치 경영진은 최선을 다하였다.

그런 온갖 노력에도 불구하고 2008년 9월 초가 되자 시장 상황은 걷잡을 수 없이 다시 악화되었다. 이미 시장의 신뢰를 완전히 상실한, 상장되어 있던 두 개의 모기지금융공사인 패니 메(Fannie Mae)와 프레디 맥(Freddie Mac)이 9월 첫 주에 붕괴 위기로 내몰렸다. 1년 전에 주당 65달러였던 패니 메의 주가는 8월 말에 12달러까지 추락했고 9월로 넘어오자 드디어 주당 10달러가 붕괴되었다. 여기에 더하여 UBS가 120억달러라는 사상 초유의 모기지 관련 부실 상각을 발표하는 등 메릴린치의 경쟁사들의 좌초 움직임이 시장을 걷잡을 수 없는 혼란으로 몰고 갔다. 이제 누구도 월가 투자은행들이 하는 말을 믿지 않을 지경으로 시장이 움직인 것이다. 신뢰의 상실은 곧 사형선고인 것이다, 이 세계에서는.

9월 10일 수요일, 가장 불안하던 리먼브러더스가 78억달러라는 엄청난 규모의 모기지 관련 부실 상각을 발표한다. 2007년 초만 해도 주당 130달러를 넘나들던 리먼브러더스 주가는 그날 10달러 선까지 붕괴되었고, 다음날인 11일에는 4달러가 붕괴되었다. 누가 봐도 리먼브러더스가 주말이 지나고 9월 15일 아침까지 살아남을 걸로 보는 사람은 없었다. 9월 12일 금요일 저녁 6시, 월가 한복판에 있는 뉴욕 연방준비은행 대회의실에는 리먼브러더스를 제외한 모든 월가 대형 금융사 경영진들이 소집되었다. 이 회의를 주관한 행크 폴슨 재무장관과 티모시 가이트너 뉴욕 연방준비은행장은 리먼브러더스의 긴박한 상황을 브리핑하면서 주말 동안 리먼을 비롯하여 월가의 모든 투자은행들이 각자 살 방도를 마련하지 못하면 미국 정부가 구제금융(bail-out)을 하지는 않을 거라고 선언한다. 이제 각자가 자신의 생명줄(life-line)을 연장할 방도를 모색할 시간은 단 60시간 정도가 주어져 있을 뿐이었다.

이때 플레밍이 컬의 휴대폰으로 연락을 취한다. 이름이 하필 같은 두 명의 그렉(Two Gregs)의 핫라인이 다시 가동된 것이다. 자, 9월 13일 오후 2시 반의 그 운명적 만남은 이런 격정적인 배경들을 안고 천신만고 끝에 이루어진 만남이었다. 그럼 '몰락한 귀족' 메릴린치가 '신흥 재벌' 뱅크오브아메리카에 백기투항하는 가격이 과연 얼마로 책정되는지, 그리고 그 가격이 나오기까지 어떤 미묘한 신경전이 그 9월 13~14일 주말에 벌어졌는지는 다음 60화에서 이어가 보자.

2015. 6. 2

60 노스캐롤라이나 마피아의 월가 정복기(5) - 독이 든 성배

일반적으로 인수·합병을 할 때 대상 회사에 대한 실사(Due Diligence)는 매우 중요하다. 특히나 금융기관은 보통의 제조업체들보다 더욱 신중한 실사가 필요하다.그러나 2008년 9월 13일 주말엔 그럴 만한 시간적 여유가 없었다. 15일 월요일 장이 열리는 순간, 미국의 심장이자 세계의 금고인 월가 자체가 붕괴될 수도 있는 절체절명의 순간에 한가하게 정식 실사 어쩌고 하는 것은 사치일 뿐이었다.

그 전날까지 한 주 동안 150명으로 구성된 대규모 뱅크오브아메리카 실사단이 그렉 컬 CSO의 진두지휘로 리먼브러더스의 장부를 실사한 바 있었다. 물론 리먼의 장부를 들여다본 것은 뱅크오브아메리카 외에도 영국의 바클레이즈가 있었다. 이 두 금융사들은 모두 각기 다른 이유로 리먼브러더스를 들여다 보았다. 뱅크오브아메리카는 실제 내심의 목표인 메릴린치를 앞에 두고, 일종의 성동격서(聲東擊西)식으로 리먼브러더스도 들여다 보는 척을 하고 있던 것이었고, 바클레이즈는 진짜로 리먼브러더스를 사고 싶어 한 경우다.

그러나 리먼브러더스의 운명은 9월 13일에 이미 기울어지고 있었다. 오전에 일단 뱅크오브아메리카 실사팀이 전격 철수해 버린다. 켄 루이스는 행크 폴슨 미 재무장관에게 리먼을 인수하는 조건으로 도저히 미국 정부가 받아들일 수 없는 내용을 요구한다. 리먼 자산의 추가 부실에 대해 첫 10억달러만 뱅크오브아메리카가 책임지고, 이를 넘어서는 금액은 모두 미국 정부가 책임져 달라는 내용이었다. 이것은 실질적인 공적자금 투입으로, 12일 저녁 뉴욕 연방준비은행 대회의실 회의에서 폴슨과 가이트너가 월가 금융사 CEO들에게 천명한 "공적자금 투입 불가"와 전면 배치되는 내용이었기 때문이다.

한편 좀 더 진지하게 리먼을 도모하던 바클레이즈는 마지막 순간에 영국 재무부가 개입하여 딜을 포기하게 된다. 영국 재무부으로서는 미국의 모기지 부실로 인한 이 시스템 리스크가 영국의 은행들로 전이(轉移)되는 것을 막아야 할 현실적인 이유가 있었던 것이다.

그런데 13일 오후 2시 30분의 뱅크오브아메리카-메릴린치 양 CEO 미팅에 나온 메릴린치쪽 경영진은 아직 뱅크오브아메리카가 리먼브러더스를 포기하였다는 사실을 모르고 회의에 임하고 있었다. 다시 말하자면 리먼보다는 자신들을 가져가라고 어필을 해야 하는 입장에서 만난 불리한 미팅이었던 것이다. 테인이 먼저 말을 꺼냈다. "켄, 저희 회사 지분 10%를 사실 생각이 있나요?" 루이스가 바로 맞받아쳤다. "10% 소수지분 투자요? 에이, 그게 말이 됩니까? 존, 저는 당신네 회사 다 사는데 관심 있을 뿐입니다."

잠시 침묵이 이어졌다. 테인이 다시 말을 꺼냈다. "저희 회사를 다 사신다……, 그러면 어제까지 뱅크오브아메리카가 보고 있다고 알려진 리먼브러더스는 어쩌고요? 둘 다 사실 생각은 설마 아니겠죠?" 루이스가 바로 말을 끊었다. "그 딜은 안 하는 걸로 이미 결정되었습니다."

테인이 말을 받았다. "알겠습니다. 그럼 실사를 하셔야죠? 실사를 해보시고, 10%를 투자하실 건지 아니면 전체를 사실 건지를 결정하시죠." 루이스가 동석하고 있던 그렉 컬과 그렉 플레밍을 가리켰다. "저 두 명의 그렉들에게 처리하라고 위임하시죠. 저들이 전문가이니." 30분간의 면담은 거기서 끝났다.

경쟁사 리먼브러더스의 숨통이 끊어지고 있던 바로 그 시간에 메릴린치는 희미하게나마 희망의 불빛을 잡은 것이다. 물론 오직 살 길은 뱅크오브아메리카에 몸을 던지는 방법이라고 일관되게 주장해 온 플레밍의 '촉'이 가치를 발휘하는 순간이었다.

회의를 파하고 나온 '두 명의 그렉'들은 다시 맨해튼 6번가의 CBS빌딩에 있는 뱅크오브아메리카 측 자문 로펌인 워크텔 립튼 로즌&캐츠(WLRK)의 회의실에서 13일 토요일 5시 단 둘이 만난다. 두 명 사이에는 팽팽한 긴장감이 흘렀다. 이 시간에 이미 컬은 아침 비행기로 리먼브러더스 인수 실사를 중단하고 본사인 노스캐롤라이나 샬럿으로 가던 실사단을, 샬럿 도착 즉시 다시 전세 비행기편으로 뉴욕으로 돌아오라고 지시한 상태였다. 컬은 불가능한 일을 시도해야 하는 처지였다. 24시간 안에, 세계에서 가장 큰 투자은행인 메릴린치의 모든 장부를 다 뒤져야 하는 초인적인 작업이었던 것이다.

"실사를 24시간 안에 한다…… 이게 말이 되나요, 그렉(플레밍)?" 컬이 플레밍에게 물었다. "당신은 이미 우리 회사를 알고 있지 않소? 작년에 스탠리(오닐)가 이미 한번 켄(루이스)과 접촉했을 때, 당신은 우리 회사를 다 연구해 놓은 걸로 알고 있소. 핵심적인 장부만 보면 되지 않겠나요? 적극 협조하겠습니다." 플레밍이 컬을 안심시켜보려고 말을 받았다. "좋소. 지금 150명으로 구성된 우리 실사단이 뉴욕으로 다시 오고 있습니다. 아마 오후 8시경까지는 이 사무실로 들이닥칠 것이오. 그리고 워크텔 립튼의 변호사들 50명이 투입 될 예정입니다. 우리가 원하는 장부는 다 바로 꺼내주시오." 컬의 말에 플레밍은 심장이 뛰는 것을 느꼈다. 다음에 컬이 할 말이 메릴린치의 운명을 좌우할 것이기에 말이다.

"그렉(플레밍), 우리 둘은 서로 오랫동안 교감하던 사이 아니오? 대체 당신네 회사는 얼마짜리라고 생각하시오?" 컬이 마지막으로 자리를 파하기 전에 물었다. 사실, 24시간 안에 메릴린치의 모든 장부를 다 본다는 것은 처음부터 불가능한 일이었다. 최대한 보기는 보겠지만, 결국은 이 게임은 그렉(플레밍)이 얼마나 그렉(컬)에게 숫자를 관철시킬 수 있느냐의 게임 그 이상도 이하도 아니었다. 진짜 선수들끼리의 진검 겨루기라고나 할까. "주당 30달러의 가치는 있죠. 마지노선입니다." 플레밍의 답변에 컬이 실소를 했다. "금요일 종가가 17달러요. 이거 보시오, 그렉(플레밍), 현실적이 되시오. 실사해봐야 최종 가격 제시 가능하겠지만, 메릴린치의 FICC 부문 망가진 자산 외에 기업금융 부문이라든가 리테일브로커리지 부문 등 좋은 자산들도 있음을 내가 알고 있으니, 금요일 종가에서 20% 정도 프리미엄을 준 주당 21달러 선을 생각하고 있소."

플레밍은 순간 심호흡을 했다. 자기의 말 한 마디 한 마디에 94년 역사의 월가 거함 메릴린치가 리먼브러더스를 따라서 좌초하느냐 극적으로 기사회생하느냐가 결정된다고 생각하니, 입에 침이 마르는 것을 느꼈다. "그렉(컬), 이 비정상적인 상황의 가격이 진정한 메릴린치의 가치를 반영할 수 있다고 보시나요? 우리 회사 주가는 4분기 연속 분기 적자를 내었음에도 불구하고 불과 한 달 전까지만 해도 30달러 이상이었소. 작년 여름까지만 해도 80달러 위에서 거래되었죠. 어디까지나 시장상황이 어느 정도 정상화(normalized)됨을 가정하여 가치평가를 해야 합니다. 저는 금요일 종가 17달러에서 76%의 프리미엄을 얹은 주당 30달러가 메릴린치의 적정가격으로 봅니다."

플레밍은 기본적으로 IB뱅커였다. 그는 한편 미국 최고의 명문 법과대학원인 예일대 로스쿨을 거의 수석에 가까운 성적으로 졸업한 논리적인 언변의 인물이기도 하였다. 그가 침착하게 설명을 해 가자 컬이 어느 정도 수긍을 하는 반응을 보였다. 물론 주당 30달러를 받아들이겠다는 말은 아니었으나, 어느 정도 고려는 하겠다는 입장으로 선회한 것이다.

물론 선수 중의 선수인 컬이 이렇게 가격 면에서 다소 유화적인 입장으로 나오는 이유는 따로 있었다. 그는 '무조건' 메릴린치를 잡으라는 루이스의 강력한 메시지를 이미 받고 있었다. 그리고 컬은, 가격 가지고 시간 끌다가 제3의 강력한 인수후보가 치고 들어와서 메릴린치를 가져갈 가능성이 있다고 판단하고 있었다. 물론 이 판단은 잘못된 판단으로 나중에 밝혀진다. 사실 2012년 9월 13일 그 시점에, 전 세계 모든 전략적 내지 재무적 투자가 중에서 메릴린치를 사겠다는 곳은 오직 뱅크오브아메리카 말고는 없었기 때문이다. 그러나 메릴린치에 대한 염원이 너무나 컸던 ('꿈'이 이루어지는 순간이므로) 뱅크오브아메리카 경영진으로서는 인수후보가 자신들밖에 없다는 다소 순진한 생각을 할 수는 없었던 것이다.

24시간 동안의 치열한 실사와 장장 11시간에 걸친 마라톤 가격 협상 끝에, 두 명의 그렉이 합의한 금액은 주당 29달러, 금요일 종가에서 70% 프리미엄을 제시한 가격이었다. 메릴린치 전체 가치를 500억달러로 본 가격이었다. 메릴린치 주식 1주를 뱅크오브아메리카 주식 0.86주로 바꾸어주는 주식교환방식으로 진행하여 최대한 빨리 딜을 클로징하기로 합의되었다. 사실 이 딜이 서명된 9월 14일 일요일 밤 12시 이후 벌어질 시장의 극심한 혼란상을 충분히 예견할 수 있었던 가운데 나온 이 가격은 실로 놀라운 가격이다. 만일 뱅크오브아메리카가 프리미엄은커녕 오히려 잠재부실을 반영하여 디스카운트를 해서 주당 12달러로 하자고 했다 치자. 그럴 경우에도 메릴린치는 그 어떤 다른 대안도 없었던 것이다. 이처럼 플레밍이 고군분투하면서 피를 말리는 협상을 하고 있는 바로 그 와중에, CEO 존 테인은 자신의 원래 고향인 같은 투자은행 골드만삭스에 메릴린치를 팔아보려는 그야말로 헛된 시도를 하고 있었음이 나중에 알려지게 된다(메릴린치 CEO로서의 테인의 리더십이 크게 상처 받는 계기가 된다). 이 가격은 결국 '두 명의 그렉'의 인간적 신뢰와 월가를 자기 발 아래 무릎 꿇리려는 켄 루이스의 남성적 정복욕 두 가지 요인 말고는 설명할 길이 없다.

9월 15일 장이 열리기 전에 리먼브러더스는 사라지고, AIG는 정부의 구제금융으로 정부 소유 보험사가 되고 말았다. 금융주 주가는 추풍낙엽처럼 박살이 나는 와중에 시장이 들은 유일한 '좋은 소식'은 뱅크오브아메리카의 메릴린치 인수였다. 물론 이 딜은 독이 든 성배 그 자체였다. 딜이 최종 클로징되는 12월 5일까지 메릴린치의 장부에서 계속 모기지 관련 부실자산이 튀어나왔고, 루이스는 최종 클로징을 앞두고 딜을 깨버릴까 하는 생각까지 하게 된다. 그러나 몇 가지 이유에서 딜을 깨지는 못하고, 그 후에는 여러분도 잘 아시는 바 그대로다. 그가 인수한 컨트리와이드와 메릴린치의 부실이 뱅크오브아메리카그룹 전체에 전이되는 것을 막지 못하였고, 결국 뱅크오브아메리카는 미국 정부의 TARP 구제금융을 받게 된다. 9월 15일 주당 34달러였던 주가는, 단 한 달만에 10달러 선까지 추락한다. 최고의 딜이 가져온 최악의 결과라고 할까? 물론 루이스도 하고 싶은 이야기가 많을 것이다. 그러나 그의 이사회가 그의 말을 더 이상 들을 생각이 없어졌다. 한때 그에게 형제애 비슷한 것을 보여주었던 뱅크오브아메리카 이사회의 이사들이 속속 등을 돌리는 와중에, 그는 지칠대로 지친 나머지 스스로 사임의 길을 걷는다. 2008년 9월 28일, 메릴린치 인수 후 겨우 1년이 지난 시점이었다. 물론 존 테인은 이미 그 8개월 전인 2009년 1월에 전년도 보너스 문제로 루이스의 심기를 건드린 후 전격적으로 해고되어 사라진 지 오래였다. 이 정도 규모의 거대한 금융기관 합병을 해 놓고서, 그 두 주역들이 1년도 안 되어 역사의 뒤안길로 사라진 경우도 아마 참 찾기 어려운 사례이다. 월가를 정복하고 나서 루이스는 스스로의 정복욕에 정복당한 꼴이었다.

물론 이 딜의 최종 승자는 루이스도 아니고 테인도 아니고 두 명의 그렉들도 아닌, 숨어 있던 보스턴 마피아 소속의 브라이언 모이니헌이라는 이야기는 이미 58화에서 언급했다. 모이니헌이 CEO가 되고 나서의 퍼포먼스에 대해서는 추후에 다시 다루기로 하자.

2015. 6. 8

61 괴짜 트레이더의 기발한 아이디어(1) - 스시달인이 만든 ABX지수

그렉 리프먼(Greg Lippman)은 어느 측면으로 보나 좀 특이한 인물이었다. 때는 2005년 초다. 맨해튼 다운타운에 있는 도이체방크(Deutsche Bank) 미국지역 본사의 거대한 트레이딩데스크(도이체방크 내부 용어로 'Global Credit Trading' 부문)의 한쪽 구석에 자리 잡은, 스트럭처드크레디트(Structured Credit Trading), 즉 ABS나 MBS 같은 구조화채권 트레이딩팀의 수석트레이더(Head Trader)로 있던 인물로, 우선 우리가 일반적으로 알고 있는 통념상의 월가 투자은행 트레이더처럼 생기지 않았다.

월가에서는 불문율에 가까운 짧게 손질한 단정한 머리 대신에, 그의 평상시 헤어스타일은 헤어오일을 잔뜩 발라서 뒤로 어깨까지 늘어뜨린 장발이었다. 감색 또는 검정 양복과 흰색 드레스셔츠 일색인 트레이딩룸에서, 그는 줄무늬가 들어간 밤색 이탈리아 양복을 즐겨 입었으며, 명품 로로 피아나 드레스셔츠의 소매엔 절대 단추를 채우지 않고 헐렁하게 하고 다녔다. 심지어 그는 엘비스 프레슬리와 유사한 구레나룻을 즐겨 하였으므로, 도대체 이 사람이 월가의 대표적인 투자은행 중 한 곳의 시니어 트레이더라고는, 지나가는 행인들은 전혀 눈치 챌 수가 없었다.

1969년생인 리프먼의 첫 월가 직장은 펜실베이니아대학 경제학과 학부를 마치고 난 직후인 1991년에 입사한 크레디트스위스퍼스트보스턴(CSFB)이었다. 채권트레이딩데스크에 배속된 그는, 모든 거래 채권들 중에서 가장 리스크가 큰 채권인 구조화채권의 트레이딩을 맡게 되었다. 사실 1990년대 초반과 중반 그 당시만 해도, 구조화채권은 유동성이 상대적으로 떨어지는 채권이었기에 많이 거래되지도 못하였다. 그가 전화통에 매달려 고객들에게 열심히 구조화채권의 구매를 권하는 내용을 한 번이라도 들어본 주위 트레이더 동료들은, 당시 그가 채권 트레이더라기보다는 오히려 희귀한 미술품 경매사 같았다고 나중에 술회한다. 그는 평상시 말을 너무 빨리 하였고, 이에 따라 듣는 사람이 고도의 주의를 기울여도 그가 말하고자 하는 핵심을 잘 이해하지 못하는 경우가 많았다. 거기다가 엉뚱한 취미까지 있었다. 모든 종류의 스포츠를 경멸하였던 그는(스포츠천국인 미국 사람치곤 이런 유형은 드물다), 어쩌다가 일본 스시(초밥)요리에 미쳐서 맨해튼의 일식당들을 모두 순례한 후에 뉴욕 스시 레스토랑 가이드북을 출판하기도 했다(그의 동료들은 그에게 '스시계의 로버트 파커'라는 별명을 붙여 주었다). 그리고 그의 가장 두드러진 특징은 항상 어떤 특정 사안에 대하여 극단적인 견해를 피력하여 주위 사람들을 불편하게 만드는 재주를 가지고 있었다는 점이다. 상사들은 그와 대화하기를 상당히 부담스러워했고(그는 극단적이었을 뿐만 아니라 매우 집요하였다), 이에 따라 그를 추종하는 소수의 트레이더 집단을 제외한 나머지 트레이딩데스크의 트레이더들과는 담을 쌓고 지냈다.

이러한 모든 독특함과 결점들에도 불구하고 리프먼은 위대한(great) 트레이더였다. 그는 본능적으로 시장의 흐름을 몸으로 읽었으며, 필요한 자료를 구해서 읽고 분석하여 자신이 시도하는 트레이딩의 논리를 만들어 나가는 데 탁월했다. 그의 가장 중요한 개인적 능력은 고객들을 자극(stimulate)하는 능력이었다.

그의 말을 듣다 보면, 그가 하자는 대로 하지 않으면 나중에 큰일이 날 것 같은 불안감을 느끼는 고객들이 생겨났다. 리프먼이 이들에게 사기를 치고 있었느냐 하면, 그게 아니었다. 리프먼은 그들에게 몇 년 후에 일어날 일들을 예견하여 말해 준 것인데, 실제로 그 예견들은 뒷날 거의 대부분 사실로 판명되었다. 고객들이 리프먼이 추천한 대로 투자를 해 놓고도 수익을 내지 못한 경우가 혹시 있었다면, 그건 리프먼이 제시한 투자 회수 시점까지 고객들이 참고 기다리지 못한 이유밖에는 없었다.

2000년 봄, 한때 잘나가다가 몰락한 미국의 투자은행 뱅커스트러스트컴퍼니(BTC)를 1998년에 전격 인수하면서 월가의 대형 투자은행으로 변모 중이던 독일계 거대 은행 도이체방크가 리프먼을 스카우트한다. 도이체방크는 이미 런던에 거대한 트레이딩데스크를 만들어서 운용 중이었으나, 채권에 관한 한 세계에서 가장 큰 시장인 뉴욕에도 새롭게 더 큰 데스크를 만들어야 하는 현실적인 욕망이 생긴 것이다.

도이체방크는 리프먼에게 모기지 관련 채권(MBS)과 그때 막 붐을 일으키기 시작하는 CDO, CLO 등 구조화채권 상품의 트레이딩을 맡기게 된다. 이 분야는 도이체방크가 경쟁 투자은행들에 비해 크게 뒤져 있던 영역인데, 리프먼을 영입하면서 열세를 극복하고 선두로 도약해 보려고 한 경우였다. 리프먼의 지휘로 도이체방크도 2002년 이후 미국의 주택경기 버블에 편승한 MBS채권 거래 및 중개에서 짭짤한 수수료를 챙기게 되었다.

그러나 리프먼은 만족할 수가 없었다. 투자자들이 미친 듯이 모기지를 기초상품으로 구조화한 채권들을 사려고 했던 이유는, 이 상품들의 금리가 일반 회사채 상품보다 월등히 높았기 때문이다. 정상 모기지가 아니라 서브프라임 모기지를 기초상품으로 만든 구조화채권은 더욱 금리가 높았다. 그런데 수요에 비해 공급이 달리는 현상이 대략 2004년 말부터 생겨나기 시작했다. 간단히 말하자면, 상품을 만들 원자재, 즉 서브프라임 모기지론이 구조화채권이 팔리는 만큼 빨리빨리 새로 기채(originate)되지 않았던 것이다.

한편, 리프먼은 미국의 주택경기 호황도 언젠가 끝이 올 것이라고 판단했다. 그런데 2005년 초에 리프먼이 그런 문제의식을 가지게 되었을 무렵까지는 실제로 투자자들이 미국 주택경기의 몰락에 베팅할 상품이 마땅치 않았다. 고작해야 상장돼 있는 모기지 관련 업체의 주식에 숏(공매도)을 하는 정도가 할 수 있는 방법이었으나 이는 중장기적으로 투자할 수 있는 상품은 아니었다.

바로 이 상황에서, 기존에 이미 시장에 25조달러(25 Trillion USD)어치나 발행되어 있던 크레디트디폴트스왑(CDS)을 이용하여, MBS를 기초자산으로 스탠더드화된 CDS상품(지수)을 만들 수는 없을까란 기발한 생각을 한 인물이 바로 괴짜 트레이더 리프먼이었다. CDS는 기본적으로 양자거래(protection seller와 protection buyer 사이에)이며, 복잡한 부수조건이 붙는 상품이다.

이런 개별 CDS를 여러 개 모아서, 이를 하나의 표준계약(Standardized Contract)으로 만들 수 있다면, 투자자들은 개별 MBS의 퍼포먼스나 디폴트 여부에 집중할 필요가 없이, 큰 그림을 보고 투자할 수 있게 되는 것이다. 투자자들은 이 새로운 상품을 공매도함으로써 미국 주택경기의 하락에 베팅할 방법을 얻게 되는 것이다.

그리고 자기 회사 장부에 쌓여만 가는 모기지채권 관련 리스크를 일부라도 떨어 보려는 개별 투자은행들에 좋은 헤지 수단을 제공해 줄 수도 있을 것이었다. 그리고 좀 더 짓궂은 눈으로 보자면, 이러한 상품의 거래가 실제로 이루어지려면 공매도하는 투자자의 반대거래를 하는 투자자(즉 주택경기가 끝없이 오를 걸로 낙관하는 투자자)도 있어야 한다는 이야기가 된다(나중에 된통 당할 수 있는 투자자가 이미 예정되어 있다는 말이 된다).

다섯 회사가 이 리프먼의 아이디어에 반응했다. 당시 36세였던 도이체방크의 리프먼, 34세였던 골드만삭스의 라지브 카밀라, 33세였던 베어스턴스의 토드 쿠시먼 등 내로라하는 당대의 월가 구조화채권 트레이더 세 명이 주도하고 여기에 씨티그룹과 제이피모건에서도 중간 간부급 트레이더가 참여하였다.

나중에 블룸버그에 의해 "Group of Five(5인방)"라고 명명된 이 다섯 명이 리프먼의 아이디어를 현실화하기 위한 방안을 모색하기 위해 최초의 미팅을 한 것이 2005년 그 추웠던 2월 중순의 어느 금요일 저녁이었다. 나중에 '합성 CDO(Synthetic CDO)'라고 통칭되는 상품의 등장이 바로 여기서 시작된다. 이 5명은 매월 한 번씩 금요일 장이 끝난 후인 오후 5시에 모이기로 하였는데, 두 번째 미팅부터는 각 회사가 모두 구조화상품 전문 변호사들을 대동하고 나타났다. 회의 장소는 도이체방크 뉴욕지사 건물의 대형 콘퍼런스룸이었고, 직사각형 종이박스에 담겨서 배달되는 중국음식을 먹으면서 토요일 새벽까지 열띤 토론이 이어졌다. 이들의 구상이 어떻게 현실화되며 이들이 만들어낸 상품이 그 후 시장에 미친 전대미문의 파급효과에 대해서는 다음 62화에서 계속 알아보자.

2015. 6. 17

62 괴짜 트레이더의 기발한 아이디어(2) - 몰락한 수학천재의 마지막 도전

리프먼이 주도하는 일단의 월가 트레이더들이 모기지담보부채권(MBS)을 기초자산으로 한 표준화된 크레딧디폴트스왑(CDS)상품인 ABX지수를 개발해내고 있던 바로 그 시점에, 한 명의 이탈리아인이 역시 미국의 주택경기에 명백히 버블이 형성되고 있다고 판단하고서 이 비정상이 언제 꺼질 것인지를 예측할 수 있는 예측모델을 만들어내기 위해 밤잠을 설쳐가면서 실성한 듯이 일하고 있었다. 이 사람의 이름은 파올로 펠레그리니(Paolo Pellegrini)였고, 그가 채용되어 일하고 있던 회사는 월가의 수 많은 헤지펀드들 중에서 별로 두각을 나타내지 못하고 있던 폴슨앤컴퍼니(Paulson & Company)였다.

펠레그리니 역시 리프먼 만큼이나 희한한 인물이었다. 그는 1957년 이탈리아 밀라노에서 태어났다. 부친은 국립 밀라노이공대학의 물리학과 교수였고, 그의 집안은 조부 시절부터 당시 이탈리아 국내 정치권의 한 축이었던 중도파 정당 급진당(Radical Party)에 깊숙하게 관여하고 있었다. 이런 분위기에서 자란 펠레그리니는 밀라노대학에 1975년에 입학하여 전기공학을 전공하였다. 1970년대 후반의 이탈리아는 그야말로 국내 정치가 극도로 불안하던 시절이었는데, 심지어 좌파 테러리스트 집단인 붉은여단(Red Brigade)이 현직 집권당 총재이자 전직 수상인 우파 정치인 알도 모로(Aldo Moro; 1916-1978)를 납치해 살해하는, 그야말로 전대미문의 정치적 참사까지 빚어졌다. 이런 이탈리아 국내 혼란상에 염증을 느낀 펠레그리니는 학부를 서둘러 졸업하고 네덜란드의 전기부품회사에 연구원으로 채용되어 이탈리아를 떠난다. 네덜란드에서 2년을 보낸 후, 그는 다시 미국 유학을 떠난다.

어릴 때부터 밀라노가 낳은 천재 소리를 듣던 펠레그리니가 진학한 학교는 다름 아닌 하버드 경영대학원이었다. 그는 밀라노에 있던 시절에 영어를 학교에서 제대로 배운 적은 없으나, 독학으로 공부한 끝에 대학원 진학을 시도할 즈음엔, 입학에 필요한 토플(TOEFL)이나 지맷(GMAT)같은 영어능력 및 학업능력 테스트에서 거의 만점을 받고 장학금까지 받으면서 입학하였다. 그는 정상적인 미국인들이 들을 때는 거의 알아들을 수 없는 이탈리아어 액센트가 강하게 묻어나는 희한한 영어를 구사하였으나, 어찌 되었든 하버드 경영대학원을 상위 5% 안에 드는 좋은 성적으로 졸업하고 1985년에 MBA학위를 취득하였다. 그의 대학원 선배 중에는 존 폴슨(John Paulson)이란 이름의, 무표정하고 거의 웃지를 않는 무뚝뚝한 성격의 뉴요커가 있었는데, 장래의 펠레그리니의 아내가 되는 경영대학원 동급생 클레어 굿먼(Claire Goodman)을 통해 소개 받고 둘은 친분을 쌓았다. 펠레그리니와 굿먼 커플은 대학원을 졸업하던 1985년 여름에 결혼을 하는데, 그 때 폴슨도 물론 결혼식에 하객으로 참석하였다.

펠레그리니의 첫 직장은 월가의 유서 깊은 투자은행인 딜론 리드(Dillion Read)였다. 수학적 능력이 워낙 발군이었던 펠레그리니는 여전히 알아들을 수 없는 이상한 영어를 구사하였음에도 IB의 기본인 각종 재무수치 계산에 탁월한 능력을 발휘하여 2년만에 경쟁 투자은행인 라자드(Lazard)에 더 좋은 조건으로 이직하게 된다. 이 회사는 당시 유럽의 대형 보험사들의 미국 시장 진출이라는 테마에 주목하고, 유럽인이었던 펠레그리니를 채용하여 보험업섹터를 전담하는 팀을 만들었던 것이다. 펠레그리니의 보험팀은 매년 두세 건의 대형 딜들을 클로우징하여 평균작 이상의 성과를 낸다. 문제는, 이 쪽 섹터가 평균작 이상의 대박'을 도모하기엔 좀 무리가 따랐다는 점이다. 투자은행 IB 세계의 보편적 직급인 애널리스트(Analyst), 어쏘시에이트(Associate), 바이스프레지던트(Vice President)를 거쳐 파트너(Partner/Managing Director)가 되기 직전의 등급인 디렉터(Director)까지는 빠르게 승진하였으나, 회사의 지분을 나누어 가진 파트너로의 승진은 계속 누락되었다.

펠레그리니의 승진 누락은 기본적으로 영어가 모국어가 아니고, 미국의 문화를 완전히 이해하지 못하는 비영어권 외국 출신의 월가 적응이 그만큼 어렵다는 단적인 사례였다. 그는 직접 자기가 딜을 수임해 와야 하는 직급이 된 이후부터, 숨을 쉴 수 없을 만큼 직장에서 고전한다. 미국 고객들과 커뮤니케이션 하는 일이 너무나 힘들었기 때문이다. 그는 수학의 천재이자, 샘솟듯이 새로운 아이디어를 도출하고 새로운 재무모델을 만들어내는 데에는 적격이었으나 그것을 누군가에게 이해시키고 설득시키는 데는 초등학생 수준의 능력밖에 발휘하지 못하였다. 그러던 중, 1993년에 그는 대형사고를 치고 말았다. 라자드의 최고위 임원인 전설적 IB뱅커 펠릭스 로하틴(Felix Rohatyn)이 수임해서 그 실행을 위임한 딜(전자복사기 제조업체인 제록스의 자회사였던 제록스 라이프라는 생명보험사를 외국의 인수 후보에게 파는 딜이었다)을 실행하다가, 회의 중에 흥분한 나머지 해서는 안 될 비속어 표현을 남발했던 것이다. 이 사건 직후, 제록스 측에서는 로하틴에게 펠레그리니를 딜팀에서 배제해 달라고 공식 요구했고, 이로써 한 때 전도유망했던 펠레그리니의 월가 생활은 파탄으로 치닫게 된다.

이 사건 이후 펠레그리니는 승진은커녕 좌천되어 1년을 더 버티다가 1994년 연말에 해고되고 만다. 그를 해고한 당사자인 당시 라자드 IB부문장 켄드릭 윌슨(Kendrick Wilson)은 훗날 펠레그리니가 기적적으로 성공하고 난 후에 가진 언론 인터뷰에서, "그는 무지하게 머리가 좋고 분석적이며 가끔 천재적인 아이디어를 내곤 했다. 그러나 그는 성격이 다혈질이고 참을성이 없어서 성격상의 결함을 드러냈으며, 동료들과 잘 어울리지도 못했고, 무엇보다도 결정적으로는 고객들이 그의 웅얼웅얼하는 이탈리아식 억양의 알아들을 수 없는 영어에 대해 불평을 자주 토로하였다. 그래서 어쩔 수 없이 해고하였다"고 언급했다고 한다. 해고와 동시에 그는 우울증을 앓게 되었는데, 이로 인한 심각한 성격장애로 하버드경영대학원 동기였던 첫 아내와도 이혼하고 만다. 순식간에 나락으로 떨어져버린 것이다.

1995년부터 2004년 사이 약 9년간의 세월 동안, 그는 문자 그대로 여기저기 소형 부티크 투자은행이나 컨설팅 회사, 헤지펀드 등을 전전하면서 그의 수학적 분석능력을 발휘하여 간신히 밥벌이를 했다. 이 때 우연히 만난 뉴욕의 저명한 부동산 재벌의 딸인 두 번째 아내와 재혼하였으나, 그의 우울증과 편집증 증세가 악화되어 다시 결혼생활 3년만에 이혼한다. 만신창이가 된 그에게 남은 것은 얼마 안 되는 현금과, 사립학교에 진학한 두 아들을 양육할 책임이었다. 한 때 맨해튼 업퍼웨스트(Upper West)의 펜트하우스에 살면서 하룻밤의 파티 비용으로 1만 달러를 아낌없이 쓰던 그가, 이 즈음엔 맨해튼 북부 위성도시의 기차역 인근의 방 두 개짜리 소형 아파트에 월세를 사는 신세로 전락했다. 전형적인 월가의 실패사례(영어로 Washout이라고 부른다)라고 할 수 있었다.

그런데 우리들 인간군상들에겐 항상 마지막 인생역전 기회가 한 번쯤은 찾아오는 법이다. 2004년 봄, 마지막 직장이던 헤지펀드 트리카디아캐피탈(Tricadia Capital)의 리서치애널리스트 자리에서 해고되고 몇 달 째 놀고 있던 펠레그리니의 눈에, 우연히 하버드경영대학원 웹사이트에 올라온 채용공고 하나가 눈에 띈다. 채용공고는 바로 존 폴슨의 회사 폴슨앤컴퍼니(Paulson & Company)에서 2년 동안 한시적으로 일할 리서치애널리스트를 찾는 공고였다. 펠레그리니는 오랫동안 잊어버리고 있던 과거의 지인 폴슨이 생각났다. 둘은 사실 펠레그리니의 첫 번째 아내였던 클레어 때문에 알게 된 사이였기에, 펠레그리니가 클레어와 이혼한 1995년 이후에는 아예 연락이 끊겨서 지나가다가 길거리에서 조차 만난 적이 없었다.

펠레그리니는 염치 불구하고 폴슨을 찾아간다. 폴슨은 하버드 경영대학원 졸업 후에 첫 직장으로 보스턴컨설팅그룹을 택하였으나 오래 다니지 못하고 월가 투자은행 베어스턴스로 이직했다. 거기서 그는 M&A부서에 배치되는데, 조용히 소리소문 없이 맡은 바 임무를 능숙하게 완수하곤 했기에 고속승진을 해서 입사 6년만에 임원(Managing Director)이 되었다. 그러나 일하면서 합병재정거래(Merger Arbitrage)의 세계를 접하게 되었고, 1990년에 갑자기 회사를 그만두고 합병재정거래를 전문으로 하는 헤지펀드 그러스앤컴퍼니(Gruss & Company)에 입사한다. 이 회사에서 탄탄한 기초를 닦은 그는, 독자창업에 대한 꿈을 버리지 못하고, 주위의 만류에도 불구하고 1994년에 단돈 2백만 달러를 가지고 자기 회사인 헤지펀드 폴슨앤컴퍼니를 창업하였던 것이다. 펠레그리니가 무작정 폴슨을 찾아간 2004년 초는 폴슨이 창업한지 딱 10년이 되는 해였는데, 2백만달러로 혼자 시작한 그의 펀드는 어느덧 40여 곳의 기관투자가 자금 15억 달러를 운용하며 25명의 임직원을 채용한, 상당한 규모로 성장해 있었다. 창업 후 처음 6~7년간은 죽을 쑤다가, 2001~2002년 무렵 줄줄이 부도가 난 미국의 회사들인 엔론이나 월드컴의 회사채에 투자하여 대박이 나서 순식간에 펀드의 운용자산이 커진 경우였다.

폴슨은 불쑥 찾아 온 펠레그리니를 보고 기가 막혔다. 사실 그의 펀드가 채용하는 포지션은, 주니어 리처시애널리스트 자리였는데, 전임자는 겨우 27세의 청년으로 마침 스탠포드 경영대학원에 합격하였다. 2년 후 MBA학위 취득 후 다시 폴슨앤컴퍼니로 복직한다는 조건으로 폴슨이 개인적으로 스폰서하여 보낸 경우였다. 47세의 펠레그리니와 너무나 안 어울리는, 그것도 임시직에 가까운 자리였던 것이다. 그러나 폴슨이 펠레그리니를 일언지하에 내치지 않은 이유는 2가지였다. 하나는 펠레그리니가 진정한 수학의 천재라는 것을 알고 있었기 때문이다. 금융의 최전선에서 수학 천재는 써 먹을 데가 많은 법이다. 그런데 그보다 더 중요한 이유는 그가 바로 직전 직장인 헤지펀드 트리카디아캐피탈에서 해고당한 사유였다. 펠레그리니는, 그 한참 폭발적으로 호황국면을 보이던 미국의 주택경기가 조만간 꺼질 것이기에, 그 때를 대비하여 모기지채권을 기초자산으로 하는 크레딧디폴트스왑(CDS) 상품을 만들어내서 주택가격이 하락하는 쪽으로 베팅해야 한다고 주장했다가, 미친 사람 소리를 들으면서 해고당한 것이었다. 이 이야기를 들은 순간, 폴슨은 무릎을 탁 쳤다. 그래 바로 이거야, 하고 말이다. 폴슨은 2002~2004년 사이에, 개인적으로 몇 차례 뉴욕 인근 부동산을 사고 팔아본 순전히 개인적 경험을 통해, 미국의 주택경기가 미쳐 날뛰고 있다고 생각하고 있었다. 그리고 그 주제를 가지고 어떤 식으로든 투자를 해 볼 방법이 뭐가 없을까 하고 나름 생각을 해보고 있었던 차였다. 그러나 원래 전공이 M&A였고 합병재정거래와 NPL회사채 투자 말고는 CDS상품을 다뤄 본 적이 없는 폴슨으로서는, 이 막연한 생각을 현실화 시켜줄 누군가가 필요하였던 것이다. 바로 그 때, 인생의 나락에서 마지막 부활의 몸부림을 치고 있던 오래 전 학교 후배 펠레그리니가 나타났던 것이다.

2주 후, 폴슨앤컴퍼니에 새로 입사한 펠레그리니를 보고 회사의 모든 임직원들이 경악을 금치 못했다. 그는 회사 내 같은 직급의 또래들보다 20년 가까이 나이가 많았고 오너인 폴슨보다 겨우 한 살 아래였다. 다들 폴슨이 미쳤다고 생각했다. 그러나 바로 여기서, 금융계 전 역사를 통틀어, '가장 위대한 트레이드(The Greatest Trade Ever)'로 불리는, 바로 그 2007~2008년 폴슨앤컴퍼니의 미국 주택모기지 관련 익스포져에 대한 공매도 트레이드가 탄생하는 것이다. 다음 63회에서 주택경기 버블을 이미 오래 전부터 예측하고 준비한, 다른 괴짜 트레이더들의 이야기를 같이 이어가 보자.

2015. 6. 23

63 괴짜 트레이더의 기발한 아이디어(3) - 수익률 1000%에 도전하라

"바로 이거야! 버블의 증거임에 틀림없군. 우리는 이제 투자가들을 확신시킬 수 있다고!"

펠레그리니가 몇 달간을 파서 나온 연구 결과물인 차트 하나를 불쑥 폴슨의 책상 위에 올려 놓은 때는 2005년 4월의 어느 아침이었다. 이 차트를 보는 순간, 폴슨은 빙그레 웃었다. '웃지 않는 사나이'인 폴슨이 웃었다는 것은 굉장히 의미심장한 일이었다. 몰락한 수학 천재 펠레그리니가 발견한 것은 무엇이었을까?

펠레그리니는 폴슨에게서 받은 200만달러의 연구용역비를 써서 하나의 그저그런 2류 헤지펀드 한 곳이 집적했다고는 아무도 믿지 못할 어마어마한 양의 미국 모기지 데이터베이스를 구축하였다. 이 작업을 위해 펠레그리니는 '1010데이터'라는 이름의 맨해튼 소재 데이터베이스 회사에 일부를 용역까지 주었다. 그런 각고의 노력 끝에 집적된 데이터베이스의 그 모든 숫자들을, 펠레그리니는 영어 표현대로 크런치(crunch; '많은 숫자를 고속으로 처리하다'라는 의미의 단어)를 진행하였다. 지난 수십 년간의 미국 주택담보부채권 부도율과 경기와의 상관 관계를 집중적으로 파고든 것이다.

펠레그리니가 수백만 건의 모기지 데이터베이스에서 찾아낸 가장 중요한 사실은, 미국 주택경기와 이자율이 일반적인 시장의 생각만큼 특별한 상관관계가 없다는 점이었다. 시장 낙관론자(Bulls)들이 말하는 것과는 달리, 2000년대 중반의 미국 주택경기 과열은 2001년 9·11사태 이후 미국 연준이 진행한 금리 인하 정책의 직접적 수혜는 아니었다는 것이다. 펠레그리니는 역사적 추세선(Historical Trend Line)이라는 선을 그가 분석한 모기지 데이터에 덧붙여 보았다. 1975년 이후의 미국 50개주의 주택가격 변동을 살펴본 후 회귀분석(Regression Analysis)틀을 통해 그 변동 폭을 단순화해 보았다. 그랬더니 갑자기 너무나 단순 명료한 답이 나와 버렸다. 미국의 주택경기는 1975년부터 2000년 사이 25년 동안 연평균 1.4% 상승하였다. 이는 인플레이션을 감안하여 반영한 숫자임은 물론이다. 그런데 2000년부터 2005년 사이엔 연평균 무려 7%씩 상승 중이었다. 이 말의 의미는? 만일 끝이 보이지 않게 상승 중에 있는 미국의 주택경기가 언젠가 꺼진다면, 그 가격은 역사적 추세선까지 후퇴하게 될 것이고 이는 현재 가격에서 무려 40% 폭락한 가격일 것이라는 말이 된다. 그런데 펠레그리니가 생산해 낸 차트에 따르면 지난 100년간 미국의 주택경기가 일시적 과열 후에 하락할 때마다 항상, 단 한번의 예외도 없이 이 역사적 추세선 레벨까지 하락했었다는 사실이다.

이 발견을 헤지펀드 매니저의 관점에서 옮겨 적어보자.

"미국의 주택경기는 반드시 하락하게 되어 있다. 미래의 어떤 순간에 말이다. 그리고 이 하락은 실업률, 이자율, 그 외 각종 경기지표의 움직임과는 상관이 없다!"

폴슨은 즉시 펠레그리니에게 다음 숙제를 준다. "대체 이 발견을 투자 대박으로 연결시키려면 어떤 금융 상품에 투자해야 하는가?"

펠레그리니와 그의 보조자로 신규 채용된 리먼브러더스 출신 중국인 통계학자 슈 시한(Shu Sihan)이 찾아낸 상품이 바로 모기지채권들에 대한 신용부도스왑, 즉 CDS였던 것이다. 이 두 사람이 무려 600만개의 모기지채권 데이터를 한 달 동안 심층 분석한 결과, 놀라운 사실을 다시 발견했다. 주택가격이 단순히 상승을 멈추는 것만으로도, 모기지 대출을 크게 일으키고 있는 주택소유자들에게 대환대출(리파이낸싱)이 안 될 수도 있다는 심각한 심리적 타격이 가해지는 바, 모기기채권 가격을 평균 7%가량 끌어내린다는 점이었다.

만일 주택 가격이 5% 소폭 하락한다면 모기지채권 가격은 평균 17%나 하락하였다.

펠레그리니의 차트를 들여다 보면 볼수록 폴슨은 자신이 일생일대의, 아마도 월가에서도 수십 년에 한번 나올까 말까 한 기회를 포착하였음을 확신하였다. 폴슨은 자신의 예상 손익을 간단한 표로 그려보았다. 그가 6억달러의 CDS상품 투자용 전용펀드(흔히 Credit Opportunities Fund라고 불림)를 새롭게 조성한 후 그 펀드 규모의 7%를 BBB등급(투자등급 채권의 가장 낮은 등급, 투기등급 채권의 바로 위 등급) 모기지채권에 대한 신용보험을 매수(buy credit protection)하는데 투입한다면, 최악의 경우 연 4200만달러를 잃게 될 것이다. 반면에 잠재 보상은 거의 무한대였다. BBB등급 채권의 부도율이 30%라고 치면 펀드는 341% 또는 20억달러를 벌 것이다. 만일 부도율이 50%이면 펀드는 568% 또는 34억달러, 80% 부도율이면 펀드는 909% 또는 55억달러를 벌 것이다.

909% 수익률이라고? 폴슨의 이야기를 들은 투자가들은 그가 완전히 미쳤다고 생각했다. 그런 수익률이 달성되는 것보다는 해가 서쪽에서 뜨는 것이 더 높은 확률일 것이라고 비아냥거렸다. 그러나 이들은 폴슨을 잘 못 보았다. 그런 말에 단념할 인물은 물론 아니었던 것이다. 그는 오히려 더욱 더 공격적으로 나오기 시작했다. 그는 자기 개인의 돈까지도 이 모기지채권 공매도에 투입할 의사를 가진, 그 시점에서 전 세계를 통틀어서도 몇 명 안 되는 투자가들 중 하나였던 것이다.

폴슨의 기존 펀드들은 합병재정거래 등 스페셜시추에이션스(Special Situations)에 특화된 펀드들이어서, 그 펀드를 통해 모기치채권에 대한 공매도를 할 수는 없었다. 이에 따라 폴슨은 2006년 상반기 동안 열심히 투자가들에게 자기와 펠레그리니가 발견한 사실에 대해 알리고, 모기지채권에 대한 공매도를 진행할 새로운 펀드의 펀드레이징을 진행하였다. 그러나 시대를 앞서가는 역발상 투자가(contrarian)인 폴슨의 말에 호응하는 기관투자가들은 거의 전무(全無)하다시피 했다. 폴슨은 할 수 없이 우선 자기의 전재산을 털었다. 그가 자신의 헤지펀드에 가진 지분을 제외한 모든 현금성 자산을 다 모아보니 약 3000만달러가 되었다. 이 금액을 전량 새로운 펀드에 투자하자, 그의 주위 친구들이나 친지들이 돈을 조금씩 보태기 시작했다. 특히 그의 테니스 친구이자 바로 옆집에 살던 펀드오브펀드(Fund of Funds) 회사인 프로타주파트너스를 운용하는 제프리 태런트(Jeffrey Tarrant)가 6000만달러를 투자해 준 것이 금액 기준으로는 가장 컸다. 이렇게 알음알음 모은 투자금이 1억4700만달러에 이른 시점이 2006년 6월 말이었다. 애초 기채 예정 금액이었던 6억달러를 아직 달성하지는 못했으나, 이제 때가 되었다고 본 폴슨은 그의 펀드의 트레이더인 브래드 로젠버그(Brad Rosenberg)에게 매수를 시작하라고 지시하였다. 로젠버그는 모기지담보부 채권 중 최하 투자등급인 BBB급 채권에 대한 CDS 신용보험을 매수하기 시작하였다. 이 보험 매수 비용은 당연하게도 당시 매우 낮았다. 부도가 날 거라고 생각하는 사람이 거의 없었기 때문에 어쩌면 당연하였다. 120억달러 규모의 모기치채권에 대한 CDS 신용보험 매수 금액은 1%, 즉 연 1억2000만달러였다.

바로 이 시점인 2006년 7월, 폴슨을 찾는 월가 투자은행의 전화가 걸려 왔다. 전화를 한 이는 세계 최고의 투자은행인 골드만삭스의 구조화채권 트레이더 조쉬 번바움(Josh Birnbaum)이었다. 그는 폴슨에게 월가의 대표 투자은행 몇 곳이 최근에 협업으로 만들어낸 새로운 상품에 대해 설명하면서 투자 의향이 있느냐고 물었다. 바로 리프먼을 위시한 월가 투자은행들의 구조화채권 전문가들이 2005년 초부터 거의 1년에 걸쳐 매주 금요일 만나 만들어낸 ABX라는 모기지지수 상품이었다. 이 지수의 등장은 어떻게 하면 주택경기 하락에 '크게' 베팅할까만 연구하던 폴슨과 같은 극소수의 헤지펀드 사람들에게는 그야말로 혁신적인 방법론을 제공하였다. 그 전까지는, 예를 들어 폴슨이 모기지채권에 대한 공매도를 실행하기 위해서는 매우 번거로운 절차를 거쳐야 했다. 우선 폴슨은 특정 모기지유동화채권을 대차거래(securities lending)를 통해 빌려서 공매도해야만 하였다. 상식적인 이야기지만, 채권은 주식만큼 대차거래를 통해 신속하게 확보하는 것이 쉽지 않다. 유동성이 아무래도 부족하기 때문이다. 또한 폴슨은 특정 투자은행으로부터 신용부도스왑, 즉 CDS를 매수할 수 있었지만, 이 거래는 매도를 해 줄 특정 투자은행을 찾아야 한다는 번거로움이 있었다. (모든 투자은행이 모든 종류의 신용부도스왑 거래를 아무 때나 해주는 것은 물론 아니기 때문이다) 이제 ABX지수가 출범하였으니, CDS상품들은 이 ABX지수의 움직임과 연계되게 설계돼 판매되었다. 폴슨은 이제 단순히 ABX지수가 하락하는데 베팅을 하면 되게 된 것이다. 폴슨의 트레이더인 로젠버그가 주문을 내야 할 차례였다.

전화 건너편에서 번바움이 물었다. "ABX지수 하락에 대한 신용보험을 사실 건가요?"

(로젠버그) "물론! 5억달러어치에 대한 신용보험 매수 주문합니다."

번바움의 낭랑한 목소리가 들려왔다. "체결!"

다시 로젠버그가 공세적으로 나왔다. "다시 추가 5억달러(어치에 대한) 신용보험 매수!"

번바움이 흠칫 놀란 듯 하였다. 그러나 이 골드만삭스의 트레이더도 만만치는 않았다. 3초 후에 반응하였다. "주문 체결!"

로젠버그가 반격했다. "아직 안 끝났어요"

번바움이 물었다. "대체 당신이 원하는 전체 규모는 얼마인가요?"

(로젠버그가 자기 옆에 서서 이 트레이드를 지켜보던 폴슨을 올려다 보며) "내일 봅시다. 내일 알려주겠소."

다음날 장이 시작되자마자 다시 골드만삭스의 트레이더 번바움이 전화를 걸어왔다. 폴슨은 로젠버그를 시켜 10억달러어치에 대한 신용보험 매수를 주문했다. 여기까지는 골드만삭스도 거래에 응했다. 그런데 번바움이 전화를 끊으려고 하자, 폴슨은 다시 주문을 냈다. "추가로 30억달러!" 전화 건너편에서 번바움의 긴 침묵이 흘렀다. 1분 후, 번바움은 그 이상의 거래는 자기 보스의 추가 거래 승인이 필요하며 당일 중에는 승인이 날 가능성이 없다고 말하고 서둘러 전화를 끊었다. 이 장면이 바로 폴슨이 100번도 넘게 읽었다는 헤지펀드업계의 1세대 대가인 조지 소로스의 투자철학이 담긴 저서 '금융의 연금술(The Alchemy of Finance)'에 나오는 그 유명한 "급소를 쳐라(Hit the Jugular)"라는 투자방법론의 구현이었다.

이 주문이 나갔던 2006년 7월의 그 무더운 어느 여름날, 허무맹랑한 미친 짓으로 보였던 폴슨의 주택경기 하락에 대한 거대한 규모의 공매도가 미친 짓이 아니라 너무나 현명한 행동이었음을 보여주는 최초의 믿을 만한 징후가 등장한다. 해마다 폭발적으로 오르던 주택가격이 2006년 2분기에 겨우 1% 미만으로 올랐다는 전미부동산중개업자협회(NAR)의 데이터가 발표된 것이다. "그 날이 드디어 버블 붕괴가 시작된 시점이었다"고 폴슨은 훗날 술회한다.

2006년 연말까지, 폴슨의 제1호 'Credit Opportunities Fund'는 총 6억달러를 기채하여 총 72억달러어치 모기지에 대한 신용보험을 인수했다. 물론 골드만삭스에서만 인수한 것은 아니며, 월가의 대형 투자은행 여러 곳을 통해 분산 인수하였다. 보험료는 모기지 가치의 1%인 7200만달러였으므로, 이는 펀드 총 약정액의 12% 규모였다. 이는 물론 바로 바로 지급되는 비용이므로 펀드로서는 일종의 부(minus)의 트레이드(Negative Carry)가 된다. 그러나 보유현금에 대해 폴슨의 펀드가 5%의 이자를 얻었으므로, 실제 펀드가 부담한 순보험료는 7%가 된다. 극단적으로 말해서 6억달러 폴슨 펀드에 투자한 투자가들의 손실액은 최대 4200만달러에 불과하게 되는 것이다. 폴슨은 2007년 1월에 다시 2호 Credit Opportunities Fund의 기채를 시작한다. 이 펀드의 최종 수익률이 과연 얼마였는지와 2008년에 폴슨과 함께 웃게 된 사람들의 이야기는 다음 64화에서 이어진다.

2015. 6. 29

64 괴짜 트레이더의 기발한 아이디어(4) - 대세(大勢) 거스르기

자본시장에서 투자가가 대세(大勢)를 거스른다는 것은 정말이지 심각하게 어려운 일이다. (헤지펀드들의 경우는 좀 다르지만) 거의 모든 자산운용 회사들이, 자기 회사 대표 상품의 수익률을 선전할 때, 항상 "벤치마크 대비 수익률이 X퍼센트를 상회하였다(beat the benchmark by X%)"는 표현을 쓴다. 이 말 자체가 대세에 순응하는(?) 투자패턴을 가져갔다는 것을 스스로 인정하는 셈이다.

자본시장 전 역사를 회고해 보면 '대박'은 대부분, 대세를 거스르는 위험을 감수하고 나타났다. 하지만 이게 쉬울 리가 없다. 산악인들은 히말라야의 가장 난해한 봉우리로 알려진 K2를 무산소 등정할 때 희열을 느낀다고 한다. (그러나 실제로는 생명을 건 도박이다) 파도타기 하는 서프라이더들은 하와이 오하우 섬 북서쪽에 있는 호쾌한 10m짜리 대형 파도가 밀려드는 파이프라인 비치(Pipeline Beach)에서 파도 타는 걸 인생의 목표로 한다고 한다. (자칫 잘못하면 큰 부상을 당한다) 그러나 자본시장 투자가들에게 가장 피해야 할 권고가 이런 무산소로 K2를 오르거나 파이프라인비치에서 파도를 타는 듯한 위험감수자 내지 대세역행자를 '따라서' 투자하는 것이다. 아마추어 투자가는 물론이고, 소위 프로투자가로 불리는 기관투자가들도 이런 용감한 자들(영어로 'contrarian'이라고 부른다)을 따라서 투자하다가 열이면 아홉은 다 망하게 된다.

만유인력 법칙을 발견한 영국의 과학자 아이작 뉴턴(1642~1726)의 예를 들어 보자. 18세기 100년간을 통틀어 최악의 주식 버블사건으로 기록된 남해포말사건(South Sea Bubble)이란 이벤트가 일어났던 1720년, 그는 이 회사 주가가 명백히 버블임을 이해하고 적당한 시점에 자기 포지션을 처분해 당시로서는 거금인 7000파운드의 이득을 보았다. 그런데 뉴턴이 팔고 나서도 주가가 계속 오르자 유혹을 참지 못하고 명백히 버블임을 알면서도 다시 주식을 사는 우(愚)를 범한다. 결국 1년 사이 20배가 올랐던 이 주식은 스페인과 영국의 전쟁 돌입 소식에 순식간에 20분의 1 토막으로 주가가 폭락하게 되고, 뉴턴도 2만파운드라는 막대한 금액을 허공에 날리게 된다. 이때 발생한 재정적 손실 때문에 뉴턴의 말년이 매우 불운했다는 것은 잘 알려진 사실이다. 그가 죽기 전에 남긴 말이 다음과 같다. "나는 (숭고한) 천체의 움직임을 계산해낼 능력이 있었지만, (하찮은) 인간의 광기를 계산할 수는 없었다."

가치투자의 원조(元祖)라고 알려져 있는 20세기 최초 '프로페셔널 투자가' 벤저민 그레이엄(Benjamin Graham, 1894~1976)의 경우를 보자. 그는 1920년대 좋은 주식 장에서 대성공을 거두어 젊은 나이에 런던의 가장 비싼 호화 맨션을 구입하고 하인들을 고용하였으며, 주식대차거래를 통해 포트폴리오를 막 늘려갔다. 그러나 똑똑하다는 그도 1929년의 뉴욕 증시 폭락을 전혀 예견하지 못하였으며, 그 때문에 1929~1931년 사이 가진 재산을 거의 다 날렸다(물론 이때 혹독한 경험을 통해 그는 나중에 재기에 성공하긴 하지만 말이다).

현대 공매도 전략(Modern-Day Shorting Strategy)을 최초로 정착시킨 인물로 알려진 '월가의 위대한 비관론자(The Greatest Bear of Wall Street)' 제시 리버모어(Jesse Livermore, 1877~1940)의 삶은 더욱 더 비극적이다. 그는 1929년 대공황의 도래를 인식했던 몇 안 되는 인물이었다. 그런데 그는 단순히 그 도래를 인식했던 데 그친 것이 아니라, 폭락을 예견하고 주식을 집중적으로 공매도 하기 시작했다. 결국 1929년 10월 24일의 그 '검은 목요일(Black Thursday)' 대폭락 시에, 그는 오늘날의 화폐가치로 보면 20억달러가 넘는 금액인 1억달러를 하루 아침에 벌었다. 그 후의 삶은 어땠을까? 물론 매우 불행했다. 미국민의 4분의 1이 실업자가 되는 상황에서, 이런 거금을 벌었다는 것은 증오의 대상이지 숭배의 대상이 될 수는 없었던 것이다. 미국 같은 비교적 이성적인 사회에서도 그는 1000통이 넘는 살해위협 편지를 받았고, 죽을 때까지 평생 건장한 보디가드들을 대동하고 다녀야 했다. 결혼생활도 이후 불행해져서 조강지처와 이혼하였고, 1934년에는 그렇게 해서 번 돈을 자의반 타의반 다 날리고 시카고선물거래소(CBOT)의 회원 자격을 박탈당하고 만다. 결국 1940년, 이 현대판 공매도 전략의 효시인 인물은 뉴욕 맨해튼 5번가의 유명한 고급 호텔이었던 셰리네덜란드(Sherry-Netherland Hotel) 호텔 화장실에서 스스로 권총 자살하며 비극적 삶을 마감했다.

20세기 후반 헤지펀드의 진정한 대가(大家) 중 하나인 마이클 스타인하트(Michael Steinhardt)도 힘들게 대세 거스르기를 했던 인물이다. 1970년대에 소위 말하는 블록세일(Block Sale·주식대량장외거래) 기법을 창안해 큰돈을 번 그는, 90년 초 드렉셀 투자은행 파산사건 여파로 채권가격이 폭락하자 이를 집중 매수하기 시작했다. '주식쟁이'로 알려진 그에게 투자했던 상당수의 기관투자가가 갑자기 평소에 투자를 하지 않던 채권을 폭락장에서 사기 시작하는 스타인하트에게 불안을 느끼고 그의 펀드를 떠났다. 그러나 웬걸 이듬해부터 갑자기 채권가격이 반등하기 시작하여 스타인하트는 91년 한 해 동안만 6억달러를 채권에서 벌었다. 컨트래리언(Contrarian)이었던 스타인하트를 떠났던 기관투자가들은 그제야 후회했지만 이미 배는 떠난 다음이었다.

90년대 후반 '대세 거스르기'의 희생자는 당시 세계 최대 뮤추얼펀드였던 피델리티자산운용의 주력펀드 마젤란펀드(Magellan Fund)를 운용하던 조지 빈더하이든(George Vinderheiden)이었다. 그는 당시 360억달러 규모 마젤란펀드의 수석운용역이었는데, 정보기술주를 편입하지 않는다고 투자가들에게 맹렬한 비판을 받다 못하여 54세의 나이로 조기 은퇴를 해버리고 마켓을 떠났다. 물론 정보기술주는 그 후 대폭락했고, 그의 선견지명이 옳았다는 것이 증명되었으나 이미 그는 마켓에서 사라진 후였다.

90년대 후반 기술주 폭등장세의 가장 유명한 희생자는 헤지펀드업계 1세대 4대 대가(大家) 중 하나로 꼽히는 타이거펀드의 줄리언 로버트슨(Julian Robertson)이었다. 그는 소위 말하는 '하드라인 스톡피커(Hard-line Stock Picker)'였는데, 정통 주식분석기법에 의해 저평가되어 있는 주식을 사서 주가가 오르면 되파는, 어찌 보면 가장 심플하지만 실제로는 가장 어려운 방식의 투자만을 고집했다. 30년 이상을 이런 방식으로 투자가들에게 최고의 수익률을 안겨 주었지만, 그 역시 닷컴 버블에 편승(대세에 올라타기)하지 않는다는 격렬한 비판에 시달렸다. 고집이 세고 자존심이 강한 인물인 로버트슨은 투자가들에게 굴복하여 원하지 않는 투자를 하느니 아예 자기 펀드를 청산해 버렸다. 물론 그가 펀드를 청산한 후 겨우 반년이 지난 시점에 닷컴버블의 붕괴가 왔고, 그제야 로버트슨을 못살게 굴었던 기관투자가들은 이 마켓 대가가 제대로 시장을 보고 있었다는 것을 알고 땅을 치고 후회했음은 물론이다.

독일의 저명한 투자가인 아돌프 메르클레(Adolf Merckle)는 가장 최신의 비극스토리다. 2008년, 그는 폭스바겐자동차 주식이 너무 황당하게 고평가되어 있다고 판단하여, 당시 90억달러를 운용하던 그의 펀드에서 할 수 있는 거의 최대한 공매도를 진행하였다. 그런데 아무리 분석해봐도 고평가인 이 주식이 주가가 떨어지기는커녕 계속 올랐다. 나중에 알고 보니, 독일의 경쟁 자동차 업체인 포르쉐가 폭스바겐을 사려고 은밀하게 주식을 매집하는 과정에서 주가가 올랐다는 사실을 알았다. 그러나 그는 너무 늦게 알았다. 이미 그의 펀드는 10억달러에 가까운 공매도 손실을 입은 상태였고, 빗발치는 투자가들의 항의는 그 당시 이미 70세 고령이었던 메르클레가 감내할 수 있는 수준이 아니었다. 2009년 1월의 어느 추운 겨울날, 그는 집 근처 기차길 선로 위에 몸을 뉘이고 지나가는 기차에 치여 생을 마감하는 극단적인 선택을 하였다. 그 역시 '대세 거스르기'의 가장 완벽한 희생자 케이스다.

그러나 폴슨과 펠레그리니는 이러한 선배 투자가들의 비극에는 전혀 관심이 없었다. 그들은 자신들이 옳다는 확신이 단 한 번도 흔들린 적이 없었다. '대세 거스르기'의 강행이었다! 2006년 그 시점에, 미국 주택경기가 버블임을 알고 있던 인물들은 그러나 폴슨과 펠레그리니 말고도 꽤 있었다. 예를 들어 '채권황제(The Bond Czar)'로 불리던 전 핌코(PIMCO)의 창립자 겸 CIO 빌 그로스(이 사람은 작년에 갑자기 자기가 만든 회사를 박차고 나가서 야누스펀드로 옮겼다), 헤지펀드업계에서 내로라하는 인물들인 퍼싱스퀘어매니지먼트의 윌리엄 애크먼(William Ackman), 오터크릭매니지먼트의 키스 롱(R Keith Long), 엘리엇매니지먼트의 폴 싱어(Paul Singer), 바우포스트그룹의 세스 클래먼(Seth Klarman) 등이다. 이들도 버블 붕괴가 올 걸로는 보았으나, 실제로 투자를 적극적으로 하지 못했다. 이유는 간단했다. 다른 사람들의 집(Housing)을 공매도한다는 그 느낌이 너무 비도덕적으로 다가왔기 때문이다. ("I cannot short your own house!") 돈을 버는 것은 좋지만 넘지 말아야 할 한계가 있다고 본 경우라고 하겠다.

그러나 버블 붕괴를 인식한 사람들 중에서 도덕의 세계보다 돈의 세계를 선택한 이들도 소수지만 존재했다. 2007년과 2008년에 도이체방크에게 혼자서 매년 10억달러씩을 벌어 준 우리의 전설 리프먼, 폴슨앤드컴퍼니의 괴짜 콤비 폴슨과 펠레그리니 말고도, 프런트포인트파트너스의 스티브 아이즈먼(Steve Eisman), 사이언캐피털의 마이클 베리(Michael Burry), 래디캐피털의 앤드루 래디(Andrew Lahde), 하빙거캐피털파트너스의 필립 팰컨(Philip Falcone) 등이 있다.

이들 모두 2006~2007년에 ABX지수 하락에 베팅해 대규모 공매도 포지션을 일으켜서 2008년에 대박을 낸 인물들이다. 이들의 수익률은 수백 %는 기본이었다. 그중 압도적 1위는 물론 우리의 고독한 역발상 투자가 폴슨이다. 2006년 초에 40억달러를 운용하던 그의 펀드는 2008년 말이 되자 무려 400억달러로 AUM이 정확히 10배가 올랐다. 단기간에 이런 과도한 수익률은, 월가에서조차 수십 년에 한 번 있는 일이라고 생각하면 되겠다. '대세 거스르기'를 이보다 더 잘 한 경우가 앞으로도 나올지 의문이다.

다음 65회부터는 보다 더 '정통파 투자가'로 분류되는 글로벌 트레이딩 세계의 대가들 이야기를 살펴보기로 하자.

2015. 7. 6

65 국가를 이긴 개인 - 소로스의 영국 파운드화 공략 1

"내 견해가 옳다는 사실을 확실히 알게 된다면, '너무 많이 베팅한다'는 말은 성립하지 않는다. 나는 내가 할 수 있는 최대한의 포지션을 쌓아야 한다."

1992년 9월 초 어느 날, 헤지펀드의 대가(大家)이자 당시 83억 달러 규모의 자금을 운용하고 있던 퀀텀펀드의 수장 조지 소로스(George Soros)가 자신의 펀드의 수석운용책임자(CIO)인 스탠리 드러켄밀러(Stanley Druckenmiller)에게 툭 던진 말이었다. 드러켄밀러는 연신 고개를 끄덕이고 있었고, 그 옆에는 퀀텀펀드의 외환팀장인 스캇 베센트(Scott Bessent)와 뱅커스트러스트은행에서 막 영입된 신규 외환트레이더 로버트 존슨(Robert Johnson)이 두 대가의 이야기를 귀를 쫑긋하며 경청하고 있었다. 자본시장 역사상 최초로, 일개 헤지펀드가 일국의 통화체계를 붕괴시켜 버릴 거창한 (물론 뭘 모르는 사람들이 볼 때는 정신 나간 무모한) 투자계획을 드디어 실행하려는 순간이었다. 이게 IB명장면이 반드시 다룰 수 밖에 없는 사건인, 1992년 9월의 영국 파운드화의 ERM(European Exchange Rate Mechanism; 유럽통화환율조정체제) 탈퇴 (즉, 파운드화 폭락) 사건이다. 이 사건이 중요한 이유는 '헤지펀드'로 상징되는 국경을 넘나드는 사적 자금(Private Money)의 파워가 1970~80년대를 거치면서 성장을 거듭한 끝에 드디어는 일국의 재무성과 중앙은행을 마비시켜 버릴 정도의 '핵폭탄' 수준이 되었다는 것을 전세계가 인식하게 된 최초의 극적인 사건이었다는 점이다.

이야기의 시작은 물론 유럽통합론자들이 1999년 1월 시행한 유럽 단일통화인 유로(Euro) 실시 전 일종의 과도 단계의 통화체계로 1979년 도입된 ECU(European Currency Unit)와 각국의 환율의 조정체계(변동성을 가급적 낮추기 위한)인 ERM제도의 도입이었다. 이 말인즉슨, ERM은 일종의 반연동(Semi-Pegged) 제도라는 의미가 되겠다. 각국의 통화가치를 ECU라는 가상의 통화에 연동시켜 일정 진폭 범위 안에서 움직이게 강제한 제도였다. 이 제도는 큰 문제는 없이 1990년대 초까지 이어져 왔는데, 90년대 초에 결정적인 위기 요인이 생겨났다. 바로 독일의 통일 이벤트였다. 45년간 분단되었던 서독과 동독이 단 한번의 기회를 살려서 전격 통합을 이뤄낸 직후부터, 마르크화의 가치에 대한 견해가 이 ERM제도를 근본부터 흔들고 있었다. 논리인즉슨, 낙후된 동독지역을 재건하기 위해 통일독일 정부가 천문한적인 재정을 구 동독지역에서 집행해야 하는데, 그러면 돈이 풀릴 것이고 당연히 인플레이션이 따라올 것이기에 마르크화의 가치에 변동폭이 커진다는 논리였다. 그런데 실제로 이렇게 되면 마르크화의 화폐가치가 떨어져야 함에도 불구하고 오히려 그 반대로 움직이게 된다. 실제로 1989년 말에 외환시장에서 마르크화는 달러화 대비 약세로 돌아섰지만 다음해인 1990년에는 1년 동안 달러화 대비 25%나 상승하였다. 이러한 강(强)마르크화의 기본적 배경에는 독일인들이 "정부는 안 믿어도 중앙은행만은 믿는다"고 흔히 말하는 강력한 중앙은행인 분데스방크(Bundesbank)의 존재가 있었다. 분데스방크가 고금리를 유지하면서 인플레이션이 일어날 여지를 주지 않은 것이다.

그런데 문제는 통일예산 확대로 인해 압력을 받은 독일의 중앙은행이 인플레이션 방지를 위해 금리를 올리게 됨으로써, 당시 ERM체제가 사실상 기반을 상실했다는 점이다. 왜냐하면 명시적으로 규정된 것은 아니었지만 경제력 규모로 인한 자연스러운 현상으로, 당시 ERM체제의 기축통화가 사실상 마르크화였기 때문이다. 이 독일의 금리인상은, 다른 유럽의 국가들에게는 불경기하에서 금리를 낮추어야 하는 바로 그 시점에서 돌출한 것이다. 독일의 고금리와 여타 유럽 국가들의 (독일 대비 상대적인) 저금리가 결합되자, 급격하게 마르크화로 자본 유입이 심화되었다. 이러한 현상에 가장 취약하게 노출되어 있던 국가가 당시 이태리(리라화)와 영국(파운드화)이었다. 1992년 2분기가 되자, 리라화와 파운드화가 ERM체제하의 변동 허용폭의 하한선(base line)에 도달하였다. 이들이 (치욕적으로) ERM을 탈퇴하지 않으려면, 단 두 가지 방법 말고는 없었다. 하나는 독일이 (자국의 인플레이션 우려에도 불구하고) 금리를 낮추고, 영국이나 이태리는 금리를 인상하는 방법이다. 또 다른 방법은, 각국 중앙은행들이 외환시장에 개입하여 마르크를 매도하고 각기 파운드화와 리라화를 매수하는 방법이 있다. 그런데, 말은 쉬운데 물론 이 두 가지 방법 다 만만치 않은 어려운 방법이었다. 전자는 오직 인플레이션 목표와만 싸우는 (비정치적으로 시종일관 나오는) 독일의 중앙은행을 협박(?)할 방법이 도통 없었다는 점이고, 후자는 일부 중앙은행들에게는 시장개입을 하여 투기세력과의 싸움에서 승리하기 위한 충분한 여력(실탄)이 당시 없었다는 점이다.

이러한 상황 설명은 23년이 지난 오늘날에는 이렇게 쉽게 쓸 수 있으나, 1992년 당시에는 시장의 방향이 이렇게 흘러갈 걸로 미리 예측한 사람이 거의 없었다는 것이 바로 문제의 핵심이다. 이런 방향으로 흘러갈 것임을 가장 먼저 명확히 이해하고 움직인 이가 바로 위대한(이는 반드시 '선하다'는 의미는 아니다) 투자가인 소로스와 그의 보좌역들인 드러켄밀러, 베센트 및 존슨 이었던 것이다. (한국에도 익히 알려진 소로스 말고도 나머지 3인도 헤지펀드업계의 대가로 뒷날 성장한다, 물론)

1992년 여름, 소로스의 팀은 이 긴장 상황에 대해 깊이 숙고하기 시작했다. 이미 소로스의 퀀텀펀드는 1989년 11월의 분데스방크의 전격 금리인상을 예측하여 마르크화 강세에 베팅한 결과 1990년도에 외환에서만 그 한 해 29.8%라는 경이적 수익률을 투자가들에게 안겨 준 실전 경험(?)까지 이미 있었다. 소로스의 팀이 주목한 것은 이태리가 아니라 오히려 상대적으로 더 강하다고 시장이 평가하던 영국이었다. 영국의 주택 모기지는 당시 미국이나 독일 등과는 달리 대부분 변동금리부 대출이었다. 만일 파운드화 가치를 보호하기 위해 영국 중앙은행인 영란은행(Bank of England)이 금리를 올리게 되면, 이는 즉시 주택모기지 차주들에게 상환 압박 요인으로 작용할 것이며 이는 소비 억제로 나타나 가뜩이나 안 좋은 불경기를 더욱 심화시킬 것이었다. 이에 따라 이러한 상황의 야기는 당시 총선을 앞둔 존 메이저 영국 보수당 정부에 큰 정치적 타격을 입힐 우려가 있었다. 이런 측면에 대해 소로스가 놓칠 리가 없었다. 소로스는 자신에게 도저히 불리 할래야 불리할 수가 없는 환상적인 베팅 기회를 포착한 것이다. 소위 말하는 비대칭적(asymmetric) 투자 기회다. 영국 정부가 금리인상 카드를 쓰지 않고 파운드화의 평가절하를 허용할 가능성은 매우 높은 반면, 파운드화가 단기적으로 마르크화 대비 상승할 가능성은 사실상 전무(全無)하였다. 얼마나 좋은 기회인가!

드러켄밀러는 이미 8월15일까지 15억 달러를 투입하여 마르크화를 집중 매수하고 파운드화를 공매도하고 있었다. 그러나 소로스는 이 정도로는 만족할 수 없었다. "절대로 지지 않는 게임을 시작했는데, 뭐 겨우 15억 달러? 지금 농담하나! 난 150억 달러는 투자할거야, 레버리지 대폭 일으킵시다." 작전명령(?)이 하달되었고 소로스 퀀펌펀드 외환팀은 행동에 들어가기 시작했다.

당시 이 트레이딩의 실행을 실무적으로 담당했던 신규 영입직원 로버트 존슨(경제학박사이기도 한 이 사람은 현재는 월가의 씽크탱크중 하나인 새로운경제사상연구소(INET)의 대표이사로 재직중)의 분석에 의하면, 파운드화는 유동성이 매우 많은 통화이므로, 레버리지를 일으켜 투자하더라도 언제든지 손실 포지션에서 빠져나올 수 있고, 최대 손실폭은 겨우 0.5%였다. 반면, 이 거래를 통해 소로스의 팀은 최소 15%, 최대 20%의 수익이 가능하였다. 그리고 이러한 시나리오대로 실제 상황이 일어날 가능성이 8월15일을 기준으로 1개월 내에 80%, 2개월 내에 90%, 3개월 내에는 무려 99%였다. 이 존슨의 분석을 듣고서, 소로스와 드러켄밀러는 엉덩이가 들썩거려 도저히 자리에 앉아 있을 수가 없어 둘 다 자리를 박차고 일어나서 트레이딩룸을 서서 돌아다녔다는 일화가 전해진다.

후선 부서 직원들까지 다 합해서 총 직원 수가 50명도 안 되는 미국의 일개 헤지펀드가, 영국 정부를 상대로 한 싸움을 공식적으로 일으킨 것은 9월7일 월요일이었다. 자, 이 현대판 국제자본시장의 다윗(소로스)과 골리앗(영국 정부)의 싸움의 결과가 어떻게 나왔는지는 다음 66화를 통해 추가로 감상하시기 바란다.

2015. 7. 22

66 국가를 이긴 개인 - 소로스의 영국 파운드화 공략 2

퀀텀펀드의 투자전략가들이 파운드화 공매도를 준비하던 시점인 1992년 9월 4일과 5일 양일에 걸쳐 영국 서부의 휴양도시 바스(Bath)에서는 당시 유럽공동체 12개국의 재무장관들과 중앙은행 총재들이 집결하여 대책을 논의하는 자리가 마련되었다. 이들 관료들이 넋 놓고 그냥 ERM 체제가 붕괴되는 것을 바라만 보고 있을 수는 없었다. 회의를 주재한 당시 영국 보수당 정권의 재무장관 노먼 레이몬트(Norman Lamont·1942~)는 당시 독일 분데스방크 총재 헬무트 슐레징거(Helmut Schlesinger)에게 사정없이 통화정책 완화를 요구하였다. 레이몬트가 회의 도중 주먹으로 책상을 내리치는 등 분위기가 험악해지자, 슐레징거는 "금리를 내릴 계획은 없으나 그렇다고 올릴 이유도 찾지 못했다"고 약간 타협적인 발언을 하였다. 레이몬트는 그런데 이 표현이 결국 분데스방크가 EU 재무장관들의 요구에 "사실상 굴복"한 것이라고 바로 언론에 떠들기 시작했다.

그러나 슐레징거는 전혀 물러서지 않았다. 레이몬트의 이어지는 자극적인 발언들이 그로 하여금 분데스방크의 독립성 수호 및 이 기관에 부여된 신성한 책무인 독일 국내 인플레이션 방어를 다시금 상기시키는 계기가 된 것이다. 9월 8일 화요일, 스위스 바젤에서 다시 열린 EU 중앙은행장 회의에서 그는 독일 금리의 장래 방향성에 대해 미리 보장할 수 없다고 딱 잘라서 표현했다. 독일이 주변국들의 형편을 도와주기 위해 양보를 하기는커녕, 오히려 그는 유럽 통화들 간의 ERM 체제에 대해 신뢰를 거의 가지고 있지 않다고 경고까지 한 것이다. 이 소식은 당시 현장에 있던 소로스 그 자신에 의해 그의 뉴욕 퀀텀펀드 트레이딩팀에 실시간으로 장거리 국제전화를 통해 전달되었던 것이다.

그다음 며칠간은 각국 정부와 시장(Market) 간의 관계에서 분수령을 이루는 기간이었다. 뉴욕 맨해튼의 트레이더 무리들이 어떻게 압도적인 힘으로 세계적인 영향력을 행사할 수 있는지가 마치 TV드라마처럼 중계방송되었다. 소로스와 드러켄밀러가 이 드라마의 주연배우라고 할 수 있었으나, 그들만이 출연한 것은 아니었다. 소로스보다 좀 더 늦게 이런 투자 기회를 간파한 동료 헤지펀드들에 이어, 대형 글로벌 은행의 프랍트레이딩데스크(Prop Trading Desk·자기자본을 사용하여 트레이딩하는 부서), 그리고 다국적 거대 기업들의 재무부서들도 조연으로 참여하였다.

1970년대와 1980년대에는 그 누구도 민간 플레이어들이 강력한 중앙은행과 대적할 수 있다고 생각한 사람은 없었다. 특히 1985년의 소위 '플라자합의(엔화의 평가절상에 대한 합의)'는 각국 정부가 환율에 대해 가지는 영향력을 단적으로 나타내 준 사건이었다. 그러나 시대가 바뀌었다. 1980년대 후반에 이르면, 국경을 넘나드는 자금의 총규모가 그 이전 시대에 비해 4배 이상 폭증하였다. 헤지펀드들이 만개(滿開)함에 따라 그들의 자본력이 커졌고, 힘의 균형이 이동하여 이제는 민간자금 대 중앙은행이 팽팽하게 맞설 정도의 시대가 도래한 것이다.

향후 독일 금리에 대해 어떤 확약도 할 수 없다고 분데스방크 슐레징거 총재가 선언한 9월 8일 화요일, 이 거대한 다국적 트레이더 연합군(?)의 첫 번째 타깃은 엉뚱하게도 북구의 핀란드였다. 단 하루 동안의 집중 매도 공략으로 버틸 수가 없게 된 핀란드 중앙은행은 즉시 그날로 자국 통화의 ECU 연동을 포기한다고 발표했다. 이날 하루 동안 핀란드 마르카화의 화폐가치는 15% 폭락하여 트레이더들에게 거대한 이익을 안겨주었다.

다음날인 9일 수요일에는 스웨덴 크로나화에 대한 공격이 있었으나, 스웨덴은 하루짜리 초단기 콜금리를 이례적으로 75%까지 인상하여 자본의 국외 유출을 가까스로 막아낼 수 있었다. 트레이더들의 다음 목표는 이탈리아 리라화였다. 이탈리아의 당시 기준금리는 15%로 충분히 높았고, 정상적인 상황이라면 자본 유치가 가능할 것이었다. 그러나 외환시장의 확대로 모든 것이 달라져 있었다.

리라화 붕괴는 EU 각국 정부에는 실로 공포 그 자체였다. 핀란드 마르카화나 스웨덴 크로나화는 ERM 체제의 공식 멤버가 아니었기에, 공격을 받았다고 해도 다른 유럽 중앙은행들의 지원을 기대할 수는 없었다. 그러나 리라화는 ERM 체제하의 통화였고, 리라화가 시장의 매도 공략으로 평가절하될 경우, 이는 ERM 회원국이 시장에 의해 초토화된 최초의 사례로 기록될 것이었다.

방어용 실탄(현금)이 부족했던 이탈리아 중앙은행은 독일 분데스방크에 급히 지원 요청을 하였고, 평가절하를 막아보기 위해 분데스방크는 240억마르크(당시 157억달러)를 9월 8~11일 리라화 매입에 쏟아부었다. 그러나 투기적인 매도세력이 분데스방크의 리라화 지키기 노력을 압도하였고, 9월 11일 금요일이 되자 리라화는 ERM 체제가 허용한 밴드를 하향 돌파한다. 이탈리아 정부는 12~13일 주말 양일에 걸쳐, 자국 화폐의 공식 평가절하를 다른 회원국들과 상의해야 하는 처지로 몰락했다.

드디어 영국 파운드화와 소로스가 묵시적으로 지휘하는 트레이더 연합군 간의 한판이 펼쳐질 순간이었다. 9월 12~13일 주말에 걸쳐, 레이몬트 재무장관과 로빈 레이-펨버튼(Robin Leigh-Pemberton· 1927~2013) 뱅크오브잉글랜드 총재도 놀고 있었던 것은 아니었다. 그들은 두 가지 준비를 하였다. 우선 영국 파운드화의 방어력 확대를 위해 100억ECU(당시 72억5000만파운드 또는 140억달러)의 긴급차입을 선언하였다. 다음 분데스방크 측에 대한 처절할 정도의 로비 끝에 일단 0.25%의 금리 인하를 고려해 보겠다는 슐레징거 총재의 발언을 이끌어냈다.

일부 트레이더들(글로벌은행의 프랍트레이딩데스크)은 이 같은 주말의 조치로 인해 이제 파운드화 폭락은 없을 것 같다고 속단하는 실수를 범한다. 월요일 장이 개장하자 뱅크오브잉글랜드는 즉시 7억달러 상당을 투입하여 파운드화를 지지하였다. 독일의 금리 인하 약속 및 중앙은행의 시장 개입 이후, 그러나 파운드화는 '약간' 상승하였다. 바로 이 포인트였다. 소로스와 드러켄밀러가 주목하고 있던 부분이. 월요일 오전의 파운드화 상승 폭이 의외로 작음에 따라, 파운드화에 대한 공격에서 적극적으로 레버리지를 활용한다고 해도 발생할 수 있는 최악의 상황은 단지 시세가 약간 불리하게 움직일 뿐이라는 로버트 존슨의 분석을 정확히 뒷받침하는 실질적 증거가 나온 셈이었다.

월요일 오후부터 파운드화 매도 공세가 집중적으로 이어졌다. 다음날인 15일 화요일에는 매도 공격이 그야말로 쓰나미 수준이었다. 화요일 하루에만 20억달러를 환율 방어에 투입했으나 파운드화는 다시 하락했다. 여기에 보유 현금을 다 쏟아부어 환율을 방어하든지 아니면 금리를 전격 인상하는 걸 고려하겠다고 운운하며 결전의 의지를 다지고 있던 레이몬트 장관과 레이-펨버튼 총재 앞으로 충격적인 소식이 화요일 저녁 전해져 왔다. 독일의 슐레징거 총재가 미국 월스트리트저널(WSJ)과의 인터뷰에서 "리라화에 대한 좁은 폭의 (환율) 조정보다는, 유럽 통화 전반의 폭넓은 재조정이 바람직하다"고 발언했다는 것이다.

이 소식을 들은 레이몬트와 레이-펨버튼은 공황 상태에 빠졌다. 슐레징거의 말은 영국 파운드화의 가치를 평가절하하라는 말 그 이상도 이하도 아니었던 것이다. 이제 소로스와 드러켄밀러가 아니라 독일이 영국 파운드를 공격하는 꼴이었다. 발언을 즉시 취소해달라는 영국 측 요청을 무시하고, 슐레징거는 화요일 잠자리에 들었다. 이 독일 중앙은행의 수장은 촉각을 다투는 24시간 트레이딩 세계에 스스로를 적응시킬 그 어떤 필요성도 느끼지 않았던 것 같다.

대서양 건너 뉴욕 맨해튼에서 화요일 오후에 소로스는 슐레징거의 발언을 들었다. 그는 즉시 반응을 보였다. 이 말은 독일 중앙은행 총재가 영국 파운드화가 ERM 통화체제로부터 축출당하는 꼴을 기꺼이 보겠다는 말이 아닌가! 드디어 움직일 때가 된 것이다. 9월 15일 화요일 오후 내내 소로스와 드러켄밀러는 미친 듯이 파운드화를 팔았다. 누구든지 사겠다는 이가 있으면 팔았고, 나중에 사겠다는 곳이 없자 직접 퀀텀펀드의 트레이더들이 전화를 걸어 파운드화를 사줄 기관들을 수소문해서 찾았다. 퀀텀펀드로부터 대량 매도 주문을 받은 각 글로벌 은행들의 리스크관리 부서에서는 자행의 트레이더들에게도 파운드화 폭락 가능성에 대해 경고를 발하였고, 그 즉시 이 글로벌 은행의 프랍트레이딩데스크도 매도에 동참하였다. 이제 이들 트레이더의 전화가 사방팔방으로 이어지는 가운데, 누구나 '돈사태'가 시작되었다는 것을 알게 될 것이었다.

16일 수요일 런던 장이 개장되면 뱅크오브잉글랜드는 ERM 통화체제의 규칙에 의하여, 환율변동폭의 하한에 도달할 경우 매도 물량을 모두 받아주게 되어 있었다. 이는 끔찍한 일이었다. 영국 중앙은행이 소로스와 그 추종자들에게 단순히 유동성을 공급하고 있을 뿐이란 말이 되기 때문이다. 이 같은 상황이 너무 명백하였으므로, 장이 개장되기 30분 전인 오전 8시 30분, 뱅크오브잉글랜드는 두 차례에 걸쳐 총 10억파운드를 풀어서 시장 개입을 시도했으나 이 개입은 절대적으로 아무 효력이 없었다. 퀀텀펀드가 일으킨 소란으로 인해 다수의 모방 매도자들이 모여들었기 때문이다. 8시 40분, 자포자기 심정으로 레이몬트 장관은 존 메이저 영국 총리에게 전화를 걸어 금리 인상을 요청하였다. 그러나 정치적 부담을 느낀 메이저는 즉시 허락을 하지 않고, 시장이 돌아올 때까지 더 버티어 보자고만 할 뿐이었다.

장이 개장되었고 파운드화 매도 폭탄은 계속 터졌다. 뱅크오브잉글랜드는 9시부터 10시 30분까지 90분 동안에만 50억파운드를 투입하면서 버텼지만 10시 30분이 되자 그것도 이제 바닥이 났다. 11시, 다시 한번 레이몬트 장관의 강력한 건의를 받은 메이저 총리가 양보하여, 드디어 2% 전격 금리 인상이 결정되었다. 11시에 2% 금리 인상이 서둘러 발표된 후에도 파운드는 전혀 반등하지 않았다. 레이몬트 장관은 마치 의사가 환자의 심전도 화면을 보다가 환자가 사망했다는 것을 인식한 것과 같은 표정이었다. 금리를 올려도 파운드화가 반등하지 않는다면…. 이제 남은 길은 시스템의 전원을 끄고 ERM 체제로부터 이탈하는 것 말고는 없었다. 9월 16일 저녁 7시 반, 레이몬트 장관은 (존 메이저 총리가 나타나지 않은 가운데) 기자회견을 열고, 영국의 ERM 탈퇴를 공식 선언하였다. 소로스(개인)가 영국(국가)을 이긴 것이다.

뱅크오브잉글랜드는 9월 1일부터 16일 사이에 파운드화 환율 방어를 위해 270억달러 상당의 자금을 쏟아부었고, 그중 140억달러 상당의 자금은 ERM 탈퇴 전 마지막 거래일이었던 16일 하루 동안 유출되었다. 파운드화가 ERM을 탈퇴한 후에 마르크화 대비 14% 폭락하였고, 이 말인즉슨 영국의 납세자들은 뱅크오브잉글랜드의 시장 개입 매수에서 대략적으로 38억달러 상당의 손실을 입었다는 말이 된다. 파운드화가 항복하기 전까지 소로스와 드러켄밀러는 약 100억달러 상당의 파운드화 공매도에 성공하여 그들이 목표로 했던 150억달러에는 미치지 못하였으나 기념비적인 성공을 거두었다. 영국의 손실 38억달러 중에서 3분의 1인 12억달러가량이 소로스의 차지였다. 이러한 놀라운 트레이딩 성공에 이어 소로스와 드러켄밀러는 이번에는 영국의 국채를 집중 매집하기 시작하였다. 일단 ERM 체제를 이탈한 영국이 이번엔 자국 경기 부양을 위해 금리를 낮출 것이라는 데(그러면 국채 가격은 올라간다) 착안한 것이다. 물론 이 예측도 그대로 들어맞는다. 이로써 소로스의 펀드는 1992년에는 환에서 69%, 이듬해인 1993년에는 채권에서 63%라는 2년 연속 경이적인 수익률을 달성하게 되는 것이다.

소로스의 성공은 처음엔 아무도 몰랐으나(소로스는 자기 부하들에게 철저하게 입단속을 시켰다), 그만 이탈리아 최대 부호가문의 수장이자 피아트자동차그룹 오너인 지안니 아그넬리(Gianni Agnelli)가 기자들에게 "소로스의 퀀텀펀드에 투자해서 얻은 연간 소득이 피아트에서 얻은 연간 소득을 초과한다"고 무심코

떠드는 바람에 만천하에 드러나게 된 것이다. 한동안 소로스는 현관에 몰려드는 기자들 때문에 출퇴근이 자유롭지 못한 신세가 되었다고 한다.

그러나 이 영국 파운드화 공략은 역사적 사건이긴 하지만 한편으로는 시작일 뿐이었다. 이 1992년의 경험이 뒷날 1997년 아시아 통화위기로 이어지게 됨은 잘 아는 사실이다. 다음 67화부터 1997년 당시 인도네시아에서의 소로스와 한국에서의 소로스를 비교하여 같이 살펴보기로 하자.

2015. 7. 28

67 아시아 1997 (1) - 태국에서의 소로스펀드

1997년은 일본과 중국을 제외한 대부분의 아시아 국가들에는 생각조차 하기 싫은 해이다. 한국도 포함된 아시아 신흥국(New Emerging Markets)들이 국경을 넘나드는 투기자금에 의해 그야말로 초토화가 된 해였기 때문이다. 그때 일어난 현상들에 대해 독자들은 이미 신물이 나도록 보았고 들었고 또 느꼈을 것이기에, 이 이야기를 다시 꺼내는 것이 식상할 수도 있겠다. 그러나 "최근 100년간의 IB명장면 100선"을 뽑는다는 이 칼럼 시리즈의 애초 취지에 충실하자고 할 때, 1997년 아시아 통화위기를 빠뜨릴 수는 없을 것이다. 민간투기자금에 의해 신흥국들의 경제가 완전히 파탄나고, 수백만 명이 원치 않는 실업자로 내몰렸으며, 각국의 기존 정권이 줄줄이 붕괴되어 정권교체가 이루어지는, 그야말로 전대미문의 일련의 "정치경제적"(단순히 경제적 사건이 아니라) 사건이 일어나게 되었기 때문이다. 이 칼럼을 통해, 화자(話者)를 좀 바꾸어서, 이 1997년에 일어난 현상을 공격 당한 쪽의 입장이 아닌 공격한 쪽의 입장에서 다시금 복기해 보는 것도 의미가 있을 것 같다.

1990년대 이전에는 아시아의 신흥국들은 외국자본에 자국의 자본시장을 극히 제한적으로만 허용했었다. 해당 자본시장들의 규모가 너무 작거나 아예 없어서, 이러한 외국인 투자자금의 트레이딩을 감당할 수 없었기 때문이다. 이러한 분위기는 1989년 베를린장벽 붕괴와 그에 이어진 동유럽의 공산주의 이탈로 인해 근본적 변화의 조짐을 맞게 되었다. 특히 1960년대 이후 수출의존적 국가주도 경제를 성장시켜 온 아시아의 신흥 경제국가들(한국 포함)의 눈부신 성장이 1990년대 초 각국의 자본시장을 개방하게끔 만든 결정적 계기를 제공하였다. 이들 신흥국들이 발행한 채권 잔고가 1991년 400억달러 수준에서 단 1년 만인 1992년에 1000억달러로 증가하는 등, 그 신장세가 가히 폭발적이었던 것이다. 이런 신흥국들의 자본시장 개방에 대해 전통적인 롱펀드(기존 자산운용사들)들은 점진적이고 조심스런 반응을 보인 데 반하여, 헤지펀드들은 아주 발 빠르게 움직였다. 1992년, 소로스와 그의 CIO 드러켄밀러는 신흥국에만 투자하는 "퀀텀이머징마켓펀드"를 출범시켰다. 헤지펀드업계 전설들 중 소위 "주니어 쓰리(The Junior Three)" 중 하나인 무어캐피털(Moore Capital)의 루이스 베이컨(Louis Bacon)도 다음해인 1993년 역시 유사한 펀드를 더 큰 규모로 출범시키게 된다.

이런 흐름은 신흥국 입장에서도 반가운 일이었다. 다른 투자가들이 리스크 때문에 투자를 꺼리던 시기에, 헤지펀드들은 기꺼이 자본을 제공하였으니 말이다. 일단 헤지펀드가 투자를 선도하면, 다른 롱펀드들도 궁극적으로는 뒤따라 올 것이었다. 그리고 헤지펀드들이 일반적으로 투자 대상 회사를 선별하는 안목이 탁월했기 때문에, 신흥국 기업이 이들의 투자를 받으면 단순히 자본이 양적으로 늘어났다는 것 외에도 질적인 신인도 상승의 효과를 누렸다.

그러나 물론 이런 투자는 투자를 받는 신흥국 입장에서도 위험을 수반한다. 헤지펀드들이 진출하여 처음 몇 년간은 계속 자금을 공급하겠지만, 궁극적으로는 그 투자금을 회수하려고 할 것이며, 이에 따라 그 방법과 양상에 따라 큰 혼란이 야기될 수 있다. 1992년 영국정부가 (소로스에게 된통 당하면서) 뼈저리게 경험했듯이, 신속하게 거액의 투기성 자본이 이동하여 환율 및 금리에 급격한 변동을 일으키게 되면, 그야말로 '금융 아마겟돈'이 올 수 있을 것이었다. 그러나 1992~93년 당시 동유럽과 아시아의 신흥국들은 그런 '나중의 위험성'을 생각할 정도로 한가한 입장이 아니었기에, 기꺼이 헤지펀드들과 포옹을 한 것이다.

소로스가 퀀텀이머징마켓펀드를 출범시키면서 새롭게 이 신흥국시장펀드를 운용할 전문인력을 몇 명 영입하였는데, 그중 특출한 인물이 하나 있었다. 바로 뒷날(1999~2003년 재직) 브라질 중앙은행 총재가 되는 아르미니오 프라가(Arminio Fraga; 1957~)라는 인물이었다. 브라질 리우데자네이루 태생인 프라가는 약관 27세에 미국 명문 프린스턴대학에서 경제학 박사학위를 받고 브라질 중앙은행에서 수석이코노미스트로 일하고 있던 예의 바른 성격의 차분한 경제학자였다. 1993년에 영입된 후 처음 4년간, 프라가는 소로스펀드의 전통적 기관투자가들이 회피하는 신흥국시장들에 자본을 공급한다는 본연의 임무를 꼼꼼하게 수행하였다. 그는 브라질과 베네수엘라, 그리고 칠레의 기업들이 발행한 회사채, 그리고 모로코와 남아프리카공화국의 대출채권들을 매입하였으며, 오늘날의 기준으로 보면 말이 안 될 정도의 헐값에 매물로 나와 있던 브라질의 유틸리티 기업들의 주식을 사 모았다.

1996년 연말, 우연한 기회에 프라가는 당시 IMF(국제통화기금)의 부총재인 스탠리 피셔(Stanley Fischer)의 강연을 듣게 되었다. 1996년이라고 하면 세계 경제가 그야말로 분위기가 좋았던 해였다. 이때 그는 귀가 번쩍 뜨이는 이야기를 듣게 된다. (1994년에 나라가 결딴날 뻔한) 통화위기를 겪은 멕시코 이야기가 강연 중에 나왔을 때, 어떤 청중 한 사람이 "앞으로 제2 멕시코가 될 나라는 어디인가요?"라고 물었다. 이 질문에 대해 피셔 부총재가 "현재는 아니지만 앞으로 아시아를 주목해야 한다. 아시아에 '불균형'이 존재하고 있으며, 이 부분은 짚어 볼 필요가 있다"라고 답변한 것이었다. 훗날 프라가는, 이때의 피셔 부총재 발언이 그에 머리에 "새로운 빛"을 비추어 주었다고 술회하게 된다. 그로부터 겨우 3주 후에, 프라가는 IMF와 미국연방준비제도(Fed)가 공동으로 작성한 '쌍둥이 위기(The Twin Crisis)'라는 대단한 보고서를 읽게 된다. 이 보고서는 통화위기가 해당국 은행시스템을 어떻게 붕괴시키는가에 대한 경악할 만한 분석을 담고 있었는데, 프라가는 읽으면서 전율감을 느꼈다. 다음날, 프라가는 태국의 수도 방콕으로 가는 비행기에 몸을 싣고 있었다. 태국이야 말로 바로 그 쌍둥이 위기가 일어날 수 있는 가장 유력한 후보 국가로 프라가는 판단한 것이다.

당시 태국은 이미 외국인 투자가들이 투자를 하여야 할 매력도를 상실하고 있었다. 태국의 수출은 중국이 저가의 경쟁자로 출현하면서 이미 큰 타격을 입고 있었고, 설상가상으로 태국의 바트화는 강한 달러로 주도되는 복수통화 바스켓에 연결되어 있었기에, 국제시장에서 경쟁력을 잠식당하고 있었다. 그 결과, 태국은 대폭의 무역적자를 보고 있었으나 태국정부는 환율에 대한 조정을 거부하고 있었다. 태국은 달러화에 대한 연동을 포기함으로써 시급히 평가절하를 하여 경쟁력을 회복해야 하였으나 그러지 않았고, 생산보다 더 많이 소비하여 그 차액은 외화차입을 해서 지불하고 있었던 것이다. 이런 비정상적 상황에서 만일 태국의 외화조달이 막히면, 수출대금으로 수입대금 충당뿐만 아니라 외채상환까지 감당해야 하는 위험에 노출되게 된다.

1996년, 태국의 유력 시중은행 하나가 디폴트를 일으킨 바, 태국에 대한 대출의 타당성에 대한 이미 의심의 눈초리가 국제 자본시장에 형성되고 있었다. 태국중앙은행은 다른 시중은행의 추가 부실을 막기 위해 금리를 큰 폭으로 내렸는데, 이는 외국 채권투자가들의 수익률을 떨어뜨려서 태국을 떠나게 만들었다. 프라가가 보기엔 이러한 상호작용은 바로 IMF-연준 합동보고서가 밝힌 바로 그 쌍둥이 위기의 전조였다. 만일 외국자본이 이탈하여 태국이 평가절하를 강요당한다면, 취약한 은행들은 그냥 줄줄이 부도가 날 것이었다. 태국의 외화차입은 거의 대부분이 미국 달러화였는데, 그렇게 들어온 자금은 대부분 부동산 등 자국 바트화로 수익을 기표하는 자산에 투자되어 있었던 것이다. 만일 바트화 대비 달러화가 급등한다면, 태국의 외채는 상환불능이 될 것이며 태국은 국가부도 상황으로 내몰릴 것이었다.

이 명백한 흐름에 대한 증거를 수집하기 위해 프라가는 소로스펀드의 아시아주식담당 수석 포트폴리오

매니저인 데이비드 코위츠(David Kowitz·현재 헤지펀드 인더스캐피털 회장) 및 아시아 담당 이코노미스트인 로드니 존스(Rodney Jones·현재 헤지펀드 위그램캐피털어드바이저스 회장)를 대동하고 태국중앙은행의 고위관료를 면담했다. 프라가는 소로스퀀텀이머징마켓펀드의 운용역이라는 타이틀 대신, 전직 브라질중앙은행 수석이코노미스트라는 타이틀을 가지고 면담을 신청하는 기지(機智)를 발휘하였다. 프라가가 온순하게 생긴 데다, (탐욕적인) 월가가 있는 미국이 아니라 브라질 출신의 예의 바른 경제학자였기에, 이 태국중앙은행의 고위관료는 별 의심도 없이 만나주었다고 한다. 이 자리에서 이 태국중앙은행 고위관료는, 정부가 한편으로는 환율을 방어하기 위해 금리를 높여서 외국자본을 유치해야 하지만, 다른 한편으로는 무역적자와 은행의 취약성으로 인해 평가절하와 금리인하를 필요로 한다는, 도저히 양립할 수 없는 딜레마에 대해 솔직히 고충을 토로하였다. 그러면서, 그는 절대 해서는 안 될 말을 해버렸다. "은행권 부실이 너무 많아져서, 금리를 낮추는 편이 통화가치를 방어하는 것보다 중요해 질 수 있을 것 같다. 곧 그런 상황이 닥칠 것 같다"고 언급한 것이다. 프라가와 그 일행은 자신들의 귀를 의심했다. 태국중앙은행이 바트화 가치가 떨어질 것이니, 돌아가서 공매도 해도 상관없다고 마치 개런티를 해주는 꼴이 아닌가! 세상에 어떻게 이런 일이.

프라가는 이 면담결과를 즉시 뉴욕의 드러켄밀러에게 타전했다. 드러켄밀러는 동물적으로 신속하게 매매를 승인했으며, 소로스퀀텀이머징마켓펀드는 불과 며칠 사이에 20억달러 상당의 바트화 공매도 포지션을 쌓았다. 태국정부는 드러켄밀러와 프라가로부터의 공매도 압박으로 인해 바트화를 보호하기 위해 감소추세에 있는 외환보유고를 팔아야 했고, 은행의 금리를 다시 올려야 했는데, 이 조치는 당시 비틀거리고 있던 태국의 시중은행들에는 치명적인 조치가 아닐 수 없었다. 그리고 이 금리 인상 조치는 드러켄밀러와 프라가를 쫓아내기엔 너무 늦은 뒷북이었다. 그들은 태국의 금리인상 이전의 저금리에서 6개월 만기의 바트화 차입을 확보한 후에 공매도한 것이었다. 다시 말하면, 1997년 7월이 되기까지 드러켄밀러와 프라가는 안전한 포지션을 가지고 여유 있게 필연적인 사건이 발생하기를 기다릴 수 있게 되었다는 말이 된다. 이때부터 6개월간, 태국중앙은행과 소로스퀀텀이머징마켓펀드 및 그 추종 헤지펀드 연합군 사이에 바트화 가치를 놓고 사활을 건 공방이 벌어진다. 물론 '공방'이라는 표현은 지금 와서 생각하면 좀 어패가 있다. 무조건 헤지펀드 연합군이 이기는 게임이었던 것이다. 다만 몇 개월을 버티고 태국중앙은행이 무너지느냐의 시간에 대한 내기였을 뿐이다.

그런데, 1997년 상반기에 소로스의 부하들이 태국에서 한 일들에 대한 찬반 논란이 그 후 수년간 글로벌자본시장에서 하나의 화두가 된다. 그들은 과연 말레이시아의 전 수상 마하티르가 열변을 토한 것처럼 악인(惡人)이었나? 태국정부와 태국중앙은행에는 아무 책임도 없을까? 소로스가 그처럼 악인이었다면, 그는 왜 그가 1992년 영국에서 한 것처럼 거대한 레버리지를 태국에서는 일으키지 않았을까? (드러켄밀러와 프라가는 레버리지를 일으키기는커녕 마지막 결정적 순간에 오히려 포지션을 줄이는 반대방향의 행보를 보인다) 다음 68화에서 그 비하인드 스토리를 좀 더 적나라하게 살펴보자. 왜냐하면, 1997년 상반기에 소로스와 그 부하들이 태국에서 한 일을 정확히 알아야, 그들이 1997년 하반기에 한국에서 한 일이 이해가 되기 때문이다.

2015. 8. 3

68 아시아 1997 (2) - 인도네시아에서의 소로스펀드

소로스는 아시아 통화위기가 일단락된 후인 1998년 말에 "자본국제화의 위기(The Crisis of Global Capitalization)"라는 저서를 출간한다. 이 저서에서 소로스는 1997년 태국 바트화 공매도 건에 대해 다음과 같은 (일종의 자기옹호) 논리를 편다. "투기가 철퇴가 아니라 신호로 작용한다면, 개도국에 파멸이 아니라 오히려 혜택을 줄 수 있다(Speculation could benefit developing societies if it served as a signal, not a sledgehammer)"라고 말이다. 투기가 발휘할 수 있는 긍정적 기능은 해당국 정부에 변화의 필요성을 경고하는 것이며, 태국의 경우 바트화를 평가절하해야 한다는 경고였다. 이러한 경고를 만일 태국 정부가 받아들였다면 태국인들은 혜택을 볼 수 있었는데, 그 이유는 정부가 평가절하를 미루면 미룰수록 궁극적 통화가치 폭락이 더 참혹해질 것이기 때문이다.

투기에 대한 이런 소로스의 논리는 틀렸다고는 할 수 없다. 그러나 이 논리는 완만한 종류의 투기에서나 타당한 이야기다. 만일 공격이 전면적이라면 그 신호는 정부에게 위기를 피하게 하기 보다는 오히려 위기를 심화시키는 방향으로 반응하도록 할 수 있기 때문이다. 1997년 상반기에 바로 태국에서 위기를 심화시키는 비합리적인 방향의 반응이 나오고야 말았던 것이다. 소로스펀드의 공매도는 태국인들에게 합리적으로 반응하게 만든 것이 아니라 그야말로 재앙적인 저항을 촉발시켰다. 평가절하를 하기는커녕 외환보유고를 모조리 던져서 환율방어에 나선 것이다. 외환보유고가 제로가 되는 순간, 태국 경제는 파멸의 도가니로 내몰리게 될 것이 거의 확실한데도 말이다.

1997년 5월15일, 소로스펀드의 CIO 드러켄밀러는 바트화 매도포지션을 20억달러에서 35억달러로 늘렸다. 증가한 포지션은 소로스펀드 총 운용자산의 3분의 1에 못 미치는 금액이었으며, 5년 전 영국 파운드화 공략 시기의 그 공격적인 대규모 레버리지는 사용하지 않았다. 나중에 알려진 사실이지만, 이 바트화 공매도에 대해서 소로스펀드 내부에서도 약간의 찬반 격론이 있었던 것이다. 영국 파운드화 공략 시에는 아무런 죄책감이나 도덕적 비난을 걱정하지 않았던 소로스펀드였으나, 태국이라는 개발도상국 경제를 파탄내는 (정확히 말하자면 파탄 낼 수도 있는) 환율전쟁을 하는 부분에 대해서는 그들도 영 마음이 찜찜하였던 것이다. 그러나 이 때쯤이면 이미 드러켄밀러가 이 게임의 유일한 참가 선수가 아니었다. 소위 글로벌매크로(Global Macro) 투자전략의 대가인 튜더인베스트먼트의 폴 튜더 존스(Paul Tudor Jones; 1954 -)를 위시한 동료 헤지펀드들이 속속 이 게임에 참여하고 있었을 뿐만 아니라, 태국 기업들도 바트화 약세를 예상하고 서둘러 바트화를 매도하기 시작하였던 것이다. 이미 태국이 위기라는 것을 인식한 IMF의 스탠리 피셔 부총재가 방콕으로 날아와서 당시 태국 정부에게 불가피한 바트화 평가절하를 권유하였으나, 태국정부는 들은 척도 하지 않았다. 그들은 시장에 순응하기 보다는 오히려 반격을 해온 것이다.

드러켄밀러가 판돈을 올린 바로 그 날인 5월15일, 태국 정부는 태국 은행들의 비거주자에 대한 바트화 대출을 전면 금지시키는 초강수를 두었다. 이 조치 직후, 일부 단기차입하고 있던 헤지펀드들의 발이 묶여서 잠시 바트화가 반등에 성공하는 듯했다. 그러나 이는 근본적인 처방이 될 수 없었다. 태국중앙은행은 6월말에 태국의 외환보유고가 330억 달러를 웃돌고 있다고 발표했으나, 이는 거짓말이었다. 그들은 보유 외환을 이미 외환선물시장에서 상당 부분 매도한 상태였고, 단지 이 부분이 대차대조표에 나타나지 않았을 뿐이었다. 태국중앙은행은 외국 투자가들뿐만 아니라 방콕에 들어와 있던 IMF자문관들, 거기다 자국 정부까지도 속이고 있었던 것이다. 소로스펀드의 아시아지역 수석이코노미스트였던 로드니 존스는 외환선물거래를 주선하는 글로벌투자은행들과의 네트워킹을 통해 태국중앙은행이 5월 한 달 동안에만 바트화 방어를 위해 이미 210억달러 가량을 소진하였다는 것을 알아냈다. 붕괴는 임박했다.

비거주자들에 대한 바트화 차입 금지 조치는 빈대 잡으려다가 집에 불을 내는 멍청한 방법론으로 드러나고 말았다. 공매도 세력들을 징계하려다가 태국 경제에 달러를 공급하던 외채의 상환을 요구당하게 되었고, 태국 기업들은 자신들의 대외채무를 이행하기 위해 어쩔 수 없이 바트화를 투매하였다. 태국중앙은행이 항복 선언을 하고 만 날은 공교롭게도 155년만에 홍콩이 영국에서 중국으로 반환되던 1997년 7월1일 바로 그 날이었다. 이 날 로버트슨이 영도하는 타이거펀드가 하룻동안 매도 포지션을 10억 달러 늘린 것이 마지막 KO펀치가 되었다. 바트화의 연동체제는 깨졌고, 바트화는 달러 대비 32% 평가절하 되었다. 이에 따라 태국의 국가 총생산은 17% 감소하였고 수천 개의 기업이 줄줄이 도산하였으며 수백만 명의 태국 국민들을 빈곤상태로 몰아넣었다. 이 같은 결과는 소로스펀드내의 비둘기파(온건파)가 염려하던 바로 그 상황이었다.

약탈 당한 태국뿐만 아니라 아시아의 거의 모든 언론이 연일 이 탐욕스런 포식자들(헤지펀드)을 열심히 비난하였다. 1997년 1월부터 7월까지의 단기간의 관점에선 이들의 비난은 옳을 수도 있겠다. 그러나 중기적인 관점에서 볼 때는 이야기가 좀 달라진다. 중국이 90년대 중반 이후 세계의 공장으로 부상하면서 태국이 한 때 가졌던 경쟁력이 상쇄되었고, 이를 환율에 점진적으로 반영하라는 시장으로부터의 요구를 끝끝내 받아들이지 않고 거부한 태국정부의 고집이 사태를 더 악화시켰다고 할 수도 있는 것이다. 실제로 정치적인 부담 탓에 소로스펀드는 여타 헤지펀드들과는 달리 바트화 공략 마지막 순간에 매도 포지션의 4분의 1을 오히려 감축하는 행동을 하게 되었던 것이다. 물론 포지션 감축에도 불구, 소로스펀드는 6개월간의 바트화 공략으로 대략 7억5천만 달러를 벌었다.

태국의 장렬한(?) 전사에 이어 다른 아시아 국가들로 위기가 스멀스멀 전염되기 시작하였다. 태국에서의 대성공에 이어 시장은 소로스펀드가 다음 아시아 국가를 사냥할 것으로 예견했다. 그러나 그 이후의 소로스의 행보는 탐욕스러운 포식자의 그것이 아니라 오히려 세계의 위대한 정치가 내지 공인(public figure) 같은 것이었다. 이런 성향은 인도네시아에서 바로 드러난다. 1997년 9월 말, 홍콩에서 IMF연차 총회가 열렸다. 이 자리에 참석한 소로스는 "아시아 통화를 공매도하는 시기는 지나갔다"고 토론세션에서 선언하였다. 이 때는 태국에 이어 새로운 아시아 국가의 통화를 공매도하려는 투기세력이 아시아를 배회하고 있을 바로 그 시점이었다. 배석하고 있던 소로스펀드의 팀원들, 특히 데이빗 코위츠와 로드니 존스는 이런 소로스의 발언이 근거가 없다고 생각했으나, 소로스의 아시아에 대한 낙관적 편향은 분명해 보였다.

소로스는 자신의 낙관적 아시아관(觀)을 바로 인도네시아에서 적용했다. 소로스펀드는 1997년 9월, 태국의 혼란이 이웃국가로 전이될 가능성이 없다고 성급히 결론 짓고, 3억 달러 상당의 인도네시아 루피화를 매수하였다. 그 전달인 8월, 인도네시아 정부는 태국정부의 전철을 밟지 않고 자국 루피화 환율이 달러 대비 11% 절하되도록 이미 허용한 상태였다. 루피화가 반등할 것으로 판단한 소로스펀드는, 10월에 매수포지션을 다시 10억 달러로 늘린다. 이 당시 소로스는 인도네시아를 제 2의 태국으로 만들지 않겠다는 IMF의 의지를 너무 과도하게 신뢰한 측면이 있었다. 11월2일, IMF는 인도네시아 루피화 통화가치를 지지하기 위해 필요한 인도네시아 중앙은행의 외환보유고를 위해 330억 달러의 신용공여 한도를 새롭게 부여하였다. 다음날 루피화는 실제로 반등에 성공했으며, 10억달러 매수포지션이었던 소로스펀드는 작은 이익을 실현하였다.

그러나 인도네시아에서는 모든 헤지펀드들이 소로스펀드를 모방하지는 않았다. 경쟁사인 타이거펀드만 해도, 10월말에 보유하던 10억달러 상당의 루피화 포지션을 전액 처분하여 버린다. 왜 그랬을까? 이유는 바로 인도네시아의 극도로 부패한 수하르토 정권에게 있었다. 당초 IMF가 330억달러의 신용을 공여한 것은 인도네시아 정부가 16개의 부실화된 자국 은행들을 폐쇄하고 합리적인 통화정책을 구사해야 한다는 두 가지 조건부로 제공된 것이었다. 그러나 당시 병환 중이던 수하르토 대통령의 일가친척과 소수 부패한 측근들이 그러한 계획을 좌절시키려고 했다. 이들이 실제로 직간접적으로 소유하고 있던 은행들은 폐쇄가 불가능했으며, 또한 이들이 중앙은행에 대출압력을 가하여 통화가 팽창하고 루피화에 대한 신뢰가 나날이 실추되고 있었다. 11월 말이 되자 루피화가 다시 급락하기 시작했다. 12월15일이 되면 10월말 고점 대비 무려 44%나 하락하였고, 10억달러에 달하는 소로스펀드의 매수포지션도 4억달러의 평가손을 발생시켰다.

이 상황이 되어서도 소로스펀드는 루피화를 던지지 않았다. 정확히 10년 전인 1987년의 블랙먼데이 뉴욕증시 폭락시에, 소로스와 드러켄밀러는 그들의 매수포지션이 잘 못 되었음을 알고 즉시 매도에 나서는 용기를 발휘함으로써 손실을 최소화하고 오히려 반격의 기회를 잡았던 전력이 있다. 그런데 이 1997년의 인도네시아에서는 너무나 무기력하게 당한 셈이다. 12월 초, 월가 기관투자가들에게 인도네시아 상황을 설명하러 온 당시 인도네시아 재무장관 마리에 무하마드(Mar'ie Muhammad)와 면담을 해보고 나서야 비로소 소로스펀드는 자신들이 완전히 잘못 생각했다는 것을 알게 되었다. 무하마드는 새빨간 거짓말을 하고 있었던 것이다. 그러나 이미 루피화 매수세가 완전히 사라져버린 상황이었기에, 소로스펀드는 루피화 포지션에서 빠져나올 방법 자체가 없었다. 소로스펀드 내의 최고 아시아전문가인 데이빗 코윗츠가, 루피화를 깔고 앉아서 손실을 그저 바라만 보고 있으니, 차라리 그 돈으로 인도네시아 현지에서 광물석 자원을 사서 나중에 그걸 갖고 구상무역을 해서 손실을 만회해 보자는 기상천외한 아이디어를 냈다. 그러나 소로스와 드러켄밀러는 이 말도 따르지 않았다. 결국, 소로스펀드는 루피화가 바닥에 가라 앉을 때까지 아무 조치도 취하지 못하고 이 루피화 포지션에서 무려 8억 달러의 손실을 입었다. 몇 달 전 태국에서 번 돈을 인도네시아에서 그대로 다 까먹은 것이다.

당대 최고의 투자전문가인 소로스로서는 실로 치욕적인 실패였다. 그러나 그는 전혀 치욕적으로 생각하지 않았다. 왜냐고? 그가 다음에 한국과 러시아에서 보인 행보가 그의 이러한 태도를 설명해 준다. 다음 69화에서 기억도 생생한 한국에서의 소로스와, (한국 사람들은 잘 모르는) 러시아에서의 소로스의 기이한(?) 행적을 살펴보자.

2015. 8. 10

69 메시아가 되고 싶었던 헤지펀드매니저 (1)

1998년 1월 1일 새해 첫날, 아시아 신흥공업 강국인 한국의 분위기는 극도로 우울했다. 불과 한 달 전인 12월 3일, 한국은 IMF의 구제금융 역사상 당시까지 최대 규모인 210억달러를 대출받기로 하고 간신히 국가부도 상황을 면하는 치욕을 당한 직후였다. 12월 18일에는 한국 역사상 처음으로 여야가 뒤바뀌는 정권교체가 일어나는데, 아마도 12월 3일의 이벤트에 영향을 받은 바가 컸다. IMF가 돈을 빌려준 대가로 요구하는 각종 대출 조건이 한창 협상 중에 있었고, 한국 경제의 목을 조여오고 있었다. 그러나 이 같은 한국의 정세에도 불구하고 새해 첫날의 하늘은 청명했고, 소로스는 이날 서울을 방문한다. 그를 서울로 초청한 사람은 다름 아닌 당시 김대중 대통령 당선인이었다. 김포국제공항 로비를 빠져 나오는 소로스를 찍기 위해 수십 명의 카메라 기자들이 대기하고 있었고, 그는 마치 할리우드에서 온 연예계 스타처럼 대접받는 분위기였다. 소로스는 대체 서울에 왜 온 것일까?

이야기를 좀 앞으로 돌려보자. 1997년 11월 11일, 소로스펀드의 아시아지역 수석이코노미스트인 로드니 존스(Rodney Jones)가 서울을 방문하였다. 물론 그때 한국인들 중에는 이 사람이 정확히 무엇을 하는 사람인지 이해하는 이는 많지 않았다. 그는 일종의 기관투자가라고 자기를 소개하면서, 남대문로에 있는 몇 군데의 시중은행들을 방문하였다. 이때 방문한 한 은행의 회의실에서, 그는 우연히 이 한국의 은행이 태국 기업들에 자금조달을 주선해 주고 받은 기념패(tombstone)들 수십 개가 진열되어 있는 것을 발견하였다. 태국 바트화 환율 전투를 불과 반년 전에 집행한 경험에서, 존스는 그 태국 차주회사들을 잘 알고 있었으며 그들 중 절반은 이미 부도로 쓰러진 회사란 것도 물론 알았다. 이 태국 차주들의 연체율은 무려 70%에 육박하고 있었던 것이다. 두 번째 은행을 방문하고 난 후, 존스는 이것은 빙산의 일각임을 깨닫는다. 태국의 붕괴로 인해 한국 금융기관들이 적지 않은 손실을 입었으며, 달러가 부족할 것임이 명백하였다.

그런데 한국인들의 이 이슈에 대한 처방이 그가 볼 때는 좀 이상하였다. 한국의 중앙은행인 한국은행의 외환보유액을 사용하여 이들 시중은행들에 분산 예금해 주는 방법으로 앞으로 있을 수 있는 대혼란을 수습하려 하고 있음을 파악하였다. 존스로서는 태국의 경험이 떠오르는 순간이었다. 반년 전에 태국 중앙은행이 그러했듯이, 한국은행도 시장을 오도하고 있었던 것이다. 이 당시 공식적인 한국의 외환보유액은 570억달러였다. 그러나 손실을 입은 은행들에 대한 지원분 및 외환선물시장에서의 매도약정분을 제외하고 나면, 실세 수치는 그 3분의 1 수준으로 파악되었다.

빙고! 존스는 태국 이상의 노다지를 다시 발견한 느낌이었다. 그가 한국을 방문하기 이전, 11월의 첫 열흘 동안 한국의 원화는 미국 달러화 대비 4% 하락하였고, 한국거래소 주가지수는 계속 하락하고 있었다. 그러나 11월 중순만 해도 그 어느 시장 참여자도 한국은행이 보유 외환의 3분의 2를 이미 소진하였다거나, 한국이 6개월 전의 태국과 유사한 상황에 이미 진입하여 전면적인 외환 및 금융위기가 도래할 것이라고는 상상하지 못하였다. 당시 한국 정부관료들이 입버릇처럼 말한 바와 같이 '펀더멘털'에 별 이상 징후가 없어 보였기 때문이다. 그 해 10월에 IMF가 한국에 대한 연차 평가를 실시한 후, '지역의 현재 소용돌이로부터 한국은 면역되어 있다(South Korea is immune from the turmoil elsewhere in the region)는 결론의 보고서를 막 낸 상태였던 것이다. 그러나 원래 병 중에서 가장 치료하기 어려운 것이 멀쩡해 보이다가 갑자기 쓰러지는 유의 급성질환임을 우리는 늘 상기해야 한다. 한국은 급성질환으로 내달리고 있었던 것이다.

닷새간의 서울 출장을 마치고 로드니 존스가 11월 17일 뉴욕의 소로스에게 이메일로 타전한 보고서는 (나중에 공개됨), 왜 IMF가 잘못 판단했는지 그 이유를 설명하고 있었다. 한국의 대외부채(dollar debt)에 대한 공식적이고 널리 신뢰받던 통계는 실제 부채보다 무려 600억달러나 과소 계상되어 있었다. 그리고 그 중 상당한 규모가 12월 말까지 만기도래할 예정이었다.

이 로드니 존스의 11월 17일 보고서는, 상황을 가장 정확하게 인지했던 보고서로 나중에 밝혀진다. 물론 헤지펀드인 소로스펀드 내부 보고서였으므로 당시에 시장에 공개될 이유는 없었지만 말이다. 보고서가 나온 날로부터 4일 후인 11월 21일 금요일 밤, 한국 정부는 IMF에 구제금융을 요청하기로 결정한다. 이에 IMF 아시아 담당국장이 긴급하게 서울로 날아온다. 한국은행을 방문한 그는 한국의 외환보유액이가 매일 10억달러씩 줄어들고 있으며, 총잔고가 이제 겨우 90억달러에 불과한 상태임을 발견하고 충격에 사로잡힌다. 로드니 존스의 예견대로, 한국 차주들의 달러 차입이 대부분 만기 1년 미만의 단기물이었기에, 자본이탈 속도는 한국은행의 외환보유액이 감당할 수 있는 수준이 아니었던 것이다. 12월 3일은 오늘날 우리가 '환란'이라고 부르는 그 이벤트의 정점에 선 날이다. 불과 일년 전인 1996년에 OECD에 가입해서 마치 선진국이 된 것처럼 굴던 한국이, IMF구제금융 대상 국가로 순식간에 전락해버린 것이다. 12월 31일이 되자, 한국 원화는 11월 17일 원·달러 환율 대비 무려 60%가 평가절하된다. 이는 반년 전 태국 바트화의 두 배 수준의 절하 폭이었다. 보통의 헤지펀드 입장에서라면 이 보다 더 좋은 먹잇감이 대체 어디 있을까?

그런데 지금부터가 기이한 스토리다. 그 선견지명 있는 존스의 보고서를 보고도 뉴욕의 소로스와 그의 CIO 드러켄밀러는 아무런 액션을 취하지 않았다. 태국에서의 성공을 완전히 상쇄하는 인도네시아의 실패를 당시 눈앞에 보고 있었기에 망설였을 수는 있었지만, 그렇다고 해도 설명이 안 된다. 한국에서는 아직 포지션 축적을 해 놓지 않은 상태였기에 말이다. IMF가 한국은 걱정 없다고 한 부분을 소로스와 드러켄밀러가 너무 믿은 것일까? 그것도 아니었다. 소로스는 단 한번도 IMF가 하는 소리를 믿은 적은 없었다. 존스는 뉴욕의 상사들이 전혀 움직임이 없자, 이상하다고 생각해서(자기 조사 내용을 혹시 못 알아 들었나 하는 마음에) 독촉 전화를 해보았으나, 다른 일이나 잘 하라는 핀잔까지 들었다고 한다. 소로스는 왜 이런 행태를 보였을까?

답은 의외로 간단하다. 소로스의 야누스적인 양면성, 즉 국가 하나를 손쉽게 파탄내버릴 수 있는 그 헤지펀드 대가(大家)로서의 냉혹한 승부사 기질과, 공산주의 및 자본주의 양쪽의 적(敵)들을 타도하여 이 세계를 '열린 사회(Open Society)'로 이끌어야 한다는 메시아적 정치가 성격 중에서 (한국인들에게는 그나마 다행스럽게도) 후자로 움직인 것이다. 그는 한국에 자기 스스로를 노출(expose)시키기로 결심했는데, 그것은 재난을 일으키는 자로서가 아니라, 도탄에 빠진 한국인들을 구원하는 구원자로서였던 것이다.

1998년 1월 1일 서울로 온 소로스는 곧바로 김대중 대통령 당선인을 예방하고, 둘이 마치 오래전부터 알아왔던 친구인 것처럼 서로 어깨를 두드리는 장면을 연출한다. 당시 일산에 있던 대통령 당선인 자택에 초대되어 저녁식사를 하는 장면이 여과 없이 TV로 생중계된다. 소로스는 한국의 산업계 지도자들을 면담했고, 한국이 어떻게 이 위기를 극복해야 하는지를 한국 언론에 가차없이 조언하였다. 그는 한국의 대외부채를 해소하기는커녕 오히려 늘리게 되는 IMF의 처방전에 대해 반대하면서, (1)가차없는 강력한 산업계 및 금융계 구조조정 (2)기업회계 관행의 재정립 (3)노동자 해고 유연성 확보 등의 급진적인 방법론을 제시하였다. 그리고 한국이 만일 이런 자신의 조언을 따른다면, 자신의 펀드가 한국에 대규모로 투자에 나서겠다고 공언하였다. 그러면서, 자기가 한국에 투자를 시작하게 되면 서구 투자자금이 자신을 따라 줄줄이 같이 들어올 것이라고, 약간은 과장된 화법까지 써가면서 한국의 우울한 분위기를 반전시켜 보려는 나름의 노력까지 한다.

그런데 이게 웬일? 소로스가 실제 투자를 한 것도 아니고 투자를 앞으로 할 수도 있다고 한마디 던진 것 뿐인데, 투자가들이 일제히 반응하기 시작하였다. 소로스가 다녀간 다음날부터 10영업일 동안, 한국의 주식시장 대표지수인 코스피는 무려 25% 상승한다. 이는 2015년의 시점에서 복기해 봐도, 당시 한국의 절망적이었던 시장 분위기를 (비록 근본적이지는 않으나) 일순간 턴어라운드시킨 하나의 이벤트로 평가함에 부족함이 없다. 그런데 이런 국제적 정치가(statesman)적인 행보를 통해 금전적으로 소로스가 얻은 것은 거의 없었다. 1997년 11월의 로드니 존스 보고서를 채택하지 않았기에 원화를 적시에 공매도할 기회를 놓쳤고, 이어 1998년 하반기에 한국 주식시장이 반등에 성공할 때까지 실제 한국 주식시장에서 포지션을 가져가지 않았다. 그러나 전혀 다른 측면에서, 이런 한국에서의 노출된 행보는 그에게 보상을 가져다주었다. 이제 아무도 소로스를 오직 돈이나 탐하는 게걸스러운 유태인 헤지펀드매니저라고 생각하는 사람은 없게 되었다. 1997년 상반기에는 그는 아시아의 비중 있는 정치인인 말레이시아 마하티르 총리에 의해 사기꾼, 범죄자, 시장파괴자로 낙인 찍혔으나, 불과 반 년 후에 마하티르 총리 이상으로 비중 있는 정치인인 한국의 김대중 대통령에 의해 친구, 정치사상가, 복음주의 메시아로 세례를 받은 것이다.

이 극단적인 다른 두 면모에 대해 월스트리트저널(WSJ)의 기자가 물었다고 한다. “마하티르 총리와 김대중 대통령 두 사람 중 누가 (당신에 대해) 틀린 건가요?” 소로스가 빙그레 웃으면서 한 답이 이렇다. “글쎄요, 둘 중 하나는 분명히 틀렸네요”.

한국에서의 소로스의 이상한 행보는, 1998년 러시아에서 그 정점에 달한다. 한국에서의 활동은 러시아에서의 활동에 비하면 사실 연습게임 같은 활동이었다. 러시아에서 그는, 헤지펀드 매니저라는 자신의 본질을 완전히 유체이탈(?)하여, 혼자서 러시아의 반(反)자본주의 세력 전체와 거대한 한판 승부를 겨루게 된다. 그 결과는 어떠하였을까? 다음 70화에서 이어진다.

2015. 8. 17

70 메시아가 되고 싶었던 헤지펀드매니저 (2)

"……나는 의도적으로 나 자신을 노출시키기로 선택하였다. 사심이 없는 후원자(selfless benefactor)가 된다는 것은 믿을 수 없을 정도로 기분이 좋은 일이었다. 이를 통해, 모든 것을 초월한 존재, 선(the Good)의 편에 서서 악(the Evil)과 대결하는 존재 같은, 내가 염원하는 나의 자아상(self-image)이 충족되었다. 나는 나의 메시아적 환상에 대해 언급하고자 한다. 나는 이를 부끄럽게 여기지 않기로 했다…… (중략)……. 체제전환기 러시아에서 투자가로서 직접 투쟁(fray)에 참여함으로써, 나는 비로소 올림푸스 산으로부터 하강하였고 살과 피를 가진 인간이 되었다……."

이 난해한 철학적 문장의 고백록은, 소로스가 1995년 연말에 출간한 그의 4번째 저서, "소로스가 말하는 소로스(Soros on Soros)"에 나오는 대목이다. 이 위대하지만 한편 논란의 소지가 있는 투자가의 이해할 수 없는 두 본성간의 대결은, 러시아에서 극명하게 표출된다. 자신이 유태인이자 헝가리태생이었던 소로스는, 20세기를 위험하게 했던 두 전제주의, 즉 독일의 나치즘과 구 소련의 공산주의를 모두 실제로 경험한 인물이었다. 이들로부터의 박해로 인해, 20세 이전의 개인적 삶이 고통 그 자체였던 소로스는, 그가 설립한 반(反)전제주의 싱크탱크인 열린사회연구소(The Open Society Institute)의 모스크바 사무소를 구 소련이 붕괴하기도 전인 1987년에 열었을 정도로 동구권 체제변동과정에 깊숙이 관여하였다. 이 연구소는 구 소련이 붕괴한 이후 1990년대 초부터, 마르크스주의 관점에서 벗어난 새로운 러시아 초등 및 중등학교 역사 교과서의 무료발간 및 채택지원사업과 "민주주의를 위한 러시아 교수연대" 등 친서방적 러시아 교육단체들의 지원을 위해 매년 수천만 달러에 달하는 거금을 아낌없이 기부 후원하게 된다.

소로스의 CIO인 드러켄밀러와 퀀텀펀드 매니저들은 이미 90년대 중반부터 러시아에 투자를 시작하여 각종 포지션을 쌓고 있었지만, 소로스는 자신의 이런 자선사업이 투자를 하기 위한 일종의 낚싯밥이 아니냐 하는 엉뚱한 비판이 우려되어서 일체 구체적인 러시아 투자집행과정엔 관여하지 않았다고 한다. 그러나 1997년, 소로스는 자신의 이런 무관여 원칙을 깨고, 인도네시아 및 한국에서의 실수를 몇 배 능가하는 놀라운 (자살적인) 금융도박을 러시아에서 하게 된다.

1996년, 보리스 옐친 러시아 대통령의 경제개혁 프로그램에 호응하여, 서구 자본이 러시아로 몰려들었다. 헤지펀드들은 그 중 가장 먼저 들어온 자본이었다. 포트폴리오 투자는 1996년의 89억 달러에서 1997년의 456억 달러로 1년도 채 안 되는 기간 동안 5배가 증가하였을 정도였다. 러시아 모스크바 증시는 1997년 1월부터 9월까지 기간에 무려 330%가 폭등하여 신흥국 시장을 통틀어서 가장 뜨겁게 달아올랐다. 그러나 이러한 포트폴리오 투자가들의 행복감은 매우 불안한 것이었다. 70여년을 공산주의 치하에서, 그 이전에는 7백여년을 차르(황제) 치하에서 살아온 러시아에 서구식 법치주의 개념이나 사유재산의 절대성의 원칙이 있을 리가 없었던 것이다. 만일 러시아의 불안한 정국 상황에서, 개혁파가 숙청되고 다시 구체제가 부활하거나 보수파가 집권하게 된다면, 이 외국인들은 가차없이 러시아를 떠날 것이 확실하였던 것이다.

소로스는 1997년 러시아에서 기이한 행동을 한 번도 아니고 두 번 연속 일으켰다. 그것도 드러켄밀러 등 세계 최정상급 포트폴리오 매니저들을 둔 퀀텀펀드의 회장이란 사람이, 일체 퀀텀펀드의 부하들과 상의도 안하고 단독으로 일을 저지른 것이다. 먼저, 그는 러시아 국영전신전화회사인 스비야즈인베스트(Svyazinvest)의 지분 25%에 응찰하는 컨소시엄에 참여하였다. 이것은 장기적으로 보면 괜찮을 수도 있는 투자였다. 당시 인구 100인당 59개의 전화회선이 있는 미국과 비교할 때, 러시아는 아직 100인당 19개 밖에 없었기에, 성장가능성은 크다고 볼 수 있었던 것이다. 이 지분을 사기 위해 소로스는 무려 9억8천만달러라는 거금을 투자해야 했다. 이 회사는 당시 상장회사도 아니었고 국영기업이었기에 만일 러시아 정세가 좀 악화되면 그냥 속절없이 발이 묶이는, 헤지펀드 매니저들이 보통 절대 하지 않는 "유동성이 없는(illiquid)" 유형의 투자였던 것이다. 이는 당시에 소로스가 가지고 있던 막강한 러시아내 정보력을 고려하면, 그야말로 미친 투자였다고 할 수 있다.

여기까지는 그렇다고 치자. 그런데 이 입찰이 한참 진행되고 있던 1997년 6월 초, 소로스는 옐친의 최측근 경제참모였던 보리스 넴초프(Boris Nemtsov; 1959-2015) 당시 경제부총리로부터 비밀전화를 받는다. 내용인즉슨, 1996년 재선 당시 옐친의 선거공약을 지키기 위해 필요한 긴급자금 5억불을 브릿지론 형태로 빌려달라는 것이었다. 1996년 5월 재선에 성공한 옐친은, 당시 체불된 공공기관소속 노동자들의 임금을 1997년 7월1일까지 모두 지불하겠다고 공약하였는데, 스스로 설정한 데드라인이 한 달 앞으로 다가왔음에도 전혀 갚을 돈이 없었던 것이다. 그 공약을 지키지 않는다면 공공기관 노동자들이 폭동을 일으킬 태세였고, 가뜩이나 지지율 30프로를 밑돌던 옐친 정부로서는 치명적 상처를 입게 될 것이었다. 당시 투기등급을 가지고 있던 러시아 정부가 이런 유형의 자금을 정상적인 금융기관을 통해 빌릴 방도는 없었다. 그러니까 소로스라는 저명한 서방의 투자가에게, 그냥 개인신용대출을 해달라고 러시아 정부가 요청을 한 셈이다. 이 대출은 은밀하게 이루어졌고, 당시 러시아의 최대 채권자였던 IMF조차 전혀 모르게 이루어졌다. 이는 실로 당혹스럽기 그지 없는 행동이었고, 평소에 러시아에게 IMF의 지도방침을 따르라고 종용해 왔던 소로스의 입장에서는 더더군다나 납득되기 어려운 자금주선이었다. 비상장 국영기업에 대해 거의 10억불에 육박하는 거액을 투자할 수 있는 전제조건은, 러시아 정부가 안정되게 경제개혁을 지속적으로 추진할 동력과 정통성을 가지고 있다는 부분이어야 했다. 그런데 그 러시아 정부는, 비정상적인 방법으로 소로스 같은 서구 투자가에게 비밀대출을 임시변통해서 써야 할 정도로 극도로 불안정하고 불투명하였던 것이다. 이것은 완벽한 모순이다.

그럼 소로스는 대체 무엇을 하고 있었던 것일까? 그는 자신의 전재산을 걸고 이 싸움에 뛰어들면, (간신히 70여년의 공산주의 방황을 끝내고 열린 사회로 막 나오기 시작한) 러시아를 구제할 수 있다고 확신을 한 것이다. 그는 헤지펀드 매니저라는 자신의 본질을 완전히 망각하고, 정치가(Statesman)가 된 셈이었다. 소로스의 희망은, 스비야즈인베스트의 민영화 프로세스가 러시아에게 하나의 거대한 전환점(turning point)이 되리라는 것이었다.

1996년까지는, 러시아 국유자산들은 외국인들이 일체 배제된 채 소위 올리가치(Oligarch)라고 불리는 내국인 독과점 세력에게 낙찰되어 매각되었었다. 스비야즈인베스트 건에서 최초로 외국인 참여가 허용되었고, 공개입찰에서 최고가를 쓴 입찰자에게 낙찰 될 예정이었다. 결국 1997년 7월의 최종입찰 결과, 소로스의 컨소시엄이 낙찰을 받았다. 그러나 이 승리는 너무나 큰 대가를 지불해야 하는 희생이 큰 승리가 된다. 입찰에서 진 올리가치들은 러시아 국내 신문과 방송 등 미디어를 장악하고 있었던 바, 이 입찰이 무효라고 중상모략 공격을 시작하여 그 후 수개월간 러시아 정국을 일대 혼란으로 몰아넣었다. 다시 말하자면, 이 스비야즈인베스트 건이 열린 사회로 나아가기 위한 전환점이 되기는커녕, 오히려 러시아 정국을 극도의 불안정으로 몰아간 계기가 된 것이다. 이런 불안정은 곧바로 터진 아시아통화위기 국면을 통해 러시아에게 감당할 수 없는 충격파로 다가온다.

아시아 통화위기로 손실을 입은 글로벌은행들이 러시아에서도 자금을 할 수 없이 뺄 수 밖에 없었다. 그런 서구자금의 "러시아엑시트"가 가시화되자, 러시아는 할 수 없이 3개월 만기의 단기 루블화국채(GKO)의 수익률(yield)을 올리는 방법으로 서구자금의 이탈을 막을 수 밖에 없었다. 1998년 4월에 30%로 뛴 GKO 수익률은 5월에는 무려 70%에 육박하였다. 러시아가 무너지지만 않는다면, 이 GKO투자는 단기적으로 큰 수익을 가져다 줄 수도 있는 투자였다. 당시 뉴욕의 권위 있는 헤지펀드 여러 곳이 이 GKO에 투자했는데, 이유인즉슨 설마 서방이 어쨌거나 전술핵보유국인 러시아의 부도를 그냥 보고만 있지는 않을 거라는 막연한 낙관론이 지배했기 때문이었다. 위기가 심화되면, 미국이 뒤에서 IMF를 움직여서 아마도 구제자금을 댈 걸로 기대한 것이다.

그러나 상황은 걷잡을 수 없이 악화되었다. 1998년 7월말, IMF의 대규모 자금지원계획이 새롭게 발표되었음에도 불구하고, 골드만삭스가 주관하여 공모한 달러화표시 러시아국채 64억달러 발행계획이 투자가들의 외면으로 발행실패하고 말았다. 이에 러시아 채권시장은 순식간에 폭락하고, GKO국채수익률은 이제 무려 100%에 육박하였다. 주식시장도 걷잡을 수 없이 폭락을 거듭했다. 이러자 러시아 정부는 믿을 수 있는 유일한 서방의 카운터파티인 소로스에게 다시 전화를 걸어왔다. 이번에는 집권여당인 "러시아의 선택(Russia's Choice)" 당수이자 전 경제부총리인 예고르 가이다르(Yegor Gaidar; 1953-2009)로부터였다. 가이다르는 거두절미하고 소로스에게 러시아를 살리기 위해 70억달러를 빌려달라고 한다.

이번에는 소로스도 그 정도 돈을 혼자 조달할 능력은 없었다. 그리고 소로스의 계산으로는, 러시아를 살리기 위해서는 70억 달러 수준이 아니라 그 배인 140억 달러 수준이 필요하다고 보았다. 소로스는 이제 스스로 IMF가 해야 할 일을 떠 맡고 나섰다. 퀀텀펀드에서 5억달러를 낼 테니, 그 나머지 135억 달러 상당을 서구의 은행들이 신디케이트 대출해줘야 한다고 전방위적으로 미국의 최고 정책당국자들을 설득하기 시작한다. 소로스는 당시 미 재무부의 국제금융담당 차관보인 데이빗 립튼(David Lipton), 재무차관인 로렌스 서머스(Lawrence Summers), 그리고 마지막엔 재무장관 로버트 루빈(Robert Rubin)에게까지 연달아 전화를 하여, 러시아 구제금융에 미국 재무부가 나서야 한다고 종용하였다. 1994년 디폴트를 일으킨 멕시코를 살린 구제금융기법을 러시아에 그대로 적용하자는 주장이었다. 그런데 소로스의 전화를 받은 미국 재무부의 관료들은 당연하게도 헷갈리기 시작하였다. 여기서도 소로스의 이중적인 두 가지 모습이 사람들로 하여금 혼란을 야기시킨 것이다. 소로스는 세상에 유익한 일을 하고자 하는 것인지, 아니면 자기 포트폴리오에 도움이 되는 일을 하려고 하는 것인지?

미국 재무부의 관료들이 전혀 움직일 기색이 없자, 소로스는 마지막으로 상식을 초월하는 러시아 구제시도를 한다. 1998년 8월13일, 자기 개인의 돈으로 파이낸셜타임즈(FT)의 지면 한 페이지 전체를 사서, 여기에 장문의 편지 형태로 전세계 시민 및 시장참여자들에게 자신의 러시아에 대한 계획을 공개하는 기상천외한 행동을 하는 것이다. 그런데 이 편지에서, 소로스는 새로운 서방의 구제금융 자금제공의 전제조건으로, 러시아 루블화를 15-20프로 평가절하하여 향후 만기도래하는 루블화표시 국채에 대한 러시아의 상환부담을 일부라도 덜어주자고 제안하였던 것이다. 이 문장이, 소로스의 두 얼굴 중 악덕 자본주의자(?)의 얼굴만 기억하는 대다수에게는 엉뚱하게 받아들여졌다. 누구라도 "아, 소로스가 이번엔 러시아 루블화를 공매도하고 있구나!"라고 받아들인 것이다. 1992년 영국 파운드화 전투, 1997년 태국 바트화 전투의 소로스 압승을 기억하는 시장참여자들은 이렇게 밖에는 생각하지 못하였으리라. 투자가들이 썰물처럼 러시아에서 돈을 빼기 시작했다. 파이낸셜타임즈의 편지공개 후 4일이 지난 8월17일, 러시아 GKO국채수익률은 167%선에 도달하였다. 러시아 정부는 시장으로부터의 공격을 도저히 감당하지 못하고 루블화를 20% 평가절하하였고, 외채에 대해 상환불능을 선언할 수 밖에 없었다. 1998년 한 해의 자본시장 최대 사건이었던 러시아 국가부도 이슈가 바로 이렇게 전개된 것이었다.

이러한 붕괴를 일으킨 장본인으로 시장의 일각에서 소로스의 공개된 편지를 들었지만, 이는 진정 소로스의 의도가 아니었음은 물론이다. 소로스의 퀀텀펀드는 루블화 공매도를 하지 않았다. 물론 소로스는 루블화가 평가절하가 될 것임을 100프로 확신했고, 뜻하지 않게 자신의 공개편지로 인해 그 시기를 다소간 앞당긴 측면도 있다. 그러나 소로스는 러시아의 무능한 정치인들이 루블화를 구제하는데 아무런 대응책을 내놓지 못할 것임을 알고 있었음에도, (보통의 헤지펀드였다면 당연히 시도하였을) 루블화를 공매도하여 죽이는 방법론이 아니라, 정치인들이 다르게 행동하도록 만들어보려는 시도를 한 것이었다. 그는 단 한 주의 주식도, 단 한 계약의 채권도 러시아에서 매도포지션을 쌓지 않았다. 루블화도 물론 매수포지션이었다. 1998년 8월17일의 러시아 국가 부도 및 루블화 평가절하로 인해 퀀텀펀드와 그 자매 펀드들은 전체 펀드 자본의 15%에 육박하는 20억 달러라는 천문학적 손실을 입었다. 실패를 모르고 성장해 온, 모든 헤지펀드들의 우상인 퀀텀펀드 입장에서는 실로 참담한 실패였다.

그러나 소로스는 이러한 실패를 완전히 다른 각도에서 소화하였다. 그는 모든 사태가 일단락 된 후에, 뉴욕으로 돌아와서 언론과의 인터뷰에서 이 같이 심경을 밝힌다. "나는 러시아가 열린 사회로 나아가도록 돕고 싶었다. 그리고 실제로 도왔다. 큰 손실을 보았지만, 그런 시도를 한 것에 대해 나는 일말의 후회도 없다. 그들은 성공하지 못했지만, 나는 최소한 시도는 하였지 않은가!"

소로스는 러시아의 죄를 구원하러 올림푸스 산에서 내려왔다. 그리고 러시아인들을 대신하여 십자가에 못 박힌 것이다. 자본시장 역사상, 이런 유형의 인물은 그 전에도 없었고, 이후로도 없을 것이다. 헤지펀드를 막연히 비판하는 한국의 일부 지식인들이여, 이 세상에는 별의 별 사람이 다 있는 법이니, 헤지펀드에 대해 함부로 폄하하지 말기를 바랄 뿐이다.

2015. 8. 24

71 LTCM스토리 (1) 천재들의 드림팀

1998년에는 러시아 디폴트만큼이나 떠들썩했던 사건이 하나 더 있었으니, 바로 그 유명한 롱텀캐피털매니지먼트, 약칭 'LTCM'의 파산 사건이었다. 자본시장 역사상, 일개 헤지펀드의 붕괴가 글로벌시장에 충격을 줘 미국 금융감독당국이 그 파문을 잠재우기 위해 투자은행들을 동원하여 시장 개입을 한 최초의 사례다. 이 스토리에 대해서는 로저 로언스틴(Roger Lowenstein)의 유명한 다큐멘터리 저서 '천재들이 실패할 때(When Genius Failed)' 를 비롯해 이 사건만을 다룬 책이 몇 권이나 나와 있을 정도로 이미 잘 알려져 있다. 'IB명장면' 코너에서 다시금 이 사건을 'LTCM 트레이더의 관점'에서 재해석 해보고자 한다.

사건 시작은 80년대 초로 거슬러 올라간다. 당시 월가 최고 채권 명가(名家)는 물론 살로먼브러더스였다. 47년생인 존 메리웨더(John Meriwether)는 시카고 토박이였는데, 노스웨스턴대 학부와 시카고대 경영대학원 MBA 학위를 취득한 후 1973년, 살로먼브러더스에 취직했다. 그가 배속된 부서는 채권재정거래(Fixed Income Arbitrage Trading)부서였는데, 그는 곧 트레이더로서 두각을 나타내어 입사 8년이 경과한 81년에 회사의 파트너로 승진하면서 그 부서 책임자가 되었다.

메리웨더는 어쩌면 월가 역사상 금융공학(Financial Engineering)의 중요성을 처음으로 인식한 경영자였을지도 모른다. 부서 책임자가 된 그는, 자기의 부서를 일종의 금융공학 천재들의 서클로 만들 구상을 하였다. 이 팀에 모인 금융 영재들은 월가의 투자은행을 다닌다기보다는 대학원 박사 후 과정(Post-Doctoral Program)을 다니는 기분으로 회사를 다녔다. 그들은 유명 대학들의 재무학 교수들을 정기적으로 방문하였고, 학계 세미나에도 참석하였다. 이렇게 메리웨더에 의해 영입된 인물 중 가장 지명도 있던 인물은 하버드 경영대학원의 조교수였던 에릭 로젠펠드(1953년생·Eric Rosenfeld) 및 MIT에서 경제학 석사와 경영학 석사를 모두 취득한 철인삼종경기 선수 래리 힐리브랜드(1959년생·Larry Hilibrand)였다. 이어 블랙-숄즈 모델이라고 알려진 옵션가격 모델을 만들어 뒷날 97년도 노벨경제학상을 받게 되는 MIT의 로버트 머튼(1944년생·Robert Merton) 교수와 스탠퍼드대의 마이런 숄스(1941년생·Myron Scholes) 교수도 교수직을 병행하는 조건으로 이 팀에 컨설턴트라는 직함으로 참여하게 된다.

이런 영재들을 모아서 메리웨더가 자신의 부서를 공격적으로 빌드업할 수 있었던 것은 물론 그의 실적이 워낙 탁월했기 때문이다. 80년대 살로먼브러더스의 채권사업 부문은 47년생 동년배들인 전설적인 모기지 트레이더 루이스 라니에리(Lewis Ranieri)와 국채선물 트레이더 크레이그 코츠(Craig Coats)가 이끌고 있었는데, 이들은 금융공학 신봉자들이 아니라 자신들의 '감'에 의존하는 전통적 방식으로 트레이딩을 했다(두 사람은 대학을 중퇴했거나 아예 대학 문턱도 안 가본 인물들이었다). 처음에는 우열이 분명치 않았던 이들과 메리웨더 부서 실적이 85년을 기점으로 급격히 메리웨더의 부서로 기울었다. 인간의 오감(五感)보다는 고등수학이 이 더 믿을 수 있는 시대가 온 것이다. 87년에 큰 손실을 일으킨 코츠가 먼저 사직했고 이어서 라니에리도 88년 자신의 헤지펀드를 차려 독립하였다. 88년에 메리웨더 휘하 영재들 또는 속칭 '교수님들'은 살로먼브러더스 세일즈&트레이딩 사업 부문 수익의 90%를 벌어들이게 되고, 메리웨더는 이 해 부회장 겸 채권사업부문장으로 영전하게 된다.

LTCM의 신화(및 그 몰락)는 우연한 사건에 의해 시작된다. 91년에 드렉셀 투자은행의 파산으로 시작된 미국 채권시장 동요시에, 살로먼브르더스의 트레이더 중 하나인 폴 모저(Paul Mozer)라는 인물이 미 재무부가 주관하는 국채입찰 시 반복적으로 허위 응찰을 해서 가격을 왜곡시킨 사건이 벌어졌다. 모저는 이를 단순한 실수라고 주장했으나, 살로먼브러더스 사내 감사결과 이는 사실이 아님이 드러났다. 이 사건이 만일 20년 뒤에 일어났다면 (요즘 같은 분위기에서는) 아마도 회사 자체가 문을 닫아야 할 정도 큰 사건이었다. 그런데 처음 이 사건을 연방증권거래위원회(SEC)가 알아차리기 전까지는 살로먼브러더스 차원에서 은폐하려고 당시 최고경영자(CEO)였던 존 것프로인드(John Gutfreund)와 일부 고위 임원들이 공모하였는데, 나중에 이 은폐 시도가 문제가 되어 것프로인드가 사직하는 사태로까지 비화되었다. 은폐 공모에 가담하지는 않았지만 여하튼 모저의 감독책임자였던 채권사업부문장 메리웨더도 벌금 5만달러를 내고 SEC에서 징계처분을 받았다.

이 사건으로 자신의 사내 입지가 흔들리는 느낌을 받게 된 메리웨더는, 자신의 회사를 차려서 독립할 생각을 하게 되었다. 그는 금융공학자들의 팀을 모아서 독립하면 대형 투자은행에서의 불필요한 간섭을 받을 필요 없이 자신의 철학대로 회사를 운용할 수 있을 거라고 생각했다. 마케팅, 결제, 총무 및 홍보 같은 기능은 모두 아웃소싱을 할 것이므로, 교수들의 트레이딩에서 나온 수익을 백오피스(후선 부서)와 나눌 필요도 없을 것이다. 메리웨더는 21세기를 눈앞에 두고 새로운 시대를 위한 새로운 형태의 금융사가 필요하다고 판단했다. 이 생각이 현실화되어 94년 1월에 9명의 인원으로 출범한 헤지펀드가 바로 LTCM이다. 회사를 차리면서 메리웨더는 자신의 핵심 팀원들, 즉 '교수님들'을 모두 같이 영입하였다. 최고의 금융수학 천재들을 모아서 시작한 이 헤지펀드는 시작부터가 기존에 흔히 보아온 보통의 펀드들과 좀 달랐다.

우선, LTCM의 채권시장에 대한 접근 방식은 본질만 남기고 모든 부수적인 것을 제거하는 매우 혁신적인 것이었다. 기존 롱숏 헤지펀드의 매니저는 예를 들어 포드자동차의 경영진이 더 유능하다고 판단하면, 포드자동차 주식을 사고 크라이슬러 주식을 공매도 했다. 메리웨더의 팀은 이 원리를 가져다가 한 채권의 현금흐름이 보다 유망하다고 보고 그 채권을 매수하고 다른 채권을 공매도하였다. 사실 시장리스크(Market Risk)를 제거하는 헤지는 주식시장에서보다 채권시장에서 더 잘 작동하였다. 기존 헤지펀드 매니저가 포드자동차 경영진이 크라이슬러 경영진보다 우수하다고 생각한다면, 그것은 사실은 그 매니저 개인적 의견일 뿐인 경우가 많다. 의견을 정립하려면 그 매니저는 경영진의 태도, 신차의 디자인, 판매팀 능력 등 매우 자세한 각종 회사에 대한 정보를 필요로 한다, 이런 정보들은 때로는 정확할 수 있으나, 때로는 완전히 잘못된 정보일 수도 있다. 주식시장에서 시장리스크를 제거하기가 쉽지 않은 이유다.

이에 반하여 채권에 대한 투자는 다른 게임이다. 대출, 이자율 및 확정일자에 상환한다는 약속만이 존재하는 것이다. LTCM의 금융공학자들은 거의 구분이 어려운 두 가지 상이한 채권을 발견해 낼 수 있었다. 발행자가 동일하며, 원금이 동일한 연도에 상환되고, 투자가의 권리를 보호하는 계약서류(Covenant)는 단어 하나까지 동일하였다. 그런 두 채권 중 어느 하나가 다른 하나에 비해 낮은 가격에 거래된다면, 저렴한 채권을 사고 가격이 더 높은 채권을 공매도 한다. 이것이 바로 채권재정거래였고, 단순하지 않은 투자이지만 거의 확실한 이익을 안정적으로 보장받았다.

LTCM의 전형적인 채권재정거래는 최근발행물(on-the-run)이라고 불리는 신규 발행 미국 정부 국채가 매우 빈번하게 매매된다는 사실에 착안한 것이었다. 이러한 유동성에 가치를 부여하는 트레이더들은 거래빈도가 상대적으로 적은 기존 발행물 국채에 비해 신규 발행 국채에 프리미엄을 기꺼이 지급한다. 그러나 채권의 잔존만기 동안 이러한 프리미엄은 소멸한다. 20년 만기 국채의 지급과 19년6개월 만기 국채의 지급은 상환일이 다가오면서 동일해지게 되어 있다. LTCM의 금융공학자들은 고평가된 신규 발행물을 공매도하고 대신 상대적으로 저렴한 기존 발행물을 매수하였다. 그런 후에 그들은 참을성 있게 두 채권 가치가 수렴하기를 기다린다. 이러한 전략에서 나오는 이익은 보통의 장이라면 그다지 높지 않다. 그러나 만일 시장이 어떤 이유에서 패닉을 느낄 때는 이야기가 달라진다. 시장 트레이더들은 신속히 팔 수 있는 유동성이 있는 채권을 보유하기를 원하므로, 그걸 사기 위해 기꺼이 프리미엄을 지급한다. LTCM은 패닉의 순간을 기다리다가 가치수렴(Convergence)에 대한 재정거래를 걸어서 이익을 극대화 한다. 이 경우 재정거래자는 패닉이 가라 앉을 때까지 기다리기만 하면 되는 것이다.

물론 이런 채권재정거래자가 수익을 극대화하려면 높은 비율의 레버리지를 일으켜야 한다. LTCM은 그 중 특히 레버리지가 높았다. 98년 1월이 되면 LTCM은 47억달러의 자본을 운용하면서 25배가 넘는 1250억달러의 천문학적 레버리지를 쓰고 있었다. 그러니까 대차대조표상 총자산이 1300억달러에 육박한 것이다. 이 정도 되면 월가 대형 투자은행 수준이었다.

LTCM의 초기 성공은 이러한 채권재정거래 게임이 얼마나 고수익인지를 보여주었다. 2%의 운용보수와 25%의 성공보수를 공제한 후에도, LTCM은 투자자들에게 94년 19.9%, 95년 42.8%, 96년 40.8%, 97년 27.7%의 엄청난 수익률을 안겨주었던 것이다. 중요한 점은 이러한 LTCM의 수익이 시장의 방향성에 베팅을 하지 않고서 얻어졌다는 점이었다. 가치수렴 재정거래로부터 얻어진 차익은 어떤 주식지수이나 어떤 채권지수와도 상관관계를 갖지 않았던 것이다. 이런 놀라운 수익률에 대해 투자자들은 환호하였고 LTCM의 명성은 하늘을 찌를 듯이 높아만 갔다. 실로 신데렐라 스토리였다. 달랑 9명으로 회사를 시작한 지 겨우 3년 반이 경과한 시점에 LTCM의 직원은 165명으로 늘어났고, 96년에는 런던에, 97년에는 홍콩에 지사를 열었을 정도로 빠르게 성장했다. 그들은 실로 전 세계 채권시장을 모조리 뒤져서 재정거래를 걸 만한 채권을 찾아 다닌 것이다. 이렇게 잘 나가던 LTCM에 운명의 해 98년이 다가왔다. 그 이야기는 다음 72화에 이어진다.

2015. 8. 31

72 LTCM스토리 (2) 노벨상 수상자들의 트레이딩기법

오늘 IB명장면 제72화는 독자가 업계의 전문가냐 일반 독자냐에 따라 완전히 다른 평을 들을 것 같다. 전자라면 "뭐 다 아는 이야기를 그렇게 구구절절 쓰느냐"고 할 것이고, 후자라면 "아, 헤지펀드들의 트레이딩 기법이 이런 것이구나"라고 할 수도 있겠다. 그런데 전자에게는 잠시 욕먹을 각오하고, 보다 많은 숫자의 후자를 위해, 정확히 20년 전 노벨경제학상 수상자들이 참여한 헤지펀드가 대체 어떤 기법으로 트레이딩을 한 것인지 설명해 보고자 한다. LTCM처럼 레버리지를 25배나 일으켜서 트레이딩을 한 사례는 오늘날에도 시사점이 있어 깊이 있게 짚어볼 필요가 있다. 한편 이들의 기법을 이해해야만 왜 LTCM 파산이 그토록 시장에 큰 파급 효과를 일으켰는지, 미국 금융당국이 마지막 순간에 개입할 수밖에 없었는지가 이해되기 때문이다.

LTCM 파트너들은 펀드의 돈이 남의 돈이라고 해서 무책임하게 투자하다 망한 이들은 전혀 아니었다. 그들은 극도로 신중하게 트레이딩을 했다. 자기들 수익이나 월급까지도 전부 이 펀드에 재투자해 펀드와 운명을 같이하는 운명공동체 형태로 만들어 놓았을 뿐 아니라 자기자본이 너무 커져서 발 빠른 움직임을 보이지 못하는 문제를 해결하기 위해 1997년 말에 자기자본 중 무려 27억달러를 투자자들에게 되돌려주기까지 했다.

LTCM이 극단적으로 높은 레버리지를 사용해 트레이딩에 임한 것은 사실이다. 실제로 레버리지는 이 펀드의 핵심 요소였는데, 그 이유는 간단하다. 이들이 포착한 가격의 이상 현상 결과물이 일반적으로 너무 작아서, 차입을 일으켜서 곱해주지 않는다면 의미 있는 숫자로 전환되지 않았던 것이다. 예를 들어 LTCM의 가장 좋은 한 해라고 일컬어진 1995년, 실제 LTCM 자산수익률(ROA·Return On Assets)은 2.45%에 지나지 않았다. 하지만 이런 평범한 수치가 레버리지를 몇 차례 거치면 42.8%라는 경이적인 수익률로 탈바꿈하는 것이다. LTCM '교수님'들은 자기들이 거의 모든 리스크를 다 헤지했기 때문에 이런 거대한 레버리지가 안전하다고 주장했다. 예를 들어보자. 1994년 출범 첫해에 LTCM은 10억달러의 최근 발행물(on-the-run) 미 국채와 역시 10억달러의 기존 발행물(off-the-run) 미 국채를 보유했다. 당시 LTCM 자기자본은 기껏 10억달러 수준이었으니, 단순히 생각해보면 10억달러 수준의 펀드가 국채 20억달러를 들고 있다는 것은 엄청난 리스크로 보인다. 그러나 실제로 LTCM은 가치수렴 재정거래(convergence arbitrage)의 경우 단일 채권의 단순보유에 비해 25분의 1만큼만 리스크를 발생시킨다고 계산했다. 다시 말하면 리스크를 헤지한 LTCM 20억달러 포지션은 헤지하지 않은 일반 투자자의 8000만달러 포지션과 동일하다는 계산이었다.

LTCM은 리스크를 수학적으로 계량화한 최초 헤지펀드였다(리스크를 수학적으로 계량화한 최초 금융사는 1989년부터 회사 전체의 리스크 값을 계산해 매일 CEO에게 보고했던 JP모건이었다). LTCM이 등장하기 이전의 모든 초기 글로벌매크로(global macro) 트레이더들은 시장이 얼마나 움직이고 주요 포지션에 손해가 얼마 발생할 수 있는지를 감각으로 이해했다. 자신의 포지션 노출도를 오늘날 보편화돼 있는 리스크관리 기법이 아니라 자기 머리로 계산한 것이다. LTCM은 JP모건이 1980년대 후반에 개발한 VaR(Value at Risk) 기법을 차용했는데, 이 기법은 기본적으로 1세대 글로벌매크로 계열 헤지펀드 대가들이 머리로 계산하던 것을 수학 공식으로 구체화한 것과 다르지 않았다. LTCM 교수님들은 각 포지션의 변동성을 산출했고 이어 그 결과를 정상적인 상황에서 손실 볼 수 있는 달러 금액으로 환산했다. 다시 예를 들어보자. LTCM은 브라질 채권 한 종목을 매수하고, 다른 한 종목을 공매도해 두 채권 간 가격 격차가 수렴할 것이라는 점에 베팅한다고 가정하자. LTCM은 이러한 종류의 가치수렴 트레이딩 역사를 연구해 100일 중 99일 동안 발생할 수 있는 최악의 상황은 수익률 격차가 10bp(0.1%)로 벌어지는 경우라고 판단한다. 만일 거래 사이즈가 1bp(0.01%) 벌어질 때 LTCM이 100만달러를 잃게 되는 규모라면, 10bp가 벌어지면 1000만달러를 잃게 되는 것이다.

메리웨더와 LTCM 파트너들은 펀드 내 모든 포지션에 대해 각각 VaR 값을 계산했고 산출된 모든 VaR 값에다 각 잠재 손실액을 합쳐서 포트폴리오 전체에 대한 VaR 값을 계산했다. 여기서 이 계산이 단순 숫자놀음이 아니라 진짜로 의미를 가지기 위해선 각 트레이딩들 간에 상관관계(Correlation)를 정확하게 추정해야 했다. 예를 들어 두 상이한 포지션들이 완전한 상관관계를 갖는다면 단순히 이 두 포지션 노출도를 합치면 VaR 값이 된다. 그러나 두 포지션 간에 상관관계가 없다면 하나의 가격이 떨어진다고 해도 다른 가격이 상승하면 완충 작용을 하게 돼 통합 리스크는 더 작아지는 원리다. 예를 들어 LTCM이 미국 모기지채권 조기상환율(Prepayment Rates)과 브라질 국채 수익률처럼 전혀 상관관계가 없어 보이는 다른 포지션을 수반하는 가치수렴 재정거래에 각각 1억달러를 투자했다면, 그 총위험노출도는 합계 2억달러에 제곱근을 곱한 숫자가 되며 이때 1.41억달러가 되는 셈이다. LTCM이 상관관계가 없는 새로운 포지션을 추가할수록 총위험값은 계속 낮아진다. 세 번째로 상관관계가 없는 포지션, 예를 들어 이탈리아 도로공사인 아우토스트라데가 발행한 달러표시 유로본드를 1억달러 편입했다고 할 때 그 포지션 자체의 잠재손실은 1억달러가 될 수도 있겠지만 펀드 전체에 추가되는 위험값은 3200만달러에 불과하다. 이런 식으로 계속 포지션을 새롭게 추가해 나갈 때 5번째 포지션에서는 1억달러 포지션에 위험값 2400만달러만 추가, 10번째 포지션에서는 1억달러에 위험값이 겨우 1600만달러만 추가된다고 계산된다. 다변화(diversification) 방법론을 통해 리스크는 이론적으로 거의 제로(0)로 만들 수가 있는 것이다. 특정 매매가 이런 이론을 이해하지 못하는 이들 눈에는 미친 짓으로 보여도, 실제로 메리웨더와 그의 LTCM 교수님들 눈에는 고수익 황금알로 보일 수가 있는 것이다.

LTCM의 리스크 측정 방식은 확실히 전통적인 레버리지 비율에 비해 발전된 것이다. 전통적인 레버리지 비율은 실제로 큰 리스크 요인이 될 수 있는 스왑과 옵션을 평가하는 데 맹점이 있다. 전통적 방식은 헤지된 트레이딩과 헤지되지 않은 트레이딩을 구분하지 못했기에, 예를 들어 브라질 채권에 대한 단순한 베팅(outright bet)이 유사한 두 채권의 가격수렴에 대한 보유/공매도 베팅보다 리스크가 더 크지 않다고 판단한 것이다. 이 표현을 좀 더 학문적으로 해보면 전통적 레버리지 비율이 자본과 자산 간 비율인 반면 VaR 위험값은 자본과 잠재손실의 비율이라는 정의가 내려진다.

메리웨더와 LTCM 교수님들이 리스크에 대한 보다 더 적합한 척도를 채택했다는 점에는 의문의 여지가 없다. 자본이란 말 자체가 있을 수 있는 손실에 대한 완충 역할이므로, 따라서 펀드 자본이 적정한가 여부는 잠재손실 크기에 따라 판단함이 마땅한 것이다. 이에 반해 자본과 자산을 비교하는 전통적 방식은 마치 전 세계 모든 국가가 미국을 동시에 공격할 경우 방어에 필요한 미국 군대의 크기를 산출하라는 것과 마찬가지 논리다. 그런 일이 일어날 가능성이 사실 거의 없으므로, 마찬가지로 LTCM 펀드에 편입한 모든 자산이 동시에 가치를 상실한다는 전망도 비현실적이라고 본 것이다(그런데 실제로 1998년에 그런 '비현실적인 일'이 어느 날 갑자기 일어나게 됐고, 그 이유로 잘나가던 LTCM이 순식간에 붕괴한 것이다. 이 부분은 후술된다).

물론 VaR 기법이란 것도 한계가 있다(오늘날 현존하는 최고의 프로 투자자인 워런 버핏이 특히 이 VaR 기법을 '수학자들의 장난'이라고 비웃는다고 한다). LTCM은 자신들이 개발한 모델은 100일 중 99일 사이에 발생할 수 있는 최대 손실만을 예측해 준다는 한계를 아주 잘 인식하고 있었다. 그 정의대로라면 100일 중 하루는 99일보다 더 나쁜 상황이 올 수 있다는 말이 된다. LTCM은 이런 날이 올 수는 있으나, 설령 오더라도 시장이 가진 자기교정능력(Self-Correction Capability)에 따라 그날 손실을 추후 펀드 내에 편입된 포트폴리오들이 만회할 수 있다고 가정한 것이다. 만일 정상적인 가격관계가 일시 무너져서 큰 손실을 LTCM이 안게 됐다고 하더라도 다른 재정거래자들이 수익 기회를 발견해 추후 투자할 것이므로 그들의 매수세가 가격을 다시 정상으로 회복시키고 LTCM 포트폴리오도 반등할 거라는 주장이었다(과연 꼭 그럴까?). 이 LTCM 논리는 10년이 지나서 후배 헤지펀드 대가인 그린라이트캐피털의 데이비드 아인혼(리먼브러더스를 공매도로 무너뜨린 바로 그 사람)에 의해 다음과 같이 비웃음을 당한다. "100일 중 제일 나쁜 하루를 무시했던 LTCM의 VaR 계산방법은 마치 자주 터지다가 정작 진짜 자동차 충돌사고 때는 터지지 않는 자동차 에어백과 같다"고 말이다.

물론 LTCM 교수님들도 자기들의 모델이 가진 결함에 대해 너무 잘 알고 있었다. 즉 모든 모델이 그러하듯이 그들의 모델도 역사적 데이터를 기반으로 했으므로 VaR 정의상 전례가 없는 극단적인 비정상적 사건까지 예측해 줄 것으로 기대할 수는 없는 노릇이었다. 이 때문에 LTCM 구성원들은 끊임없이 토론하면서 자신들의 모델에서 상상력 부족을 보완하려고 했고, 그러한 비정상적 사건의 발발 가능성에 대해 걱정했다. 그들이 그런 수많은 고민과 걱정 중에 발견한 또 하나의 사실은, 실제로 LTCM이 걱정해야 할 것은 펀드의 '지급불능 리스크'가 아니라 '유동성 리스크'라는 사실이었다. 이 부분은 훗날 헤지펀드 업계에 많은 논쟁을 불러일으키는 중요한 내용이다.

LTCM이 가장 선호했던 트레이딩 유형은 유동성이 낮은 금융상품을 매수하면서 유동성이 더 높은 금융상품으로 헤지하는 경우였다. 예를 들어 기존물 국채가 최근물 국채보다 가격이 낮은 이유는 유동성이 떨어진다는 바로 그 이유에 기인한다. 여러 상이한 시장에서 유동성이 적은 증권을 매수함으로써 LTCM은 패닉이 발생할 때 모든 포지션에서 유동성 프리미엄이 상승할 수 있고 이에 따라 명백히 상관관계가 없는 재정거래라도 동시에 손실을 낼 수 있는 리스크에 노출돼 버리는 것이다. 바로 이런 순간에, 소위 말하는 프라임브로커들(투자은행들)은 LTCM에 대해 제공했던 신용을 신속히 거둬들임으로써 펀드로 하여금 최악의 상황에서 포지션을 강제로 청산하도록 강요할 것이다. 한편 펀드 투자자들도 이런 상황이 오면 물론 자신들 투자금에 대한 무차별 환매를 해 펀드자산 투매를 가속화시킬 것이다. 데이비드 아인혼은 이런 상황에 대해 다시금 훗날 코멘트를 한다. "재정거래 가격교정력은 너무 멀리서 달려오는 구급차 같은 것이다. 구급차가 결국 도착할 것이나 그 전에 환자는 이미 죽어버린다(펀드는 파산한다)!" 시장이 균형 상태를 회복은 하겠지만 그때까지 LTCM 같은 레버리지를 거대하게 일으켜 놓은 펀드는 생존하기 어려운 것이라는 지적이다.

메리웨더와 LTCM 교수님들은 이러한 유동성 리스크를 심각하게 고민했다. 이들이 펀드 이름을 롱텀캐피털(장기자본)이라고 명명한 이유도 이 때문이었다. 시장이 효율적인 수준으로 회복하려면 결국 장기적으로만 가능하다는 의미를 내포하고 있다. LTCM은 투매가 일어날 때 펀드를 사망으로 이끌지 않을 그 어떤 완충적 펀드 구조를 도모했다. 그 결과가 바로 그때까지 헤지펀드업계의 일반적 펀딩 방법론이었던, 프라임브로커로부터 1일물 REPO 방식 초단기차입조달 대신 6개월 내지 1년 단위 장기차입을 시도한 것이다. 또 마이너스회전대출에 해당하는 특별신용한도(special credit line) 또는 스탠바이약정(Stand-by Commitment)을 확보해 뒀다. 같은 논리로 LTCM은 다른 헤지펀드들처럼 분기별로 환매를 허용하던 관행 대신에 펀드 설립 초기에 무려 3년간 투자약정을 요구했고, 나중에 일부 투자자가 반발하자 매년 투자액의 3분의 1씩만 환매할 수 있도록 하는 구조를 정립했다. 이런 구조는 당시로서는 매우 혁신적이라고 평가받았다.

LTCM이 붕괴한 후에 뒤늦게 금융감독당국은 LTCM을 "자신들의 모델을 무모하게 신봉한 아마추어 집단"이라고 매도하면서 헤지펀드업계 전반에 여러 가지 새로운 안전장치 요구를 하게 된다. 그러나 실상은 훨씬 복잡하고 미묘한 것이었다. LTCM 리스크관리 기법은 비판자들이 함부로 폄하하는 것과는 달리 사실은 고도로 정밀하고 수준 높은 것이었다. LTCM 붕괴 이후 10년 동안 금융감독당국은 헤지펀드들에 트레이딩에서 VaR값 계산을 스트레스테스트로 보완하라고 요구했으나, 사실 이것은 LTCM도 실천했던 것이다. 한편 모든 금융사들에 유동성 리스크를 점검하라고 요구하게 되는데, 사실 이것도 LTCM이 먼저 실천했음은 물론이다.

이 모든 노력을 했음에도 불구하고 결국 당대 최고 채권 대가(大家)들과 노벨경제학상 수상자들이 이끄는 LTCM은 파산하게 된다. 이유가 무엇이었을까. 그것은 리스크를 계산하는 그들의 방식이 잘못된 게 아니라, 계산하는 것이 너무나 어려웠기 때문이다. 그러니까 LTCM도 계산 공식은 제대로 알고 있었으나 너무 어려운 공식이어서 산출한 답이 틀린 것이었다고 비유적으로 말할 수 있겠다.

독자들께서 이제 20년 전 LTCM 트레이딩 기법에 대해 어느 정도 이해하게 되셨으니 다음 73화에서 1998년 글로벌마켓을 휘청거리게 했던 바로 그 LTCM 파산과 감독당국의 개입 사건을 상세하게 복기해보도록 하자.

2015. 9. 7

73 LTCM스토리 (3) 경쟁사들이 하이에나로 돌변하다

몰락의 징조가 처음 나타난 것은 1998년 5월이었다. LTCM의 초기 4년은 채권재정거래에 집중하여 대성공을 거두었으나 1997년 말이 되자 이제 더 이상 채권만으로는 연 40%를 넘나드는 수익을 가져올 수 없게 되었다. 그들이 너무나 성공했기에 그들의 전략을 모방하는 수많은 경쟁 펀드들이 생겨난 것이다. 여기에 더하여 거의 모든 투자은행들이 고유계정트레이딩(Proprietary Trading) 부서를 공격적으로 확장하였고, 이들이 시장에서 과밀(crowd)과 소란(noise)을 일으키게 되었던 것이다.

이에 대한 LTCM의 반응은 두 가지였다. 먼저, 전편에 이미 언급한 것처럼 발 빠르게 포지션을 이동시키기 위해 자본을 일부러 3분의 1가량 축소하여 투자가들에게 돌려주었다. 두 번째 반응은 뜻밖에도 신규로 주식시장 투자에 나서기로 한 점이었다. 채권 선수들이 주식을 한다는 것은 생각해 보아야 할 일이었다. 물론 LTCM은 그들이 채권재정거래를 한 방식 그대로 주식재정거래를 시도한 것이다. 그들은 가치산정 작업을 통한 주식종목 선정 행위 같은 보편적인 주식투자 방법론은 지양하였다. 대신, 채권재정거래에서 이미 재미를 보았듯이 주식에서도 일시적으로 정상적인 가격관계가 무너져 가격 형성이 달라진 거의 동일한 두 종목을 발굴하여 한 종목을 공매도, 다른 한 종목을 보유하는 전략을 구사했다. 이는 단기적으로는 먹힐 수 있는 전략이었다. 그러나 한 가지, 채권과 주식에는 근본적인 차이가 존재함을 잊어서는 안 된다. 채권의 경우, 만기가 가까워 올수록 유사 채권 간에 가격 괴리가 해소되지만, 주식은 전혀 아니다. 만기라는 개념이 없기 때문이다.

LTCM이 주식재정거래에 뛰어들자 지난 몇 년간 LTCM의 경이적인 수익률을 유심히 지켜보고 있던 월가의 트레이더들은 LTCM 교수님들이 지나치게 욕심을 부리기 시작했다고 판단했다. 헤지펀드가 본질을 이탈하여 욕심을 부리기 시작하는 경우 대부분 몰락의 시그널로 받아들여진다. 왜냐하면, LTCM의 투자방식은 엄밀히 말하자면 주식에 대한 베팅이 아니라 주식시장의 견고성에 대한 베팅이었는데, 이는 자칫 잘못되면 속된 말로 '그대로 골로 가는' 전략일 수 있었기 때문이다. LTCM의 교수님들은 시장의 방향성(주가지수가 오를 것이냐 내릴 것이냐)에 대한 분석을 한 것이 아니라 오르거나 내리거나 불문하고 '얼마만큼' 시장이 움직일 것이냐를 분석하였던 것이다. 다시 말하면, LTCM은 그 스스로가 일종의 '변동성의 중앙은행'이 되어 버린 것이다. 그들은 옵션 매수자들에게 지급할 확률이 극히 낮다는 분석하에 경쟁사들에 풋옵션과 콜옵션을 팔아서 프리미엄을 수취하기 시작하였다. 주식시장 변동성이 일상적인 범위를 벗어나지 않는 한 LTCM은 돈을 벌 수 있었다. LTCM의 교수님들은 자기들이 충분히 극단적으로 보수적이라고 자가당착적인 판단을 하였던 것이다. 그들의 VaR 계산에 의하면, 100일 중 99일 동안 자기들이 주식시장 변동성 베팅에서 손해를 볼 수 있는 최대 금액은 1억1600만달러에 지나지 않았고, 21거래일 동안 연속으로 마이너스가 나더라도 총 손실금액은 5억3200만달러였다. LTCM의 초기 4년간 최악의 월간 실적이 마이너스 2.9%라는 사실로부터, 자본금이 여전히 47억달러에 달했던 LTCM이 파산할 확률은 42억분의 1로 계산되었다. 이런 VaR 계산은 물론 그들에게 상대적으로 우호적이던 과거의 데이터를 가지고 계산한 것임은 물론이었다.

그런데 만일 변동성이 일상적인 범위를 벗어나면? LTCM의 천재들이 뭔가 시장을 오판하고 있었다는 최초의 징후가 1998년 5, 6월께 돌연 이머징마켓에서 나타났다. 인도네시아 정부에 대한 IMF의 구제금융이 최종 실패하였고 이에 따라 34년간 집권해온 수하르토 정권이 무너졌다. 러시아는 급격한 외국자본의 이탈을 막기 위해 금리를 세 배나 인상하며 버티고 있었다. 세계 경제가 불안하게 급등락을 반복하자, 일제히 세계 투자자금들이 안전자산으로 일컬어지는 미국 국채로 몰리기 시작하였다. 30년 만기 미국 국채의 수익률은 집계가 시작된 이후 최저 금리를 나타내었다(채권가격이 사상 최대로 뛰었다는 말이다). 그러니까 변동성이 일순간에 일상적인 범위를 벗어나 버린 것이다.

이때쯤 LTCM의 교수님들의 셔츠는 땀으로 젖고 있었다. LTCM은 채권시장과 주식시장 양방향에서 치명상을 입기 시작했다. 먼저 채권시장을 보자. LTCM은 1998년 5월이 되기 전에, 미국 국채와 일반 회사채들 간 수익률 괴리가 너무 지나치게 일상적 수준으로부터 벌어졌다고 판단하고, 미국 국채를 공매도하고 대신 자금시장에서 스왑레이트를 매수하는 거대한 재정거래 포지션을 축적해 두고 있었다. 그런데 그 가격 괴리는 줄어들기는커녕 5월 이후 더욱더 심화되었다. 주식시장에서는 변동성을 적극적으로 매도해 두었는데, 변동성이 1% 상승할 때마다 4000만달러를 잃게 되어 있었다. 그런데 S&P500지수의 5년 만기 옵션가격을 반영하는 주식시장 변동성이 5월 초순의 10%에서 5월 하순 19%로, 다시 6월 중순에 이르러서는 26%로 급등하고 만 것이다. 채권과 주식 양 시장에서의 LTCM 베팅과 시장의 움직임이 반대 방향으로 나타나자 양 포지션에서 모두 심각한 손실을 입었을 수밖에 없었다. LTCM의 자본은 5월에 6%, 6월에 다시 10%를 잃었는데 이는 천재 교수들이 계산한 어떤 경우의 VaR값에도 나타나지 않던 숫자였다.

LTCM의 몰락이 확실해진 것은 두 달 후인 8월이었다. 8월 17일 월요일, 러시아가 디폴트를 선언하자 그야말로 LTCM의 모든 포지션들이 재앙적으로 망가지기 시작했다. 미국 국채 수익률은 5월의 사상 최저치를 다시금 하방 돌파하여 내려갔다. 레버리지를 크게 일으켜서 이머징마켓에 집중 투자하던 다른 헤지펀드 하나가 그 주간에 파산하였는데, 이를 기점으로 프라임브로커리지를 적극적으로 하고 있던(그러니까 헤지펀드들에 운용자금을 빌려주고 있던) 몇몇 투자은행이 위험하다는 루머가 돌기 시작했다. 이 루머의 대상이 된 투자은행들이 신속하게 헤지펀드들에 빌려준 자금을 회수하기 시작하였다. LTCM은 미국 시장뿐만 아니라 유럽 시장 및 아시아 이머징마켓에서도 똑같은 트레이딩 기법의 포지션들을 축적하고 있었다. 즉, 더 안전한 국채를 공매도하고, 덜 안전한 (위험도가 더 큰) 일반 채권을 매수하는 포지션들이었다. 모든 시장에서 동시다발적으로 안전자산을 찾아 시장의 자금이 이동하면서 LTCM은 모든 시장에서 손실을 보기 시작한 것이다! 악몽 같은 주간의 마지막 날인 8월 21일 금요일이 되자, LTCM은 그 한 주에만 5억5000만달러를 상실하여 자본금의 15%를 허공에 날렸음이 드러났다. LTCM의 모든 전략의 핵심 중의 핵심, 이 펀드가 지금까지 기능해 온 바로 그 중심적 아이디어였던 '시장의 합리성'과 '재정거래의 자발적 교정 가능성'이라는 두 가지가 다 붕괴되어 버린 것이다. 이렇게 되면 천재들이라고 해도 달리 방법이 없었다. 포지션을 모두 청산하여 그나마 아직 남은 자본금을 지키거나, 아니면 새로운 투자가를 영입하여 자본을 확충하거나 둘 중 하나를 시급히 해야만 했다.

8월 24일 월요일 아침, LTCM의 수장 메리웨더는 평소 친분이 있던 헤지펀드 업계의 대가 조지 소로스의 맨해튼 5번가 아파트에서 그와 그의 CIO인 스탠리 드러켄밀러와 조찬을 했다. 그는 펀드 지분의 25%를 양도하는 조건으로 5억달러를 투자해 달라고 하였으나 소로스와 드러켄밀러는 바보들이 아니었다. "5억달러를 투자하는 다른 투자가가 한 곳 더 있다면, 8월 31일자로 5억달러를 투자하겠다"고 조건을 내건 것이다. 그런데 이 조건이 결국은 LTCM을 최종 나락으로 재촉하게 되었다. 그 다른 한 군데를 찾아오기 위해서 여기저기 수소문하는 과정 속에서, LTCM의 포지션에 문제가 생겼다는 것을 월가 전체가 알아버린 것이었다. 이것은 치명적인 실수였다(불가피했다손 치더라도).

이 부분에서, 바로 이제는 전설이 되어 버린 LTCM의 천재들이 과거 전혀 생각해 본 적이 없는 가장 무시무시한 최종 리스크가 등장한 것이다. 바로 모방자들, 즉 동료 헤지펀드 리스크였다. 비유해 보자면, 어제까지의 친구가 갑자기 오늘 나의 피냄새를 맡고 하이에나로 돌변한 상황이라고나 할까? 당시 시장이 이미 자체 교정능력을 상실한 상황에서 모든 헤지펀드들이 정도의 차이는 있었지만 프라임브로커들로부터 마진콜을 당하고 있었다. 이들 동료 헤지펀드들도 원해서가 아니라, 어쩔 수 없이 자기들의 포지션을 청산해야 하는 상황으로 내몰리는 중이었던 것이다. 그런데 LTCM의 붕괴 가능성에 대한 인지는, 그들에게 그야말로 최고의 좋은 먹잇감을 적시에 내준 것이 되고 말았던 것이다. LTCM이 자사의 포지션들에 대해 극도의 보안을 유지해왔으나, 상황이 이 정도로 내몰리고 특히 신규 투자자들을 유치해야 하는 상황에서 어쩔 수 없이 포지션들의 일부가 시장에 알려지게 된 것이었다. 그래서 어떻게 되었을까? LTCM이 가진 포지션들 중에서 시장에 알려진 포지션은 모든 헤지펀드들의 대항매매의 표적이 되어 버린 것이다. LTCM이 보유한 포지션은 여타 헤지펀드들이 무차별 공매도하였고, 반대로 LTCM이 공매도해 놓은 포지션은 그게 뭐든 여타 헤지펀드들이 매수하였다. 무위험 국채와 리스크 있는 회사채와의 가격 스프레드는 벌어져 갔고, LTCM이 가진 주식재정거래 포지션들도 동료 헤지펀드들의 무차별 대항매매로 가격이 붕괴되었다. 8월 17일부터 31일 사이, LTCM은 자기자본의 44%에 해당하는 19억달러를 단 2주 만에 상실하였다. 그러는 와중에 나타나야 할 신규 투자가는 결국 나타나지 않았다.

LTCM을 그냥 파산하게 놔두지 못한 이유는 물론 정확히 10년 후에 AIG를 미국 금융당국이 파산하게 놔두지 못한 것과 일맥상통한다. LTCM의 레버리지가 너무나 거대하였을 뿐 아니라(붕괴 시점에도 아직 1200억달러가 넘는 레버리지가 남아 있었다), LTCM이 너무 다양한 포지션을 축적해 놓아서 전 지구적 재앙을 촉발할 수 있다고 우려한 것이다. 예를 들어 LTCM은 붕괴 당시 영국 파운드화 국채시장 미결제 선물약정액 전체의 40%를 보유하고 있었다. 그리고 덴마크 주택모기지 채권시장에 투자한 외국기관 물량의 50%를 혼자 가지고 있을 정도였다. 그러니까 LTCM의 붕괴는 전 세계 각국 시장에서 전반적인 폭락을 가져온다는 차원을 넘어서서, 일부 시장에서는 매매 자체가 전면 중단될 수 있다고 판단한 것이다.

그리고 LTCM의 파산은 과거 간간이 있었던 은행이나 투자은행의 파산과는 경우가 완전히 달랐다. 은행이나 투자은행의 부실화는 감독당국이 즉시 개입하여 자산을 넘겨 받아 급매 상황을 회피할 여지가 있었다. 그러나 LTCM은 헤지펀드였기에 감독당국이 압류할 자산 자체가 없었다. LTCM의 모든 보유 자산은 차입에 대한 담보로서 프라임브로커들에 의해 보관되어 있었던 것이다. LTCM이 단 한 건의 상환만 불이행해도 다른 모든 대출 건들에 대해 교차 지급불이행(cross default) 조항을 발동시켜 자동으로 불이행이 연속적으로 발생하는 경우였다. 단 한 건의 불이행만 일어나도, 프라임브로커들이 LTCM 포지션의 소유권을 넘겨받아 무조건 급매로 처분할 것이었다. 그 여파로 시장의 폭락은 보나마나 명백한 상황이었다.

결국, 미국 재무부와 뉴욕 연방준비은행이 전면 개입하여 투자은행 16곳으로 하여금 36억2500만달러에 이르는 협조구제금융 제공으로 LTCM의 포트폴리오를 이전받게 하여 문제를 해결한다. 투자은행단이 LTCM의 포트폴리오를 넘겨받는 순간 그 많던 하이에나들은 먹잇감을 상실하고 뿔뿔이 흩어졌다. 시장이 구제를 받은 것이다. 그러나 천재들은 몰락했다. 자신들의 전 재산을 펀드에 재투자하고 있었던 메리웨더 이하 LTCM의 교수님들은 모두 돈을 다 날리고 빈털터리가 된다. 그리고 동시에 자신들의 자존심도 모닥불 연기처럼 사라져 버렸다.

이 사건의 사후 처리 과정에서 헤지펀드들에 대한 레버리지 이슈가 쟁점이 되어 미국 연방의회에서 청문회까지 열린다. 이 청문회의 증인으로 불려나온 조지 소로스는 역시 소로스답게 통찰력 있는 예언을 하나 한다. 레버리지의 문제는 헤지펀드들의 문제가 아니라 투자은행들의 문제라고 말이다. 당시 이 말이 뜻하는 진정한 의미를 제대로 알아들은 미국 정책당국자들은 거의 없었다. 레버리지 규제는 결국 시도되지도 못하고 당시 90년대 후반의 미국 정책당국을 장악하고 있던 그린스펀 연준 의장 이하 자유주의자들에 의해 흐지부지되고 말았다. 그 결과, 우리는 10년 후인 2008년 거대한 금융위기를 맞게 되는 것이다. 바로 투자은행들이 일으킨, LTCM을 능가하는 거대한 레버리지가 그 핵심 원인이었음은 주지의 사실이다. 이 이야기는 또 다른 주제로 이 IB 명장면이 향후 다루게 될 것이다.

2015. 9. 14

74 엘리엇 vs 아르헨티나 (1)

이번 74화와 다음주 75화에서는 총100회까지 기획 중인 IB명장면 시리즈의 마지막 4분기(76~100회 분량)에서 풀어나갈 주제들의 서막을 알리는 시간으로 마련했다. 76화 이후로는 △20세기를 떠들썩하게 했던 몇 건의 기업사냥꾼(Corporate Raider, 공격 당하는 쪽에서 부르는 명칭) 또는 주주행동주의자(Shareholder Activist, 공격하는 쪽에서 스스로를 멋있게 지칭하는 명칭) 이야기들 △헤지펀드 업계의 여러 분파 중에서 요즘 가장 각광받고 있는 몇 가지 유형에 대한 새로운 시각의 이야기들 △20세기 IB딜들 중 후세에 가장 큰 영향을 끼친 위대한 거래에 대한 이야기들로 채워볼까 구상 중이다. 그런데 이런 이야기들을 풀어가기 전에 독자들께서 아셔야 할 이쪽 세계의 몇 가지 전제 (내지는 분위기)가 있는데, 이를 가장 완벽하게 설명할 수 있는 스토리가 바로 얼마 전 한국 자본시장에서도 시끄럽게 화제를 뿌린 바 있는 미국 대형 헤지펀드 엘리엇매니지먼트에 관한 것이다.

필자는 엘리엇의 수장인 폴 싱어 회장을 위시해서 그 회사 투자 담당자들을 개인적으로는 전혀 모른다. 다만 10여 년 전에 우연히도 이 헤지펀드가 그 수많은 헤지펀드 중에서도 유별나게 특이한(?) 헤지펀드임을 알게 돼서 그 후 나름 이들의 투자 패턴을 공부하고 있었다고 해두자. 한편, 필자는 엘리엇이 한국에서 최근 모 재벌회사를 상대로 벌인 일에 대해 논평할 입장에 있지 않다. 그러나 한 가지 분명한 점은 엘리엇과 그 수장인 싱어 회장에 대한 국내 언론의 수많은 보도들 중에는 이 펀드의 특성이나 싱어 회장의 개인적 성향에 대해 깊이 이해하지 못하고 쓴 기사들이 상당수 있었다는 점이다. 상대는 헤지펀드다. (연기금이나 뮤추얼펀드가 아니다.) 그것도 250억달러라는 천문학적 금액을 운용하는 대형 헤지펀드고 창설 후 38년 동안 투자한 고객들에게 연평균 14%의 내부수익률(IRR)을 선사한 대단한 펀드다. 여기에 더해 자신들의 권리를 지키기 위해 각종 법정소송을 세계 도처에서 남발하고 수년씩 법정공방을 하는 것을 오히려 즐기는 회사다. 이런 유형의 (별로 착하지 않은) 헤지펀드에 "도덕적으로 행동하라"고 나무랄 수 있을까? 게임의 법칙 자체가 완전히 다른데 말이다. 일개 미국 헤지펀드인 엘리엇과 남아메리카 소재 국가 아르헨티나와의 장장 14년에 걸친 드라마틱한 법정투쟁사를 살펴보는 것은 그래서 의미가 있다고 본다. 이들은 대체 왜 그 장구한 세월 동안 싸웠을까?

이야기의 시작은 14년 전인 2001년으로 거슬러 올라간다. 남아메리카 대륙에서 2위의 경제규모를 가진 아르헨티나가 그해 성탄절 다음날인 12월 26일, 모든 기존 외채에 대한 국가부도를 선언한다. 이는 장기적으로는 1989~1999년 사이 집권한 대표적인 포퓰리스트 대통령인 카를로스 메넴 시절에 유권자들에 대한 '퍼주기' 용도로 개념 없이 일으켜 놓은 국가부채 때문이었으며, 단기적으로는 1998~2001년 4개년도 사이의 극심한 국내경기 불황 때문이었다. 이때 외채 부도총액은 930억달러였는데, 물론 그 당시 세계 국가부도 규모에서 새로운 신기록 경신이었다.

부도 선언 후에 외국자본이 썰물처럼 아르헨티나를 떠났고, 2003년까지 아르헨티나에 유입된 외국자본은 거의 제로가 된다. 국가부도 전까지 미국 달러에 1대1로 연동(페그)돼 있던 아르헨티나 페소화가 페그를 중단하자마자 4분의 1 규모로 평가절하됐고, 이에 따라 인플레이션율이 돌연 연 40%로 치솟고 국내총생산(GDP)은 불과 1년 사이에 11% 급감한다. 대규모 채무재조정은 불가피한 일이 됐는데, 부도 선언 전에 발행한 고금리 채권들을 갚을 방도가 없었기 때문이다. 그런데 아르헨티나 정부가 기존 채권을 리파이낸싱하려고 하니 심각한 저항에 부딪혔다. 주요 해외 채권자들은 부도 선언 자체를 인정할 수 없다는 분위기였고 (아르헨티나가 갚을 능력이 있음에도 불구하고 의도적으로 부도를 낸 것이 아닌가 하는 의구심이 투자가들 사이에 증폭), 해외 채권자 일부는 즉각적으로 소송을 제기했다.

그 후 아르헨티나 경제가 다소간 회복돼 2005년과 2010년에 기존 부도난 채권을 새로운 조건의 신규 발행 채권으로 바꿔주는 대규모 채권스왑 시도가 가능해졌다. 2005년 첫 스왑 시에는 기존 채권자 76%가, 2010년에는 93%가 동의했다. 그런데 약 7%(이들을 'holdouts', 즉 '부동의자들'이라고 지칭함) 투자가들이 끝까지 이 채권스왑에 반대하면서 원금 전액 상환을 요구하게 된다. 이들 부동의자들이 누구였을까?

2001년 부도 직후 아르헨티나 정부가 '벌처펀드'라고 비난한 일군의 채권자가 액면가의 100%를 변제하라고 아르헨티나 정부에 소송을 제기한다. 이들은 총액면가 13억달러에 해당하는 아르헨티나 국채를 1달러당 겨우 7센트가량 헐값에 인수한 바 있는데, 소위 말하는 디스트레스드증권펀드, 즉 한국에서 보편적으로 부르는 NPL펀드의 전형적 투자방법론이었다. 이들은 채권을 보유한 것 외에도 아르헨티나에 대한 거대한 규모의 CDS(신용부도스왑) 포지션을 가지고 있었다. 부도난 채권의 가격이 더욱더 극단적으로 떨어질수록 돈을 더 벌게 돼 있었다.

이 일단의 채권자들 리더가 바로 엘리엇매니지먼트와 그 수장인 폴 싱어 회장이었다. 1944년생 유태인이자 뉴욕 브루클린 토박이인 싱어 회장은 하버드대 로스쿨을 우수한 성적으로 졸업한 일급 변호사였다. 그는 잠시 변호사 생활을 하다가 싫증이 나자 로펌을 뛰쳐나와 월가의 투자은행 세계에 입문했다. 지금은 인수돼 없어진 투자은행 도널드슨러프킨앤드젠렛(DLJ)의 부동산금융 부서에서 3년을 근무한 후에 나와서 1977년에 자신의 헤지펀드인 엘리엇을 차렸다. (엘리엇은 그의 미들네임이다.) 그의 나이 33세 때였다. 당시로서는 적은 금액이 아닌 130만달러를 친지들과 친구들로부터 받아서 달랑 자기 혼자 시작한 그의 헤지펀드는, 정확히 30년이 지난 2007년에는 종업원 300명에 258억달러라는 거대한 포트폴리오를 운용하는 세계 10대 헤지펀드의 하나로 성장한다.

그런데 그의 펀드의 초창기 투자전략은 아주 심플했다. 부도난 채권이나 대출을 아주 싸게 사서 약간 웃돈을 받고 되팔던가 아니면 원금을 보전해달라고 지루하고 오래 걸리는 소송전을 진행해 다 받아내는 방법이었다. 이러한 다소간 진부해 보이는 (고전적인) 방법론을 통해 싱어 회장은 엉겁결에 헤지펀드 업계에서 '스페셜시추에이션스 전략'이라고 훗날 부르게 되는, 한편 공격 당하는 쪽에서는 동물 시체 위를 맴도는 독수리에서 유래한 명칭인 벌처펀드라고 부르게 되는 특정 투자전략의 시조가 된 셈이다.

엘리엇과 싱어 회장이 전 세계적으로 유명해지게 된 것은 1990년대 중반이다. 1996년에 남미 페루 정부가 발행한 국채가 부도가 나자 부도난 채권을 사모아서 미국 법정에 소송을 제기한 끝에 페루 정부로부터 4년 만에 원금 전액을 받아낸 것이다. 원금 5800만달러를 받아내기 위해 투자한 돈은 사실 겨우 1100만달러에 지나지 않았다. 소송비용 등을 제하고도 연환산수익률 100%가 넘는 성공이었다. 재미를 붙인 엘리엇이 다음에 점 찍은 대상이 바로 아르헨티나였다. 2001년 12월 아르헨티나 부도를 전후로 엘리엇과 그들이 카리브해 케이맨섬에 세워둔 페이퍼컴퍼니 자회사인 NML캐피털은 아르헨티나 국채를 사모으기 시작했다. 액면가 기준 8억3000만달러 상당의 부도난 국채를 단돈 4900만달러에 사들여서 채권자의 지위를 확보했다. 그리고 아르헨티나에 원금을 지불하라는 소송을 미국 네바다주 라스베이거스 지방법원에 제기한다.

그리고 나서는 소송을 진행하는 도중에 위에서 아르헨티나가 진행한 채무재조정방안으로서의 두 차례 채권스왑(2005년, 2010년)을 모두 거부한다. 이 채권스왑에 응하게 되면 부도난 기존 채권 액면가의 30% 정도만을 받게 되는 것이었다. 물론 새로 받게 된 채권이 그 후 아르헨티나 경기가 좋아질 경우 가격이 오를 수 있다는 가능성은 있었고, 2003년 아르헨티나의 새 대통령으로 선출된 네스토르 키르치네르정부는 그 부분을 집중 홍보하면서 투자가들이 채권스왑 방식의 채무조정안을 받아들일 것으로 기대한 것이었다.

그러나 싱어 회장의 생각은 전혀 달랐다. 그의 가치관과 투자관에 따르면 아르헨티나 정부가 국채스왑 방식으로 기존 채권자들의 액면가의 30%만 변제하겠다는 발상은 문자 그대로 날강도 같은 짓이었다. 싱어 회장은 "계약은 지켜져야 한다(Pacta Sunt Servanda)"는 유명한 로마법 조문을 맹신하는 사람이었다. 그는 국가가 거리의 시정잡배 같은 짓으로 투자가를 우롱한다면 그에 상응하는 뜨거운 응징을 시장으로부터 받아야 한다는 살벌한(?) 견해를 가졌다. 그를 잘 아는 주변 지인들은 그가 고집스럽고, 스스로 정의롭다고 믿고, 교활하며, 끈질긴 성격이라고 전하고 있다. 아르헨티나가 참으로 가장 상대하기 어려운 악질(?)적인 투자가를 만났다고 밖에 할 수 없었다.

구체적으로 그럼 엘리엇이 법정에 제기한 이 소송 관련 법적 쟁점들은 과연 무엇이었을까? 다음 75화에서 찬찬히 하나씩 살펴보기로 하자. 잠시 금융에서 법으로 외도를 떠나보는 것도 이 글을 읽어주시는 독자분들께 나쁘지 않을 것 같다는 생각을 하면서, 74화는 여기서 마무리한다.

2015. 10. 5

75 엘리엇 vs 아르헨티나 (2)

대외채무 부도를 내고 원금의 3분의 1 정도 보장하는 신·구 채권스왑을 하자는 아르헨티나 정부의 움직임에 맞서 소송을 제기한 엘리엇 측이 소송을 낼 수 있었던 근거와 법정에서 다툰 이슈들은 다음과 같다.

법적 쟁점 1 : RUFO(Rights On Future Offers) 조항

아르헨티나 정부가 대외 국채를 발행할 때 아무 생각 없이 통상적인 것으로 생각하고 넣은 이 조항이 결정적으로 아르헨티나 정부의 발목을 잡았다. 이 조항은 문자 그대로 양자 계약 당사자인 채권자의 미래에 대한 기대권이다. 채권자 중 일부가 계약체결 후에 채무자와 더 향상된 계약조건의 변경에 합의한 경우 그 변경 합의에 참여하지 않은 다른 채권자도 사후적으로 동일한 조건을 적용 받을 수 있는 권리를 말한다.

신·구 채권스왑을 시도할 때 93%의 채권자의 동의를 받았으나, 그 조건은 못 받겠으니 원리금 모두 내놓으라는 엘리엇을 위시한 7%의 부동의자(holdouts)들이 있었다. 그 경우, 7%와의 소송 결과, 그들에게 추후 93% 동의자들보다 더 좋은 조건의 뭔가를 아르헨티나 정부가 토해내야 할 경우, 이미 동의한 93% 동의자들에게도 이 RUFO조항에 의거해 똑같이 보상해줘야 하는 자가당착적인 상황으로 내몰리게 되었던 것이다. 아르헨티나에는 그럴 돈도, 그럴 의사도 없었음은 물론이다.

법적 쟁점 2 : Pari Passu 조항

'Pari Passu'라는 라틴어는 차별 없는 동등한 대우(equal treatment without preference)라는 의미이다. 국내법에서는 채권자평등의 원칙으로 알려져 있다. 이 조항도 보통 국제 자본시장에서 채권을 발행할 때 통상적으로 별 생각 없이 계약서에 넣는 조항이다. 이 조항이 의미를 가지게 되는 경우는 디폴트가 나서 파산절차에 들어가게 되는 경우인데, 사실 회사나 개인이 파산하는 경우가 아니라 국가가 파산하는 상황에서 그 국가의 모든 채권채무 관계를 정리할 국제파산법원 같은 것은 존재하지 않기 때문에, 이 조항이 선언적 의미 외에 큰 의미를 가지지는 못하였다. 그런데 이 조항이 엘리엇 vs 아르헨티나 소송에서 가장 중요한 기능을 수행하게 될 줄이야.

엘리엇이 원리금 다 상환하라고 소송을 하는 동안, 전술한 바와 같이 아르헨티나 정부는 대통령들이 계속 바뀌면서 2005년과 2010년 두 차례에 걸쳐 신·구 채권스왑을 밀어붙여 버린다. 그렇게 되자 2010년이 되면, 채권스왑에 동의한 93% 채권자의 지위(legal standing)와 동의하지 않고 2001년에 디폴트난 채권을 아직도 가지고 있는 엘리엇을 위시한 나머지 7% 채권자의 지위 사이에 우선 순위 문제가 발생한다. 특히 2010년 2차 채권스왑 한 1년 후인 2011년 말, 당시 아르헨티나의 크리스티나 페르난데스 키르치너(전임 헥토르 키르치너 대통령의 부인으로, 남편에 이어 대통령에 당선된 특이한 인물) 대통령 정부는 신채권을 가져간 93%의 채권자들에게 1회차 이자를 지급하기 위한 작업을 개시한다. 엘리엇 매니지먼트가 가만히 있을 리가 없었다. 즉시 미국 뉴욕남부연방지방법원에 집행정지(Injunction) 가처분 신청을 하게 된다. 아르헨티나는 이미 2001년부터 엘리엇과 소송분쟁 중이었던 관계로, 엘리엇의 움직임에 대해 별다른 신경을 쓰지 않았다. 특히 국제파산법원 같은 법원이 없고, 여기에 더하여 국가의 주권행위에 대한 사법심사 면제(State Immunity) 법리가 미국 등 영미법 체계의 국가에서 보편적으로 받아들여지는 법리라는 면에서 다소 안이하게 이 소송에 임했던 것으로 보인다.

그런데 웬걸, 2012년 2월 23일 나온 판결에서 뉴욕남부연방지방법원의 원로 판사인 토머스 그리사(Thomas Griesa)는 예상을 완전히 깨고 엘리엇의 손을 들어주었다. 바로 아르헨티나 정부가 신·구 채권자를 차별하는 행위를 함으로써 원 계약서 상의 Pari Passu 조항을 정면으로 위반했기에, 7%의 부동의자들에게 원금을 상환하기 전에는 신규 발행 채권 소유자(스왑에 동의한 투자자)들에 대한 이자는 지급될 수 없다고 가처분을 받아들인 것이다. 아르헨티나 정부는 그야말로 완전히 쇼크에 빠졌고, 즉시 항소했다.

2012년 10월 26일, 뉴욕남부연방지방법원의 상급심인 제2연방항소법원은 1심 판결에 법리 오해가 없다며 다시 엘리엇의 손을 들어준다. 물론 아르헨티나는 즉시 미국 연방대법원에 상고한다. 2013년 3월 1일, 제2연방항소법원은 아르헨티나 정부에 7%의 구채권 보유자들, 즉 부동의자(Holdouts)들에게 어떻게 배상을 할 것인지에 대한 방안을 마련해서 3월 29일까지 제시하라고 법원명령(Court Order)을 보낸다. 그 당시까지 엘리엇이라는 이름 자체를 공식 석상에서 언급하지 않으면서 완전히 무시하는 작전을 써 오던 크리스티나 키르치너 행정부는 이때 처음으로 공식적으로 엘리엇과 협상할 용의가 있음을 밝히게 된다. 아르헨티나로서는 매우 굴욕적인 순간이었다. 이 말을 아르헨티나 정부에게 듣기까지만도 무려 12년 세월이 필요했으나, 포기하지 않고 여기까지 소송을 이끌어 온 엘리엇의 그 끈질김에 아르헨티나 정부는 이때쯤이면 완전히 진절머리를 내게 된다.

2013년 3월 29일, 아르헨티나 정부가 제시한 부동의자 구제책이라는 것이 그러나 사탕발림이었다. 채권스왑에 동의한 채권자들보다도 더 열악한, 애초 원금의 20% 정도를 현금으로 돌려주겠다는 안이었다. 엘리엇이 애초 원금 대비 대략 7% 가격으로 채권을 구매한 것이니, 투입자금의 3배 수준에서 원금을 돌려 받으면 그래도 여전히 남는 장사 아니겠느냐, 이런 식의 판단을 아르헨티나가 한 것이었다. 그러나, 엘리엇이 원금의 겨우 20%를 수령하려고 12년을 기다려온 것으로 생각한 것도 아르헨티나의 완전한 오판이었다. 엘리엇은 바로 거절하고 오히려 아르헨티나의 이 행위가 미국 법정의 판결을 모독한 것이라는 법정모독죄를 적용해 줄 것을 다시 법원에 요청하게 된다. 엘리엇의 주장은, 1심과 2심의 판결상의 취지가 부동의자들에게는 원금의 100%를 돌려줘야 한다는 취지가 아니냐는 것이었다. 2013년 8월13일, 제2연방항소법원은 이런 엘리엇의 취지에 다시 손을 들어준다.

이런 가운데, 그 해 2013년 10월 7일, 국가 주권행위의 사법심사 면제에 대한 아르헨티나 정부의 웅변적 변론에도 불구하고 미국 연방대법원이 아르헨티나 정부의 상고를 기각한다.(미국 연방대법원은 보통 매년 상고되는 사건의 3% 미만만 본안 심리를 하고 나머지는 다 기각한다) 일단 미국 내 소송에서는 아르헨티나가 축구로 말하자면 10대0 완패를 한 셈이었다.

법적 쟁점 3 : 재판관할권(Jurisdiction)

IB 명장면에서 과거 한 번 다룬 적이 있듯이, 보통 국가들이 국제 자본시장에서 채권을 발행해 자금을 조달하는 경우, 유로본드(Eurobond) 방식을 주로 선택한다. 디폴트가 일어난 아르헨티나 채권들도 물론 거의 대부분 유로본드 방식으로 발행되었다. 유로본드에는 채권발행에 관련한 법적 관할권을 어느 법원으로 하는지에 대해 선택할 수 있는 옵션이 두 가지가 있는데, 흔히 '144A' 및 'Reg S'라고 불리는 두 가지 방식이다. 전자는 미국의 대형 기관투자가들을 투자가로 끌어들이기 위해 채택하는 방식으로 관할 법령을 미국 뉴욕주법(New York State Law)으로 한다. 반면, 후자는 미국의 대형 기관투자가들을 특별히 끌어들일 이유가 별로 없는 채권발행인 경우인데, 유럽이나 아시아 투자자들이 주로 선호하는 영국법(English Law)을 관할 법령으로 채택한다. 불행히도 아르헨티나는 144A 방식을 채택했고, 이에 따라 관할 법령이 미국의 법인 뉴욕주법이니 해당 채권에 관한 모든 분쟁의 관할 법원이 미국 법원이 되어 버린 것이다. 그러니까 아르헨티나가 미국 법원에 가서 국가의 주권행위에 대한 사법심사 면제 법리를 설파할 수는 있겠지만, 미국 법원이 이 사건에 관한 관할권 자체가 없다고 주장할 여지는 원천적으로 없는 것이었다.

다음, 미국 법원의 판결을 아르헨티나가 존중해야 하는지? 아르헨티나야 물론 존중하고 싶은 생각이 추호도 없었겠지만 이게 바로 국제 자본시장에서의 미국의 힘이라고도 할 수 있는 부분이다. 존중하지 않으면 어떤 결과가 초래되었을까? 엘리엇이 원금의 20% 정도를 현금으로 받고 속된 말로 "통 치자"는 아르헨티나의 제안을 격렬하게 거부한 이후, 아르헨티나 정부는 2014년 6월 초, 2010년 채권스왑으로 바꿔준 신규 국채의 이자지급 만기를 불과 한 달 앞두고 다시 엘리엇을 위시한 7% 부동의자들에게만 3차 채권스왑을 하자고 요청한다. 그런데 이게 다시 문제가 되었다. 엘리엇이 보기에는 부동의자에게는 원금을 갚으라는 1심 판결을 아르헨티나 정부가 무시한 것에 다름이 아니기 때문이다. 엘리엇이 1심 주심판사였던 뉴욕남부연방지방법원 토머스 그리사 판사에게 다시 달려간 이유였다. 2014년 6월 18일, 그리사 판사는 그런 새로운 채권스왑 제안은 자신의 1심 판결을 무시한 행위로 법정모독죄(Court Contempt)를 구성한다고 아르헨티나 정부에 으름장을 놓게 된다. 아르헨티나 정부는 그리사 판사의 새로운 판결이 나오기 직전, 채권스왑에 동의해서 신규채권을 받아간 투자가들에게 2014년 6월 30일 지급할 예정이던 총 5억3900만달러 상당의 이자를 아르헨티나 정부의 커스토디(custody)은행인 뱅크오브뉴욕멜런(Bank of New York Mellon)에 예치해 놓고 있었다. 그리사 판사는 6월 27일, 이 은행에 아르헨티나 정부가 예치한 이자상환용 자금을 집행하면 안 된다는 명령을 하게 된다. 은행이 안 움직이니, 아르헨티나는 현실적으로 이자를 지급할 방법 자체가 없게 되는 셈이었다.

법적 쟁점 4 : 판결의 집행(Enforcement) 여부

법정에서 세상을 깜짝 놀라게 하는 승리를 거둔 엘리엇이었지만, 당시 월가의 전반적 관전평은 실제 아르헨티나 정부에 판결을 강제집행할 수는 없으니 명목상의 승리라고 보았다. 월가에 있는 헤지펀드가 아르헨티나 부에노스아이레스에 있는 아르헨티나 재무장관을 움직여서 받고자 하는 원금을 송금하게 만들 수 있는 그 어떤 방법도 사실 없으니 말이다. 아르헨티나가 이런 소송의 패배에 대해 위기의식을 느끼고 뭔가 타협적 제안을 해오기를 기대하는 거 말고는 딱히 할 일이 없다고 누구나 생각했던 것이다. 그런데 여기서 바로 엘리엇을 헤지펀드업계의 진정한 전설로 만드는 사건이 벌어진다.

미국 법원에 의해 원금을 받을 자격을 확인한 엘리엇은 2012년 10월 15일 아프리카 가나공화국의 테마(Tema) 항구에 잠시 정박 중이던 아르헨티나 해군의 사관생도 훈련함인 3700톤급 프리깃선 리베르타드(ARA Libertad)호를 가나 현지법원의 집행명령을 받아서 몰수하였다. 자신들은 아르헨티나로부터 받을 돈이 있는데 안 주니, 아르헨티나 국외재산에 대해서 강제집행을 시도하겠다는 그야말로 혁명적으로(?) 용감무쌍한 발상이었다. 배를 가져가려면 아르헨티나 정부는 보석금 2000만달러를 즉시 입금하라는 것이 가나 현지법원의 판결내용이었다. 이 경우 가나공화국의 현지법원이 미국 법원의 판결을 인용하였다는 말이 되겠다. 이 배에는 당시 선원들과 훈련 중인 아르헨티나 해군사관학교 생도 등 약 200명이 타고 있었는데, 선원 43명만 남기고 일단 나머지 인원들은 10월 25일 풀려났다. 이 사건은 엄청난 반향을 불러 일으키며 아르헨티나 정부에 의해 국제해양법재판소(International Tribunal for the Law of the Sea)에 제소되었고, 두 달간의 법적 공방 끝에 동 재판소는 재판관 전원 일치의 판결로 가나정부가 아르헨티나의 주권을 침해했으니 즉각 배를 석방하라고 판시한다. 가나 정부는 12월 19일 리베르타드호를 석방하였고, 엘리엇에는 이 사건으로 가나 정부가 선의의 피해를 입었다며 항구 이용료 등 총 760만달러의 손해배상을 하라는 소송을 미국법원에 제기한다. 엘리엇은 결과적으로 이 사건을 일으켜서 현실적으로 얻은 것이 없고 오히려 다소간의 금전적 손해까지 입었으나, 한 가지 명백한 시그널을 아르헨티나 정부에 준 것이다. 원금을 내놓지 않으면, 아르헨티나 소유 자산이 있는 세계 여러 지역에서 언제든지 다시 이런 시도를 할 수 있다는, 소름이 돋는 협박이었다.

결론적 상황 : 기술적 디폴트(Technical Default)

2014년 6월 30일 이자지급 만기를 일주일 앞둔 6월 23일, 뉴욕남부연방지방법원 그리사 판사가 지명한 월가의 유명한 파산법 변호사 대니얼 폴락(Daniel Pollack)이 특별중재관(Special Master)으로 임명되어 엘리엇과 아르헨티나 정부 사이의 마지막 타협을 중재해보려고 시도한다. 엘리엇을 대화 상대방으로 인정하지 않고 있던 아르헨티나 정부의 강경한 태도 때문에, 어쩔 수 없이 중재관을 넣게 된 것이다. 당시 중재관을 만나러 뉴욕으로 온 아르헨티나 정부 대표단을 이끈 인물은 43세의 아르헨티나 재무장관 악셀 키칠로프(Axel Kicillof)였는데, 마르크스 경제학을 전공한 대학교수 출신으로 아르헨티나 정부 내부의 강경론자였다. 그는 아르헨티나 거시경제적 상황상 또 한 번의 디폴트는 감당하기 어려우니 엘리엇과 타협하자는 입장이었던 아르헨티나 중앙은행 총재인 후안 카를로 파브레가(Juan Carlo Fabrega)와 정면 충돌하고 있었다. 아니나 다를까, 키칠로프는 타협을 할 생각이 처음부터 없었다. 그는 뉴욕에 와서 일방적으로 엘리엇을 매도하는 연설을 유엔에서 하고 폴락 중재관을 한번 만나기만 하고 그대로 돌아가 버린 것이다.

6월 30일에 결국 이자 지급이 이루어지지 않았고, 이에 따라 채권계약에 의해 30일간의 자동 유예기간(Grace Period)이 부여되었지만 그 한 달 사이 아무 타협도 나오지 않았다. 결국 2014년 7월 30일, 아르헨티나는 13년 만에 두 번째 디폴트를 일으켰다. 원금 자체를 못 갚겠다는 2001년 상황과는 다르기 때문에 이를 기술적 디폴트(Technical Default)라고 불러주곤 있으나 여하튼 엄연한 디폴트였다. 그리고 그 상황은 2015년 10월 12일 현재도 지속되고 있다. 퇴임이 임박한 크리스티나 키르치너 대통령은, 스스로 인간쓰레기(scum)라며 경멸적으로 부른 폴 싱어에게 굴복해 원금을 지불하는 정치적 부담을 안을 이유가 없었던 것이다. 아르헨티나 경제가 어떻게 되건 말건 말이다. 이 또한 무책임한 정치적 행동이 아닐 수 없다.

결국 이 상황은 이제 딱 2주 남은 아르헨티나 차기 대통령선거 결과에 달렸다고 보면 되겠다. 10월 25일로 예정된 대선*에서 누가 이기든지, 그가 가장 먼저 해야 할 일은 바로 폴 싱어라는 역사상 유래가 없는 유형의 헤지펀드 매니저와 어떻게든 타협할 수 있는 안을 만들어서 아르헨티나를 기술적 디폴트 상황에서 빨리 벗어나게 해야 할 것이라는 점이다. 아르헨티나가 더 이상은 버틸 수 없는 상황으로 보이기 때문이다.

폴 싱어는 남을 괴롭히기 좋아하는 천성적인 악인인가? 이에 대한 즉답은 보류하기로 하자. 현재 국내에서는 그렇다고 주장하는 분들이 압도적으로 많은 거 같기에, 필자는 대세를 거스를 생각은 없다. 다만, 아르헨티나 소송과 관련해서 폴 싱어의 입장을 적극 옹호하는 월가 거물들이 많음은 알아두시기 바란다. 저

---

* 엘리엇과 타협하자는 입장이었던 부에노스 아이레스 주지사 마우리시오 마크리(Mauricio Macri)가 아르헨티나의 제53대 대통령으로 당선되었고, 엘리엇과 협상을 하여 2016년 2월 29일, 엘리엇이 주장했던 상환받을 원금의 75% 수준인 46억 5천만달러를 지급 받기로 합의하고 소송을 종료했다. 원금대비 7%에 사서, 14년만에 1000%이상의 수익률을 올린 것이다.

명한 행동주의 투자가인 헤지펀드 서드포인트(Third Point LLC)의 대니얼 로브(Daniel Loeb) 회장의 말을 옮겨보는 걸로 마무리하고자 한다. "……싱어 회장은 싸움을 즐기려는 목적으로 아무에게나 싸움을 거는 사람은 결코 아니다. 그는 법의 지배(Rule of Law)라는 정신에 깊이 심취되어 있으며, 자본주의 시장경제 체제는 법의 지배를 확보하는 방식을 통해서가 아니라면 기능하기 어려운 체제라는 신념을 가지고 있다. 그는 자기의 신념을 위해 싸우는 것을 두려워하지 않을 뿐이다. 갚을 의사도 없이 채권 발행을 남발하고 디폴트를 일으킨 국가가 과연 싱어 회장보다 더 도덕적이라고 할 수 있겠는가?……" 신념일까 아님 돈벌이를 위한 대의명분인가는 다음 세대가 평가할 것 같다.

2015. 10. 12

76 빌 애크먼의 허벌라이프 공매도 (1)

공매도(short-selling)란 단어는 이제 국내에서도 낯설지 않다. 그러나 아직은 이 단어를 한국 자본시장이 전폭적으로 수용하려면 세월이 더 필요할 것 같다. 아직도 공매도가 "나쁜 짓"이라고 잘 못 알고 있는 자본시장 참여자들이 너무나 많기 때문이다. 공매도에는 두 가지 형태가 있다. 하나는 국내에서도 허용되고 있는 차입 공매도(covered short-selling)인데, 이는 제3자로부터 주식을 빌려서 매도하는 방법이다. 이는 완전히 합법이다. 그런데 문제가 되는 것은 공매도의 다른 한 가지 형태, 즉 무차입 공매도(naked short-seliing)이다. 주식을 빌리지도 않고 그냥 없는 상태에서 특정 주식의 가격이 하락할 것으로 보고 매도 주문을 내는 행위이다. 물론 우리나라에서는 현재 금지되어 있다. 그런데 미국 등 선진 자본시장에서는 무차입 공매도도 (많은 제약사항에도 불구하고) 허용이 되어 있고, 이에 따라 이런 유형의 공매도로 인해 자본시장 내에 단기적 불확실성이 가중되는 면이 있게 된다. 특히 2008년 금융위기 당시에 이런 공매도의 단점이 극명하게 나타난 바 있다. 반면 공매도는 중장기적으로 보면 자본시장에 건강한 긴장감을 불러 넣어주는 긍정적인 면도 있다. 상장사의 사기(fraud)를 발견해내는 데 공매도가 지금까지 기여한 바를 무시할 수 없는 것이다. 이번 IB명장면 76화부터 자본시장의 역사를 화려하게 장식했던 몇몇 공매도자들의 영웅담과 실패담을 함께 소개해 보고자 한다.

"이 시대를 대표하는 공매도자가 누구일까?" 하는 질문을 던지게 되면 답하기가 곤란해진다. 스쳐 지나가는 이름이 너무 많기 때문이다. 그러나 누가 가장 위대한 공매도자인가를 묻는 것이 아니라, 누가 가장 눈에 많이 띄는 공매도자인가를 묻는다면 답은 간단히 나온다. 월가의 헤지펀드인 퍼싱스퀘어캐피털매니지먼트(Pershing Square Capital Management)의 빌 애크먼 회장이다. 본명이 윌리엄 A 애크먼(William A. Ackman)인데, 1966년생이니 이제 겨우 한국 나이로 오십이다. 그러나 이 사람의 언론매체 노출도가 너무 높아서, 애크먼을 실제로 본 적이 없는 사람은 이 사람을 조지 소로스나 워런 버핏 같은 팔십대 노인이라고 착각하기 쉽다. 애크먼은 누구인가?

그는 188㎝ 큰 키에 은회색 머리칼, 짙은 갈색 눈썹, 그리고 녹색 눈동자를 가진 근사한 미남이다. 말도 나긋나긋하게 참 잘 한다. 그래서인지 월가에서의 별명은 은빛여우(Silver Fox)이다. 그런데 이 잘 생기고 말도 나긋나긋하게 하는 호남형 인간이 월가의 가장 공격적인 행동주의 헤지펀드인 AUM(운용자산) 140억달러의 퍼싱스퀘어캐피털의 수장인 것이다. 애크먼은 뉴욕의 부동산 재벌인 로렌스 애크먼의 아들로 태어났다. 영어 관용구 표현대로 "입에 실버스푼을 물고" 태어난 만큼 초·중·고교 교육 모두 미국에서 받을 수 있는 그야말로 최고의 교육을 받았고, 부친의 예상대로 하버드대학 학부와 하버드 경영대학원을 졸업하였다. 그리고는 일체의 직장생활을 정식으로 해보지도 않고 바로 자기의 헤지펀드를 차려서 월가의 거친 세계에 뛰어든 것이다. 천재적인 두뇌와 무모할 정도의 용감함, 그리고 상대방을 반드시 자기 편으로 만들 수 있는 특이하고 독특한 화술 말고는 당시 그가 내세울 수 있는 것은 없었다.

이렇게 해서 1992년에 그가 친구와 친지들의 돈 300만달러를 갹출하여 시작한 펀드가 바로 지금은 사라진 고덤파트너스(Gotham Partners)라는 이름의 헤지펀드였다. 이 헤지펀드는 300만달러로 시작해 단 5년 만에 5억달러로 성장하는 대단한 신데렐라 스토리를 썼으나, 2002년 이 펀드가 MBIA를 공략하던 와중에 당시 뉴욕주 검찰총장인 엘리엇 스피처(Elliott Spitzer)가 고덤파트너스를 공식적으로 입건하여 조사하는 일이 벌어진다. 실정법을 위반한 사실이 없음에도 불구하고 일단 검찰의 수사를 받는다고 하자 일부 투자가들이 불안하여 대규모로 환매를 요청하게 된다. 이리 되자 도의적 책임감을 느끼게 된 애크먼이 투자가들에게 대략적으로 투자원금의 세 배 정도를 현금으로 돌려준 후에 이 펀드를 청산하고 다시 새로운 투자가들을 모집하여 시작한 헤지펀드가 바로 오늘날의 퍼싱스퀘어캐피털인 것이다. (퍼싱스퀘어라는 명칭은 맨해튼 파크애비뉴와 42번가가 만나는 그랜드센트럴역 앞에 위치한 작은 광장이름인데, 애크먼의 사무실이 당시에는 그곳에 위치해 있었다) 2004년 시작하여 현재 11년째 운용 중인 퍼싱스퀘어캐피털의 현재까지 수익률은 각종 비용차감 후에도 연평균 24%의 인상적인 수준이다.

애크먼이 수립한 전략은 전형적인 행동주의자의 그것이었다. 그는 문제점을 발견한 상장회사의 지분을 일단 공매도(short)하거나 보유(long)한다. 그것도 일부 찔끔찔끔 투자하는 것이 아니라 단숨에 1대 주주가 되거나, 그게 어렵더라도 최소한 이사회에 자리를 요구할 정도로 의미 있는 수준의 물량을 사들인다. 그것도 항상 펀드의 자본으로만 사며 절대 외부차입(레버리지)을 일으키지 않는다. (그래서 애크먼이 항상 단기전이 아니라 장기전을 할 수 있는 이유이다) 그리고는 자신의 공매도 사실이나 지분보유 사실을 공시하고, 그 다음 언론을 동원한 치밀한 미디어 전술을 구사한다. 자본시장 참여자들의 분위기를 자기 쪽으로 가져오기 위한 의도된 성명전(?) 비슷한 것이었다. 그리고는 자기가 원하는 내용, 즉 경우에 따라 분사, 합병, 제3자 매각, 경영진 교체, 새로운 마케팅전략 도입 등등을 시도하고 이를 해당 회사 경영진에 강요한다. 물론 공격 당한 회사는 대부분 강력 반발하고, 대응할 수 있는 각종 방법을 동원한다. 예를 들어 주가조작 혐의로 애크먼을 형사고소하거나 증권선물위원회(SEC)에 조사를 의뢰하는 방법 등이 통상적인 이들 기업의 방어방법이다. 그러나 잘 생기고 논리정연하고 분위기 있는(?) 애크먼이 방송에 출연하여 자신의 입장을 밝히면 자본시장 분위기가 이상하게 그의 분위기를 따라가는 마력을 매번 보여주곤 하였다. 이런 식으로 애크먼이 공략한 회사들을 대표적인 것들만 나열해 보면 편의점 체인인 서클K, 패스트푸드의 상징 맥도날드, 미국 농민들에 대한 모기지보증업체 파머맥(Farmer Mac), 채권보증기관인 MBIA, 햄버거체인 웬디스(Wendy's), 미국 최대 서점체인 보더스(Borders), 미국 최대 백화점 체인 중 하나인 타깃(Target), 한물간 백화점 체인인 제이시페니(JCPenny), 부동산REIT회사 GGP, 캐나디언퍼시픽철도(CPR), 캐나다 제약회사 밸리언트(Valeant) 등이다. 이들 중에서 서클K, 파머맥, MBIA, GGP 등 소위 말하는 대박을 낸 경우도 있고, 완전히 실패했다고 보여지는 보더스나 타깃 같은 경우도 있고, 제이시페니나 밸리언트처럼 현재 진행형인 딜들도 있다. 그러나 애크먼 회장이 시도한 그 많은 딜들 중에서 정치적, 사회적으로 가장 주목을 크게 받은 딜이 오늘 소개할 허벌라이프(Herbalife) 딜이다.

2013년 12월, 퍼싱스퀘어캐피털은 뉴욕증시 상장사인 영양보조식품 직접판매(direct selling) 회사 허벌라이프 주식 약 10억달러 상당을 공매도했다는 사실을 공시하였다. 애크먼은 언론을 통해 이 회사가 직접판매 회사가 아니라 거대한 피라미드 다단계 판매회사(Multi-level marketing Pyramid Scheme)이며, 제품을 팔아서 돈을 벌고 있는 것이 아니라 다단계 판매조직에 사람들을 추가로 끌어들이면서 돈을 벌고 있다고 공격을 감행한다. 애크먼의 주장에 따르면 결국 팔아야 할 상품의 대부분이 고객(end-investor)에게 가는 것이 아니라 새로 이 판매조직 네트워크에 끌려 들어오게 된 신규 가입자(newbies)들에게 넘어 가게 되며, 이런 식의 흐름은 더 이상 가입시킬 새로운 신규 가입자가 없을 때까지 계속된다는 것이다. 결국 돈을 버는 사람들은 이 피라미드의 맨 꼭대기에 있는 일부이며, 이들은 맨 하층부에 있는 대다수의 사후 가입자들의 주머니를 털게 된다는 논리였다. 애크먼이 이런 사실을 언론에 공표한 이유는 물론 관계당국, 즉 증권거래위원회(SEC), 뉴욕주 검찰청, 그리고 연방공정거래위원회(FTC)가 이 회사를 조사해주기를 기대했기 때문이다.

애크먼은 모든 헤지펀드 매니저들 중에서도 특히나 자기확신(Self-Confidence)이 강한 사람이었다. 심하게 말하면 인생을 자기 잘난 맛에 사는 유형이라고 할 수 있겠다. 그는 이 허벌라이프 공매도 건을 거의 일년 가까이 연구한 뒤에 저질렀는데, 이 회사를 연구하면서 이 회사가 현존하는 악(惡)이 틀림없다고 단정을 해버리게 된다. 애크먼에 의하면 자기가 이 회사를 공략하는 이유는 돈을 벌려는 행위가 아니라 악에 대한 선의 십자군전쟁이라는 것이다. (이 세상을 선악 이분법적으로 보는 경향이 애크먼에게 강하게 나타난다) 이 피라미드 다단계로 피해를 보는 집단은 미국 내에서도 가장 사회적, 경제적으로 열악한 위치에 있는 히스패닉과 흑인들 같은 소수인종들이라는 것이고, 이 회사를 결단냄(take down)으로써 수많은 불쌍한 사회적 약자들을 구제하겠다는 그야말로 일종의 돈키호테 같은 발상이었다.

허벌라이프 공략은 기술적으로도 사실은 상당히 위험한 베팅이었다. 그는 당시 그의 펀드 총 자본의 13분의 1 정도에 해당하는 거금을 일시에 움직였고, 평소의 그답지 않게 주식을 빌려서 공매도를 하였다. 그런데 그 빌린 주식이 허벌라이프 총 유통주식 수의 거의 5분의 1에 해당하는 어마어마한 물량이었다. 이 주식들을 빌려준 실제 주주들이 언제든지 이 주식을 다시 돌려달라고 할 수 있는 상황이었다. 그리고 이러한 공매도 전략을 구사하는 경우 항상 염려해야 하는 것이 소위 말하는 '숏 스퀴즈(short squeeze)' 상황이다. 시장이 애크먼을 따라서 이 주식을 매도하여 가격이 계속 내려간다면 모를까, 누군가 반격을 시작하여 주가가 다시 올라간다면 애크먼의 펀드는 실로 거대한 리스크에 노출되어 버리는 것이다. 주식을 빌린 가격보다 주가가 높아지면 그야말로 '골로 가게' 되는 것이다. 애크먼이 공격을 시작하기도 전에 이미 이 회사 주가는 주당 48달러에서 40달러로 단기적으로 하락해 있는 상황이었다. 애크먼이 이 회사에 대해 2012년 12월 19일 열리는 아이라 W 손 컨퍼런스(Ira W. Sohn Conference)라는 자본시장 관련 행사에서 발언할 것이라는 소문이 돌면서 주가가 이유도 없이 빠진 것이다.

허벌라이프는 그냥 당하고만 있었을까? 당연히 아니다. 물론 반격을 시작한다. 그리고 애크먼이 예상하지 못한 전혀 엉뚱한 강적이 출현하여 이 공매도 게임의 본질이 흔들려 버리는 사태로 발전하게 된다. 무엇보다도 공격 이후의 주가 움직임은 어땠을까? 그 이야기는 77화에서 계속 살펴보기로 하자.

2015. 10. 19

77 빌 애크먼의 허벌라이프 공매도 (2)

애크먼의 허벌라이프 공매도는 발표 직전과 직후 며칠 간은 분명 시장을 크게 움직여 놓았다. 2012년 12월 17일에 주당 48달러이던 주식은 발표 전날에 소문이 미리 돌면서 40달러로, 이어 발표 후 3거래일 만에 26달러로 폭락했다. 기본적으로 시장은 허벌라이프 전체 유통주식의 5분의 1이나 되는 거대한 공매도 물량에 놀라움을 표시했고, 그 정도라면 애크먼 특유의 과장된 자기확신이 작용했다고 하더라도 허벌라이프에 분명 문제가 있다고 판단한 것이었다.

그러나 해가 바뀌어 2013년 1월로 넘어 오면서 상황이 바뀌었다. 일단 회사가 반격을 시작한다. 제기된 각종 의혹들을 잘못되거나 오래된 통계들을 기반으로 만들어진 주장들이라고 모두 부인했으며, 애크먼에 의해 주도되는 공개적 주가조작 음모라고 맞받아친다. 이어 회사가 당시 가지고 있던 약 5억달러 상당의 잉여현금을 모두 동원하여 곧 투자자들을 위한 주식 소각에 나설 것이며(실제로 얼마 후에 그렇게 한다), 매년 실시해오던 배당수준을 향후 두 배로 올리겠다고 발표함으로써 회사가 애크먼에게 쉽게 굴복할 의사가 전혀 없음을 천명하였다. 사실 1980년에 고교 중퇴자였던 당시 약관 24세의 마크 휴즈(Mark Reynolds Hughes)에 의해 로스앤젤레스에서 창업된 허벌라이프의 역사는 그 자체가 법정소송의 역사였다. 이 회사와 관련하여 창립 초기부터 제기된 각종 의혹들에 대해 미국식품의약국안전청(FDA) 등 규제감독당국의 조사 및 전직 직원들, 고객들, 그 외 이해당사자들에 의해 제기된 의혹들과 각종 소송들의 숫자는 헤아릴 수 없이 많았다. 그럼에도 불구하고 그 모든 의혹과 소송들을 이겨내면서 휴즈가 2000년에 약물과다복용으로 급사하기까지 회사는 꿋꿋이 번창일로를 걸었다. 휴즈가 사망하고 잠시 휘청거리긴 하였으나 이 회사를 골든게이트캐피털 및 휘트니앤컴퍼니라는 두 곳의 사모펀드들이 2002년에 인수하여 회사를 재정비한 후 2004년에 뉴욕증시에 상장시킨다. 위 두 곳의 사모펀드는 투자기간 겨우 2년에 투자원금의 7배를 건지는 대박을 터뜨린 후에 떠나고, 그 후 회사는 월트디즈니사 해외사업부문 CEO 출신인 마이클 존슨(Michael Johnson) CEO를 비롯한 전문경영인들에 의해 경영되어 오고 있었다. 2004년 상장시부터 2012년 5월의 최고 정점까지 주가는 정확히 10배 올랐으며, 허벌라이프는 전 세계 80여 개국에서 7400명의 직원과 300만명이 넘는 독립판매자(Independent Distributor)를 확보한 다단계마케팅(Multi-level Marketing)의 제국을 건설 중이었다.

애크먼의 허벌라이프 공매도 게임이 위험한 베팅이었다는 점은 그가 너무 짧은 시간 동안 너무 성공한 나머지, 월가 안에서도 부러움과 질투의 대상이었다는 점과 일맥상통한다. 전편에서도 보았듯이, 애크먼은 고생을 모르고 자란 부유한 가정환경에다 지나치게 자기확신(에고)이 강한 인물이었는데, 이런 부분이 사회생활하면서 안 좋은 방향으로 표출되는 경우가 종종 있었던 것으로 보인다. 동료 헤지펀드 매니저이자 유명한 인터넷 파워블로거인 채프먼캐피털의 밥 채프먼(Bob Chapman) 회장은 이를 이렇게 표현한 적이 있다. "애크먼은 불필요하게, 그리고 특별한 이유도 없이 너무 공격적이다(Ackman is needlessly and pointlessly too much aggressive)"

다시 말하자면 동료 헤지펀드 매니저들 중 일부가 애크먼을 이 참에 손을 좀 봐주기 위해서 묵시적 연합전선(?)을 만들어 움직인 정황이 생긴 것이다. 물론 서로 공모하고 저지른 일은 아니었고 (공모를 하기엔 서로들 너무나 자존심이 강한 인물들이었기에), 서로 다른 시기에 이 공매도 게임의 반대방향에 올라탄 것이다. 즉 주가가 내리는 것이 아니라 올라서 애크먼이 사상 최대일지도 모르는 숏스퀴즈 상황으로 내몰려 몰락하길 바란 것이다. 2013년 1월 초부터 슬금슬금 오르기 시작한 허벌라이프 주가는 1월 9일이 되자 큰 폭으로 올랐다. 이유는 간단했다. 월가에서 애크먼 이상으로 비중이 큰 대형 헤지펀드인 총운용자산(AUM) 140억달러의 서드포인트LLC가 허벌라이프 주식 8.2%를 취득했다고 이날 공시를 한 것이다. 서드포인트LLC의 수장인 다니엘 로브(Daniel Loeb) 회장은 애크먼 이상의 헤지펀드업계 거물이다. 1961년생인 로브는 애크먼보다 5살 연상이었는데, 둘 다 유대인이란 공통점 말고도 둘 다 스포츠 마니아라는 점에서 서로 통했다. 집도 서로 가까웠고, 사이클을 주말마다 같이 타면서 형-동생으로 자주 어울리던 사이였다. 그러다가 2007년 초, 로브는 당시 자기 펀드에서 투자처를 찾지 못해 현금으로 들고 있던 2억달러를 애크먼의 펀드에 투자하게 된다.(헤지펀드들끼리 여유자금을 상호 투자하는 경우가 종종 있다) 그 당시 애크먼은 새롭게 투자가들의 돈을 모아서 미국의 대표적 리테일체인망인 타깃(Target)을 공략하고 있었다. 이 공략은 그런데 초기에는 완전히 잘못된 방향으로 움직여서 투자 원금의 거의 90퍼센트가 평가손이 나게 된다. 최악의 국면이 지나고 투자가들에게 환매를 허용한 첫날 로브는 미련 없이 환매를 하는데, 1억7500만달러가 날라가고 그의 손에는 겨우 2500만달러가 돌아왔다. (결과론적인 이야기지만, 만일 로브가 그때 성급하게 환매를 하지 않고 18개월만 더 기다렸다면 원금은 건질 수 있었다. 타깃사에 대한 애크먼의 포지션이 그 후 다시 많이 올랐기 때문이다) 어처구니없이 돈을 날렸다고 분노한 로브는 말하자면 그날 이후 애크먼과 절교하였다. 그러고는 언젠가 두 배로 갚아주겠다고 속으로 벼르고 있었는데, 그 기회가 드디어 온 것이었다. 물론 로브는 그 후 방송에 출연하여 이 허벌라이프 포지션 보유 전략이 애크먼에 대한 개인적 보복은 아니라고 전면 부인하긴 하였으나 그 말을 믿는 사람은 아무도 없었다.

그는 8.2% 포지션을 보유하면서 서드포인트LLC의 투자가들에게 주가가 향후 1년 안에 주당 55달러에서 68달러 사이로 오를 것이며, 보수적으로 계산해도 40~70%의 투자수익이 기대된다고 밝힌다. 오랫동안 보유할 생각은 아니었음이 분명했다. 그가 지인들에게 밝힌 이 허벌라이프 투자의 포인트들은 다음 세 가지였다. (1)허벌라이프는 현금창출능력이 대단한 회사(Cash-cow)로서 33년을 버티어 왔다. 만일 진짜 문제가 있었다면 연방감독당국이 지금까지 가만이 두었겠는가? 이런 유형의 다단계마케팅을 하는 회사들은 허벌라이프 외에도 여러 개가 상장되어 있는데 그 중 왜 허벌라이프만 문제가 된다는 말인가? (2)설령 애크먼의 새로운 문제 제기로 추후 연방공정거래위원회(FTC)가 허벌라이프에 미국에서 영업정지를 명령하는 일이 발생하더라도 이 회사 주식의 흐름에 결정적인 영향은 못 줄 것 같다. 허벌라이프의 총매출과 순익에서 미국 국내사업부문이 차지하는 비중이 5분의 1도 안 되는 상황이었기 때문이다. 나머지 5분의 4 이상은 중남미와 아시아, 아프리카 등지에서 벌어들이는 수익이었던 것이다. (3)결정적으로, 애크먼은 이 회사가 지속가능성이 없는 회사("Pop and Drop Dynamics"라고 애크먼이 표현)라고 혹평하였으나, 이 회사가 그 수많은 의혹 제기와 법정소송에도 불구하고 여전히 성장중인 이유는 바로 지속가능한 사업모델을 실제로 갖추었기 때문이라고 봐야 한다.

26달러까지 추락했던 허벌라이프 주가가 다시 탄력을 받으면서 30달러대로 오르기 시작했다. 애크먼은 이 엉뚱한 로브의 공격이 있던 바로 그날, 동남아시아 미얀마로 가족을 동반한 겨울 휴가를 와서 스쿠버다이빙을 즐기고 있었다고 한다. 뉴욕의 퍼싱스퀘어캐피털 직원들이 긴급히 전한 이 소식을 듣고도, 애크먼은 그냥 웃기만 했다고 한다. 로브가 무슨 짓을 하려는지 너무 뻔했기 때문이다. 애크먼은 그게 로브일 것을 예상하지 못하였을 뿐 자신의 12월 허벌라이프 공매도 발표 이후 누군가가 시장에서 슬금슬금 허벌라이프 주식을 대량으로 사 모으고 있다는 걸 눈치채고 있었던 것이다. "그 정도쯤이야, 대세에 지장 없어! 단기적으로 수익을 내고 빠져나가려는 전략이겠지." 애크먼의 초기 반응이었다. 그런데 이 애크먼의 여유는 일주일 후에 완전히 사라지게 된다. 로브 이상의 거대한 적이 갑자기 출현한 것이다. 그가 누구였을까? 바로 1세대 행동주의 투자가이자 월가의 거물인 칼 아이칸(Carl Icahn)이었다. 아이칸은 로브의 보유 공시 후 1주일이 지난 시점인 1월 16일, 자신도 허벌라이프 주식을 매집하여 보유한다고 선언하였다. 시장은 술렁거리기 시작했다. 허벌라이프 주가는 곧바로 수직상승하여 단숨에 40달러를 돌파함으로써 한 달 전 애크먼의 공매도 선언 직전의 주가를 회복하였다.

아이칸, 한때는 그 이름만 들어도 미국의 대기업들이 벌벌 떨었다는 바로 그 아이칸이다. 아이칸은 누구인가? 1936년 뉴욕 퀸즈에서 고등학교 교사 부부의 아들로 출생한 아이칸은 1980년대를 풍미한 원조 기업사냥꾼 중 한 명이다. 프린스턴대학에서 철학을 전공하여 졸업한 후 의학전문대학원에 진학하나 적성에 맞지 않자 일년 만에 그만두고 대신 미 육군에 입대하여 유럽에서 복무한다. 1961년 제대와 동시에 월가에 취직해 주식브로커 생활을 하게 된다. 그러다가 1968년 자신의 회사인 아이칸엔터프라이즈(Icahn Enterprise)를 세우고 주식투자를 시작하는데, 1978년 무렵부터는 단순 소수지분 투자가 아니라 직접 상장사들에 대한 지배주주 위치를 확보하려는 노력을 시작한다. '기업사냥꾼의 시대'였던 1980년대를 수놓은 많은 스타들 중에서도 아이칸은 특이한 위치를 차지했는데, 그 이유는 그의 끝을 모르는 게걸스러움에 있었다. 지난 40년간 미국에서 있었던 모든 기업사냥 시도 건들을 분석해 보면 아이칸이 시도 건수로는 압도적인 1위를 차지한다. 그만큼 앞뒤 안 가리고 여기저기 들쑤셨다는 말이 될 듯 싶다. 2014년 현재 그의 개인 자산은 217억달러에 달하며 여든을 바라보는 노구를 이끌고 여전히 투자를 하고 있는, 마켓의 진정한 전설(좋은 의미와 나쁜 의미를 동시에 포함)이다.

그런데 아이칸은 애크먼이라면 자다가도 벌떡 일어날 만큼 증오하는 사이였다. 애크먼이 피라미드판매조직과의 성전을 선포했다고 하면, 아이칸은 바로 그 애크먼에 대한 성전을 벌이기로 한 것이었다. 아이칸은 1월 16일의 허벌라이프 포지션 보유 선언 후 애크먼의 전공 분야인 바로 그 언론플레이를 전개한다. 1월 24일에 블룸버그뉴스와, 1월 25일에 CNBC와 전화인터뷰를 자청하여 전국적으로 TV생중계되는 가운데 애크먼에 대한 무차별 인신공격성 발언을 쏟아내며 허벌라이프를 옹호한다. 대체 아이칸은 무슨 일로 자기 아들 뻘인 애크먼을 증오하게 되었을까? 아이칸은 과거 애크먼에 의해 시장에서 치욕적인 공개적 망신을 당한 적이 있었던 것이다. 이야기는 애크먼이 그의 첫번째 헤지펀드였던 고덤파트너스를 청산하던 무렵으로 거슬러 올라간다. 다음 78화에서 그 이야기와 함께 허벌라이프 공매도 사건이 그래서 결국 어떻게 반전에 반전을 거듭하게 되는지를 이어서 최종 정리해 보자.

2015. 10. 26

78 빌 애크먼의 허벌라이프 공매도 (3)

2003년 3월의 어느 날, 30대 중반의 '애송이'(아이칸의 표현) 애크먼이 당대의 행동주의 투자가인 60대 후반 칼 아이칸의 맨해튼 사무실로 찾아왔다. 찾아온 이유는 자신의 펀드인 고덤파트너스가 가지고 있던 홀우드(Hallwood)라는 상장 부동산 REIT의 지분 15%를 살 생각이 있는가를 탐문하기 위해서였다. 전술한 바와 같이 애크먼은 당시 MBIA사 공매도 시도와 관련하여 연방증권거래위원회(SEC)의 조사를 받고 있었고, 불안해 하는 일부 투자가들의 환매 요구 때문에 고덤파트너스를 청산하는 작업을 진행하고 있었다.

홀우드 주식은 당시 주당 60달러 선에서 거래되고 있었는데, 애크먼은 이 주식이 주당 140달러까지 갈 것으로 보고 그 전년도에 보유했다. 청산을 해야 하는 마당이니 애크먼은 욕심을 낼 형편은 못되었고, 특히나 산전수전 다 겪은 교활한 아이칸을 상대할 때에는 더욱 그랬다. 이 주식을 주당 90달러에 사달라고 하니 아이칸은 80달러에는 사주겠다고 역제안했다. 이 주식이 향후 18개월 안에 140달러까지 갈 것을 확신했던 애크먼은 다시 수정 제안을 한다. 만일 이 주식을 아이칸이 매입 후 향후 3년 안에 '처분(dispose)'할 경우 수익률이 10%를 넘어가는 경우 10%를 넘는 수익 부분을 둘이 절반씩 나누자고 제안했다. 아이칸은 별 생각 없이 이 제안을 받아들이고, 애크먼이 준비해온 열 페이지짜리 계약서에 서명을 했다.

문제는 이 주식이 엄청 올랐을 뿐 아니라(아이칸이 매입 후 1년 만에 138달러까지 오른다. 애크먼의 주가 예상이 기가 막히게 맞은 것이다) HRPT라는 경쟁 부동산 REIT에 팔려서 합병되었다는 점이었다. 1년 만에 주가가 70% 이상 올랐으니 당연히 계약서대로 10% 넘어가는 부분을 나눠 가져야 한다는 계산이 나온다. 두 부동산 RIET 간의 합병이 끝나고 며칠 후, 애크먼은 돈 달라고 아이칸에게 전화를 한다. "무슨 돈?"이 아이칸의 답이었다. 아이칸의 주장인즉슨 자기는 애크먼에게 넘겨받은 그 주식을 처분(dispose)한 적이 없다는 것이다. 합병은 두 회사가 알아서 한 것이고, 자신은 합병에 반대표를 던졌기에 합병반대매수청구를 하여 현금을 획득했을 뿐이니 수익의 일부를 애크먼과 나눠 가질 이유가 전무하다는 주장이었다. 물론 아이칸의 이 주장은 억지였다. 애크먼은 완전히 열이 받아서 아이칸에게 소송하겠다고 협박을 했다. "소송해봐, 이 멍청아(schmuck)!" 아이칸이 차갑게 비웃었다. 물론 애크먼은 일급 변호사를 사서 소송을 하였고, 항소에 상고에 무려 5년을 질질 끈 결과 결국 2009년에 애크먼의 완승으로 끝났다. 아이칸은 애크먼에게 원금에 이자까지 총 900만달러를 물어주게 된 것이다. 이 순간부터 아이칸은 기회가 있을 때마다 애크먼을 격렬하게 욕하고 다녔다. 물론 아이칸도 그다지 평판이 훌륭한 인물은 아니었기에, 이런 욕설이 애크먼의 인생에 큰 영향을 준 바는 없었으나, 아이칸의 그 적대감이 드디어 허벌라이프 공매도전에서 강력한 적으로 출현하게끔 만든 원인은 분명해 보인다.

2013년 1월 25일, 증권방송 CNBC는 지구상의 모든 TV프로듀서들이 꿈꾸는 꿈의 향연을 우연히 선보였다. 전날인 1월 24일 블룸버그뉴스에 출연하여 자신을 격렬하게 매도한 아이칸의 주장들에 대해 조목조목 반박하기 위해, 애크먼이 CNBC 베테랑 앵커 스캇 와프너(Scott Wapner)가 뉴욕증시 오전장이 끝나고 생방송으로 진행하는 하프타임리포트(Half Time Report)라는 프로그램에 출연하였다. 그런데 돌연 아이칸이 방송국에 전화를 걸어와서 이 두 억만장자 헤지펀드 대가들끼리 생방송으로 설전을 벌이는 희한한 상황이 벌어진 것이다. 이 두 사람의 설전이 너무 살기가 등등하여, 전 월스트리트가 순간적으로 하던 일을 잠깐 멈추고 이 두 사람의 대화를 경청하는 코미디 같은 일이 펼쳐졌다.

"애크먼은 우는 아이(Cry Baby) 같은 녀석이다"(아이칸), "아이칸은 정직하지 못한 인물이므로 내 친구들은 그와 절대 거래를 하지 말라고 충고하곤 했다"(애크먼), "애크먼이 허벌라이프에 대해 하는 짓거리는 회사 약탈 행위다"(아이칸), "허벌라이프는 피라미드 사기다. 이런 회사를 응징하는 것이야말로 나 같은 헤지펀드 매니저의 사명이다"(애크먼), "헤지펀드 매니저가 공익(public interest)을 위해 일한다고? 웃기지 마라. 그럴 작정이면 차라리 헤지펀드 때려치우고 SEC에 입사하지 그래?"(아이칸), "기업 사냥의 원조는 바로 당신 아닌가?"(애크먼), "허벌라이프에 대해 조만간 누군가에 의해 공개매수가 있을 것이고 주식은 100달러까지 오를 거다. 그럼 주식 빌려준 사람들이 주식 내놓으라고 하겠지. 애크먼 네가 망하는 건 시간문제야"(아이칸), "피라미드 사기 회사에 대해 공개매수를 할 정신 나간 사람이 과연 누구일까? 아이칸, 당신이 하지 그래, 돈도 많으면서?" (애크먼). 두 사람은 그야말로 거친 입담을 과시하면서 40여 분간 팽팽히 맞섰다.

아이칸이 허벌라이프를 보유하겠다고 선언하자 물론 주가는 탄력을 받으면서 오르기 시작했다. 2013년 2월14일 발렌타인데이는 애크먼에게 잊을 수 없는 날이 되었다. 이날, 아이칸이 허벌라이프 주식 13%를 보유하고 이 회사 이사회에 아이칸이 추천한 사외이사 2명이 조만간 임명될 것이라는 공시가 나온 것이다. 이쯤 되면 이 회사가 피라미드 사기냐 아니냐가 주요 논점이 아니라, 천재 헤지펀드 매니저인 빌 애크먼이 몰락하느냐 마느냐, 그리고 그를 죽이기 위해(쿠엔틴 타란티노의 영화 제목처럼, '킬 빌!') 월가의 거물들 누구누구가 공동연대를 하고 있는지 여부가 논점으로 전환되어 버린다.

공동연대에 참여한 인물들이 속속 실체가 드러나기 시작하였다. 2월 말이 되자 리먼브라더스 공매도로 전 세계적인 스타가 된 데이빗 아인혼(David Einhorn) 회장의 그린라이트캐피탈이 희한한 공시를 한다. 즉 자기 펀드에서 허벌라이프를 전년도인 2012년에 공매도를 했었는데, 그 모든 포지션을 1년도 채 안 되는 기간 동안 70%가량의 수익을 시현하고 청산했다고 공시한 것이다. 이 뒤늦은 공시도 속을 들여다보면 애크먼을 완전히 엿 먹이는 공시였다. 공매도의 대가 중 하나인 아인혼이 공매도 포지션을 청산하고 나왔다는 이야기는, 공매도로 더 이상 먹을거리가 없다, 즉 앞으로 허벌라이프 주가가 오를 거라는 의미로 월가에 받아들여진 것이다.

알고 보니, 아인혼도 애크먼과 뒤끝이 안 좋은 스토리가 있었다. 두 사람은 한때 절친한 친구였다. 둘 다 아직 그렇게 유명해지기 전인 1990년대에, 월가에서 뉴욕시 북쪽 교외의 집으로 지하철을 타고 출퇴근을 하던 지하철 통근친구로 만났는데, 연배도 비슷하고 서로가 생각이 잘 통했다. 둘은 각자 성공하여 유명해지고 나서도 자주 만나서 각자의 투자 의견을 교환하는 사이로 발전했다. 그런데 이 두 사람의 각별한 사이가 애크먼의 경솔한 입 때문에 틀어졌다. 유명한 야구광이던 아인혼은 2011년 여름, 매물로 나온 뉴욕 메츠 구단을 인수하려고 구단주인 윌폰(Wilpon) 집안과 협상을 벌이고 있었다. 그런데 애크먼이, "아인혼은 2004년 밀워키 브루어즈 구단이 매물로 나왔을 때도 사려고 하다 실패한 적이 있다"는, 시장이 거의 알지 못하던 개인적 정보를 언론에 별 생각 없이 떠들어버린다. 애크먼은 나중에 아인혼이 그만큼 진지한 입찰자라는 걸 홍보해주기 위해서였다고 해명했으나, 이 애크먼의 발언은 아인혼에게는 최악의 발언이었다. 이 발언 때문에, 뉴욕 메츠 구단에서는 아인혼이 아무 구단이나 매물로 나오면 찔러 보는 유형의 안 좋은 투자자로 오해해버린 것이다. 아인혼은 결국 협상에 실패하게 되고, 그가 어릴 때부터 갈망하던 메이저리그 구단의 구단주가 되는 기회를 날렸다. 이 사건 이후 둘의 관계는 절단이 되었다고 한다. 그린라이트캐피탈의 이 공시는, 투자가들에게 사실을 알리는 의무였을 뿐이라고 아인혼은 주장하였으나, 월가는 로브나 아이칸의 경우와 마찬가지로 아인혼도 이 기회에 애크먼에게 한 방 날린 것으로 보는 시각이 우세했다.

결국 허벌라이프 주식은 2013년 한 해 동안 뉴욕증시에서 가장 많이 오른 종목 중 하나로 자리매김하게 된다. 그해 연말까지 이 주식은 주당 80달러 선까지 올라가 버린다. 애크먼이 주식을 빌린 가격이 주당 53

달러 선이었다고 알려져 있으므로, 공매도 선언을 하고 12개월이 지난 시점에서 애크먼의 포지션은 어마어마한 장부가상의 평가손을 기록하게 된 것이다. 아이칸이 언급한, "공매도 스퀴즈의 본보기(The mother of all short squeezes)"가 실제로 되어 가고 있는 상황이었다.

애크먼은 물론 그대로 당하고 있을 인물은 아니었다. 그는 수세로 몰리기 시작한 2013년 4월부터 11월 사이에 에 세 가지 조치를 취한다. 1) 우선, 자기 포지션의 리스크를 일부 줄여 놓는다. 원래 최초 투자했던 유통주식 20%에 달하는 공매도 물량의 3분의 1정 도를 이익을 실현하고 포지션 정리를 한다. 그리고 나머지 3분의 2의 다시 40%가량을 공매도를 청산하고 대신 풋옵션을 매수하여 스왑을 걸어 놓는다(결과적으로 같은 방향성의 투자가 되나, 공매도 포지션을 정리하고 풋옵션을 사게 되면 애크먼 입장에서는 옵션 프리미엄만 기회비용으로 지불하면 되므로 주가 상승 시 손실폭을 줄이는 효과가 발생한다). 2) 펀드의 비용이 아니라 자기 개인 돈을 무려 5000만달러나 투입하여, 허벌라이프가 피라미드 사기라는 결정적 증거를 잡아내기 위해서 외부 컨설팅 업체(말이 컨설팅 업체이지 실제로는 사립탐정을 고용했다고 보는 것이 타당하다)를 동원한다. 3) 마지막으로 이 허벌라이프 공매도에서 자기가 개인적으로 취득하는 모든 성공보수는 전액 피라미드 사기로 피해를 본 미국 시민들을 돕는 자선금으로 내놓겠다고 선언하고 더욱 가열찬 언론플레이를 전개한다.

2013년 12월 말에는 애크먼이 거의 두 손을 들고 나가떨어질 것으로 시장은 예상했으나, 2014년이 되자 다시 상황은 급반전을 하게 된다. 애크먼이 만들어내는 언론플레이의 노이즈가 너무 심해서, 워싱턴DC에 있는 미국 정가의 상하 양원 국회의원들까지 이 사안에 대해 드디어 언급하기 시작한 것이다. 국회의원들의 압력을 받자 2014년 4월, 미국 연방수사국(FBI)과 연방공정거래위원회(FTC)가 허벌라이프가 피라미드 사기인지 아닌지를 조사하고 있거나 조사할 예정이라고 발표하는 사태로 비화한다. 특히 연방공정거래위원회의 발표자료를 보면 2005년부터 2012년까지 만 7년 동안 총 192건의 허벌라이프에 관한 불공정거래 행위가 고발되었으며, 이 모든 사례를 다 전수조사하기 위해서는 최소 18개월의 조사기간이 필요하다고 언급되었다. 상황이 이리 돌변하자 다시금 주가는 폭락하고, 설상가상으로 지금까지 허벌라이프에 대해 제기되었던 소송 중 규모가 가장 큰 집단소송이 역시 4월에 제기된다. 2014년 1월 8일 84달러에 도달했던 주가는 12월 2일에는 정확히 반 토막이 나서 다시 42달러로 떨어지고, 애크먼의 포지션은 다시금 장부가상으로는 평가익을 내는 포지션으로 바뀐다.

2015년 11월 2일 현재 허벌라이프 주가는 어떨까? 현재 주당 50달러 중반에서 횡보하고 있다. 애크먼이 공매도를 걸었던 주당 53달러 언저리다. 그 사이 '킬 빌' 비밀결사(?)에 참여했던 로브, 아이칸, 아인혼을 위시해서 대부분의 헤지펀드매니저들은 적정 시점에 수익을 실현하고 포지션을 청산하거나 대폭 줄이고 떠난다. 그중 누구도 당대의 독종 빌 애크먼을 상대로 장기전을 할 생각이 있었던 사람은 없던 듯하다. 월가의 주류 언론에서는 이 허벌라이프 공매도가 그 전에 실패했던 타겟과 보더스, 그리고 최근 투자했다가 낭패를 보고 있는 캐다다 제약회사 밸리언트(Valeant)와 함께 애크먼의 최대 실패작이라고 혹평을 하고 있으나, 애크먼은 여전히 천하태평이다. 18개월 걸린다는 연방공정거래위원회의 최종 조사 결과가 나올 때쯤이면, 이 허벌라이프라는 회사는 지구상에서 사라지고 없을 것이라고 여전히 호언장담 중이다. 과연 누구 말이 맞을까? 허벌라이프는 오늘도 여전히 이익을 내고 있는 가장 잘 경영되고 있는 다단계 마케팅 회사 중 하나라는 것이 아직까지는 보다 신뢰성 있는 관전평이다. 허벌라이프가 판매하는 제품의 73%는 "멤버"(전에 '디스트리뷰터'라고 부르던 것을 애크먼의 공매도 공격 이후에 오해의 소지를 없앤다는 취지에서 회사가 그렇게 명칭을 바꿈)가 스스로 소비하는 것이고, 27%만이 멤버의 소개로 다시 다른 새로운 멤버에게 넘기는 물량이라는 것이 허벌라이프의 일관된 설명이다. 즉 제품이 필요한 진짜 소비자에 의해 소비됨으로

써 돈을 버는 모델이 아니라, 할당된 제품의 일정량을 떠 넘기기 위한 새로운 멤버를 영입하는 방법으로 돈을 버는 것이라는 애크먼의 기존 공격에 대한 반박이다. 물론 이 73:27이라는 비율은 전혀 검증된 바 없는 숫자라는 것이 애크먼의 입장이다.

누구 말이 맞는지는 이제 곧 드러나게 될 것 같다. 미국 감독당국의 조사 결과가 조만간 발표될 것으로 보이기 때문이다. 결과가 어떻게 나오느냐에 따라 한쪽은 치명상을 입게 될 것으로 예견된다. 독자들께서 이 현재진행형인 애크먼에 의한 허벌라이프 공매도 건에 관심을 가져 주시기를 바란다. 이 사례가 시사하는 바가 적지 않기 때문이다. 공매도의 역기능과 순기능을 이 건처럼 극명하게 한번에 보여주는 경우가 또 있을까!

2015. 11. 2

79 머디워터리서치의 시노포리스트 공매도

독자들께서는 카슨 블록(Carson Block)이란 사람의 이름을 혹시 들어보셨는지? 블록이란 이름이 낯설다고 하시면, 그럼 머디워터리서치(www.muddywatersresearch.com)라는 희한한 이름의 헤지펀드는 혹시 어디선가 들어보셨는지? 펀드 이름이 '진흙탕물 리서치'이니, 이 헤지펀드가 뭘 지향하는 헤지펀드인지 어렴풋이 느낌이 오실 수도 있겠다.

신문 증권면 최근 지면을 보니 한동안 죽어 있던 중국 기업들의 한국거래소 상장이 몇 건 곧 다시 있을 것이라는 뉴스가 눈에 띈다. 중국 기업들이 한국거래소에 상장하러 몰려오는 현상 자체는 나쁜 일은 아닐 것이다. 그러나, 불과 몇 년 전에 한국에서 악명 높은 '중국고섬' 사건이라는 어처구니 없는 상장 건이 일어났고, 이 사건은 아직 법정에서 현재진행형으로 소송이 진행 중인 것으로 이해된다(너무나 유명한 사건이므로 이 사건에 대한 자세한 설명은 생략한다. 싱가포르거래소에 상장되어 있던 중국고섬이란 중국 기업이 한국거래소에 2차 상장을 했는데, 상장이 된 후 석 달이 채 지나지 못한 시점에 회계 부정이 밝혀지면서 거래가 정지되어 버리는 바람에 투자자들에게 손실을 입힌 사건이다).

그런데, 이 중국고섬 같은 중국 기업 IPO 상장 사기사건이 한국에서만 있었던 것이 아니다. 해외 증권시장, 특히 미국과 캐나다 등에서는 중국 기업의 상장 관련된 사기 사건이 여러 건 발견되어 상당한 사회적 파장을 불러 일으킨 바 있다. 상장하려는 중국 기업들 수가 워낙 부지기수로 많은데다가 이 기업들을 중국 국내 증권거래소가 다 수용할 수가 없게 된 것은 이미 2000년대 초반부터 나타난 현상이었다. 여기에 더해 자국 소재 기업들의 상장 예정 건수가 크게 줄자 스스로 먹고살기 위해 각국 증권거래소들이 경쟁적으로 중국 기업들을 자국 거래소로 상장 유치한 것으로 이 여파를 각국 일반 투자자들이 그대로 보게 된 셈이다. 물론 여기에 수수료를 획득하기 위한 각국 투자은행(IB)들의 탐욕도 작용했음은 물론일 것이다. 오늘은 뉴욕과 토론토 등 해외거래소에 상장된 중국 기업들의 상장 사기 사건들에 대해 집중적으로 발굴하여 이를 투자와 연결시켜 (즉 해당 종목을 공매도하여) 거대한 성공을 거둔, 그래서 현재 중국인들의 살해 위협에 시달리고 있다고 알려진 좀 이단적인 헤지펀드와 그 수장을 소개해 볼까 한다.

한국에서 중국고섬 사건이 불거지던 무렵인 2011년 6월 2일, 자칭 '이머징마켓(특히 중국 포커스) 특화 공매도전략 헤지펀드'라는 머디워터리서치(Muddy Waters Research)가 캐나다 토론토 증시에 상장되어 있던 당시 시가총액 미화 42억달러의 중국 기업 시노포리스트코퍼레이션(Sino-Forest Corporation)에 강력한 매도(Strong Sell) 의견을 낸다. 이 회사의 재무제표상 숫자들이 다 엄청 부풀려진 거짓말이라는 게 이유였다. 중국의 목재(Timber)회사인 시노포리스트는 일찍이 1994년에 홍콩 증시에 지주회사가 상장되었고, 이어 1995년에 토론토 증시에 2차 상장되었다. 그리고 2004년에는 대규모 유상증자까지 한 중견기업이었다. 토론토증권거래소 상장 당시 상장 주관 업무는 글로벌 대형 투자은행들 몇 개사와 함께 이런 중국 회사의 해외증시 상장 틈새시장에서 활약하는 던디캐피털(Dundee Capital)이라는 부티크IB 등이 담당하였고, 상장 작업에서 가장 중요한 회계실사는 소위 '빅포(Big Four)' 회계법인 중 하나인 언스트영 캐나다 법인이 맡았었다.

이 회사는 토론토 증시 상장 후 한때 시가총액이 미화 환산 60억달러에 도달하였을 정도로 순항했다. 특히 2008년 중국 쓰촨성 지진 이후 복구 작업에 목재가 많이 필요할 것이라는 전망과 함께, 2008년 금융위기 당시 미국 주택 경기 약세에 베팅하여 대박을 터트려 일약 전 세계적인 투자의 달인으로 떠오른 폴슨앤드컴퍼니의 존 폴슨이 이 회사 지분을 대거 매집하였다는 사실이 공시되면서 유망 종목으로 증권사들에 의해 추천되기 시작했다. 2011년이 되면 이 회사의 1, 2, 3대 주주가 폴슨앤드컴퍼니, 미국 최대 뮤추얼펀드인 피델리티, 그리고 싱가포르 국영투자공사인 테마섹으로 공시된다. 누가 봐도 이 정도 이름들이 주식을 대량으로 가지고 있는 전도유망한 중국 기업이 재무제표를 날조하고 있다고는 상상도 못했을 것이다. 그런데 그렇게 생각하지 않는 사람이 딱 하나 있었으니, 그가 바로 이름도 이상한 헤지펀드 머디워터리서치의 수장인 카슨 블록이었다.

잠깐 블록을 소개해보자. 1976년생인 그는 뉴욕시 인근인 뉴저지주 서밋(Summit)이란 부촌에서 태어났다. 부친은 월가 증권업계에 근무하다가 스스로 조그만 자산운용사를 차린 인물이었는데, 이런 부친과 정신적으로 유대감이 깊었던 블록은 어릴 때부터 아버지에게 주식을 분석하는 기법을 배우는 것이 유일한 취미였다고 한다. 고등학교 시절 일본에 여름방학 때 연수를 다녀오게 된 것이 블록의 인생에 큰 전환점을 가져다 주게 되었는데, 이유는 아시아에 압도적으로 매료되었기 때문이었다. 캘리포니아주 로스앤젤레스에 있는 남가주대학(USC)에 진학한 블록은 경영학과 중국어를 복수 전공한다. 학부시절 그는 완벽한 100% 백인임에도 남가주대학의 아시아계미국인학생회(Asian American Student Association)에 가입할 정도로 아시아에 관심이 많았다고 한다. 1998년 대학졸업 후 그는 무작정 비행기 편도 티켓을 사서 중국 상하이로 간다. 그곳에서 2년간 체류하면서, 중국 기업들에 대한 각종 현지 자료를 구해서 이를 영어로 번역하여 미국 투자자들에게 제공하는 사설 리서치 회사에 잠시 몸 담는다. 총명한 블록은 이때의 아르바이트 경험을 통해 중국 현지 기업들의 회계 관행이 이루 말할 수 없이 낙후되어 있음을 몸소 체험하게 된다. 뒷날 상장된 중국 기업들의 사기를 잡아내는 저승사자 역할을 하게 된 계기가 어렴풋이 자리잡게 된 것이다.

미국으로 돌아온 그는 중국에 정착하여 살기 위한 방법론으로 변호사가 될 결심을 한다. 2005년 로스쿨 졸업과 동시에 변호사 자격을 취득한 후 미국 대형 로펌 중 하나인 존스 데이(Jones Day)의 홍콩사무소에 주니어 변호사로 취업을 하면서 다시 꿈에 그리던 중국에 돌아온다. 변호사라기보다는 사업가 기질이 농후했던 블록은, 2년간 일한 후에 따분한 로펌을 나와서 2007년 중국 상하이에서 스스로 기업을 시작한다. 그의 사업은 회사 이름을 러브박스(Love Box)라고 명명한 물류 창고업이었는데, 2년 만에 초기 투입 자본금을 모두 말아먹고 사업을 접고 말았다. 그런데 이 실패가 그에게는 전화위복이 된다. 중국에서 회사를 한다는 것이 얼마나 여러 경제 외(外)적인 작업들을 필요로 하는지를 뼈저리게 몸소 체험한 것이다.

그리고 나서 그가 2010년 초부터 새로 시작한 일이 바로 중국 자본시장에 대한 리서치업을 겸한 이머징마켓 전문 헤지펀드다. 초기 자본금은 미약했고 대부분 미국에서 자산운용사를 하고 있는 아버지에게 빌린 돈이었다. 장난기가 많고 중국어에 능통한 블록은 자기 헤지펀드 이름을 머디워터리서치라고 명명하는데, 이는 '물을 흐리게 해야 물고기가 더 쉽게 잡힌다'는 뜻인 '혼수모어(混水摸魚·muddy waters make it easy to catch fish)'라는 중국 병법서 손자병법에 나오는 전략에서 따온 이름이라고 한다. 그리고 나서 그는 동료 헤지펀드들에게 뉴욕증권거래소나 나스닥거래소에 상장되어 있는 중국 기업들에 대한 깊이 있고 폭발력 있는 매도 리포트들을 줄줄이 내면서 일약 히트를 치게 된다.

그의 최초 목표는 뉴욕 증시에 상장되어 있는 오리엔트페이퍼(Orient Paper)라는 중국 기업이었다. 이 회사는 존재하지도 않는 매출을 가공하여 몇 배나 부풀린 경우였고, 이 같은 사실을 알아내기 위해 블록은 친구와 함께 잠재 구매자를 가장하여 직접 오리엔트페이퍼의 허베이성 공장을 방문하는 기상천외한 방법을 사용한다. 이 회사는 머디워터리서치의 매도 리포트상 모든 내용을 부인하고 반격을 시도하였으나 주가는 리포트 발표 전 대비하여 90% 폭락했다. 머디워터리서치의 주장을 반박할 새로운 증거를 전혀 제시하지 못한 것이다.

블록의 다음 목표는 제철공장에서 배출되는 배기가스의 탈황(desulfurization)키트 생산업체였던 라오닝성 다롄시의 리노 인터내셔널(RINO International Inc)이라는 업체였다. 이 회사는 당시 나스닥에 상장되어 있었다. 이 업체는 중국의 거의 대부분의 대형 제철회사에 자사 생산품을 공급한다고 공시 자료에서 주장하고 있었고, 매출은 불과 2년 사이에 4배 증가한 걸로 기재되었다. 블록이 직원들을 직접 중국에 보내 몇 달간 추적한 끝에 그 공급계약의 5분의 4가 거짓말임이 드러났다. 이 회사에 대한 매도 리포트는 바로 효력을 발휘하여 이 회사는 곧 상장폐지된다.

세 번째 회사는 앞의 두 회사보다 투자가 입장에서 더욱 더 속기 쉬운 구조였다. 나스닥에 상장되어 있던 차이나미디어익스프레스(Chian Media Express)라는 회사였는데, 중국의 대도시들 간에 운항되는 고속버스 안에 달려 있는 디지털TV 광고권을 가지고 있는 회사였다. 이 회사의 투자자들이 더욱 속기 쉬웠던 이유는, 당시 대주주가 미국 최대 보험사인 AIG의 전직 CEO이자 이머징마켓 개인투자가로 유명한 행크 그린버그(Hank Greenberg)였기 때문이다. 이 회사 사외이사 두 명이 그린버그가 임명한 서양인들이었으며, 이 회사의 감사법인은 빅포 회계법인인 딜로이트였다. 그러나 블록은 이 회사 역시 매출을 세 배 이상 뻥튀기하고 있음을 밝혀낸다. 이 회사는 다급해지자 있지도 않은 거짓말 공시를 남발한다. 자사 고속버스 디지털광고를 이용하는 10대 고객 중 4개사가 애플, 코카콜라, 차이나모바일, 그리고 중국 최대 인스턴트 국수 제조사인 마스터콩(Master Kong)이라는 주장이었는데, 머디워터리서치 직원들이 일일이 확인해보니 위 회사들 중 그 누구도 광고 계약은커녕 차이나미디어익스프레스라는 회사 이름 자체를 들어 본 적이 없다는 회신을 받는다. 이 회사도 블록에 대한 법적 소송을 천명하는 등, 투자자들을 붙잡아 두기 위해 발악을 하지만 결국 재무제표가 허위임이 판명되어 얼마 지나지 않아 상장폐지되고 만다.

오리엔트페이퍼, 리노인터내셔널, 차이나미디어익스프레스 등 3개 회사의 사기를 발견하여 공매도로 이미 큰 이익을 본 블록이 그 2011년에 새로 발견한 목표가 바로 글 모두에서 언급한 시노포리스트였던 것이다. 시가총액으로 보자면, 시노포리스트는 앞의 3개사의 시가총액을 모두 합친 것보다 세 배가 더 큰 대형 회사였다. 그만큼 블록의 입장에서도 많은 사전적 연구조사가 필요하였다. 이때쯤이면 이미 블록은 (그의 공매도로 인해 손해를 본) 중국인들의 살해 위협에 시달리다 못해 홍콩에 있던 머디워터리서치 본사를 샌프란시스코로 옮겼고, 30명 정도로 알려진 그의 회사 직원(상당수가 중국인이거나 홍콩인)은 모두 신분을 숨기고 가명으로 일해야 하는 지경에 돌입해 있었다고 한다. 여하튼, 몇 달간의 치밀한 조사 끝에 시노포리스트 역시 매출액을 부풀리는 방법으로 실적을 조작하고 있었음이 드러난다. 예를 들어 이 회사가 중국 윈난성에서 당해 연도에 벌목했다고 주장하는 목재의 양이 윈난성 정부가 목재회사들에 벌목을 허용한 벌목량을 9억달러어치가량 초과하고 있었음이 밝혀진다. 여기에 더하여 이 회사가 전혀 실체가 드러나지 않은 6개 중개회사(Authorized Intermediaries)를 이용하는 방법으로, 당연히 내야 하는 부가가치세를 탈세하고 있었다는 정황도 포착된다. 이 시노포리스트 리포트가 나오고 나서 주가는 당연히 폭락했고, 회사가 다시 제3의 회계법인을 채용하여 재실사를 한 후 납득할 만한 설명을 내놓겠다고 발표하였으나 아무도 이 말을 믿지 않는 분위기로 전개된다. 급기야 캐나다 증권감독당국 조사가 시작되고, 결국 이 회사는 이듬해인 2012년 5월에 상장폐지된다. 머디워터리서치의 공격이 시작된 후 11개월 만에 항복해 버린 것이다. 최대 주주였던 천하의 존 폴슨도 머디워터리서치의 리포트가 나오자마자 미련 없이 포지션을 팔고 나왔으나 장부가상 5억달러 이상 손실을 입은 것으로 알려진다. 폴슨으로서는 체면을 완전히 구긴 사건이었다. 이 사건은 투자자 집단소송으로 이어져서 회사 경영진은 물론이고 이 회사의 상장 주관 작업을 한 감사법인 및 투자은행들도 대규모 중재 금액에 합의해야 하는 결과가 도출된다(감사법인인 언스트영은 1억1700만달러,

총 9개 상장 주관사단은 3250만달러, 이 회사의 CEO는 650만달러를 합의금으로 유죄를 인정하지 않고 합의하는 중재판결을 받아들인다).

블록은 그 후에도 포커스미디어홀딩스(Focus Media Holdings), 올람인터내셔널(Olam International), 두오얀글로벌워터(Duoyan Global Water), 스프레드트럼커뮤니케이션스(Spreadtrum Communications), 뉴오리엔탈에듀케이션테크놀로지(New Oriental Education Technology) 등 해외 증권거래소에 상장되어 있는 중국 기업들을 차례로 공략하는 매도 리포트를 내면서 '중국자본시장 권위자'라는 의미인 '차이나핸드(China Hand)'라는 별명을 획득한다. 헤지펀드를 시작한 지 겨우 5년 만이고, 그의 나이는 아직 40세도 채 안 되었는데 말이다. 블록이 공략한 이들 기업 중에서 맨 마지막의 뉴오리엔탈에듀케이션테크놀로지 외에는 공략한 종목 대부분이 큰 폭의 주가 하락을 경험하거나 상장폐지된다.

머디워터리서치의 지난 몇 년간 작업이 끼친 영향은 그야말로 막대하다. 중국 정부 스스로 이런 자국 기업들의 사기성 해외상장 건들이 터져나올 때마다 구겨지는 국가적 체면을 감당하지 못한 끝에, 정책금융사인 중국개발은행(CDB)를 통해 몇몇 이런 기업의 자발적 상장폐지(Going Private) 프로젝트에 자금을 지원한다. 한편, 미국 의회에서도 펜실베이니아주 연방상원의원인 밥 케이시(Bob Casey) 주도로 미국증권감독위원회(SEC)에 미국증권거래소들에 상장되어 있는 중국 기업들에 대해 투자자 보호를 위해 더욱 세밀히 들여다 볼 것을 공식 촉구하게 된다.

물론 해외증권거래소에 상장하는 모든 중국 기업들에 문제가 있지는 않을 것이다. 사실 대부분은 정상적인 실사 과정을 거친 정상적인 상장을 한다. 그러나, 머디워터리서치의 노력으로 인해, 그 중 일부는 문제가 있음이 실제로 드러났다. 이런 일들이 일어나는 가장 근본적인 이유는 물론 상장 작업을 위한 해당 기업 실사(Due Diligence)에 참여하는 로펌, 회계법인, 그리고 무엇보다도 투자은행이나 증권사들이 제대로 기능하지 못하기 때문이라는 것이 블록의 주장이다. 블록의 주장에 따르면, 해외 상장을 원하는 검증되지 못한 일부 중국 기업들과 결탁한 일련의 로펌, 회계법인, 부티크IB들이 일종의 '상장 사기 카르텔'을 형성하여 활동하고 있다고 한다. 물론 이 주장은 좀 극단적인 것 같기는 하지만, 앞으로도 반복적으로 중국 기업들 관련한 상장사기 사건이 일어난다면, 이러한 주장이 나름 설득력을 얻을 개연성이 크다.

한국에서도 중국 기업들의 차후 한국증권거래소 상장 시에, '제2의 중국고섬 사건'이 일어나지 않도록 상장주관사들 및 기타 실사 참여자들이 각별한 노력을 기울여 줄 것으로 기대한다. 한국판 카슨 블록이 필요 없도록 말이다!

2015. 11. 9

80 '워런 버핏을 공매도하라' 월가의 풍운아 덕 카스

현존하는 세계 최고의 투자가가 누구냐? 라고 사람들에게 묻는다면, 십중팔구는 워런 버핏(Warren Buffett·1930년~) 을 꼽는다. 미국 중서부 네브래스카주 오마하라는 중소도시에 사는 이 85세의 할아버지를 사람들은 오마하의 현자(The Oracle of Omaha)라고 부를 정도이다. 투자론 교과서에 나오는 소위 가치투자(Value Investing)를 예술의 경지까지 끌어올린 인물로 기억된다. 일종의 사업 지주회사 격인 상장사 버크셔 해서웨이(Berkshire Hathaway)의 회장 겸 CEO로 무려 45년째 장기 집권하고 있는 이 버핏이 어떤 인물인지를 논하려고 이번 80화를 쓰는 것은 아니다. 현존하는 투자의 신인 버핏을 대상으로 용감하게도 공매도하여 대성공을 거둔 실로 용감무쌍한 인물이 하나 있었으니, 그가 바로 IB명장면 80화의 주인공인 덕 카스(Doug Kass·1948년~)이다.

1948년 뉴욕시 브루클린 출생인 유대계 미국인인 카스는 특이한 캐릭터가 많은 헤지펀드 업계에서도 돋보일 정도로 특이한 인물이었다. 그는 일단 월가의 대부분의 잘나가는 헤지펀드 매니저들과는 달리 아이비리그나 그에 준하는 명문대학 학부 출신이 아니다. 그는 뉴욕주 서부 산골짜기에 있는 알프레드대학이라는 별로 유명하지 않은 학교에서 현대철학을 전공했다. 대학시절에는 베트남전 반전운동을 열심히 해 두 번 입건된 적도 있는 골수 좌파였다. 그리고 그런 기조하에 사회생활의 초반에는 월가와 거의 아무 상관이 없어 보이는 일에 종사했는데, 그것은 다름이 아니라 미국 소비자보호 운동의 대부이자 뒷날 녹색당 및 무소속 후보로 다섯 번이나 미국 대통령선거에 출마하는 랠프 네이더(Ralph Nader)의 조수로 일한 것이었다. 그가 네이더와 공동 저술하여 1972년에 출간한 '씨티뱅크 리포트'는 당대에 엄청난 반향을 일으킨 리포트였다. 이 리포트는 당시 미국 2위의 시중은행이었던 씨티뱅크의 여신부서와 자산운용부서 사이의 정보차단벽(차이니스월) 부재가 금융소비자들에게 어떻게 피해를 주는지를 날카롭게 실증적으로 비판한 것이었다. 씨티뱅크가 당시 너무 놀라서 변호사들을 고용하여 무려 8만개 단어로 이루어진 반박 리포트를 내야 하는 지경에까지 내몰렸었다고 한다. 카스는 나중에 자신이 시대를 무려 40년 앞선 리포트를 냈다고 자랑한다.

이런 좌파 이론가였던 카스는 어떤 이유에서였는지 소비자보호운동을 그만두고 워튼경영대학원에 진학하여 MBA를 취득한 후 월가에 취직을 하게 된다. (아마도 돈이 너무 없어서 그랬다고 알려져 있다) 지금은 없어진 회사인 키더피바디, 퍼스트앨버니 및 퍼트넘인베스트먼트 등 몇 군데 2류급 투자은행을 전전하면서 주식리서치애널리스트와 주식세일즈맨으로 일하면서 주식에 대한 안목을 키워갔다. 그러다가 우연한 기회에, 골드만삭스 자산운용부문 대표 출신의 저명한 헤지펀드 대가인 리언 쿠퍼만(Leon Cooperman)이 설립한 오메가어드바이저스에 포트폴리오 매니저로 입사하여 헤지펀드 업계에 발을 들여놓게 된다. 그는 이 회사에서 발군의 실력을 발휘하여 월가에 점차 이름을 알리기 시작했다. 그는 한때 철학도였고, 소비자보호운동을 하였던 DNA를 따라 세상을 일단 의심부터 하고 시작하는 철두철미한 연구파 펀드매니저였다. 그의 사내 투자리포트는 그 하나하나가 박사학위 논문에 준할 정도의 깊이를 가져서 주위 동료들을 경악시키곤 했다.

그러다가 그의 인생에 있어서 큰 전환점이 사십대 중반에 찾아오게 되는데, 취미생활로 승마를 즐기다가 낙마하여 갈비뼈가 일곱 개나 부러지고 하반신이 일시에 마비되는 큰 사고를 당한다. 재활에만 2년 이상의 세월이 걸렸기에 (결국은 일어나서 다시 걷게 되었지만), 그는 결국 오메가어드바이저스를 그만둘 수밖에 없었다. 그리고 그는 어느 정도 건강을 회복한 다음에 따듯한 태양이 작열하는 플로리다주 팜비치에 정착하여 조그만 헤지펀드를 시작하게 되었으니, 이때가 뭔가를 새로 창업하기엔 너무 늦은 나이일 수도 있는 49세 때인 1997년이었다. 직원이라고 해봐야 사장인 자신과 전화 받는 여직원, 거기다 주식 리서치 하는 신참 직원 한 명 등 고작 3명으로 시작한 이 헤지펀드가 바로 공매도전략 위주의 강소(强小) 펀드 시브리즈 파트너스(Seabreeze Partners)이다. 펀드 이름이 '바닷바람'이니 이 펀드가 추구하는 철학이 뭔지 대충 감이 잡히시리라. 2015년 현재에도 이 펀드는 직원이 달랑 8명일 뿐이며 운용자산은 고객 위탁자산(자신의 펀드에 편입하지 않고 동일한 전략으로 별도의 계정으로 관리해주는 자산)을 포함하여 약 6억달러로 알려져 있다.

다른 헤지펀드 대가들과는 달리, 카스는 펀드의 위탁자산규모(AUM)를 필요 이상으로 키울 생각이 없었다. 자신과 같은 전략을 취하는 펀드는 펀드의 사이즈가 커지게 되면 가볍게 포지션들을 넘나들 수가 없다는 철학에서, 버는 족족 투자가들에게 배당의 형식으로 돌려주고 펀드 사이즈는 일정 수준 이하로 관리하는 정책을 써 오고 있다고 한다. 그리고 그의 펀드는 철저한 자산배분정책(특정 종목 포지션이 특정 시점에 펀드 전체 사이즈의 2.5%를 초과하면 안 되고 특정 섹터 포지션도 역시 전체 펀드 사이즈의 20%를 초과하면 안 된다는 등)을 쓰면서 투자가들에게 안정적인 수익을 꾸준히 제공하는 것을 목표로 할 뿐, 다른 공매도 대가들처럼 대박을 노리는 투자는 지양했다. 당연하게도 그의 펀드는 거의 레버리지를 사용하지 않는다.

그러던 카스가 전 세계적인 유명세를 타게 된 사건이 바로 감히 투자의 신 워런 버핏의 버크셔 해서웨이를 공매도한 일이었다. 때는 2008년 금융위기가 막 시작되는 와중이었다. 수십 년 동안, 버크셔 해서웨이는 주식시장에서 일종의 세이프헤븐(Safe Heaven) 같은 존재로 인식되었다. 견고한 대차대조표와 여러 업종에 걸쳐 분산되어 있는 포트폴리오, 거기다가 AAA의 최고 신용등급으로 인해, 하락장에서 옮겨 타기 가장 좋은 종목 1순위로 늘 거명되었다. 게다가 2008년 초 당시 버크셔 해서웨이는 370억달러에 달하는 현금을 대차대조표에 쌓아 놓고 있었다.

그런데 카스는 다른 것을 보고 있었다. 버크셔 해서웨이의 주당 1만3400달러라는 주가는 너무 비싸다는 것이었다. 카스는 매우 수고로운 작업을 해 보았는데, 그것이 바로 섬오프더파츠(Sum of the parts)라는 기업가치 방법론이었다. 버크셔 해서웨이를 구성하는 수십 개의 포트폴리오 회사들을 하나하나씩 떼어내서 동종 업계의 비교대상 기업과 비교하여 개별가격을 구한 후에, 이를 다시 더하는 계산법이다. 이런 식으로 계산해 보니, 버크셔 해서웨이의 적정 주가는 주가이익비율(Price to Earnings Ratio)의 12배 수준인 1만 2100달러 선이 적정하다는 결론이 나왔다. 당시 주가가 그러니까 10% 정도 거품이 있다는 분석이었는데, 카스에게는 이 숫자는 의미가 있는 숫자로 다가왔다. 카스가 의심을 품기 전에는 그 누구도 이런 방식으로 버크셔 해서웨이를 분석해보지 않았다는 말이기도 하다.

카스가 더 의심을 품은 것은 이 당시 버크셔 해서웨이의 주가 퍼포먼스였다. 이 회사 주식 중 클래스A주식(클래스B주식보다 경제적 가치가 30배 있는 주식)의 2008년 3월 현재의 전 6개월간 주식은 12%가 상승하였는데 이 기간 중에 미국의 대표 블루칩 주가지수인 S&P 500지수는 11% 하락했다. 전년도 3월부터 1년 동안의 주식 퍼포먼스는 더 심한 격차를 보였다. 버크셔 해서웨이가 무려 26%가 상승하는 동안 S&P 500지수는 8%가 하락했다. 의심이 많은 카스가 보기에는 이 주가는 설명이 안 되는 것이었다. 왜냐하면 당시 서브프라임 모기지 관련 위기가 전 금융권으로 확산되고 있었기 때문이다. 버크셔 해서웨이 자체가 금융회사는 아니었지만 이 회사 수익의 상당 부분이 자산운용 수익에서 나오는 것이었다. 2008년 3월 당시 버크셔 해서웨이는 웰스파고, 아메리칸익스프레스, 무디스, 스위스리, 유에스뱅크코프, 선트러스트 등 금융주들을 집중적으로 자산운용 포트폴리오에 담고 있었다. 여기에 더하여, 버크셔 해서웨이 계열 보험사들이 건설 및 주택 관련 회사들인 클레이턴홈즈(주택건설), 네브래스카퍼니처마트(가구), 애크미(벽돌), 쇼우(카페트), 벤자민무어(건설페인트) 등에 대한 대규모 연관 주식과 자산(익스포저)을 갖고 있었다. 그런데도 주가가 오히려 오른다는 사실을 카스는 이해하기가 매우 어려웠다.

여기에 더하여 카스는 2가지 결정적 디스카운트 요인이 버크셔 해서웨이에 있다고 생각했다. 하나는 현자 워런 버핏의 나이였다. 버핏은 그 당시 벌써 78세였다. 그가 과연 몇 살까지 멀쩡한 정신으로 투자활동을 할 수 있을까? 그가 은퇴하는 것은 시간문제라고 카스는 보았다. 그리고 그 후계자가 누가 될지에 따라서, 버크셔 해서웨이라는 회사 자체가 커다란 경영리스크에 노출되는 셈이었다. 또 한 가지 간과할 수 없는 이유가 있었다. 바로 버핏이 빌&멜린다게이츠재단에 기부하기로 서약한 버크셔 해서웨이 지분 38%의 오버행(Overhang) 이슈였다. 보통 특정 상장사 관련 큰 물량의 주식이 조만간 변동이 있다고 할 때 이는 불확실성을 야기해 주가에 약세 흐름을 안긴다. 그런데 카스가 보기엔 2008년 3월 당시 마치 그 누구도 이 오버행 이슈를 생각하지 않는 것처럼 보였다. 카스는 버크셔 해서웨이는 적정 주가 대비 10%의 프리미엄을 받을 주식이 아니라 오히려 최소 15%의 디스카운트를 받아야 할 주식이라고 결론을 내렸다.

버크셔 해서웨이의 클래스A주식은 주당 가격이 1만3000달러를 웃돌았을 뿐만 아니라 하루 거래량이 평균 수백 주 정도에 불과하였기에, 2008년 3월 초순부터 카스는 어쩔 수 없이 대신 경제적 가치가 클래스A주식의 30분의 1인 클래스B주식에 대해 대략 주당 92달러 선에서 공매도 포지션을 쌓기 시작한다. (참고로 2년 뒤에 버핏은 클래스B주식 1주를 다시 50주로 주식 분할을 했고 현재는 클래스A주식 1주는 클래스B주식 1500주에 달하는 경제적 가치를 가진다) 카스의 펀드가 버크셔 해서웨이를 공매도 했다는 사실이 알려지자 버핏의 맹목적 추종자들은 거센 비난을 퍼부었다. 사실 버핏처럼 마니아 추종 투자가층을 가진 인물도 월가 역사상 없었기에 당연한 반응이었다. 그들은 카스가 왜 공매도를 했을까 하는 그 이유 따위에는 귀를 기울이지 않았다. 감히 버핏의 버크셔 해서웨이를 공매도했다는 그 사실만이 중요했다. 월가의 주식정보 제공 서비스업체 중 하나인 모틀리풀(The Motley Fool)은 이런 카스의 행위를 '맞바람에 침을 뱉는 행위(Spitting into a headwind)'라고 비아냥거리기도 하였다.

그러나 결과는 카스의 대성공이었다. 카스의 공매도 후 약 4개월이 지난 시점인 2008년 7월 초가 되자, 버크셔 해서웨이의 클래스B주식은 92달러 선에서 75달러 선까지 추락했다. 금융위기가 심화되면서 미국의 대부분의 금융주들이 박살이 나기 시작하자, 한때 철옹성 같았던 버크셔 해서웨이의 포트폴리오도 더 이상 견딜 수가 없었던 것이다. 이대로 카스가 승리를 거두는가 싶었는데 9월에 반전이 잠깐 있었다. 리먼브러더스가 붕괴되고 메릴린치가 뱅크오브어메리카에 전격 매각되고 AIG가 사상 최대의 구제금융을 받던 그해 9월의 숨 가쁜 상황 속에서 버핏은 그가 얼마나 큰 심장을 가진 투자가임을 여실히 세상에 보여준다. 무너질 듯 말 듯 간신히 버티고 있던 골드만삭스의 우선주 50억달러 물량을 전격 매입한 것이다. 이 우선주는 배당이 10%에 달했고 주가가 조금만 오르면 조기상환을 받을 수 있는 대단히 좋은 조건의 투자였다. 버크셔 해서웨이 주식은 다시 올라서 클래스B주식이 9월 말에 93달러를 돌파하여 카스는 장부가상 평가손을 내기 시작했다. 그러나 카스는 전혀 흔들리지 않았다. 일시적 현상일 뿐이라고 진단했고, 자기 포지션을 커버하지 않고 그대로 들고 있었다.

아니나 다를까, 금융위기의 여파로 실물경기가 안 좋아질 것이고 금융권에 대해 대대적인 구조조정이 있을 것임이 자명해지자, 일시적 반등했던 버크셔 해서웨이 주식은 다시 폭락하기 시작했다. 11월 20일이 되자 주가가 다시 주당 52달러까지 내려갔다. 2009년 3월이 되면서 1년 전 카스가 공매도 포지션을 쌓던 시점의 주가의 정확히 반토막인 46달러까지 밀렸고, 이때 카스가 공매도 포지션을 청산하고 냉정하게 빠져나온다. 1년 만에 비용차감 후 대략 40% 선의 내부수익률(IRR)을 거둔 대성공이었다. 감히 버핏을 공매도

하여 성공을 거둔 최초의 헤지펀드 매니저라는 기록을 세우게 된 것이다.

큰 인물인 버핏은 몇 년 후인 2013년 5월 해마다 네브래스카주 오마하에서 축제처럼 열리는 버크셔 해서웨이 주주총회 행사에 카스를 초청한다. 그러고는 이해 주총이 열렸던 오마하의 농구 경기장인 센추리링크센터에서 3만명의 버핏 추종자들이 지켜보는 가운데 카스를 연단에 초청하여 2008-2009년 당시 버크셔 해서웨이를 공매도 했던 그 스토리와 관련하여 질의응답 시간을 가진다. 이때 카스는 세 가지 질문을 던지는데, 각 질문과 버핏의 유명한 대답은 다음과 같다.

- 카스: 2008년 금융위기 와중에 뱅크오브어메리카에 투자를 하신 적이 있지요? 듀딜리전스(기업실사)를 제대로 하고 투자한 건가요?
- 버핏: 지금 다시 생각해보면 제대로 실사를 못하고 투자한 것 같네요. 그 일로 큰 교훈을 얻었습니다.
- 카스: 버핏 회장 당신은 게임을 하여 점수를 몇 점 따느냐보다 게임 자체에 흥미를 느끼는 상태가 혹시 되신 것은 아닌가요? (그래서는 안되죠, 라는 뉘앙스의 질문)
- 버핏: 어떤 일을 잘하려면 먼저 그 일을 사랑해야 합니다. 저의 (투자에 대한) 승부욕과 열정은 아직 식지 않았습니다. (그러니까 자신은 점수를 잘 따는 데도 물론 아직 관심이 있다는 대답)
- 카스: 혹시 버크셔 해서웨이의 공매도 포지션들을 운용하기 위해 저를 채용하실 생각은 없나요? (약간의 농담조로)
- 버핏: 없습니다. 거품이 있는 주식을 식별하는 일은 제가 제일 잘하는 일입니다. (매우 엄숙하게 답변)

정말 당대의 진정한 대가들다운 멋진 질의응답이 아닌가! 승자와 패자가 따로 없는 멋진 승부였다.

2015. 11. 17

81 시니컬한 채노스, 엔론 사기를 밝히다 (1)

때는 2000년 9월 19일 화요일 늦은 저녁이었다. 맨해튼 다운타운의 랜드마크인 월드트레이드센터의 그림자가 내려 앉는 어설픈 위치에, 사무실 임대료가 그나마 좀 저렴한 거리인 렉터가(Rector Street)가 있었다. 이 렉터가 2번지, 1920년대에 지어진 24층짜리 오피스빌딩의 9층에는, 이름도 괴상한 퀴니코스어소시에이츠(Kynikos Associates)라는 공매도 전문 헤지펀드의 사무실이 있었다. 바깥에 간판조차 없었기에, 이 건물의 다른 임차인들은 9층에 있는 이 회사가 대체 무얼 하는 회사인지 아무도 알지 못했다. 9층 남동쪽 구석에 있는 이 회사 사장 사무실에서, 사장인 짐 채노스(Jim Chanos; 1957~)가 방금 자신에게 들어온 팩스 하나를 유심히 살펴보고 있었다. 팩스 내용은 월가 사람들이 가장 열심히 읽는 신문인 월스트리트저널의 지방판(regional edition) 중 하나인 텍사스판에 그날 실린 기사였다. 기사 제목은 "에너지 거래기업들은 돈을 벌었다고 주장하지만, 어떤 수학공식이 빠져 있다(Energy Traders Cite Gains, But Some Math Is Missing)"였고, 기사를 쓴 사람은 이 신문의 댈러스(Dallas)시 주재원인 조너선 웨일(Jonathan Weil)이었다.

짧은 기사였으나, 채노스는 눈이 번쩍 떠짐을 느꼈다. 왜냐하면, 자신이 1년 전부터 의심의 눈초리를 보내고 있던 바로 그 회사인 엔론(Enron)이란 텍사스 휴스턴에 본사를 둔 에너지기업 및 그의 경쟁사들인 다이너지(Dynergy)와 엘파소에너지(El Paso Energy)등의 다소 특이한 회계 관행에 대해 꼬집는 기사였던 것이다. 이들 기업은 수익의 인식 시점으로 판매시점을 적용하고 있었다. 소위 말하는 Gain-On-Sale 회계이다. 이것이 왜 문제였고, 채노스라는 공매도의 대가는 왜 이 회사를 집중 관찰하고 있었을까?

엔론을 위시한 이들 기업은, 단순히 에너지(전력 및 가스)를 파이프라인을 깔고 전신주를 설치하여 개별기업이나 가정에 배달하는 유형의 송전·배전 위주의 고전적 에너지 기업이 이미 아니었다. 이들은 일종의 무역회사 내지 금융회사가 되어가고 있었다. 에너지 관련 공급계약을 사고 파는 일종의 에너지 거래 회사가 되어 버린 것이다. 90년대 중반부터 시작된 미국 연방 정부의 에너지산업 규제 완화 방침과 맞물려서, 이들은 이제 코모디티와 이자율에 연계된 파생상품 시장에서도 엄청난 큰손이 되어 가고 있었다. 이런 흐름 자체야 뭐 어쩔 수 없다고 하더라도, 웨일 기자의 지적에 따르면 다음과 같은 문제점을 안고 있었다. 이들 기업이 수익을 인식하는 시점이 모두 판매시점인데 이는 문제가 크다는 지적이었다. 예를 들어, 어떤 지방자치단체와 20년짜리 에너지공급계약을 체결하였는데, 거기서 나오게 될 수익을 현가화(present value)하여 계약 체결 당해년도에 다 인식해 버리는 방법이다. 이는 사실 주사위 놀음 같은 이야기였다. 20년 동안 지속될 에너지공급계약의 수익규모를 어떻게 정확하게 판매시점에 알 수 있단 말인가? 이 말은 석유나 천연가스 가격의 향후 20년간의 변동 추이를 정확히 예상하라는 말 그 이상도 이하도 아니다. 그런데 웨일 기자의 기사에 따르면, 이런 유형의 에너지 기업들 그 누구도, 그 수익을 계산하는 공식을 밝힌 곳은 단 한 군데도 없었다. "영업 기밀"이라는 이유에서였다.

"영업 기밀? 웃기고 있네. 이거 아무래도 사기 같다는 느낌이 강하게 든단 말이야. 조사를 더 해봐야 하겠군" 채노스는 혼잣말로 중얼거렸다. 웨일의 기사가 사실이라면, 그럼 이들 에너지 기업들은 '수익'을 '창조'할 수도 있었다. 수익을 계산할 때, 온갖 낙관적인 가정들을 넣어서 계산을 하게 되면 판매시점 수익은 그야말로 어마어마하게 부풀어 오를 수도 있을 것이었다. 이런 유형의 기업 중 가장 잘 나가고 있던 엔론의 경우는 믿을 수 없을 만큼 회사의 모든 재무 수치가 압도적으로 좋았다. 이 회사 주가는 웨일의 기사가 나오던 2000년 9월 중순 시점에 그 1년 전보다 주가가 100%나 올라서 주당 85달러를 돌파하고 있었다. 이 회사의 주가수익비율(PER:Price to Earnings Ratio)은 당시 무려 60배가 넘었고, 주가순자산비율(PBR:Price to Book Ratio)도 6배가 넘었다. IT 닷컴 업체도 아니고, 일종의 무역회사 내지 금융회사가 이미 되어버린 엔론의 PER이 60배, PBR이 6배라는 것은 어떻게 보더라도 채노스로서는 이해가 가지 않았다.

미국을 충격에 빠트리게 되는 이 엔론 사기 사건을 15년 전으로 돌아가서 독자 여러분과 같이 추적해 보기에 앞서, 그럼 엔론이란 회사는 어떤 회사였는지 및 그 사기를 밝혀내는 헤지펀드매니저 짐 채노스는 또 어떤 인물인지 잠시 살펴보자.

엔론의 전신은 텍사스 북쪽에 있는 네브래스카주 오마하에서 1932년에 창립된 NNG(노던내추럴가스)라는 천연가스 생산업체였다. 이 회사는 인수합병으로 몇 차례 몸집을 불리다가, 1980년대 들어와서 텍사스 휴스턴에 본사를 둔 경쟁사 HNG(휴스턴내추럴가스)를 인수했다. 나이가 많았던 NNG측 CEO가 은퇴하면서, 피인수된 HNG측 CEO였던 케네스 레이(Kenneth Lay; 1942~2006)가 1985년 통합 법인의 CEO를 맡게 되었다. 그가 처음 한 일은 물론 회사 이름을 바꾸는 일이었는데, 그래서 탄생된 이름이 엔론이었다. 엔론은 본업이 천연가스의 송전과 배전을 담당하던 회사로, 1985년 회사 이름을 바꾸던 시점에 미국 중서부와 남부의 8개 주에서 영업망을 깔고 장사를 하고 있었다. 그런데 이러한 엔론의 회사 성격이 근본적으로 바뀌게 되는 사건이 일어나는데, 1990년에 레이에게 설득되어 엔론에 입사하게 되는 두 명의 전직 은행원들 때문이었다. 제프리 스킬링(Jeffrey Skilling; 1953~)과 앤드루 패스토우(Andrew Fastow; 1961~)가 그들이다. 각기 하버드대와 노스웨스턴대에서 MBA 학위를 취득한 그들은 휴스턴과 시카고의 투자은행에서 일하면서 엔론을 고객으로 처음 만나게 된 경우였다. 스킬링은 에너지기업들의 인수합병거래 전문가로 일했는데, 이미 1980년대 중반에 당시까지는 시장이 존재하지도 않았던 에너지선물거래시장을 만들어야 한다고 레이에게 처음 진언한 인물이었다. 한편 패스토우는 ABS 등 구조화채권의 대가였는데, 나중에 CFO가 되어서 그 전문지식을 엔론의 회계부정이라는 사악한 영역에서 활용하게 된다.

레이 회장의 복심으로 통하던 스킬링은 특히 시대를 앞서가는 생각을 하는 인물이었다. 그에 의하면, 엔론은 전력을 생산하는 발전소나 이동시키는 파이프라인 등의 송전 및 배전시설을 반드시 자기 자산으로 가져야 할 필요가 없었다. 엔론은 다만 에너지거래를 주선하고, 공급계약 자체를 사고 팔면 되는 것이었다. 쉽게 말하자면, 엔론을 에너지업계의 골드만삭스로 만들려는 계획이었던 것이다. 1997년에 레이에 이어 엔론의 서열 2위인 최고운영책임자(COO)가 되자, 그는 이런 계획을 더욱 더 밀어붙였다. 1999년이 되면 엔론은 분기 평균 270억 달러의 전력과 가스에 대한 공급계약을 중개하고 있었다. 이 해에 인터넷을 기반으로 전력거래를 하는 전력거래소시스템까지 오픈한 엔론이었다. 잡지 포브스가 이 해에 엔론을 "미국에서 가장 혁신적인 기업"으로 선정한 것은 우연의 일치가 아니었다. 스킬링이 레이의 뒤를 이어 CEO가 되는 2001년 초가 되면, 엔론의 시가총액은 당시로서는 엄청난 숫자인 600억 달러를 넘어서고 있었다. 이 당시 스킬링이 벤치마킹 대상으로 삼았던 골드만삭스의 시가총액은 겨우(?) 160억달러였다.

이렇게 잘 나가고 있던 엔론이란 거대 혁신기업을 의심의 눈초리로 보고 있던 짐 채노스는 그럼 어떤 인물일까? 그의 회사 이름인 퀴니코스(Kynikos)라는 말은 그리스어로 '개'라는 뜻이다. 이 단어는 그리스철학의 한 분파였던 견유학파(犬儒學派)를 지칭하는 그리스어기도 하며, 오늘날 냉소적인 사람을 가리키는 '시니컬(Cynical)'이라는 단어의 어원이기도 하다. 왜 이런 이름을 가지게 된 것일까? 일차적인 이유는 채노스가 그리스계 미국인이기 때문이다. 비록 할아버지의 고향이긴 하지만 그리스에 대한 채노스의 애정은 각별하다고 알려져 있다. 두 번째 이유는 그의 헤지펀드가 참으로 드물게도 1985년 창사 이래 무려 30년을 버티어 오고 있는 공매도 전문 헤지펀드이기 때문이다. 시장이야 오를 때도 있고 내릴 때도 있는 법인데, 항상 내리는 주식만을 찾아내서 공매도를 해야 하는 숏셀러의 고통은 이루 말할 수 없는 것이다. 공매도 기회는 오직 세상의 모든 현상을 시니컬하게(그러니까 비판적으로) 보는 데서만 얻어질 수 있다는, 채노스 나름의 투자철학이 담긴 회사 이름인 것이다.

1957년생인 채노스는 위스콘신주 밀워키에서 태어났다. 그리스 이민 2세인 그의 부친은 밀워키에서 세탁소 체인을 운영하였다고 한다. 밀워키에서 공립 고등학교를 졸업한 그는 해마다 위스콘신주 전체에서 10명 미만이 입학허가를 받곤 했던 예일대학교에 당당히 입학한다. 수학에서 발군의 실력을 발휘했었기에 가능한 일이었다. 자연스럽게 경제학을 전공하여 졸업을 한 후, 시카고 소재 길포드증권(Gilford Securities)에 주식 리서치 애널리스트로 취직한다. 이 회사에서 그는 우연히 과거 피아노제조업체였다가 몇 차례의 인수합병으로 소비자금융회사로 업종 전환한 볼드윈-유나이티드코프라는 회사를 분석하는데, 채노스가 보기엔 이 회사는 회계 조작으로 부채의 일부를 숨기고 있었다. 이에 따라 그가 최초로 낸 주식 리서치보고서가 하필 매도(SELL) 의견이었던 것이다. 이 회사는 채노스가 보고서를 낸 지 1년이 채 못되어 상장 폐지된다.

그런데 이 사건을 통해서, 당대의 유명한 헤지펀드 대가들인 조지 소로스, 마이클 스타인하트, 줄리언 로버트슨 등 소위 '빅 스리(Big Three)'가 이 신출내기 리서치애널리스트가 생산하는 보고서에 관심을 가지게 되었던 것이다. 이는 엄청난 기회가 아닐 수 없었다. 이 헤지펀드 거인들의 권유로, 채노스는 월가에 있는 애틀랜틱캐피털(Atlantic Capital)이라는 증권사로 이직을 하는데 이 회사는 당시 독일의 거대은행인 도이체방크가 미국 자본시장에 진출한답시고 인수한 중형 증권사였다. 이 회사에 재직하면서 채노스는 월가의 공매도자들을 위해 그가 연구한 주식종목들에 대한 매도의견을 줄줄이 내는데, 내는 것마다 빅 스리를 위시한 헤지펀드 큰손들이 채택을 해주면서 해당 종목 주가들이 큰 폭으로 내렸다. 그런데 공매도라는 개념에 대해 극히 부정적으로 생각하던 독일의 상사들이 회사의 평판리스크를 야기한다는 누명을 씌워서 채노스를 견제하자, 그는 미련 없이 사표를 던진다. 그리고는 스물여덟의 나이인 1985년에, 자기의 공매도 전문 헤지펀드를 차리게 되니 이 펀드가 바로 퀴니코스다.

퀴니코스는 문자 그대로 공매도만 하는 펀드였다. 처음에 1600만달러를 모아서 시작했는데, 대부분의 초기 투자금은 주식리서치 하던 시절의 고객이었던 소로스와 스타인하르트 등으로부터 받아낸 것이었다. 초기에는 고생을 많이 하는데, 이유는 운용자금이 상대적으로 적었기에 어쩔 수 없이 레버리지를 사용했기 때문이었다. 공매도펀드가 레버리지를 쓰면 변동성이 너무 커진다는 것은 독자 여러분도 이제 상식적으로 이해하시리라 믿는다. 채노스도 펀드를 시작한 지 6~7년이 경과한 시점이었던 90년대 초반에는 거의 펀드 문을 닫을 뻔 하였다. 레버리지를 걸었던 두세 건의 공매도들이 처참히 실패하자 고객들이 기다려주지 못하고 대거 환매를 요청했기 때문이었다. 그러다가 1994년 초부터 미 연준이 금리를 18개월 동안 6차례나 올리는 일이 일어나는데, 이 때 연간 45%의 수익을 내면서 펀드가 기사회생하게 된다. 이후에는 레버리지를 일체 사용하지 않게 되면서 수익률이 더욱 좋아지기 시작했고, 고객들이 다시 몰려들기 시작했다. 엔론 사건이 일어나는 2000년에 이르면 퀴니코스의 총 운용자산은 공매도 전용 펀드로서는 상당한 수준인 5억 달러를 돌파하고 있었다.

자, 그럼 배경설명은 이 정도로 하고, 다음 82화에서 2000년 말부터 2001년 말에 이르는 1년의 기간 동안 주가가 80달러에서 1센트로 몰락한 그 유명한 엔론 스캔들을 파헤쳐보기로 하자.

2015. 11. 23

82 시니컬한 채노스, 엔론 사기를 밝히다 (2)

모든 몰락에는 징조가 있는 법이다. 이 법칙은 자본시장에서도 예외 없이 적용된다. 2001년 가을의 극적인 엔론 몰락은 그 1년 전부터 조짐이 나타났다. 물론 그 조짐을 읽을 수 있는 분석력을 가진 극소수에게만 느껴진 조짐이지만 말이다.

첫 번째 조짐은 2000년 봄부터 2001년 봄에 걸쳐 일 년 가까이 지속된 캘리포니아 전력 위기 사건이었다. 기억을 되살려보자. 미국에서 가장 개념 없이(?) 진보적인 주인 캘리포니아주가 90년대 중반에 혁명적으로 전력산업을 민영화하였다. 90년대 중반의 공화당 피트 윌슨(Pete Wilson) 주지사 시절 입안되었고 90년대 후반 민주당 그래이 데이비스(Gray Davis) 주지사 시절 강행된 이 전력사업 민영화의 최대 수혜자는 물론 엔론과 릴라이언트(Reliant), 마이런트(Mirant)를 위시한 캘리포니아주가 아닌(out-of-the-state) 타 지역 소재 에너지 기업들이었다.

엔론을 우두머리로 컨소시엄을 구성한 이들은, 발전시설의 경영권 지분을 시장에 나오는 족족 사들인 다음, 당시 캘리포니아주 규제법규의 틈새를 파고들어 일종의 가격조작을 통해 거대한 수익을 거둔다. 이 메커니즘은 아주 간단했다. 기업과 가계에 송·배전을 하는 캘리포니아 소재 전력회사들인 퍼시픽가스&일렉트릭(PG&E)과 서던캘리포니아에디슨(SCE) 등에 공급하는 전력 도매가격을 한꺼번에 8~20배씩 올려버린 것이다. 그런데 민영화 이후에 혹시 모를 전력소매가격 급등사태를 대비해서, 캘리포니아주 정부는 전력소매공급가에 상한선(cap)을 씌워두고 있었다. 그러니까 중간에 낀 송·배전 업체들은 어마어마하게 오른 가격으로 엔론이나 릴라이언트에서 전력을 사와서, 상한선이 있는 정해진 가격으로 소매공급을 해야 하는 어처구니없는 사태에 빠진 것이다.

더욱 황당한 것은, 당시 캘리포니아주의 총발전가능량은 45기가와트(GW)로, 실제 소매 필요전력량인 28기가와트를 60%나 초과하고 있었다는 사실이다. 결국 PG&E는 파산하고 SCE는 워크아웃에 들어간다.

이 캘리포니아 전력위기가 큰 이슈가 되면서, 엔론이라는 기업의 혁신성(?)을 시장이 의심하게 되는 단초를 최초로 제공하였다. 그러니까 시장가격조작자일 수도 있다는 혐의가 최초로 씌워진 것이다. 그것만이 아니었다. 2001년 초가 되면, 엔론의 경영진이 더욱 이해하기 어려운 행동들을 한다.

두 번째 조짐은 2001년 새로운 신규 사업계획으로 브로드밴드 사업을 들고나온 점이다. 2001년이라고 하면, 소위 말하는 닷컴 버블이 꺼지면서 관련주들이 폭락했던 시점이다. 브로드밴드 사업도 당시 미국 국내에서는 너무 지나치게 공급과잉 상태였다. 그런데도 혁신 에너지 기업이라는 엔론이 갑자기 오리건주의 광케이블 업체 하나를 인수하면서 이를 기반으로 미국 서부와 남부 여러 주에서 대규모로 브로드밴드 사업을 하겠다고 하자, 고개를 갸우뚱하는 이들이 나오기 시작한 것이다. 과거 사라져간 한국 재벌기업들의 경우와 마찬가지로, 문어발식으로 이것저것 새롭게 손대는 기업들은 대부분 동기를 의심해 봐야 하는 법이다. 원래 자신들의 주력 사업에 문제가 생겨서 그러는 것일 수도 있으니 말이다.

세 번째 조짐은 좀 더 이상했다. 훗날 채노스가 바로 이 시점이 자신이 확실히 엔론에 대한 공매도 포지션을 대규모 집적했다고 술회하는 시점이다. 2001년 상반기 접어들면서 엔론의 등기임원들이 자신들이 보유한 엔론 주식을 슬금슬금 팔기 시작한 것이다. (등기임원들의 자사주 매도는 당연히 모두 공시된다) 엔론의 등기임원들은 기본급 외의 성과급을 대부분 현금이 아니라 회사 주식으로 수년간 받아온 관계로, 그들도 별장을 사고 요트를 사고 해외여행을 하기 위해서 주식을 팔 수도 있었을 것이다. 그런데 채노스가 보기에는 그 빈도수와 매도량이 2001년도 들어와서 상식적 범위를 벗어나고 있었다. 마치 팔아 치우고 떠나려는 사람들 같은 느낌을 주기 시작한 것이다.

네 번째 조짐은, 엔론에 뭔가 이상기류가 있다는 느낌을 퀴니코스의 채노스뿐만 아니라 월가 전체에 주게 되는 2001년 4월 17일의 애널리스트 컨퍼런스콜 사건이었다. 통상 분기마다 주식시장의 애널리스트들이나 자산운용사들에 기업들이 자사의 분기 실적을 알리고 질의응답을 받는 전화 컨퍼런스콜이 진행되곤 한다. 이날 엔론도 이런 통상적인 컨퍼런스콜을 진행하던 도중이었다.

하이필즈캐피탈(Highfields Capital)이라는 보스턴 소재 헤지펀드의 사장인 리처드 그루브먼(Richard Grubman)이, 엔론이 발표한 1분기 손익계산서 숫자를 증명할 대차대조표와 현금흐름표가 왜 없는지에 대해 질의를 하였다. 스킬링 CEO의 답변은 "현재 집계 중이며 조만간 발표하겠다"였는데, 그루브먼이 보기에는 이는 기괴한 말이었다. 어떻게 대차대조표와 현금흐름표를 집계 중이면서 손익계산서만 먼저 발표한단 말인가? 다시 재차 추가 질문을 이어가자, 스킬링은 돌연 신경질적인 반응을 보이면서 그루브먼의 질문을 끊어버리고 수백 명이 전화 컨퍼런스콜에 연결되어 있는 상황에서 그루브먼에게 A자로 시작되는 비속어 육두문자를 쓰는 추태를 연출한다. 누가 들어도 대답을 회피하기 위한 의도된 행동으로 보였다. 이 사건 이후 엔론 주가는 계속 곤두박질을 치기 시작한다. 2001년 1월 첫 거래일을 주당 85달러로 시작한 엔론은, 이 4월 17일 사건이 일어날 즈음 주당 59달러로 하락해 있었다.

이 4월 17일 사건을 전후하여, 이제까지 대부분의 월가 애널리스트들로부터 매수(BUY) 의견을 받아 온 엔론에 대한 재조명 기사들이 언론에 등장하게 된다. 그중 가장 영향력이 있었던 기사는 바로 포츈(Fortune)지 4월호에 실린 특집기사였다. 베서니 맥린(Bethany McLean)이란 여기자가 쓴 이 기사는, 엔론의 주가가 상식 밖으로 너무 높다는 것을 엔론의 경영진이 벤치마크로 삼았던 월가 최고의 투자은행 골드만삭스와 비교하여 분석한 기사였다.

엔론의 당시 수익의 80%가 에너지트레이딩에서 나오고 있었다는 것에 착안한 것이다. 트레이딩하는 종목만 에너지와 일반 유가증권으로 다를 뿐, 두 회사의 플랫폼이 깜작 놀랄 만큼 유사하였다. 그런데 엔론의 주가수익비율이 당시 55배로, 16배에 불과한 골드만삭스의 3.5배나 되었는데 이건 말이 되지 않는다는 논지였다. 나중에 알려진 사실이지만, 당시 맥린 기자에게 이런 관점의 분석방법론과 정보를 제공한 사람은 물론 퀴니코스의 회의론자 짐 채노스였다.

이런 "망가지는 조짐들"을 보면서, 퀴니코스의 채노스와 그의 동료들은 1993년 이후 각 영업연도의 엔론 공지자료를 샅샅이 뒤지고 있었다. 이들은 놓치기 쉬운 공시자료의 각주들까지 철저히 검증하고 있었는데, 이런 작업을 통해서 엔론이 회계조작을 하고 있다는 결정적 단서 두 가지를 포착하게 된다.

하나는 엔론의 자본비용(Cost of Capital)과 자본수익률(Return on Capital) 간의 괴리였다. 회사 수익의 80% 이상을 트레이딩으로 벌고 있던 엔론은, 자사 에너지 트레이더들의 포지션에 자본비용으로 10%를 부과하고 있었음이 밝혀진다. 그런데 엔론의 자본수익률은 7%를 상회한 적이 없었다. 자본수익률에서 자본비용을 차감하여 남은 숫자가 마이너스가 아니라 플러스여야만 우리는 그 회사가 '경제적 이익(economic profit)'을 내고 있다고 말할 수 있는 것이다. 그렇다면 이 회사가 발표한 그 어마어마한 수익은 다 무엇이란 말인가? 채노스와 그의 동료들은 엔론이 에너지기업이 아니라 '위장된 헤지펀드(a hedge fund in disguise)'라고 결론을 내렸다. 문제는 그런데 수익을 내고 있는 헤지펀드가 아니라, 오히려 실제로는 손실을 보고 있는 헤지펀드였다는 점이다.

두 번째 기막힌 발견은 엔론의 공시된 재무제표 각주에 나타나는 400여 개에 달하는 부외(Off-Balance Sheet) 파트너십 특수목적회사(SPE)들이었다. 이게 다 대체 뭘까? 후일담이지만, 채노스와 그 동료들이 이 SPE들의 실체를 밝혀내는 데 6주가 꼬박 걸렸다고 한다. 공시자료 각주에 버젓이 나와 있음에도 불구하고 채노스와 그의 동료들이 이 문제를 파고들기 전까지는 그 어떤 애널리스트도, 그 어떤 투자가도, 그 어떤 언론인도 이 부분에 주목한 이가 없었던 것이다. 이 SPE들은 서로가 서로에 엔론이란 회사의 일부를 사고 팔고 있었다.

당시 회계규정상, 이들 각 SPE들 지분의 최소 3%가 엔론이 아닌 외부 자금일 경우, 이들 SPE들의 대차대조표는 엔론의 대차대조표와 연결되지 않았다. 이를 이용하여, 엔론은 자사 에너지 트레이딩의 실패한 거래들을 숨기는 도구로 이 SPE들을 이용하였다. 만일 특정 베팅이 실패한 거래라고 판단되면, 엔론은 그 해당 자산을 SPE에 판다. 팔면서 대가로 받는 것은 엔론 주식을 담보로 잡은 차용증(IOU)이었다. 이 모든 방법론은 스킬링 및 그의 명석하지만 사악한 부하였던 CFO 패스토우 두 사람의 작품이었음은 물론이다.

이런 조작을 통해서 엔론은 비용과 수익의 동시인식에 관한 일반회계준칙(GAAP)을 모조리 위반하고 있었던 것이다. 엔론의 대차대조표는 채무를 과소 계산하고 자본과 영업이익은 과다 계산하였다. 엔론은 주주들에게, 자신들의 유동성이 없는(illiquid) 투자들을 이러한 SPE들을 통해서 모두 헤지한다고 여러 차례 공시했었다. 그러나, 투자가들이 모르고 있었던 점은, 이러한 SPE들은 실제로는 엔론의 주식 또는 재정보증을 받아서 이러한 헤지거래를 한 것이었다. 그러니까 엔론의 리스크는 헤지된 것이 아니라, 단지 감추어져 있었을 뿐이다. 트레이더가 잘한 거래는 항상 영업이익으로 바로 잡히고, 트레이더가 잘못한 거래는 SPE에 집어넣는 방식으로 엔론 대차대조표에서 사라졌던 것이다.

엔론 주가가 40달러 선까지 추락한 2001년 8월 14일, 전임 CEO 케네스 래이로부터 공식적으로 CEO 자리를 물려받은 지가 아직 7개월밖에 안 된 스킬링이 갑자기 전격 사임의사를 밝힌다. 개인적 사유로 그만둔다는 것이었는데, 스킬링은 단순한 CEO가 아니라 사실상 엔론 자체를 거대 트레이딩 회사로 바꾼 바로 그 당사자였기에, 여느 CEO가 그만두는 것처럼 단순한 사건이 아니었다. 더군다나 그는 사임 발표 전 몇 개월 동안, 그가 가지고 있던 회사 주식 45만주를 모두 장내에서 처분한 상태였다. 금액으로 무려 3300만달러에 해당하였다.

이 사실이 알려지자 주가는 바로 20달러 후반까지 수직 낙하한다. 투자가들의 신뢰가 상실되는 순간이었다. 그다음부터 100일간은 엔론은 그야말로 자유낙하(Free Fall)였다. 거대한 규모의 회계조작 가능성에 대한 제보가 속출하고, 연방증권거래위원회(SEC)가 공식 조사에 착수한 지 얼마 안 되는 10월 16일, 엔론은 돌연 1997년부터 2000년 사이 4개 연도 동안 재무제표상 수치에 오류가 있어서 정정한다는 황당한 발표를 한다.

이 기간 동안 영업이익이 6억1300만달러 축소되어야 하고(이는 해당 4개 연도 영업이익 총합의 23%에 해당), 대신 부채는 2000년 말로 6억2800만달러가 더 증가되어야 하며, 자기자본은 12억달러가 축소되어야 한다는 내용이었다. 드디어 엔론이 스스로 회계 조작사실의 일부를 공표한 것이었다. 이 발표 이후 곧바로 신용등급의 강등이 줄줄이 이어졌다. 주가는 10달러대로, 이어 다시 1달러 미만으로 급전직하한다.

그 이후 스토리는 독자들께서도 익히 아시는 바 그대로다. 9·11테러로 미국 국내가 어수선했던 가운데, 그해 11월 30일 엔론이 더 이상 버티지 못하고 당시까지 미국 역사상 최대 규모의 기업파산신청을 하고 만다. 이 기록은 다음해인 2002년에 월드컴에 의해 갱신되었고, 다시 2008년 금융위기 때 리먼브라더스에 의해 다시 깨졌지만 말이다.

스킬링과 패스토우는 체포되었고 기소되었으며, 전 CEO인 래이도 기소된다. 엔론의 4200여 명 임직원들은 하루아침에 실업자가 되었고, 더 최악이었던 점은 그들의 연금도 모두 엔론 주식에 연계되어 있었기에 휴지 조각이 되었다. 엔론의 회계감사법인이었던 당시 빅5 회계법인 중 하나인 아더앤더슨은 데이빗 던컨(David Duncan) 등 엔론 회계감사 담당 파트너들이 엔론의 회계조작을 수년간 눈감아 주고 있었다는 사실이 드러나면서 아예 회사가 공중분해되어 버린다.

회사 해체 당시 이 회사는 전 세계에 8만5000명의 직원을 갖고 있었다. 그리고 이 엔론 사태의 여파로 인해, 오늘날 미국의 상장사들에 큰 경영상 부담이 되고 있는 기업재무정보공개에 대한 서베인스옥슬리법(Sarbanes-Oaxley Act)이 제정됐다. 엔론 파산사태가 그 후 자본시장에 미친 여파는 심대하다. 엔론의 최대 채권은행이었던 씨티뱅크와 제이피모건체이스 두 은행도 실로 막대한 손실을 기록했다. 이 사건은 두 은행 모두 장기집권 중이던 경영진들이 바뀌는 계기로 작용했다.

물론 스타도 탄생했다. 이 엔론의 회계부정을 밝히는 데 결정적 역할을 한 쿼니코스 헤지펀드의 시니컬한 남자 채노스는 엔론 공매도 포지션에서 거대한 수익을 창출했음은 물론이다. 5억달러가량을 운용하던 그의 펀드는 이 건의 성공으로 투자가들이 몰려들어 단숨에 20억달러 수준으로 운용자산이 4배 증가한다. 그의 펀드는 이때부터 '월가 최대의 공매도 전용펀드'로 부상한다. 채노스는 그 후에도 여러 건의 공매도를 성공시켰고, 오늘 이 순간에도 열심히 활동 중이다. 엔론 사태 이후의 채노스의 궤적에 대해서는 다음 기회에 다른 주제에서 다시 다루어보기로 하자.

2015. 11. 30

83 골드만삭스 트릴로지 (1) 더 비기닝

IB명장면 시리즈가 83회에 도달하여서야 드디어 당대 최고이자 역사상 최고의 투자은행이라는 골드만삭스 이야기를 꺼내게 되었음을 독자들에게 사과한다. 이 이름이 가지는 거대한 비중을 볼 때, 3부작(Trilogy)이 아니라 10부작(Decalogy)이라도 써야 마땅하거늘 겨우(?) 3부작으로 그치는 것은 나름 필자의 주관이 있어서이다.

한때 '골드만삭스 따라배우기'가 국내 증권업계에 광풍처럼 몰아친 적이 있었다. 갑자기 증권사의 최고경영자(CEO)들이 제각기 자기 회사를 '한국의 골드만삭스로 만들겠다고 어쩌고' 했던 때가 있었다. 그런데 한국의 골드만삭스가 과연 나왔을까? 천만의 말씀이다. 국내 증권사 어느 곳도 그 근처에도 가지 못했다. 처음부터 한국의 골드만삭스가 되겠다는 발상 자체가 달성이 불가능한 목표이기 때문이다.

아, 오해는 마시라. 골드만삭스가 너무나 위대하고 잘난 회사여서 따라가기가 불가능하다고 말하는 것이 전혀 아니다. 골드만삭스의 본질이 증권회사가 아니기 때문이다. 굳이 말하자면 일종의 무역회사(a trading house)이기도 하고, 거대한 헤지펀드이기도 하다. 그러니 한국의 증권회사가 국적을 초월한(transnational) 무역회사나 거대 헤지펀드를 닮고 싶다고 말하는 것 자체가 처음부터 어불성설이기 때문이다(공부도 제대로 안 하고 함부로 골드만삭스 따라하기를 운운했던 그 무렵의 CEO들은 대부분 어디론가 사라졌고, 이제 그런 이야기는 아무도 하지 않는다).

한 인간의 인생에도 전환점들이 있듯이, 세계 최고의 무역회사이자, 증권회사의 얼굴을 한 당대 최정상급 거대 헤지펀드인 골드만삭스의 역사에는 3번의 중요한 분기점이 있었다. 83화부터 3회에 걸쳐 그 역사적 분기점 스토리들을 담아보고자 한다. 이번 83화에서는 골드만삭스의 첫 번째 분기점인 1981년으로 가보자.

1869년 창립 이래 줄곧 유대계 파트너십(Partnership) 회사였던 골드만삭스는 1999년 상장되기 전까지는 물론 파트너들의 회사였다. 파트너들 각자가 회사의 대표자인 셈이었는데, 골드만삭스가 붕괴되지 않고 끝까지 하나의 회사로서 정체성을 가지고 살아남은 이유는 물론 이 개성 강한 파트너들을 다스리기 위한 지배구조를 잘 유지해 왔기 때문이다. 이름하여 쌍두마차(Duumvirate) 체제이다.

골드만은 20세기 골드만삭스의 아버지라고 칭송 받는 시드니 와인버그(1891~1969) 이래, 한 사람이 아니라 두 사람이 회사를 나누어 경영하는 투헤드(Two Head) 시스템으로 파트너들의 이해관계를 중재해 왔다. 보통 한 명은 기업금융부서에서, 다른 한 명은 트레이딩부서에서 성장한 사람으로 임명하곤 했다. 리먼브라더스 및 오펜하이머 등 월가의 다른 여타 유대계 투자은행들도 그런 시스템을 간혹 쓰기는 했으나, 이 시스템이 성공한 곳은 오직 골드만삭스 말고는 없었다. 1981년 당시의 경영진은 시드니 와인버그의 아들인 존 와인버그(1925~2006)와 존 화이트헤드(1922~2015)였다.

이 당시까지 골드만삭스는 회사 창립 이래 '순수한 혈통(Pure Blood)'을 줄곧 강조해왔고 어쩌다 경력직 직원들을 뽑을 때도 필요한 최소한만 뽑았으며 대부분의 파트너들이 대학이나 경영대학원을 졸업하고 첫 직장으로 골드만삭스를 선택한 인물들이었을 정도로 폐쇄적이었다. 1981년 이전에는 골드만삭스가 동종 업계 투자은행을 인수 또는 합병할 이유도 없었고 그런 적도 물론 없었다.

그런데 와인버그-화이트헤드 두 공동대표가 (경쟁사들이 훗날에야 그 전략적 의미를 깨닫게 되지만) 놀라운 혜안으로 이해에 제이애런앤컴퍼니(J. Aron & Company)라는 회사를 인수하는데 이 사건은 당시 월가를 깜짝 놀라게 한 큰 뉴스였다. 평생 인수·합병은 안 하는 줄 알았던 골드만삭스가 처음으로 뭔가를 인수해서 놀란 것이 아니었다. 제이애런앤컴퍼니는 전통적인 투자은행이 아니라 금과 커피, 기타 비철금속 등의 코모디티 중개(commodities trading) 회사였기 때문에 놀란 것이다.

1898년 루이지애나주 뉴올리언스에서 시작된 이 회사는 이미 1930년대에 미국 선물시장에서 거래되는 커피의 4분의 1을 중개하고 있었다. 뉴욕금속거래소(New York Metal Exchange)의 회원사가 되기 위해 1930년대에 본사를 월가로 옮긴 제이애런앤컴퍼니는 골드만삭스에 인수될 당시 총직원 400명의 아담한 회사였다. 그렇지만 이 회사는 그런 작은 규모에도 불구하고 뉴욕 월가의 본사 외에도 그 시절에 이미 런던, 리우데자네이루 및 홍콩에 지사를 가지고 있었을 정도로 해당 분야에서는 탄탄한 실적을 쌓아오고 있었다. 이 회사를 인수하기 위해 당시 파트너십인 골드만삭스가 지불한 금액은 1억달러였는데, 이는 2015년 화폐가치로 보면 대략 2억7000만달러(약 3000억원) 수준이었다. 얼핏 보면 싸게 산 거 같긴 하지만, 당시의 골드만삭스는 오늘날과 같은 거대 주식회사가 아니라 단순 파트너십 회사였고 자본금 수준도 상대적으로 미약했기에, 이 인수는 골드만삭스로서는 대단한 모험을 한 셈이었다.

이 회사를 와인버그와 화이트헤드는 왜 인수한 것일까? 그들은 바로 골드만삭스가 월가 최강의 트레이딩 플랫폼으로 거듭나길 희망했기 때문이다. 이 인수가 일어나던 시점인 1981년 무렵은 골드만삭스가 트레이딩 분야에서만큼은 경쟁사들인 살로먼브라더스나 모건스탠리, 그리고 리먼브라더스에 비해 뒤처지고 있던 상황이었다. 와인버그와 화이트헤드는 주식 이외의 트레이딩 파트가 전통적인 채권(Fixed Income) 트레이딩뿐 아니라 통화(Currency), 즉 환과 코모디티(Commodity)까지 포괄하는 '주식이 아닌 모든 것의 트레이딩 플랫폼'으로 진화하길 바랐다. 바로 그 이름도 유명한 FICC(Fixed Income, Currency and Commodity) 부서의 창설이다.

처음 골드만삭스에 인수되었을 당시 제이애런앤컴퍼니의 직원들은 속된 말로 삼류시민 취급을 받았다. 순혈주의 문화에 푹 빠져 있던 골드만삭스 기존 직원들이 볼 때에는 어디서 갑자기 나타난 근본도 없는 친구들이었다. 투자은행원이라고도 볼 수 없는 장돌뱅이 같은 이들이 갑자기 회사 동료랍시고 앉아 있는 꼴이 영 마음에 안 들었던 것이다. 심지어 제이애런앤컴퍼니 출신들이 주로 자리 잡은 FICC부서의 직원들과 기존 직원들이 섞이지 않도록 엘리베이터도 별도로 설치했을 정도로 이들은 차별을 받았다.

그러나 차별한 자들은 곧 후회를 하게 된다. FICC가 매년 경이적인 수익을 내면서 신속하게 골드만삭스의 주력 캐시카우(cash-cow) 부서가 되는 데는 오랜 시간이 걸리지 않았기 때문이다. 이 부서는 1999년 골드만삭스 상장 이후에는 전체 골드만삭스 영업이익의 거의 절반을 벌어들이는 거대한 부서로 번창하게 되며 업계의 패러다임 자체를 바꾸어 버린다. 모든 경쟁 투자은행들이 자극을 받아서 앞다투어 골드만삭스를 모델로 삼아 각기 자사의 기존 채권트레이딩 부서를 FICC부서로 확대 개편하게 된다. 이를 통해 전통적 월가의 투자은행들의 성격이 뱅킹(banking)에서 트레이딩(trading)으로 바뀌게 되는 모멘텀을 만들어낸 것이다(2008년 금융위기를 초래한 여러 가지 원인 중 하나로 이는 다시 후술한다).

이 FICC를 지배하는 자가 곧 골드만삭스를 지배하게 되었음은 물론이다. 먼저 출현한 인사가 1990년 스티븐 프리드먼(1937~)과 함께 공동으로 와인버그-화이트헤드 체제를 이어받아 1994년까지 경영한 로버트 루빈 전 미국 재무장관(1938~, / 1995~1999년 재무장관 재직)이다. 그리고 프리드먼-루빈에 이어 1994년부터 1999년 상장 때까지 행크 폴슨 전 미국 재무장관(1946~, / 2006~2009년 재무장관 재직)과 함께 골드만삭스를 경영하게 되는 존 코자인 전 뉴저지 주지사(1947~, / 2006~2010년 주지사 재직) 역시 이 FICC부서를 기반으로 최고경영자석에 오른다. 여기서 그친다면 재미가 없을 것이다. 루빈이나 코자인은

FICC부서를 거느렸을 뿐이지 제이애런앤컴퍼니 출신은 물론 아니다. 그런데 폴슨이 재무장관으로 떠나면서 골드만삭스의 회장 겸 CEO 자리를 물려받게 된 로이드 블랭크페인(1954~)이 바로 제이애런앤컴퍼니 출신이다.

하버드 로스쿨을 나온 변호사였던 블랭크페인은 몇 년간의 기업금융 변호사 생활을 해보고 너무나 재미가 없어서 좀 더 능동적인 투자은행 쪽으로의 전직을 결심한다. 때는 1980년 가을이었다. 골드만삭스, 퍼스트보스턴, DLJ, 딘위터 등 당시 월가 투자은행 4곳과 인터뷰했지만 모두 떨어지고 심각하게 좌절하고 있던 차에 그에게 우연히 자리를 오퍼한 회사가 바로 제이애런앤컴퍼니였던 것이다.

그는 이 회사에 입사하여 금 선물거래 데스크에서 일하고 있던 중, 입사 8개월 만에 회사가 골드만삭스에 인수되어 버리는 일을 당한 것이다. 피인수 후 그는 FICC에 배속되어 로버트 루빈 밑에서 그의 잠재되어 있던 능력을 발휘할 기회를 잡는다. 블랭크페인뿐이 아니다. 2015년 현재의 골드만삭스 경영진 중 넘버 2인 사장 겸 COO 개리 콘(1960~), 넘버 3인 CFO 하비 슈워츠(1965~), 주력사업 부문인 트레이딩 부문(FICC와 주식 양자 포괄)을 책임지는 두 명의 공동 헤드인 파블로 샐러미(1966~)와 이자벨 이알레(1963~) 등 거의 모든 주요 경영진이 모두 제이애런앤컴퍼니의 후신인 FICC부서 출신들이다(샐러미와 이알레는 심지어 미국인도 아니다. 전자는 에콰도르인이고 후자는 프랑스인임).

뉴욕타임스가 2012년 10월 1일자 경제면 헤드라인 기사로 뽑은 제목이 "골드만삭스를 인수한 제이애런(The J. Aron Take Over of Goldman Sachs)"이었을 정도다. 제이애런앤컴퍼니 출신들과 엘리베이터도 같이 타지 않으려고 했던 골드만삭스의 순수혈통주의자들은 모두 어디론가 사라졌거나 아마도 자신들의 과오를 인정하고 개종했을 것이라고 믿어 의심치 않는다.

골드만삭스 3부작의 첫 이야기는 바로 회사의 성격 자체를 근본적으로 바꾸는 '신의 한 수'가 된 골드만삭스 최초의 인수·합병 케이스, 1981년의 제이애런앤컴퍼니 인수 이야기였다. 이 회사를 인수함으로써 마치 유대인이었던 예수 그리스도 사후 기독교가 유대교로부터 분리되어 나와서 진정한 세계 종교로 발전해 나간 것과 같은 맥락의 근본적 변화가 골드만삭스에서 시작된 것이다. 다음주 3부작 두 번째 이야기는 물론 이런 근본적 변화를 뒷받침하기 위한 돈(회사의 자본)에 관한 스토리가 펼쳐진다.

2015. 12. 14

84 골드만삭스 트릴로지 (2) 제국을 공개하다

골드만삭스의 두 번째 전환점은 기업공개였다. 1970년대 중반부터 시작된 월가 투자은행들의 상장 행진은, 90년대 후반으로 넘어오면서 10대 투자은행 중 골드만삭스와 라자드 2곳만 남겨 놓고 있었다. 남북전쟁 이후 1세기 이상을 폐쇄적인 파트너십 형태로 운용되어오던 월가 투자은행들이 이처럼 줄줄이 상장을 하게 된 것은 대충 두 가지 이유 때문이었다. 덩치를 키워서 자본시장의 세계화 현상에 대비해야만 하였고, 다른 한편으로는 당시 씨티뱅크나 케미컬뱅크, 체이스맨해튼 같은 대형 상업은행들의 투자은행업 진출 시도를 방어해야 했기 때문이다. 상업은행과 투자은행의 분리를 골자로 한 글래스-스티걸법이 공식 파기된 것은 99년이 되어서이지만, 이미 90년대 초부터 이 법이 역사적 소명을 다 하고 조만간 폐지될 것을 예상한 미국의 대형 상업은행들이 1987년 금융업 빅뱅을 통해 겸업주의를 채택한 영국에 자회사를 세우는 방법을 통해 투자은행업에 우회적으로 진입하고 있었던 것이다. 이들은 소위 말하는 '밸런스시트 어프로치(Balance Sheet Approach)'를 통해 기존 투자은행들을 괴롭히기 시작했다. 쉽게 말하면 자본시장의 각종 자문 업무를 수임하기 위해 발행 기업에 대출을 해주는 식으로 딜들을 받아내는 방식인데, 자본력이 상업은행들에 비해 훨씬 열악한 투자은행들이 위기의식을 느낄 수밖에 없었다.

상장을 해야 한다는 것을 오래 전부터 느끼면서도 골드만삭스가 가장 늦게 상장을 시도하게 된 이유는 물론 파트너들의 이해관계 조정 때문이었다. 지난 83화 트릴로지 1부에서 잠깐 설명하였듯이, 90년대 중반 무렵 골드만삭스의 파트너 집단을 굳이 성향으로 분류해보자면 다음 2가지 분류 방법이 있었다. 하나는 인종적인 측면에서 유태계냐 비유태계냐의 분류였고, 다른 하나는 경력 측면에서 뱅커(banker)냐 트레이더(trader)냐의 분류였다. 골드만삭스도 시대 흐름을 따라가면서 월가의 경쟁사들을 지속적으로 앞서가기 위해 인재들을 꾸준히 영입해야 했고, 70년대 이후에는 소수인종인 유태인들 위주로만 파트너로 승진시키기는 불가능해졌다. 이에 따라 비(非)유태계 파트너들이 계속 늘어나서 90년대 중반에 이르면 그 수가 가파르게 증가하게 된다. 비유태계 파트너들이 성향상 유태계 파트너들보다 회사 상장 이슈에 좀 더 적극적인 면을 보였다. 이보다 더 중요한 포인트는, 보수적인 뱅커 집단에 비해 상대적으로 진보적이고 개방적인 트레이더 집단이 수익적 측면에서 골드만삭스 내부에서 차지하는 비중이 훨씬 커지면서, 상장 이슈를 논의함에 있어서도 이들의 목소리가 점차 커지게 되었던 것이다.

1994년에 각각 은퇴와 재무장관 입각을 하게 되는 프리드먼과 루빈으로부터 경영권을 승계 받은 존 코자인(Jon Corzine)은 유태계이긴 하였으나 트레이더 출신이었다. 그는 골드만삭스 정통파(?)라고 볼 수 있는 유태계 뱅커 집단에서 보자면 상당히 이단적인 인물이었다. 일리노이주 시골마을 출신이었고, 학부는 아이비리그가 아니라 고향에서 가까운 일리노이주립대학을 고학으로 졸업했다. 그의 첫 직장은 시카고 소재 상업은행인 콘티넨털일리노이은행이었고, 시카고대학에서 다시 MBA 학위를 취득하고 나서야 스물아홉에 골드만삭스에 뒤늦게 경력직으로 입사하였다. 그의 전공은 채권 트레이딩이었는데, 사실 개인적 배경이라고 할 게 거의 없었던 그가 골드만삭스라는 배타적인 엘리트 투자은행에서 성공하는 방법은 소리소문 없이 경쟁자들보다 수익을 더 창출하는 방법 말고는 없었다.

한편 1994년은 골드만삭스가 2008년 금융위기 이전에 마지막으로 손실을 낸 해였다. 상장사가 아니었기에 자기자본이 상대적으로 취약했던 골드만삭스는, 이해 채권시장의 교란으로 보유 채권가격이 급속히 떨어지는 상황을 맞게 된 바, 전년도 대비 실적이 60% 감소하는 위기를 맞게 된다. 이런 경험을 통해, 코자인은 상장만이 살길이라고 동료 파트너들을 설득하기 시작하였다. 처음에 저항은 극심하였다. 특히 회사 보수파들은 상장을 하게 되면 골드만삭스가 120년 넘게 목숨처럼 지켜오던, 파트너십에 기반한 형제애적인 기업문화가 붕괴되지 않을까 우려했다. 생각보다 저항이 심하자, 코자인이 꺼내 든 카드는 바로 그 유태계 뱅커 집단을 대변하는 인물인 회사의 넘버2 행크 폴슨(Hank Paulson) 최고운영책임자(COO)를 자신과 같은 반열의 공동 최고경영자(CEO)로 격상시키는 일이었다.

행크 폴슨은 배경상으로는 유태계이며 한편 골드만삭스 원류인 M&A자문이 전공이었다. 물론 폴슨도 첫 직장이 골드만삭스가 아니었다는 점(특이하게도 미국 국방부가 그의 첫 직장이었고, 닉슨 대통령 사임을 유발한 워터게이트 사건이 일어나던 당시에는 백악관 선임고문실 보좌관으로 일한 바 있다) 및 월가에 있는 골드만삭스 본사가 아니라 시카고 지사에서 줄곧 성장해 왔다는 면에서는 정통파가 아니었다. 그럼에도 카리스마 넘치는 성격으로 따르는 부하가 많았기에 회사 내 정통파(보수파)들에게 영향력이 컸다. 폴슨에게 권력을 나누어 주고서야 코자인은 상장에 드디어 가까이 다가갈 수 있었던 것이다.

1998년 여름, 뉴욕 증시 상장 승인을 받고 9월에 상장을 하면 되는 순간, 갑자기 변수가 발생한다. 바로 이 IB 명장면이 이미 주제로 다룬 바 있는 거대 헤지펀드 LTCM의 붕괴가 하필 그 때 일어난 것이다. 시장이 큰 동요를 일으켰고, 월가 대형 은행들이 미국 뉴욕연방준비은행의 개입으로 울며 겨자 먹기로 할 수 없이 조성한 구제금융에 골드만삭스도 참여해 3억달러를 내야만 했다. 이 일은 물론 어쩔 수 없는 일이었으나, 결과적으로 이 구제금융 집행 과정을 진두 지휘한 폴슨이 코자인을 제치고 회사의 실질적 리더로 떠오르는 계기가 된다. 만일 1998년 9월에 예정대로 상장이 이루어졌다면, 코자인이 좀 더 오래 집권할 수도 있었을 것이다. 그러나 상장이 1999년 5월로 8개월가량 연기되는 바람에, 골드만삭스 역사에서 전례가 없는 궁정쿠데타(?)가 일어날 수 있는 시간을 벌어준 것이다.

코자인과 폴슨은 성격이 너무 맞지 않았다. 골드만삭스의 전 역사를 관통해 온 쌍두마차 리더십 체제가 처음으로 문제를 일으킨 것이다. 둘 다 자아가 너무 강했고, 회사 내에 자기 파벌이 각기 확실히 있었기에 문제였다. 특히 코자인이 행한, 최측근 심복 위주의 비밀주의 경영 행태가 투명성과 대화에 기반해 참여경영을 해 온 골드만삭스 파트너십 지배구조를 정면으로 위배했다고 폴슨은 판단하고 있었다. 코자인은 상장된 회사의 단독 CEO에 좀 더 어울리는 유형의 인물이었다고 할 수도 있었다. 그러나 아직은 상장이 되지 않은 상태였고, 파트너들이 1998년 하반기부터 코자인에게 등을 돌리기 시작했다. 결정적인 이유는, 코자인이 지난 몇 년간 상장을 강력히 밀어 붙이면서도 한편으로는 필라델피아를 본거지로 하며 당시 총자산 기준 미국 7위의 상업은행인 멜런은행(Mellon Bank)과의 인수·합병을 플랜B로 추진하고 있었다는 점이 밝혀진 것이다. 코자인의 이런 플랜B는 물론 시장 상황 악화 및 이에 따른 골드만삭스의 단기적 실적부진으로 상장이 상당 기간 순연될 것을 우려한 조치였으나, 경영위원회에 일체의 의견을 구하지 않고 진행한 인수·합병 논의가 밝혀지면서 거센 사내 반발을 불러왔던 것이다. 물론 이 인수·합병 논의는 정보가 누설되는 바람에 없었던 일이 되었으며, 코자인의 지도력은 타격을 입는다.

그 해 크리스마스 무렵, 상장을 위해 숨가쁘게 달려온 코자인은 너무 지쳐서 2주간 휴가를 내고 콜로라도주로 가족과 스키 여행을 떠난다. 바로 이 기간, 골드만삭스 경영위원회(Executive Committee)를 구성하는 6인 멤버 중 회장 겸 공동CEO인 코자인 본인과 그의 강력한 지지자였다가 당시 공식 은퇴를 앞두고 경영위원회에 참석하지 않고 있던 프라이빗뱅킹 사업부문 대표 로이 저커버그(Roy Zuckerberg)를 제외한 4인이 은밀히 회동한다. 그들은 사장 겸 공동 CEO인 폴슨 및 CFO이자 트레이딩사업 부문을 대표하는 존 테인(John Thain), IB사업부문 대표 존 손턴(John Thornton), 자산운용사업부문 대표 로버트 허스트

(Robert Hurst)등 4명이었는데, 남들의 눈을 피해 맨해튼 5번가 허스트 자택에서 회동하였다. 이 자리에서 이들 4인은, 경영위원회의 이름으로 코자인을 회장 겸 공동 CEO 자리에서 축출하고, 대신 폴슨을 회장 겸 단독 CEO로 밀어 올릴 것을 심야에 의결한다. 로마 제정시대나 옛 소련의 크렘린 궁전에서나 있을 법한 궁정쿠데타가 20세기 끝나기 직전 월가 골드만삭스에서 일어난 것이다. 1999년 1월4일 휴가에서 돌아와 새해 첫 출근을 한 코자인에게, 시저의 심복이었다가 그를 암살하여 배신하는 브루투스 역할을 맡은 코자인의 오른팔 테인이 찾아가서 경영위원회 결정을 통보한다. 무방비 상태에서 당한 코자인은, 망연자실해서 눈물을 흘렸다고 알려져 있다. 그러나 그는 저항을 할 수는 없었다. 경영위원회는 당시 총 221명이었던 회사 파트너로부터 지배구조에 대한 전권을 위임받은 기구였기 때문이다.

코자인은 CEO직을 박탈당한 채, 명예 회장 겸 221명의 파트너의 한 명으로 1999년 5월 2일의 역사적인 골드만삭스 상장을 지켜보게 된다. 상장한 바로 그 날이 코자인이 골드만삭스를 공식적으로 떠나는 날이 된다. 그런데 이 상장은 두 가지 측면에서 매우 희한한 상장이었다.

우선 실제로 시장에 내놓게 되는(going public) 지분이 겨우 총 지분의 12.6%에 불과하였다. 주식 수로는 6900만주였는데, IPO 가격이 주당 53달러로 책정되었으니 그 자체로 상장을 통해 기채되는 금액이 총 36억달러에 달하는, 당시까지 뉴욕증시 사상 두 번째 대형 IPO였다(그 전년도인 1998년에 캘리포니아의 에너지기업 코노코가 44억달러 물량의 IPO를 한 것이 역대 최대였으나 물론 이 기록은 21세로 넘어 오면 줄줄이 깨지게 된다). 221명의 파트너가 총 지분의 48.3%에 해당하는 2억6400만주를 가져가게 되는데, 1인당 금액 기준으로 6300만달러씩의 대박을 터트렸다. 총 주식 수의 0.9%를 받게 되는 코자인과 0.8%를 받게 되는 폴슨은 3억달러가 넘거나 육박하는 수준의 억만장자 대열에 오르게 된 것이다. 파트너가 아닌 일반 종업원도 21.2%의 지분을 나누어 받았으며, 생존해 있는 은퇴한 파트너들 및 골드만삭스에 수십년 동안 투자하고 있던 2곳의 기관(일본의 스미토모은행과 하와이의 카메하메하교육재단)이 17.9%의 지분을 나누어 받았다.

그런데 시장에 내 놓은 지분 6900만주 중에서 실제로 회사가 신주로 발행하여 회사에 돈이 들어오는 자금은 4000만주, 22억달러 수준에 불과하였다. 그러니까, 330억달러 시가총액이 나오는 대형 IPO를 하였는데, 회사로 들어오는 자금이 총 지분의 7.3% 수준에 불과하였고 나머지는 파트너들과 종업원들 및 이해관계인들에게 골고루 분배가 되었다는 말이 되겠다. “회사를 위한 상장이냐, 파트너들과 종업원들을 위한 상장이냐?”라는 말이 당연히 나올 수밖에 없었다. 글로벌 해외시장 진출 및 상업은행들의 투자은행화 현상에 대한 대비책으로 회사 자본의 증액이 필요하다는 당초의 거창한 구호는 문자 그대로 상장 자체를 위한 표어였을 뿐이었다. 실제로 이렇게 회사에 들어온 22억달러라는 자금을 가지고 그 후 골드만삭스가 인수·합병한 회사는 헐트레이딩컴퍼니(Hull Trading Company)와 스피어 리즈&켈로그(Spear Leeds & Kellog)라는 딱 2개사였는데, 두 회사 모두 자신의 독점적 영역이 있는 월가의 트레이딩 회사였다.

더 이상한 점은, 이 상장 시 주관사단의 역할이었다. 이 IPO는 워낙 사이즈가 컸던 것도 있지만, 상장되는 회사가 IPO 주관업무에 관해서는 자타가 공인하는 최고 전문가 집단인 골드만삭스였다는 점에서, 과연 누가 주관업무를 맡을 것인가가 월가 초미의 관심사였다. 결과는 당시 월가에서 활동하고 있던 거의 모든 투자은행을 다 망라한 거대 주관사단이 구성되었다. 베어스턴스, CSFB, DLJ, 리먼브러더스, 메릴린치, 모건스탠리, JP모건, 살로먼스미스바니, 페인웨버, 프루덴셜, 샌포드번스틴, 슈로더 등 총 12개사가 주관사단으로 동원되었고, 대표주관사는 골드만삭스의 최대 라이벌인 모건스탠리 및 메릴린치, 그리고 DLJ 등 3개사가 공동으로 맡았다. 그리고 그들은 가만이 앉아서 발행 물량인 36억달러의 5%에 달하는 1억8000만달러의 발행수수료를 나눠 가졌다. 아무것도 안 하고 있었다는 말은 다름이 아니다. 6900만주라는 공모주식의 분배 과정에 이들은 전혀 개입을 못하고 순전히 발행사인 골드만삭스가 알아서 했다는 말이 된다. 이 일반 공모물량의 75%는 골드만삭스와 거래하던 기존 거래고객인 운용사들이나 연기금 등 기관들에 배정되었다. 물론 주관사단과 중복하여 거래하는 기관들도 있었겠으나 어떤 기관 고객에게 얼마의 물량이 할당되는가에 대해 주관사단은 개입하지 못하였다. 나머지 25%의 물량이 일반 리테일 고객들에게 배정되었는데, 그 중 20%는 골드만삭스의 프라이빗뱅커들과 거래하는 초우량 개인고객들에게 배정되었다. 나머지 남은 잔여 5%는 골드만삭스가 상장 전에 소수지분을 인수했던 세계 최초의 온라인 IB인 위트캐피털(Wit Capital) 및 골드만삭스온라인(GS-Online)이라는 온라인 브로커리지 자회사에 배정되었다. 그러니까, 일반공모물량 6900만주조차 '골드만삭스를 위한, 골드만삭스에 의한, 골드만삭스의 배정'이 이뤄진 셈이었던 것이다.

세상에 이런 IPO가 어디 있느냐고 당시 이 상장을 취재하던 경제주간지 비즈니스위크(BusinessWeek) 기자의 질문에 대해 상장 작업에 참여 중이던 골드만삭스의 어떤 파트너가 했다는 말이 걸작이다. "우리는 당신들에게 문호를 개방한다. 그러니 이제부터는 입 닥치고 뒤에 앉아 있어라. 우리가 당신들이 얼마를 벌게 되는지 알려주겠다(We're going to let you in. Now shut up and sit back and we'll let you know how much you made)."

상장 가격인 주당 53달러는 첫 거래일에 장중 한때 43%나 폭등하다가 결국 33% 상승한 70달러로 마감된다. 골드만삭스의 시가총액은 단숨에 440억달러선까지 치고 올라가서 이미 상장되어 있던 두 라이벌 모건스탠리와 메릴린치를 멀찌감치 따돌려 버리게 된다(당시 모건스탠리와 메릴린치 시가총액은 각각 330억달러와 300억달러 수준이었다). 영리한 골드만삭스는, 상장 작업도 참으로 영리하게 마무리한 것이다. 이제 공개된 회사인 골드만삭스가 펼칠 앞날은 창창해 보였다. 회사는 이후 매년 사상 최대 실적을 갱신하면서 글래스-스티걸법 폐지 이후의 월가에서도 여전히 인수·합병 대열에 휩싸이지 않고 순수 투자은행으로서의 존재감을 과시하게 된다. 그러나 언제까지나 세상 일이 자기 의도대로 굴러가진 않는 법. 다음주 85화에서 골드만삭스 트릴로지의 마지막 장면으로 가보기로 하자.

2015. 12. 21

85 골드만삭스 트릴로지 (3) 너도 이제 은행이야

"로이드, 접니다. 팀이에요. 비크람에게 즉시 전화해보시오."(가이트너)

"씨티그룹의 비크람 팬디트? 왜요?"(블랭크페인)

"왜라고 반문할 때가 아니잖소. 어제 리먼이 무너졌소. 다음은 메릴린치이고 그 다음은 모건스탠리와 당신네 회사 골드만삭스요. 메릴린치와 모건스탠리도 현재 피인수 또는 합병상대를 구해보려고 미친 듯이 노력 중이오. 천하의 골드만삭스라고 해서 뭐 다를 것 같소? 종이 한 장 차이요." (가이트너)

이 전화통화가 일어난 시점은 아마도 금융의 전 역사를 통해 가장 바빴을 수도 있던 주말인 2008년 9월 13일의 토요일 오전 7시였다. 전날 금요일 밤, 미국 4위의 투자은행 리먼브라더스는 금융역사상 최대 규모의 파산을 맞이했다. 리먼브라더스만큼이나 상태가 절망적이었던 메릴린치는 필사적으로 뱅크오브어메리카에게 피인수 구애를 펼치고 있었고, 아마도 그 딜이 주말에 타개되지 못하면 월요일 아침에 파산할 것이 기정사실화되고 있었다.

골드만삭스의 가장 강력한 라이벌인 모건스탠리도 뉴욕연방준비은행 티모시 가이트너 총재의 중재로 은밀히 제이미 다이몬이 영도하는 제이피모건체이스그룹과 합병 대화를 시작한 상태였다. 이 모든 월가의 발작적인 몸부림에서 골드만삭스도 자유로울 수는 없었다. 사실 모건스탠리가 무너지면 바로 다음날 골드만삭스가 무너질 것이라는 것은 금융전문가가 아니어도 충분히 예견 가능했다. 글로벌 금융시스템 자체가 녹아내리고 있었던 것이다.

골드만삭스의 경영진도 필사적으로 살길을 모색하고 있었으나, 한 가지 심리적 제약사항을 가지고 있었다. "우리는 (경쟁사들과) 다르다"는 철학적 DNA가 모든 골드만삭스 경영진에게 뼛속까지 스며들어 있던 관계로, 인수·합병만이 살길이라는 금융당국 관료들의 강권을 머리로는 이해해도 가슴으로 받아들일 수가 없었던 것이다.

금융당국이 인수·합병을 권하는 이유는 간단했다. 30일 이내 만기의 기업어음시장이나 하루짜리 콜시장에서 단기자금을 조달하여 연명하고 있던 미국의 투자은행들의 입장에서, 이런 금융위기가 오면 단기 유동성이 말라버리므로 버틸 재간이 없던 것이다. 결국 선순위 예금 베이스를 가지고 있는 대형 상업은행들과의 짝짓기를 통하여 유동성을 공급받거나, 아니면 신규 투자자를 유치해서 유동성을 공급받거나 중 하나의 방법은 써야만 하는 상황에 내몰린 것이다. 공포의 엄습으로 연일 폭락을 계속하고 있던 당시 주식시장에 그런 불확실한 신규 주식투자를 할 투자자는 사실 현실적으로 없다는 전제에서, 대형 상업은행과의 합병은 일견 거의 유일한 해결방안처럼 보였다. 물론 이런 방식은 고육지책이었다. 왜냐하면 이런 억지 결혼을 시키면 월스트리트 용어로 '사회적 이슈(Social Issue)'가 필연적으로 나타나기 때문이다. 합병 후 경영권 이슈와 두 회사의 기업문화가 결합 가능한 문제인지 등이 아무것도 명확하지 않았던 것이다.

'골드만삭스와 씨티의 결합?' 가이트너의 전화를 끊은 블랭크페인은 생각해 보았다. '이게 대체 그림이 나오나? 누가 누굴 사는 건데?' 블랭크페인은 전화를 하고 싶지 않았다. 그러나 가이트너의 전화를 무시하는 것은 2008년 9월 13일의 시점에서는 미친 짓이었다. 블랭크페인은 블랙베리를 꺼내들고 팬디트의 전화번호를 찾았다. 잠시 후, 휴대전화가 연결되었다.

"비크람, 이른 아침에 미안하오. 나요, 로이드."(블랭크페인)

"로이드, 웬일이오?" (팬디트)

'웬일이오'라니? 아니 가이트너의 전화를 이 친구는 못 받았나? 내게 전화 오는 걸 알고 있었어야 하는 거 아닌지? 로이드는 속으로 생각했다.

"아니 그게 아니라, 팀(가이트너)이 전화해보라고 해서 한 거요."(블랭크페인)

"팀? 가이트너 총재 말이오? 난 전화 못 받았는데."(팬디트)

블랭크페인은 5초간 생각하다가 말을 꺼냈다.

"비크람, 당신네 회사와 우리 회사의 합병을 어떻게 생각하시오? 팀이 그걸 원하는 거 같은데."(블랭크페인)

팬디트가 당황한 듯이 말을 받았다. "합병? 나 혼자 결정 못하죠. 일단 생각해 보겠습니다. 여기 이사회와 논의해봐야 합니다."(팬디트)

"알았소. 전화 주시오."(블랭크페인)

블랭크페인은 전화를 끊으면서 속으로 욕이 나왔다. 이게 뭐야? 내가 전화할 걸 몰랐던 거 아냐?

역사에 가정은 의미가 없으나, 만일 성사가 되었다면 아마도 2008년 이후의 세계 금융을 지배했을 수도 있는 '씨티그룹-골드만삭스' 합병 가능성은 그 어색한 전화 한 통화로 본격 논의도 해보지 못하고 끝나고 말았다. 물론 합병했더라면 둘 다 망했을 수도 있다. 나중에 알려진 사실이지만 통화내용이 별 영양가 없었다는 블랭크페인의 피드백을 받은 가이트너는 자신이 직접 나서야겠다고 판단하고 팬디트에게 전화 연결을 시도했다. 그러나 못 받은 건지 안 받은 건지 팬디트와 그 후 4시간 동안 전화 연결이 되지 않았다.

점심 무렵에야 팬디트가 리턴콜을 해 왔다. 전화가 늦었다고 격렬히 화를 내는 가이트너에게 컬럼비아대학 금융공학 박사 출신으로 한때 강단에 선 적도 있는 교수님 스타일의 팬디트가 차분한 목소리로 '골드만삭스와의 합병안에 대해 씨티그룹 이사회가 논의를 거부했다'는 소식을 전한다. 그의 답변은 다음과 같다. "팀, 씨티그룹은 투자은행사업부문(구 살로먼스미스바니)이 있기는 하지만 기본적으로 은행이오, 은행. 은행은 예금을 받아서 운용하고 신중한 문화를 가지고 있지요. 나는 고객들에게 받은 예금을 헤지펀드에 투자하는 금융회사를 상상할 수는 없습니다. 물론 골드만삭스가 바로 헤지펀드라고 말하는 것은 아니오. 다만 시장에서 받는 인상이 그렇다는 것이오. 골드만삭스는 예금을 받아서 그 예금을 고유계정매매의 반대거래에 사용할 수도 있는 회사라고 다들 심정적으로 느끼잖소? 나뿐만 아니라 씨티그룹의 이사회도 마찬가지입니다." 가이트너는 더 이상 아무 말 못하고 전화를 끊을 수밖에 없었다.

한편 가이트너가 팬디트의 전화를 초조하게 기다리던 그 시각 오전 8시, 블랭크페인은 자사 경영진을 소집했다. 공동사장인 개리 콘과 존 윈켈리드, 그리고 최고재무책임자(CFO)인 데이빗 비니어, 비서실장 존 로저스, IB부문대표 데이빗 솔로몬 등이 잠이 덜 깬 얼굴로 나타났다. 그들은 회사의 다음 행보에 대해 논의를 시작했다. 씨티그룹과의 합병이 어렵다면 대체 뭘 해야 하는가? 다음 전략은? 골드만삭스 주가도 그 전주에 추풍낙엽처럼 떨어지고 있었다. 2007년 10월 말, 버블붕괴 시작 직전에 주당 250달러에 육박하던 주가는 리먼브라더스가 붕괴하던 2008년 9월 12일에는 150달러 선까지 추락해 있었다.

금융위기 와중에 CEO 블랭크페인 이상으로 존재감을 드러내게 된 공동사장 콘이 다음과 같은 제안을 한다. 밥 스틸(Bob Steele)이 몇 개월 전에 CEO로 부임한 와코비아은행과의 합병안이었다. 스틸은 골드만삭스 부회장 출신이며 몇 달 전까지 미 재부부 국내금융담당 차관으로 재직했었다. 와코비아는 당시 총자산 기준 미국 5위의 은행이었는데, 뱅크오브어메리카의 전신인 네이션스뱅크와 마찬가지로 노스캐롤라이나주 샬롯이 본거지였다. 블랭크페인은 눈살을 찌푸렸다. 사실 블랭크페인과 스틸은 개인적으로는 과거 사내 라이벌이었고, 둘 사이에는 아직도 앙금이 있었다. 그러나 지금 그런 개인적 감정을 따지고 있을 상황은 물론 아니었다. 블랭크페인은 부하들의 얼굴에 둘러싸여 스틸에게 전화를 한다. 마침 스틸은 뉴욕으로 출발하려고 비행기에 막 탑승한 상황이었다. 와코비아의 스틸도 자기 회사를 살려야 하는 것은 마찬가지였다. 와코비아는 당시 무려 1220억달러에 달하는 거대한 ARM(Adjustable Rate Mortgage)주택모기지 관련 포트폴리오를 가지고 있었다. 이 ARM은 이자의 상환방식을 대출을 받은 고객이 마음대로 정할 수 있게 한 모기지인데, 비속어로 WKYL모기지라고 불렸다. 상환방식을 마음대로 하라고 하니 일단 주택가격이 계속 오를 걸로 보고 갚을 능력이 상대적으로 떨어지는 고객들이 처음엔 낮은 금리로, 몇 년 지나서 금리가 대폭 오르는 식으로 돈을 빌리는 메커니즘으로 악용되었다. WKYL은 '나중에 널 죽여 줄께(WILL KILL YOU LATER)'라는 뜻이다.

와코비아를 인수하는 것은 골드만삭스가 생각할 수 있는 거의 마지막 인수·합병 루트였다. 그런데 이 논의는 과거의 라이벌인 블랭크페인과 스틸의 첫 대면에서부터 완전히 틀어져버린다. 긴급히 소집된 양쪽의 실사팀이 아직 만나지도 못하고 있는 가운데, 와코비아를 인수한 후의 통합 골드만삭스-와코비아 조직을 누가 경영할 것인가에 대해 두 사람이 완전히 동상이몽을 하고 있음이 바로 드러나버린 것이다. 블랭크페인은 자신이 회장 겸 CEO를 여전히 계속 맡고, 스틸은 콘과 윈켈리드에 이어 상업은행(리테일)사업부문을 맡게 되는 세 번째 공동사장 자리를 맡으면 된다고 생각했다. 나이가 블랭크페인보다 4세 연상인 스틸은 자신이 이사회 의장 겸 회장, 블랭크페인이 단독 사장 겸 CEO를 맡는 안을 들고 나왔다. 두 사람은 이 딜이 결코 될 수가 없음을 바로 깨닫고 딜을 접는다(와코비아는 결국 대규모 주택모기지 부실을 안고 있다는 소식이 터져 나온 후에 주가가 급전직하한 결과, 당시 미국 4위의 상업은행이었던 샌프란시스코의 웰스파고그룹에 파이어세일 형태로 피인수되어 사라지게 된다).

남아 있는 옵션은 이제 두 가지였다. 하나는 골드만삭스에서 이미 떠나가고 있던 투자가들의 마음을 붙잡을 수 있는 그 어떤 비중 있는 투자가의 등장이었고, 이보다 더 근본적인 변화는 미 연준의 무제한 디스카운트 윈도(연준이 초저금리로 금융회사들에 돈을 직접 빌려주는 창구)에 몸을 의탁할 수 있는 은행지주회사(Bank Holding Company)로의 전환이었다. 투자은행의 얼굴을 한 헤지펀드 성격의 골드만삭스가 이제 강력한 규제를 받는 은행이 되는 것을 연구할 수밖에 없는 상황이 된 것이다. 그런데 이 두 가지 옵션은 사실은 하나의 옵션이었다. 대규모 투자를 할 수 있는 그 어떤 투자가도, 만일 제정신이라면, 투자은행으로 남아 있는 골드만삭스보다는 은행지주회사로 전환한 골드만삭스에 투자하려고 할 것이었기 때문이다.

이러는 가운데 그 주말이 숨 가쁘게 지나갔다. 9월 14일 밤에 미국 3위의 투자은행 메릴린치가 뱅크오브아메리카의 품에 투항하듯이 안겨서 역사 속으로 사라졌고, 세계 최대의 보험사인 AIG는 미국 정부의 구제금융을 받고 간신히 파산을 면한다. 9월 15일이 밝았으나 미국 2위의 투자은행 모건스탠리와 미국 1위의 투자은행 골드만삭스는 아직 문제를 해결했다는 소식이 없었다. 언론에서 이 두 회사의 상태를 침소봉대하기 시작했다. 두 회사의 주가는 그야말로 폭락하기 시작한다. 이제 남은 방법은 없어 보였다. 결국 골드만삭스와 모건스탠리 두 회사는 은행지주회사 전환을 신청하였고, 9월 21일 일요일 밤 9시 반에 뉴욕연방은행의 승인을 받게 된다. 두 회사 모두 '투자은행'에서 앞의 두 글자를 떼고 이제 '은행'이 된 것이다. 골드만삭스는 순식간에 총자산 규모 미국 국내 4위의 대형은행이 되어 버렸다. 금융회사라기보다는 무역회사였고 헤지펀드였던 골드만삭스가, 연방준비은행의 디스카운트 윈도에 무제한 액세스를 허용받으면서 드디어 유동성 위기를 벗어난 대가로 이제 통상적인 모든 은행이 받아야 하는 규제의 틀에 스스로를 가두게 된 것이다. 이 사건은 골드만삭스 트릴로지의 종착점인 이 회사 역사의 세 번째 큰 사건이자, 금융의 전 역사를 통틀어서도 몇 손가락 안에 들 정도의 대단한 사건인 것이다. 이 소식을 접한 미국의 당시 재무장관이자 스스로 골드만삭스 CEO 출신인 행크 폴슨은 이렇게 회고록에서 술회한다. "남은 두 투자은행들의 은행지주회사 전환 소식을 접하면서, 나는 내가 지난 40년 동안 알던 방식의 그 월가가 이제는 더 이상 존재하지 않는다는 것을 깨달았다. 새로운 금융시대의 시작이다."

그리고 이틀 뒤인 9월 23일, 이 은행지주회사 전환의 효과를 그대로 보는 사건이 일어난다. 워렌 버핏이 진짜로 신뢰하는 유일한 IB뱅커라고 알려져 있는 골드만삭스 시카고지사장 바이런 트롯(Byron Trott)이 무려 50억달러에 달하는 버핏의 투자를 유치해온 것이다. 물론 투자조건은 혹독했다. 50억달러를 우선주 방식으로 투자하는 대가로 골드만삭스는 투자금액의 10%에 해당하는 5억달러의 배당금을 해마다 지불해야 했고, 그날 주가보다 약 8%정도 싼 가격에 미래의 특정 시점에 추가로 50억달러를 인수할 수 있는 주식 워런트까지 부여해야 했다. 혹독한 조건이었으나 "버핏이 골드만삭스에 투자했다!"는 언론의 헤드라인이 필요했던 골드만삭스 경영진은 군소리 없이 이를 받아들일 수밖에 없었다. 버핏의 투자 소식이 알려지면서, 폭락에 폭락을 거듭하던 골드만삭스 주가는 반등하기 시작한다. "이제 우리는 살았습니다!" 블랭크페인이 이 버핏의 투자 건을 설명하기 위해 긴급소집된 이사회에서 던진 첫마디였다고 한다.

이 사건 이후 만 7년이 지났으나, 골드만삭스는 여전히 은행지주회사다. 그리고 그들이 과거에 했었던 리스크를 크게 수반한 트레이딩 활동은 아무래도 많이 위축되었다. 금융위기 이후 생겨난 소위 '볼커룰(Volcker Rule)'이 각 금융회사들의 고유계정거래를 크게 제한하기 때문이다. 심하게 말하면 골드만삭스도 이제 경쟁사들과 별로 다를 것이 없는 회사가 되었다고 해도 과언이 아니다. 그럼에도 불구하고 골드만삭스는 여전히 혁신의 선봉에 서 있고, 우회적인 방법으로 규제를 피해서 수익률을 극대화할 수 있는 각종 거래 시도들을 하고 있는 것으로 일견 보인다. 최근 국내에도 밀어닥치고 있는 핀테크 열풍을 월가에서 가장 먼저 주도해 나가고 있는 회사도 다름 아닌 골드만삭스이다. 심지어는 핀테크를 이용하여 온라인리테일뱅크를 독자 사업라인으로 시작하려고 준비 중이라는 소식도 들린다. 그런 맥락에서, 최근 GE가 자회사로 운용 중이던 온라인뱅크를 80억달러를 주고 인수한 바 있다. 골드만삭스는 창사 이래 이제까지 리테일 비즈니스를 단 한 번도 한 적이 없었던 점에 비추어서는 이것도 혁명적인 변화라고 할 수 있겠다.

골드만삭스의 역사는 금융혁신의 역사라고 해도 과언이 아니다. 그런데 '혁신'이라는 말은 금융업에서는 '규제회피'라는 말과 동의어다. 골드만삭스가 과연 은행지주회사로 근본적 성격 변화를 경험하고 난 후에도 그들이 2008년 이전에 보여주었던 그 금융혁신의 DNA를 과연 계속 가져갈 수 있을 것인지 오늘도 시장은 지켜보고 있다.

2015. 12. 28

86 노무라의 영어달인 시바타상의 글로벌드림(1)

시바타 타쿠미(柴田拓美)는 흔히 볼 수 있는 일본 증권가의 고위 경영진들과는 여러 측면에서 좀 달랐다. 1953년 도쿄 외곽 항구도시 요코하마에서 태어난 시바타는, 게이오대학 경제학부를 졸업하고 1976년 노무라증권에 입사한다. 처음부터 그는 국내에서 잘나갈 수 있는 포지션을 스스로 포기하고, 힘든 해외근무를 자원했다. 무역회사도 아니고 제조업체도 아닌 1970년대 후반의 일본 증권회사에서, 해외근무는 자원할 만한 성질의 것이었다고 보기는 어려웠다.

한편 그는 영어를 원어민도 울고 갈 만큼 완벽하게 구사하였다. 게이오대학 재학시절, 그는 이 대학의 가장 유명한 학내 동아리 중 하나인 게이오영어회화클럽의 회장을 지냈고, 대학 3학년 때는 마이니치신문이 주최한 전 일본 대학생영어토론대회에서 우승했을 정도로 대학시절 영어에 푹 빠져 지냈다. 영국의 대문호인 셰익스피어의 희곡 대사들을 줄줄이 외우고 다녔으며, 그가 구사하는 영어를 들은 대부분의 원어민은 그가 미국에서 태어난 일본계 미국인일 거라고 생각했다. 미국 경영대학원 입학자격시험 격인 GMAT란 시험에서 만점을 받은 기록도 가지고 있었다. 이 점수 덕분에 그는 노무라증권 입사 후 5년이 지난 시점인 1981년, 회사 스폰서쉽으로 하버드 경영대학원에 진학하였고, 제이미 다이몬 제이피모건체이스 회장, 제프리 이멜트 GE회장, 세스 클라만 바우포스트그룹(미국 5대 헤지펀드 중 하나) 회장 등과 같은 쟁쟁한 인물들과 우연히 같은 시기에 공부하는 행운을 누린다. 그 후 그는 총 36년간의 그의 노무라 재직생활의 딱 절반인 18년을 해외에서 근무하게 되는데, 그중 12년을 런던에서, 3년을 홍콩에서, 3년을 미국에서 근무한다. 이는 통상적인 노무라증권의 고위 임원들의 커리어패스와는 사뭇 달랐다. 한마디로 그는 노무라증권의 글로벌사업부문을 상징하는 인물이었던 것이다.

시바타가 해외에서 근무하던 1980년대와 1990년대는 일본 자본시장이 급속도로 커져가던 시대였다. 이는 1980년을 기점으로 당시 서독을 제치고 미국에 이어 글로벌 빅2 경제 규모로 진입한 일본 경제의 도약에 힘입은 바가 컸으며, 한편으로는 국제결제통화로 인정받게 된 일본 엔화의 파워 덕분이기도 했다. 노무라증권도 이런 국제화의 흐름을 따라가게 된다. 1923년에 창립되었으며 1961년에 일본증시에 상장된 일본의 대표적 증권사 노무라증권의 시가총액이 당시 미국 금융사들 중 시가총액 1위였던 씨티뱅크를 능가할 정도로 커진 것도 이 무렵인 1987년의 일이었다. 지금에야 믿을 수가 없다고 하겠지만, 그 당시에는 노무라증권의 자기자본은 120억달러였는데, 이 금액은 마음만 먹었다면 미국의 골드만삭스와 모건스탠리 2개사를 한꺼번에 살 수도 있을 만큼 당시로서는 어마어마한 금액이었다. 노무라증권이 그 당시 세계 최고(最高)나 최대(最大)의 증권사는 아니었다손 치더라도, 세계에서 최고로 부자 증권사였었다는 것은 명백한 사실이다.

이런 흐름 속에 해외 진출은 당연한 일이었고, 일본의 대기업들의 해외 진출에 부응하는 측면도 있었다. 노무라증권의 해외 진출은 1960년대 후반부터 간헐적으로 이어졌으나, 본격적으로 뛰어든 것은 1987년 영국 런던에 설립한 노무라인터내셔널이란 일종의 중간지주회사였다. 1970년대부터 존재하던 노무라증권 런던지점을 현지법인으로 확대·개편한 것으로, 해외사업을 제대로 하기 위해 회사의 주력인 국내 사업 부문과 별도의 법적 실체를 해외에 만든 것이었다. 당시 영국은 1986년의 대폭적인 금융규제 완화 조치인 소위 금융빅뱅이 일어난 직후로, 글로벌사업을 꿈꾸는 전 세계 모든 금융기관들이 속속 진출하고 있었다. 이런 분위기 속에, '글로벌 노무라'의 모토를 실현시키기 위한 선발대 명목으로 런던에 파견된 직원들 중에 노무라 사내에서 영어를 제일 잘한다는 시바타 타쿠미 당시 IB본부 차장이 포함되어 있었음은 어쩌면 당연한 일이었다.

1987년부터 1990년까지 만 4년간은 일본계 증권사들이 런던 자본시장인 유로본드 시장을 주무르던 때였다. 이것은 의도되었다기보다는 모든 정황이 일본계 증권사들에 유리하게 작용한 결과였다. (유로본드 시장이 무엇인가에 대해서는 이미 IB명장면이 10~12화에서 다루었으므로 상세한 설명은 생략한다) 일본의 주식시장 대표지수인 닛케이지수가 1984년부터 매년 1만포인트씩 상승하더니 급기야 1987년에는 역사상 최고점인 3만8000포인트에 도달할 정도로 일본 주식시장이 폭발하였다. 이렇게 주식시장이 활황이고 돈이 넘쳐나게 되자, 일본의 투자자금이 유로본드 시장에 유입된 것이다. 일본 투자가들에게 유로본드 채권이나 주식연계채권을 팔려는 유럽계 발행사들이 급증함에 따라, 때마침 런던시장에 속속 진입한 일본계 증권사들의 수요가 폭발적으로 늘어났다. 자본시장 잡지인 IFR의 기록을 살펴보면, 1986년에 런던의 유로본드 시장의 채권리그테이블에서 노무라증권과 다이와증권이 등 2개 증권사가 시장점유율 각각 7%와 6%로 10위권 안에 처음 진입한다. 그런데 바로 다음해인 1987년이 되면, 이들 2개사 외에 일본계 증권사 빅포(Big 4)를 구성했던 닛코증권과 야마이치증권이 역시 10위권에 진입하며, 1988년이 되면 IBJ인터내셔널(일본산업은행이 런던에 만든 현지 증권사)까지 10위권에 들어오게 되어 이들 5개 일본계 증권사가 시장점유율 도합 40%를 넘어서는 기록적인 신장세를 보인다. 그중 맏형 격인 노무라증권은 리그테이블 1위 자리를 놓고 경쟁하는 지경까지 이르게 되었던 것이다. 정점의 해였던 1990년에는, 이들 5개 대형사 외에 10여 개 일본계 중형증권사들의 시장점유율까지 합쳐서 유로본드 시장에서 일본계 증권사 시장점유율이 무려 55%에 도달하였다. 유로본드 시장 자체를 일본이 다 가져가는 것 아니냐는 비아냥이 들릴 정도였다.

욱일승천의 기세로, 양손에 두둑한 현금(자본투입)을 들고 런던에 입성했던 노무라인터내셔널은 그런데 최종적으로 성공했을까? 실패했다. 1990년을 정점으로 기세가 꺾이기 시작하였다. 일본 국내에서 자산버블 붕괴가 시작되면서, 유럽을 다 쏟아 담을 것처럼 넘쳐나던 일본계 자금은 다시 썰물처럼 런던시장에서 빠져나가 버렸던 것이다. 1991년이 되면서 일본계 증권사들의 유로본드 시장점유율이 전년도의 55%대에서 25%대로 급전직하하더니, 90년대 중반에 다시 20%대 이하로 내려간다. 그리고 1997년 아시아 통화위기 여파로 밀어닥친 일본 증권업계의 구조조정으로 인해 노무라증권과 다이와증권을 제외한 나머지 증권사들은 대부분 몰락하거나 파산하고 만다.

벌써 30년 전에 있었던 이 노무라인터내셔널의 야심 찬 도전은 결과적으로 실패로 끝났다. 잠깐 반짝한 것일 뿐, 진정한 글로벌화를 이루어내지는 못하였고, 런던에서 미국과 유럽의 톱클래스 벌지브래킷 투자은행들과 겨루는 수준의 항구적인 존재감을 만든다는 목적도 물론 달성하지 못하였다. 실패의 가장 큰 이유는 물론 당시 노무라증권 최고경영진의 태도 때문이었다. 그들은 '글로벌 노무라' 전략에 한 발만 내딛고 있었던 양상이었다. 두 발을 다 내딛는 것에는 겁이 났던 것이다. 해외 대형 투자은행을 인수하여 단번에 존재감을 확보하자는 아이디어도 나왔었으나 결코 채택되지 못했다. 일본 국내시장을 장악하고 있던 노무라증권의 당시 경영진들은, 그 정도 수준까지 글로벌화해야 하는 적극적인 이유를 발견하지는 못했던 것이다. 그래서 결국 자생적 성장전략, 즉 오가닉 그로스(Organic Growth) 전략을 쓰기로 하였는데, 이 전략은 사실 90년대 자산버블 붕괴 이후의 일본시장 상황을 감안하면, 글로벌을 하지 말자는 이야기와 같은 이야기였다.

그래도 이 노무라인터내셔널의 80년대 후반부터 90년대 중반까지의 거대한 실험이 아무것도 남긴 게 없는 것은 아니었다. 의외로 2가지 부수적 성과물을 창출했다. 하나는 노무라증권의 채권사업부문, 즉 글로벌

픽스드인컴(Global Fixed Income) 비즈니스 라인이 확립되었다는 점이었고, 또 하나는 시바타 타쿠미라는 대형 인재 하나를 훗날을 위해 경영 트레이닝시킬 수 있었다는 점이었다. 전자는 바로 모두가 느낄 수 있었던 성과물이었고, 후자는 20년 후에야 나타난 성과물이긴 하지만 말이다.

당초 런던에서 노무라인터내셔널이 시작했던 비즈니스 중 주식브로커리지 비즈니스는 처참하게 실패했다. 일본계 증권사가 런던에 주식 세일즈망을 깔아놓고 주문을 받겠다고 선언해봐야, 주문을 주는 유럽의 기관투자가들은 거의 없었다. 인수·합병(M&A) 자문업도 오직 일본 기업이 관련되어 있을 경우에야 간간이 수임이 가능하였을 뿐, 현지에서 진행되는 현지기업들 간의 인수·합병 자문은 꿈도 꿔보지 못하고 수임에 실패했다. 유일하게 성공한 영역이 채권이다. 일본의 엔화는 이미 국제결제통화였고(소위 말하는 'G3 채권'), 이에 따라 일본기업이 일본엔화로 표시하여 발행하는 채권은 그 자체가 국내채권이자 동시에 해외채권이 되는 셈이었다. 이에 따라 한국에서와 같은 국내채권, 해외채권의 구별이 처음부터 필요 없었다. 일본의 대기업들이 80년대 중반 이후 거대한 물량의 채권을 발행하여 국제 자본시장에 유통시키게 되는데, 그 첨병 역할을 노무라가 해낸 것이었다. 이렇게 되자 그다음 단계로 노무라증권은 소위 말하는 사무라이본드 시장을 발전시켰다. 해외 대기업들이 일본 자본시장에서 엔화로 채권을 발행하여 자금을 조달하는 방식의 시장을 사무라이본드라고 지칭한다. 일본의 풍부한 엔화 유동성을 노리는 해외기업들에 일본 국내 투자자금에 액세스가 가능하도록 길을 터 준 것이다.

채권사업부문이 성공하여 노무라증권의 연간 수익의 대략 3분의 1을 책임지는 부서가 됨에 따라서, 그쪽으로 일종의 회사 내 파벌 내지는 라인이 형성되게 된다. 토다 히로시, 아게무라 야스오, 나카무라 젠지 등 국제자본시장에서 명성을 떨치게 되는 3인방이 이 그룹에서 배출되는 것이다. 이들이 90년대 중반부터 2008년 금융위기 직전까지 대략 십여 년간 노무라증권 경영진의 주축을 구성했었다고 봐도 무방하다. 이 채권사업부문의 동료들이 잘나갈 때, 시바타 타쿠미는 자신의 원래 전공인 IB사업부문을 런던에서 운용하면서 자신의 때가 오기를 기다릴 수밖에 없었다. 그는 런던에서 근무하면서 차례로 승진하여, 97년에 본사 임원으로 승진함과 동시에 유럽 IB사업부분장, 그리고 이어 2000년에는 유럽지역 CEO로 일하다가 2002년에 본사 IB사업부문장에 임명되어 15년간의 해외근무 생활을 마치고 본사로 복귀한다.

그러나 거기까지가 그의 한계였었던 듯 보였다. 2004년, 노무라증권의 2인자 자리인 최고운용책임자(COO) 자리를 두고 벌어진 경합에서 자신의 게이오대학 2년 선배이자 노무라증권 입사 2년 선배인 채권사업부문장 토다 히로시에서 밀려서 계열사인 노무라자산운용(NAM)의 CEO로 밀려난다. 2005년에 노무라자산운용으로 부임하여 거기서 그냥 커리어를 마감해야 하는가 하고 있던 차, 2008년에 극적인 반전이 일어난다. 미국의 서브프라임모기지 부실 사태에서 촉발된 전대미문의 금융위기가 시작된 것이다. 그에게 개인적으로 찾아온 절호의 기회는 바로 노무라증권에 실로 30년 만에 찾아온 놓칠 수 없는 기회이기도 하였다. 금융위기의 진행이 노무라증권에 미친 영향과 시바타 타쿠미의 글로벌드림 실현 이야기는 다음 87화에서 이어가보자.

2016. 1. 4

87 노무라의 영어달인 시바타상의 글로벌드림(2)

어떤 금융회사가 진정으로 '글로벌화'하기 위해서는 상당한 수준의 변신의 과정(Transformative Process)이 필요하다. 거의 모든 금융회사들이 '글로벌화한다(going global)'고 외치면서도 실제로 '글로벌금융회사(a global financial institution)'가 결코 되지 못하는 이유는 바로 근본적인 변신을 할 생각이 없이, 그냥 지금까지 해 오던 국내사업부문의 지리적 해외확장의 관점에서만 글로벌화에 임하기 때문이다. 자국의 국내사업부문에서 하던 관행, 시스템, 의식구조를 그대로 해외로 가지고 나간다. 이것은 철두철미하게 무의미한 글로벌화다. 특히 투자은행(IB) 분야처럼 사람이 곧 모든 것인 비즈니스에서, 해외로 진출한 후 자사 국내사업부문의 멘탈리티로 경영을 할 수 있다고 생각하는 것 자체가 난센스에 가까운 일이다. 그런 면에서 노무라가 2008년에 시바타 타쿠미라는 인물을 고위경영진으로 가지고 있었다는 것은 일종의 축복이라고 할 수 있다. 시바타는 생각하는 의식구조 자체가 이미 일본인이 아니었기 때문이다.

2008년 9월 14일 일요일 밤, 미국 4위의 투자은행인 리먼브라더스가 파산했다. 그리고 리먼브라더스 파산 직전까지 이 회사를 인수해보려고 노력했던 영국의 바클레이즈그룹이, 파산 후에 리먼브라더스의 본체라고 할 수 있는 미국 사업부문을 17억5000만달러라는 헐값으로 인수했다. 물론 자산과 부채의 포괄적인 양수양도가 아니었으며, 단지 사람과 시스템을 산 것으로 봐야 할 것이다. 이 인수 금액은 사실상 리먼브라더스 소유 업무용 부동산(랜드마크 건물로 유명한 맨해튼 미드타운 7번가의 32층짜리 본사 건물을 약 9억8000만달러로 계산) 가격이었다.

그 시각, 태평양 건너 일본 도쿄에서 바클레이즈의 리먼브라더스 미국사업부문 인수 장면을 보고 흥분한 사람이 하나 있었다. 바로 노무라증권의 시바타 타쿠미 수석부사장 겸 COO였다. 그는 이 리먼브라더스 파산사건이 일어나기 겨우 다섯 달 전에, 계열사였던 노무라자산운용의 CEO에서 본사 2인자 자리인 이 자리로 전격 컴백한 바 있었다. 그가 사내 차기 경영진 후계구도 경쟁에서 밀려나서 퇴출된 후 계열사로 내려가서 조용히 지내고 있던 시점인 2005~2007년, 당시 노무라증권의 고가 노부유키 사장 겸 CEO와 도다 히로시 수석부사장 겸 COO가 미국에서 신용버블의 끝자락에 올라타는 실수를 범한다. 결국 서브프라임모기지 관련 익스포저를 늘리다가 금융위기 초반부였던 2007년에 24억달러 상당의 신용손실을 입는다. 이에 대한 책임을 지고 고가 사장과 도다 수석부사장이 동반 사퇴하는 일이 벌어진 것이다. 후임 사장 겸 CEO에 임명된 이는 국내 리테일영업 파트에서 잔뼈가 굵은 와타나베 겐이치였고, 그는 자신의 러닝메이트인 수석부사장 겸 COO에 시바타 타쿠미를 전격 발탁했다. 두 사람은 나이도 1953년생으로 동갑이었는데, 입사만 와타나베 쪽이 1년 빨랐다. 와타나베 신임사장은 국내사업부문과 주식리테일영업을 관할해 온 인물이었기에, 자연스럽게 자기의 약점인 IB사업부문과 해외사업부문을 커버해 줄 수 있는 시바타 같은 유형의 2인자의 보좌를 필요로 했던 것이다. 두 사람은 성격도 서로 보완적이어서, 의외로 죽이 잘 맞았다.

노무라의 전성시대였던 80년대 후반과 90년대 초반, 런던에서 화려한 IB뱅커 생활을 해본 시바타는 그 과거의 영화(榮華)를 도저히 잊을 수가 없었다. 그런 그에게, 리먼브라더스라는 세계적인 투자은행의 일부를 인수한다는 것은 꿈에 그리던 어떤 염원의 현실화였다. 노무라가 진정한 '글로벌투자은행'이 될 수 있는 찬스 말이다. "일생에 딱 한 번 있는 기회(once in a lifetime opportunity)"가 왔다고 판단한 그는, 바클레이즈의 리먼브라더스 미국사업부문 선별인수 소식이 급보로 외신에 타전된 직후인 도쿄 시간으로 9월 15일 월요일 오후, 와타나베 사장을 설득하여 리먼브라더스의 남은 아시아 및 유럽 두 사업부문 인수라는 실로 담대한 시도를 승인 받는다.

시바타는 사장의 허락이 떨어지자 즉시 자신의 외국인 심복부하였던 사덱 사이드(Sadeq Sayeed)를 국제전화로 호출한다. 사이드는 파키스탄 출신의 유명한 IB뱅커로, 한때 자기 모교인 MIT의 슬론 경영대학원에서 투자금융론 전임교수 생활도 한 적이 있는 다채로운 이력의 소유자였다. 일찍이 2000년, 당시 노무라 유럽 CEO로 새로 임명된 시바타가, 승진 직전 자기 자리였던 노무라 유럽 IB부문장 자리를 물려주기 위해 CSFB 런던지사에서 일하던 사이드를 스카우트했던 것이다. 사이드는 보수적인 문화의 노무라증권에 그런대로 잘 녹아들어서, 2008년 당시에는 노무라증권 영국법인의 대표이사이자 노무라증권 본사의 경영위원회(Management Committee)에서 최초의 외국인 멤버로 일하고 있었다.

"사덱, 크리스티안 메이스너(Christian Meissner)를 알지?" (시바타)
"리먼브라더스 유럽 CEO 말인가요? 알죠. 매우 젊은 친구인데요." (사이드)
"즉시 접촉해보시오. 우리가 리먼의 유럽사업부문과 아시아사업부문을 인수하려고 하오. 이미 파산법원을 접촉할 로펌을 선임하였소. 이 딜은 신속함이 성패의 갈림길이오." (시바타)
"네, 알겠습니다." (사이드)

런던에서 사이드가 겨우 일주일 전에 전임자의 급작스런 사임으로 인해 리먼브라더스 유럽사업부문 CEO로 임명된 약관 39세의 메이스너를 접촉하기 시작하였을 때, 시바타는 홍콩으로 가는 비행기에 몸을 싣고 있었다. 리먼브라더스 아시아 CEO인 제시 바탈(Jesse Bhattal)을 만나기 위해서였다. 바탈은 인도인으로, 역시 미국에서 교육받은 후에 몇 군데 직장을 섭렵하고 1993년 리먼브라더스의 런던지사로 입사하였다. 그 후 승승장구하여 2000년 리먼브라더스의 아시아 CEO로 임명된 후 무려 8년째 재직하고 있었다. 시바타는 글로벌투자은행 업계에 아는 지인들이 워낙 많았던 관계로, 바탈과도 런던에서의 인연으로 서로 안면이 있었던 것이다. 홍콩에서 만난 두 사람은 전광석화처럼 인수 딜을 마무리한다. 3000명의 리먼브라더스 아시아 지역 인력 전원과 일부 자산을 양수하는 조건으로 노무라증권이 지불하게 된 대가는 2억2500만달러라는 저렴한 액수였다. 유럽에서는 더 상징적이었다. 노무라증권은 일체의 자산과 부채를 인수하지 않고 단지 4100명의 리먼브라더스 유럽사업부문 인력만을 인수하는 조건으로 단돈 2달러를 지불하였던 것이다.

일본 국내 언론은 물론이고 외국의 언론들도 노무라증권의 이 대담한 인수에 충격을 받았다. 갑자기 어느 날, 아시아 11개국, 유럽 19개국 등 총 30개 국가에서 영업을 하고 있던 7100명의 외국회사 직원들이 한 회사 직원이 되었다고 가정해 보자. 이런 류의 인수는 일본의 그 어떤 금융기관도 과거 시도해 볼 엄두조차 낸 적이 없었음은 물론이며, 이 노무라증권의 쾌거(?)를 마치 1945년 태평양전쟁 패배 이후 일본의 가장 중요한 역사적 분기점이라고까지 말하는 일본 국내 언론인이 있을 정도였다. 노무라증권의 이런 움직임에 대해 물론 우려의 시각도 많았다. 무엇보다 금융위기가 종료된 것이 아니라 여전히 진행 중인 상황이었고, 전 세계적으로 금융회사 주식들은 추풍낙엽처럼 연일 신저가를 갱신하고 있던 상황이었기 때문이다. 인수 발표 직후 노무라증권의 주가가 기대감으로 오른 것이 아니라 미래에 대한 불확실성으로 인해 내렸다는 사실이 이런 우려를 반영하였다. 그리고 완전히 이질적인 이 두 기업문화가 과연 합쳐져서 시너지를 낼 수 있을까 하는, 누구나 제기할 수 있는 의문점이 제기된다. 그러나 이 인수가 일어나기 4개월 전에 불거져 나왔다가 여론의 십자포화를 맞고 없었던 일이 되었던 한국산업은행의 리먼브라더스 50억달러 투자 시도건과 이 노무라증권의 인수는 한 가지 근본적으로 다른 부분이 있었다. 노무라증권에는 글로벌경영능력이 있는 시바타 타쿠미가 있었고, 1987년의 기억과 노하우가 있었던 것이다. 시바타는 신속하게, 놀라운 열정으로 인수후통합(PMI) 절차를 시작하였다.

노무라증권의 리먼브라더스 인수의 핵심은 사람과 시스템을 산 것이다. 그러니, 시스템을 완전히 이식받기 전까지 사람이 떠나면 안 되는 게임이었다. 와타나베와 시바타는 여기서 파격적인 승부수를 띄운다. 리먼브라더스의 프런트오피스(영업부서) 직원들에게는 향후 2년, 백오피스(후선 관리부서) 직원들에게는 향후 1년간 보너스 및 고용승계를 보장하는 조건을 내건 것이다. 인수한 리먼브라더스의 유럽·아시아 사업부문이 향후 어떤 실적을 낼지를 아예 당분간 묻지 않겠다는 말이었다. 이 조치는 2008년 9월의 시점에서는 불가피한 선택이었으나, 2년 반이 지난 2011년 초가 되면 엄청난 비난을 받게 된다. 여하튼 이 승부수로 인해, 극소수의 인원을 제외하고는 일단 리먼브라더스 핵심인력을 고스란히 잔류시키는 데 성공한다. 여기에 더하여, 인수하지 못한 미국 쪽의 사업을 키우기 위해 2008년 9월 당시 1000명 수준이었던 노무라증권 미국법인의 인력을 1년 안에 2500명으로 늘리기로 하고 금융위기 진행 와중에 이삭줍기 하듯이 우수한 IB 경력직 인력을 무차별 영입하기 시작한다.

PMI 과정에서 와타나베와 시바타는 새롭게 글로벌홀세일디비젼(Global Wholesale Division)을 창설하면서, '새로운 회사'를 만드는 방식으로 접근했다. 그러니까 노무라증권이 리먼브라더스 아시아·유럽을 인수하여 사람과 시스템만 챙겼다는 모양새가 아니라, 노무라증권의 기존 도매사업부문과 리먼브라더스 아시아·유럽을 묶어서, 기존 일본 국내사업부문과 따로 경영되는 '회사 내 회사'를 만드는 큰 그림을 그린 것이었다. 그리고 이 글로벌홀세일디비젼의 CEO로 제시 바탈을 임명하게 되는 것이다. 바탈은 오직 시바타에게만 리포트하였고, 노무라 본사의 경영위원회 정식 멤버로 임명되었다. 타룬 조트와니(Tarun Jotwani), 크리스티안 메이스너(Christian Meissner), 필립 린치(Philip Lynch), 글렌 쉬프만(Glenn Schiffman), 콜린 반필드(Colin Banfield) 등 국제적으로 명성이 있던 리먼브라더스 유럽·아시아의 각 사업부문장들이 그대로 자기 포지션을 유지하거나 승진하면서 오히려 노무라증권의 카운터파트 직원들의 상사로 기용되었다. 이들은 매주 영어로 주간 콘퍼런스콜 회의를 하기 시작했다(다양한 인종, 국적의 옛 리먼 직원들이 일본어를 갑자기 배울 가능성은 없었으니, 사실 어쩔 수 없는 일이었다). 영어를 능숙하게 구사하지 못하는 옛 노무라증권 임원들은 그야말로 정서적 쇼크 상태에 빠졌으나, 이미 차의 바퀴는 굴러가고 있었고 이런 변화에 동참할 수 없는 옛 노무라증권 직원들은 차에서 내려야 했다. 실제로 시바타는 이런 변화에 적응하지 못하거나 저항하는 노무라 순혈주의자 임원 일부를 2008년 말에 일괄적으로 과감하게 정리해버린다.

처음 인수 후의 모습은 긍정적이었다. 가장 중요한 이유는 2008년 9월 당시에 넘겨받은 리먼브라더스의 아시아와 유럽의 두 사업부문은 미국 사업부문과는 달리 흑자 상태였다는 점이다. 2007년 결산 숫자로 보면 아시아사업부문은 세전 13억달러, 유럽사업부문은 세전 21억달러의 영업이익을 낸 바 있었고 이 흐름은 2008년에도 유지되었다. 리먼브라더스는 파산 전에 런던시장과 도쿄시장에서 기관주식세일즈 분야에서 단연 1위 사업자였다. 그러니 단순히 합쳐놓았더니 갑자기 통합 노무라증권의 기관주식세일즈 물량이 그 자리에서 10배가 되었다. 채권은 두 회사가 원래 강점이 있던 분야인데 합쳐놓으니 일본에서 거래되는 모든 채권 물량의 약 14%가 통합 노무라증권의 시장점유율이 되었다. 해외 M&A에서도 리먼 인수 전의 노무라증권으로서는 감히 상상도 할 수 없는 메가 대형 M&A 딜에 자문사로 이름을 올리기 시작했다. 예를 들어 새로 통합된 노무라증권은 스위스의 코모디티회사 글렌코어(Glencore)의 영국 광산 및 자원개발 회사 엑스트라타(Xstrata) 인수·합병 건을 자문한 5개 투자은행 중 하나로 당당히 이름을 올리게 된다. 이 딜은 사이즈가 무려 900억달러 수준의 초대형 딜이었고, 일본과는 아무 상관도 없는, 실질적인 의미의 '글로벌 딜'이었던 것이다.

와타나베와 시바타의 확고한 지원에 힘입어 바탈이 이끄는 글로벌홀세일디비젼은 2009년 회계연도에 1750억엔(15억달러)의 영업이익을 냈는데 이 숫자는 노무라증권의 철옹성이던 국내 리테일사업부문이 당해연도에 벌어들인 수익을 능가한 것이다. 이는 놀라운 일로 받아들여졌으며, 리먼 인수 후 화학적 통합 과정에 회의적인 시선을 유지하던 일부 주식시장분석가들의 시선을 상당히 긍정적으로 바꾸어 놓은 계기가 되었다. 이에 자신감을 얻은 시바타는 2010년도 신년 기자회견에서 "노무라증권은 이제 글로벌투자은행이다!"라고 확신에 찬 어조로 선언한다. 기본적으로 시바타의 전략이 먹히는 것처럼 보였다. 2008년 금융위기로 인해 유럽과 아시아에서 기존 글로벌투자은행들이 급속히 위축되었고, 자국 정부의 구제금융을 받았기에 그 구제금융 받은 금액을 자국 외의 해외로 가지고 나와서 쓰기는 상식적으로 어렵다고 시바타는 생각했던 것이다. 그리고 그 무주공산 진공상태를 금융위기에서 상대적으로 상처를 덜 입은 노무라증권이 파고들면, 순식간에 시장점유율을 극대화할 수 있다고 본 것이다. 이 전략은 일부 타당성이 있었고, 2010년 연말까지는 잘 먹혔다. 최소한 2가지 변수가 갑자기 터져 나오기 전까지는 말이다. 다음 88화에서 갑자기 찾아온 변수들과 이로 인하여 시바타가 '회사를 글로벌화시킨 당대의 영웅'에서 '회사를 말아먹으려 한 위험천만한 악당'으로 내몰리면서 몰락해 가는 과정을 검증해보기로 하자.

2016. 1. 18

88 노무라의 영어달인 시바타상의 글로벌드림(3)

모든 몰락에는 이유가 있는 법이다. 시바타의 경우도 마찬가지였다. 그가 당차게 노무라가 글로벌 투자은행이라고 선언한 바로 그 직후인 2011년 초, 2008년 금융위기가 아직 끝난 것이 아니라는 걸 보여주는 사건이 돌연 남유럽에서 일어난다.

바로 유로존 부채 위기였다. 시발점은 2011년 벽두부터 시작된 그리스 사태였다. 유럽연합(EU) 소속 국가 중에 가장 방만한 재정운용을 해 온 대표적인 국가가 바로 그리스였다. 마스트리흐트 조약으로 인해 EU에 가입하려는 모든 국가들은 국가 재정의 적자 폭을 GDP 3% 이내로 유지해야 하였다. 그런데 그리스, 포르투갈, 스페인, 이탈리아 등 남유럽 국가들처럼 과거 수십 년간 퍼주기식의 사회복지예산을 남발해 온 국가들에 이 숫자는 달성하기 불가능한 숫자였다. 그리스 정부는 그 숫자를 각종 수치 조작을 통해 숨겨오다가, 마침내 정권 교체 과정에서 그 진짜 숫자가 드러난 것이 그리스 부채 위기의 시발점이었다. GDP 5% 선으로 알려져 있던 재정적자 폭이 무려 GDP의 13.6%에 이른다는 어처구니없는 사실이 드러난 것이다.

설마 EU가 우리를 망하게 방치하지야 않겠지 라는, 아무 근거 없는 믿음 속에 그리스가 미친 듯이 찍어댄 국채에 투자한 투자자들은 서유럽의 선진국들에 기반을 둔 금융사들이었다. 위기가 불거지자 불똥이 이들 영국 프랑스 독일 등 국가의 금융기관들에 이전되었고, 2008년의 기억에서 아직 자유롭지 못한 글로벌 마켓에 다시금 무시무시한 공포를 불러일으켰다. 유럽의 주식시장 및 채권시장이 심하게 요동을 쳤고, 그 직격탄은 곧 이제는 일본계 증권사가 아니라 글로벌 투자은행(?)이 되었다는 노무라에도 엄습해 왔다.

우선 당장 유럽에서 주식 트레이딩이 큰 폭으로 감소하였다. 옛 리먼브러더스 유럽사업부문 직원들을 전부 흡수함으로써 근무인원이 두 배로 늘어난 상태에서 이는 노무라의 수익구조에 타격을 준다. 노무라를 비롯한 일본계 증권사들은 전통적으로 고유계정거래(프랍트레이딩)를 하지 않기로 유명하다. 그러므로 위탁거래에 집중하는 구조라면, 주식시장이 얼어붙어서 고객 주문이 없을 경우 도대체 돈을 벌 방법이 없었다. 2011년 1분기에 노무라의 글로벌홀세일디비전은 영업이익이 전년 동기 대비 80%나 감소하였다고 발표하게 된다.

시바타의 전략적 계산착오(strategic miscalculation)는 결국 다음 3가지였다.

시바타가 생각했던 바와 어긋나버린 첫 번째 부분은 금융위기 이후의 금융규제 이슈였다. 규제당국의 각종 규제 조치들이 실제로 위기에서 살아남은 경쟁사들을 약화시키기는커녕 더 강하게 만든 측면이 있었던 것이다. 리먼 유럽·아시아를 인수하고 나서도 노무라는 소위 벌지브래킷(Bulge Bracket) 대형 투자은행들과 경쟁하기엔 글로벌 관점에서 보면 규모가 여전히 작았다. 그리고 신용등급이 경쟁사들보다 낮았고 이에 따라 조달금리가 높았기에 자체 상품 경쟁력이 떨어졌다. 이에 따라 미국과 유럽에서 투자등급 채권의 발행 시장(프라이머리마켓) 업무를 2012년에 오면 아예 포기하게 된다.

두 번째 계산착오는 리먼의 본체라고 할 수 있는 미국사업부문을 놓친 것이었다. 리먼의 아시아·유럽사업부문은 사실상 미국사업부문이 있었기에 존재가 가능했던 사업부문들이었다. 미국 국내로부터의 딜 플로가 이제 없을 경우, 그 정도 대규모 IB 인력을 유지한다는 것은 불가능했다. 그리고 미국 국내시장과 유리된 새로운 유럽·아시아 현지의 딜 플로를 짧은 시간 내에 경쟁사들과 경쟁이 가능한 수준으로 만들어 낸다는 것도 사실은 가능하지 않은 탁상공론이었다.

그러나 역시 가장 심대한 타격을 입힌 계산착오는 기업문화 이슈였다. 와타나베와 시바타는 옛 리먼과 노무라의 화학적 결합이 가능하다고 판단했으나 이는 오산이었다. 옛 리먼 IB 뱅커들을 잔류시켜야 한다는 강박관념이 너무 강했던 나머지, 글로벌홀세일디비전의 중요한 요직들을 거의 대부분 리먼 출신들로 채웠다. 이는 평생직장 개념으로 일해 온 노무라 기존 직원들의 사기를 크게 저하시켰고 수면 아래에서의 반발을 불러일으켰다. 역으로 말해서, 노무라의 '글로벌 드림'이 와나타베와 시바타 두 사람의 꿈에 머문 것이지, 노무라 전체의 꿈으로 승화되지 못한 것이다.

이러한 계산착오들의 결과는 참혹했다. 옛 리먼 IB 뱅커들을 잔류시켰음에도, 인수 후 3년이 지나서 보니 노무라의 글로벌 리그테이블은 오히려 떨어졌다. IB 분야 모든 수수료 합산 기준 2008년 13위에서 2011년 16위로 오히려 세 계단이 내려온 것이다. 글로벌홀세일디비전에서 일하는 옛 리먼 직원들 연봉의 10분의 1 수준 연봉을 받으면서도 묵묵히 수익을 내고 있던 노무라 국내 리테일사업부문 직원들에게는 설명이 안 되는 상황이 된 것이다. "쟤들 대체 뭐냐?"라는 손가락질이 시작되는 것은 어쩌면 당연했다.

이런 상황에서 인수 당시 보증했던 2년 동안의 보너스 지급 및 고용승계 기간이 2010년 연말에 종료한다. 대규모 퇴사의 물결이 시작된다. 그 2년여 기간 미국 월가가 다시 어느 정도 살아나기 시작했기에 옛 리먼 IB사업부문 고위 임원들에 대한 수요가 다시 생긴 것이다. 대표적인 예가 인수 당시 리먼 유럽사업부문 CEO였던 크리스티안 메이스너였다. 경쟁사인 뱅크오브아메리카메릴린치에서 그를 IB사업부문 CEO로 냉큼 영입해 간 것이다. 2011년 말까지 글로벌홀세일디비전의 CEO인 제시 바탈, 글로벌마켓(세일즈&트레이딩)부문 총책임자 타룬 조트와니 등 거의 대부분의 옛 리먼 출신 고위임원들이 떠나버린다. 특히 시바타와 함께 노무라 글로벌 드림의 한 축을 담당했던 바탈이 결국 버티지 못하고 나가게 된 것이 이 인력 엑소더스를 부추기는 기폭제가 되었다. 상황이 어느 정도였는가 하면, 글로벌마켓부문을 이끌던 옛 리먼 출신 고위 임원들이 한 명도 안 남고 다 떠나버리는 바람에 황급하게 로열뱅크오브스코틀랜드(RBS)에서 같은 위치의 일을 하던 스티브 애실리라는 인물을 서둘러 영입하는 사태까지 빚어졌다. '일본계 금융사들은 서양인 IB 뱅커들을 다루지 못한다'는 오래된 인식이 다시금 살아나는 순간이었다. 사실 이들 옛 리먼 출신 임원들의 퇴사는 인수 당시부터 이미 예견된 상황이었다. 오직 시바타만 그 부분에 대해 낭만적인 생각을 하고 있었다. 스스로를 월가의 정통파 IB 뱅커라고 생각하는 고급 인력들을 일본식 경영 방식으로 컨트롤할 수 없을 거라는 시장의 견해를 시바타는 받아들이려고 하지 않았던 것이다. 그러나 "영어를 미국 사람처럼 잘한다고 해서 미국인을 잘 다룬다고 볼 수는 없는 것이다"라고 시바타의 사내 반대파는 줄곧 주장했었다. 반대파의 주장이 옳은 것으로 판명된다.

유로존 부채위기와 일본 동북 지방 쓰나미 참사가 맞물리면서 2011년부터 글로벌홀세일사업부문의 실적이 대규모 적자로 반전된다. 2011년 상반기(4~9월)에만 11억달러의 적자를 기록하였다. 그러나 와타나베와 시바타는 꿈적도 하지 않고 기존 전략을 유지한다. 시바타는 전선의 규모를 감당할 수 없을 만큼 너무 확대시켜 버렸다. 자동차로 말하면 엑셀레이터와 브레이크 양자의 균형을 맞추지 못한 것이다. 그의 자동차는 앞만 보고 달리는 형국이었다. 뛰어난 IB뱅커인 시바타였지만, 훌륭한 경영자라고 불러주기엔 안 좋은 2가지 단점을 가지고 있었다. 하나는 지적 우월감이 너무 강해서 타인의 의견을 거의 듣지 않았다는 점이었고, 다른 하나는 고집이 불필요할 정도로 세었다. 그는 노무라 기존 기업문화의 소극적인 면을 증오했다. 뭔가 새로운 일을 벌이길 좋아했던 그는 뭘 좀 시도해 보려고만 하면 항상 안 되는 이유만 찾는 보수적인 노무라 정통파의 문화가 노무라를 망치고 있다고 보았던 것이다. 이 부분은 일부는 맞는 말이었다. 그러나 2011년에 이르면, 이제는 합리적이고 이성적인 비판까지도 모조리 반대를 위한 반대로 매도하면서 자신의 전략에 대한 고집을 집착 수준으로 발전시켜 버리는 실수를 범한다.

리먼 인수의 환상에 이미 금이 줄줄이 가기 시작한 2011년 하반기 노무라는 어쩔 수 없이 약 12억달러의 비용을 절감하기 위한 자체 구조조정에 들어갔는데, 엉뚱하게도 손실을 보고 있던 글로벌홀세일디비전이 아니라 그 외의 정상적으로 굴러가고 있던 여타 사업부분들에서 먼저 구조조정을 진행하게 된다. 와타나베와 시바타는 이 시점까지는 자신들의 전리품에 손을 대면서 위대한 업적(?)을 스스로 깎아내리고 싶지 않았던 것이다.

그러나 노무라의 글로벌 전략이 명백히 잘못되어 가고 있다는 신호가 오기 시작하자 시장은 곧바로 인내심을 상실해버린다. 노무라의 주가는 2008년 금융위기 이후 최저치까지 내려간다. 투자자들이 외면하기 시작한 것이다. 2011년 6월 정기 주주총회(일본 회사들은 3월 말 결산을 주로 하므로 주총은 이에 따라 6월에 열린다)에서 일본에서는 보기 드문 장면이 연출되었다. 3년 임기가 종료되어 다시 연임을 시도한 와타나베 사장의 선임 표결에서 3분의 1가량의 주주들이 반대표를 던진 것이다.

한때 대장성이라고 불리던 일본의 재무성도 노무라의 글로벌 전략에 대해 회의적인 시선을 보내기 시작했다. 2011년 3월 일어난 일본 동북 지역 쓰나미 대참사 복구 비용을 마련하기 위한 일본 정부 보유의 저팬토바코(JT) 지분 매각 (5000억엔 규모의 대형 딜) 주관사 경쟁에서 일본 국내 1위 증권사인 노무라증권이 탈락하는 이변이 연출된 것이다. 일본 재무성 관료들의 행태를 잘 아는 시장은 이 사건을 두고 일본 재무성이 이미 와타나베·시바타 두 사람의 경영방식을 신뢰하지 않는다는 우회적 속내를 드러낸 것으로 해석하였다.

그런 불신임 신호를 보내도 와타나베·시바타 두 사람이 꿈적도 하지 않고 글로벌사업부문에 계속 자본을 투입하자, 드디어 일본 재무성이 보복(?)에 나서기 시작했다. 2011년 연말부터 이 두 사람이 사임하는 2012년 7월까지 약 반년간 일본의 대형 연기금 몇 군데가 아무 이유 없이 노무라와의 채권트레이딩 거래를 중단했다. 이는 재무성이 뒤에서 두 사람의 낙마를 위해 움직였다는 우회적 방증이었다. 노무라는 일본 정부에서 볼 때는 요즘 유행하는 용어로 SIFI(금융시스템적으로 중요한 금융기관)였기에 유심히 관찰할 수밖에 없었던 것이다.

그러던 가운데 2012년 3월, 일본 국내에서 노무라 IB사업부문 직원들의 내부자거래 사건이 터진다. IPO를 앞두고 있던 일본국제석유란 회사의 미공개 정보를 일부 직원들이 거래하는 자산운용사에 알려줘서 사전에 이득을 취하게 한 혐의였다. 이런 사건은 증권업계에서 잊힐라 치면 한 번씩 터져 나오는 사건이었고, 어떤 측면에서는 경영진을 사퇴로 몰아갈 만한 사건이라고는 볼 수 없었다. 그러나 사건이 터져 나온 시점이 미묘했다. 마치 화산이 폭발하기 직전의 순간에 누군가가 어서 폭발하라고 라이터를 분화구에 집어던진 형국이 된 것이다. 이 사건을 이용하는 세력이 물론 있었다. 노무라 외부에서는 와타나베·시바타 라인의 교체를 희망하는 관료집단과 회사 주가 하락에 공분하고 있던 일부 주주들이 경영진 사퇴를 묵시적·명시적으로 요구했다. 노무라 내부에서는 2008년 중반 이후 만 4년간 불만을 감수하면서 글로벌화의 광풍 속에서 침묵을 지키고 있던 국내 리테일사업부문에서 강력한 반(反)와타나베·시바타 정서가 표출된다. 결국 2012년 7월, 와타나베와 시바타는 모든 책임을 지고 동반 사임하고 만다. 후임 사장 겸 CEO에는 국내 리테일사업부문을 이끌던 나가이 고지(永井浩二)가, 후임 수석부사장 겸 COO에는 노무라 미국사업부문 CEO로 일하고 있던 요시카와 아쓰시(吉川淳)가 임명된다. 시바타의 원대한 글로벌 드림은 그렇게 꿈으로 끝났다.

시바타의 몰락은 준비 안 된 어설픈 글로벌화 전략의 실패였을까, 아니면 전략은 문제 없었으나 주변 상황의 악화로 인해 실행에 차질을 빚었던 것인가? 이에 대한 답을 하려면, 후임자인 나가이 신임 사장의 전략을 먼저 파악해 보아야 한다. 나가이 사장은 "적정 수준으로 포커스된 글로벌 프랜차이즈(Reasonably

Focused Global Franchise)"라는 전략을 들고 나왔다. 글로벌화를 중단할 수도 없고, 그렇다고 더 키우는 것은 불가능한 상황에서 나온 어쩔 수 없는 어정쩡한 타협적 전략이었다. 이 전략은 한마디로, 아시아 유럽 미국 등 글로벌 마켓 3개 축을 다 커버하기엔 노무라가 실질적으로 역량이 안 된다고 인정하고, 그 셋 중에 아시아에 집중한다는 전략이다. 얼핏 듣기에는 전선을 지나치게 확대한 전임자들의 과오를 수정한 것으로 보인다. 그러나 사실은 이것도 문제가 좀 있는 전략이다. 금융위기 이후 일본을 제외한 아시아(Asia Ex-Japan)의 IB시장 수익의 대충 5분의 3가량이 중국 시장에서 나왔다. 그런데 중국은 역사적으로 그리고 정서적으로 노무라 같은 일본계 증권사엔 실로 난공불락의 지역이었다. 이 때문에 노무라의 아시아 ex-Japan의 IB 수수료 리그테이블 순위가 2012년 상반기 한때 존재 의미가 없는 수준인 52위까지 밀린 적도 있었다. 지금도 그 시장에서 리그테이블 10위권 진입을 못하고 있다. 그렇게 보면 시바타의 좌절은 전략은 우수하나 실행을 잘못한 것이 아니라 전략 자체가 잘못된 것이었다고 냉정하게 봐야 하지 않을까? 이 노무라의 리먼 인수 (및 PMI 실패) 사례는 현재 글로벌 진출에 속도를 내고 있는 국내 금융사들에도 많은 교훈을 안겨주는 생생한 사례가 아닐 수 없다. 반면교사로 삼을 일이다.

우리의 시바타상은 그런데 요즘 뭘 하고 있을까? 그는 좌절할 인물은 아니다. 그의 꿈은 계속되고 있다. 노무라에서 축출된 후 2년간의 침묵 기간을 갖던 시바타를 SMBC(스미토모미쓰이뱅킹코퍼레이션)그룹이 새로 인수한 닛코자산운용의 CEO로 다시 영입한 것이다. 들려오는 소식에 의하면 일본 2위의 자산운용사인 닛코자산운용은 요즘 활발한 글로벌 진출 전략을 다시 추진하고 있다고 한다. 시바타상이 이번엔 실패하지 않으려나? 같은 아시아인으로서 이번엔 꼭 성공하라고 응원해 주고픈 생각이 든다.

2016. 1. 25

89 뱅킹 콩키스타도르 (1) 이베리아 반도를 평정하라

질문을 하나 던져보고 89화를 시작해보자. 6개국 증시(런던 뉴욕 마드리드 밀라노 멕시코시티 유로넥스트)에 상장되어 있는, 시가총액 기준 유로존 최대 은행은 어디일까? 영국의 HSBC? 프랑스의 BNP파리바? 독일의 도이체방크? 아니다. 답은 스페인의 산탄데르(Santander)다. 불과 십 수년의 짧은 기간, 16세기에 거대한 아메리카 대륙을 휩쓸어버린 겨우 수백 명의 에스파냐 콩키스타도르(Conquistador) 탐험대와 비슷한 파죽지세로 거대한 금융제국을 만들어낸 이 희한한 스페인 금융그룹에 대해 이야기를 해보자.

스페인은 어느 모로 보나 월가의 기준으로 볼 때 금융허브 국가는 아니었다. 이 나라도 민족 구성이 다양하며 각 지역마다 지방색이 워낙 강하다. TV에서 종종 목격하듯이, 타 지역 축구팀과 프리메라리가(Primera Liga) 프로축구 게임을 할라치면 해당 지역 관중의 응원 열기가 거의 전쟁 수준임을 목도하게 된다. 700년 가까이 북아프리카에서 건너온 이슬람의 통치를 받기도 했으며, 근대 통일국가의 초석을 쌓은 것은 불과 15세기 후반에 들어와서였다. 16세기에는 오스트리아 합스부르크 왕가의 소유가 되면서 당대 유럽의 최강대국이 된 적도 잠시 있었으나, 종교개혁 시기의 와중에 프로테스탄트 신교도와 유대인들을 탄압하고 상업자본이 성립하는 걸 방해하는 실수를 범한다.

이에 따라 콩키스타도르들이 식민지로 건설한 아메리카 대륙에서 건너온 국가의 부를 지켜내지 못하고, 17세기 후반 이후에는 유럽의 변방 국가로 스스로 몰락한 역사를 가지고 있다.

그런데 스페인 북부 해안지대에는 근대 지중해 해상 무역의 중심지 중 하나가 된 칸타브리아(Cantabria)라는 지방이 있다. 이 명칭은 '켈트족이 사는 동네'라는 의미의 중세 스페인어에서 유래했다고 한다. 영국 북부와 아일랜드에 사는 켈트족의 일부 분파가 이베리아 반도에 건설한 무역항이 바로 이 칸타브리아주(州)의 주도(州都)인 항구도시 산탄데르(Santander)였다는 설명이다.

스페인이 프랑스의 위성국가처럼 되어버린 17세기 이후에도, 이 산탄데르와 프랑스의 라 로셸(La Rochelle), 그리고 영국의 브리스톨(Bristol), 아일랜드의 코크(Cork)를 잇는 칸타브리아해(Cantabrian Sea) 4항구 무역거래망은 굳건히 유지되고 있었다고 한다. 그리고 산탄데르에는 영국이나 아일랜드, 프랑스 등에서 무역업을 위해 건너온 이주민들이 많았고, 그 후예들이 스페인에 터를 잡고 무역업과 거기서 파생된 물류업 및 금융업을 시작한다.

오늘 이야기할 에밀리오 보틴(Emilio Botin) 전 산탄데르 회장(1934~2014)의 일가인 보틴 가문 역시 이 시기에 프랑스 서부 낭트 지방에서 건너온 이주민의 후예다 ('보틴'을 '보탱'이라고 프랑스어 발음으로 읽어도 사실 틀린 것은 아니다).

에밀리오 보틴의 증조할아버지가 주주의 한 명으로 참여한 일군의 주주들이 산탄데르시에 은행을 연 것이 1857년이었다. 이름하여 방코산탄데르(Banco Santander). 칸타브리아 지방의 유력 은행으로 성장하지만 그래 봐야 스페인 북부의 지방 은행이었을 뿐이었다.

1980년대가 시작되기 전까지는 스페인의 금융산업은 주마다, 도시마다 수십 개의 지방 은행들이 군웅할거했고, 뚜렷한 전국 은행이 나온 적이 없었다. 1차 세계대전 후 1920년대 초에 이르면 보틴 가문이 이 은행의 경영권을 장악하게 된다. 에밀리오 보틴이 출생했던 1934년께엔 그의 할아버지가 은행장이었다. 보틴은 중·고등학교는 이웃 동네인 아스투리아스주(州)의 도시 히혼(Gijon)에서 기숙사 학교를 다녔으며, 대학은 바스크주(州)의 도시 빌바오에 있던 데우스토 대학에서 경제학을 전공해 수료한다. 졸업 후 별 선택의 여지 없이 부친이 할아버지에 이어 2대째 은행장으로 있던 방코산탄데르에 입행했고, 그의 나이 52세가 되던 1986년에 다시 아버지로부터 은행장 직위를 3대째 승계하게 된다.

방코산탄데르는 1980년대 후반까지 라틴아메리카 지역과 무역금융을 잘 중개하는 데 특화된 스페인 10대 은행의 하나로 순탄하게 성장한다. 그러나 스페인 금융계는 바야흐로 격변의 시대로 알게 모르게 접어들고 있었다.

스페인 금융계의 변화는 1990년대에 돌입하면서 본격적으로 시작됐다. 그 당시까지의 스페인 금융계는 그야말로 비효율의 상징이었다. 민주적으로 선출된 공화국 정부를 쿠데타로 무너뜨리고 집권해 39년간 스페인을 철권통치한 프란시스코 프랑코(Francisco Franco) 총통 재임기의 잔재이기도 했다.

프랑코는 스페인 은행들이 새로운 비즈니스를 추가하지 못하도록 아예 법으로 금지시키는데, 이에 따라 스페인 은행들은 서로간에 인수·합병을 하는 방법말고는 신규 사업을 하거나 영업망을 늘리기가 어려운 구조로 거의 반세기를 보냈다.

여기에 더해 스페인에 공산주의가 침투하는 것을 막기 위해 노동자들에게 상대적으로 우호적인 사회복지 정책을 펴는데, 그 대표적인 수혜 세력이 바로 은행원들이었다. 한 번 은행에 들어가면 본인이 그만둘 때까지 경영진이 인원을 정리할 수가 없게 대단히 경직된 노동법을 적용하고 있었던 것이다. 판관비 등 각종 비용이 너무 많이 드는 바람에 매출액이 늘어나도 순익으로 남기는 것이 별로 없는 악순환이 계속됐다.

이런 분위기로 인해 스페인 금융시장에서 대형 은행의 등장을 어렵게 하고 있었던 것이다. 그런데 1980년대 후반부터 다시 민주화된 스페인의 민간 정부가 이런 모든 비상식적인 규제들을 하나씩 풀기 시작했던 것이다. 가만히 있다가는 자국 은행들이 앞으로 생겨날 유럽연합(EU) 안에서 북쪽 이웃 국가들의 거대 은행들에게 치여 사라질 것 같은 위기의식을 당시 스페인 정부가 강하게 느낀 것이다.

스페인의 그 수많은 은행 중 이런 정부의 정책 전환에 가장 먼저 부응하고 나선 것이 방코센트랄(Banco Central)이었다. 1919년에 창설된 이 은행은, 처음 시작은 그런 것이 아니었으나 프랑코 정부 시절 이후 소위 스페인 정부를 위한 산업은행(Industrial Bank) 기능을 수행했다. 서유럽 선진국들의 산업에 비해 한참 뒤진 스페인의 산업을 부흥시키기 위한 정책금융 제공 기능을 수행한 것이다. 나중에 민영화가 되긴 하지만 당시 이 은행의 대주주가 바로 스페인의 중앙은행인 방코 데 에스파냐(Banco de Espana)였던 것이다.

여기에 더해 방코센트랄은 1940년대 이후 부도가 나는 스페인 국내 은행이 있을 경우 자산부채 이전 방식으로 모두 넘겨받아 자신의 영업망에 편입시켜 왔다. 그러니까 한국으로 말하자면 예금보험공사 같은 역할까지 수행한 것이다. 이 은행의 은행장을 무려 20년이나 하는 거물 알폰소 에스카메즈(Alfonso Escamez 1972~1991 은행장 재직)가 스페인 정부와의 물밑 교감하에 1990년 당시 스페인 국내 개인금융시장 점유율 2위의 소매전문은행 바네스토(Banesto)와 합병을 시도한다.

한국식으로 비유적으로 말하자면, 산업은행과 국민은행의 결합 시도와 유사한 그림인데, 겹치는 사업 부문이 거의 없어서 이 합병은 일견 보기엔 이상적인 합병으로 받아들여졌다. 그런데 이 합병은 실패한다. 정부가 오너십을 가진 은행으로 수십 년 동안 방만하게 경영돼온 비효율의 상징인 방코센트랄과 역시 그라니카(Granica)라는 특정 가문이 2대에 걸쳐 수십 년을 경영하면서 은행을 사유재산화하고 있던 바네스토의 합병은 주주가치 측면에서 문제가 크다는 두 은행 소액주주들의 반발로 딜이 무산된 것이다.

이때 수많은 지방 은행 중 하나에 불과했던 방코산탄데르가 혜성처럼 나타난다. 1986년 CEO에 오른 에밀리오 보틴은 자기와 함께 은행을 경영할 유능한 인재 한 명을 영입하는데 이 사람이 바로 스페인 재무부 차관보, 외무부 차관, 내각사무처 장관을 두루 거친 전직 관료이자 정치인인 마티아스 로드리게스 인시아르테(Matias Rodriguez Inciarte)라는 인물이었다.

1948년생으로 보틴보다 열네 살 연하였던 인시아르테는 산탄데르의 전략담당 임원으로 일하면서 이 은행의 글로벌화 및 경영효율화 전략을 실행하고 있었다. 방코센트랄이 바네스토를 인수·합병하고자 했을 때는 썰렁하던 소액주주들과 여론의 반응이, 방코산탄데르가 바네스토를 인수하려고 주식 매집을 시작하자 매우 긍정적으로 바뀌었다. 방코산탄데르가 스페인의 대부분 은행들과는 다르게, 상대적으로 보다 효율적으로 운용되고 있다는 사실이 시장에서 인정받고 있었던 것이다.

실제로 바네스토의 경영권 지분 확보에 그 후 4년이 추가로 걸리긴 하지만, 일단 이 바네스토 인수 건을 통해 방코산탄데르는 스페인 북부의 일개 지방 은행이 아니라 스페인 전국에 1000개가 넘는 리테일 지점망을 갖춘 전국 은행으로 발돋움한다.

한편 바네스토 인수전에서 망신을 당한 방코센트랄은 이듬해인 1991년, 방코히스파노아메리카노(BHA)라는 은행과 합병을 추진한다. BHA는 1900년에 쿠바에서 설립된 은행이었다. 1898년에 있었던 미국-스페인 전쟁에서 스페인이 미국에 참패를 당하고 카리브해 연안의 식민지를 대부분 상실하게 되는데, 이 은행은 당시 고국인 스페인으로 철수하려는 카리브해 식민지 거주 스페인 사람들에게 금융서비스를 제공하기 위해 설립됐다. 그 후 본거지를 마드리드로 옮기고 나서도 주로 중남미 해외사업부문을 강조하면서 명맥을 이어오고 있던 당시 총자산 기준 스페인 2위의 은행이었다.

이미 은행장을 20년째 하고 있던 방코센트랄의 에스카메즈가 용퇴하고 대신 경영권을 당시 약관 40세였던 BHA 측의 앙헬 코르코스테구이(Angel Corcostegui) 은행장에게 넘기는 조건으로 대등합병을 한 것이었다. 코르코스테구이는 현대 스페인 금융계가 최초로 월가에 보내 양성시킨 IB 뱅커였다. 미국 펜실베이니아대학 워튼 경영대학원에서 석·박사 학위를 취득한 후 스페인 국내 경쟁 은행 중 하나인 방코 비즈카야(Banco Vizcaya)에서 IB사업부문을 담당하다가 BHA의 구조조정을 위해 CEO로 영입된 인물이었다.

이렇게 탄생한 합병 은행이 바로 방코센트랄히스파노아메리카노(BCH)다. 합병 은행의 회장은 스페인 검찰총장 출신으로 옛 방코센트랄 쪽을 대변하는 호세 마리아 아무사테구이(Jose Maria Amusategui)가, 은행장 겸 CEO는 옛 BHA 출신의 코르코스테구이가 맡았다. 통합 BCH는 합병 직후 직원 1만여 명, 지점의 20%를 축소하는 등 발 빠른 구조조정을 통해 경영 비효율을 해결해나간다.

금융 후진국 스페인의 국내 금융계를 평정하기 위한 뜻있는 스페인 금융인들의 노력 속에 이렇게 2개의 조합이 1990년대 초·중반에 형성된 것이다. 방코산탄데르-바네스토 조합(지주회사 아래 별도의 은행으로 양립해 존속하다가 2012년에 와서야 은행을 법적으로 통합) 및 통합 BCH 등 양자가 그것이다.

이 두 금융그룹이 1990년대 내내 서로 경쟁을 하게 되는데, 근소한 우위를 차지한 쪽은 보틴이 영도하는 방코산탄데르였다. 국내에서는 두 경쟁 그룹의 실적이 비슷하게 나왔으나, 방코산탄데르 쪽이 스페인 국내가 아닌 라틴아메리카 지역의 해외사업부문에서 상당한 수익을 해마다 창출하고 있었기 때문이다.

그러다가 1998년이 되자 아르헨티나를 시작으로 라틴아메리카 지역 전체가 불경기의 늪으로 빠져든다. 이 지역에 익스포저가 많았던 방코산탄데르도 그 여파로 상당한 타격을 입게 된다. 이때 궁지에 몰린 보틴이 던진 승부수는 또 다른 합병 카드였다. 당시 스페인 국내 1위와 2위가 합병을 하자는 제안이었다. 산탄데르와 BCH가 합병해 직원 10만6000명, 국내외 지점 6200개, 총자산 3300억유로(440조원)에 달하는, 1998년 말 기준 스페인 1위, 유럽 5위권의 대형 은행을 만들자는 그야말로 메가톤급 합병 카드였다. 곧 출범하게 될 EU 통합에 대비해 프랑스, 네덜란드, 이탈리아, 독일 등 여타 유럽 국가에서 대형 은행 간 합병이 활발히 일어나고 있던 점에서 시사점을 찾은 합병 제안이기도 했다.

그렇다면 이 합병은 이루어질까? 이루어진다면 경영진은 과연 어떻게 구성했을까? 주주들은 이 합병 은행에서 과연 어떤 비전을 보았을까? 다음 90화에서 이야기를 이어가 보도록 하자.

2016. 2. 9

90 뱅킹 콩키스타도르(2) 세계금융업의 심장부를 공략하라

필자는 '대등합병(Merger of the Equals)'이란 완전한 환상이라고 생각하는 사람이다. 금융의 전 역사를 통틀어서 비슷한 금융기관 두 곳을 일대일 나눠먹기 식으로 합병하여 지금까지 잘 된 사례는 거의 찾아보기 힘들다. 형식이야 합병이라고 해도 결국 CEO를 배출하는 어느 한 쪽이 주도권을 쥐고 합병 후 통합과정(PMI)을 이끌어야 한다. 그게 지지부진하게 되면 결국엔 시간과 비용이 낭비된다. 1999년 새해 벽두인 1월에 단행된 당시 총자산 기준 스페인 국내 1, 2위 은행 간의 3300억달러 규모 대형 합병인 방코산탄데르 - 방코센트랄히스파노(BCH) 간 합병도 이 대등합병의 유형에 속했다. 당시 합병 당사자들의 진짜 속내는 "구조조정을 통한 비용절감형 합병"이었으나, 표면적으로 내세운 슬로건은 "스페인 국내를 넘어서서 유럽과 글로벌을 재패할 성장형 합병"으로 포장하여 떠들 수밖에 없었다. 당시 스페인 당국과 시장이 그런 말을 듣고 싶어 했기 때문이다. 새로운 은행은 이름도 두 은행명의 단순합인 '방코산탄데르센트랄히스파노'라고 길게 명명되었다. 그러나 이런 이름은 아무도 기억하지 못하므로, 결국 이니셜을 따서 BSCH라고 할 수밖에 없었다.

경영진 구성에도 철저하게 나눠먹기가 이루어졌다. 일단 CEO 자리는 누가 봐도 '글로벌'을 좀 안다고 할 수 있는 커리어를 가진 구 BCH 측의 CEO 코르코스테구이에게 돌아갔다. 1950년생이니 나이가 가장 젊었다는 면도 있었다. 다음 공동회장(Co-Chairman)은 1932년생인 구 BCH 측의 아무사테구이와 구 방코산탄데르 측의 1934년생 보틴이 맡았다. 그리고 부회장(Deputy Chairman)이란 자리를 만들어서 보틴의 꾀주머니인 1948년생 인시아르테를 임명한다. 그리고 이들 4인이 '4인 경영위원회'란 걸 구성하여 모든 중요한 의사결정을 하게 만든다. CEO는 코르코스테구이였으나 그는 4인 경영위원회의 지분 25%만을 행사하는, 말하자면 '4분의1 CEO'였던 셈이다. 통합은행의 이사회도 양형의 합병 전 이사회 멤버들 중 다시 선별하여 12대12 동수로 구성하였다. 그런데 여기서 한 가지 중요한 관전 포인트는 구 BCH 측 출신 이사회 멤버들 중 몇 명은 개인적으로 보틴과 공적, 사적으로 인연이 좀 있는 사람들이었다. 나중에 결국 이 미묘한 차이가 매우 다른 결과를 가져오게 된다. 이런 이유로 합병 회사의 이사회 구성은 매우 중요하다. 그 어떤 경우라도 항상!

처음 통합은행이 출발하였으나 제대로 굴러갈 수가 없었다. 워낙 자아가 센 보틴이 자기 뜻대로 통합은행을 이끌려고 계속 시도하였기 때문이다. 그러나 초기에는 CEO인 코르코스테구이에게 힘이 실린다. 그는 칸타브리아주 바로 옆에 있으나 서로 앙숙 동네인 비즈카야(Vizcaya)주의 빌바오(Bilbao) 출신이었다. 비즈카야는 프랑스어로는 바스크라고 불리는 바로 그 동네이다. 이 지역 사람들은 오늘날에도 자기들은 스페인도 아니고 프랑스도 아니라고 독립을 외치는 민족이니, 그런 피를 타고난 코르코스테구이도 만만한 인물은 아니었다. CEO로서 그가 한 첫 번째 중요한 행동은 합병 당시에 구 방코산탄데르의 IB사업 부문을 맡고 있던, 보틴 공동회장의 딸인 1960년생 아나 보틴(Ana Patricia Botin)을 경영진에서 축출한 일이었다.

아나 보틴은 아버지 에밀리오 보틴 회장을 능가할 정도로 야심만만한 인물이었다. 고등학교 시절에 미국으로 조기유학하여 필라델피아 인근에 있는 유명한 사립 여자대학인 브린모어(Bryn Mawr)대학 학부 및 하버드대학 경영대학원을 졸업한다. 이후 자연스럽게 월가에 진출해 JP모건 뉴욕 본사 및 런던지사에서 IB뱅커로서 직장생활의 초반부를 보냈다. 8년간 JP모건 생활을 한 후 스페인으로 돌아와서 아버지 은행에 입행, 합병이 일어나는 1999년 초에는 구 방코산탄데르의 아직은 미미했던 IB사업 부문 부문장으로 일하고 있었던 것이다. 이 약관 38세의 여성이, 합병이 법적으로 종료된 후 겨우 3개월이 지난 1999년 9월, 스페인 최대 일간지인 일파이스(Il Pais)와의 인터뷰를 통해 자신이 곧 (코르코스테구이에 이어) 통합은행의 CEO가 될 것이라고 발언한다. 이 발언 때문에 그야말로 평지풍파가 일어나게 되는데, 코르코스테구이가 즉시 아나 보틴의 파면을 4인 경영위원회에 요청하게 되고, 여론이 코르코스테구이 쪽이었기에 보틴 회장도 딸을 구해줄 수 없었다. 결국 아나 보틴은 해고되어 BSCH를 떠난다.

1라운드에서 구 BCH 측이 승리하긴 했으나 이 사건으로 인해 행내 권력투쟁은 종식되기는커녕 그때부터 시작된 셈이었다. 보틴은 딸의 축출사건을 접한 후 구 BCH 측 경영진을 모두 몰아낼 구상을 하고 작전에 돌입하는데, 이를 실행하는데 무려 1년 반이 걸린다. 이사회를 완전히 장악하기 위해 그 정도 시간이 필요했던 것이다. 2001년 6월, 그는 코르코스테구이의 오른팔인 홍보 및 대관(정부상대)업무 담당 임원 루이스 아브릴(Luis Abril)에게 회사 기밀사항을 누설했다는 확인되지 않은 죄목을 씌워, 코르코스테구이의 반대에도 불구하고 경질해버린다. 아브릴은 스페인 재무부 관료 출신으로 한때 언론사에도 몸 담은 적이 있는 막강한 개인적 네트워크가 있던 인물이었는데, 보틴에게는 처음부터 눈엣가시 같은 존재였다. 아브릴이 제거되자, 이제 구 BCH 측 고위임원들을 보틴으로부터 방어해 줄 수 있는 사내 인물은 없게 된다. 결국 2001년 9월 만 70세의 강제 은퇴조항 적용을 반년 남기고 있던 아무사테구이 공동회장이 반강제로 조기 은퇴를 당하게 되고, 이어 7개월 후인 2002년 4월에는 드디어 CEO인 코르코스테구이가 전년도인 2001년 실적 부진의 책임을 혼자 뒤집어 쓰고 사임한다. 사실 2001년도는 미국의 9·11사태, 인터넷 버블 붕괴, 엔론사태 등으로 인한 미국 신용시장 위축, 라틴아메리카 경기부진 등 각종 악재가 총결집되어 있던 해였고, 전 세계적으로 실적이 2000년 대비 좋아진 금융그룹은 거의 없었다. 그렇기에 이 코르코스테구이의 축출은 결국 구 방코산탄데르 측이 합병 후 만 3년이 경과한 후에 드디어 은행을 단독 경영하게 되었다는 그 이상도 이하도 아닌 사건이었다.

보틴이 단독 회장이 되는 즉시 기존 4인 경영위원회는 해체된다. 그리고 코르코스테구이의 후임자로는 구 방코산탄데르가 인수하여 독자 브랜드 자회사로 가지고 있던 리테일뱅크 바네스토의 CEO 알프레도 사엔츠(Alfredo Saenz)가 승진 기용되며, 그가 떠난 바네스토 CEO 자리에는 바로 보틴 회장의 딸인 아나 보틴이 부활하여 기용되는 것이다. 보틴이 다음에 진행한 작업은 무엇이었을까? 물론 대규모 구조조정과 은행 브랜드 재변경이었다. 1999년 합병 당시 국내외 6200개 지점을 5000개로 줄였는데, 이를 다시 2002년에 경영권을 재장악하면서 1000개를 추가로 줄인다. 그리고 본점 부서장급 이상 고위간부의 70%에 ERP(조기퇴직프로그램)을 택하여 은행을 떠날 것을 강요한다. 사실 이런 노력들은 합병을 하자마자 했었야 하는 일이었다. 대등합병을 하다보니, 행내 주도권 싸움의 영향으로 그런 과감한 구조조정이 어려웠던 것일 뿐이었다. 이런 살인적인 구조조정과 함께 보틴은 은행명을 다시 단순하게 '산탄데르(Santander)'로 바꾼다. 애시당초 인정할 수 없었던 '센트랄히스파노'라는 단어를 삭제하였을 뿐 아니라 은행을 뜻하는 방코(Banco)라는 단어도 브랜드에서 없애버린다. 이런 측면에서는 그 당시 나이가 이미 70을 바라보던 보틴은 대단히 시대를 앞서가는 사람이었다. 그는 이제 은행이 더 이상 은행과 경쟁하는 시대는 지나가고 있음을 본능적으로 깨닫고 있었던 것이다. 그는 한 푼의 돈도 이제 스페인 국내에는 더 이상 투자할 생각이 없음을 공공연히 밝히고, 해외로 눈을 돌려서 연속적인 글로벌 인수합병을 성사시킨다.

보틴의 산탄데르는 2002년 당시 이미 라틴아메리카 12개국에 진출한 상태로, 각국마다 현지법인을 세우거나 기존의 현지은행을 인수하여 산탄데르 브랜드 하에 통합시키고 있었다. 그러나 누구에게 물어 봐도 라틴아메리카 지역에서 존재감이 크다고 해서 글로벌 금융계를 정복했다고 하지는 않을 것이다. 보틴은 일찍이 1588년, 스페인의 무적함대가 영국의 드레이크 제독에게 패배한 이후 영·미 두 나라에 내어 준 글로벌 금융 주도권을 400여 년 만에 일부라도 되찾아와야 한다고 생각했다. 이는 2004년이 되기 전까지는 그 누구도 가능하지 않다고 보았던 일이었다. 그러나 왠걸, 산탄데르는 2004년 세상을 깜짝 놀라게 하면서 영국에 진출한다. 당시 영국 국내 5위의 유서 깊은 대형 시중은행 애비내셔널(Abbey National)을 전격 인수한 것이다. 당시 이 은행이 대규모 적자에 시달리고 있었기에 더욱 더 용기가 필요한 일이었다. 산탄데르는 애비내셔널을 턴어라운드시켰을 뿐 아니라 그 후 2008년 금융위기 와중에 영국에서 추가로 얼라이언스&레스터(Alliance & Leicester) 및 브래드포드&빙글리(Bradford & Bingley)라는 두 저축은행을 차례로 인수하여 이 세 개의 은행을 모두 2010년 '산탄데르 UK'라는 통합 브랜드 하에 합치게 된다. 2016년 현재 산탄데르 UK는 영국 국내에서 가장 내용이 좋은 리테일은행으로 자리매김하고 있다.

여기까지라면 보틴 회장의 글로벌 금융 정복기가 신화(Legend)라고까지 승화되지는 못했을 것이다. 그러나 이 칸타브리아 출신 괴짜 뱅커를 전설로 만든 사건은 사실 다음 3가지였다. 첫 번째 사건은 선견지명을 가지고 2006년 6월 미국에 진출한 것이다. 그는 다소 특이한 방법을 택했다. 당시 미국은 신용 버블이 한참 진행 중이었고, 보틴은 버블이 언젠가 폭발할 걸로 직감하고 있었다. 당시 미국 국내에는 몇몇 은행들이 매물로 나와 있었는데, 보틴은 한번에 특정 은행을 전체 인수하는 방법을 지양한다. 대신 뉴잉글랜드 지역에 특화되어 있던 지방은행인 서버린뱅크코프(Sovereign Bancorp)라는 리테일은행의 소수지분 20%를 주당 40달러에 인수한다. 그리고 다음과 같은 조건을 붙인다. 인수 후 2년이 경과한 시점인 2008년 6월부터 2009년 6월 사이에 시장가격으로 그 은행의 잔여지분 전부를 인수할 수 있는 옵션을 붙인 것이다. 2008년 9월, 그는 이 옵션을 행사하여 서버린뱅크코프의 나머지 잔여지분 76% 상당을 주당 겨우 3달러, 총 19억달러라는 저렴한 금액으로 인수한다. 그야말로 대박이었다. 서버린뱅크코프의 760여 개 지점은 인수가 종료됨과 함께 산탄데르 USA라는 간판으로 바꾸어 달게 된다. 이 산탄데르 USA 역시 산탄데르 UK 만큼은 아니지만 현재 산탄데르그룹에서 중요한 역할을 하고 있음은 두말 할 나위도 없다.

두 번째 사건은 2007년10월 ABN암로그룹을 영국의 RBS, 벨기에의 포티스와 3자 컨소시엄을 구성하여 분할 인수한 사건이었다. 보틴이 전설이 된 이유는, 이 역사상 최악의 결과를 빚은 이 딜에서 나머지 두 공동인수자가 완전히 망해서 공적자금을 수혈받고 국유화되어 버린 데 반하여 브라질과 이탈리아 등 두 사업부문 만을 인수한 산탄데르는 거의 상처를 입지 않고 이 위기를 넘겼기 때문이다. 심지어 보틴은 구 ABN 암로의 이탈리아사업 부문이었던 방카안톤베네타(Banca Antonveneta)를 인수한 다음달에 이탈리아 경쟁은행인 몬테데이파스키디시에나(Monte Dei Paschi di Siena)에 다시 팔아버린다. 방카안톤베네타를 재인수한 몬테데이파스키디시에나는 그 후 은행이 거의 망하다시피 하는데, 이 또한 보틴의 선견지명(?)으로 시장이 평가하게 되는 것이다.

세 번째 사건은 2014년 9월에 사망하면서 자신이 1986년 이후 28년 동안 건설한 그 거대한 글로벌 금융제국을, 누구도 아닌 바로 자신의 딸인 아나 보틴에게 승계하는데 성공했다는 점이다. 산탄데르 전체 지분의 겨우 2.5%를 가지고 있을 뿐인 보틴 가문이, 시장의 회의적 시선을 극복하고 무려 4대째 CEO를 배출한 것이다. 물론 아버지를 능가하는 야망과 재주를 가지고 있다손치더라도, 아나 보틴이 2014년 말 현재 유럽, 아메리카, 아프리카, 아시아 등 4개 대륙 60여 개 국가에서 1만5000개 지점, 18만6000명의 직원, 326만명의 주주들, 그리고 1억1200만명의 고객을 가진 거대 금융그룹의 수장이 될 수 있었던 것은 전적으로 그녀 부친의 공로라고 해야 할 것이다. 산탄데르그룹 주가는 항상 금융주들 중에서는 톱픽(Top Pick)으로 유명한데, 그 이유는 현재 이 그룹 수익의 74%가 리테일금융에서, 그리고 무려 81%가 해외에서 나오고 있기 때문이다. 리테일금융은 요즘 같은 세계적인 불경기 국면에서는 리스크가 덜하며, 한편 그룹 수익의

5분의 4가 해외에서 들어오고 있는 것이라면 이는 그만큼 수익원이 다변화되어 있다는 반증이 되는 것이다.

자기 스스로 단 한번도 IB뱅커라고 생각해 본 적이 없는 에밀리오 보틴이었지만, 그는 IB업계에서 뽑은 역대 최고의 금융사 CEO로 불린다. 그가 주도하여 진행한 수십 건의 인수합병이 실패한 것이 거의 없었기 때문이다.

2016년 한국 금융계는 온통 '글로벌' 이야기로 난리다. 유럽의 변방 이베리아 반도와 극동의 한반도는 유사한 면이 많은 지정학적 위치이다. 죽어서 신화가 된 스페인 사람 에밀리오 보틴의 이야기를 글로벌을 운운하기 전에 먼저 연구해 볼 가치가 있다고 보는 이유는, 바로 좁은 한반도에서도 제발 보틴 같은 위대한 뱅커가 나와주기를 기대하는 마음이 있기 때문이다.

2016. 2. 15

91 16년만에 터진 폭탄 (1) 브로이어씨 뉴욕에 가다

2015년 10월 9일, 글로벌마켓은 진정한 글로벌 투자은행 중 하나인 도이체방크가 62억유로(70억달러)의 충격적인 분기 적자를 냈다는 소식에 들썩였다. 당사자인 도이체방크는 물론이고 상장되어 있는 기타 글로벌 투자은행들까지 당일 모두 주가가 큰 폭으로 내려갔다. 그런데 8조원에 달하는 거대한 적자의 이유를 뜯어보니, 70억달러 중에서 66억달러가 16년 전에 인수한 미국의 투자은행 뱅커스트러스트컴퍼니(BTC)의 영업권 상각 비용이었다.

영업권(Goodwill)이란 인수·합병 시에 인수자가 지불하는 경영권 프리미엄이라고 보면 된다. 인수 당시 장부가(Book Value) 대비 보통 일정 부분 프리미엄을 지불하게 되는데, 이를 대차대조표에 기입하려면 결국엔 회계적으로 영업권 항목에 넣을 수밖에 없기 때문이다. 실현되지 않은 미래의 가치라고 보는 것이다. 그런데 취임한 지 몇 달 안되는 새로운 도이체방크 최고경영자(CEO) 존 크라이언(John Cryan)의 말을 빌리면, 인수 후 도이체방크 대차대조표에 그대로 16년 동안 앉아 있던 그 BTC 영업권의 가치가 제로(0)가 되었다는 것이다. 1999년에 도이체방크는 당시 미국 6위의 투자은행 BTC를 장부가의 무려 2.3배인 101억달러라는 거금을 주고 인수했던 것이다. 2008년 금융위기 이후, 미국과 유럽의 금융당국이 각 은행의 자기자본 규제를 대폭 강화했기에, 이 실현되지 않은 미래가치를 그대로 대차대조표에 담아두려면 다시 자기자본비율을 맞추기 위해 증자를 하거나 다른 위험 가중 자산들을 줄여나갈 수밖에 없게 된다. 그런데 새로 부임한 CEO는 그런 방법을 쓰느니, 아예 16년 묵은 이 영업권을 상각시켜 버린 것이다. 어째 이런 일이 생겼을까? 그 이유를 알려면 과거로 시간여행을 좀 해보아야 한다. 1998년으로 가 보자.

1998년 11월 2일, 불과 두 달 전에 발표된 트래블러스그룹·씨티은행 간 메가합병 여진이 채 가시기도 전에, 그 딜을 비웃듯이 새로운 대형 인수·합병 소식이 전해진다. 바로 총자산 기준 당시 유럽 최대 은행인 독일 도이체방크가 당시 미국 6위 투자은행인 뱅커스트러스트컴퍼니, 약칭 BTC를 인수한다는 소식이었다. 그런데 101억달러라는 인수 가격이 BTC 장부가의 2.3배에 달하였고, 당시 BTC 주가에 대비해서도 약 43%의 프리미엄을 얹어준 가격으로 드러났다. BTC가 그럴 가치가 있는 회사였던가? 월가의 금융업종 애널리스트들은 대부분 아니라고 판단하고 있었다. BTC는 문제가 좀 많은 회사였던 것이다. 그런데 도이체방크 당시 CEO였던 롤프 브로이어(Rolf Breuer) 회장은 이러한 회의적 시각을 모두 무시하였다. 1937년생으로, 1956년 고등학교 졸업 후 바로 도이체방크에 수습행원으로 입행해 42년째 한 우물을 파 온 브로이어 회장은, 은행원 생활을 하면서 야간에 대학을 다녀 1967년 본(Bonn)대학에서 법학박사 학위까지 받은 입지전적 인물이었다. 그는 도대체 무슨 생각을 하고 세계 금융수도인 뉴욕 월가 심장부를 공략해 온 것일까? 아래는 1999년 1월 11일자 포천(Fortune)지가 특종보도한 자넷 구욘(Janet Guyon) 기자와 브로이어 회장의 인터뷰 기사 주요 내용인데, 당시 유럽 최대 은행 수장의 고민과 논리가 담겨 있다.

- 포천: 금번 BTC 인수 제안이 도이체방크가 평소 주장하던 벌지브래킷(대형 투자은행) IB 인수 전략에 맞는 것인가?(다소 작은 회사 아닌가?)
- 브로이어: 도이체방크가 벌지브래킷 IB를 인수하려는 전략을 짰다는 것은 낭설이다. 벌지브래킷 IB, 예컨대 골드만삭스, 모건스탠리, 메릴린치, 리먼브라더스, 제이피모건 중 한 곳을 샀다고 하면, 그건

대등합병으로 가야 했을 것이다. 그런데 도이체는 대등합병은 해서도 안되고 할 수도 없다고 생각한다. 우리는 우리가 현재 가지지 못한 부분을 적당히 채워 줄 수 있는 추가(add-on) 포트폴리오를 찾고 있었고, 그런 의미에서 BTC는 처음부터 최고의 타깃이었다.(벌지브래킷 IB 중 한 곳을 인수하려고 하다가 실패하여 플랜B로 산 것이 BTC라는 세간의 루머를 강력히 부인함)

- 포천: 이번 딜에 부정적인 비판자들은, BTC를 인수해봐야 도이체방크가 원하던 규모의 주식기관 영업 부문, 인수·합병 자문 부문, 그리고 유가증권 발행시장 부문이 생기는 것은 아니라고 하던데?
- 브로이어: 그들이 틀렸다고 생각하오. BTC는 상당히 훌륭한 수준의 주식기관 영업 부문이 있으며, 도이체도 유럽에서는 지난 몇 년간 공격적으로 그 부문을 육성 중이었소. 둘이 합쳐 놓으면 그 시장에서 단숨에 글로벌 플레이어 중 하나가 될 것이오. 인수·합병 자문 분야는 아마도 도이체가 BTC 인수에서 가장 큰 혜택을 기대할 수 있는 분야라고 봅니다. 도이체는 LBO딜들에 자금을 댈 거대한 대차대조표가 있으며, BTC는 헬스케어나 미디어, 통신, 그리고 자원산업 등 몇몇 섹터에서는 골드만삭스 이상의 강력한 M&A자문팀을 가지고 있지요. 마지막으로 발행시장 쪽으로는 미국 투기등급 채권시장(High Yield Bond Market) 및 유럽 투자등급(High Grade Bond Market) 채권시장에서 두 회사의 합쳐진 플랫폼이 리그테이블 1~2위를 할 것으로 기대하고 있습니다.
- 포천: 아예 투자은행(IB) 사업 부문을 포기하실 생각을 한 적은 없나요? 도이체방크의 주가를 떠받치기 위해선 IB를 안 하는 게 답이라고 주장하는 분석가도 있는데요.
- 브로이어: 주가 부양을 위해 IB를 포기? 그걸 말이라고 하시오? 그 정반대입니다. 도이체방크의 기존 기업고객들이나 PB고객들은 더 이상 예금을 받고 대출을 해주는 전통적인 상업은행을 원하지 않습니다. 그들은 이제 우리를 거치지 않고 직접 자본시장을 노크합니다. 고객들은 이제 더 이상 대출자로서의 도이체방크가 아니라, 주식브로커로서의 도이체방크, 인수합병자문사로서의 도이체방크, 자산운용사로서의 도이체방크, 채권인수주관사로서의 도이체방크를 원하고 있습니다. 이제는 IB 시대이며, 도이체방크는 그 시대의 흐름을 온몸으로 받아들이고 있지요.
- 포천: 장부가의 2.3배, 현 주가 대비 43%의 프리미엄을 얹은 주당 93달러를 인수가격으로 주셨는데요, 이런 가격이 정당화될 수 있는 논리가 뭡니까?
- 브로이어: 여보시오 기자양반, 최근 3년간 미국에서 일어난 모든 투자은행섹터 인수·합병 딜들의 평균 인수가가 장부가 기준 3.9배였다는 걸 기억하시나요? 2.3배는 그 다른 딜들의 평균에 비해서는 매우 싼 편이죠. 그리고 올여름의 롱텀캐피탈매지니먼트(LTCM) 파산 사건으로 금융주들이 휘청거리기 전까지만 해도, BTC의 주가는 주당 136달러까지 갔었지 않소? 그렇게 보면 주당 93달러는 절대 비싸게 준 걸로 보지 않습니다.
- 포천: 도이체는 이미 9년 전인 1989년에 영국의 투자은행인 모건그렌펠(Morgan Grenfell)을 인수했으나 재미를 보지 못하신 걸로 압니다. BTC라고 해서 뭐 다를 거 있을까요?
- 브로이어: 완전히 다르죠. 지금의 도이체는 1989년 당시의 도이체와는 완전히 다른 회사입니다. 지금의 도이체는 완전히 글로벌화된 금융기관이오. 현재 도이체의 IB 사업 부문의 각 부서 수장들이 대부분 독일인이 아니라 미국이나 영국 국적자들이오. IB 사업 부문은 회사에서 사용하는 언어 자체가 독일어가 아니라 영어가 된 지 이미 오래되었소. 작년 1997년 연말 기준으로 볼 때, 도이체방크 전체 직원의 33%가 외국인이오. 이번에 BTC를 인수하면 독일인과 외국인 비중이 정확히 50대50이 됩니다. 그리고 이번 합병은 PMI(합병 후 통합) 과정 자체를 6개월 안에 끝내려고 하고 있소. 스피드가 우리의 모토입니다. PMI 하는 데만 3년이 넘게 걸렸던 모건그렌펠 건의 실수를 반복하지 않을 것이오.

- 포천: 나치독일에 협조했던 도이체방크의 어두운 과거 문제가 이슈가 되고 있습니다. 이번 BTC 인수 딜 승인에 앞서, 나치독일 시절 고통당한 유대인들에 대한 배상 문제가 미국 인권단체들에 의해 제기되고 있는데 어떻게 해결하실 생각인지요?
- 브로이어: 도이체방크는 당연히 책임감을 느끼며, 고통당하신 분들을 위한 배상을 어떻게 해야 하는지에 대해 미국, 독일 및 이스라엘 당국과 협의를 진행하고 있습니다. 도이체는 이번 대화를 통해, 이 문제에 대한 항구적이고 최종적인 해결책이 나와 주기를 기대하고 있습니다. 현재 논의 중인 방법론은, 도이체가 출연하여 기금을 만들고, 이 기금을 운용하여 나온 수익으로 홀로코스트 학살 피해자들을 돕는 한편, 이런 비극이 다시는 인류사에 재현되지 않도록 예방하는 목적으로 활동하는 민간단체를 지원하는 방법입니다. 조만간 결과가 나올 것이오.
- 포천: 결론적으로 5년 후에 도이체는 유럽에서 체이스맨해튼과 골드만삭스를 합친 것과 같은 존재가 되어 있겠네요?
- 브로이어: 네, 그렇습니다. 그것도 그들보다 훨씬 더 수익을 내는 플랫폼이 되어 있을 것입니다.

브로이어 회장의 이 자신감 표명은 그런데 근거가 있었을까? 당시 브로이어 회장 및 그의 후계자이자 이 BTC 인수·합병 딜을 진두지휘했던 전략참모 조세프 악커만(Josef Ackermann) 사장은 그렇다고 생각했다. 그들이 확신을 가지고 이 딜에 임했던 것인지, 아니면 별 생각 없이 산 것이었는지를 알려면, 우선 BTC가 왜 그처럼 이 인수·합병 당시 시장의 냉대(?)를 받는 투자은행으로 전락해 있었던 것인가를 먼저 살펴보아야 한다. 그 이야기는 다음 92회에 이어가보도록 하자.

2016. 2. 22

92 16년만에 터진 폭탄 (2) 뱅커스트러스트 잔혹사

"우리가 덫을 놓았어(We've set them up)!" 1994년, 그 14년 후에 목도하게 될 2008년 금융위기의 전조(前兆)같은 사건이 월가에서 일어난다. 당시 총자산규모 미국 7위의 투자은행이었던 뱅커스트러스트컴퍼니(BTC)가 미국 굴지의 대기업 2곳으로부터 파생상품 사기사건 피소를 당한 것이다. 소송을 제기한 회사들은 깁슨그리팅스(Gibson Greetings)와 프록터갬블(Procter&Gamble)이었다. 이들의 주장인즉슨, 1993년에 이 회사들과 파생상품거래(TRS라고 알려진 스왑거래)를 한 뱅커스트러스트가 사전 마케팅 단계에서 상품거래의 위험성에 대해 제대로 알려주지도 않았고, 거래 이후에는 결정적으로 해당 포지션의 시가평가(Mark to Market Value)에 대해 지속적으로 거짓말을 해왔다는 주장이었다. 물론 회사는 이런 내용을 처음에는 강력히 부인한다. 하지만 조사가 진행되면서, 이 회사의 트레이더들끼리의 대화가 녹음된 사내 딜링룸의 테이프 6500개가량 발견되면서 상황이 급반전된다. 파생상품에 대한 감독당국인 미국상품선물거래위원회(CFTC;한국의 증권선물위원회에 해당)가 압수하여 이 테이프 내용들을 들어본 결과 뱅커스트러스트라는 회사의 민낯이 세상에 공개되고 만다.

전 세계적으로 영업을 하는 미국의 대기업들은 각국 통화가치의 변동성과 차입한 자금의 이자율 변동성에 민감할 수밖에 없다. 이에 따라 가지고 있는 포지션들의 위험을 회피하기 위해 변동금리를 고정금리로, 고정금리를 변동금리로 바꾸는 식의 이자율 스왑 거래를 시장 상황에 따라 많이 할 수밖에 없다. 이런 파생상품 도입 초기의 단순 스왑 상품들을 플레인바닐라(Plain Vanilla) 스왑이라고 불렀다. 그런데 개별 플레인바닐라 딜들을 수십 개 또는 수백 개 하는 방식 보다는, 특정 기간 중에 일어나는 모든 파생거래를 하나로 담아서 시장위험과 신용위험을 동시에 회피하는 기법들이 개발되기 시작하였고 그래서 나온 상품이 바로 그 이름도 유명한 토털 리턴 스왑, 즉 TRS 거래이다. 뱅커스트러스트는 이 TRS를 가장 먼저 만들어낸 회사는 아니었으나(발명자는 제이피모건이었다) 이를 전 지구적으로 광범위하게 유통시킨 장본인이었던 것이다.

이 깁슨그리팅스와 프록터갬블 사건은 소송 제기 후 1년 반 가까이 끌다가, CFTC의 중재를 받아들여 뱅커스트러스트가 합의금으로 총 2억5000만달러를 내고 일단락되었다. 그러나 과정 중에 알려진 바대로, 테이프에 담긴 내부 직원들의 대화 내용이 그야말로 충격적이었다. 그들이 의도적으로 고객들을 오도한 측면이 분명히 나타난 것이다. 그리고 파생상품 영업을 총괄하는 임원들까지 이들의 대화 내용을 추후 알게 되었다는 정황도 속속 나타났다. 고객사들에게 복잡한 파생상품을 팔고 나서 "덫을 놓았다"는 표현을 서슴없이 주고 받는 뱅커스트러스트 트레이더들의 대화 내용에서는 고객사들은 그저 그들에게 수익을 안겨다주는 존재들일 뿐, 그들에 대한 예의는 전혀 찾아볼 수가 없었다. 2008년 금융위기 이후, 미국의 공영방송인 PBS의 시사프로그램인 프론트라인(Frontline)은 금융위기가 대체 어디서 시작된 것인지를 추적한 '경고(The Warning)'란 제목의 특집방송을 제작한다. 1994~1999년 사이 CFTC의 위원장으로 재직했던 브룩슬리 본(1940~; 월가의 저명한 금융법 전문 여성변호사)의 인터뷰가 나오는데, 그녀는 위기의 기원으로 이 1990년대 중반의 뱅커스트러스트 사건을 언급한다. 이 파생상품의 위험성이 처음 세간에 알려진 그 당시에 규제가 시작되지 못한 점이 2008년 위기의 원인이 되었다는 주장이었다.

1990년대 초반에 TRS상품을 마케팅하던 회사가 물론 뱅커스트러스트만 있었던 것은 아니나, 문제가 일어나면 거의 항상 뱅커스트러스트가 연관되어 있었다. 이쯤 되면 회사의 분위기, 즉 소위 말하는 기업문화(Corporate Culture) 이야기가 나오게 된다. 대체 얼마나 공격적으로 돈을 벌라고 직원들을 달달 볶았으면 이런 현상들이 나타났겠냐는 의문 말이다. 이런 뱅커스트러스트의 살벌한 기업문화는 바로 1987년부터 1996년까지 10년간 회장으로 재직한 찰리 샌포드(Charlie Sanford; 1937~)의 작품이었다. 별명이 '찰리 중사(Sergeant Charlie)'였던 이 남부 조지아주 출신 전직 미국 육군 중위는, 1961년에 뱅커스트러스트에 입사하여 채권트레이더로 줄곧 성장한 후 1987년에 CEO 반열에 오른다. 그의 전임자인 알프레드 브리튼3세(Alfred Brittain 3rd)는 무려 21년간을 CEO로 재직(1966~1987)하고 의무 은퇴 연령인 65세를 채우고 은퇴한 뱅커스트러스트의 산 증인이었는데, 샌포드가 등장하기 이전에 이미 정통 상업은행이었던 뱅커스트러스트의 색채를 상당히 바꾸어 놓았다. 대표적인 것이 1903년 은행 창립 이후 줄곧 유지하던 리테일사업 부문을 1980년대 초에 팔아 버린 것이다.

기업금융 부문과 채권사업 부문, 그리고 트랜잭션뱅킹사업 부문과 해외사업 부문만을 남기고 나머지 사업 부문들을 모두 정리한 상태에서, 은행 창설 이래 처음으로 정통 은행원이라고 보기는 좀 그러한 유형인 채권트레이더 출신 샌포드가 CEO로 등장한 것이다. 샌포드는 뱅커스트러스트를 아예 상업은행에서 투자은행으로 변모시킨다. 금융규제 완화 분위기에 편승하여 머천트뱅크(Merchant Bank)가 되고자 시도한 것이다. 그는 전통적인 기업여신을 포기하고, 회사를 골드만삭스처럼 트레이딩 회사로 바꾸기를 소망했다. 이런 그가 파생금융상품에 꽂힌 것은 어쩌면 당연한 논리적 귀결이었다. 그가 직원들에게 요구한 가치는 세 가지였다. 분석적(analytical)이어야 하고, 몰두해야(intense)하고, 신속해야(hurry up)해야 한다는 것이었다. 이는 은행원의 문화라기보다는 트레이더들의 문화였다. 샌포드는 오랜 시간이 걸리는 릴레이션십뱅킹을 혐오하였다. 그런 측면에서 기업들과의 관계 유지를 위해 단순 대출을 해주는 것은 의미가 없는 영업방식으로 치부했다. 샌포드의 경영관에 따르면, 고객사는 포커테이블에 마주 앉아 있는 상대방(Counterpart)일 뿐, 같이 협업하는 동반자(Partner)가 아니었다.

샌포드의 CEO 재임 기간 초기에 뱅커스트러스트는 무지막지한 영업이익을 낸다. 특히 1990~1993년의 4개년도는 ROE가 무려 20%를 넘어서는 경이적인 수준이었고, 골드만삭스를 위시한 월가의 모든 투자은행들을 능가하는 숫자였다. 1993년에는 당해년도 순익이 10억달러를 돌파하여 당시 월가의 가장 큰 투자은행이었던 메릴린치를 능가했다. 그런데 문제는 이런 엄청난 숫자 창출에도 불구하고 뱅커스트러스트의 주가는 경쟁사 대비 항상 저평가 되어 있었다는 점이다. 시장에서는 뱅커스트러스트의 이런 트레이딩에 기반한 비즈니스모델이 너무 사이클을 타는 안정적이지 못한 모델로 평가되었기 때문이다.

깁슨그리팅스·프록터갬블과의 송사사건을 계기로 뱅커스트러스트에 대한 시장의 평가는 더 나빠진다. 스탠더드앤푸어스가 돌연 뱅커스트러스트의 신용등급을 더블A에서 싱글A로 강등시켜 버린 것이다. 1994년 하반기부터 실적이 나빠지기 시작하였고, 일부 고객사들이 뱅커스트러스트와의 비즈니스를 중단한다. 4년 연속 20%가 넘었던 ROE가 1994년에는 14%, 1995년에는 10%로 추락하기 시작하였다. 상황이 이쯤 되자, 샌포드가 만들어 놓은 너 죽고 나 살자는 식의 공격적인 기업문화에 대한 반성이 회사 내부에서 서서히 고개를 들기 시작하였고, 이사회도 움직이기 시작하였다.

상황이 심상치 않음을 깨달은 샌포드가, 갑자기 1995년에 경영전략을 전면 수정하여 고객사들과의 중장기 릴레이션십 구축과 협업을 선언한다. 회사 내 고위 임원 40명에게 각자 50개씩의 고객사를 맡겨서 총 2000개의 고객사를 직접 임원들이 챙기겠다는 것이었는데, 시장의 호평을 받기는커녕 왠 뒷북이냐는 비아냥을 들었다. 이사회가 꺼내 든 카드는 결국 뱅커스트러스트의 방향성을 수정해 줄 수 있는 외부 인사의 영입이었다. 샌포드는 자신이 은퇴할 경우의 후계자를 이미 내심 지정해두고 있었는데, 스탠퍼드대학 계량경제학 박사 출신으로 당시 사장직을 맡고 있던 유진 생크스(Eugene Shanks; 1948~)라는 당시 47세의 젊은 임원이었다. 생크스는 바로 문제 많은 파생상품부서 총괄 임원 출신이었다. 그런데 이사회가 1995년 연말 클린턴 행정부의 재무부 국내금융담당 차관이었던 프랭크 뉴먼(Frank Newman;1942~)을 부회장으로 영입하는 일이 벌어진다. 뉴먼은 재무부 차관으로 입각하기 전에 뱅크오브아메리카 부회장 및 그 이전에 웰스파고의 CFO로 근무하였던, 캘리포니아 출신 쟁쟁한 금융계의 명망가였다. 뉴먼의 등장은 트레이더 문화에 기반을 둔 샌포드 시대의 종언을 고하는 사건이었다. 결국 뉴먼은 영입 다음해인 1996년에 경쟁자였던 생크스를 밀어내고 샌포드의 후임으로 뱅커스트러스트 회장 겸 CEO가 된다. 뉴먼의 취임 일성은 당연하게도 "고객 최우선(Client Comes First)"이었고, 회사를 10년간 지배하던 목표지상주의 트레이더 문화를 손보겠다고 천명한다.

그러나 뉴먼은 너무 늦게 등장했다. 그가 회장으로 등극한 해인 1996년, 도대체 뱅커스트러스트가 금융회사였는지 아님 숫자사기꾼들이었는지 헷갈리게 만드는 기상천외한 회계부정 사건이 터져 나온다. 이름하여 킹든게이트(Kingdongate)라고 불렸는데, 그 이유는 이 회계부정을 총괄 지휘한 당사자가 뱅커스트러스트의 고위임원 B. J. 킹든(B.J. Kingdon;1950~)이란 인물이었기 때문이다. 킹든은 1996년 당시 뱅커스트러스트의 12인 경영위원회(Executive Committee)의 멤버였고 이 회사의 트랜잭션뱅킹, 커스터디 및 연금신탁사업 부문을 책임지는 임원이었다. 그가 맡고 있던 사업부문은 당시 뱅커스트러스트 총 수익의 30% 가량을 담당하고 있었다. 그런데 이 사업부문이 1994~1996년, 고객이 특별히 수익자를 지명하지 않고 사망하거나 아니면 일정 기간이 지났는데도 찾아가지 않은 고객위탁 수익금 약 6000만달러가량을 슬그머니 별단계정에서 빼서 당해년도 해당 사업부문 수익으로 잡았던 사실이 밝혀진 것이다. 이는 명백한 실정법 위반이었고, 고객과의 신뢰관계에 기반하여야 하는 금융회사가 할 수 있는 성격의 행동은 물론 아니었다. 숫자를 조작한 금액 자체는 2년 전에 일어난 파생상품 소송 사건보다 훨씬 적었으나, 이번에는 대상이 소수의 기업들이 아니라 다수의 개인들이 대부분이었기에 이 사건의 여파는 심대했다. 뱅커스트러스트는 직업윤리를 내팽개친 회사라는 인식이 퍼져 나갔고, 이에 따라 뉴먼 신임 CEO가 아무리 제대로 해보려고 해도 회사의 분위기는 결코 반전되지 않았던 것이다. 나중에 이 사건은 연방 검찰에 의해 정식 기소가 되며, 사건에 연루된 십여 명의 뱅커스트러스트 임직원들이 유죄평결을 받고 금융계에서 추방된다.

이런 상황에서 도이체방크라는 대서양 건너편에서 날아 온 외국인 인수자는, 어떤 의미에서는 뱅커스트러스트에게 새롭게 숨을 쉴 수 있는 토양을 만들어 줄 수 있었다. 뱅커스트러스트가 실적이 악화되고 각종 송사사건에 연루되어 고위 임원들이 법정에 증언하러 다니는 시간이 영업에 집중하는 시간보다 많은 참담한 경영환경 속에서도 101억달러라는 거금에 매각 된 유일한 이유는, 당시 도이체방크 회장 롤프 브로이어의 용감무쌍함(?) 이었다. 이 문제 많은 회사 뱅커스트러스트를 인수한 브로이어 씨, 그는 어떻게 인수 후 통합(PMI)을 해나갔을까? 그 스토리는 93화에서 이어가보도록 하자.

2016. 2. 29

93 16년만에 터진 폭탄 (3) 되살아난 뱅커스트러스트 망령

2012년 12월 12일은 수요일이었다. 은행 업무가 본격적으로 시작되는 시간인 오전 9시, 프랑크푸르트 중심가에 있는 도이체방크 글로벌 본사에 200여 명의 독일 연방검찰 수사관들이 들이닥치는 전대미문의 사건이 벌어진다. 그들 중 일부는 도이체방크 공동 CEO인 위르겐 핏첸(Juergen Fitschen·1948~)의 집무실로 바로 올라가서 무슨 일인지 어쩔 줄 몰라 하는 핏첸 앞에 압수수색 영장을 제시한다. 그리고는 한눈에도 고가로 보이는 현대 미술품들로 장식되어 있는 깔끔한 집무실을 모조리 뒤지기 시작했다. 핏첸의 컴퓨터 하드드라이브가 압수된 것은 물론이었다. "도대체 무슨 일이오?" 격앙된 핏첸이 소리치자 연방검찰 수사관이 바로 차갑게 말을 받았다. "도이체방크의 트레이더들이 기업들의 부가가치세 탈세 음모에 가담한 사실이 밝혀졌습니다. 그리고 그 거래를 승인한 내부기안문서의 최종 서명자가 바로 당신이오."

무슨 일이 일어난 것일까? 핏첸은 2012년 7월, 2002년 이후 10년간 도이체방크 CEO를 지낸 요세프 악커만(Josef Ackermann·1948~)의 후임으로 안슈 자인(Anshu Jain·1963~)과 함께 공동CEO로 등극한 지 겨우 반년도 안 된 인물이었다. 이 사건이 충격적이었던 이유는 도이체방크 150여 년 역사를 통틀어서 검찰의 압수수색을 받은 역사가 한번도 없었다는 점 외에도 도이체방크라는 존재 자체가 가진 일종의 신성불가침성(최소한 독일연방공화국 영토 안에서는)이 쑥대밭처럼 훼손됐다는 데 있었다. 이날 압수수색으로 현장에서 무려 5명의 임직원이 체포되었다. 검찰 수사관들은 도이체방크의 임직원들을 마치 범죄단체 조직원(criminal gangster)과 같이 취급하였다.

문제가 된 것은 탄소배출권 관련 증명서(Carbon Emissions Certificate) 거래였다. 유럽 기업들은 탄소를 배출할 수 있는 권한을 유가증권화하여 서로 사고팔았는데, 문제는 그 과정에서 발생하는 10%의 부가가치세(VAT)를 누가 내야 하느냐는 이슈였다. 셍겐조약(Schengen Treaty)에 의거해 EU에 소속된 국가의 기업은 EU 내 다른 국가의 기업과 거래할 경우 부가가치세가 면제되었다. 그러나 독일 내에서 일어난 국내 거래에 관해서는 부가가치세가 면제되지 않았다. 이 말인즉슨 두 독일 기업 A와 B가 독일 국내에서 거래를 할 경우 부가가치세를 내야 하지만, EU 내 여타 국가의 기업을 중간에 끼고 3자 거래를 하게 되면 부가가치세를 내지 않아도 된다는 말이 된다. 물론 A, B, C 등 3자만 있는 정도로 이런 탈루 시도를 하면 바로 발각될 공산이 크다. 그런데 이 거래를 예를 들어 수십 개 기업들이 연루된 대규모 거래로 확대해버리면 세무당국이 밝혀내는 게 매우 어려워지게 된다. 이 부가가치세를 탈루하기 위한 독일 기업들의 대규모 '회전거래(Carousel Trade)'가 있었고, 그 중심에 도이체방크가 있었다는 게 독일연방검찰의 판단이었다. 도이체방크의 트레이더들이 이 거래가 세금을 탈루하기 위한 거래임을 묵시적으로 알면서도 수수료 수입을 위해 거래를 중개하였다는 혐의였다.

2009년과 2010년 사이 이런 거래를 통해서 도이체방크의 해당 트레이딩팀은 총 2억1000만유로라는 거금을 거래 중개수수료로 받았다. 독일연방검찰의 주장에 의하면, 이 거래에 대해 도이체방크의 몇몇 트레이더들만이 관련된 것이 아니라 IT 부서와 심지어 이런 일을 방지해야 하는 컴플라이언스 부서의 직원들까지 연루되었다는 것이다. 한마디로 은행 전체가 수익 창출을 위해 조직적으로 움직였다고 볼 여지가 있다는 것이다. 만약 사실이라면 세금 탈루에 조력하는 행위는 독일연방공화국처럼 법 잘 지키기로 유명한 나라에서는 천인공노할 나쁜 행위였다. 그런데 이런 혐의 외에도 도이체방크는 사법방해죄(Obstruction of Justice) 혐의까지 받았다. 연방검찰이 이 건을 조사하고 있다는 정보가 사전에 누군가를 통해 도이체방크

쪽에 누설되었고, 이를 인지한 도이체방크가 당시 그룹 CFO였던 슈테판 크라우제(Stefan Krause)를 중심으로 해결(또는 은폐?) 대책을 마련하기 위해 내부적으로 노력한 정황이 밝혀진 것이다.

이런 혐의를 받았다는 사실만으로도 고객의 신뢰를 먹고살아야 하는 금융기관으로서는 그 이미지에 치명상을 입은 것이나 다름없었다. 그런데 정작 중요한 문제는, 이 사건이 도이체방크가 당시 세계 도처에서 받고 있던 수많은 혐의 중에 단지 하나였을 뿐이라는 점이다. 그러면 또 다른 혐의들은 무엇이고, 왜 그런 일들이 일어난 것일까? 좀 더 살펴 보기로 하자.

1999년 뱅커스트러스트를 합병한 도이체방크의 회장 롤프 브로이어는 곧바로 자기 후계자로 요세프 악커만을 지명한다. 악커만은 스위스인이었는데, 원래 도이체방크의 잠재적 지역 라이벌이라고도 볼 수 있었던 스위스의 대형 은행 크레디스위스(Credit Suisse)의 넘버2인 은행장 출신이었다. 1994년 은행장에 올랐으나, 장기집권 중이던 카리스마 넘치는 크레디스위스 그룹 회장 라이너 굿(Rainer Gut)과 은행 경영 방식에 심각한 견해 차가 생겨서 사임하고 경쟁사인 도이체방크로 넘어온 인물이었다. 물론 브로이어가 이 정도 위상의 인물을, 거기다 독일인도 아니고 스위스인을 영입하였을 때는 후계자로 염두에 둔 것임은 물론이다. 악커만은 브로이어의 뱅커스트러스트 인수를 실제로 현실화 시킨 장본인이었다. 영어를 완벽하게 구사했으며 뉴욕에서도 오래 근무한 국제통이었던 악커만이 미국 회사인 뱅커스트러스트의 인수 후 통합(PMI) 작업을 책임지게 된 것은 어쩌면 당연한 일이었다.

뱅커스트러스트 인수 후에 도이체방크는 급속도로 '독일의 상업은행'에서 '세계의 투자은행'으로 변모해 갔다. 브로이어가 이사회 의장으로 물러나고 회장 겸 CEO 자리가 악커만에게 승계된 2002년부터 2005년까지 4개연도는 특히 도이체방크의 성격 자체가 완전히 바뀌는 시기였다. 2002년부터 도이체방크의 투자은행 사업부문은 매년 순익이 전년도 대비 두 배 이상씩 급증했다. 한 해 동안 가장 훌륭한 실적을 낸 투자은행을 선정하여 표창하는 '올해의 투자은행상'(The Investment Bank of the Year Award)에 2002년부터 2005년까지 4개연도 중 3개연도를 도이체방크가 받아간다. 뱅커스트러스트 유산이 좋게 발휘된 기간이었다. 특히 두 기관이 통합하면서 양쪽의 중간급 관리자들이 서로 살아남기 위해 치열하게 내부 경쟁을 하는 과정에 실적이 배가된 측면이 있었다. 그리고 무엇보다도 악커만이 임명한 투자은행 사업부문의 두 공동CEO의 역할이 컸다. 바로 인도인인 안슈 자인(Anshu Jain·1963~)과 미국인인 마이클 코어스(Michael Cohrs·1957~)였다. 이 두 사람은 모두 도이체가 뱅커스트러스트를 인수하기 직전에 악커만이 구 도이체방크의 투자은행 사업부문을 키우기 위해 각각 메릴린치와 SG워버그에서 영입한 인물들이었는데, 전자는 트레이딩사업부문을, 후자는 기업금융사업부문을 맡았다. 그리고 이 체제는 뱅커스트러스트를 인수하고 나서도 그대로 유지되었다.

악커만-자인-코어스 3인 중심의 도이체방크 체제가 거침없이 세계 투자은행계의 신흥 강자로 자리매김하고 있던 것에 최초로 균열이 보이기 시작한 것은 2006년이었다. 악커만이 도이체방크와는 무관한 일로 한동안 정상적인 회사 경영을 할 수 없게 된 사건이 일어난 것이다. 악커만이 업무상 배임죄로 고소된 소위 '만네스만 사건'이다. 독일 3위의 이동통신 회사였던 만네스만을 영국의 최대 이동통신사인 보다폰 그룹이 2002년에 인수를 하는데, 당시 악커만을 포함한 만네스만 사외이사들이 회사 매각 후 거액의 특별 보너스를 받은 것이 문제가 된 사건이었다. 인수를 한 주체인 보다폰 측에 만네스만을 상대적으로 저렴한 가격에 매각하고 그 대가를 받은 것이 아닌가 하는 혐의였는데, 1년 가까이 끈 이 송사에서 결국 중재가 이루어져 악커만은 유죄를 인정하지 않고 개인적으로 2300만달러를 배상하고 사건을 종결 짓는다. 그런데 이 사건이 악커만이란 인물의 도이체방크 조직 장악력을 적지 않게 떨어뜨리는 기폭제로 작용한다. 능력이야 출중하지만 도덕적인 측면에서 문제가 있는 인물일 수도 있다는 생각을 조직 내부 인원들이 하게 된 것이다.

이 만네스만 사건이 일단락되자 바로 터져나온 것이 2008년 금융위기다. 이 시기에 도이체방크의 경쟁사 대부분이 망하거나 아니면 살아남았더라도 인수당하거나 그것도 아니면 회사 성격 자체가 바뀌는 변혁의 과정을 겪게 되는데, 도이체방크는 별일 없이 잘 넘어가는 분위기였다 그러나 결국 소나기가 지나간 이후인 2009년 말부터 금융위기와 관련하여, 도이체방크는 2가지 대형 사건에 연루된다. 하나는 미국에서 2006~2007년 사이 판매한 '젬스톤 VII'라고 명명된 서브프라임 모기지를 가지고 만든 CDO 채권상품 판매 사건이다. 이 상품을 만든 부서의 인원들이 주고받은 이메일이 공개되면서, 이들이 이 상품이 얼마나 위험한 상품인지를 잘 이해하면서도 고객에게 기만적으로 팔았다는 것이 드러난 것이다. 한술 더 떠서, 도이체방크 뉴욕지사의 파생상품 트레이더인 그렉 리프먼(Greg Lippman·최근 국내 개봉한 영화 '빅쇼트'의 실제 주인공)이란 인물은, 자기가 근무하는 도이체방크도 미친 듯이 팔고 있던 서브프라임 모기지 관련 상품이 곧 디폴트가 날 것이라는데 베팅하는 파생상품을 만들어서 미국의 일부 헤지펀드들에 팔고 다닌 사실이 밝혀진다. 이는 양쪽 부서 사이에 정보 차단 벽(Chinese Wall)이 있으니 서로 몰랐다고 주장한다손 치더라도, 도덕적인 관점에서는 평판 리스크를 일으키고도 남는 사건이었다. 2009년 뒤늦게 이런 사실을 알게 된 젬스톤 VII 상품 구입 일부 기관 고객들이 도이체방크를 상대로 미국에서 대규모 집단 손해배상 소송을 제기한다.

이뿐이 아니었다. 2010년 도이체방크 뉴욕지사의 리스크관리 전문가인 에릭 벤-아트지(Eric Ben-Artzi) 박사의 폭로 사건이 일어난다. 벤-아트지는 내부제보자, 즉 휘슬블로어의 전형적인 케이스였다. 뉴욕대 수학과 교수 출신으로 한때 골드만삭스에서 소위 퀀트(Quant) 전문가로 일했던 그를 도이체방크가 2009년에 리스크관리 전문가로 채용한다. 그리고는 그에게 금융위기 이후에 한층 업그레이드된 새로운 리스크관리 모델을 만들 것을 지시한다. 이 업무를 수행하기 위해 벤-아트지 박사는 당연하게도 2008년 금융위기 당시의 도이체방크 담당자들이 파생상품 거래에 대한 리스크 관리를 어떻게 하였는지를 먼저 추적하였다. 그러자 그는 믿을 수 없는 사실을 발견한다. 그리고 그가 발견한 사실에 대해 그의 상급자들에게 해명을 요구하는데 도이체방크는 해명을 하는 대신에 그를 해고해 버린다. 열 받은(?) 벤-아트지 박사가 이 사실을 연방증권거래위원회(SEC)에 고발하고, 그에 따라 동 건이 파문을 일으키면서 세상에 알려지게 된다. 대체 벤-아트지가 발견한 내용은 무엇이었을까? 이 사안은 파생상품 거래에 대한 복잡한 설명을 수반하기에 94화에서 다시 심도 있게 다루어보기로 하자. 여하튼 벤-아트지 폭로 사건으로 도이체방크의 평판이 땅에 떨어질 대로 떨어진 상황에서 도이체방크는 2009년, 1958년 이후 51년 만에 적자를 낸다. 각종 소송에 대비하여 충당금을 대거 쌓는 과정 중에 적자가 나 버린 것이다. 일반 독일인들에겐 도이체방크는 절대 안 망하고 절대 적자가 날 수 없는 철옹성 같은 금융기관으로 인식되어 왔으나, 이런 인식이 최초로 무참히 깨진 것이다.

회사의 평판이 망가지는 소송들을 원투 펀치로 얻어맞고 있던 가운데, 다시 도이체방크를 거의 그로기 상태로 내몰게 되는 카운터 블로가 터진다. 바로 리보(LIBOR)금리라고 불리는, 런던 자금시장에서 은행들끼리 주고받는 초단기 콜금리 조작 사건이 그것이다. 도이체방크는 이 당시 세계 외환시장 점유율 21%를 자랑하는 그 분야 최대 은행이었기에 이 리보 금리 조작 사건에도 깊이 연루되었다는 혐의를 받는다. 1990년대 각종 스캔들로 얼룩진 뱅커스트러스트의 망령이 잠복해 있다가 인수한 지 십 수년이 지나서 다시 나타난 것일까? 그리고 이 모든 혐의들은 다 사실로 판명될까? 그 이야기는 역시 다음 회에서 설명해야 할 듯싶다.

2016. 3. 14

94 16년만에 터진 폭탄 (4) 실적지상주의의 종착역

도이체방크 아메리카지역 본사가 입주해 있는 월스트리트60번지 빌딩에서 서쪽으로 겨우 300m 떨어져 있는 브로드웨이 140번지 빌딩 35층에는 래바튼 서커로우(Labaton Sucharow)라는 로펌이 있다. 이 로펌은 다른 뉴욕의 대형 로펌들에 비해서는 상대적으로 작은 규모였지만, 한 가지 분야에서만큼은 미국 최고를 넘어서서 세계 최고의 명성을 쌓고 있었다. 다름 아닌 내부제보자(휘슬블로어)와 관련한 소송 분야에서였다.

때는 2012년 10월의 어느 날, 이 래바튼 서커로우 로펌의 응접실에 바짝 긴장한 듯한 30대 중반의 사나이가 찾아왔다. 그는 에릭 벤-아트지라는 이름을 가진 이스라엘 출신 수학자였고, 과거 뉴욕대학교 수학과의 조교수로 근무한 적도 있는 계량수학 분야 박사였다. 그리고 그는 10개월 전인 2011년 말에 도이체방크 아메리카지역본사에서 해고를 당하였다. 그는 본인이 도이체방크가 금융위기 와중에 저지른 회계 부정을 내부적으로 지적했다가 그 보복으로 해고되었다고 주장하였다. 사건을 담당하게 된 이 로펌의 변호사가 그런데 하필 미국증권거래위원회(SEC)에서 파생상품 분야를 담당하다가 퇴직 후 이 로펌으로 이직한 조던 토머스(Jordan Thomas)라는 변호사였다. 파생상품의 세계에 대해 전문가적인 지식을 가지고 있었기에, 토머스 변호사는 벤-아트지 박사의 말에 귀가 솔깃해졌다. "바로 이거야! 어쩌면 도이체방크를 무너뜨릴 수 있겠는데?" 토머스 변호사는 혼잣말로 중얼거렸다.

벤-아트지의 도이체방크 시절 명함은 "법무, 리스크, 자본관리 부문 부장(Vice President)"이었고, 그가 했던 일은 파생상품의 세계에서도 가장 난해하여 이미 트레이더들조차도 그 의미를 이해하는 걸 포기하고 그냥 트레이딩을 하던 고위험 파생상품인 레버리지드슈퍼시니어채권(Leveraged Super Senior Securities)들이 시장가치를 제대로 반영하고 있는가를 사후적으로 조사하는 미들오피스(Middle Office) 업무였다. 그는 동일한 업무를 골드만삭스에서 하다가 2010년 초 도이체방크에 스카우트되어 그 일을 하게 된 것이었다. 그는 숫자들과 컴퓨터의 계량모델들과 씨름을 하여, 도이체방크가 거래 고객들에게 이들 난해한 채권가격과 관련하여 제대로 된 숫자를 제시했었는가와 그 결과 재무제표상 숫자가 맞는 숫자인지를 검증해보았다. 결과는 그런데 도이체방크가 그렇게 하지 않았었다는 방향으로 드러난 것이다.

벤-아트지 박사의 계산에 의하면, 부채항목에 나타나야 할 최대 104억달러가 금융위기 와중인 2008년과 2009년에 재무제표상 의도적 누락으로 사라져 버렸다는 것이다. 이는 불법(illegal)이므로, 사기(fraud)라는게 이 휘슬블로어의 주장의 핵심이었다. 이 같은 사실을 밝혀낸 (혹은 밝혀냈다고 생각한) 벤-아트지가 이런 내용에 대해 도이체방크 경영진에게 질의를 던졌고, 그 얼마 후에 그는 답변을 받기는커녕 해고된다. 도이체방크가 벤-아트지가 근무하던 뉴욕의 부서를 아예 통째로 없애 버리고, 그 부서에 있던 기능을 독일의 그룹 본사로 통합하였기 때문이다. 벤-아트지는 이 또한 자기 자신에 대한 입막음성 보복조치라는 주장을 했다.

벤-아트지는 래바튼 서커로우 로펌에 찾아오기 전에 이 같은 사실을 미국증권거래위원회에 먼저 제보했다. 그런데 그가 알게 된 사실은, 그가 이 사실을 제보하기 이미 2년 전인 2010년 봄, 이런 사실을 제보한 사람이 한 명 더 있었다는 사실이었다. 바로 도이체방크 아메리카지역본사에서 트레이더로 일하다가 이직한 매튜 심슨(Matthew Simpson)이란 인물이었다. 당시 SEC는 이런 제보를 받고 초기 검토를 시작했으나, 도이체방크가 내부적으로 먼저 조사를 진행하고 있음을 통보해 왔기에 일단 도이체방크의 내부조사 결과를 받아보기로 하고 추가 조사를 중단한 상태였음이 드러난다. SEC에만 의존해서는 안되겠다고 판단한 벤-아트지가 그래서 래바튼 서커로우 로펌을 찾아온 것이었다.

벤-아트지의 폭로와 뒤 이은 부당해고 소송 개시 소식이 언론에 알려지자, 도이체방크는 격앙된 반응을 보이면서 벤-아트지의 폭로는 근거가 없는 악의적인 중상모략이라고 강력히 부인한다. 이미 내부적으로 조사를 다 진행하여 사실무근임이 밝혀졌다는 주장을 펴는데, 도이체방크 입장에서는 그럴 수밖에 없었다. 이 사안은 전임 CEO인 요세프 악커만과 당시 공동CEO인 안슈 자인 두 사람이 직접적으로 연관된 사안이었고, 더 이상의 논란 확대는 도이체방크로서는 감당하기 어려운 폭발력을 가지고 있었기 때문이다. 더군다나 도이체방크는 금융위기 이후 미국 정부 및 미국 고객들로부터 모기지증권 판매 관련한 여러 건의 소송을 당해 정신없이 대응 중이던 최악의 상황이었다.

벤-아트지의 폭로는 사람들로 하여금 2008년 금융위기 당시를 다시 떠올리게 만들었다. 2000년대 초반의 신용버블기에 가장 공격적으로 파생상품을 만들어서 팔았고 이를 다시 트레이딩해서 다른 어떤 금융사들보다 더 큰 돈을 번 금융사가 바로 도이체방크였다. 그런데 "도이체방크는 어째서 금융위기 와중에 아무런 탈도 없었고 심지어 정부의 구제금융조차 받지 않았던 것일까?"라는, 모두들 놓치고 있었던 근본적 질문이 제기되었다. 금융위기 당시 도이체방크 CEO인 악커만은 도이체방크가 리스크 관리를 철저하게 해서 위기를 피해갈 수 있었다고 언론에 떠들었지만, 이제 벤-아트지의 폭로가 사실이라면 이야기가 달라진다. 장부 숫자를 조작해서 위기가 없었던 것처럼 넘어갔다는 말밖에는 안 되기 때문이다.

바로 그 금융위기 탓에 도이체방크의 진짜 의도가 무엇이었는지를 가늠하는 것은 쉽지 않았다. 금융사가 판매를 하기 위해 매도가능증권으로 분류해 놓은 금융상품들은 반드시 시가평가를 해야 한다. 그런데 금융위기 와중에, 많은 파생상품증권들의 시장 자체가 없어져 버려서(거래가 안 되므로), 적정 시장가격이란 것 자체가 없어져 버렸다. 이런 사유로 결국 대차대조표상의 매도가능증권 가치를 가치평가모델을 돌려서 이론적으로 추론하는 수밖에 없게 된다. 그렇다고 자의적으로 마음대로 가치평가를 하는 것도 물론 허용되지 않는다.

LSS채권으로 불리는 레버리지드슈퍼시니어채권의 거래는 사실 거대한 물량으로 이루어지지 않으면 별 이익을 발생시키지 않는 채권이었다. CDO구조화채권의 가장 상단을 구성하는 채권을 슈퍼시니어채권이라고 부른다. 신용등급이 AAA등급이었기에 말하자면 미국의 최우량 블루칩 기업들이 발행하는 회사채와 유사했다. 이런 슈퍼시니어 채권이 부도날 확률은 극히 미미하다고 판단되었고, 거래를 하여도 채권가격의 변동성이 거의 없어서 수익으로 이어지지 않았다. 그런데, 이 슈퍼시니어 채권거래에 레버리지를 일으켜 주면 약간 이야기가 달라졌다. 단 1bp(0.01%)의 프리미엄을 받아도 거래 물량이 커지면 약간의 수익은 될 수 있었기 때문이다. 일부 연기금들이나 보험사들이 이 LSS채권에 대한 신용보험(LSS채권이 부도가 나면 대신 갚아주겠다는 의미)을 도이체방크 등 투자은행들에 판매하였다. 도이체방크는 이렇게 산 신용보험을 중개하여 다시 기관 고객들에게 팔았다. 금융위기가 일어난 연도인 2008년을 보면 도이체방크는 이 LSS채권 거래에서 투자은행들 중 시장점유율 1위를 차지했고, 1300억달러에 달하는 LSS채권을 장부에 담고 있었다. 또 LSS채권 중개거래로 2억7000만달러 정도를 수익으로 창출하고 있었다.

문제는 이런 거래를 하면서 투자가들이 도이체방크에 제공한 담보(collateral)에 있었다. LSS채권 거래를 하다가 금융위기 등으로 인한 급격한 채권가치변동으로 이 담보가치가 하락하거나 없어질 위험(Risk)을 지칭하는 용어가 바로 갭 옵션(Gap Option)이다. 투자가들이 주로 국공채등 채권을 담보물로 내놓게 되는데, 도이체방크와의 거래규모의 10%만을 담보로 내 놓았다. LSS채권의 가치가 하락하게 되면 우선변제에 제공되는 이 담보를 헤어컷(Haircut)이라고 한다. 만일 LSS채권의 가격변동폭이 10% 헤어컷을 넘어가게 된다면? 그럴 확률이 거의 없다고 본 것은 좋으나, 2008년에 진짜로 그런 일이 일어나 버렸다. 이 10% 헤어컷은 금방 의미가 없어져 버렸고, 그 부분을 상회하는 리스크 포지션에 대해 도이체방크는 처음에는 20억달러까지 가지고 있던 자체 내부 트레이딩 데스크의 유보금(Reserve)를 사용하여 갭 옵션 가치평가를 했다. 하지만 곧 이를 포기하고 금융위기 최정점기의 약 6개월간 아예 아무것도 안했다는 것이 벤-아트지 박사의 주장이었다. 그러니까 그 6개월간 발생할 수 있었던 104억달러가량의 보유채권 평가손(이론적인 손실이다)이 전혀 대차대조표에 나타나지 못하고 사라졌다는 것이 핵심적 고발 내용이었다. 도이체방크는 추후 조사 과정에서, 이 시기에 거래가 불가능한 채권의 평가손을 계산하는 것을 포기하고 당시 미국에서 S&P500 지수 하락에 대한 풋옵션을 사서 이 LSS채권 포지션을 헤지했다고 주장하는데, 상식적으로 이는 옳은 헤지방법론은 물론 아니다.

이 사안이 중대한 이유는 다음과 같다. 금융위기 당시 도이체 방크는 티어 원(Tier One) 자기자본이 323억유로(445억 달러)였고 3160억유로의 위험가중자산을 가진 것으로 되어 있다. 간신히 10%를 넘긴 티어 원 수준인 셈인데, 만일 위에서 보여지는 104억달러의 사라진 평가손을 장부에 반영하였고 하면, 도이체방크의 티워 원 자기자본은 10%는커녕 7% 후반대로 몰락했을 것이고 당시 미국과 유럽의 각국 정부가 부실 금융기관이냐 아니냐의 기준으로 삼았던 티어 원 자기자본 8%를 하회하였을 가능성이 높기 때문이다. 그렇다면 미국에서 몰락했던 리먼브라더스와 똑같은 일이 도이체방크에도 생기지 않았으리라는 법은 없다는 짓궂은 가정이 성립한다.

이 사안은 결국 어떻게 결론이 났을까? 도이체방크도 일류 로펌을 고용하고 치열하게 SEC 측 및 벤-아트지 박사 측과 법률소송을 이어갔으나, 결국 2015년 5월 일부 잘못을 인정하고 5500만달러에 달하는 벌금을 SEC 측에 내면서 소송을 중재로 일단락한다. 당시 SEC 측이 낸 13페이지짜리 사건 종결 메모에 의하면 2008~2009년 당시 도이체방크는 보유 채권 가치평가에서 최소 15억달러, 최대 33억달러를 인식하지 못하였다고 적고 있다. 당초 벤-아트지 박사가 주장한 104억 달러까지는 아니더라도 이는 신뢰가 최우선인 금융회사, 그것도 글로벌 투자은행으로서는 모든 명성이 하루아침에 날아갈 수 있을 만한 타격을 입은 사건이라는 점은 분명하다. 사건이 종결된 시점이 공교롭게도 사건을 일으킨 트레이딩그룹을 20여 년간 실질적으로 지배한 공동 CEO 안슈 자인의 사임 발표 직후라는 점도 이채롭다. 어차피 저지른 과오라면 떠나는 CEO에게 다 뒤집어씌우는 전략을 썼던 것이라고 오해받을 수 있는 대목이다.

월가가 배출한 역대 최고의 채권트레이더 중 한 사람인 안슈 자인(1980년대 후반과 1990년대 초반 메릴린치의 채권트레이더 시절, 그는 매년 혼자서 1억달러 이상의 트레이딩 수익을 회사에 안겨주었었다고 한다)은 그런데 이 LSS채권 가치평가 오류 문제로 사임한 것일까? 아니다. 실제로는 더 큰 사건이자 아마도 21세기에 일어난 모든 금융사 관련 사기사건 중 가장 큰 충격을 준 사건인 리보(LIBOR)금리 담합사건이 그의 몰락에 직격탄이 되었다고 봐야 할 듯싶다. 너무나 잘 알려진 이 사건은 글로벌 채권시장에서 일종의 벤치마크(benchmark)로 가장 범용성이 있는 지표인, 런던시장에서 은행들 간 하루짜리 콜금리 시장인 LIBOR(London Inter-Bank Offered Rate)금리를 각 은행의 트레이더들끼리 수시로 담합하여 십 수년간 조작해 왔다는 정말 황당한 사건이었다. 리보금리는 그것이 미국 국채수익률과 함께 대부분의 범용성 있는 채권들의 프라이싱의 기준이 된다는 점에서 이 사건의 여파는 실로 심대했다. 2012년 6월에 터져나온 이 사건은 "월스트리트가 갈 데까지 갔으니 이제 더 이상 그냥 놔둘 수 없다"는 월스트리트 개혁론의 불씨에 휘발유를 공급할 정도로 큰 사건이었다. 여러 은행들이 이 사안에 걸려들었는데 처음에는 비난이 영국의 두 투자은행인 바클레이즈와 RBS에 집중되었다. 바클레이즈는 회장과 행장이 줄줄이 사임하는 사태를 맞는다. 그런데 이 사건 조사가 2년 이상 지속되면서 추가로 기타 은행들의 혐의도 속속 밝혀졌다. 그리고 그 대미를 장식하게 된 것은 다름 아닌 도이체방크였다.

위 보유채권 가치평가 누락 사건의 SEC 중재가 나오기 한 달 전인 2015년 4월, 전 세계는 도이체방크가 25억달러라는 천문학적 벌금을 리보금리 조작 사건과 관련하여 내게 되었다는 언론의 헤드라인을 보고 경악했다. 벌금의 규모가 대단했기 때문이다. 그보다 먼저 두들겨맞은 바클레이즈의 4억5000만달러, UBS의 15억달러와는 비교가 안 되게 많았기 때문이다. 25억달러 중 21억7000만달러는 미국의 SEC에, 나머지는 영국의 감독기관인 FCA에 분할하여 내게 되었다. 그리고 도이체방크 임직원 총 29명이 이 사건에 연루된 증거가 나왔으며, 그들 모두 해고를 하라는 감독기관 징계가 하달된다(상당수는 그 징계가 나오기 전에 이미 도이체방크를 그만둔 상태였다). FCA의 당시 조사담당 임원인 조지나 필리푸(Georgina Philippou)는 이 징계를 내리면서 이런 수준의 벌금을 내리게 된 배경을 로이터통신과의 인터뷰에서 이렇게 설명했다. "도이체방크의 경우 다른 은행들과 다른 점이 보인다. 이 은행의 해당 사건 연루자들은 아무런 범죄의식을 갖지 않고 이런 행동을 했다. 여기에 더해 그런 문제가 은행 내 특정 팀이나 특정 사업부문만의 문제도 아닌 것 같다. 은행 전체의 분위기가 이런 범죄행위를 방조, 묵인하고 있었다고 보여진다. 시장의 규범을 무시한 실적지상주의 문화가 임직원들에게 깊이 뿌리내리고 있었던 것이 아닐까 의심된다. 그리고 문제가 명백히 드러났을 때, 반응하는 방법도 여타 동일한 혐의를 받았던 은행들과 달랐다. 도이체방크의 경우 문제를 해결하려는 의지 자체가 없었던 것으로 보인다. 소위 말하는 내부 통제의 명백한 실패 사례가 아닐까 싶다."

요세프 악커만, 안슈 자인, 그리고 안슈 자인의 후계자로 한 때 불렸던 (작년에 해고당함) 콜린 팬(Colin Fan)과 미켈레 파이솔라(Michele Faissola) 등 1990년대 중반부터 20년 가까이 도이체방크를 이끌어온 리더들은 모두 독일 사람들이 아니었다. 그들은 이 완고하고 보수적인 독일 은행에서 오직 실적을 창출하는 것만으로 생존해 왔으며, 그런 압도적인 실적을 통해서 이 보수적 상업은행을 글로벌 투자은행으로 변모시켜 온 인물들이었다. 그러나 그들은 어떤 시점부터 너무 지나치게 나가버렸다. 금융회사의 본질을 망각하면서까지 수익을 추구했던 것이다. "왜 돈을 벌어야 하는가?"라는 근본적 질문을 망각하고 돈을 벌기 시작하게 되면, 은행이야말로 순식간에 사기집단이 될 수 있는 가능성이 있는 조직임을 독자들은 이해하실 것이다.

결국 파국이 온다. 도이체방크 주주들이 참다 참다 더 이상 못 참겠다고 들고일어난 것이다. 2015년 6월 임명된 지 만 3년이 된 두 공동 CEO인 자인과 핏첸이 전격 경질되고, 구조조정 전문가로 알려진 전 UBS그룹 CFO 출신 존 크라이언(John Cryan)이라는 영국인이 이 난파 직전인 거대 글로벌투자 은행의 새로운 CEO로 부임한다. 크라이언이 임명된 후 전개하는 모든 노력을 한마디로 정의하면 "뱅커스트러스트적인 실적지상주의 망령 지우기"라고 볼 수 있겠다. 영어로 "기본으로 돌아가기(Back to the Basics)"가 새로운 도이체방크의 표어가 되었다. 크라이언은 도이체방크를 다시금 세계의 투자은행에서, 독일의 상업은행으로 일정 부분 되돌리기 위한 작업에 착수한 것으로 보인다. 물론 아직 가시적 성과가 드러났다고 보이지 않는다. 2016년 초에는 도이체방크가 발행한 우발전환사채(CoCo본드)의 이자를 지급하지 못하게 될 것이라는 소문이 돌면서 주가가 급전직하하는 사태까지 벌어진다. 도이체방크는 앞으로 상당 기간 구조조정의 긴 터널을 통과해야 할 것으로 보인다. 그들이 성공할 것인지 잘 지켜보는 것도 한국의 금융사들에는 타산지석이 될 수 있을 것으로 생각된다.

2016. 3. 28

95 독립형 IB 전성시대

1980년대 후반부터 벌써 그런 조짐이 보였지만, 2002년 엔론사태와 2008년 금융위기 등을 거치면서 대형 투자은행들의 이해상충 행위에 대한 비판이 고조된다. 투자은행들이 너무 커지다 보니 그 안의 각 사업그룹이 하나의 고객을 두고 완전히 정반대되는 행위를 하는 이해상충 발생 빈도가 점점 늘어난 것이다. 거대 투자은행 안의 한 쪽에서는 불완전상품을 만들어 고객들에게 팔고, 다른 한 쪽에서는 그런 불완전상품의 가격이 하락할 것에 대해 공매도를 하는 행위가 실제 발생하였다. 이에 대한 비판의 목소리가 커짐에 비례하여 점점 더 부각되는 현상이 있다. 다름이 아니라 이해상충에서 상대적으로 훨씬 자유로운 독립형 IB, 즉 '부티크(boutique)' M&A자문사들의 등장 및 발전 현상이다. 부티크 IB라는 통속적 용어보다 좀더 격식을 차린 정확한 용어가 바로 '독립형 IB(Independent Investment Banks)'이다.

독립형 IB들을 둘러싼 장밋빛 전망은 사실 최근의 글로벌 인수·합병(M&A) 붐에서 비롯됐다. 2015년 세계 M&A 자문시장 규모는 5조달러를 돌파하였으며 지금까지 기록이었던 2008년의 4조6000억달러 기록을 깼다. 해외 금융정보업체들에 따르면 독립형 IB들이 지난해 M&A시장에서 차지한 비중은 무려 18%로, 2008년에 비해 2배 이상 높아졌다. 2015년 글로벌 금융시장에서 화제가 된 빅딜 가운데에도 독립형 IB들의 작품이 적지 않다. 로열더치셸이 지난해 4월 BG그룹을 815억달러에 인수하는 데는 흔히 '두 명의 사이먼(Two Simons)'라는 별칭으로 더 유명한 사이먼 로비와 사이먼 워쇼가 의기투합해 설립한 영국의 독립형 IB 로비워쇼(Robey Warshaw)가 중요한 역할로 참여했다. 또 지난해 5월 차터커뮤니케이션스가 타임워너케이블을 796억달러에 인수할 때도 앨런&컴퍼니, 센터뷰파트너스, 라이온트리어드바이저스 등 독립형 IB들이 주력 자문사로 관여했다. 오마하의 현인 워런 버핏 버크셔해서웨이 회장이 대주주로 있는 미국의 케첩 브랜드 하인즈가 지난해 3월 미국 식품회사 크래프트푸드를 626억달러에 합병할 당시 역시 독립형 IB인 센터뷰파트너스와 라자드가 양쪽의 주력 자문사로 참여했다.

대서양 건너편 미국에서 보편적으로 발전해 온 이 '독립형 IB', 즉 부티크 자문사가 영국이나 그 밖에 유럽, 그리고 아시아에서도 향후 뿌리를 내릴 수 있을 것인지가 요즘 시장의 관전 포인트다. 미국에서의 독립형 IB의 역사는 매우 오래 되었다. 실제로 첫 번째 붐은 80대 말~90년대 초였다. 당시는 LBO시장을 만들어낸 전설적 IB였던 드렉셀이 공중분해되고, 한때 잘나가던 IB인 리먼브러더스가 잠시 아메리칸익스프레스에 인수되는 등 IB 업계 구조조정이 한창 진행되던 시기였다. 대형IB를 다니다가 나온 딜메이커(흔히 'Rainmaker'라고 한다)들이 물적 회사가 아니라 인적 회사인 합자회사(Partnership) 형태로 이런 독립형 IB들을 우후죽순 만들기 시작했다. 이 첫 번째 붐이 불었을 때 가장 성공했던 독립형 IB를 굳이 들자면 1988년에 만들어졌다가 12년 후인 2000년에 당시 독일의 드레스드너(Dresdener)은행에 매각되는 워서스틴 페렐라(Wasserstein Perella)라는 회사가 있다. 둘 다 퍼스트보스턴 투자은행 출신으로, 전설적 M&A 전문 변호사였던 브루스 워서스틴과 숫자의 천재였던 회계사 조지프 페렐라가 만든 이 조그만 M&A 전문 독립형 IB는 90년대를 대형IB들과 경쟁하여 당당히 살아남았던 것이다. 2000년 매각 당시 가격이 무려 14억달러(한화 1조5000억원 상당)이나 되어 창립 파트너들에게 그야말로 잭팟을 안겨준다.

1차 부티크 설립 붐은 이해상충 이슈 때문에 일어난 것이 아니라 전반적인 금융업 구조조정 와중에 생겨난 현상이었다. 그 1차 붐에서 살아남은 독립형 IB들은 주로 유럽계나 캐나다계 대형 상업은행들에 90년대 중반 이후 하나씩 팔려 나갔고, 이에 따라 잠시 부티크 설립 붐이 잠잠해지게 되었다. 그러다가 2000년대 중반 이후 다시 일어난 2차 부티크 설립 트렌드는 과거 1차 트렌와는 좀 달라진다. 이번에는 80년대 후반 이후 20여 년간에 걸친 M&A 광풍의 결과로 이제 단 20개 미만 수준으로 줄어든 글로벌 대형 투자은행들에서 종종 일어나는 심각한 이해상충 이슈들을 직접 목격한 업계 시니어급 IB 뱅커들이 그 틈새시장(niche market)을 보고 만든 경우라고 해야 할 것 같다. 그런데 이 독립형 IB들은 워낙 스펙트럼이 넓고 각각 특성이 있어서 카테고리화하여 일목요연하게 설명하긴 쉽지 않으나 대충 다음과 같은 4가지 정도의 특징을 가진다.

1) 작다? 오퍼레이션을 작게 유지한다. 커지게 되면 결국 필연적으로 이해상충 상황으로 내몰리게 되고, 자본이 더 필요하게 될 것이므로 상장을 해야 하고, 이에 따라 보안이 생명인 독립형 IB섹터에서 벗어나게 된다.
2) 창립자들이 검증된 인물들이다? 최소 10년, 길게는 30년 이상 IB업계에서 검증을 받을 만큼 받은 속칭 '선수들'로만 구성된다.
3) 고객 커버리지의 범주를 좁혀서 가져간다? 오퍼레이션이 작기 때문에 커버하는 고객 수에 욕심을 내지 않는다. 주로 창립자들의 오랫동안 인간관계에 의거해 소수정예의 고객군만 가져간다.
4) 릴레이션십이 전부다? 부티크형 독립형 IB들은 대형 IB들이 구사하는 소위 말하는 밸런스시트 어프로치(balancesheet approach), 즉 자문을 하면서 대출도 덩달아서 해주는 영업이 원천적으로 불가능하므로, 주요 고객과의 관계유지(릴레이션십)에 모든 것을 건다. 그 결과 대형 IB들보다 더 긴밀한 대화를 시도하게 되고, 그 결과 자문의 질(quality)이 매우 우수하다.

이런 경향을 띠게 되는 독립형 IB들이 완연하게 자본시장의 무시할 수 없는 변수로 자리잡게 된 시점이 2008년 금융위기이다. 이때 대형 IB들이 속절없이 무너지는 걸 본 주요 고객사들이 비로소 독립형 IB들을 새로운 시각으로 보게 된 것이다. 2008년 당시에 전체 글로벌 M&A 자문시장 수수료의 단 8%만을 가져가던 독립형 IB들이 불과 5년 만인 2013년에는 무려 그 2.5배인 20%까지 치고 올라온 것은 고객들의 이러한 성향 변화에 기인한다고 밖에는 해석할 수가 없다. 2013년 전 세계 M&A시장에서 성사된 거래 중 딜규모로 톱 30위 내 딜 중 딱 절반인 15개가 이런 독립형 IB들이 간여한 (인수와 매각 어느 한 쪽에) 딜들로 나타났다. 심지어 독립형 IB라고 할 것도 없는 1인 개인회사, 즉 1개의 저명한 IB뱅커 혼자서 딜 규모 1300억달러(한화 140조원)짜리 초대형 M&A의 자문을 해낸 황당한 경우도 있다. 모건스탠리 IB사업 부문의 미국 국내 총괄 최고경영자(CEO)를 하다가 회사 경영진과의 불화로 2012년에 회사를 그만둔 저명한 IB뱅커인 폴 토브만(Paul Taubman)은 그만두자마자 사상 최대 M&A 건 중 하나였던 미국의 버라이존에 의한 영국 보다폰과의 JV 이동통신 자회사 1300억달러 인수 건을 역시 독립형 IB인 구겐하임 파트너스(Guggenheim Partners)와 함께 자문하여 개인 수수료로 1000만달러(한화 110억원)를 버는 일도 발생하였다(토브만은 그 후 자기 회사인 PJT파트너스를 다시 차린다). 2013년 통계수치를 인용해보면 이들 독립형 IB들은 파트너(Partner)급 1인당 평균 약 600만달러(한화 66억원)의 자문수수료 수입을 창출한 것으로 나타났는데, 적은 인원만 가지고 운용되는 이들 독립형 IB들의 특성상 이는 대형 투자은행 대비 상대적으로 높은 수치라고 볼 수 있다.

현재 가장 왕성한 활동을 하면서 글로벌 M&A시장 리그테이블에 상위권까지 치고 올라와 있는 독립형 IB들을 몇 군데 들자면 클라인앤드컴퍼니(Klein & Company), 블랙스톤 어드바이저리 파트너스

(Blackstone Advisory Partners), 라이온트리(LionTree), 에버코어파트너스(Evercore Partners), 센터뷰(Centerview), 코웬그룹(Cowen Group), 그린힐(Greenhill & Company), 모엘리스(Moelis & Company), 페렐라 와인버그(Perella Weinberg Partners), 파이퍼 제프레이(Piper Jaffray), 훌리헌 로키(Houlihan Lokey Inc), 오펜하이머(Oppenheimer & Company), 구겐하임 파트너스(Guggenheim Partners), 로스차일드(N M Rothschild & Sons), 스타이펠 니컬로스 위젤(Stifel Nicolaus Wiesel) 등이다(그 외에도 물론 수백 개가 더 있다).

한국에서는 안타깝게도 몇 가지 이유에서 이런 순수한 독립형 IB가 지금까지 제대로 성장하지 못한 측면이 있다. 중요한 이유는 금융계 시니어급 뱅커들이 이런 독립형 IB를 만들어보려는 시도 자체를 지금까지 그다지 하지 못했거나, 아니면 시도를 하였다 하더라도 이런 유형의 IB들 도움을 기대하는 잠재 대기업군 고객이 극히 적었기 때문이기도 한 듯싶다. 그리고 소위 말하는 '미드캡' 섹터 딜이라고 불리는, 중견기업-중소기업 관련 M&A 자문은 상대적으로 자문수수료가 저렴하며 인해전술식(?) 인력 투입이 가능한 대형 회계법인들이 거의 시장을 장악하다시피 한 부분도 선진국 시장에서 보여지는 독립형 IB 성장을 가로막았던 주요 이유였다고 분석된다. 그러나 진실은 약간 다를 수도 있다. 정작 국내에서 이런 독립형 IB의 성장이 거의 이뤄지지 않은 진짜 이유는 글의 모두에서 지적한 자본시장 내에서 벌어지는 이해상충 이슈들에 대해 아무도 지금까지 심각하게 생각해 보지 않았기 때문은 혹시 아닐까?

한국 자본시장에서도 폴 토브만이나 사이먼 워쇼 같은 일당백의 훌륭한 뱅커들이 독립형 IB를 성공시켜 기존의 대형 증권사들과 당당히 겨루는 날이 오기를 사실 필자는 바라마지 않는다. 한국 자본시장 미래를 위해서는 그러는 편이 좋기 때문이다. 이해상충 상황이 많이 줄어들지 않을까 하는 기대감 때문이다.

2016. 4. 12

96 CICC - 중국판 모건스탠리 이야기

필자는 최근 중국 샤오미의 최신 모바일폰을 구경할 기회가 있었다. 그 저렴한 가격에 그 정도 우수한 품질의 제품을 만들어낼 수 있다는 것이 믿기지 않았다. 요즘 한국 인터넷망에 우스갯소리로 회자되는, 소위 '대륙의 실수'의 대표적 케이스라고도 보인다. 그런데 필자는 샤오미 모바일폰을 보면서 엉뚱하게도 CICC라고 불리는, 중국국제금융유한공사(약칭 '중금')라는 회사 생각이 났다. '대륙의 실수'라는 표현이, 중국도 이제 이 정도 경이적인 제품을 만들어 수 있다는 의미의 좋은 표현이라면, 국제 자본시장에서도 중국이 그러한 대륙의 실수를 하나 만들어낸 적이 있기 때문이다.

금융계에 종사하시는 독자들이 아니라면 한국에서는 이 CICC(China International Capital Corporation)라는 회사에 대해 들어볼 기회는 없을 듯싶다. 얼마 전에 출범한 중국 주도의 아시아인프라스트럭처투자은행(AIIB)의 초대 총재로 내정된 진리췬(金立群·1949~) 총재의 전 직장 경력이 CICC 회장이라는 것 정도가 최근 들려온 CICC에 대한 유일한 소식이 아닐까 싶다.

그런데 알고보면 이 CICC라는 회사는 그야말로 엄청난 회사이다. 이 IB명장면이 다루지 않을 수 없을 만큼의 압도적 비중으로 다가오는 이유는, 이 CICC가 역사상 가장 짧은 시간 내에 월가의 대형 투자은행들과 맞먹을 정도의 플랫폼을 자국(이 경우는 중국과 홍콩)에다 만들었던 거의 유일한 비(非)서구권 투자은행이라는 점 때문이다. 물론 이 회사가 민간 회사였다면 불가능한 일이었을 것이다. 중국 정부가 만든 투자은행이고 중국 정부가 실질적으로 운용해온 투자은행이기에 가능한 일이다. 심지어는 그 사장(CEO)에 2002년부터 2014년까지 앉아 있던 인물은 다름 아니라 낙후된 중국금융을 오늘날 세계적인 수준으로 끌어올린 기초와 토대를 마련한 주룽지(朱鎔基·1928~) 전 중국 국무원 총리의 친아들인 주윈라이(朱雲來·1957~)였다. 상징적이다.

CICC의 기원은 1995년으로 거슬러 올라간다. 1978년 이후 시작된 중국의 개혁개방정책의 실질적 의미는 그 정책의 결과물을 국제 자본시장을 통해 현실화시켜 일반 중국 민중이 그 이득을 간접적으로라도 공유하게 하는 일이었다. 결국 중국 정부는 중국의 대형 국영회사(SOE)들을 차례로 국제 증시에 상장(IPO)시키는 정책을 채택하게 되는데, 그러기 위해서는 아직은 공산주의 국가인 중국에도 어쩔 수 없이 '증권사'가 필요하게 된 것이었다. 이런 현실적 필요성에 기인해 중국 정부는 당시 중국 국영기업들의 해외 상장을 가장 열심히 마케팅하고 있던 미국의 투자은행 모건스탠리에 도움을 청한다. 1995년 중국의 4대 국영 은행 중 하나인 중국건설은행(CCB) 및 미국의 모건스탠리 그리고 싱가포르의 국영 투자공사인 GIC, 한국의 신용보증기금에 해당하는 중국의 국영 신용보증기관인 중국투융자담보유한공사(중투보) 그리고 홍콩의 재벌인 자치밍(査濟民)이 운영하는 투자회사 밍리(名力) 등 5개 주주사로 구성된 자본금 1억달러의 국제합작 투자은행이 만들어졌으니 바로 CICC이다. 건설은행이 42.5%, 모건스탠리가 35%를 투자해 1·2대 주주를 구성했고, 처음 약 5~6년간은 모건스탠리 측이 중국 정부의 밀착 감시 속에서 주도적으로 회사를 이끌었다.

1997년 드디어 이 신생 증권사가 일을 낸다. 중국 국영 기업들의 해외 증시 상장에 첫 신기원을 이룩한 당시 차이나텔레콤(현재 차이나모바일) 홍콩 증시 상장 대표 주관 업무를 월가의 투자은행들과 공동으로 해낸 것이다. 당시 중국 정부는 가용한 범위 내에서 중국의 모든 정부 내 인재들을 이 신생 국영 투자은행에 투입했다. 1998년에는 주룽지 당시 국무원 총리의 아들인 주윈라이가 임원으로 입사했다. 그는 1957년생으로 남신대(南京信息工程大學) 대기과학과를 졸업하고 미국 위스콘신대학에서 대기과학 박사 학위를 받은 이공계 경력의 소유자였다. 학위 취득 후 1994년 귀국했는데, 대기과학이란 전공을 살린 것이 아니라 다국적 계리법인(Actuaries)에서 직장생활을 시작했다. 그러다가 부친의 권유로 뒤늦게 CICC에 입사한 것이다. 입사 후 그는 뛰어난 영어 실력 및 부친의 후광으로 이 신생 투자은행에서 고속 승진을 거듭해 2002년에 드디어 사장(CEO)에 취임한다. 그리고 그가 한 첫 번째 딜이 바로 2003년 중국의 본토 금융사들 중 최초로 해외 상장을 하게 된 중국인수(中國人壽), 즉 차이나라이프(China Life) 보험사의 IPO였다. 뉴욕증시와 홍콩증시에 동시 상장한 이 딜은 그해 세계 최대의 IPO 딜이었다. 물론 워낙 큰 딜이라서 CICC가 단독 대표주관을 한 것은 아니지만, 중국의 증권사가 이런 자국 최대 금융사의 해외 상장 딜에 월가의 대형 투자은행들과 어깨를 나란히 해 대표주관회사가 됐다는 것 자체가 중국의 특수성을 감안하더라도 놀라운 일로 받아들여진다.

이 딜의 성공적인 여세를 몰아서 CICC는 2005년부터 중국 4대 국영 은행 중 3개(중국건설은행, 중국공상은행, 중국농업은행)의 대형 해외 증시 상장 대표주관사를 차례로 맡아서 하게 된다. 그 외에도 시노펙(Sinopec) 등 약 110개에 달하는 대형 국영 기업(SOE)들의 해외 및 국내 증시 상장 대표주관 업무를 1997~2015년 사이에 맡아 왔으니 중국 기업 IPO 역사의 산증인이라고 해도 과언이 아니다. 금액으로 따지면 2300억달러가 넘는 IPO 물량이었다. 중국 주식 발행시장 자체를 CICC가 만들어 왔다고 해도 과언이 아니지 않을지?

회사가 IPO를 하게 되면 그렇게 해서 회사로 들어온 자금을 가지고 보통의 경우는 뒤이어 M&A도 하게 되는 법이다. CICC는 이쪽으로도 눈을 돌려서 지난 20년간 총 금액 기준 3200억달러가 넘는 M&A 중개를 자문했다. 대부분이 중국 기업들이 해외 기업을 인수·합병하는 자문이었다. 이러한 크로스보더(Cross-border) 자문을 할 수 있는 능력이 있는 중국계 증권사는 2010년 이전에는 오직 CICC말고는 없었다. 그들은 상당한 사명감을 가지고 일한 흔적이 있다. 이는 주원라이의 경영철학에서도 나타난다. 그는 이 회사가 단순한 증권사라고 생각하지 않았다. 아마도 부친으로부터의 감화라고 보이는데, '역사적 책무'를 하기 위해 만들어진 회사이며, '중국 자본시장의 세계화'라는 제1의 사명을 다 하는데 회사의 모든 역량을 집중해야 한다고 생각했다. 이처럼 철저하게 투자은행(IB) 업무에 집중한 CICC는 2005년을 기점으로 중국에서 IPO 등을 포함한 ECM 시장 점유율 1위로 나서기 시작했으며 2010년에는 ECM, DCM, M&A자문을 포함하는 중국 IB시장 총 점유율에서 모든 월가의 대형 투자은행들을 제치고 1위로 나서기 시작했다.

그런데 거기까지였다. CICC는 본질적으로 IB 업무를 하기 위해 만들어진 회사였고, 그 기조를 충실히 유지해왔으나 세상이 변해버린 것이다. 1995년에 CICC가 만들어질 때는 상상도 못하던 일들이 지난 20년간 중국에서 일어났다. 중국의 자본시장이 대부분 개방됐고, 이에 따라 외국인들만이 아니라 중국 국민들도 그간 평균 수십 배로 성장한 자신들의 개인자산을 운용하는데 관심을 가지게 된 것이다. 중신증권(CITIC), 하이통증권, 궈타이쥔안증권, 광파증권 등 경쟁사들이 브로커리지와 세일즈&트레이딩 두 사업부문을 무섭게 키워가고 있는 동안에 CICC는 이를 애써 외면한 것이다. 그 결과는 참담했다. 한때 중국을 호령하던 유일한 투자은행 CICC가 증권사의 총수익 측면에서는 국내 경쟁사들 대비 지속적으로 순위가 하락하더니 2014년에는 국내 21위, 2015년에는 아예 국내 30위까지 발표하는 순위 바깥으로 밀려나 버린 것이다. 사실 CICC가 브로커리지와 세일즈&트레이딩을 키우지 않았던 데에는 12년간 장기 집권한 주원라이의 개인적 성향도 크게 작용했으나, 한편으로는 그런 사업을 하기엔 이 회사의 인프라가 너무 열악했다. 일단 자본금이 경쟁사들에 비해 턱없이 부족했으며, 한편 중국 국내에 CICC는 지점이 달랑 20개 밖에 없었는데 그 대부분도 2010년 이후에 서둘러 오픈한 경우였다.

2008년 금융위기에서 타격을 입은 모건스탠리가 자기들 지분을 미국의 사모펀드 KKR과 TPG, 그리고 싱가포르의 GIC 및 그레이트이스턴보험 등 4개 투자가 컨소시엄에 2010년 10억달러에 팔고 떠난 것도 CICC 성격에 근본적인 변화를 초래했다. 사모펀드 속성상 그들은 회사가 중국 국가를 위해 일하기보다는 주주들을 위해 돈을 벌어주기를 바랐다. 이 두 가지는 사실 다른 개념이다. 그리고 사모펀드 두 곳은 궁극적으로 상장을 통해 지분을 팔고 떠나길 원한다. 결국 CICC는 창설 이래 취해오던 철학을 일부 수정해 브로커리지 및 자산운용, 심지어 프랍트레이딩까지도 시작했고 이에 따라 더 많은 자본금을 확보하기 위해 2015년 11월 홍콩 증시에 스스로 상장을 하게 된다. 업계 최고의 상장 선수들이 스스로 상장을 한 것이다. 상장에 내심 반대를 해오던 주원라이는 2014년 홀연히 회사를 떠나게 된다. 여기에다 취임한 지 얼마 안 된 진리췬 회장도 얼마 근무하지 못하고 신설 AIIB 초대 총재로 내정돼 회사를 떠나게 됐다. 할 수 없이 상장작업은 회장으로 긴급 투입된 딩쉐동(正學東) 중국투자공사(CIC) 사장 및 신임 사장(CEO)으로 2005년 CICC를 퇴사한 지 10년 만에 돌아온 비밍지안(畢明建) 호푸사모펀드(Hopu Investment) 전 사장이 주도하게 된다. 결국 시장 상황이 그다지 좋지 않았던 2015년 11월에 1조원 규모의 홍콩증시 IPO를 성공시킨다. 현재 회사의 시가총액은 300억 홍콩달러, 한화로 약 4조4000억원 정도를 기록 중이다.

여전히 CICC는 중국에서 가장 우수한 인력을 배출했고 현재도 우수한 직원 2000여 명을 거느린 중국에서 가장 선도적인 IB임에는 틀림없다. 그러나 주어진 역사적 임무는 이미 다 한 셈이고(더 이상 해외에 상장시킬 대형 국영 회사도 이제 거의 남아 있지 않다), 증권업의 모든 영역에 진출해 있는 경쟁사들을 힘겹게 따라가고 있는 상황이다. 한때 회사 수익의 90%를 차지하던 IB 부문 수익의 30% 선으로 격감하고 그 자리를 남들이 하는 브로커리지와 세일즈&트레이딩이 급속히 매우고 있다고 한다. CICC의 앞날이 과연 어떻게 될 것인지는 장담하기 어려우나, CICC의 위상 저하는 결국 지난 20년간의 중국의 성공에 대한 반작용이 아닐까 싶다. 중국이 더 이상 CICC의 서비스를 굳이 필요로 하지 않을 만큼 성장했고, 글로벌화되어 버렸기 때문이다. 그러나 여하튼 중국의 역사는 1995년부터 약 20년간 CICC가 했던 그 작업들을 분명히 위대한 업적으로 기록할 것으로 생각된다.

2016. 4. 25

97 월가 개혁론 (1) 규제와 규제완화 사이

올해는 4년마다 있는 미국 대통령 선거의 해다. 현직 대통령이 임기 제한으로 물러나야 하는 가운데 공화당과 민주당 양당 모두 예상 밖의 인물들이 선전을 펼쳐 많은 관심을 끌고 있다. 민주당의 경우, 힐러리 클린턴 전 국무장관을 끝까지 괴롭히고 있는 버니 샌더스 버몬트주 연방상원의원의 선전이 놀라울 정도다. 그런데 샌더스의 가장 중요한 공약 중 하나가 바로 월가 개혁론이다.

샌더스의 월가 개혁론 핵심은 소위 '대마불사(Too Big To Fail)'라는 말을 없애겠다는 것이다. 금융기관이 크기가 너무 커지고 여러 가지 사업 부문을 가지고 있는 관계로 2008년과 같은 시스템 위기를 불러일으킬 수 있는 부분을 제어하겠다는 것인데, 방법은 하나밖에 없다. 강제로 이들 은행을 분할하겠다는 것이다. 가장 손쉬운 분할 방법론은 물론 상업은행(Commercial Bank) 부문과 투자은행(Investment Bank) 부문으로 나누는 것이다. 이쯤 되면 독자들이 바로 눈치채시겠지만, 샌더스는 특별히 새로운 이야기를 하고 있는 것이 아니다. 이미 80여 년 전에 나와서 논의되어 입법화까지 됐던 이야기를 재차 반복하고 있을 뿐이다.

역사는 반복된다. 1929년 대공황으로 인해 미국 사회가 초토화된 바 있다. 이게 전쟁이나 천재지변으로 인해 일어난 일이 아니라 월가 금융인들이 단초를 제공했다는 사실에 미국민은 분노했으며, 그에 따라 1932년 대선에서 월가 개혁론이 최대 정치적 쟁점으로 떠올랐다. 민주당의 프랭클린 루스벨트가 재선을 노리던 공화당의 허버트 후버에게 승리했고, 이에 따라 등장한 루스벨트 행정부는 최우선적으로 월가를 정리하는 일에 착수했다. 미국 의회가 임명한 특별조사관인 퍼디낸드 페코라(Ferdinand Pecora) 검사가 수행한 조사를 통해 제이피모건, 씨티뱅크오브뉴욕(현재의 씨티뱅크) 등을 위시한 미국 은행들이 1920년대를 거치면서 수많은 이해상충행위(Conflict of Interests)를 저질렀다는 것이 만천하에 드러난다. 만기가 돌아온 은행의 일반대출 회수가 어렵게 되면, 은행의 투자은행부서가 그 기업의 무보증회사채를 인수해주는 식으로 해당 일반여신을 정상적인 대출로 만든다든가, 아니면 은행의 주가를 부양하기 위해 은행 내 투자은행부서를 시켜서 자행의 주가를 떠받치게 하는 것 등이 페코라 위원회가 밝혀낸 대표적인 이해상충행위들이었다. 은행들의 이런 부도덕한 행태의 피해자는 해당 은행 임원들이나 오너들이 아니라 은행들에 돈을 맡긴 일반 고객들과 일반 주주들이었다는 것이 문제였다.

이렇게 해서 등장한 법이 그 유명한 글래스스티걸법(1933년)이다. 법안을 만든 민주당 소속 연방상원의원 카터 글래스(Carter Glass)와 연방하원의원 헨리 스티걸(Henry Steagall)의 이름을 딴 이 법안의 정식 명칭은 1933년 은행법(The Banking Act of 1933)이다. 이 법안의 핵심은 그 이전 수십 년간 한몸으로 지내오던 개별 은행 내 상업은행 부문과 투자은행 부문의 강제 분리였다. 대표적인 케이스가 바로 미국 최대 은행이었던 제이피모건이었다. 제이피모건은 상업은행으로 남고, 그 투자은행 부문이 따로 분리되어 나와서 새 회사를 차린 것이 바로 모건스탠리인 것이다. 그 밖에 당시 미국 연방법에 의해 규율되는 은행들은 모두 두 사업 부문을 강제로 분리당했다.

그런데 이 글래스스티걸법이 완전한 법은 아니었다. 대표적으로 이 법의 미비사항이 두 가지가 있었는데, 하나는 한국의 저축은행과 얼추 기능이 비슷한 주택대부조합(Savings&Loans)을 이 법의 적용 대상에서 배제한 것이었고, 다른 하나는 연방법에 의해 규율되는 은행(national chartered bank)이 아니라 개별 주의 법에 의해 규율되는 주법은행(state chartered bank)도 적용 대상에서 배제한 점이다. 그리고 이러한 주택대부조합이나 주법은행이 자회사로 투자은행을 가지는 것도 입법으로 막지 않았던 것이다. 1980년대 후반에 미국의 큰 사회문제가 되었던 주택대부조합 부도 사태도 사실 이런 글래스스티걸법의 미비점에 편승한 것이다. 그리고 일부 주법은행들이 제한적 범위 내에서 1950년대부터 1990년대에 이르기까지 투자은행 업무를 병행했다. 그렇지만 여하튼 글래스스티걸법으로 인해 미국의 상업은행들이 반세기 이상 투자은행 사업을 중단당한 부분은 명확한 사실이다.

1929년 대공황은 너무 극단적인 사건이었고, 그 반작용으로 나온 입법 내용도 그만큼 강하였다. 그러나 상업은행과 투자은행의 분리라는 글래스스티걸법의 기본정신은 시간이 흐름에 따라 오히려 금융의 발전을 가로막는 측면이 등장하게 되었다. 대표적인 것이 1933년에는 미처 예상하지 못했던 새로운 금융상품들이 속속 등장하게 된 점이다. 뮤추얼펀드, 신용카드, CMA계좌 등이 그런 예다. 상업은행 상품인지, 투자은행 상품인지를 명확하게 구분하기가 어려운 하이브리드성 상품들이었다. 여기다가 2차 대전 종전 이후 미국으로 글로벌 금융주권을 넘겨준 유럽, 그중에서도 특히 영국의 발 빠른 규제 완화 움직임이 글래스스티걸법을 더욱 더 시대에 뒤떨어진 법으로 만들어 버린 것이다. 영국은 일찍이 1986년, 마거릿 대처의 보수당 정권 때 이미 소위 '빅뱅'으로 알려진 금융규제 완화 조치를 취해 런던시장에서 상업은행과 투자은행의 경계를 상당 부분 허물어버린다. 이렇게 되자 당초 영국 감독당국 의도와는 별개로 이런 조치가 미국의 상업은행들에 엉뚱한 혜택을 주게 된다. 제이피모건 등 미국 상업은행들이 일제히 영국 런던에 각각 자회사를 세우고, 그 자회사를 통해 글로벌시장에서 증권 중개 및 인수 업무를 하게 우회적인 경로를 열어 주게 된 것이다.

투자은행이 가져다주는 글로벌자본시장에서의 만만치 않은 수익에 눈독을 들인 미국의 상업은행들이 1990년대 들어오자 60년 가까이 철옹성처럼 군림하던 글래스스티걸법의 폐지 로비를 맹렬하게 시작한다. 특히 1980년대 초반부터 급격하게 팽창한 파생상품시장의 급부상이 이러한 겸업주의(상업은행 기능과 투자은행 기능을 한 금융기관이 같이 할 수 있다는 입장)를 요구하는 목소리에 불을 지핀다. 파생상품시장에서 선전하기 위해서는 아무래도 자기자본을 늘려야 하는데, 자기자본을 늘리는 가장 좋은 방법은 역시 은행들끼리 인수·합병을 하는 방법이었다. 글래스스티걸법이 이런 은행 간 인수·합병에 걸림돌로 작용한 측면이 있었던 것이다.

공식적으로 글래스스티걸법이 폐지되기 이전에 이미 자본시장에서는 상업은행, 투자은행, 보험회사들 간에 거대 인수·합병이 먼저 이루어진다. 1998년에 일어난 거대 보험회사 트레블러스그룹과 미국 1·2위를 다투는 대형은행 씨티뱅크그룹의 합병 선언이 그것이다. 이 소식이 들리자마자 바로 다시 독일의 대형 상업은행인 도이체방크가 미국 뱅커스트러스트 투자은행 인수를 선언한다. 미국의 당시 여론도 시대에 이미 뒤떨어졌다고 보여지는 글래스스티걸의 폐지로 돌아서고 있었다. 버티던 의회도 결국 1999년 9월, 21세기를 눈앞에 두고 글래스스티걸법을 폐지하는 내용이 담긴 그램리치블라일리법(Gramm-Leach-Bliley Act)을 공화당 주도로 통과시키게 되며 당시 민주당 빌 클린턴 대통령도 거부권 행사를 하지 않고 법안에 서명하였다. 이 폐지법안의 주요 입안자였던 텍사스주 출신 연방 상원의원 필 그램(Phil Gramm·1942~)은 그 여세를 몰아서 다음 해인 2000년에는 파생상품현대화법(Commodity Futures Modernization Act)이란 법까지 스폰서해 통과시키는데, 이 법안은 금융기관들의 장외파생상품거래(OTC Derivatives Transaction)에 대한 미국 감독당국의 실질적 규제권을 무력화시킨 법안이었다.

이런 혁명적인 규제 완화 조치들이 이루어진 이후에 대형 금융기관들끼리 합종연횡식 인수·합병이 무수히 일어난다. 이런 미국발 규제 완화는 미국에만 영향을 준 것이 아니라 유럽의 대형 금융기관들에도 영향을 미친다. 각 선진국들을 대표하는 금융기관들이 글로벌 챔피언이 되기 위해 몸집을 불려 나간다. 대부분의 투자은행들이 자본력을 앞세운 상업은행들에 인수되거나 합병되어 가기 시작한다. 이런 흐름을 통해 월가 5개의 투자은행을 제외한 나머지 투자은행들은 역사 속으로 사라지게 되는데, 문제는 남은 5개의 투자은행이었다.

골드만삭스 모건스탠리 메릴린치 리먼브러더스 베어스턴스 등 이들 5개사는 상업은행 기반의 거대 금융사들에 인수당하지 않고 독자적인 투자은행의 정체성을 유지하기 위해서는 투자은행들에 대한 레버리지 규제를 풀어야 할 숙제를 안고 있었다. 2000년대 초반에 기존 투자은행들에 엄격히 적용되던 레버리지 규제를 풀기 위한 로비가 이들 5개 투자은행 중심으로 집요하게 전개된다. 그 결과가 바로 2004년에 나타난다. 어쩌면 4년 후의 2008년 금융위기의 여러 가지 단초 중 가장 직접적인 단초를 제공했다고 보여지는 미국 증권거래위원회(SEC)의 이 조치를 'CSE(Consolidated Supervised Entities) 프로그램'이라고 한다. 이 조치는 자기자본이 일정 수준 이상인 투자은행들은 SEC가 자신들의 실질적 본체인 투자은행(증권사) 부문이 아니라 그 모회사인 지주회사(Bank Holding Company)를 규율할 수 있도록 하는 선택권을 투자은행들에 준 제도였다. 이 제도를 우회적으로 악용해 5대 투자은행들이 35배가 넘는 레버리지를 사용하여 거대한 트레이딩 잔치를 벌이다가 맞은 것이 바로 2008년 신용위기였던 것은 이제 누구나 아는 사실이다.

2008년 금융위기는 규제 완화의 분위기를 일순간에 다시 규제 강화 흐름으로 바꾸어 버린다. 월가를 까는 것이 표를 얻는 데 도움이 된다는 사실을 각국 정치인들이 순식간에 깨달은 것이다. 다음 98화에서는 월가 개혁론의 2009년 미국 정부식 버전과 그것을 무력화시켜 보려는 월가의 의회에 대한 로비, 그리고 그 로비를 보다 못한 급진개혁론자들의 2016년 프로포절에 대해 차례로 살펴보기로 하자.

2016. 5. 9

98 월가 개혁론 (2) 도드프랭크법

2009년 민주당 오바마 행정부의 등장은 상당 부분 2008년 금융위기와 관련이 있음을 부인할 수 없다. 2001년부터 집권해 온 공화당 부시 행정부가 버블이 붕괴되기 전까지는 경제를 무리 없이 이끌어 왔었다는 게 세간의 평가였다. 금융위기의 단초를 제공했던 1999년의 글래스스티걸법 폐지도 사실 따지고 보면 당시 민주당 클린턴 행정부가 저지른 조치였다.

독자들도 기억하시겠지만, 2008년 11월의 미국 대선은 사실상 단일 이슈 대선이었다. 금융위기의 여파가 너무 거대하여, 다른 이슈들을 모두 집어 삼켜 버렸기 때문이다. 공화당 대선 후보였던 베트남전쟁의 영웅 존 맥캐인(John McCain; 1936~)은 이슈 전환을 해보려고 그 해 가을 내내 노력하였으나 결국 "타도 월스트리트"를 내건 오바마 후보 측의 공세에 속수 무책이었다. 결국 대선에서 승리한 오바마 행정부가 가장 시급하게 해결해야만 했던 개혁과제도 월가 개혁이었음은 두말하면 잔소리다.

대통령 임기가 시작된 후 5개월이 지난 2009년 6월, 오바마 대통령은 "1930년대의 대공황 극복을 위한 일련의 입법과정 이후 70여년간 미국인이 전혀 경험해보지 못한 정도의 근본적이고 거대한 규모의 금융권 개혁을 시작해야 할 때"임을 선포하고 월가 개혁을 위한 입법에 착수한다. 당시 금융위기가 한참 진행 중이었고, 미국 대중의 월가에 대한 증오심은 그게 미국이 아니라 다른 나라였다면 폭동이 일어나도 이미 여러 번 일어났을 것 같은 강도였기에, 이 입법은 늦출 수가 없는 상황이었다. 이 입법작업을 위한 행정부 측의 실무는 2008년 금융위기를 직접 뉴욕 연방준비은행 총재의 신분으로 경험하였고 그 후 오바 행정부 초대 재무장관으로 발탁된 티모시 가이트너(Timothy Geithner; 1961~)가 정부 측에서 담당하였으나 결국에는 의회가 움직여야 할 입법이었다.

당초 오바마 행정부 측에서 이 법안에 반드시 담겨야 할 내용으로 꼽은 것들은 다음과 같다:

1) 분산되어 있는 감독권한의 통합, 저축기관(Thrift Institutions)에 대한 항목 삭제, 시스템 리스크를 평가하기 위한 위원회 신설
2) 파생상품 거래의 투명성 제고 등의 금융시장 규제 강화
3) 금융소비자보호청 신설, 투자가 보호 강화, 단순하고 전형적인(plain vanilla) 금융상품들에 대한 공통기준 마련
4) 비정상적인 금융위기 상황에 대처할 수 있는 연방준비은행 등의 해결 권한 확대
5) 회계기준의 고도화 및 신용평가기관에 대한 강화된 규제 등을 포함한 각국 금융감독기구들의 국제적인 협업과 국제기준의 확립
6) 금융기관의 고유계정 자기매매 트레이딩을 대폭 제한한 소위 볼커 룰(Volcker Rule) 도입

오바마 행정부의 의도를 담은 월가개혁 법안은 연방의회 하원과 상원에서 여당인 민주당 소속 의원들에 의해 각기 별도로 스폰서되어 발의되었다. 하원에서 이 법안을 스폰서한 인물이 바로 매사추세츠주 출신 바니 프랭크(Barney Frank; 1940~) 민주당 하원의원이었고 상원에서는 코네티컷주 출신 크리스토퍼 도드(Christopher Dodd; 1944~) 민주당 상원의원이었다. 이 두 사람은 각각 하원과 상원의 금융서비스분과

위원장들로서, 의회 내 영향력이 막강한 인물들이었다. 이 두 사람이 발의한 법안은 오바마 행정부가 제안한 내용들을 기본적으로는 거의 수용하여 담고 있기는 하지만, 세부적으로 들어가면 실행단계에서 좀 다른 내용들이 추가되게 된다.

예를 들어 가장 논쟁적인 요소를 담고 있는 볼커룰의 경우, 상원의 발의안에는 포함되어 통과 되었으나 하원의 발의안에는 포함이 되지 않았었다.

나중에 상-하 양원의 합동 의안 조정과정에서 최종 포함되기는 하였으나, 애초의 원안인 '프롭트레이딩(Prop Trading) 전면금지' 안에서 일부 후퇴하였다. 예금수신은행들의 티어1 기본자본의 3%까지는 사모펀드와 헤지펀드에 투자할 수 있게 하였고, 순수한 위험회피(헤지) 목적으로 하는 프롭트레이딩은 일부 허용한 것이다.

처음 발의된 각각의 법안 중 하원 발의안은 2009년 12월에 찬성 223 대 반대 202로 하원을 통과한다. 대부분 자기가 소속한 양당의 지도노선을 따라 투표하였고, 이는 2010년 5월에 통과된 상원 발의안도 마찬가지였다. 상원에서는 찬성 59 대 반대 39의 표결로 통과된다. 그런데 이 양원의 법안이 같은 내용을 규율하게 된 것이니만큼, 이 경우 미국 의회의 규정에 의해 하나의 법안으로 통합시키기 위한 상하 양원 합동위원회(Conference Committee)가 열린다. 이 합동위원회에서는 상원의 발의안을 기본으로 하여 상원안에 담기지 않은 하원안의 특정 조항들을 끼워넣는 방식으로 통합 법안을 기초하였다. 애초 상원안에는 없었으나 통합안에 들어가게 된 대표적인 사례가 소액주주들의 이사후보자 지명권(proxy access) 조항이었고, 반대로 하원안에는 없었으나 상원의 주장으로 통합안에 들어가게 된 조항으로 소위 더빈 개정조항(Durbin Amendment)이 있다. 일리노이주 출신 연방 상원의원인 민주당 딕 더빈(Dick Durbin)이 제안한 이 조항은, 신용카드 말고 직불카드를 사용하는 카드소유주들의 결제프로세스 비용을 줄여주는 내용 및 신용카드 결제프로세싱 업계의 경쟁을 촉진시키기 위한 조항이었다.

양원 합동회의에서 나온 최종안은 2010년 6월 25일에 의회에 보고되었고, 6월 30일에 하원을 237 대 192로 통과, 이어 7월 15일 상원을 60 대 39로 통과하였다. 오바마 대통령이 이 법안에 서명을 한 2010년 7월 21일부로 공식 발효한다. 법안의 공식 명칭은 '월스트리트 개혁 및 금융소비자보호에 관한 법률'이며, 발의자인 두 의원의 이름을 따서 약칭 도드프랭크법이라고 지칭하게 된다.

16개 장(Title)으로 구성된 이 법의 주요 내용들에 대해 살펴보자. 월가의 유명한 대형 로펌인 데이비스 포크(Davis Polk)의 계산에 의하면, 이 법은 금융감독당국에 243개의 새로운 규정을 제정하고, 67개의 새로운 연구를 행하고, 22개의 기간별 보고서를 발간하도록 강제하고 있는 법이었다. 법의 주요 입법목적은 다음과 같다.

1) 미국의 금융안정을 도모하기 위해, 금융시스템의 책임성과 투명성을 제고한다. 대마불사(Too big to fail)가 더 이상 일어나지 않게끔 한다
2) 2008년 금융위기 와중에 투입된 구제금융을 조기에 끝내 미국의 납세자들을 보호한다. 남용적인 일부 금융서비스 관행들로부터 금융소비자들을 보호한다
3) 이 법은 미국의 금융감독체계를 재정비한다. 일부 새로운 감독기관들을 설립하는 한편 몇 개의 기존 감독기관은 통폐합한다. 이는 감독과정을 단순화하고, 시스템 위기를 불러 올 수 있는 중요한 금융기관들에 대한 한층 강화된 감독을 하며, 이를 위해 연방준비은행법(Federal Reserve Act)을 개정한다
4) 미국 경제와 금융소비자들을 보호하기 위한 엄격한 감독규정을 만든다. 금융기관 임원들에 대한 보상체계와 지배구조에 대한 새로운 규정을 정립한다

5) 금융위기가 다시 올 경우를 대비한 조기경보체계를 새롭게 수립한다
6) 모든 금융감독기관은 매년 1회 연방의회에 이 법에 의해 새롭게 부여된 임무의 수행 경과와 새로운 목표들에 대해 보고해야 한다
7) 새롭게 창설되는 감독기구들로는 금융안정감시위원회(Financial Stability Oversight Council), 금융조사국(The Office of Financial Research), 금융소비자보호국(Bureau of Consumer Financial Protection) 등이 있다
8) 기존의 감독기구들도 이 법에 의해 새로운 권한이 부여되거나 권한이 양도되는 등의 영향을 받게 된다. 그러한 기구들로는 연방예금보험공사(FDIC), 증권거래위원회(SEC), 통화감독청(OCC), 연방준비은행(Federal Reserve), 증권투자자보호기금(SIPC), 그리고 폐지되는 저축기관감독청(Office of Thrift Supervision) 등이 있다
9) 일정 요건을 갖춘 비은행 금융기관들 및 그 자회사들은 은행지주회사 및 그 자회사들과 마찬가지로 연방준비은행의 각종 감독을 동일하게 받는다
10) 이 법 시행 이전에는 지난 12개월 동안 15인 미만의 투자가들만 유치하고 한편 스스로 외부에 선전을 하지 않는 투자자문사들에게는 SEC 등록 의무를 면제하여 주었으나, 이런 면제 규정을 모두 없앤다. 이에 따라, 많은 수의 투자자문사, 헤지펀드, 사모펀드들이 새롭게 SEC등록의무 및 그에 따른 규제를 추가로 받게 되었다.

미국의 기존 금융감독체계를 완전히 뜯어고쳐서 새롭게 다시 조명하게 되는 이 도드프랭크법이 법안으로 발효된 2010년 7월의 시점에서는 그 법안 내용이 담고 있는 조항들 중 이미 유효하게 성립되어 있는 내용은 10분의 1에도 못 미쳤다. 그 나머지 10분의 9의 내용들은 이 법 발효 후에 기존의 감독기구 관련 법령들이 줄줄이 추가로 개정되어야 효력을 발휘할 수 있었던 것이다. 도드프랭크법은 그 관련 법규들의 개정 소요기간을 18개월 이내로 하는 입법 스케줄을 부칙에서 제시하고 있었다. 그런데 그 스케줄대로 개정이 되었을까? 그렇게 만만한 일이 아니었다. 대공황 시기 이후 근 70여년을 지켜온 철옹성 같았던 기득권에 위협을 느끼게 된 월가가 그대로 당하고 있을 수는 없었다. 2008년 금융위기가 자기들에게만 책임을 지울 수 있는 것이냐고 슬그머니 반격을 시도해 온 것이다. 월가가 그대로 수용할 수 없다고 가장 강하게 저항하면서 입법과정에서 목소리를 낸 세 가지 영역이 바로 1) 볼커룰 2) 임원들의 성과보수체계 및 지배구조개선 3) 금융소비자보호국 신설안 등 3가지 영역이었다. 다음 99화에서는 이 세 가지 영역에서 진행된 월가의 치열한 반대 로비와 결국 그래서 나타난 최종적인 개혁안의 모습을 세부적으로 살펴보기로 하자.

2016. 6. 7

99 월가 개혁론 (3) 누가 월가의 로비를 막으랴

2008년 금융위기가 발생한 지 햇수로 8년이 지난 2016년 현재, 많은 한국 독자들이 아시는 바와는 정반대로, 실로 자이언트법(Gigantic Law)이라고 부를 수 있는 이 2300페이지에 달하는 도드프랭크법은 죽어가고 있다. 이 현상은 마치 헤밍웨이의 유명한 소설 '노인과 바다(The Old Man and the Sea)'에 등장하는 이야기와 유사하다. 늙은 어부 산티아고는 먼 바다에 나가서 믿어지지 않을 만큼 커다란 청새치(Marlin)를 낚는다. 도망치려는 이 거대한 물고기를 가까스로 사투 끝에 제압하고 보트에 묶어서 연안부두로 돌아오는데, 그만 상어떼가 습격을 해서 이 청새치의 살점을 갈기갈기 집어삼키고 만다. 뼈만 앙상하게 남은 청새치의 거대한 잔해를 그대로 보트에 묶고 연안에 도착한 늙은 어부는 그만 탈진해서 쓰러진다.

기세등등하게 월가를 질타하며 등장한 새로운 오바마 행정부였지만 그들도 월가의 조직적이고 집요하고 치밀한 로비 앞에서는 거의 속수무책으로 끌려다니게 된다. 그 월가와 싸워야 하는 오바마 행정부 선봉장인 티머시 가이트너 재무장관만 해도 뉴욕연방준비은행 총재 출신으로 사실은 알고 보면 은근히 월가와 타협하려는 인물이었다. 그러니 누가 과연 진지하게 월가와 사생결단으로 임할 수 있었을까? 이는 사실 처음부터 불가능한 이야기였던 것이다.

이 월가와의 전쟁은, 매우 오랫동안 임해야 하는 지구전 성격이다. 어차피 도드프랭크법은 방향만 제시한 것이고 세부 입법은 각 규제감독당국에 맡겨져 있었던 것이므로, 월가 개혁은 규제감독당국이 월가와 싸워서 받아내야 하는 전리품 같은 것이었다. 그런데 지구전을 할 의지는 (모든 전쟁이 다 마찬가지이지만) 원래 시간이 흐름에 따라 약해지는 법이다. 하물며 전리품을 얻으려는 욕심이 다른 욕심 (예를 들면 정권재창출)으로 대체되는 국면이라면 말 다한 셈이다.

그렇다면, 2008년에 거의 와해되다시피 하였고 2010년에 도드프랭크법이 통과되는 것을 막지 못한 월가가, 그 후 어떤 전략전술로 이 도드프랭크법을 무력화(無力化)시킨 것일까? 로비스트의 천국인 미국에서도 초일류의 로비스트들이 월가에 의해 고용되어 이 사상 최대의 조직적인 입법 무력화 작전에 돌입하게 된다. 그들이 쓴 5가지 전략전술은 다음과 같다;

(1) 모태에서 밖으로 나오지 못하게 사장(死藏)시켜버리기(Strangle it in the womb)

복기해 보면, 1930년대 프랭클린 루스벨트 행정부가 대공황의 위기를 극복하기 위해 단행한 입법과정과 2010년의 도드프랭크법 등 오바마 행정부의 접근 방식에는 중대한 차이가 하나 있다. 루스벨트는 거대한 단일 법을 만든 게 아니라 수십 가지의 개별 입법을 차례로 통과시켰다. 그러니까 지엽적인 부분 때문에 전체적인 입법 목적이 흔들리지 않았던 것이다. 여기에 비해 오바마 행정부의 도드프랭크법은 문제가 있었다. 너무나 많은 내용을 담은 법이기에, 이를 통과시키려면 적당히 타협하여 일부 조항에 대해 반대하는 세력과 다른 것을 담보로 주고받기 "입법게임"을 해야 하는 상황으로 내몰린 것이다.

이렇게 해서 희생된 게 바로 볼커룰이다. 당초 초안과는 달리, 실제 통과되었을 때 프롭트레이딩의 전면금지가 아니라 난데없이 티어1(Tier One) 기본자본의 3%까지는 금융위기 이전과 마찬가지로 사모펀드와 헤지펀드에 투자할 수 있게 한 것이다(이 기괴한 숫자는 가이트너 재무장관의 작품으로 알려져 있음). 여기에 더하여 볼커룰에서 강조하였던 스왑파생상품의 푸시아웃(Push-Out) 제도는 시행도 해보지 못하고

2014년 12월에 슬그머니 사라져 버렸다. 이 제도의 원래 취지는 이런 것이었다. 투자은행들은 연방예금보험공사(FDIC)의 부보(insured)를 받는 은행들과 파생상품스왑거래를 더 이상 못하게 하고 그 포지션을 청산하라고 볼커룰에서 강요되었는데, 이유는 금융위기가 오게 되면 이런 스왑포지션은 청산이 안 된 채로 해당 은행이 파산으로 내몰릴 수 있기 때문이다. 그렇게 되면, 투자은행의 투기(speculation)에 대해 국민의 세금인 공적자금으로 물어줘야 하는 상황이 올 수 있음을 우려하여 원천적으로 금지시켜버리려고 한 것이다. 하지만 이 제도는 2014년 당해 연도 예산안 통과과정에서 민주-공화 양당의 협상과정에서 별로 중요하지도 않은 다른 조항과 맞바꾸어 사라져버렸다.

(2) 소송, 소송, 또 소송하기(Sue, sue, and sue)

도드프랭크법의 핵심 내용 중 몇 개는 월가의 치밀한 법률소송작전에 의해 실질적으로 파기되는 운명을 맞는다. 월가가 이런 소송에 이용하는 2개의 이익집단은 '비즈니스 라운드테이블(Business Roundtable)'과 '미국상공회의소(US Chamber of Commerce)'였다. 그리고 월가에 고용되어 이 모든 도드프랭크법 무력화 소송을 총지휘한 인물은 올해 초 타계한 미국 연방대법원 앤터닌 스캘리아(Antonin Scalia; 1936-2016) 판사의 아들인 유진 스캘리아(Eugene Scalia; 1963~) 변호사였다. 그는 대표적으로 2개의 소송을 제기하였는데, 하나는 소액주주들의 사외이사 추천권(Proxy Access)이 기업들에 효용 대비 과도한 비용을 안기는 자의적인(arbitrary) 조항이라는 법리를 들이밀어 밀어붙인 끝에, 워싱턴DC 연방항소법원 더글러스 진스버그(Douglas Ginsberg; 1946~) 판사로부터 위법이라는 판결을 받아낸 것이다. 다른 하나는 파생상품거래에서의 포지션리밋(Position Limit)에 대한 도드프랭크법상의 조항이었는데, 이 조항은 어떤 특정 시점에 어떤 투기적 투자자도 특정 코모디티 시장의 시장점유율을 25% 이상 가져가지 못하도록 한 매우 합리적인 조항이었다. 이는 세계 원유시장이나 식품 원자재 시장에서 이미 현실로 드러난 바 있던 시장리스크 요인이었던 것이다. 그러나 역시 이 조항도 관련 감독당국인 연방상품선물거래위원회(CFTC)가 위 규제의 필요성에 대한 결정적인(decisive) 증거를 제시하지 못하였다는 황당한 이유로 과잉침해 금지의 원칙 위배로 위법으로 판결이 나고 말았던 것이다.

(3) 이길 수 없다면 뭉개기(If you cannot win, stall)

의회를 통과하고 대통령이 서명한 법은 당연히 집행돼야 하고 지켜져야 한다. 그런데 도드프랭크법 관련해서는 희한한 일들이 일어났다. 규제감독당국들이 도드프랭크법의 입법위임사항을 지키지 않고 슬슬 시간을 끄는 현상이 목도된다. 대표적인 것이 이미 위에서 나온 바 있는 소액주주들의 사외이사추천권 조항이다. 이 조항은 도드프랭크법이 서명된 2010년 7월 이후 바로 실시할 수 있었음에도 연방증권거래위원회(SEC)가 집행 개시 직전에 도저히 이해할 수 없는 이유로 미국 상공회의소 측에 18개월 동안 이 법의 시행에 대비하여 준비할 시간을 준답시고 시간을 벌어주었다. 이 벌어준 시간에 월가의 로비를 받은 미국 상공회의소는 법 시행을 준비한 게 아니라 일급 변호사를 고용하여 법 자체를 시행도 못하게 파기시켜 버렸다는 사실은 이미 위에서 말씀드렸다.

이 뭉개기 작전의 가장 극명한 사례는 볼커룰이다. 이 볼커룰은 시행시기가 2차례나 연기되어 지금에 이르러 있다. 대형 금융기관들이 준비할 시간이 더 필요하다는 이유로 2012년에 2014년으로 2년 연기되었고, 2014년에 드디어 실시하려고 하니 이번에는 일부 미국의 지방은행들이 신탁우선증권(Trust Preferred Securities)에 의해 보증된 부채담보부증권(CDO)이 볼커룰의 적용 대상으로 반드시 팔아야 하는 증권이냐를 묻는 엉뚱한 소송을 제기하는 바람에 다시 2년 연기되어 2016년 7월 21일까지 실시가 두 번째 연기되어 버린 상태이다. 그런데 아마도 이 연기는 다시 마지막 한 번을 더 할 권한이 규제감독당국에 주어져 있고(총 3회까지 연기 가능), 현재 돌아가는 분위기가 다시 내년 여름까지 1년 더 유예될 것으로 보인다. 2008년 금융위기를 극복하고자 나온 절실한 입법사항이, 무려 8년이 지난 2016년에도 아직 실시되지 못하고 있는 것이다. 위대한 뭉개기(?)가 아닐 수 없겠다.

(4) 규제감독당국을 괴롭히기(Bully the Regulators)

월가의 최대 공격무기는 바로 의회의 예산권을 통한 감독당국 길들이기였다(가장 치사한 방법이다). 나중에 하원의장이 되는 폴 라이언(Paul Ryan; 1970~)이 영도하는 하원 공화당의 예산삭감론자들(budget hawks)을 이용하여, 파생상품 관련 감독기관인 연방상품선물거래위원회(CFTC)의 연간 예산을 33%나 삭감하겠다고 우회적 협박을 가한 것이다. 도드프랭크법의 실시로 인하여, CFTC가 규율하는 총자산이 법 시행 전보다 무려 8배가 증가했음에도 불구하고(예산이 늘어나야 당연히 정상임), 이런 정치적 공격을 해온 것이다. 화들짝 놀란 CFTC가 굴복하여 원안에서 후퇴한 도드프랭크법 규정이 바로 "스왑딜러들을 어디까지 규율할 것이냐"에 대한 조항이었다. 원래는 매년 1억달러 이상의 스왑거래를 하는 모든 금융기관을 규제하려고 하였는데, 위 예산삭감 협박을 받은 후에 슬그머니 매년 30억달러 이상으로 바뀌었고, 일리노이주 출신 공화당 하원의원인 랜디 헐트그렌(Randy Hultgren; 1966~)이 이 하한선을 더 올리는 입법을 하겠다고 으름장을 놓자 CFTC 스스로 알아서 '매년 80억달러 이상'으로 하한선을 올려준 것이다. 최초의 안보다 무려 80배로 하한선이 올라갔으며, 이에 따라 미국의 모든 스왑딜러들 중 3분의 2가 규제대상에서 빠지는 초유의 코미디로 변질되어 버린 것이다.

(5) 대항입법(Counter Legislation) 시도하기

이 흐름은 좀 더 파괴적이다. 도드프랭크법은 워낙 정치적 의미가 있기에, 그 자체를 파기시키는 시도는 공화당으로서도 상당히 정치적으로 부담스러울 수 있다. 이에 따라 2014년 중간선거에서 승리하여 정국을 주도하게 된 공화당은, 도드프랭크법 자체는 그대로 놔두고 대신 그들이 보기에 문제가 있어 보이는 도드프랭크법의 각 조항들의 효력을 실질적으로 무력화시키는 대항입법을 시도한 것이다. 임기가 2015년 1월부터 2017년 1월까지 2년 동안인 제114대 연방국회에서 공화당은 이런 대항입법을 무려 9개를 시도하고 있다.

대표적인 시도가 도드프랭크법의 가장 핵심적인 내용이라고 할 수 있는 금융위기시의 정부의 신속 개입 과정을 기술한 제2장 질서있는 청산권한(Orderly Liquidation Authority) 부문을 아예 법에서 들어내 버리고, 대신 기존 연방파산법을 개정하여 금융기관에 자율적으로 법원에 파산보호신청을 하여 채권채무관계(시간이 엄청 걸려도)를 정산토록 하는 법안이다. 금융위기가 오면 그렇게 한가하게 진행할 시간이 과연 있을까는 물론 미지수임! 한편 월가 금융회사들의 지배구조 및 임원들의 보수에 관한 개혁도 슬그머니 후퇴하는 입법이 시도 중이다. 2008년 금융위기 이후 생겨난 가장 강력한 월가 개혁 시도 비영리 단체인 '미국인을 위한 금융개혁(Americans for the Financial Reform)'이 주장해온, 금융사 회장(Chairman)직과 최고경영자(CEO)직의 분리, 그리고 금융기관 임직원들에 대한 스톡옵션 폐지 및 보너스 지급절차의 투명성 제고(분할지급 및 환수조항 신설) 등의 노력은 공화당 시도 입법이 통과되면 유야무야 될 것이 뻔해 보인다.

마지막으로, 도드프랭크법이 야심차게 창조해 낸 새로운 기관이자 월가가 이를 갈며 미워하는 금융소비자보호청(Consumer Financial Protection Bureau)을 현재의 5분의 1 규모로 축소하여 독립기관이 아니라 연방준비은행의 하나의 본부로 격하시켜 버리려는 입법시도도 있다. 그런데 올해 미 대선의 민주당 후보 경선에서 파란을 일으키며 유력주자 힐러리 클린턴 후보를 끝까지 추격했던 버니 샌더스 상원의원이 바로 공화당의 이 금융소비자보호청 무력화 시도를 보면서 '월가개혁'을 제1 공약으로 출사표를 던졌던 것이다. 미국의 진보진영은 2008년 금융위기의 원죄를 전혀 용서받은 적 없는 월가가 지난 8년간 각종 로비 방법으로 도드프랭크법의 모든 개혁정신들을 하나씩 무력화시키는 모습을 보면서 아마도 폭발해버린 것으로 보인다. 외교나 국방 등 다른 대선의 큰 이슈들도 있겠으나, 이번 2016년 대선에서는 8년 만에 다시금 월가개혁론이 하나의 중요한 쟁점으로 떠오를 전망이다. 샌더스 후보 측이 클린턴 후보를 본선에서 돕는 대가로 월가개혁을 다시금 중요 어젠더로 밀어붙일 가능성이 크기 때문이다. 이 같은 정서는 금융소비자보호청 탄생의 산파역이자 현재 연방상원의원(매사추세츠주 출신)인 엘리자베스 워런(Elizabeth Warren; 1949 ~)이 적극 반영 중이며, 그녀는 힐러리 클린턴 대통령 후보의 러닝메이트로 부통령 물망에도 올라 있다. 기득권을 수성하려는 월가와, 어떻게든 그 기득권을 깨려는 월가 개혁시도 진영 간의 최종 결투는 미국의 다음 정부에서나 결정될 것으로 보인다.

2016. 6. 14

100 글로벌IB로 가는 길

매경프리미엄에 주간 글로벌자본시장칼럼인 '김지욱의 IB명장면' 시리즈를 연재해 온 지도 어느덧 27개월이 되었다. 과분하게도 독자들로부터 많은 격려와 사랑을 받은 것 같아서, 그저 감사할 따름이다. 모든 것이 시작이 있으면 끝이 있듯이, 오늘 100회를 마지막으로 이 시리즈를 종료하려고 한다.

당초 이 IB명장면 시리즈의 목적이 글로벌 자본시장의 역사에서 중요한 사건들의 이면을 소개하고자 하는 목적이었고, 이에 따라 국내 자본시장 이슈는 의도적으로 다루지 않았다. 그러나 100회의 시리즈를 종료하는 마지막 회 만큼은, "그래서 어쩌라는 건데?"라는 당연히 나올 수 있는 독자들의 질문에 답해드리는 시간으로 가져가보고자 한다.

한국 금융사들은 그러면 글로벌 자본시장의 역사에서 무엇을 벤치마크해야 할까? 국내 자본시장에 머물러 있고자 한다면 뭐 사실 그다지 배울 것도 없을 것이다. 월가 100년의 역사는 끊임없는 진보의 과정이기도 했으나 다른 한편으로는 금융소비자들에 대한 기만의 역사이기도 했던 것이다. 그러나 이미 시장이 포화상태로 보이는 국내 자본시장의 지평을 해외로 넓혀가기 위해서는 지난 100년간 월가 역사의 양면성을 냉철하게 바라보아야 할 것임은 자명하다. 다음 내용들은 지난 1~99회에서 다룬 내용들로부터 추출할 수 있는 몇 가지 글로벌 투자은행들의 공통분모이다. 이 내용들이 반드시 정답이라고 주장하는 것은 물론 아니다. 다만, 그나마 성공했다고 평가가 내려지고 있는 글로벌 투자은행들의 사례에서 공통적으로 보여지는 내용들이니, 바야흐로 글로벌IB시장에로 진출하고자 하는 국내 금융사들이 참조하시라는 정도의 의미가 되겠다.

(1) 지배구조의 안정성

글로벌 IB로 가는 길의 시작은 물론 해당 금융사의 지배구조의 안정성이다. 글로벌자본시장에 도전한다는 것은 한국 같은 나라로서는 태생적으로 너무나 힘든 도전이다. 글로벌 자본시장의 언어는 영어이고 글로벌 자본시장의 돈은 달러이다. 한국어로 말하고 한국 돈을 지불한다고 하면 아무도 쳐다보지도 않는다. 이런 불리한 제약 조건하에서 장기적인 비전을 가지고 글로벌자본시장으로 나아가기 위해서는 경영진으로 하여금 그런 전략 실행이 가능하도록 안정적인 지배구조가 확립되어 있어야 함은 물론이다. 우리는 이 사례를 크레디스위스나 비엔피파리바, 그리고 노무라 등에서 보았다.

(2) 자본시장부문 리더십의 장기성

자본시장이나 투자은행 분야를 담당하는 임원들을 잘 선발해야 하고, 일단 선발한 후에는 전권을 주고 글로벌 IB시장 진출 전략을 수행토록 힘을 실어주어야 한다. 1~2년의 단기성과에 치우쳐서 해당 사업부문 리더들을 수시로 교체하는 식으로는 글로벌IB의 꿈은 요원한 것이다. 물론 실적이 당장 나지는 않더라도 결국은 실적을 낼 것이라는 믿음을 최고경영자 및 이사회에 제시해야 할 책임은 해당 임원들에게 있을 것이긴 하지만 말이다. 글로벌 자본시장 담당 임원을 16년간 바꾸지 않은 도이체방크의 사례까지는 필요 없더라도, 대부분의 글로벌 투자은행들이 한번 선택한 자본시장·투자은행 부문 시니어 리더십을 5년 이상 중장기로 가져가는 일은 보편적으로 나타나고 있다.

(3) 준비가 되어 있는가

글로벌 자본시장으로 나간다는 말은 한국인이 아닌 외국인들에게 외국에서 금융 서비스를 제공한다는 말이 되겠다. 이것을 위해서는 용기나 신념 같은 정성적 요소 말고, 과연 그걸 운용(manage)할 수 있는 현실적인 능력이 있느냐 하는 정량적 요소가 더 중요하다. 국내 금융사들이 1990년대 이후 여러 차례 글로벌 자본시장에 도전했다가 연전연패한 현실은, 결국 능력이 아직 안 되는데도 이벤트 식으로 너무 무리하게 진출을 시도했었던 것이 아닌가 하는 반성이 나올 수밖에 없다. 그러면 과연 '어떻게 준비를 하라는 말인가'라고 반문할 수 있을 것이다. 결국은 영어 내지 현지 언어로 해당 국가의 고객을 상대할 수 있는 역량을 가진 이들을 채용하여 육성하고 준비시켜야 하는 거 말고는 다른 길은 없어 보인다. 그리고 내부 리스크관리 역량도 글로벌 수준으로 키워두지 않으면 해외 진출은 꿈도 꾸지 말아야 한다. 글로벌자본시장 진출을 위해 외국인 임원들을 대거 채용하고 리스크 관리 체계를 업그레이드했던 UBS, 비엔피파리바, 그리고 노무라 등의 사례에서 이런 시사점을 찾아본다.

(4) 어떤 전략으로 어느 지역으로 가야 하는가

'글로벌'로 나간다고 하여도 5대양 6대주를 누빈다는 식의 발상은 금물이다. 월가 100년의 역사는 선택과 집중의 역사였지, 무작정 팽창의 역사는 아니었다. 별 생각도 없이 각 대륙마다 거점 도시에 사무소를 내는 식으로 과연 무엇을 달성할 수 있을까? 결국 각 금융사 스스로 가장 합당한 지역과 그 지역에 합당한 전략을 찾아내야 한다. 이런 측면에서, 한국보다 더 잘 사는 국가의 자본시장에 진출하여 현지 금융사들과 정면대결을 펼치겠다는 그런 황당한 발상은 이제 그만 접을 때가 되지 않았나 싶다. 한국 자본시장의 자금과 노우하우를 필요로 하는 지역은 오히려 선진국보다는 개도국 등 신흥시장일 것이다. 그리고 이미 글로벌 자본시장의 발행시장(primary market)은 글로벌 투자은행들이 거의 완전히 장악했다고 보이는 시장이다. 거기에는 미세한 틈새시장만이 존재할 뿐이다. 그 정도로는 지속 가능한 수익성을 기대하긴 어렵다. 그렇다면 답은 유통시장(secondary market) 내지 한 걸음 더 나아가서 운용시장(asset management market)에 있다고 보여진다. 이미 미래에셋 등 소수의 국내 금융사가 이런 해외 운용시장에서는 글로벌투자은행들과 겨루어 해볼 수 있는 여지가 있음을 실제로 보여준 바 있다.

(5) 사이즈가 커져야 한다

해외 금융그룹들도 자기자본이 한화로 환산시 10조원이 넘은 후에야 비로소 본격적으로 글로벌 자본시장에 진출했다. 그런 의미에서 한국에서도 이제 자기자본 10조원이 넘는 증권사가 나와야 할 타이밍이 된 것 같기도 하다. 해외 자본시장에서의 언더라이팅(Underwriting) 능력이 어느 정도 뒷받침 되어주지 않고서 무슨 글로벌 자본시장 운운할 수 있겠는가. 이는 그러나 인위적으로 할 수 있는 일은 아닌 듯 싶고, 다만 감독당국에서 인수합병에 인센티브를 주고 증권사들의 대형화를 통한 투자은행화를 유도해 주어야 할 이슈일 것이다.

(6) 글로벌자본시장에 통용될 수 있는 기업문화의 확립

글로벌로 진출한다는 말은 결국 한국인이 아니고 한국어를 못하는 직원들이 해당 금융사에 들어와서 일을 하게 된다는 말이다. 한편으로는 외국인을 고객으로 받아들인다는 말이기도 하다. 그렇다면 국내용(?) 시스템과 기업문화를 혁명적으로 바꾸어야 한다. 해외에서도 통용될 수 있도록, 금융사 내부의 각종 시스템, HR 등 각종 관련 제도, 그리고 무엇보다도 기업문화를 글로벌 수준으로 업그레이드해야 한다. 이게 얼마나 난해하게 어려운 일인지는 우리는 이웃나라 일본의 대표주자 노무라의 사례에서 보았다. 이런 부분들이 뒷받침되지 않고서는 글로벌 IB로의 길은 탁상공론에 지나지 않는 것이다.

국내 금융사들의 글로벌 자본시장 진출은 이제는 선택이 아니라 필수가 되었다. 국내 시장만 가지고는 금융사들이 지속적인 수익을 내기가 점점 더 불가능해지고 있기 때문이다. 국내 금융사들 각자가 자기에게 맞는 전략을 수립하여 해외로 진출하여 성공하기를 국민의 한 사람으로 기대해 본다. 제조업만 가지고는 한국은 21세기의 승자가 될 수가 없음이 자명해졌다. 부디, 한국 금융업이 21세기 한국의 하나의 전략산업으로서, 글로벌 자본시장 진출에 성공하여 20세기에 월가가 미국에 기여했던 그 역할을 해주기를 기대해 마지 않는다. 27개월에 걸쳐 IB명장면 시리즈를 애독하여 주신 독자들에게 다시 한번 감사의 말씀을 전하면서 이만 줄인다.

2016. 6. 20

김지욱의 IB명장면

초판인쇄 : 2016년 12월 12일
초판발행 : 2016년 12월 13일

저 자: 김지욱
출판등록: 2005. 2. 4. (제312-2005-000006호)
발 행 처: 참단금융출판
발 행 인: 홍영숙

주 소: 서울특별시 서대문구 홍제내2라길 17-3
총 판: 경제서적
전 화: (02) 736-0640
팩 스: (02) 736-0641

ISBN 978-89-97211-09-8 93320

정가 20,000원

* 값은 뒤 표지에 있습니다. 잘못 만든 책은 교환해 드립니다.